中国博士后科学基金面上资助成果（2020M673101）

《四库全书总目》元别集提要研究

何素婷 著

人民出版社

序

何宗美

　　一个时代的历史影响力通常是这个时代的历史宽度、厚度和长度的综合体现。比较而言，历史长度似乎更显重要，因为所谓历史在某种意义上讲就是时间的延伸，而中国古代则可以说是以朝代为核心的社会历史的时间延伸，没有了时间长度，再波澜壮阔的历史也只能是昙花一现，或者说至多是半途而废。中国历史上，元代的地位说明了这个道理。

　　这便影响到后世的元代研究，包括影响到元代文学研究，特别是元代诗文研究。

　　1990 年代中国社会科学院文学研究所总纂"《中国文学通史》系列"出版《元代文学史》专册，是元代文学地位跃升的一个重要标志。该书除总论一章外，主要内容是杂剧、散曲、南戏和话本，二十七章中占到十九章。诗文仅占七章篇幅，应该说重视程度虽有提高，但仍然处于较为边缘的境地则显而易见。2010 年，先后有赵敏俐、吴思敬主编《中国诗歌通史》十一卷本和郭预衡、郭英德主编《中国散文通史》十二卷本问世，元诗在前者归入"辽金元卷"，元文在后者归入"宋金元卷"，元代诗文看来有其一席之地，但它总不免是以"混搭式"面目出现的，而且在"混搭"中其位置也似乎并不占明显的优势，例如《中国诗歌通史》之"辽金元卷"于纯粹元诗仅四章内容。这种情况说明元代文学特别是其诗文的研究在整体上有所提升的同时，其地位仍不明朗、不确定。

近些年来，元代文学研究的推进和突破最令人瞩目。首先是查洪德教授《元代诗学通论》《元代文学通论》（上中下）等一系列代表性成果，极大地拓展和深化了元代文学特别是元代诗文的研究，标志着这种研究达到了一个新的高度。年轻学者邱江宁教授的研究也别开生面，显示磅礴的学术气象，其《奎章阁文人群体与元代中期文学研究》《元代馆阁文人活动系年》《元代文人群体的地理分布与文学格局》（上下）等著作，以其独特视角达到了对元代文学宏大视野的审视和探研。自2010年设立"国家哲学社会科学成果文库"以来，在为数不多入选该文库的著作中，元代文学研究至少先后有上述提到的《元代诗学通论》和《元代文人群体的地理分布与文学格局》两部大作荣选其列，这应该说是元代文学研究新局面、新成就的重要标杆。

令人欣喜的另一方面是，新生力量的不断涌入也使元代文学研究必将日益显示其蓬勃生机。比如，现在由人民出版社出版的何素婷《〈四库全书总目〉元别集提要研究》，就是刚刚踏入元代文学研究领域的一位新成员的一部新作。虽然犹如涓流之汇大海，点尘之积高山，但无疑也意味着元代文学研究新力军中增加了新的血液，其总体研究中又多了一份添砖加瓦式的小贡献。

在现代学术之前，对元代文学做过较为全面、系统梳理和批评的著作有两部特别值得一提，一部是顾嗣立《元诗选》，另一部是清代官修《四库全书总目》（以下简称《总目》）。前者是选、论一体的元诗文献和元诗批评著作，后者元别集提要则是书目叙录体的元代诗文批评著作。其中，尤以后者对元代诗文的研究最为全面也最为深入，这是因为从元人别集的采集、取舍、定位到批评，再到元代文学史观、史论以及文学思想的形成，《总目》之前对元代文学还没有展开过如此全面、深入的整理和研究的工作，因此，可以说《总目》元别集提要是现代学术之前元代文学特别是诗文研究的一座里程碑。

但迄今为止,并没有人上升到这种高度来看待《总目》元别集批评的重要地位,自然也没有以此对《总目》元别集提要做过专门的深入研究。何素婷的《〈四库全书总目〉元别集提要研究》正是着眼于这一点,首次做了此方面有益的尝试。这一选题的意义是双重的,即其价值既体现在《总目》研究也体现了元别集也就是元代诗文研究两个方面上。对于《总目》研究来说,我们过去主要注意的是它的目录价值和文献价值,对它的学术批评价值则重视不够。本人曾这样概括过《总目》的一项重要意义:"特别是《总目》在以时为经、以书为纬的巨大脉络中,将中国古代经学、史学、子学和文学的历史及其演变做了一次前所未有的大梳理、大审视,从而完成了中国第一部特殊意义的经学通史、史学通史、子学通史和文学通史的书写,堪为书目叙录形式的经、史、子、集之通史。"(《苏州大学学报》2017 年 1 期)也就是说,《总目》的价值重在对中国古代经、史、子、集的系统批评以及由此形成的对中国思想、文化和文学内在体系及其精神实质的总结认识上。这种"大梳理""大审视"建构起来的系统批评和总结认识中,就包括元代,其中元代诗文批评就集中体现在《总目》元别集提要。由此就产生了《总目》对元代文学研究的重要意义,而通过《总目》元别集提要的研究,不仅可以达到对元代诗文包括作者、版本、史料、评价等诸多信息全面而丰富的集中了解,而且可以达到对元代诗文史以及《总目》元代诗文观、元代文学思想等宏观而系统的深入把握,从而为我们研究元代诗文、元代文学确立更深厚而牢固的学术基础。

《总目》研究的总特点,决定了元别集提要研究的基本性质。这是考证的考证、批评的批评、研究的研究,其难度可想而知。而所谓难度,至少取决于三个因素的特殊性:首先是由研究对象的复杂程度所决定。《总目》研究对象与一般研究对象极不相同,是由三个层面形成的复合体。拿本书来说,其直接研究对象为元别集提要,这是第一层;但元别集提要直接关联着元别集本身,所以研究元别集提要不能不研究元别集原作,这是第二层;而《总目》元别集提要的写成除依据元别集外,背后还存在一个相关记载、评价构成的材料系统,这也是需要研究的内容,这是第三层。而三个层面中,元别集提要本来就数量众多、头绪繁杂,元别集更是体量极大、作品浩瀚,《总目》之前有关元别集的记载、评价的文献材料则又散乱而漫无边际。这意味着研究者必须同时面对三个既异常复杂又相互牵连的文献世界,其驾驭的难度不是单一研究对象可比的。其次,《总目》完成者四库馆臣学养的深厚也决定了《总目》任何领域的研究都是有相当难度的。这是因为以考证之考证、批评之批评、研究之研究为特点的《总目》研究,所面对的最初考证者、批评者和研究者并非等闲之辈,而是代表清代学术巅峰时期最高学术水平的四库馆臣。所以,《总目》研究必须要慎之又慎,不仅学术态度当如此,学术观点的得出更是如此,应当是"千锤百炼"出结论。这对研究者眼界的高度、视野的宽度、思考的精度、理解的深度等都提出了不小的挑战,当然,于挑战之外,研究者在这些方面也得到了前所未有的训练。再者,《总目》的官学性质也是决定其相关研究存在难度的重要因素。《总目》学术批评的基本特征之一就是它的官学批评。官学批评是立足于官方立场的学术批评,而《总目》官学批评又是清代专制主义的官学批评,体现了清王朝强烈的意识形态性及意识形态的强大贯彻力。这种性质的批评虽然包含了学术批评的内容,也具有学术批评的价值,但不是纯粹的学术批评,就是作为官学性来讲也显然打上了清代封建专制时代的历史烙印,必须加以批判和扬弃。所以,《总目》的研究,必然是以观念辨证和思想辨证为重心的学术研究和思想研究,而不是纯粹的文献梳理和简单的观点重复或照搬,这又使研究者必须在观念、思想方面具有高度的敏锐性和科学的辨证力。

可见,《总目》研究是需要迎难而上的,何素婷对《总目》元别集提要的研究也是迎难而上的研究,而她的初步的研究也证实了这方面扎实的努力,这一点也得到了其博士学位论文盲评专家的高度肯定:"《四库全书总目》元别集提要,在元代诗文批评的历史中具有重要意义。它改变了明人对元代诗文彻底否定的评价,对元代诗文成就给予高度肯定。在元代诗文批评史上,这是极其重要的文献,应该做全面、系统、深入的研究。本论文正是这样的成果,故具有很高的学术价值。这其中涉及的问题极其复杂。要对《四库全书总目》元别集提要元诗评价及其标准,以及形成这些评价以及标准的原因和历史,加以揭示,需要讨论的问题很多,需要掌握的文献量相当大,论证的难度也很大。提要撰写者、主持者的诗文观念,当时的官方意识、与当时文化、学术的关系,都有清楚梳理。本论文的可贵之处,正是对这一复杂的问题全面展开,从提要文本生成、提要的版本、提要对前代文献的征引及其利用改造甚至误读,在元诗批评史上的独特地位和影响等方面,都在扎实、全面掌握文献的基础上,做了深入具体的讨论,得出了不少独特而新鲜的结论,表现出作者的学识和眼光,对元代诗文研究,多有裨益。确是一篇优秀的博士论文。"自然,这种评价的字里行间包含着外审专家对年轻学子积极的期待和鼓励之情,但无疑也反映研究者本身的确是有过艰辛的付出并取得了值得赞赏的创获。在面对极具难度的研究对象时,初研者比一个娴熟的研究者甚至资深专家来说,往往需要付出更多,而其创获则更难能可贵。

从师生关系来说,何素婷在我的众多学生中是一个特例。从本科大三教她元明清文学,到后来跟我读硕士、博士,现在又做了几年博士后,前后算起来共有十二年之久。在不读书人的看来,读书的意义是很难明白的;在不做学术的人看来,学术的意义同样是很难理解的。一个人为什么要在求知路上,不懈地求索,把人生最美好的时光打发在上面,这个问题也只有求索者自己才有最深切的体会。所以,从本科走到博士后的道路,如果只看成功的表面,似乎可以说是一道让人羡慕的人生风景,而走过来的人才懂得风景背后其实是一条地地道道的艰辛之路。就如秋叶如画,不过是风霜寒露之中的苦涩剧幕;春花烂漫,不过是经历严冬苦寒而艰难蓄积的生命温暖的绽放。这样的道理,用来比喻我能见证的何素婷十几年在求学和学术之路的持守和努力应该是恰当的。不用说作为一位女性在学术和家庭同时兼顾的问题上有多么不易,学术的执着和不弃,并不是人人都能做到。

时间回到三年前，翻到 2018 年 8 月 24 日我的一则微信，记录着这样一段文字：

> 庆祝并纪念一下这一时刻：三百多页、数十万字的博士论文，历时数十日，除偶或耽搁，余则每夜坚持，多至夜分，每次批阅万余言，逐字逐句，从头到尾，至今夜九点半终批改告讫。喜则该生用力甚勤，读来每伴愉悦之感，亦并非只是苦事。今夜山月正好，窗外风清虫鸣，可伴好梦矣！

那"数十日"的夜里批改完的"三百多页、数十万字的博士论文"，正是何素婷的这本《〈四库全书总目〉元别集提要研究》。那时，我避暑于重庆万盛黑山谷一家叫闲云宾馆的农家山庄，做的主要就是两件事，白天著述，晚上批改博士论文。山庄处于海拔一千二百米的群山中，奇岭幽石，佳竹秀林，空气清新，风光如画，故而虽是重庆的炎夏，却仍清凉宜人，如居仙地。处此环境，工作强度再大，也能一定程度降低疲劳感和压力感，真正达到事半功倍的效果。所以，在白天忙过学术写作之后，到晚上仍还保持良好的精神状态，每天晚饭后绕着山道散步回来在七点之后便坐于一楼的山窗前，拧亮台灯，带着轻松的心情，读那厚厚的论文，直到夜里十一点后或更迟。这样，从 7 月中旬到 8 月下旬，四十天上下，很少有过例外。因为作为导师，我能真切感受到自己的学生对于学术那颗纯粹而至诚之心，"读来每伴愉悦之感"，由衷欣喜而形于言表。

学术就像人生漫长的思想航行。《〈四库全书总目〉元别集提要研究》启航了何素婷的学术之旅，以《总目》研究，也以元代文学研究，为其起点，向着更远的目标、更宽广的前景，需要以更坚实的步伐继续前行。尽管这无疑又是"负重前行"，但正如作者在书的后记所说"负重前行的我们又是何其幸运，没有虚无地活着，毕竟我们尚有一份需要去践行的事业、一腔对自己的期许"；尽管这种"前行"也必然"与艰难并存"，但也如同作者后记所说"与艰难并存的还有一份至宝，那便是纯粹学习的幸福，这是一份工作之后无法企及的宁静和专注"。

做有理想的学术,这是可以与她共勉的。

做纯粹、宁静、专注的学术,也是可以与她共勉的。

为此,我们有理由期待着,期待着她的学术航程中取得新的收获并不断地成长!

2021 年 11 月 25 日

于嘉陵江畔学府小区之五有斋

目　　录

导　　论

一、研究动机

寻找《四库全书总目》(以下简称《总目》)元别集提要中的"潜文本"(即历史语境),是本书的研究动机之一。"潜文本"①是叙事学上的一个重要概念,指隐藏于文本之中而未明言的话语系统。从本质上说,这一话语系统是某种意识形态的隐喻。

何以要寻求"潜文本"? 首先,这一探索具有历史事实上的可能性。《总目》诞生于清代中期的政治、思想、文化生态,政治上君权至上,思想上儒家纲常至上,文化上政治至上。尤其值得一提的是,政治高压、文化高压在清代尤为凸显,以文字狱、禁书运动在清朝形成前所未有的"蓬勃之势"为力证。据文献记载,顺治、康熙、雍正、乾隆四朝至少发生文字狱案86起②,可以说这是历史上文字狱爆发频率最高的时代。康熙朝庄廷鑨明史案、戴名世南山集案,雍正朝曾静案、谢世济案,乾隆朝《字贯》案、禁书运动,等等,不一而足。不仅数量,其牵涉规模之广、整肃手段之残酷皆令人发指。王汎森先生以"权力的毛细血管作用"描述"清代文献中'自我压抑'的现象"③,形象地揭示出清代

---

① 申丹:《叙事、文体与潜文本——重读英美经典短篇小说》,北京大学出版社 2009 年版。
② 上海书店出版社编:《清代文字狱档》,上海书店出版社 2011 年版,第 3—1128 页。
③ 王汎森:《权力的毛细血管作用:清代的思想、学术与心态》,台北联经出版事业股份有限公司 2014 年版,第 395 页。

政治强权的无孔不入，同时他还认为"讨论清代历史，尤其是涉及思想、学术、政治等方面，如果不把这个方面考虑进去，是不可能对政治压力所形成的无处不在的潜在性剥削有比较完整的解释"。①

诚如是。正是出于维护清朝统治的合理性，纂修《四库全书》的目的从"稽古右文"转换至"寓禁于征"，乾隆帝不仅要删除、禁毁不利于其正统地位的史料，更是要把历史上但凡可能引起种族意识和种族分歧的文章删改殆尽。何宗美提出"《总目》区别性特征的最大一点当在它的'官学'性。这里所讲的官学性，并不带有任何贬义与否定倾向，而是对其特征的一种中性表述。所谓官学，不仅是指《总目》为官方所修，而且是体现官方意识的著作，而所谓官方意识又非随意、偶然或片断性的，而是系统、全面并具贯穿性的，反映在这部目录巨著中，可谓由表及里、彻头彻尾。……说《总目》是按照官方思想修纂并体现官方意识、反映官方观念的一部官方书目著作，显然是毫无问题的"。②其次，这一探索还具有理论上的可能性，但目前仍是未知。明别集提要、清别集提要、宋别集提要中皆蕴藏着清廷的官方意识形态，儒为正统为其共同的意识形态，具体而论，宋别集提要中不乏对宋学的批判，明别集提要中流露出贬斥和清算的政治态度，清别集提要中则体现出构建清代"盛世文学"的政治意图。何宗美对明别集提要中的"意识形态"的捕捉堪称精准深刻：其《明代文学还原研究——以〈四库总目〉明人别集提要为中心》一书以还原之学术方法例证了《四库全书总目》明人别集提要在文学流派书写中呈现出的政治立场和学术偏见，其总结说《总目》带着全面贬斥和清算明朝学术的观念和目的所书写的明代文学是被"阉割"的文学，故其著作研究的旨归在于回到明代文学的本来面貌。其《〈四库全书总目〉的官学约束与学术缺失》一书再次论述了

①　王汎森：《权力的毛细血管作用——清代的思想、学术与心态》序论，台北联经出版事业股份有限公司 2014 年版，第 8 页。
②　何宗美、张晓芝：《〈四库全书总目〉的官学约束与学术缺失》卷首序，人民文学出版社2017 年版，第 10—11 页。

《四库全书总目》明别集提要存在诸多文献征引、版本采录、文学批评等方面的学术缺失,尤其是对明季公安派、竟陵派的文学批评有失公允,而此种种学术缺失是与官方意识形态的干预有着密不可分的关系。值得一提的是,该书上编为论述,下编为提要考辨,上编之观点是建立在下编对 176 则明别集提要的逐一考辨基础之上的。而以如此庞大考辨案例作为论述基石,其论述观点不得不令人信服。此书与前书的相同之处在于以明别集提要为对象,不同的是还原的角度和"还原"二字的内涵。还原角度的不同体现为后书不再以明代文学流派为角度,而是对明别集提要的书写内容,即文献、版本和文学批评为角度展开论证;"还原"内涵的变化体现在后书的还原不只要回到明代文学的本来面貌,还要还原生成《总目》明代文学的历史语境,即清廷的官方意识形态。而通过第二层面的还原,明代文学被扭曲之根源得以抉发,而明代文学被扭曲的现实亦可给予"共情"式理解。

此后,王美伟博士论文《〈四库全书总目〉清别集提要研究》和吴亚娜博士论文《〈四库全书总目〉宋代文学批评研究——以宋人别集与词集提要为中心》陆续为清代别集提要和宋代别集提要寻找到了各自的"潜文本",与明代别集提要中的意识形态遥相呼应。尽管由于朝代不同,其"潜文本"的性质不同,但"有""存在"便足以排列一个稳定的意识形态序列。既然如此,处于宋、明之间,与清王朝有着相同政治历程和政治角色的元王朝的文献、文化和文学,清廷将会如何对待?元别集提要将要怎样书写?是否存在如宋、明、清那般一以贯之的意识形态?如果存在,那又是什么?寻求这些问题的答案,便是本书展开的缘起和动机。

梳理并重写元代文学史,是本书的研究动机之二。在一代人有一代文学的观念下,汉赋、唐诗、宋词、元曲被奉为不同朝代阶段的典型性文学范式,并沉淀为后世的共识。从历时角度的文学发展来看,朝代文体经典化的论说固然不失精辟性,但是此说的不足也是显而易见的。就元代而言,"元曲"因其经典化的光辉,往往会掩盖同一时代其他文体文学的亮光,如元代诗文便常常被边缘化。直至 20 世纪中期以来,元代诗文研究逐渐兴起,颇具代表性的理论著作先后有台湾包根弟《元诗研究》(台北幼狮文化事业公司 1978 年)、邓绍基《元代文学史》(人民文学出版社 1991 年)、杨镰《元诗史》(人民文学出版社 2003 年)、查洪德《元代诗学通论》(北京大学出版社 2014 年)、查洪德《元代文学通论》(东方出版中心 2019 年)、高洪岩《元代文章学》(三联书店 2014 年)等。而李修生主持编修的《全元文》(江苏古籍出版社 1998 年),皇皇六十一册;杨镰主持编修《全元诗》(中华书局 2013 年),累累六十八册,这两部文献的面世为元文与元诗的研究提供了良好的点校本支撑。迄今学界对元代诗文的关注度日趋高涨,研究成果亦颇为可观,归而言之,大致有六个切入角度:其一,诗文与理学,如张晶论文《元代正统文学思想与理学的因缘》(《文学遗产》1999 年)、查洪德专著《理学背景下的元代文论与诗文》(中华书局 2005 年);其二,文学思潮,如黄仁生专著《杨维桢与元末明初文学思潮》(东方出版社 2005 年);其三,制度因素,如邱江宁专著《奎章阁文人群体与元代中期文学研究》(人民出版社 2013 年)、余来明专著《元代科举与文学》(武汉大学出版社 2013 年)、任敏红专著《忽必烈潜邸儒士与元代文学发展》(中国社会科学出版社 2016 年);其四,多民族因素,如刘嘉伟专著《元代多族士人圈的文学活动与元诗风貌》(人民出版社 2016 年);其五,地域因素,如徐永明《元代至明初婺州作家群研究》(中国社会科学出版社 2005 年)、崔志伟《元末明初松江文人群体研究》(上海大学出版社 2013 年)、罗海燕专著《金华文派研究》(东方出版中心 2015 年)等;其六,特殊题材诗歌研究,如徐国荣《元代咏物诗研究》(上海大学博士论文 2014 年)、李嘉瑜专著《元代上京纪行诗的空间书写》(台北里仁书局 2014 年)、刘宏英专著《元代上京纪行诗研究》(中国经济出版社 2016 年)。这一系列研究成果展现出元代诗文研究正在稳步推进。足见近几年来学界对元代诗文的探索尤为兴盛,研究成果不仅数量可观,角度各异,更重要的是日趋注重对元代诗文特质性的探索,譬如多民族圈等,即是元代颇具代表性的文学现象。正是因为这些多棱面、多层次的研究成果的陆续面世,使得元代诗文不再暗淡无色,它们有力地展现出一个事实:元代诗文并非宋代诗文的延续和附庸,尽管有元一代国祚短促,但是元代文学却仍拥有自身的"主符码",并且随着元代诗文研究的不断深入,其独有的图景将越来越清晰,其蕴藏的魅力也将日益彰显,更多元代诗文的内涵也将会被掘发和呈现。本书将立足于《总目》这一传统文献土壤,以元别集提要所呈现的诗文批评系统为对象,以 205 则元别集提要为文本基础,以文学观念考辨为方法,试图在与《总目》的对话中掘发和还原出元代诗文的真实面貌,补充和修正其元代诗文批评的相关问题,以期为元代诗文图景的绘制"添线加彩",为重写元代文学史提供诗文格局和诗文面貌还原基础上的有力支撑。

完善《总目》元人别集提要内容,是本书动机之三。《总目》元别集提要所蕴藏的文人、文献、文学信息颇为丰富。从微观来看,每一则提要都是对文人和别集的个案研究,从宏观上看,提要整体呈现出一个独立的元代文献系统和一个独立的文学批评系统,故《总目》元别集提要于元代文献、文学史和文学观念都具有重要价值和意义。遗憾的是,对于这样一个内蕴丰富的"意义体",其中所承载的一些基本事实却错讹杂横,有时甚至还体现为因馆臣偏差理解而带来的疏谬。如对于元中后期文人陈樵的陈述,《总目》云:"至正中遭乱不仕,遁居圜谷,每衣鹿皮,因自号'鹿皮子'。考所作《北山别业》诗三十八首,备水石花竹之趣,则亦顾阿瑛、倪瓒之流,非穷乡苦寒之士也。"①馆臣此语,误解实深。因为于陈樵自身而言,"衣鹿皮"本是一种隐逸旨趣的表达,宋濂在《元隐君子东阳陈公先生鹿皮子墓志铭》中明确言之:"君子姓陈氏,讳樵,其字为君采。人因其衣鹿皮,故又号为'鹿皮子',表隐趣也。"②于其时代而言,元人张宪有诗《鹿皮仙人歌为铁厓先生寿》,该诗开篇便描述了鹿皮子

---

①　纪昀等:《钦定四库全书总目》卷一六八《鹿皮子集》提要,中华书局 1997 年版,第 2246 页。本书所据《四库全书总目》为中华书局 1997 年整理本,全书所引该书注释只标页码,不再标注版本信息。

②　宋濂著,黄灵庚点校:《宋濂全集》卷五七《元隐君子东阳陈公先生鹿皮子墓志铭》第 3 册,人民文学出版社 2014 年版,第 1328 页。

是神仙王母、嫦娥、玉兔珍爱的仙物,后叙其逍遥、自由、长寿之特征。张宪用以给老师杨维桢祝寿,世人将其作为隐逸之象征,实为贴切。因此,无论于陈樵自身志趣或文化意蕴,"鹿皮子"实与神仙、道隐相关,而与苦寒无关。此仅为一例,而除此以外,类似名姓之误,如释英,字"实存",《总目》误作"存实",再如征引文献之误,再如版本描述之误,皆有在之。尽管提要考辨工作已有珠玑在前,但据可见成果统计,元别集提要的辨误仍旧极为不足:余嘉锡《四库提要辨证》中涉及元别集共 3 家,杨武泉《四库全书总目辨误》涉及元别集 19 家,李裕民《四库提要订误》涉及元别集仅 1 家,崔富章《四库提要补正》未涉及。这说明元别集提要有待完善的空间还较大。本书将试图对其进行多角度完善,以期为《总目》研究、元代别集文献和元代文学研究呈现更为优良的文本依据。

二、研究方法

《总目》包举宏纤,博大精深,于内容而言,它是集文献考辨与观念批评于一体的巨制;于文本而言,它属于层累性文本;于思想性而言,它具有官学特征。研究元别集提要,固然不可回避这些核心内容和本质特征。故结合《总目》自身要素,本书拟采用以下三种研究方法,对元别集提要这一对象进行探究。

(一)共时结构分析与历时语境还原的双向度研究。共时结构分析,即对提要的组成要素分项考察,如版本要素、文献征引要素、文学批评要素,通过对此三大要素的个体及其关系的探索揭示出元别集提要的写作规律和蕴藏其中的"潜文本";历时语境还原,即将元别集提要作为一整体放置于《总目》诞生的清中期这一历史语境中加以体察,从而评价《总目》作为官方意识形态产物,其所承载的价值与不足。这种将共时结构研究与历时语境研究相结合的研究范式,最为西方马克思主义者所认同,其代表人物詹姆逊①认为单纯的历

---

① 按,将结构方法和历史方法相结合用于解读叙事形式,并取得杰出成就的代表性人物。

史性研究若缺少结构分析的支撑和照应便显得毫无意义,他说:"我们已习惯于把时间性看成是天经地义的;然而,当什么都是历史的时候,历史这个概念本身似乎也就失去了意义了。"①但同时,坚持马克思主义唯物论的他又指出,单纯的共时结构研究一旦缺失了历时语境则无法揭示事物存在的特殊性和本质性:"所有看上去是共时性的和非历史性的分析,都取决于并必须假设(大多是遮遮掩掩地)一个历时性的系统规划,一种历史的'哲学'的视界,一种历史的'元叙述',在它们的基础上才能进一步作出评价。"②因此,他在《政治无意识》一书中提出了三层次文本分析方法,即"用符码转换的方法首先在文本的局部历史语境中研究文本,或者说把它与历史事件的'历时性'关系;其次在文本与那个生产文本并把文本作为工具使其统治合法化的阶级的关系中研究文本,或者说把文本作为传递统治阶级意识形态素的工具同时进行共时和历时的研究;再次在文本与整个生产方式的关系中研究文本,采取一种考虑更大历史视域的系统的和共时的看法"。③ 正是在共时和历时的双向度研究中,他一方面通过"历史化"把共时方法的成果纳入历史的维度中,另一方面又把结构分析的成果转化为历史研究的养料,从而赋予了马克思主义阐释理论以复杂性。本书取此双向度研究方法,主要在于它能全面地、深入地揭示《总目》元别集提要与清中期意识形态的复杂关系,因为它不仅仅强调历史语境对《总目》元别集提要的单方面"遏制策略",还考虑到《总目》元别集提要本身所呈现出的对历史语境的"回应"和"调解"意识。

(二)提要辨证④与观念阐释相结合。提要辨证是本书获得论述证据的主

---

① 詹姆逊著,钱佼汝译:《语言的牢笼——马克思主义与形式》卷首序言,百花洲文艺出版社 1995 年版,第 8 页。

② 詹明信著,张旭东编,陈清侨等译:《晚期资本主义的文化逻辑》序言,三联书店 1997 年版,第 117 页。

③ 詹姆逊著,王逢振等译:《政治无意识》译者序,中国人民大学出版社 2018 年版,第 4 页。

④ 按,本书使用的"辨证",非哲学范畴的"辨证"概念,它取义于余嘉锡《四库提要辨证》中的"辨证"一词,用于描述文献、观念和思想等方面的辨析和考证。

要来源和手段,观念阐释是提要辨证的目的和意义。何宗美在《明代文学还原研究——以〈四库总目〉明人别集提要为中心》中提出"文献与观念清理相结合"的研究方法,他认为"按照文献体系服务于观念体系的基本宗旨,《总目》的文献体系很大程度会受制于它的观念体系,或者说《总目》先入为主的观念体系必然使它的文献体系很难真正贯彻实事求是的科学精神,以致张冠李戴、移花接木、断章取义、主观曲解、夸大事实等问题在所难免"①,因此文献的清理应当与观念的清理相结合。此二者结合的研究方法区别于对《总目》单纯的文献考据研究和单纯的理论阐释研究,它通过对《总目》元别集提要所涉及的人物生平、别集版本、文献征引和文学批评的分项考辨,发现《总目》在事实陈述上和观念支配上存在的种种问题,并从中寻求某种规律层面的认识。如"儒为正统"这一思想,是贯穿于元别集提要的重要思想。在版本考辨中,如馆臣著录黄潜《黄文献公集》十卷本删节本以及提要对十卷本的不断回护,笔者通过版本溯源和对比,发现原因是馆臣对十卷本"凡涉异教者削去"②的编纂标准颇为认同;在文献征引中,如耶律楚材《湛然居士集》提要直录顾嗣立《元诗选》原文,却留下了删除平水王邻《序》语"中书湛然有天然之才,如宝鉴无尘,寒冰绝翳"一句的痕迹,由此痕迹追溯和考辨则可知,馆臣刻意删除此语的意图是弱化耶律楚材空灵诗风背后的佛家思想倾向,从而强化其醇儒身份;在文学批评中,馆臣对元代文学盛世景象的大力凸显、对元诗"纤秾靡丽"诗风的鄙薄态度和对元文沿袭"文以载道"传统的认同立场,皆与其维护儒家"雅正"审美观不无关系。除去"儒为正统"的思想观念外,笔者通过提要辨证,还可发现《总目》"褒奖元人"的政治立场,《总目》评价周权《此山集》中出现诸多干谒诗歌的现象,称"未可以依门傍户论"③,在《俟庵集》提要中借

---

① 何宗美、刘敬:《明代文学还原研究——以〈四库总目〉明人别集提要为中心》前言,人民出版社 2014 年版,第 12 页。
② 黄潜:《黄文献公集》卷末《书黄文献集别刻后》,中华书局 1985 年版,第 579 页。
③ 纪昀等:《钦定四库全书总目》卷一六七,第 2221 页。

虞集对元代心学代表人物李存的推赞,大发感慨:"亦足见元儒敦朴无门户之成见也。"①然在了解元代干谒之风盛行这一事实以及虞集主张"朱陆合流"这一事实后,《总目》以无"门户之争"、无"依门傍户"评价元人元世,未免有拔高之嫌。《总目》此美化和拔高元人元世之举,当与清人试图以元世垂范清世、鄙薄明世的政治姿态密切相关。以上事实证明,相比于单纯文献考据的是非论,相比于单纯理论阐释的虚空感,本书将二者结合的方法,不失理据,不无落点,故更有利于深层次把握《总目》的撰修思想及其意识形态。

（三）文学批评之再批评研究。再批评,即意味着批评对象已经是一个自成体系的批评系统,而这一系统的建立亦有着一套独立的一以贯之的思想、价值或审美标准。借用陈然兴在《叙事与意识形态》中的表述则是:"任何批评都有自己的参照体系,批评就是用该参照体系中的符码对文本进行重写的过程,也是通过重写建构意义的过程。"②故"再批评"更多地体现为参照体系和价值体系的碰撞,这是颇有挑战性的批评方式。本书再批评方法的操作大致分为五个步骤:首先,把握《总目》元代诗文批评的整体面貌,此需先从205则元别集提要中逐一提取《总目》元代诗文批评的零碎片段,再通读之以捕捉其中或宏观或微观的批评观点;其次,了解元人诗文创作的真实面貌,以细读别集作品、序跋、自序等为主,以此把握元代文人思想、文学现象原貌,同时印证《总目》诗文评价的观点;再次,梳理《总目》定稿之前的所有元代诗文接受情况,如诗话、序跋等文献,以此把握后世接受视野中的元代诗文面貌,同时为《总目》诗文评价寻求一个批评参照物;复次,吸收《总目》定稿之后至今的元代诗文批评理论,以寻求新的成果和发现;最后,在《总目》批评观点与元人评价、《总目》之前的评价、《总目》之后的评价三个维度的对比中,寻找差异、偏颇和缺失之处,进而对《总目》批评进行再批评。以对《总目》的"元文"批评为例,《总目》在反驳明人"元无文"这一观念中构建元文本质、元文格局和元

---

① 纪昀等:《钦定四库全书总目》卷一六七,第2237页。

② 陈然兴:《叙事与意识形态》,人民出版社2013年版,第59页。

文定位,对元文评价甚高,尤其在《道园学古录》提要中,将虞集抬升为与宋代文宗欧阳修相提并论的"元代文宗",其塑造和认可元文的观点颇为明确;笔者通读元人"文章观"可知,"唐宋古文传统"是元文一直遵循的主流创作标准,然而明人对元文的评价则不甚高,特别是"复古派"领袖王世贞等人秉持"文必秦汉"的古文祈尚,而对秉承唐宋古文传统的元代古文以"元无文"评价之,晚明以"言性情"为主的性灵散文崛起,以"载道"为旨归的唐宋古文、元文亦被边缘化。对于元人、明人评价的分歧,《总目》取元人之文章观并对明人"元无文"之说进行辩诬。在认可与鄙薄之态度中,《总目》古文审美观得以凸显。而何以《总目》不取明人复古派古文观、亦不取晚明主性灵的古文观? 原因很多,但回到批评的根本因素,那便是清廷政治意识形态,其对儒家思想的推崇是为以儒家君臣纲常秩序以巩固其统治;其对载道古文的推崇亦不外乎有利于"世教"以安定其统治;其对晚明主情古文的鄙薄亦是为反思明世以诚告清世。"再批评"并非为了判定对错,亦非为否定何者,而是为了呈现一种文学批评的复杂性和合理性,以便为文学史写作提供一种新的视角和新的学说。

三、研究思路

《总目》元别集著录书提要共 163 家 169 则,存目书提要共 35 家 36 则,这便是本文研究的核心主体。根据提要自身的撰写模式、书写内容和学术影响,本书大致从以下五个向度进行全面探究:

(一)生成研究①。这是提要文本的外围研究。主要内容包括两个部分:一是《总目》是如何生成的;二是《总目》生成之生态是怎样的。对于第一个问

---

① 按,关于元别集提要生成向度的研究,学界还未有整体系统的成果。仅司马朝军在《〈四库全书总目〉编纂考》(武汉大学出版社 2005 年)中将翁方纲提要稿与《总目》元别集提要重合之篇目作过梳理和对比,并非元别集提要全部篇目,且其文只标注了二者之差异,未作进一步分类归结和观念探赜。

题,本书将从历时流变和共时结构两个维度展开,试图全面把握《总目》的生成轨迹。由于《总目》并不是一气呵成的速成性文本,而是历经分纂稿、《进呈存目》、库书提要等多个环节累积而生成,故对其作历时性角度的探究无疑能清晰地呈现出文本生成的脉络。同时通过对提要的文字增加、删改之处进行整理比对,馆臣撰写提要时思想、学术和心态的细微变化便浮出水面。归言之,历时视角,无疑有助于从时间上把握提要的流变轨迹及其撰写的思想演变;共时视角,则有助于在空间中对稳定文本的构成要素进行定向分析,从而识别结构所蕴藏的书写策略和思想观念。例如元别集的断限问题,对于宋末元初、金末元初、元末割据政权、元末明初这四种类型的文人,究竟该如何归属? 若如《总目·凡例》所言"论史主于示褒贬"①而依据文人"是否出仕新朝的标准"来划分,那么辅佐元世祖的李俊民何以归入金代? 未仕元的宋遗民何以归入元代? 又如明初参与明廷撰修《元史》《礼书》而后未被放还这一类有"食明禄"者何以被归入元代? 这些溢出标准的情形如何解释;再如,元别集提要的顺序依何而定? 若非依照生卒时间顺序,又非官方所言依中进士时间先后顺序,而是将生卒和中进士的时间皆较早的文人置于元别集提要的最末,这类现象又该如何解释? 因此,构成要素的定向探究亦能揭示出馆臣"未言说"的潜在观念和意识形态。至于此段开头所提第二个问题,是对《总目》撰写生态的探讨,正如若想了解一棵大树为何会结满丰硕果实或者树形独特,便需要对其生长的土壤和培育的方式进行探索。《总目》生成的学术环境以及撰写者思想是如何的? 对此问题的追寻,将有利于对《总目》的生成语境进行全面把握。

　　(二)版本研究②。这是对提要文本的内部研究。版本著录和版本描述是

---

① 李致忠:《〈四库全书总目·凡例〉笺注》,《文献》2002 年第 1 期,第 100 页。

② 按,对本文版本研究有借鉴意义的有何宗美、张晓芝《〈四库全书总目〉的官学约束与学术缺失》(人民文学出版社 2017 年)、王美伟博士论文《〈四库全书总目〉清别集提要研究》(西南大学博士学位论文 2017 年)和吴亚娜博士论文《〈四库全书总目〉宋代文学批评研究——以宋人别集与词集提要为中心》(西南大学博士学位论文 2017 年),此三书于宋、明、清代别集的版本进行了考辨并有所结论,其方法和结论皆对本书研究有借鉴意义。

《总目》的重要内容和重要价值点。除个别提要外,大多数提要皆涉及版本描述。本书主要从三个维度考察其著录版本和所述版本:其一,馆臣的版本视野,以此判断《总目》所叙录之别集版本是否为全视野,从而判断《总目》所具备的学术价值;其二,《总目》著录版本和所述版本中是否存在不足和讹误,例如《总目》著的版本是否善本,《总目》著录的版本是否与文渊阁库书保持一致,《总目》所述版本是否有所依据,又是否衍生出某些讹误,对后世接受形成干扰和误导;其三,追踪《总目》所述之序跋,以《总目》所述别集序跋情形对照四库本别集存留序跋的情况,借此判断四库本元人别集的版本价值。除此,版本取舍背后的观念意图亦是本书试图揭示的重点内容。关于《总目》版本向度的研究,自陈垣四库学研究、余嘉锡《四库提要辨证》(中华书局 2007 年)、胡玉缙《四库全书总目提要补正》(上海书店出版社 1998 年)掀起了《总目》考辨的热潮以来,崔富章《四库提要补正》(杭州大学出版社 1990 年)、杨武泉《四库全书总目辨误》(上海古籍出版社 2001 年)、李裕民《四库提要订误》(中华书局 2005 年)、魏小虎《四库全书总目汇订》(上海古籍出版社 2016 年)等著作都接续了全面修正和完善《总目》的任务,其中对《总目》著录元别集版本和所述版本的考辨皆有所涉及,但对二种版本是否一致问题的考辨则无。与《总目》元别集相关的元别集版本考辨成果则有周清澍所撰《元人文集版本目录》(南京大学出版社 1983 年),该著依照《总目》元别集顺序(包括著录书和存目书)对今存元别集版本进行摸底,标注卷次和藏家,可谓迄今学界可供查阅和搜索元别集的最为完备的目录;查洪德所编《中国古代诗文名著提要(金元卷)》(河北教育出版社 2009 年)撰写之元别集提要几乎每则都涉及《总目》版本结论,不失为对元别集版本进行了一次全面的梳理,但尚未作深度剖析;杨镰著作《元代文学及文献研究》(中华书局 2015 年)一书以若干元人别集案例为对象,辨清伪集,钩沉佚作,亦可谓对元别集版本的真伪散佚情况进行了一次清理。尽管迄今学界对元别集文献的整理热情不减,成果颇多,但这些成果多是以吸收《总目》著录版本为主的整理,或者以《总目》所述版本为准展开探讨,或是对

《总目》著录之外别集的考辨和补充,而皆未能将《总目》著录和存目的元别集版本进行系统的考辨,以去伪存真,亦未能探究《总目》所述四库底本与四库本之间的对应关系,借以区别四库底本与四库本,更不及对《总目》著录标准之寻绎,以把握《总目》因主观观念的介入而在版本著录上的偏颇和缺失。

（三）文献征引研究。这也是对提要文本的内部研究。①《总目》以考据为主要学术方法,故其广泛地征引文献以作为自身立论的依据,这便导致了文献成为了每一则提要中的重要组成部分,也因此成为了研究的重点对象。本书先对《总目》元别集提要中征引的文献进行分类统计和了解,然后再对其中征引最为频繁的三种文献,即《元史》《元诗选》和序、跋、墓志等做分项考察。首先完成第一层次的探寻,比如引文原文准确与否,若错讹,原因是什么? 又比如引文的解读准确与否,是否曲解原意? 再如引文择取标准是什么,在有多种选择的情况下,《总目》为何征引此而不征引彼? 其次进行第二层次的掘发,例如此三类文献除了征引频率高之外,还代表三种不同的文献性质:《元史》是史学性质著作,观点较为正统;《元诗选》是文学性质著作,观点较有时代思潮特色,是清初诗学流派争论下的产物;序、跋、墓志等则具有信息的原初性,但又因撰写者的亲缘关系而不乏美饰之嫌。故对此三种文献的征引展开具体考辨,可获知《总目》文献征引时的态度和观念,如是否对于《元史》过度信赖? 是否对《元诗选》能迎合其意识形态的诗歌和人物品评尤为感兴趣? 是否避免了序、跋、墓志等的同代定论? 文献研究不仅在于纠正征引之讹误,还在于透过征引讹误的背后把握隐匿其中的思想意图。

（四）文学批评研究。这仍是对提要文本的内部研究。迄今学界与该向度研究内容紧密相关的成果仅有李小燕的单篇论文《〈四库全书总目〉元人别集提要与元代诗文批评》。该文对《总目》元别集提要中个别诗文理论有所梳

---

① 按,对于元别集提要此一向度的研究,目前学界尚无成果。仅何宗美、张晓芝《〈四库全书总目〉的官学约束与学术缺失》(人民文学出版社 2017 年版)中对明别集提要的文献征引研究能够给予本研究一些方法参考和结论启示。

理和揭示,但尚未对元别集提要中的文献和理论进行深入、系统的研究。同时,与该向度研究相关的研究亦取得了一些创见性的成果,如龚诗尧《〈四库全书总目〉之文学批评研究》,何宗美《〈四库全书总目〉的官学约束与学术缺失——以明别集提要为中心展开的研究》等,其虽不直接涉及元别集提要批评,但都将成为元别集提要文学批评研究的重要视野和基础。限于版式和篇幅,此不一一罗列。文学批评在分纂稿提要中尚未占据较大比重,而在《总目》中则几乎遍及每一则提要,有的甚至占据了提要的一半以上,如《南湖集》提要,这说明馆臣在《总目》中除了梳理版本文献之外,还试图表达一种文学观念。本书在提要考辨的基础上,大致归结出对《总目》文学批评的三点认识:其一,文学史观。《总目》以"世运"说构建元代文学史,认为元代文学以"延祐、大德以还"的政治盛世期为文学盛世期,而元初和元末皆为文学流弊期。其二,元文观。《总目》驳斥和否定明人"元无文"观念并积极塑造和建构元文。其三,元诗观。《总目》吸纳前人成果而以"纤秾靡丽"定评元诗,在实际提要书写中又夹杂着时间表述上的混乱,如"元代"和"元季",还试图凸显元诗"无纤秾靡丽之习"的一面,何以如此矛盾?把握《总目》此三种观点后,本书将对《总目》展开"元批评",即对《总目》之批评进行再批评。《总目》之批评合理与否,结论并非凭空臆断,而是必须要立足于具体元别集文本的阅读,回到元代文学的真实面貌,方能甄别判断,去伪存真,方能进行评判和还原真实。当然,《总目》文学批评中流露出的回护和重塑意识,亦为本书关注之重点。

(五)影响研究。这属于提要文本的外围研究。《总目》自清乾隆朝诞生以来,其对后世之影响可谓深远。余嘉锡有一段总结性的描述说:"乾、嘉诸儒于《四库总目》不敢置一词,间有不满,微文讥刺而已。道、咸以来,信之者奉为三尺法,毁之者又颇过当。愚则以为《提要》诚不能无误,然就其大体言之,可谓自刘向《别录》以来,才有此书也。"①可见《总目》自清乾隆至民国的

---

① 余嘉锡:《四库提要辨证》(第一册)卷首《序录》,中华书局 2007 年版,第 48 页。

接受情形,毁誉皆有,但不管"毁"或"誉",皆反映出《总目》在后世的影响广泛而深远。《总目》元别集提要的后世影响主要有两个维度:一是对元代目录文献著作的影响;二是对元代文学史书写和元代文学批评的影响。于前者而言,借鉴和接受中的辨证、订误、完善是主旋律;于后者而言,则整体呈现出两种情形的接受:第一种在 20 世纪三四十年代,尚处于中国文学史的书写初期,此时对于文学史的概念、框架尚未明晰,亦无先例可循,故此时文学史写作对《总目》元别集提要的依赖颇深;第二种在 20 世纪 60 年代以后,随着文学史的书写日趋成熟,文学史的书写体例和模式皆突破了提要式写作,并且观念上亦有颠覆性的冲击,但《总目》元别集提要所蕴藏的文学史批评话题和个案批评成果却仍是文学史书写时历久弥新的论争对象。而随着中国文学史书写的不断深入,本土文学文献系统和批评体系这片有待深耕细作的沃土,其价值不言而喻。于此而言,《总目》元别集提要作为系统呈现元代诗文文献和批评的文本载体,其价值不可忽视,其影响也将是持久而绵长的。

第一章 《四库全书总目》元别集提要之生成研究

　　《四库全书总目》(下称《总目》)著录元别集共 198 家 205 种,其中著录书 163 家 169 种①,存目书 35 家 36 种。纵向比之,《总目》元别集著录书比例虽不及宋别集高,但却远甚于明、清二代别集;横向比之,《总目》元别集作者虽不如康熙朝《元诗选》收录的文人数量多,但《总目》元别集提要可谓一次对元代书籍和著者展开的史无前例的大规模的梳理和批评。于此而言,《总目》元别集提要无论从"量"上或是"质"上都有深入探讨的可能和必要。而面对《总目》元别集提要,首先需要解答的便是生成层面的问题:馆臣究竟是以怎样的态度在甄选元别集和书写其提要? 元别集的著录标准是什么? 别集的排列顺序依何而定? 元别集在轰轰烈烈的禁书毁书运动中遭遇了什么? 这些问题的肃清,对于认识《总目》元别集提要以及进一步探究元别集提要思想倾向和文学观念无疑有重要意义。

第一节 《总目》元别集提要生成的历史演变

　　《总目》是一个累积性文本,它经历了分纂稿提要、《四库全书初次进呈存

---

　　①　按,其中有两部重复作品,即张观光《屏岩小稿》与黄庚《月屋漫稿》。

目》(下称《进呈存目》)、库书提要等多个环节而形成定稿。《总目》之编纂始于乾隆三十八年(1773)①,而后历经馆臣和乾隆帝的反复修订,定稿于乾隆五十五年(1790)至五十九年(1794)之间②。《总目》成书历时十余年,其中删、改、增、补等活动随着当时思想、政策、学术的变迁而不断发生,故而《总目》可谓是时间和空间双维度共同作用而生成的文本。若要探究《总目》思想、观念等深层内涵,必然不能脱离当时特定时空背景而追本溯源。正如对于认识累积性的神话故事、通俗小说一般,追寻其起点及其演变历程,方能更好地评价其终点的意义和价值。

一、历时流变:从提要分纂稿到《总目》定稿的文本层积

纵向观之,《总目》是长时间编纂的成果,是馆臣群体思想与学术的共同结晶。自乾隆三十八年(1773)采集《永乐大典》遗书时,即有令"将出(书)名摘除,撮取著书大旨,叙列目录进呈,候朕裁定,汇付剞劂"③,是为《总目》之滥觞;乾隆三十九年(1774),《总目》便已初具编制,是年七月二十五日谕曰:"四库全书处进呈《总目》,于经史子集内,分晰应刻、应抄及应存目三项。各条下俱经撰有提要,将一书原委撮举大凡,并详著书人世次爵里,可以一览了然。较之《崇文总目》,搜罗既广,体例加详,自应如此办理。"④乾隆四十六年(1781)十二月则第一分文渊阁四库全书完成,乾隆四十六年十二月初六日内阁奉上谕:"《四库全书》第一分,现在办理完竣,所有总校、分校人员等,着该

---

① 按,此年七月二十五日谕云"至现办《四库全书总目提要》多至万余种,卷帙甚繁,将来抄刻成书,翻阅已颇为不易。自应于提要之外,另刊《简明书目》一编"。(纪昀等:《钦定四库全书总目》卷首,中华书局1997年版,第4页。)

② 郭伯恭:《四库全书纂修考》,岳麓书社2010年版,第198页。

③ 中国第一历史档案馆编:《纂修四库全书档案》三四,上海古籍出版社1997年版,第58页。

④ 中国第一历史档案馆编:《纂修四库全书档案》一七一,上海古籍出版社1997年版,第228页。

总裁查明咨部,照例议叙。"①尽管《总目》作为纲领性的文本,在纂修《四库全书》过程中启动时间较早,但最终定稿则较《四库全书》内阁四分书、《四库全书简明目录》更晚②。或说《四库全书》后续增改会牵连《总目》之修改,故其完竣理当最慢,实不然。若是仅因书籍之变更而晚出,那么何以《四库全书简明目录》得以刊行? 由此,则在这"晚出"之背后,不仅是客观变更之需求,更是乾隆帝与馆臣借《总目》以发其意志的"审慎""虑精"态度之结果。

(一)总观:从分纂稿提要到《总目》的层级流变

《总目》从分纂稿到《进呈存目》,再到《总目》定稿,正是一个以文献版本为主的实学文本向批评论说比例增多的观念性文本的转移过程。今以提要分纂稿、《进呈存目》和《总目》三者皆有文本留存的 4 则提要为例,进行纵向对比,或可窥探提要撰写过程之细节变化。此 4 则提要,分别是翁方纲《翁方纲纂四库提要稿》2 则和姚鼐《惜抱轩书录》2 则。

先看第一则,《云阳集》提要,《翁方纲纂四库提要稿》云:

> 祁字一初,别号希蘧,茶陵州人,元统元年登进士第二人,授应奉翰林文字,除婺源州同知,迁江浙儒学副提举,以母忧解职,退隐永新山中,力辞征辟,年七十余卒。所著诗文曰《云阳集》,其五世诸孙明大学士东阳以家藏旧本重校补辑者。应抄存之。③

《进呈存目》云:

---

① 中国第一历史档案馆编:《纂修四库全书档案》八三二,上海古籍出版社 1997 年版,第 1446 页。

② 按,《四库全书》内阁有四分书:第一分书成于乾隆四十六年(1781),贮藏文津阁;第二分书成于乾隆四十七年(1782),贮藏文溯阁;第三分书成于乾隆四十八年(1783),贮藏文渊阁;第四分书成于乾隆四十九年(1784),贮藏于文津阁(参郭伯恭《四库全书纂修考》,岳麓书社 2010 年版,第 117—124 页)。南三阁文宗阁、文汇阁、文澜阁贮藏书也于乾隆五十二年(1787)续缮完成(参郭伯恭《四库全书纂修考》,岳麓书社 2010 年版,第 124—129 页)。《四库全书简明目录》成于乾隆四十八年(1783)缮出(参郭伯恭《四库全书纂修考》,岳麓书社 2010 年版,第 198 页)。

③ 翁方纲纂,吴格整理:《翁方纲纂四库提要稿》,上海科学技术文献出版社 2005 年版,第 816 页。

祁字一初,茶陵人,举元统元年左榜第二人进士,应奉翰林文字,授婺源州同知,迁江浙副提举,归隐永新山中。(1)①元亡,自称"不二心老人",力辞征辟,年七十余乃卒。(2)祁为诗,冲融和平,自合节度,文笔亦雅洁有法。(3)早登科第,与余阙为同年友,后阙死节,而祁独转侧兵戈间,尝为阙序《青阳集》,以"不得垂一障,效死如廷心"为恨,又称"世之贪生畏死,甘就屈辱,觍然以面目视人者,斯文之丧,益扫地尽矣"。盖其生平立志如此,故集中诗文类多兵后所作,而惓惓故国,每饭不忘,卒皭然无所屈降,其大节有足称也。(4)初,祁在永新为总制俞茂所礼重,殁后,茂为刻其遗集十卷。至弘治间,其五世从孙东阳搜辑佚稿,属吉安守顾天锡重锓行之。康熙间,岭南释大汕复删为四卷,弃取未当,自不若原本之详善也。②

《总目》:

祁字一初,别号希蘧,茶陵人。元统元年进士,除应奉翰林文字。改授婺源州同知,迁江浙儒学副提举,以母忧解职。会天下已乱,遂隐永新山中。元亡,自称"不二心老人",年七十余乃卒。祁为诗冲融和平,自合节族。文章亦雅洁有法。(5)**其初登第也,元制以汉人、南人为左榜,蒙古、色目人为右榜**。案元制尚右,故《元史·梁增传》称:谕安南以新朝尚右之礼,蒙古、色目人为右榜,以此。**祁为左榜第二人,其右榜第三人则余阙也。后阙死节,而祁独转侧兵戈间,尝为阙序《青阳集》,以"不得乘一障,效死如廷心"为恨**。又称:"世之贪生畏死,甘就屈辱,觍然以面目视人者,斯文之丧益扫地尽矣!"(6)**盖与阙虽出处稍殊,死生各异,而其惓惓故主、义不负元,则大节如一。昔宋理宗宝祐四年榜,得文天祥为状元,又得陆秀夫、谢枋得二人。是榜得李黼为状元,而又得祁与阙二人。黼不愧文天祥,阙不愧陆秀**

---

① 按,原文无序号,为方便后文分析所加,后引文内所加序号,皆同此。
② 《四库全书初次进呈存目》集部一,台北商务印书馆 2012 年版,第 291—292 页。

夫，而祁亦不愧谢枋得。是二榜者，后先辉映，亦可云科名之盛事矣。初，明兵至永新，祁中刃僵道左。千户俞子茂询知为祁，舁归，礼待之。虽幸不死，然洪武中征召旧儒，祁独力拒不起。子茂重其为人，祁殁之后，子茂为刻其遗集十卷。至弘治间，其五世从孙东阳搜辑遗稿，属吉安守顾天锡重镌，即此本也。国朝康熙中，广州释大汕复以意删削，并为四卷。**(7)然大汕虽号方外，实权利之流，其学识不足以知祁，去取深为未当。故今仍以原本著录，存其真焉。**①

纵观三者之流变，从《翁方纲纂四库提要稿》到《总目》，李祁《云阳集》提要共发生了七处变化，主要以扩充为主。从提要分纂稿到《进呈存目》，新增四处，即引文第(1)至第(4)处：一为"不二心老人"的称号，一为诗文批评，一为气节表彰，一为版本补充；从《进呈存目》到《总目》又新增加了三处，即第(5)至(7)处，其中第(5)(6)处是对《进呈存目》中所增第(3)处的气节表彰部分再次进行大幅度扩充，进而表彰元朝与宋朝状元之气节、科名之盛事；第(7)处是补充说明舍弃释大汕所编删节本之原因。归纳而言，改变次数最多、篇幅最大之处，还在于元末状元的气节表彰，即第(5)(6)处表述。若《进呈存目》增添之"盖其生平立志如此，故集中诗文类多兵后所作，而惓惓故国，每饭不忘，卒巀然无所屈降，其大节有足称也"，仅停留在对李祁个人气节之表彰，那么《总目》第(5)(6)处之增补，则已然由个人气节之表彰上升至对元末状元这一身份群体气节之表彰了。

再看第二则，《青阳集》提要，《翁方纲纂四库提要稿》云：

阙字廷心，一字天心。唐兀氏，世居威武，徙家合肥，元统癸酉登进士第二人，除同知泗州。历官监察御史、翰林待制，以副使金都元帅事分守安庆，拜淮南行省左丞。陈友谅合兵来攻，至正十八年正月城陷死之，举家赴难。赠淮南江北等处行中书省平章政事，追封豳国

---

① 纪昀等：《钦定四库全书总目》卷一六八，第2254—2255页。

公,谥忠宣。阙留意经术,为文有气骨,诗体擅江左,兼精篆隶。尝读书庐州青阳山,学者称青阳先生。门人淮西郭奎掇其遗文为《青阳集》,同年进士云阳李祁序之,即此本也。**卷前载宋濂所作传,云"谥文忠",濂集中载此传又作"谥忠愍,追封夏国公",并与《元史》不合,当以史为据。**传又曰:阙于《五经》皆为传注,多新意。汪仲鲁所作《哀词序》云:公金宪浙东时,言《易》之一经,尝求得古书考察,积思有年,将注述成书,以贻后世。向尝见公《答郑待制》及《与江西友人书》,其语与昔之言无异旨。今不惟所注之《易》不传,即其答人论《易》之书亦不见于集中矣。集尾有青城王汝玉跋,云"前集若干卷已梓行,续集若干卷,及士大夫之文辞又若干卷,则维扬张仲刚氏采辑者也。仲刚名毅"。而莆田彭韶跋又云"群贤诸作敌其半,别自为集可也"。玩此二跋,皆非此本之跋,盖此本是郭奎所辑,无张毅之名,而且后附他人之作止《青阳山房记》等二首而已,与彭跋"敌半"之语不合。第一卷诗止九十六首,其见于选本转有出此本之外者,是此六卷固非阙集之全本矣。王士祯《蚕尾文跋》云:《青阳集》五卷,庐守张君某新刻本。又称其《华州大宁宫记》不减罗鄂州,今此记正在集内,而较"新刻"多出一卷。《江南通志》则云余阙《青阳山房集》八卷,而王、彭二跋皆不著明其卷数。此本刻于正德十五年,而附载全集之跋于尾,是阙集当以此六卷为定本,而其五卷者乃后来重刻本,则此六卷之板亦漫漶罕传久矣。阙以经术文章而兼死节,宜刊刻传之。①

《进呈存目》云:

> 阙以淮南行省左丞守安庆,殉节甚烈,事具《元史》,**故集中所著皆有关当世安危,其《上贺丞相》四书,言蕲、黄御寇之策尤痛切,使策果行,则友谅未必能陷江东、西也。其第二书谓往时泰哈布哈、曼**

① 翁方纲,吴格整理:《翁方纲纂四库提要稿》,上海科学技术文献出版社 2005 年版,第809—810 页。

济哈雅并力攻蕲、黄，贼几就灭，忽檄散各军，止有布延特穆尔驻扎兰溪，盗之复陷沿江诸郡，实人谋不臧，证以《布延特穆尔本传》，知丞相托克托虽有功于江淮，而实阶乱于蕲、黄之地。又第四书曰："兰溪之功，布延特穆尔平章为最，曼济哈雅中丞特因之成事。"《布延特穆尔传》亦采用之。则是非之公，信诸后代者也。其诗以汉魏为宗，优柔沈涵，于元人中别为一格，在阙又为余事矣。①

《总目》：

阙字廷心，一字天心，色目人。世居武威，以父官合肥，遂家焉。元统元年进士，累官淮南行省左丞，分守安庆。陈友谅陷城，自到死，赠行省平章，谥忠宣。事迹具《元史》本传。阙以文学致身，于《五经》皆有传注，篆隶亦精致可传，而力障东南，与许远、张巡后先争烈，故集中所著皆有关当世安危。其《上贺丞相》四书，言蕲黄御寇之策，尤为深切。使阙计果行，则友谅之能陷江东、西否，尚未可知也。其第二书谓往时泰哈布哈、原作泰不华，今改正。曼济哈雅原作蛮子海牙，今改正。并力攻蕲黄，贼几就灭，忽檄散各军，止有布延特穆尔原作卜颜帖木儿，今改正。驻札兰溪，盗之复陷沿江诸郡，实人谋不臧，证以布延特穆尔本传，知丞相托克托原作脱脱，今改正。虽有功于江淮，而实阶乱于蕲黄之地。又第四书曰："兰溪之功，布延特穆尔平章为最，曼济哈雅中丞特因之成事。"《布延特穆尔传》亦采用之，则又是非之公，足以信诸后代者也。其诗以汉魏为宗，优柔沈涵，于元人中别为一格。**胡俨《杂说》曰："初，危太朴以文学征起，士君子皆想望其风采。或问虞文靖公曰：'太朴事业当何如'？曰：'太朴入京之后，其词多夸，事业非所敢知。必求其人，其余阙乎'，问：'何以知之'？曰：'集于阙文字见之'。后阙竟以忠义显，乃知前辈观人，自**

① 《四库全书初次进呈存目》集部一，台北商务印书馆 2012 年版，第 377—378 页。

有定鉴"云云。**然则文章虽阙之余事,而心声所发,识度自殊,亦有足觇其生平者矣**。①

与《云阳集》提要的流变是对同一主题的二次扩充不同,《青阳集》提要第一次流变呈现出舍此言彼的主题转移,第二次流变才呈现出主题式的扩充。具体而言,《翁方纲纂四库提要稿》偏重版本考辨,版本考辨的篇幅几乎占三分之二;《进呈存目》则舍弃版本考辨内容,主要考量余阙别集之思想内容,通过解读余阙《上贺丞相四书》,认定其作"有关当世安危";《总目》亦舍弃了版本考辨内容,纳入了《进呈存目》所添加之别集文学评价和思想认定,然后则进行再拓展,并引胡俨《杂说》将余阙与危素之气节人格进行对比而寓褒贬于其中。

次看第三则,《秋涧集》提要,姚鼐《四库提要分纂稿》云:

> 王恽字仲谋。元世祖时官翰林学士,事详《元史》本传。其文自谓学于元好问,传称恽有材干。此集不独文章,亦颇详吏事。内诗文七十七卷、《承华事略》二卷、《中堂事纪》三卷、《乌台笔补》十卷、《玉堂嘉话》八卷,共一百卷。《承华事略》进于裕宗在东宫时,裕宗甚喜其书,令诸皇孙传观焉。其《玉堂嘉话》中论辽、金不当为载记之说,尤为平允,当时所取以作《辽》、《金史》者也。②

《进呈存目》云:

> 元王恽撰。恽字仲谋,汲县人。元世祖时,官翰林学士承旨。事迹具载《元史》。恽文章自谓学于元好问,(**1**)**故其波澜意度,皆不失前人矩矱。诗篇笔力坚浑,亦能嗣响遗山。史称恽有材干,集中关系政治诸作尤为疏达详明,了如指掌**。凡诗文七十七卷,又《承华事略》二卷,乃裕宗在东宫时所撰以进者。裕宗甚喜其书,令诸皇孙传观焉。(**2**)**《中堂事纪》三卷,载中统元年九月在燕京随中书省官赴**

开平议事,至明年九月复回燕京之事,于时政缀录极详,可补史阙。《乌台笔补》十卷,乃为监察御史时所辑御史台故事;《玉堂嘉话》八卷,则于至元戊子所作,乃追记在翰林日所闻见者。凡文章得失,典制沿革,皆汇而录之,甚称精核。所论辽、金不当为载记之说,尤为平允,即当时所取以作《辽》《金史》者也。①

《总目》:

> 元王恽撰。(3)**恽有《玉堂嘉话》,已著录**。恽文章源出元好问,故其波澜意度,皆不失前人矩矱。诗篇笔力坚浑,亦能嗣响其师。论事诸作有关时政者,尤为疏畅详明,了如指掌。史称恽有才干,殆非虚语,不止词藻之工也。集凡诗、文七十七卷,又《承华事略》二卷,乃裕宗在东宫时所撰进。裕宗深重其书,令诸皇孙传观焉。《中堂事纪》三卷,载中统元年九月,在燕京随中书省官赴开平会议,至明年九月,复回燕京之事,于时政缀录极详,可补史阙。《乌台笔补》十卷,乃为监察御史时所辑御史台故事。《玉堂嘉话》八卷,则至元戊子所作,乃追记在翰林日所闻见者。凡文章得失,典制沿革,皆汇而录之,颇为精核。其论辽、金不当为"载记",尤为平允。即当时所取以作辽、金史者也,(4)**与《承华事略》均有别本单行。以旧本编入集中,今仍并存焉**。②

此则提要在《进呈存目》时便已基本完成了主体内容的变化。《总目》除去添加"有《玉堂嘉话》,已著录"一句和《秋涧集》版本说明外(第3处和第4处加粗),基本承袭《进呈存目》增补的内容。再看《进呈存目》增补的内容,一为诗歌评价(第1处加粗),观点大致围绕"其学于元好问"展开;一为王恽笔记体著作的介绍(第2处加粗),此一增添颇令人生疑,为何要在别集提要中大篇幅增入笔记体著作的介绍? 尤为不解的是,《总目》自云"有《玉堂嘉话》,

---

① 《四库全书初次进呈存目》集部一,台北商务印书馆2012年版,第461—462页。
② 纪昀等:《钦定四库全书总目》卷一六六《秋涧集》提要,第2217页。

已著录",却在后文中仍沿袭此书之简介。答案可从"于时政缀录极详,可补史阙""文章得失,典制沿革,皆汇而录之"等表述中寻得。馆臣增补之意图在于凸显王恽文章的史料价值,这一点正与《总目》"补史阙"的撰写思想一致。由此可知,《总目》的撰写思想是在提要流变过程中逐渐增强和渗透的。

末看第四则,《麟原集》提要,姚鼐《四库提要分纂稿》云:

> 王礼字子让,庐陵人。**(1)元末在全普庵撒里幕府**,后迁广东元帅府照磨,明兴不仕,聘为考官亦不就。前、后集各十二卷,共二十四卷。首有刘定之序,谓其"托耕凿以栖迹于运去物改之馀,依曲蘖以逃名于头童齿豁之际",其文"奇气碑砑,犹若佐全普庵时,以未裸将周京故也。有与子让同出元科目,佐**(2)石抹幕府**,其气亦有掣碧海、弋苍旻之奇,及攀附龙凤,有作嘻暗郁伊,扪舌骍颜,曩昔豪气澌泯无馀矣"。定之是言盖以讥刘基也,其辞虽太过,然礼之所自处则诚高矣。①

《进呈存目》:

> 元王礼撰。礼字子尚,后更字子让,庐陵人。元末为广东元帅府照磨。明兴不仕,聘为考官,亦不就。前、后集各十二卷,**(3)前有李祁、刘定之二《序》**。定之《序》谓其"托耕凿以栖迹于运去物改之馀,依曲蘖以逃名于头童齿豁之际。其文奇气碑砑胸臆,以未裸将周京故也。有与子让同出元科目,佐幕府,其气亦有掣碧海、弋苍旻之奇,及攀附龙凤,**(4)自拟留文成。然有所作**,嘻暗郁伊,扪舌骍颜,曩昔豪气澌泯无馀矣"。意盖借礼以诋刘基,未尽肖其为文。**(5)祁序称其"蔼然仁义之词,凛然忠愤之气,深切恳至,无不可人意者"。斯得之矣**。②

《总目》:

> 元王礼撰。礼字子尚,后更字子让,庐陵人。元末,为广东元帅

---

① 翁方纲等撰,吴格、乐怡标校整理:《四库提要分纂稿》"姚鼐稿",上海书店出版社 2006 年版,第 434 页。

② 《四库全书初次进呈存目》集部二,台北商务印书馆 2012 年版,第 571 页。

府照磨。明兴,不仕,聘为考官,亦不就。**(6)《江西通志》载吉安人物有王子让,而无王礼,盖误以子让为名也。礼工于文章,著述甚富,尝选辑同时人诗为《天地间集》**,案谢翱尝录宋遗民诗为《天地间集》,此袭其名,盖阴以自寓。**其名见于郭钰《静思集》中,今已久佚。惟是编尚存**,分前后两集,各十二卷。前有李祁、刘定之二《序》。定之《序》谓其"托耕凿以栖迹于运去物改之余,依曲蘖以逃名于头童齿豁之际。其文奇气硉矹胸臆,以未裸将周京故也。有与子让同出元科目,佐幕府,其气亦有掣碧海、弋苍旻之奇。及攀附龙凤自拟留文成。然有所作,噫喑郁伊,扪舌骍颜,曩昔豪气渐泯无余矣"。意盖借礼以诋刘基,然所评与礼文不甚似。祁《序》称其"蔼然仁义之词,凛然忠愤之气,深切恳至,无不可人意者",斯得之矣。①

该提要从分纂稿到《总目》一共完成了有六处变更,其中《进呈存目》五处,《总目》一处。从变更形式看,删减处有二,增补处有四。增补处又以第(5)处和第(6)处为显著。第(5)处为《进呈存目》所补,征引了李祁所撰序文,目的在于表彰王礼之忠君气节;第(6)处为《总目》所增补,其征引《江西通志》王礼辑《天地间集》一事,是为表彰王礼重气节之品质。此二处增补,使得王礼崇尚忠义、坚守气节的元遗民形象得以彰显。由此例提要可知,从分纂稿到《总目》的流变,确实是一个思想性和观念性逐渐增强的过程。

以上通过对四种别集提要的具体流变考察可知,从最初的分纂提要稿到《进呈存目》再到《总目》,元别集提要的变化是显著的,其中最突出的特点是话题性、论述性和观念性在逐渐增强,而话题性和观念性又集中体现在人品气节的褒贬、元人无门户之争的塑造上。且此四例提要在流变中呈现出的共通性,又足以窥得《总目》进化过程中的一些规律和特征,比如标榜人物气节,比如重观念而略版本、重形象塑造而轻全面铺陈。这些特征,将在后文的分项探

---

① 纪昀等:《钦定四库全书总目》卷一六八,第2256页。

究得以具体再现。

（二）比较对象一：作为层级起点代表的分纂稿提要

上文从提要个案的流变中窥得《总目》撰写之倾向,然因分纂稿提要今存仅为少量篇目,故三种文献存载的别集提要重合率较低,为此下文需要对文献整体作单项比较探究,方能弥补上文论述中"面"之不足的遗憾。分纂稿提要是《总目》的原始雏形,将最初形态与最终定稿进行对比,无疑能最大限度地体现《总目》的更改倾向及其撰修思想。据迄今所存的文献查找,元别集的分纂稿提要共存有 33 家,仅占《总目》元别集提要的近五分之一。其中翁方纲《翁方纲纂四库提要稿》中存 27 家①,姚鼐《惜抱轩书录》中存 5 家②,邵晋涵《南江文钞》中存 1 家③。现将分纂稿提要到《总目》的流变进行分类考量如下:

流变内容	流变类型	翁方纲《翁方纲纂四库提要稿》④	姚鼐《惜抱轩书录》	邵晋涵《南江文钞》
生平爵里	—	—	—	《性情集》提要（1 家）
别集版本	版本更换	《存悔斋诗》提要	《剡源集》提要	—
	版本描述	—	《贞素斋集》提要	—

---

① 按,在 27 家中,除去归入明代的王冕和未注明朝代的释益 2 家外、仅见梳理相关材料而未撰提要者 9 家,翁方纲所撰元别集的分纂稿提要实为 16 家。在这 16 家元别集分纂稿提要中,著录书提要 12 家,存目书提要 4 家。12 家著录书分别是:吾丘衍《竹素山房诗集》、龚璛《存悔斋诗》、揭傒斯《揭文安公集》、欧阳元《圭斋文集》、蒲道源《闲居丛稿》、戴良《九灵山房集》、李祁《云阳集》、朱希晦《云松巢集》、仇远《仇山村诗》、虞集《道园学古录》、唐元《筠轩先生集》、余阙《青阳集》。

② 按,此 5 家分别是:王恽《秋涧集》、戴表元《剡源集》、杨维桢《丽则遗音》、王礼《王礼文集》(《总目》作《麟原集》)、舒頔《舒頔文集》(《总目》作《贞素斋集》)。

③ 按,此 1 家为周巽《性情集》。

④ 按,《翁方纲纂四库提要稿》仅有 4 则提要涉及评论,但被《总目》著录的来自《翁方纲纂四库提要稿》中的 12 种元别集提要均已有观念评论,这些观念评论皆为后来所加。

流变内容	流变类型	翁方纲《翁方纲纂四库提要稿》	姚鼐《惜抱轩书录》	邵晋涵《南江文钞》
观念性评论（包括思想评价和文学批评）	未涉评价而《总目》新增之	《竹素山房诗集》提要、《存悔斋诗》提要、《揭文安公集》提要、《圭斋文集》提要、《闲居丛稿》提要、《九灵山房集》提要、《云阳集》提要、《云松巢集》提要（8家）	《秋涧集》提要、《丽则遗音》提要、《舒顿文集》提要（3家）	—
	略为评价而《总目》扩补之	《仇山村诗》提要①、《道园学古录》提要、《筠轩先生集》提要、《青阳集》提要（4家）	《剡源集》提要、《王礼文集》提要（2家）	—
	自成观念而《总目》变更之	—	—	《性情集》提要（1家）

　　由上表统计可知，在提要的流变过程中，变更主要体现在观念性评价的增补、扩补和重写上。尽管文人的生平爵里和别集版本等叙述性的内容也有变更，但比例并不大。而观念性评价的增加则比例较大，尽管增加程度不尽相同。今将分纂稿提要和《总目》一一对比可发现，《总目》增加之评论，大致包括思想评价和文学批评两个方面。若对所存分纂稿提要作"面"的考察，则可以获得明确的结论：《总目》表彰气节的意识较强；《总目》元代文学史观念逐渐形成并系统化。

　　先看，表彰气节的意识在《总目》中有所增强。前文在《青阳集》提要、《云阳集》提要和《麟原文集》提要的流变中已经论及《总目》对元遗民气节话题尤为关注。今于《总目》与分纂稿提要的具体对比中，仍可补充二例为证，即《九灵山房集》提要和《贞素斋集》提要的撰写，具体如下表：

---

　　①　按，《翁方纲纂四库提要稿》著录为《仇山村诗》而未有《金渊集》，《总目》将《仇山村诗》的分纂提要归在《金渊集》提要内。

别集名称	分纂稿提要稿	《总目》
戴良《九灵山房集》	良字叔能,浦江人。尝学文于柳贯、黄溍、吴莱,学诗于余阙,旁及天文地理、医卜佛老之书,无不该悉。元末以荐授淮南、江北等处行中书省儒学提举。已而挈家浮海至胶州,又侨居昌乐。洪武六年还,变姓名隐四明山。十五年征入京,欲官之,以老疾固辞,卒。①(翁方纲纂)	良字叔能,浦江人。尝学文于柳贯、黄溍、吴莱,学诗于余阙。《明史·文苑传》,明太祖初定金华时,用为学正。良弃官逃去。至正辛丑,顺帝用荐者言,授淮南江北等处行中书省儒学提举。后至吴中,依张士诚。知士诚不足与谋,挈家浮海至胶州,欲间道归库库军。库库即世所称王保保,百战以图恢复者也。会道梗不达,侨居昌乐。洪武六年南还,变姓名隐四明山。十五年征入京,欲官之,以老疾辞。太祖怒,羁留不释。次年四月卒于京师,然迄未食明禄也。②
舒頔《贞素斋集》	首有舒頔《自序》及《自传》,传云:"富贵非吾愿,靖节翁与吾异世同志者"。③(姚鼐纂)	名所居曰"贞素斋",著自守之志也……卷首有頔自序,及自作小传,均以陶潜自比。而其文乃多颂明功德,盖元纲失驭,海水群飞,有德者兴,人归天与,原无所容其怨尤,特遗老孤臣,义存故主,自抱其区区之志耳。頔不忘旧国之恩,为出处之正;不掩新朝之美,亦是非之公,固未可与"剧秦美新"一例而论也。④

对比二者,关于戴良生平的描述,《总目》增加了不少文字(字体加粗部分):一则言明其未归顺张士诚割据政权;二则凸显其投奔元将王保保力图复国;三则点明其一生"未食明禄"。《总目》从三个角度塑造戴良"眷怀宗国""未食明禄"的遗民形象。而在诗歌评价中,《总目》亦不忘彰显其中的遗民情怀,如谓:"眷怀宗国,慷慨激烈,发为吟咏,多磊落抑塞之音。故其《自赞》谓'歌黍离麦秀之诗,咏剩水残山之句'。苏伯衡赞其画像,亦谓'其跋涉道途,如子房之报韩,其彷徨山泽,如正则之自放'云"⑤。对于舒頔以陶潜自居而其

① 翁方纲纂,吴格整理:《翁方纲纂四库提要稿》,上海科学技术文献出版社2005年版,第815页。
② 纪昀等:《钦定四库全书总目》卷一六八,第2253—2254页。
③ 翁方纲等撰,吴格、乐怡标校整理:《四库提要分纂稿》"姚鼐稿",上海书店出版社2006年版,第434页。
④ 纪昀等:《钦定四库全书总目》卷一六八,第2250页。
⑤ 纪昀等:《钦定四库全书总目》卷一六八《九灵山房集》提要,第2254页。

文中又"颂明功德"这一龃龉,《总目》花费大量文字进行回护,目的是将舒顿与"剧秦美新"之人区别开来,从而褒赞其不忘故国之气节。

尽管分纂稿提要所存数量不多,但从《总目》的论述和评价中不难见出馆臣对表彰元遗民气节的热衷。此《九灵山房集》提要和《贞素斋集》提要二例,正与前文所论遥相呼应,是可为共证。

次看,文学批评的强化是《总目》较之分纂稿提要更为鲜明的特征之一。今将体现较为典型的提要举隅如下:

别集名称	分纂稿提要	《总目》
仇远《仇山村诗》	释守道有"书传东晋法,诗接晚唐人"之句,颇为肖之。①(翁方纲纂)	远在宋末与白珽齐名,号曰"仇白"。厥后张翥、张羽以诗鸣于元代者,皆出其门。他所与唱和者,周密、赵孟頫、吾丘衍、鲜于枢、方回、黄潜(溍)、马臻皆一时名士,故其诗格高雅,往往頡頏古人,无宋末粗犷之习。方凤序述远之言曰:"近体吾主唐,古体吾主《选》"。瞿祐又记远自跋其诗曰:"近世习唐诗者,以不用事为第一格,少陵无一字无来处,众人固不识也。若'不用事'之说正以文'不读书'之过耳"。其言颇中江湖、四灵二派之病。今观所作,不愧所言。②
虞集《道园学古录》	集之诗文为有元一代冠冕。③(翁方纲纂)	文章至南宋之末,道学一派侈谈心性,江湖一派矫语山林,庸沓猥琐,古法荡然。理极数穷,无往不复,有元一代作者云兴,大德、延祐以还,尤为极盛。而词坛宿老,要必以集为大宗。此录所收虽不足尽集之著作,然菁华荟萃,已见大凡。迹其陶铸群材,不减庐陵之在北宋。明人夸诞,动云"元无文"者,其殆未之详检乎?④

---

① 翁方纲纂,吴格整理:《翁方纲纂四库提要稿》,上海科学技术文献出版社 2005 年版,第791 页。

② 纪昀等:《钦定四库全书总目》卷一六六《金渊集》提要,第 2211 页。

③ 翁方纲纂,吴格整理:《翁方纲纂四库提要稿》,上海科学技术文献出版社 2005 年版,第800 页。

④ 纪昀等:《钦定四库全书总目》卷一六七,第 2228 页。

续表

别集名称	分纂稿提要	《总目》
戴表元《剡源集》	《元史》本传称其文清深雅洁，至元、大德间东南文章大家惟表元一人。盖宋末诗文体益陋，表元尚能以雅正自持，其后宋濂尤爱之，故作史时，推崇如此，然亦过矣。① （姚鼐纂）	表元少从王应麟、舒岳祥游，学问渊源具有授受。顾嗣立《元诗选》小传称："宋季文章气萎苶而词敧斜。帅初慨然以振起斯文为己任。其学博而肆，其文清深雅洁，化朽腐为神奇，间事摹画而隅角不露。尤自秘重，不妄许与。至元、大德间，东南之士以文章大家名重一时，帅初一人而已。"又引宋濂之言曰："濂尝学文于黄文献公，公于宋季词章之士乐道之而不已者，惟剡源戴先生为然"云云，于元人之中，推之独至。今观其诗文，信嗣立所论不诬也。②
杨维桢《丽则遗音》	无文学批评（姚鼐纂）	元代设科例用古赋，行之既久，亦复剽窃相仍，末年尤甚。如刘基《龙虎台赋》以场屋之作为世传诵者，百中不一二也。维桢才力富健，回飙驰霆激之气，以就有司之绳尺，格律不更，而神采迥异。遽拟诸诗人之赋，虽未易言，然在科举之文，亦可云卷舒风云、吐纳珠玉者矣。③
周巽《性情集》	巽诗词清拔，不沿元人纤靡之习。首列拟古、乐府二卷，能陶铸古意而不袭其辞，颇与刘文成相近。有明一代之诗，好模拟汉魏而厌薄两宋，其风气已仿乎此矣。诗中多与苏天爵、虞集诸人互相唱酬。其师友讲贯之功有可考见者。惟前后咏梅诗太多，排比牵合，不免于潦倒粗率之病，要取其精至者而论之，固亦元末之作家也。④ （邵晋涵纂）	巽诗格不高，颇乏沉郁顿挫之致，然其抒怀写景，亦颇近自然，要自不失雅则。集以"性情"为名，其所尚盖可知也。元末吉州一郡如周霆震、杨允孚、郭钰等，皆有诗集流传，而巽诗独佚，殆亦有幸不幸欤？⑤

对比以上表格所列，《总目》不仅对每一别集对象增补了文学评价部分，

---

① 翁方纲等撰，吴格、乐怡标校整理：《四库提要分纂稿》"姚鼐稿"，上海书店出版社2006年版，第433页。

② 纪昀等：《钦定四库全书总目》卷一六六，第2205页。

③ 纪昀等：《钦定四库全书总目》卷一六八，第2260页。

④ 翁方纲等撰，吴格、乐怡标校整理：《四库提要分纂稿》，上海书店出版社2006年版，第487页。

⑤ 纪昀等：《钦定四库全书总目》卷一六八，第2257页。

如《丽则遗音》提要增加了对著者杨维桢赋文的评价,更对元代文学形成了整体认识和批评观念,如《闲居丛稿》提要中评价元中期馆阁文风为:"'皇庆、延祐间,公以性理之学施于台阁之文。譬如良金美玉,不假锻炼雕琢,而光耀自不可掩'云云。亦言其文之真朴也。盖元大德以后,亦如明宣德、正统以后,其文大抵雍容不迫,浅显不支,虽流弊所滋,庸沓在所不免,而不谓之盛时则不可。"①评《筠轩先生集》提要亦称:"始终皆当元盛时,故所作多和平温厚之音。"②皆将元中期视作元代文学的"盛时"。又如《道园学古录》提要中已有对元代文学史和文学宗主的定位:"文章至南宋之末,道学一派侈谈心性,江湖一派矫语山林,庸沓猥琐,古法荡然。理极数穷,无往不复,有元一代,作者云兴,大德、延祐以还,尤为极盛。而词坛宿老,要必以集为大宗。此录所收虽不足尽集之著作,然菁华荟萃,已见大凡。迹其陶铸群材,不减庐陵之在北宋。明人夸诞,动云'元无文'者,其殆未之详检乎?"③显然,《总目》将虞集定为元代文学的领袖和代表人物。另,《山村遗稿》提要、《剡源集》提要和《道园学古录》提要中对南宋末年江湖四灵之弊皆有批判之意,《总目》统一之文学批评观由此可见。而对于邵晋涵在《性情集》提要中所发的元代文学评价,"首列拟古、乐府二卷,能陶铸古意而不袭其辞,颇与刘文成相近。有明一代之诗,好模拟汉魏而厌薄两宋,其风气已仿乎此矣"④,《总目》是删之未采的。邵氏认为明代诗歌复古的模拟之风当追溯至元末,这一观点并未被《总目》所认可,故《总目》不取,转而以"雅正""性情"维度评论其诗。

以上主要从观念评价角度进行探讨,但其实在流变过程中,生平爵里、别集版本亦存在变化。值得一提的是,元别集提要的流变中还存在一个重要而容易被疏忽的问题,那便是流变中版本的更换问题。一般情况下,分纂稿提要

---

① 纪昀等:《钦定四库全书总目》卷一六七《闲居丛稿》提要,第 2233 页。
② 纪昀等:《钦定四库全书总目》卷一六七,第 2237 页。
③ 纪昀等:《钦定四库全书总目》卷一六七,第 2228 页。
④ 翁方纲等撰,吴格、乐怡标校整理:《四库提要稿分纂稿》,上海书店出版社 2006 年版,第 487 页。

与《总目》对同一别集版本的描述基本是保持一致的，即二者所录版本并无差别。但对比发现，例外也是存在的。例如仇远的同一部别集，《总目》著录为"《山村遗集》一卷"，而《翁方纲纂四库提要稿》标注为"《仇山村诗》二卷《补遗》一卷"。为何《总目》著录之本未能与《翁方纲纂四库提要稿》一致？二者之差别仅是名称？还是所据版本实属不同？

据《翁方纲纂四库提要稿》对《仇山村诗》二卷《补遗》一卷的版本描述，该本分卷上、卷下和补遗。上卷有"大德初元九月十九日，清河张渊甫式车会高彦敬御史于泉月精舍，酒半为余作'山村图'，顷刻而成，元气淋漓，天真烂漫。余方栖迟尘土，无山可耕，展玩此图，为之怅然而已。我家仇山阳"一段文字，又录眉注文字为："《江村销夏录》所载诗并卷内题跋，俱在此上卷之末。"下卷无描述。补遗卷则有"补遗诗数首，并词与文为一小卷"①。由此版本描述可以判断，翁方纲所据版本上卷不仅有《题高房山写山村图卷》，上卷末尾为《书与士瞻上人》诗十首、仇远《跋》一篇以及他人《跋》八篇，并注明出自《江村销夏录》。又，该本补遗卷录有诗、词和文。今核康熙年间高士奇所编《江村销夏录》，其"元仇山村诗卷"名目下的确录有该组诗和跋九篇。将翁氏所描述与文渊阁四库全书本对比观之，二者既有相同处，亦有不同处。相同处是所载诗歌序列、补遗卷文体皆相同，而不同处在于《提要稿》称"《江村销夏录》所载诗并卷内题跋，俱在此上卷之末"，今四库本《山村遗集》中，并未载他人《跋》文八篇而仅录仇远《自跋》一篇，亦无《江村销夏录》一书名。又《总目》明言："此本为歙县项梦昶所编，后有梦昶《跋》②，称留意披（搜）访，从《珊瑚木难》《清河书画舫》《成化杭州府志》《嘉兴志补》《上天竺寺志》《绝妙好词》《花草粹编》诸书中，复得诗、词、题、跋如千首，编排成帙。"③而这一

---

① 翁方纲纂，吴格整理：《翁方纲纂四库提要稿》，上海科学技术文献出版社 2005 年版，第 791 页。

② 按，书名号为笔者所加。

③ 纪昀等：《钦定四库全书总目》卷一六六《山村遗集》提要，第 2211 页。

重要版本信息《翁方纲纂四库提要稿》的描述中却完全未提及。翁方纲所据本当无项梦昶《跋》。

因此,由别集名称和关键信息的不对等可知,《翁方纲纂四库提要稿》所据本与《总目》所据本并非同一版本。《总目》并未采用《翁方纲纂四库提要稿》所据版本及其描述,而另择版本再加描述,可见,《总目》和分纂稿提要所据版本有时是不尽相同的。

再如龚璛诗集,《翁方纲纂四库提要稿》择录之版本有两种:一种是"《存悔斋诗》一卷",提要明言此本为毛晋汲古阁藏本:"此本后有吴人朱存理补抄诗一十七首,毛晋汲古阁藏本。又后有补遗六首,则近日嘉定戴范云所辑也。应抄录之。又,考张丑《真迹日录》云:'《存悔斋稿》一帙,乃永嘉朱先生手录龚子敬之作。此册为吴文定公家藏,今归荻溪王宁远氏。朱为伯贤长史,名右,盖后元大儒云云。'此盖别是一本耳。"①另一种是"《存悔斋诗》一卷《补遗》一卷",提要称:"其所著述目之曰《存悔斋稿》,明朱存理为《补遗》于后。其卷尾至正九年开封俞桢跋所称'永嘉朱先生',乃又是一人,非朱存理也。"②此本仅注明"抄本",而无其他版本信息,但其与毛晋汲古阁藏本确为不同版本。对比可知,二者最大的区别是:汲古阁藏本附有《朱性夫先生补抄〈龚子敬遗诗〉》十七首以及毛晋子毛扆《续补龚子敬遗诗》七首,毛扆云:"偶阅《天平山志》载子敬诗二首,集中止有其一,又从《六砚斋笔记》得绝句一首,《皇元风雅》得诗五首,并录于右。康熙乙亥花朝后二日毛扆识。"③之后雍正年间戴范云亦于《历代题画诗类》《铁网珊瑚》续补入六首④;后者则仅有《朱

---

① 翁方纲纂,吴格整理:《翁方纲纂四库提要稿》,上海科学技术文献出版社2005年版,第792—793页。

② 翁方纲纂,吴格整理:《翁方纲纂四库提要稿》,上海科学技术文献出版社2005年版,第793页。

③ 陆心源:《皕宋楼藏书志·续志》卷九六,第10册,台北广文书局1991年版,第4307—4308页。

④ 翁方纲纂,吴格整理:《翁方纲纂四库提要稿》,上海科学技术文献出版社2005年版,第792页。

性夫先生补抄〈龚子敬遗诗〉》十七首。《总目》所著录者为后者,而从诗歌内容上说,后者并非当时最完整之作品集。

另,《翁方纲纂四库提要稿》所据为"戴良《九灵山房集》三十卷",而《总目》则录为"《九灵山房集》三十卷《补编》二卷"。其中《补编》二卷为上卷诗歌八首,下卷文四篇,皆从他集中收得。今观《翁方纲纂四库提要稿》所描述,终于卷三十而无及《补编》。由对比可知,《总目》著录版本与《翁方纲纂四库提要稿》所载所述皆不同,盖馆臣更换之。

更改著者生平爵里的情况比较少,但亦存在。如邵晋涵分纂之《性情集》提要曰:"《性情集》六卷,元周巽撰。巽字巽泉,庐陵人。元末随湖广平章巩卜班征叛猺,以功授永明簿,明初不仕。"①其对周巽之字号和爵里有确切的记载。但《总目》未直接取分纂稿提要中的结论,而是对周巽之字号新增了一段考证内容:"巽事迹不见于他书,其诗集诸家亦未著录。惟《文渊阁书目》载有'周巽泉《性情集》一部,一册',与《永乐大典》标题同。《吉安府志》又载有周巽亨《白鹭洲》、《洗耳亭》二诗,检勘亦与此集相合,而集中《拟古乐府小序》则自题曰'龙唐耄艾周巽'云云。以诸条参互考之,知巽为其名,而巽泉、巽亨乃其号与字也。"②盖后来随着文献视野的扩大,《总目》对分纂稿提要中述实性内容亦作出了考证和补充。

将《总目》与分纂稿提要做微观层面的比较,不失为窥探《总目》撰写思想的一个重要途径。作为提要层级起点的分纂稿提要,其基本内容是梳理和描述别集相关信息,呈现出写实文风和考据精神。当提要流变至《总目》定稿,著者生平爵里和别集版本虽亦有变更和调整,但在内容上有大比例扩增的主要还是观念评价。而在内容扩增的背后体现的不仅是《总目》对元代文学观念和文学史观的认知和建构,还有《总目》对元遗民气节的表彰和褒奖。需要

---

① 翁方纲等撰,吴格、乐怡标校整理:《四库提要分纂稿》,上海书店出版社 2006 年版,第487 页。
② 纪昀等:《钦定四库全书总目》卷一六八《性情集》提要,第 2257 页。

强调的是,在强化撰写思想之外,还有一个不可忽视的变化,那便是《总目》对分纂稿提要所据版本的更换和择取,这说明在提要的撰写过程中版本选择亦是一个不断更替和完善的过程,而版本的变更自会引起提要的相应变化。这一事实的揭示,无疑为了解提要的生成以及寻求讹误产生的原因提供了新视角。

(三)比较对象二:作为原始合成品的《进呈存目》

《进呈存目》今存元别集提要 67 种,其中与《总目》元别集著录书提要书目重合者 52 种,与存目书提要书目重合者有 10 家①,与宋别集著录提要书目重合者有 1 家,与宋别集存目书提要书目重合者有 3 家②,与明别集存目书提要书目重合者 1 家③。笔者将《总目》与《进呈存目》中书目重合的 52 种元别集提要一一比对,最直观的发现是同一别集的提要,《总目》的篇幅往往长于《进呈存目》。篇幅的增多往往就意味着内容的增多,那么《总目》通常会在《进呈存目》基础上作出哪些内容的添补和改动? 添补和改动背后又是出于什么原因? 下面便以《进呈存目》所保留的 52 种元别集提要为考察对象进行探究。

首先来了解一下添补和改动之整体情况。探究发现,《进呈存目》所保留 52 种著录元别集提要中,有 49 种经过《总目》不同程度、不同方面的增删和添改而成《总目》提要的状貌④。又按分类统计,增删和添改的内容主要集中于生平爵里、别集信息和诗文批评三方面。分项而论,在文人生平爵里方面,

---

① 按,此 10 家分别是:张玉孃《兰雪集》、华幼武《黄杨集》、袁士元《书林外集》、杜本《清江碧嶂集》、朱润德《存复斋集》、释德净《山林清气集》、宋无《啽呓集》、欧阳起鸣《论范》、赵雍《赵仲穆遗稿》、元淮《水镜集》。

② 按,此 4 家分别是:著录书 1 家,即金履祥《仁山集》;存目书 3 家,分别是潘音《待清遗稿》、赵偕《宝峰集》、俞琰《林屋山人集》。

③ 按,此 1 家是范明泰《襄阳集》。

④ 按,内容相当的提要有三则,分别是:《默庵集》提要、《定宇集》提要和《秋涧集》提要。

《总目》对《进呈存目》文人生平爵里进行补充的提要有 30 种,亦占现存《进呈存目》提要的一半以上,且主要是以增补为主,有的仅添加三五字,有的则近乎篇幅的一半;在别集信息方面,《总目》对《进呈存目》别集版本作出增改者有 21 种,亦近现存《进呈存目》提要的一半;在诗文批评方面,《总目》对《进呈存目》诗文批评内容作出明显扩充和增补者便有 31 种(其中完全新增者有 3 种),占现存《进呈存目》提要的一半以上,而维持原貌者 17 种、有所削减者 2 种、既有增补有又删改者 1 种、始终无批评者 1 种。统计数据说明,《总目》对《进呈存目》的改动是既全面又细微。就整体提要而言,更改是全面而广泛的;就单则提要而言,其内容变化又是细微而多面的。

以上虽仅以 52 种元别集提要为对象而论,但窥一斑而知全豹,若以此比例推算之,则《总目》定稿之 169 则元别集提要相对其提要初始版本来说,已经完成了内容上的不断层积。形象言之,《总目》的最终定型经历了"聚沙成塔"式的"物变"。然而,《总目》之变更不止于此,同时伴随的还有"破茧成蝶"式的"蜕变"。在此,不妨以较为典型的提要为例,以点成面,细细剖析其变更情况。以《杨仲宏(弘)集》提要为例,《进呈存目》:

> 元杨载撰。载字仲宏,浦城人。延祐二年进士。授饶州路同知浮梁州事,迁宁国路总管府推官。载与虞集、范梈齐名,而集亦载酒诣载问诗法,切磋甚至。史称其"文章一以气为主","而于诗尤有法度","自其诗出,一洗宋季之陋"云。①

《总目》:

> 元杨载撰。载字仲弘,浦城人,(1)**后徙杭州。初以布衣荐授翰林国史院编修官,调海船万户府照磨。会仁宗复行科举之制**,遂登延祐二年进士,授饶州路同知浮梁州事,终于宁国路总管府推官。**事迹具《元史·儒学传》。(2)焦竑《国史经籍志》载"杨载《仲弘集》四**

---

① 《四库全书初次进呈存目》集部一,台北商务印书馆 2012 年版,第 435 页。

卷",此本八卷,不知何人所分。(3)**元代诗人,世推虞、杨、范、揭**,史称其"文章一以气为主,而于诗尤有法度。自其诗出,一洗宋季之陋"云云。**盖宋代诗派凡数变:西昆伤于雕琢,一变而为元祐之朴雅;元祐伤于平易,一变而为江西之生新;南渡以后,江西宗派盛极而衰,江湖诸人欲变之而力不胜,于是仄径旁行,相率而为琐屑寒陋,宋诗于是扫地矣。载生于诗道弊坏之后,穷极而变,乃复其始,风规雅赡,雍雍有元祐之遗音。史之所称,固非溢美,故清思不及范梈,秀韵不及揭傒斯,权奇飞动尤不及虞集,而四家并称,终无怍色,盖以此也。**(4)瞿宗吉《归田诗话》曰:"杨仲弘以《宗阳官玩月》诗得名,然他作如'风雨五更鸡乱叫,江湖千里雁相呼','挟书万里朝明主,仗剑三年别故乡','窗间夜雨销银烛,城上春云压彩旗','空桑说法黄龙听,贝叶翻经白马驮',沉雄典实,先叔祖每称之。长篇如《古墙行》、《梅梁歌》亦皆为时所称。夫人瞿氏,余祖姑也。尝以仲弘亲笔草稿数纸授予,字画端谨,而前后点窜几尽,盖不苟作如是"。则载于是事,亦以苦吟得之者矣。(5)陶宗仪《辍耕录》曰:"虞伯生先生、杨仲弘先生,同在京日,杨先生每言伯生不能作诗,虞先生载酒请问作诗之法,杨先生酒既酣,尽为倾倒。虞先生遂超悟其理"云云。**竟谓载诗在虞集上,则非其实也。**①

该例提要的更改涉及生卒仕履、别集流传以及诗文评论三方面,方式主要以添补、扩充为主(字体加粗文字)。《进呈存目》提要共八十余字,仅为《总目》提要篇幅的六分之一,《总目》扩充之内容可谓充实。其中第(1)处是对其登第之前的仕宦经历作补充;第(2)处是对别集版本的描述;第(3)处是对《进呈存目》所云"史称其'文章一以气为主'而于诗尤有法度。自其诗出,一洗宋季之陋云云"这一句的阐释,历数宋以来诗歌流变,最终归纳为:"载生于诗道

① 纪昀等:《钦定四库全书总目》卷一六七,第 2228 页。

弊坏之后,穷极而变,乃复其始,风规雅赡,雍雍有元祐之遗音",确立了杨载于元代诗歌的"诗歌史"地位;第(4)和(5)处则是将《进呈存目》中所云"载与虞集、范梈齐名,而集亦载酒诣载问诗法,切磋甚至"这一诗法切磋事实的描述,转换成观点的表达:"竟谓载诗在虞集上,则非其实也"。为了论证此观点,《总目》又引入了瞿宗吉《归田诗话》和陶宗仪《辍耕录》两种文献,前者为了侧面证明杨载是以"苦吟"作诗,言外之意是其诗法并不高明;后者则直接否定陶宗仪《辍耕录》所载事实,以确立虞集诗歌甚于杨载的观点。而后三处的扩充显然有极为强烈的观念性和主观性。

再如《石田集》提要,《进呈存目》:

> 元马祖常撰。前五卷载诗歌骚赋,后十卷则制诏、表笺、箴赞、章疏、序记、铭志诸体也。祖常字伯庸,光州人。延祐初,廷试第二人,应奉翰林文字,累官枢密副使,谥文贞。祖常为文精赡闳丽,一洗柔曼卑冗之习,而振之以气骨,故当时能文之士极推服之。集中诗如《都门》《壮游》诸作,长篇巨制,回薄奔腾,不受羁靮,其才尤不可及。**(1)陈旅尝称其古诗似汉魏,律句入盛唐,散语得西汉之体,闻者皆以为定评焉。**至元间,苏天爵既选其诗二十首、文二十首入《元文类》。又请于朝,刊行其集,而自为之序。其云"石田"者,以祖常所居石田山房名之也。①

《总目》:

> 元马祖常撰。祖常字伯庸,**(2)世为雍古部人,居靖州之天山。高祖锡里济苏,**原作锡里吉思,今改正。**金末为凤翔兵马判官,子孙用以官为氏之例,遂称马氏。曾祖雅哈**原作月合,今改正。**从元世祖南征,因家于汴,后徙光州。延祐中,初复科举,祖常乡贡、会试皆第一,廷试第二,授应奉翰林文字,擢监察御史,劾罢丞相特们德尔**原作帖木

---

① 《四库全书初次进呈存目》集部一,台北商务印书馆 2012 年版,第 427—428 页。

迭儿，今改正。**既而特们德尔复相修怨，黜为开平县尹，因避祸退居。
特们德尔死，乃除翰林待制，累迁礼部尚书，寻参议中书省事。元统
初，拜御史中丞，转枢密副使，乞归。至正四年卒，谥文贞。事迹具
《元史》本传。**是集凡诗、赋五卷，文十卷，名"石田"者，以所居有"石
田山房"也。其文精赡鸿丽，一洗柔曼卑冗之习。**其诗才力富健，**如
《都门壮游》诸作，长篇巨制，回薄奔腾，具有不受羁勒之气。（3）**至
元间，苏天爵撰《文类》，录其诗二十首，文二十首，视他家所收为夥。
又请于朝刊行其集，而自为之序，称其接武隋唐，上追汉魏，后生争效
慕之，文章为之一变，与会稽袁桷、蜀郡虞集、东平王构更迭倡和，如
金石相宣，而文益奇。盖大德、延祐以后，为元文之极盛，而主持风
气，则祖常等数人为之巨擘云。**①

该例提要从《进呈存目》到《总目》的变更涉及生卒爵里、文学批评和文
学地位三方面内容，更改方式则既有增补，亦有删改。先看生卒爵里，即第
（2）处变更内容，在《进呈存目》的基础上《总目》对马祖常的生卒爵里加以
细节化扩充，不但追溯其祖籍、群族和姓氏来历，还陈述其仕履升迁与贬谪
的详细过程，其中"劾罢丞相特们德尔"一事，无疑有利于凸显马祖常不畏
权势、刚介正义之贤臣形象。再看文学批评，即第（1）处被删除的内容，《进
呈存目》所引的陈旅《序》中评语"其古诗似汉魏，律句入盛唐，散语得西汉
之体"一句以及《进呈存目》所评的"闻者皆以为定评焉"一句，皆被删除。
然"集中诗如《都门》《壮游》诸作，长篇巨制，回薄奔腾，不受羁勒，其才尤不
可及"这一评价却被保留了，并且《总目》还另追加了"其诗才力富健"一句
加以肯定。《总目》在删除"此"和肯定"彼"之间，显然存在着一种潜在文
学批评观念。细细观来，"古诗似汉魏，律句入盛唐，散语得西汉之体"中
"汉魏""盛唐""西汉"等虽是朝代称谓，但其被置于诗歌评价中，则已经被

---

① 　纪昀等：《钦定四库全书总目》卷一六七，第 2227 页。

赋予了另一种文学意义,即朝代被视作区分文学优劣高下的代名词,比如明代复古派所标榜之"诗必盛唐""文必秦汉"的评价标准,而对于明代复古派所秉持的样榜化、狭隘化的文学批评观点,《总目》多有批判之意①。陈旅《序》中多次以朝代名称作为评价话语,这与明代复古派的批评观点类似,故《总目》删除之。而这一删除,实际上是在消解一种以具体时代诗文为样榜的狭隘的文学评价标准。末看文学地位的评定,即第(3)处增添的内容,苏天爵《序》语"称其接武隋、唐,上追汉、魏,后生争效慕之,文章为之一变。与会稽袁桷、蜀郡虞集、东平王构更迭倡和,如金石相宣,而文益奇"以及馆臣所评"盖大德、延祐以后,为元文之极盛,而主持风气,则祖常等数人为之巨擘云"。此一引一评,所称"文章为之一变""盛世巨擘",都是在凸显马祖常在元代文学中的代表性角色和领袖地位。而"盖大德、延祐以后,为元文之极盛"亦道出了《总目》对元代文学盛世期这一观点的认可。若非对元代文学进行整体性的、有意识的认识和构建,《总目》更不必在此对马祖常的文学地位进行描述。

经过对上述二例典型提要的剖析,《总目》与《进呈存目》在元别集提要书写上的大致变化情况便可管窥一豹。《总目》大多时候都是在《进呈存目》提要的基础上进行内容扩充和观点发挥,当然有时亦会出现因误解《进呈存目》原意而产生的分歧和改动。但整体而言,《总目》对《进呈存目》的发挥大致可从以下三种倾向进行归纳:

其一,文学批评观念的大比例增加。相比《进呈存目》,《总目》提升了文学批评所占比例,且已完成了对元代文学的整体观照,并形成了一些系统化的认识和观念。于提要内容之添补与删削间,大致可发现《总目》对元代文学的两种建构:一方面对元代文学史观的建构,另一方面对元代文人在元代文学史中的定位意识。此论于上述两例代表提要中已有呈现,兹再补二例加以印证。

---

① 参见何宗美、刘敬所著《明代文学还原研究——以〈四库总目〉明人别集提要为中心》。

如《巴西文集》提要云:"文原学有本原,所作皆温醇典雅,当大德、延祐之世,独以词林耆旧主持风气,袁桷、贡奎左右之,操觚之士响附景从。元之文章于是时为极盛,文原实有独导之功。"①一方面认可以"大德、延祐之世"为元代文学极盛期的观点,另一方面亦确立了以邓文原为元代盛世文学之先导的观点。再如《松乡文集》提要谓:"然南宋季年文章凋敝,道学一派以冗沓为详明,江湖一派以纤佻为雅隽,先民旧法几于荡析无遗。士林承极坏之后,毅然欲追步于唐人,虽明而未融,要亦有振衰起废之功,所宜过而存之者也。"②一则表达了宋末文学弊病是为元初文学之起点这一观点,二则给予任士林于宋末元初文弊的"振衰起废之功"。如此种种,皆体现出《总目》较之《进呈存目》在文学批评方面的加强,包括成系统的元代文学史观以及明确的元代文人坐标,等等。

其二,文人节操气节的大力渲染。增补和扩充生平事迹、诗歌品读等内容,是为凸显人格节操和爱国气节。上述《石田文集》提要中亦可见得。另如《栲栳山人集》提要的撰写,《进呈存目》中该提要仅100余字,至《总目》则已增至近500字,其中有两处增补都是为凸显岑安卿之人格操守。第一处是:"集中《次韩明善题推篷图》诗称'坡翁仙去二百春',以苏轼卒于建中靖国元年计之,盖当元之中叶,故上得见厉元吉,下得见危素也。"③增引诗歌以考证其大致生活的时段,从而凸显其人艰苦自立的节操。第二处是:"顾嗣立《元诗选》曰:'安卿尝作《三哀诗》,吊宋遗民之在里中者,寄托深远,有俯仰今昔之思'。按《三哀诗》一曰厉元吉,宋末举进士第,为乌程尉,入元不仕以终,安卿之师也。一曰高师鲁,佚其名,而为安卿家三世之交,总角时曾得见之。一曰李天锡,则其里之老儒,安卿未及相识者。详其词意,前二篇为追念故交,后一篇为表章潜德,其间虽有'新亭'、'黍离'诸语,乃

① 纪昀等:《钦定四库全书总目》卷一六六,第2207页。
② 纪昀等:《钦定四库全书总目》卷一六六,第2210页。
③ 纪昀等:《钦定四库全书总目》卷一六七,第2242页。

追叙三人之遗事,非安卿自有是感。诗语甚明,嗣立遽以思宋为说,穿凿殊甚。又集中《出门偶赋》诗有'侧闻朝廷遗逸征,集贤著作空盈庭。中书堂上日羊饭,世祖山河如砥平。'则身见元政渐弛,文恬武嬉,方深以国事为忧,而望以无忘祖宗之创业,岂复眷眷于宋者乎!嗣立以词害意,遂使安卿首鼠两端。今谨订正其误,俾读者无惑焉。"①此大篇幅增加征引文献和解读诗歌,是为考证其非"眷眷于宋者",从而塑造其忠于元朝之心志。又如《南湖集》的提要撰写,从篇幅上看,《进呈存目》所撰《南湖集》提要仅九十八字,《总目》则将其扩充至四百多字,为《进呈存目》的四倍之多。其中对贡性之生平的增补云:"躬耕自给,以终其身。其集名曰'南湖',虽仍以宣城祖居为目,实则没于浙东,终未归也。"②《总目》添加此生平事迹,是为塑造其人不仕新朝、心念故土之志。又增加对其诗歌之品评:"集中《题画马》诗云'记得曾陪仙仗立,五云深处隔花看',《题葡萄》诗云'忆骑官马过滦阳,马乳累累压架香',盖惓惓不忘故国,又《题墨菊》诗曰:'柴桑生事日萧然,解印归来只自怜。醉眼不知秋色改,看花浑似隔轻烟'。《题靖节像》:'解印归来尚黑头,风尘吹满故园秋。一生心事无人识,刚道逢迎愧督邮'。其不事二姓之意,尤灼然可见。"③征引其诗歌并作思想方面的解读,目的是为佐证其不忘故国、不事二姓之人格。

其三,版本的主观性评价增多。版本描述本应以客观、准确为主,力求纪实,而版本评价亦当立足于有力的校勘和考据行为。《进呈存目》中版本描述尚能以纪实为主,版本评价多以校勘考证为据。然《总目》中虽不乏对版本的客观描述,但对版本的非校勘、非考证式的主观评价,亦常有之。例如《知非堂稿》提要,《进呈存目》称:"顾嗣立《元诗选》载《知非堂稿》十七卷,与自序合。王士正(禛)《居易录》作十六卷,亦与自序《外稿》合。此集

---

① 纪昀等:《钦定四库全书总目》卷一六七,第 2242—2243 页。
② 纪昀等:《钦定四库全书总目》卷一六八《南湖集》提要,第 2255 页。
③ 纪昀等:《钦定四库全书总目》卷一六八《南湖集》提要,第 2255 页。

止六卷，似非完书。然嗣立之所录与士正（祯）之所称者，已均在焉，未之详也。"①对于《知非堂稿》六卷是否为"完书"这一问题，《进呈存目》尚且持知之为知之、不知为不知的态度，谨慎地称以"未之详也"；而《总目》则是多方揣测缘由，试图为其所著录之六卷本进行辩解，最后甚至以"不必以不完为歉"。其云："然嗣立之所录，与士祯之所称者，已均在此六卷之中，又似无所亡佚者，岂后人传写，或合并其卷数，抑或重为选录，汰其繁冗，故篇帙虽减，而名章隽句一一具存欤？诗集之富，唐无若白居易，宋无若陆游、杨万里，而珠砾并存，往往使后人以多为憾。是编佳制具存，而芜词较少，可谓刊糟粕而存菁华，即非足本，亦不必以不完为歉矣。"②事实上，今传世有六卷本、十卷本、十一卷本，其中十卷本与十一卷本的前六卷皆与六卷本内容相同。傅增湘《藏园群书题记》和《藏园群书经眼录》皆有著录此三种版本的《知非堂稿》，其所录《抄本知非堂稿跋》称："此小学斋抄本，凡十一卷，前六卷为诗集，与《四库》本同，后五卷为文集及附录，即《提要》所称之《外稿》，前人合并写为十一卷，而没其《外稿》之名，于义例殊乖违矣。"③由此看来，六卷本仅是何中之诗集，除此，另还有《外集》五卷和《附录》一卷，可见《总目》著录本并非别集全本。《进呈存目》提出质疑实属于合理，而其言"未之详也"亦属求真之论。《总目》对此残本，无依无据，却强加阐释，试图通过主观论述而对版本加以盖棺论定，其弊则是阻断了后世学者对《知非堂稿》版本的再发现和再探索。再如《黄文献集》提要，《进呈存目》云："濂《序》称所著《日损斋稿》二十五卷，潜殁后，县尹胡惟信锓梓以传。又有危素所编本为二十三卷。此本题曰'虞守愚、张俭同校'，为诗二卷、文八卷，共止十卷，每卷篇番甚多，盖即守愚等并省其卷数而重刊之者，今仍依其目而于

---

①　《四库全书初次进呈存目》集部一，台北商务印书馆 2012 年版，第 431—432 页。
②　纪昀等：《钦定四库全书总目》卷一六七《知非堂稿》提要，第 2224 页。
③　傅增湘：《藏园群书题记》卷一六，上海古籍出版社 1989 年版，第 790 页。

七、八、九、十四卷内各析为上下卷,以便翻检焉。"①其对版本仅作了客观陈述。《总目》则增有一段主观的论述:"此本乃止十卷,前有嘉靖辛卯张俭序,称'旧本颇缺失,且兼载其一时泛应异端之求者,恐非公意也。索世家得善本,及公所为笔记一编,稍加删定,付建瓯尹沈璧陈珪重梓以传'云云,则俭已有所刊削,非濂所序之本。卷首题'虞守愚、张俭同校'一行,又题'温陵张维枢重选,会稽王廷曾补订'一行,则二人又有所窜易,并非俭所刻之本,卷数不同,有自来矣。明人诞妄,凡古书经一刊刻,必遭一涂改。数变之后,遂失其真,盖往往如此。然有所私损,未必有所私益,虽残缺不完,尚可见濂之崖略也。"②末二句公然指斥明人刊刻之粗鄙。事实上,《总目》著录之《黄文献集》十卷本确为删节本,此在第二章第二节"所取非善本"中已有论述,此不赘述。馆臣此处指斥明人,不过是在掩盖其著录"非善本"的真实原因。

　　上述皆是以提要文本内容为对象进行探究。然而,在提要文本内容的变化之外,还偶有别集版本的变更现象,这一现象虽不显著,亦应给予关注。《进呈存目》称:"《藏春集》四卷,元刘秉忠撰。秉忠字仲晦,邢州人。事迹具《元史》。史称有集十卷,此本仅存七言律诗三卷、乐府一卷,已非完书"。③《进呈存目》所描述为《藏春集》四卷,而《总目》著录却是"《藏春集》六卷",今核文渊阁四库本《藏春集》,共六卷,卷首《藏春集原序》一篇,前三卷为七律,卷四为七绝,卷五乐府(词),卷六附录文(制诰二篇、行状一篇、神道碑一篇、墓志铭一篇、祭文二篇,共六篇)。对比观之,《进呈存目》所描述的四卷本,较《总目》著录之六卷本,内容缺失甚多,如"七绝""附录文"。又查《四库采进书目》,两淮商人马裕家呈送书目有"《藏春集》四卷,

①　《四库全书初次进呈存目》集部一,台北商务印书馆2012年版,第437—438页。
②　纪昀等:《钦定四库全书总目》卷一六七《黄文献集》提要,第2231页。
③　《四库全书初次进呈存目》集部一,台北商务印书馆2012年版,第315页。

元刘秉忠"①,浙江省第四次鲍士恭家呈送书目有"《藏春集》六卷,元刘秉忠著"②,由此,则《进呈存目》描述的当是马裕家呈送的四卷本,而《总目》所采为鲍士恭家所藏的六卷本。可见,从《进呈存目》到《总目》,著录之别集版本亦在发生变化。

归结而言,《总目》对《进呈存目》最大的突破是观念性和思想性的增强。若说《进呈存目》主要是描述性表达,那么《总目》则多为论述性表达。若说《进呈存目》是单颗单颗的圆珠,那么《总目》则是贯珠成串的链环,而被编入链环的圆珠,其大小、行状皆已被限定,即其已被某一思想所统合。

(四)比较对象三:作为共时参照物的文渊阁库书提要

从定稿时间而言,文渊阁库书提要距《总目》为近;从提要生成而言,二者渊源关系又非常微妙。今将《总目》元别集提要与文渊阁库书元别集提要一一比对,发现有54种元别集著录书提要的内容发生了变更,这一数量占元别集提要总数的近三分之一。除了再次文字润饰、版本审核外,其变更焦点主要集中于文学观念上。元代文学观念的融通,这一点可谓《总目》对文渊阁库书提要的最大变化。若说《总目》对《进呈存目》中文学批评的完善尚且还是从《元诗选》借鉴而来,是全面扩充式的,那么《总目》在文渊阁库书提要基础上进行的文学批评的变更,则大多是出于馆臣集体之见,或者说纪昀之见,这种对元代文学鸟瞰式的独立认知,是画龙点睛式的。以下列表对比观之:

① 吴慰祖校订:《四库采进书目》,商务印书馆1960年版,第69页。
② 吴慰祖校订:《四库采进书目》,商务印书馆1960年版,第95页。

别集名称	文渊阁库书提要	《总目》提要	变更说明
程钜夫《雪楼集》	虞集尝称宋季士习卑陋,以时文相尚,病其陈腐,则以奇险相高,江西尤甚,钜夫始以平易正大之学,振文风,作士气。元代古文之盛,实自钜夫创之。苏天爵《元文类》亦录钜夫古文十余篇,大抵皆制诰、碑版、纪功铭德之作,而不及其诗。盖生平所注力者在此。其《顺宗谥册》诸篇,《元史》亦有取焉,诚以庙堂制作,温厚典雅,有合于训诰遗风,足为欧阳修、王安石等嗣音,固非南宋以来雕镂藻缋者所可及也。①	文章亦春容大雅,有北宋馆阁余风,其《顺宗谥册》诸篇,宋濂等采入《元史》。苏天爵撰《文类》亦录其文十余篇,大抵皆诏诰、碑版、纪功、铭德之作,而不取其诗。然其诗亦磊落俊伟,具有气格。近体稍肤廓,当由不耐研思之故。古诗落落自将,七言尤多遒警,当其合作,不减元祐诸人,非竟不工韵语者。天爵偶尔见遗,非定论也。②	1)删除"元代古文之盛,实自巨夫创之",消解程钜夫于元代古文的地位;2)增加诗歌评论,平衡诗文。
虞集《道园学古录》	集著作为有元一代冠冕。③	文章至南宋之末,道学一派侈谈心性,江湖一派矫语山林,庸沓猥琐,古法荡然。理极数穷,无往不复,有元一代作者云兴,大德、延祐以还,尤为极盛。而词坛宿老,要必以集为大宗。此录所收虽不足尽集之著作,然菁华荟萃,已见大凡。迹其陶铸群材,不减庐陵之在北宋。明人夸诞,动云"元无文"者,其殆未之详检乎?④	增加文学地位的论述,凸显虞集"一代文宗"的文学史地位。
赵汸《东山存稿》	制行极为高洁,其文亦多淳实典确,不为浮声,犹见先民矩矱之遗。詹烜作汸《行状》,称其尝谒黄潜于杭州,潜大异之。又尝至临川见虞集,授馆于家一岁。盖其所与讲习者,皆当世名儒,故所为文章能具有师法若此。又集中载汸自作《黄泽行状》一篇,于经术传授源流剖晰详至。其生平学术之醇正得力所自,尤可概见焉。⑤	有元一代,经术莫深于黄泽,文律莫精于虞集,汸经术出于泽,文律得于集,其渊源所自,皆天下第一。故其议论有根柢,而波澜意度均有典型,在元季亦翘然独出。诗词不甚留意,然往往颇近元祐体,无雕镂繁碎之态。盖有本之学,与无所师承、剽窃语录、自炫为载道之文者,固迥乎殊矣。⑥	对赵汸的诗文评价上升至文学史层面。

---

① 程钜夫:《雪楼集》卷首提要,《景印文渊阁四库全书》第 1202 册,台北商务印书馆 1986 年版,第 3—4 页。本书所据台北商务印书馆 1986 年版《景印文渊阁四库全书》,注释只标注页码,不再标注版本信息。

② 纪昀等:《钦定四库全书总目》卷一六六,第 2218 页。

③ 虞集:《道园学古录》卷首提要,《景印文渊阁四库全书》第 1207 册,第 1 页。

④ 纪昀等:《钦定四库全书总目》卷一六七,第 2228 页。

⑤ 赵汸:《东山存稿》卷首提要,《景印文渊阁四库全书》第 1221 册,第 159—160 页。

⑥ 纪昀等:《钦定四库全书总目》卷一六八,第 2258 页。

别集名称	文渊阁库书提要	《总目》提要	变更说明
刘因《静修集》	因研究经学,沈潜于周玄程、张、朱之,书而通其奥,欧阳玄赞其画像,至称其"为往圣继绝学、来世开太平"说者,不以为溢美,其于词章之学,似非所屑屑注意。然观平日论诗有云:"魏晋而降,诗学日盛,曹、刘、陶、谢,其至者也。隋唐而降,诗学日变,变而得正,李、杜、韩其至者也。周宋而降,诗学日弱,弱而后强,欧、苏、黄其至者也。"其评骘精确如此,则其流派之正,亦概可见矣。①	其文遒健排奡,迥在许衡之上,而醇正乃不减于衡。张纶《林泉随笔》曰:"刘梦吉之诗,古选不减陶、柳,其歌行律诗直溯盛唐,无一字作今人语,其为文章动循法度,春容有余味,如《田孝子碑》《辋川图记》等作,皆正大光明,较文士之笔,气象不侔"。今考其论诗有曰:"魏晋而降,诗学日盛,曹、刘、陶、谢,其至者也。隋唐而降,诗学日变,变而得正,李、杜、韩,其至者也。周宋而降,诗学日弱,弱而复强,欧、苏、黄,其至者也"云云。所见深悉源流,故其诗风格高迈,而比兴深微,闯然升作者之堂,讲学诸儒未有能及之者。王士祯作《古诗选》,于诗家流别品录颇严,而七言诗中独录其歌行为一家,可云豪杰之士,非门户所能限制者矣。②	1)叙述重点由理学家学术改为文学批评; 2)一改"其于词章之学似非所屑屑注意"的观点而对诗文进行高度评价。"
吾丘衍《竹素山房诗集》	其诗不屑屑谨守绳墨,而逸气流荡清新,独辟尘客俗骨,划扫殆尽,可称一时作手。③	其诗颇效李贺体,不能尽脱元人窠臼。然胸次既高,神韵自别,往往于町畦之外逸致横生,所谓"王谢家子弟虽不复端正者,亦奕奕有一种风气"也。④	元诗弊病的判断已然形成,如"李贺体""元人窠臼"即是。

通过上表中的对比和分析,不论是对程钜夫文学大家身份的消解,还是对虞集"一代文宗"地位的塑造,以及对赵汸师承脉络的正本清源、对刘因评价导向的纠正、对元诗弊病的指正,都显示出《总目》对元代文学不仅有了全貌

---

① 刘因:《静修集》卷首提要,《景印文渊阁四库全书》第 1198 册,第 483—484 页。

② 纪昀等:《钦定四库全书总目》卷一六六,第 2213—2214 页。

③ 吾丘衍:《竹素山房诗集》卷首提要,《景印文渊阁四库全书》第 1195 册,第 740 页。

④ 纪昀等:《钦定四库全书总目》卷一六六,第 2209 页。

的认识和把握,而且已经形成了独树一帜的观点和见解,故而其修改调整每每从容自主、游刃有余。

当然,除去对元别集提要中文学批评的独立驾驭外,《总目》较文渊阁库书提要,还体现出以下三方面的变化:

其一,结构之完善。一则完整的别集提要,其内容通常包括生平爵里、版本信息、文学批评三个方面,尽管因文人之思想、文学等方面的情况有所差异,提要在表述内容和侧重点上会有所不同,但是此三方面内容却是几乎每则提要都会涉及的。以《傅与砺诗文集》提要为例,其谓:

> 元傅若金撰。(1)①若金初字汝砺,揭傒斯为改字"与砺",江西新喻人。曹安《谰言长语》记其少年家酷贫,以织席为生,又改业为针工,后有所激,乃读书,诗文遂脍炙人口,用以勉人之自砺,则亦奇士也。其诗法授于同郡范梈、虞集。宋褧以异材荐,佐使安南还,除归广州文学教授。至正三年卒,年仅四十。所著诗集有《初稿》、《南征稿》、《使还新稿》、《牛铎音》等编。范、虞诸人皆尝为之序。(2)至正间,其弟若川汇锓之,名曰《清江集》。明洪武中又刻其文集十一卷,附录一卷。今诗文总为一编,不知何人所并也。(3)揭傒斯称"每读与砺诗,如复见范德机。德机七言歌行胜,与砺五言古律胜,余亦相伯仲"。王士禛《居易录》则称其歌行得老杜一鳞片甲,七律亦有格调,与傒斯论小异。当以士禛之说为然。古文盖其余事,然亦和平雅正,无棘吻螯舌之音。虽不能凌跨诸家,要亦一时之隽才矣。②

该提要涵括三层内容,依编号此序依次:(1)生平爵里;(2)版本信息;(3)诗文批评。

再看《墙东类稿》提要,其云:

---

① 按,此提要中之序号为作者所加,以便后文陈述之用。
② 纪昀等:《钦定四库全书总目》卷一六七,第2236页。

元陆文圭撰。(1)文圭字子方,江阴人。幼而颖悟,博通经史及天文、地理、律象、医药、算数之学。宋咸淳初,以《春秋》中乡选。延祐设科,再中乡举。以老疾不应征召,卒于家。事迹具《元史·儒学传》。文圭当南宋之末年已二十余,入元后五十余年,至泰定、天历间尚应聘设教于容山。至顺末犹为陈敬叔作《安定祠记》,又数年至顺帝至正初始卒,最为老寿。惟《史》不载其登仕版,而集中《吴县学田记》有"至元辛卯余领吴县学事"语,似亦曾为教官。然辛卯为世祖至元二十八年,文圭只三十余,而《记》中乃有"余愚且老"句,与文圭情事不合,或此《记》本代人作,而失于标注欤?(2)《史》称文圭之文融会经传,纵横变化,莫测其涯涘,东南学者皆宗师之。今核所作,《史》言不谬。(3)《史》又称其邃于地理,考核甚详,今检集中惟存辨《毛颖传》"中山"一条,余悉不载,殆散佚不可考矣。(4)是集本二十卷,世久无传。今从《永乐大典》中搜采遗佚,共得文三百余篇,诗词六百余篇,仍依原目,厘为二十卷。虽割裂之余,重为辑缀,亡失者已多,而据所存者观之,固元初一作者也。①

该提要涉及四层内容,依编号次序依次为:(1)生平爵里;(2)诗文批评;(3)学术评价;(4)版本信息。

以上虽仅举二提要,但已可管窥提要书写的大体结构。提要虽然内容涵括多寡不一,顺序不同,但生平爵里、版本信息、诗文批评这三层内容则是基本完备。然而,《总目》中提要呈现出的完备的内容结构,亦是在一次次的修改中逐步完善而成的,这在《总目》之前一环节——文渊阁库书提要中便有所体现。先以《东山存稿》提要为例,文渊阁库书提要全文如下:

汸字子常,婺源人,绩学著书,隐居不仕。至正末,以辅元帅汪同起兵保乡井,授江南行枢密院都事。其于诸经无所不通,而尤邃于

① 纪昀等:《钦定四库全书总目》卷一六六,第2206页。

《春秋》，所作《春秋集传》《师说》《属辞》诸书皆已著录经部中。此本乃其诗文存稿也。当元之季，汸筑室东山，闭户著述。明初屡征不起，仅一出修《元史》，事毕即辞归。制行极为高洁，其文亦多淳实典确，不为浮声，犹见先民矩矱之遗。詹烜作汸《行状》，称其尝谒黄溍于杭州，溍大异之。又尝至临川见虞集，授馆于家一岁。盖其所与讲习者，皆当世名儒，故所为文章能具有师法若此。又集中载汸自作《黄泽行状》一篇，于经术传授源流，剖晰详至。其生平学术之醇正得力所自，尤可以概见焉。"①

其中生平爵里、文学批评两项已具备，唯缺版本信息，故《总目》增入版本信息曰：

> 其门人汪荫裒辑遗文为一编，后其门人范准又搜罗补缀，汪仲鲁为之序，但称若干卷，而不详其数，似作序时尚未编定也。又有嘉靖戊午鲍志定序，称"文集散佚，间辑于汪、范二君而未备也。先翰林于先生为莫逆交，故诸所撰述，留余家藏书楼中，大率悉备。先君子棠野公追念世好，收摭先生遗文，总汇成集，携游北雍。潜川豫庵汪君亟请绣梓"云云。则此本乃志定之父所编，非汪荫、范准之旧也。凡诗词一卷，文六卷，附录一卷。诗文间注本事有似汸自注者，有称汸为"先生"，如《赠推命焦月岩》、《咏蟋蟀》二诗及《虞集私试江西六君子策》②之类，灼然为后人所加者。详其语意，殆汪、范二人所附欤？康熙辛酉赵吉士重刻跋称，第六卷《虞集行状》中阙二页，今考此篇之末，其文未毕，盖尚阙其末一页，不但二页也。③

《东山存稿》提要的版本信息至《总目》方才得以增补，提要之结构才得以完善。再如《静修集》提要，刘因之生平爵里、版本信息皆已载，且亦有征引其

---

① 赵汸：《东山存稿》卷首，《景印文渊阁四库全书》第1221册，第159—160页。
② 按，原文为"虞集《私试江西六君子策》"，此为笔者修改。
③ 纪昀等：《钦定四库全书总目》卷一六八《东山存稿》提要，第2258页。

诗论，但征引之目的是为评价刘因儒家思想之醇正。也就是说，文渊阁库书提要中刘因诗文评价的内容是缺失的，故《总目》环节补充之，《总目》评其文章曰："其文遒健排奡，迥在许衡之上，而醇正乃不减于衡。张纶《林泉随笔》曰：'刘梦吉之诗，古选不减陶、柳，其歌行律诗直溯盛唐，无一字作今人语，其为文章动循法度，春容有余味，如《田孝子碑》、《辋川图记》等作，皆正大光明，较文士之笔，气象不侔'。"①评其诗歌曰："故其诗风格高迈，而比兴深微，闯然升作者之堂，讲学诸儒未有能及之者。王士禛作《古诗选》，于诗家流别品录颇严，而七言诗中独录其歌行为一家，可云豪杰之士，非门户所能限制者矣。"②此诗文批评内容的补充，使得提要的信息更为丰富、内容更为齐备。值得一提的是，基本内容的补足和结构的完善实有必要，因为生平爵里关乎文人，版本信息关乎别集，诗文批评关乎文学，有此三者，《总目》元别集提要方能堪称文献与文学之结合体。更何况，诗文批评是别集类提要书写之核心，其展开必须以文人、别集作为基础，故提要的每一次结构完善，皆能为文人、别集和文学的认识和理解提供重要信息。

其二，思想观念之强化。《总目》在文渊阁库书提要基础上的更改，与对《进呈存目》的全面补充和升级不同，准确而言，它属于个别性的、针对性的调整。其改动幅度偶或一整段，甚或一二句。其改动内容有时是为增强文学批评观念，有时是为完善结构，有时则是为凸显思想观念。如元人忠于元世的问题，《总目》会将库书提要中诗歌艺术层面的批评更换为诗歌思想的阐释，进而转向文人思想倾向的探讨。此种情形尤为典型地体现在《秋声集》提要的撰写中。文渊阁库书提要谓："镇成诗格清新刻露，在唐人中颇近钱郎，不染元代秾纤气习，可谓能超然埃壒之表者。王士禛《居易录》称镇成《秋风》诗云：'秋风淅淅生庭柯，萧萧木落洞庭波。红树夕阳蝉噪急，白苹秋水雁来多。王孙不归怨芳草，山鬼欲啼牵女萝。蒹葭苍苍白露下，望美人兮将奈何。'又

---

① 纪昀等：《钦定四库全书总目》卷一六六《静修集》提要，第 2213 页。
② 纪昀等：《钦定四库全书总目》卷一六六，第 2214 页。

《秋山小景》云:'家住夕阳三峡口,人行秋雨二崤间。不知何处真堪画,移得柴门对楚山。'《五曲精庐》云:'歌棹曾穷九曲源,精庐迢递隐屏前。闲寻五曲樵溪上,三十六峰秋满船。'以为甚有风调。今检集中多韵致楚楚,可供吟讽之作正不独此三诗为然。盖秀骨出于天成,故霞举云骞,自然隽逸,固非抗尘走俗者所可及已。"①这是一段鉴赏黄镇成诗歌的评语。《总目》则将此段鉴赏评语全部删除,转而围绕着"潜《序》为知其心,徒以为恬退之士,未足罄所抱矣"这一句评介人物思想的话语进行观点性的论述,并加以各种举证,提要云:"《闽书》称镇成至正中筑室城南,号'南田耕舍'。部使者屡荐之,不就,似乎高隐之士。郑潜序则称其有所激而鸣其不平。今考集中《南田耕舍诗序》,言'赋者,率拟之于老农,人各有志,同床而不相察'。其第二首云:'种田南山下,土薄良苗稀。稊稗日以长,茶蓼塞中畦。路逢荷蓧人,相顾徒嗟咨。我欲芟其芜,但念筋力微。终焉鲜嘉谷,何以奉年饥?谁令恶草根,亦蒙雨露滋?岂无力耕士,悠悠兴我思'。则镇成盖遭逢乱世,有匡时之志,而不能行,乃有托而逃,故诗多忧时感事之语。潜序为知其心。徒以为恬退之士,未足罄所抱矣。"②显然此番征引和论述的目的是证明黄镇成其人心怀元世。另,《栲栳山人集》提要的变动亦较大,馆臣不满库书提要对岑安卿诗歌的评论,故新增一段大篇幅,意欲证明岑安卿身处元世,"思元"而并未"思宋",此于第三章第三节已有详细论述,兹不赘述。又如关于多个政权并存时期的历史正统性问题,《总目》会在对提要的一删一改中强化自身的观点。如《还山遗稿》提要,文渊阁库书提要谓:"陶宗仪《辍耕录》称,'奂尝读《通鉴》,至论汉、魏正闰,大不平之。遂修《汉书》,驳正其事。因作诗云:风烟惨澹控三巴,汉烬将燃蜀妇鬖。欲起温公问书法,武侯入寇寇谁家。后攻宋军回,始见《通鉴纲目》,其书乃寝'云云。则其学识亦与紫阳暗合矣。"③《总目》将末一句更改为"是郝经

① 黄镇成:《秋声集》卷首,《景印文渊阁四库全书》第1212册,第523—524页。
② 纪昀等:《钦定四库全书总目》卷一六七《秋声集》提要,第2235页。
③ 杨奂:《还山集》卷首,《景印文渊阁四库全书》第1198册,第220页。

以外,又有斯人,亦具是卓识矣"。① 文渊阁库书提要所言"与紫阳暗合",即与朱熹正统论一致,这一表述属于客观陈述。而《总目》更改表述,将其论与郝经的观点联系起来,并称此论具有"卓识",言语中便流露出褒赞之意。郝经是元初北方儒学大家,其著有《续后汉书》,以"正陈寿帝魏之谬"②。陈寿著《三国志》以魏为正位,蜀、吴为闰位,郝经则持蜀汉为正统的观点反驳之。《总目》取郝经之论且将客观陈述的语词更换为褒赞之语词。《总目》所推崇并强化的以蜀汉为正的正统观,与清乾隆帝的正统观完全一致。

其三,讹误之修正。《总目》对文渊阁库书提要中存在的较为明显的讹误亦有所修正。如《杨仲弘集》提要基本与文渊阁库书提要③一致,仅删去"都穆《南濠诗话》曰:'杨孟载诗律精切,其《追和李义山无题》五首,词意兼到,真义山之勍敌'"④。今观都穆《南濠诗话》云:"杨孟载诗律精切,其《追次李义山无题五首》,词意俱到,真义山之劲敌也。"⑤其中"孟载"是明初的杨基,而不是杨载。今检杨基《眉庵集》,确有《追次李义山无题五首》。《总目》删之,是纠正了文渊阁库书提要之误。又《总目》还对文渊阁库书提要中《山窗馀稿》提要进行了修正。文渊阁库书提要曰:"顾嗣立《元诗选》称琥刻是编,刘宪为序,称其诗俊逸清奇。此本仅有琥《跋》,不载宪《序》。"⑥《总目》将"称其诗俊逸清奇"一句删去,此删除或非出于批评观念的分歧,而是前文诗歌批评已经完成,此一句群表述的重点是肃清版本,中若夹一句诗评,颇显突兀,故馆臣删除之。

上文先以整体视野统观元别集提要的动态生成过程,从分纂提要、《进呈

---

① 纪昀等:《钦定四库全书总目》卷一六六,第2213页。
② 纪昀等:《钦定四库全书总目》卷五〇《续后汉书》提要,第695页。
③ 按,文渊阁库书提要载为《杨仲宏集》提要。
④ 杨载:《杨仲宏集》卷首,《景印文渊阁四库全书》第1208册,第2页。
⑤ 都穆:《南濠诗话》,《南濠诗话·谈艺录·梦蕉诗话·诗谈》,中华书局1991年版,第21页。
⑥ 甘复:《山窗馀稿》卷首,《景印文渊阁四库全书》第1218册,第535页。

存目》、文渊阁库书提要到《总目》,通过对不同阶段和形态的提要的对比,证明提要的定型是一个由文献学文本向文学文本不断演变的过程。接着,再从三个分项角度对《总目》的生成过程进行聚焦式的考察,分别以分纂提要稿、《进呈存目》和文渊阁库书提要三种不同阶段的提要形态作为比较对象进行一一比对,则可知元别集提要稿历经结构之完善、版本之修正和观念之增强等多次、多角度的修改后,方才成为《总目》元别集提要这一最终形态。其中,观念性表述(包括人物臧否、版本评价和文学批评)的大比例增加是《总目》环节的最大突破。总之,整合以上"线"和"点"二维度的考察结论可知,从提要分纂稿到《总目》定稿,其中历经了繁复的增删、修正和润饰过程,其内容包括提要构成的所有要素,如生平事迹、版本描述、诗文批评等。与层级起点之一的《翁方纲提要分纂稿》相比,《总目》信息量可谓是全面提升;与原始合成品《进呈存目》相比,《总目》观念性显著加强,但这种观念性尚呈点状;与文渊阁库书提要相比,《总目》的诸多观念已是经过提炼而升级为高屋建瓴的认知和把握,比如对元代文学的认知尤显成熟和圆融。而始终贯穿于书写过程中的根深蒂固的观念,则是对遗民气节的彰显、对"思宋"倾向的消解、对元代文学的张扬,等等。综上论述,结论呼之欲出,即《总目》动态式地层层升级之后,已化身为融文献与观念的有机体,此双重身份为其成为后世"学问门径""读群书之门径"①奠定了重要基础。

二、共时编纂:扩容之态度与褒贬之旨归

与《总目》元别集提要的历时性生成同时发生的还有其共时性编纂,即元别集著录标准以及元别集系统内部的空间结构和排列秩序问题。例如,哪些元别集会被著录,何种元别集会被列入著录书,何者会被列入存目书,元别集的时间边界是什么,排列秩序又是怎样的? 或云,此类问题《总目·凡例》已

---

① 司马朝军撰:《輶轩语详注》,华东师范大学出版社 2010 年版,第 139 页。

有说明,何必再论? 事实上,《凡例》所列只是宏观层面的撰修标准。馆臣是否对历代四库书籍的编纂,都会完全遵从《凡例》所云,这是一个有待探索的问题。至少据已有研究可知①,明别集与清别集之著录标准、断限方式和序列结构便存在较大差异。今论及元别集,其编纂方式虽整体上符合《凡例》之大原则,但在具体编纂过程中仍与明别集、清别集存在诸多不同。

（一）著录原则：多加甄录,少为删薙

《总目·别集类序》明言著录别集之标准："今于元代以前,凡论定诸编,多加甄录,有明以后,篇章弥富,则删薙弥严",进而又解释原因说："非曰沿袭恒情,贵远贱近,盖阅时未久,珠砾并存,去取之间,尤不敢不慎云尔。"②在《四库全书》总裁官于敏中所拟定的著述选择标准中亦有"旧书去取,宽于元以前,严于明以后"③一条。此二条可力证《总目》著录元别集的总原则是"多加甄录"。事实如此,与大量的明末清初别集被禁毁的事实相反,元别集几无遭遇禁毁之作。今查《清代禁毁书目》《四库禁毁书丛刊》,皆无一种元别集。据《四库采进书目》统计,采进元别集数量④共 455 种,这些书籍大致有四种去处（具体见《附录二》表格）：第一种,《总目》元别集著录书 169 种（若以著录别集名重复者统计,则有 367 种）；存目书 36 种（若以存目别集名重复者统计,则有 45 种）；第二种,采源标明在元代而实际著录在宋、明别集中,在宋别集的有 11 种（若以别集名重复者统计,则有 12 种）、在明别集的有 15 种（若以别集名重复者统计,则有 20 种）；第三种,著录在元代总集中 1 种；第四种采而未录的别集 8 种（若以别集名重复者统计,则有 11 种）。可见,对于采源之元

---

① 参见何宗美、刘敬：《明代文学还原研究——以〈四库总目〉明人别集提要为中心》,人民出版社 2014 年版。

② 纪昀等：《钦定四库全书总目》卷一四八,第 1981 页。

③ 于敏中：《于文襄公(敏中)手札》,《近代中国史料丛刊》第二十二辑,文海出版社 1966年版,第 40 页。

④ 按,以《四库采进书目》标注"元"为标准统计。

别集,但凡进入馆臣视野的,《总目》皆予著录,基本不予舍弃。从收录元别集的完备性看,《总目》漏收一共五种别集,分别是华宗骅《虑得集》四卷、刘永之《刘仲修山阴集》八卷、赵孟頫《赵子昂诗集》、揭傒斯《揭曼硕诗》三卷、释德祥《桐屿诗集》四卷。据现存文献看,在纂修《四库全书》后期的禁书运动中,元别集基本未有涉及。不仅如此,馆臣还从《永乐大典》中辑录元别集 29 种,且悉数著录。又从著录书和存目书角度看,宋别集著录书 382 家 394 种,存目书 53 家 66 种;明别集著录书 238 种,存目书 867 种;清别集著录书 42 种,存目书 578 种,而元别集著录书 163 家 169 种,存目书为 35 家 36 种别集。相比之下,元别集的著录书比率,仅次于宋别集,而远高于明清别集。

1. 与《元诗选》对比,看《总目》的著录标准。

一般认为,《元诗选》是《四库全书》之前收录元诗家最多的元代诗歌选集①。《元诗选初集》于康熙三十二年(1693)刊刻发行,选录 100 家诗人的诗集作品,合附加诗人一共 116 家,录诗 10550 首;《元诗选二集》于康熙四十一年(1702)刊刻发行,选录 100 家诗人的诗集作品,合附加诗人一共 107 家,录诗 6001 首;《元诗选三集》于康熙五十九年(1720)刊刻发行,共收 100 家诗人的诗集作品,合附加诗人一共 117 家,录诗 3023 首。统合计算,《元诗选》初、二、三集共选录 340 家诗人、19574 首诗作。《元诗选癸集》(初名《元诗选四集》)为席世臣据顾嗣立所刻残版和零散残稿编纂而成,刊刻于嘉庆年间,共选录 2200 多位诗人的作品。全书依天干分十集,甲集至壬集与《元诗选》有对应关系,为顾嗣立所选定,而癸集则为席世臣所收无诗歌专集的诗人的作品。

今以《总目》对比之,发现《总目》著录而《元诗选》未选之诗人有 18 家,其中 12 家由馆臣录自《永乐大典》,所余 6 家则馆臣另有所取。或说,《永乐大典》本为顾嗣立《元诗选》未能见及之文献,《总目》据所有之文献加以补足,无

---

① 按,《元诗选》系列包括初集、二集、三集、癸集四部,不包括《元诗选补遗》。

可厚非。需要说明的是,对于辑录自《永乐大典》的别集,《总目》并非全部列入著录书,偶有归入存目书的情况,如宋代杨万里《锦绣论》二卷、释少嵩《渔父词集句》二卷,虽辑录自《永乐大典》却被列在存目书中。由此便知,《永乐大典》本被列入别集著录书亦有着一定的标准和条件。知晓这一点,那么馆臣在《元诗选》之外所补足的元别集,并非仅出于对《永乐大典》本的偏好,而是还有其他标准和考量。于此而言,考察《总目》于《元诗选》之外补足的元别集,或有助于认清和把握《总目》著录之标准:

第一,身份标准,即著者多为儒者和吏宦,如儒者有滕安上、萧㪺①和同恕等。《总目》评价滕安上《东庵集》云:"非有裨世教者不言"②;评价萧㪺云:"按天爵《滋溪集》载㪺墓志铭一首,称㪺于六经、百氏无不通,尤精《三礼》及《易》,且邃于六书。初凿土室终南山下,以经传列左右,思索其义,至于忘寐者三十年。乃表里洞彻。关辅自许衡倡明理学之后,㪺实继之,为文悉本诸经。《元史》亦称㪺'制行甚高,真履实践,其教人必自小学始,为文辞立意精深,言近指远,一以洙泗为本,濂、洛、考亭为据,为一代醇儒'。"③《总目》认为这些儒者的别集"有裨世教""有关名教"。官吏则有张之翰、刘敏中、王结等,馆臣评张之翰《西岩集》曰:"惟《松江府志》载之翰'至元末,自翰林侍讲学士知松江府事,有古循吏风。时民苦荒,租额以十万计。之翰力除其敝,得以蠲除,至今犹祠于名宦祠'。"④评王结为:"结为元代名臣,张珪称其非圣贤之书不读,非仁义之言不谈。……其中《上宰相论八事书》,乃结年二十余游京师时所作,平生识力已具见于是。问答五条皆与吴澄往复之语,或阐儒理,或明经义,可略见其学问之根柢。《善俗要义》乃结为顺德路总管时所作,以化导

---

① 按,萧㪺的"㪺",《总目》(1997 年中华书局整理本)写作"㪺",《元史》(2000 年中华书局简体横排本)写作"㪺",《景印文渊阁四库全书》(1986 年台湾商务印书馆)写作"㪺"。本文自各本引出者,遵从各本原字,作者自己表述时则取《总目》之法。特此说明,后不赘言。

② 纪昀等:《钦定四库全书总目》卷一六六《东庵集》提要,第 2215 页。

③ 纪昀等:《钦定四库全书总目》卷一六七《勤斋集》提要,第 2226。

④ 纪昀等:《钦定四库全书总目》卷一六七《西岩集》提要,第 2222 页。

闾里,凡教养之法,纤悉必备,虽琐事常谈,而委曲剀切,谋画周密,如慈父兄之训子弟,循吏仁爱之意,蔼然具见于言表,尤足以见其政事之大凡。"①《总目》评其为"循吏",即清正廉洁之官员,并着力渲染其政事政绩。

第二,风格标准,即风格平正通达,温柔敦厚,无焦衰之音。王结文风明白畅达、切于实用,提要云:"诗多古体,大抵舂容和平,无钩棘之态。文亦明白畅达,不涉雕华……统观所作,所谓词必轨于正理,学必切于实用者也,固不与文章之士争词采之工拙矣。"②称唐元曰:"当生于宋咸淳五年己巳,始终皆当元盛时,故所作多和平温厚之音。"③评王旭曰:"其诗随意抒写,不屑屑于雕章琢句,而气体超迈,亦复时见性灵。"④评刘敏中云:"其诗文率平正通达,无钩章棘句之习,在元人中,亦元明善、马祖常之亚。本传称其文理明辞备。韩性原序亦谓其'不藻缋而华,不琢镂而工,户枢门键,庭旅陛列,进乎古人之作'。固不诬也。"⑤《总目》评价《永乐大典》本别集时,多称其诗风"醇正通达"。

第三,人品标准,主要指著者颇有元遗民气节。如元末明初之宋禧,提要以气节表彰之:"集中《题桐江钓隐图》有云:'黄冠漫忆贺知章,老病怜予简书趣',又《寄宋景濂》云:'当时十八士,去留各有缘'。而戴良赠以诗亦有'麦秀歌残已白头,逢人犹自说东周'之句,则亦沈梦麟、赵汸之流,非危素诸人比也。"⑥将宋禧归入沈梦麟、赵汸之流,其虽应明廷之召参与修《元史》、礼书等,但事毕皆辞官,不仕明朝。再如,表彰王礼曰:"祁序称其'蔼然仁义之词,凛然忠愤之气,深切恳至,无不可人意者',斯得之矣"⑦;评价鲁贞曰:"然人品既高,胸怀夷旷,一切尘容俗状无由入其笔端,故称臆而谈,自饶清韵,譬诸

---

① 纪昀等:《钦定四库全书总目》卷一六七《王文忠集》提要,第 2225 页。
② 纪昀等:《钦定四库全书总目》卷一六七《王文忠集》提要,第 2225—2226 页。
③ 纪昀等:《钦定四库全书总目》卷一六七《筠轩集》提要,第 2237 页。
④ 纪昀等:《钦定四库全书总目》卷一六七《兰轩集》提要,第 2220 页。
⑤ 纪昀等:《钦定四库全书总目》卷一六七《中庵集》提要,第 2225 页。
⑥ 纪昀等:《钦定四库全书总目》卷一六八《庸庵集》提要,第 2260 页。
⑦ 纪昀等:《钦定四库全书总目》卷一六八《麟原文集》提要,第 2256 页。

深山幽谷,老柏苍松,虽不中绳规,而天然有出尘之意,其故正不在语言文字间矣"①;称胡行简为:"《墨竹》一章于故君旧国之思再三致意,亦颇可见其节操"②;等等。对著者多有人品气节之认可和褒赞。

第四,版本标准。对于罕见之本,《总目》皆著录之。罕见之作,是指流传不广而仅赖《永乐大典》以存的别集。如王旭《兰轩集》便是久佚而赖《永乐大典》而再传的别集,提要强调说:"其事迹不见于《元史》。谈艺家品亦罕见称述。顾嗣立撰《元诗选》,汇缉至三百家,而不载旭集,则久佚可知。"③刘岳申《申斋集》亦如此,提要曰:"顾嗣立撰《元诗选》搜罗至备,独不及此编。《江西通志》亦谓岳申文集今已不传。今此抄帙仅存,亦可云希觏之本矣。"④杨弘道《小亨集》亦为失传之作,提要云:"焦竑《经籍志》载《小亨集》十五卷,世久失传。今从《永乐大典》中搜辑编缀,厘为诗五卷,文一卷。"⑤这些作品若非《永乐大典》存录,则已失传,故《总目》著录之。

探究《总目》于《元诗选》外增补的18种元别集的提要发现,但凡符合身份、风格、人品和版本标准的作品,《总目》皆乐于著录。一言以蔽之,作品"有裨于世道人心者"和版本"罕见者",这是《总目》筛选元别集的重要标准。乾隆帝曾在乾隆四十年十一月十六日的圣谕中为《永乐大典》辑本别集拟定著录标准,谕曰:

> 据四库全书馆总裁将所辑《永乐大典》散片各书进呈,朕详加披阅,内宋刘跂《学易集》十二卷,拟请刊刻。其中有青词一体,乃道流祈祷之章,非斯文正统。前因题《胡宿集》,见其有道院青词、教坊致语之类,命删去刊行,而抄本仍存其旧。今刘跂所作,则因服药交年

① 纪昀等:《钦定四库全书总目》卷一六八《桐山老农文集》提要,第2253页。
② 纪昀等:《钦定四库全书总目》卷一六八《樗隐集》提要,第2258页。
③ 纪昀等:《钦定四库全书总目》卷一六六《兰轩集》提要,第2220页。
④ 纪昀等:《钦定四库全书总目》卷一六七《申斋集》提要,第2222页。
⑤ 纪昀等:《钦定四库全书总目》卷一六六《小亨集》提要,第2212页。

琐事,用青词致告,尤为不经。虽抄本不妨始(姑)存,刊刻必不可也。盖青词迹涉异端,不特周、程、张、朱诸儒所必不肯为,即韩、柳、欧、苏诸大家,亦正集所未见。若韩愈之送穷文、柳宗元之乞巧文,此乃假托神灵,游戏翰墨,不过借以喻言,并非实有其事,偶一为之,固属无害。又如时文为举业所习,自前明以来,通人擅长者甚多,然亦只可听其另集专行,不宜并登文集,况青词之尤乖典故者乎?再所进书内,有拟请抄录之王质《雪(灵)山集》,内如《论和战守疏》及《上宋孝宗书》诸篇,词音剀切,颇当事理,竟宜付之剞劂,但其中亦有青词一种,并当一律从删。此二书着交该总裁等重加釐订,分别削存,用昭评骘之允。至现在纂辑四库全书,部帙计盈数万,所采诗文别集既多,自不能必其通体完善。或大端可取,原不妨弃瑕录瑜。如宋《穆修集》有《掺帐记》,语多称颂,谬于是非大义,在所必删,而全集或录存,亦不必因此以废彼。惟当于提要内阐明其故,使去取之义晓然。诸凡相类者,均可照此办理。该总裁等务须详慎决择,使群言悉归雅正,副朕鉴古斥邪之意。①

此圣谕拟定别集之著录标准为"悉归雅正""鉴古斥邪",而具体执行标准有三:其一,有道院青词、教坊致语者,可删去再刊刻,抄本仍存其旧,严重者则不必著录、刊行,如宋刘跂《学易集》;其二,时文应另集专行,不宜并登文集;其三,言论谬于是非大义者必删,或大端可取,则弃瑕录瑜,并于提要内阐明其故,使去取之义晓然。今于元别集而言,其著录《永乐大典》本别集的标准基本与此圣谕合。

2. 再以元别集存目书 36 种为对象,看《总目》择取元别集著录书之标准。

前文对《总目》主动增补的元别集进行考察,可知《总目》著录元别集的正面标准。今再从《总目》著录之 36 种元别集存目书中,探寻不被列入著录书

① 中国第一历史档案馆编:《纂修四库全书档案》三〇六,上海古籍出版社 1997 年版,第474 页。

的反面标准。归纳提要所述发现，元别集被《总目》列入存目书而未列入著录书的原因主要有三：一是版本质量粗劣；二是诗文水平浅陋；三是思想观念分歧。具体如下：

（1）版本不佳（18 种）

第一种情况是全本已录，故选本归入存目。如戴表元《剡源集》入著录书，《剡源文钞》为黄宗羲选本，故入存目，提要称："其时戴表元《剡源集》传本尚稀，因选其记十六首，序三十六首，墓志铭四首，题后九首。宗羲亦间有点定，其持择颇精审，然不足以尽表元也。"①戴良《九灵山房集》入著录书，其《九灵山房遗稿》为残本，故入存目书，提要云："今海内藏书咸登秘府，良之全集复出。此本掇拾残缺，已可不录，以世所通行，且以培等掇拾补缀之勤亦不可没，故附存其目焉。"②赵孟頫《松雪斋集》入著录书，《别本松雪斋集》为选本，则入存目书，提要称："此本为明江元禧所刊。后有万历甲寅跋，称文敏文集湮没，因检枕孔中所藏，益以耳目所睹记流通之。盖元禧未见全集，故复搜辑为此本也。"③揭傒斯《文安集》入著录书，其《揭曼硕遗文》为选本，则入存目书，提要云："是编记、序、碑、述凡九篇，为宜黄刘肇虞所辑。前有肇虞序，称'揭集板兵灾毁没，今不可遽购，因于诸书所散见者摭拾若干，不复别择，概为编次'云云。盖不知原集犹存也。"④吴澄《吴文正集》，洋洋一百卷，入著录书，其《草庐吴先生辑粹》为选本，故入存目书，提要云："是编以《草庐全集》浩繁难竟，乃择其尤精者录为六卷，以便诵读。"⑤又其《吴草庐文钞》亦为残本，故入存目书，提要称："盖康熙三年孙承泽所定本也，于吴澄《支言集》中抄其十分之一，前后无序跋，亦无目录，又不分卷帙。盖偶然缮写，未及成编之本

---

① 纪昀等：《钦定四库全书总目》卷一七四《剡源文钞》提要，第2377页。
② 纪昀等：《钦定四库全书总目》卷一七四《九灵山房遗稿》提要，第2381页。
③ 纪昀等：《钦定四库全书总目》卷一七四《别本松雪斋集》提要，第2376—2377页。
④ 纪昀等：《钦定四库全书总目》卷一七四《揭曼硕遗文》提要，第2379页。
⑤ 纪昀等：《钦定四库全书总目》卷一七四《草庐吴先生辑粹》提要，第2377页。

耳。"①范梈《范德机诗》列入著录书,《范文白诗集》为选本,故入存目书,提要云:"梈诗别有七卷之本,题《范德机集》者,乃临川葛雝所编,刊于闽中,已著录。是集为明杨羣所选,所取才十之六,其删汰亦不尽当。"②倪瓒有《清閟阁集》入著录书,故其非善本《倪云林诗集》列入存目书,提要曰:"瓒有《清閟阁集》,已著录。此本为明潘瓒校刻,凡四言古诗、五言古诗一卷,七言古诗一卷,五言律诗一卷,七言律诗一卷,五言绝句、六言绝句一卷,七言绝句一卷,不及新本之完善也。"③

第二种情况,粗劣本、坊贾射利之本。如赵天麟《太平金镜策》,《总目》考证其为"坊贾射利之本"④,故列为存目书。又,虞集《道园集》亦因此归入存目书,其提要称:"此集不列卷数,惟分八册:前七册题曰《道园学古录》,后一册题曰《类稿选》。然前七册非《学古录》之全本,后一册亦非《类稿》之全本,盖坊刻摘录,疏舛实多,且每册之首皆题曰'崇仁虞集'。考集虽寓居崇仁,而其平生诗文皆自称'蜀人',不当以侨寓之地改其祖贯。此必抚州书贾所为,欲引集以重其乡土,不足据也。"⑤虞集《虞伯生诗续编》亦因此归为存目书,其提要曰:"仅诗九十余首,目录末有至元后庚辰刘氏日新堂识语一则,称'是集乃学士晚年所作,尤为得意,敬刻与骚坛其之'云云。考至元后庚辰者,顺帝之至元六年也。是年集年六十九岁,李本访集山中,编其诗文为《学古录》者,即是冬之事。本所为序,则在明年辛巳之十二月。是《学古录》尚未出,不识何以有续编之目。中间题目字句,亦往往舛讹,此必当时坊贾以集负重名,故掇拾其诗数十篇,梓以射利之本耳。"⑥再如王偕《荻溪集》,因"集中所与唱酬者皆国朝顺治间常熟文士,又尝入京师,有《慈仁寺双松歌》。慈仁寺建于

---

① 纪昀等:《钦定四库全书总目》卷一七四《吴草庐文钞》提要,第2377页。
② 纪昀等:《钦定四库全书总目》卷一七四《范文白诗集》提要,第2379页。
③ 纪昀等:《钦定四库全书总目》卷一七四《倪云林诗集》提要,第2381页。
④ 纪昀等:《钦定四库全书总目》卷一七四《太平金镜策》提要,第2378页。
⑤ 纪昀等:《钦定四库全书总目》卷一七四《道园集》提要,第2378页。
⑥ 纪昀等:《钦定四库全书总目》卷一七四《虞伯生诗续编》提要,第2378—2379页。

明代,亦与偕时世不相合。惟诗中有《岁暮遗（还）荻溪》诸题,当必国初人寓居荻溪者,集名偶同。坊贾遂妄取原智序冠之,指为偕作,以售欺耳"①,故列为存目书。《总目》通过考证和辨伪,将粗劣本、坊贾射利之本皆归为存目书。

第三种情况,与著录书重复本,即其中有与别集著录书内容叠合者,如刘埙《水云村泯稿》,《总目》认为其是《水云村稿》和《隐居通议》的合集,既然此二部书已分别著录,合集便不再列入著录书。提要云:"考其诗文皆《水云村稿》所载,其笔记亦《隐居通议》所载,盖洪武癸丑孙瑛摘录二书,并为一帙,非其旧本也。"②其实不然,《总目》所考有误。又,从本集抄录出的诗集,因本集已著录,故列入存目书。如陈孚《安南即事诗》抄自《交州集》,而《交州集》已入著录书,故入为存目书。提要云:"此集诗及自注,皆自孚《交州集》中抄出,别题此名,盖书贾鬻伪之本,藏弄者不辨而收之也。"③王桢《农务集》抄自《农书》,而《农书》已经为"子部农家类"著录,故入存目书。该集提要云:"桢有《农书》,已著录。此集凡赋五首,诗一百九十四首,赞铭七首,皆《农书》所已载。盖即从《农书》中抄出,诡立此名也。"④除此,与《元诗选》重复者列入存目书,如王士熙《王鲁公诗钞》,其提要称:"此本不知何人所抄,与顾嗣立《元诗选》所载士熙《江亭集》八十余首一一相同,惟次第小异。疑即书贾从《元诗选》抄出,伪为旧本射利耳。"⑤总而言之,与著录书重复之别集,被《总目》列为存目书。

第四种情况是残阙本,如萧国宝《辉山存稿》残缺不全,且《元诗选》已收录,故列为存目书,提要云:"然此本所载仅二十四首,为明崇祯间其裔孙云程重编,疑旧稿散佚,云程掇拾成之,故所存止此也。书仅五页,不成卷帙,已见

① 纪昀等:《钦定四库全书总目》卷一七四《荻溪集》提要,第2382页。
② 纪昀等:《钦定四库全书总目》卷一七四《水云村泯稿》提要,第2376页。
③ 纪昀等:《钦定四库全书总目》卷一七四《安南即事诗》提要,第2377页。
④ 纪昀等:《钦定四库全书总目》卷一七四《农务集》提要,第2378页。
⑤ 纪昀等:《钦定四库全书总目》卷一七四《王鲁公诗钞》提要,第2379页。

于顾嗣立《元诗选》中,故不复录焉。"①

(2)格调浅弱(16 种)

诗格浅弱,亦是《总目》将元别集列为存目书的标准。今发现,列入存目书的元别集其提要中评以"诗格浅弱"者有 16 种之多。如评《清江碧嶂集》"所自作诗乃粗浅不入格。顾嗣立《元百家诗选》讥其多应酬俚近之作,非苛论也"②。评《水镜集》"其诗有《击壤集》之风,而理趣不逮,视远诗则不可同日语矣"③。评《山林清气集》"格调亦皆浅弱。末有附集一卷,皆同时诸人酬赠之作"④。评《存复斋集》"是集有虞集题词,黄溍序,皆见微词,惟合沙俞焯序称其文理到而辞不凡,差得其实。诗则肤浅少深致,益非其所长矣"⑤。评《嗜呓集》"诗颇可观,而此集亦不免以论为诗之病"⑥。评《书林外集》"其诗危素序之,称其清丽可喜,然往往粗浅多累句"⑦。评《黄杨集》"其诗未足名家,世以重其人品传之耳"⑧。评《肃雝集》"其诗词意浅弱,失粘落韵者不一而足"⑨。评《韩山人集》"其诗古体伤于浅率"⑩。评《书山遗集》"今观其诗,雕缋有余而兴寄颇浅,在元末明初尚未能独立一帜"⑪。评《高闲云集》"其诗颇清遒而浅于比兴,往往意言并尽,少含蓄深婉之致"⑫。评《程梅轩集》"诗文皆清而过浅,未足抗行于作者之间"⑬。评《茶山老人遗集》曰:"《静志居诗

---

① 纪昀等:《钦定四库全书总目》卷一七四《辉山存稿》提要,第 2377 页。
② 纪昀等:《钦定四库全书总目》卷一七四,第 2377 页。
③ 纪昀等:《钦定四库全书总目》卷一七四,第 2378 页。
④ 纪昀等:《钦定四库全书总目》卷一七四,第 2378 页。
⑤ 纪昀等:《钦定四库全书总目》卷一七四,第 2379 页。
⑥ 纪昀等:《钦定四库全书总目》卷一七四,第 2380 页。
⑦ 纪昀等:《钦定四库全书总目》卷一七四,第 2380 页。
⑧ 纪昀等:《钦定四库全书总目》卷一七四,第 2380 页。
⑨ 纪昀等:《钦定四库全书总目》卷一七四,第 2380 页。
⑩ 纪昀等:《钦定四库全书总目》卷一七四,第 2381 页。
⑪ 纪昀等:《钦定四库全书总目》卷一七四,第 2381 页。
⑫ 纪昀等:《钦定四库全书总目》卷一七四,第 2381 页。
⑬ 纪昀等:《钦定四库全书总目》卷一七四,第 2381 页。

话》称其人品高于杨维桢,至诗文则颇涉粗浅,不逮维桢远甚。"①评《得月稿》"诗多粗俚,文尤冗蔓"②。评《拱和诗集》"其诗惟近体,无古体,大抵流连光景,篇篇一律云"③。评《兰雪集》"诗格浅弱,不出闺阁之态"。④ 归纳可知,这16种存目书提要揭示出《总目》之著录书标准,即诗格浅弱之作归入存目书。

（3）观念乖僻（2 种）

观念乖僻,是指著者的思想和观点违背了《总目》的撰修原则。较为典型的是周闻孙《鳌溪文集》,提要云:"此本乃明正统壬戌其曾孙翰林院侍读叙所辑,仅诗文各一卷而已。文末附奏修三史以宋为正统论一篇,全文已佚,仅载其略。邹缉序称论《宋史》不合者,此也。自晋以来,南、北《史》并传,朱子作《纲目》亦南北朝分注。闻孙必尊宋比蜀汉,而抑辽、金不得比北魏。不知辽、金各自立国,与曹氏、孙氏以汉之臣子乘时篡窃不同。闻孙所执,殊为偏驳,以此去官,未见其有当也。"⑤周闻孙坚持蜀汉正统论,在元廷编修辽、宋、金三史时,作《奏修三史以宋为正统论》一文,力主以宋为正而以辽、金为闰的修书观念,其论与当时持辽、宋、金三史不分正闰的观点相冲突,周闻孙最终辞官以明志。作为维护清朝统治的馆臣,其身处异族一统天下之政治生态和政治高压之中,对于异族如辽、金的态度自然与清统治者一致,即持"华夏一家亲"之观点,故对于周闻孙之华夏正闰论不予肯定,甚至认为是"偏驳"之见。除此,欧阳起鸣《论范》亦因"其书杂取经史诸子之语为题,各系以论,而史事为多,共六十篇。所见多乖僻不足采录"⑥,《总目》列其为存目书。

以上归纳出《总目》元别集存目书之特点,大致有三:版本不佳、格调浅弱或观念乖僻。若结合列为存目书的三大特点与于《元诗选》外增入元别集的

---

① 纪昀等:《钦定四库全书总目》卷一七四,第 2382 页。
② 纪昀等:《钦定四库全书总目》卷一七四,第 2382 页。
③ 纪昀等:《钦定四库全书总目》卷一七四,第 2382 页。
④ 纪昀等:《钦定四库全书总目》卷一七四,第 2382 页。
⑤ 纪昀等:《钦定四库全书总目》卷一七四《鳌溪文集》提要,第 2379 页。
⑥ 纪昀等:《钦定四库全书总目》卷一七四《论范》提要,第 2380 页。

四大标准观之,则《总目》的著录标准、著录书标准皆一目了然。

整体而言,《总目》著录元别集持"宽容"之标准,即便馆臣评价不甚高者亦被列为存目书。著录书与存目书的区别是:其一,"罕见"之元别集入著录书,粗劣重复之版本列入存目书;其二,诗格文风春容平正之别集入著录书,反之浅弱者列为存目书;其三,思想人品醇正者之别集列为著录书,即《总目》所谓符合"世道人心"者,反之思想溢出正统观念及统治者立场的列为存目书。值得注意的是,在清廷强势的文化高压下,元别集无一种被禁毁①。《总目》著录元别集秉持"宽容"和"力存"的标准,这与著录明末清初别集的严苛标准形成鲜明对比。司马朝军在《乾隆时期的禁毁实录——从〈翁方纲纂四库提要稿〉看禁书标准》中提出禁毁书标准有六个:因其人而废、因其书而废、因抵触清朝而废、因怀念前朝而废、因名教而废和因"淫秽"而废②。而今看来这些标准对元别集并无效用,不仅如此,著录元别集之标准还有与此禁毁标准相悖者,如"因怀念前朝而废"这一标准,元别集体现出故国之思者反而是被大力表彰和被著录,并未被禁毁。事实证明,《总目》"宽于元以前,严于明之后"这一著录标准是被馆臣严格实施的。

（二）时间断限:谢彼虚谈,敦诸实学?

复杂性与特异性是《总目》元别集断限呈现出的重要特征。相比于其他朝代,其复杂性主要体现在其断限涉及四个朝代,前端有金和宋,后端有元末割据政权和明朝,因此需要考量和区别的断限情况显然更为复杂;特异性则体现在因元终其一代不及百年,故元文人多为跨代之人,或为宋生元卒,或为金生元卒,或为元生明卒,而生于元又卒于元之文人数量实属不多。若以金哀宗自杀身亡作为元代统一北方之起点,以崖山海战作为元代统一南方之起点,以

---

① 按,《四库禁毁丛刊》中无元别集,《纂修四库全书档案》亦无元别集。
② 司马朝军:《乾隆时期的禁毁实录——从〈翁方纲纂四库提要稿〉看禁书标准》,《出版科学》2008年第6期,第82页。

元顺帝仓皇北遁之日为元代之终点，即以金哀宗天兴三年（1234）、宋帝昺祥兴二年（1279）和元顺帝至正二十七年（1367）为时间界限。今以《总目》元别集著录书的163家作家为考察对象，其中有具体生卒可考的纯粹元人仅为41人，即完全无争议的元别集断限仅为41家。然而《总目》著录之别集有163家之多，其中纯粹元人仅占四分之一不到，这便意味着剩余的122家，馆臣都要对其时代断限作出判断，或者说建立一套能够自圆其说的断限标准。那么，究竟是怎样的一套断限理论才能将122家非纯粹元人群体归置得合情理又合理论？鉴于元别集断限情况的复杂性，本书将元文人断限分金末元初、宋末元初、元末割据政权、元末明初四种情况加以考察：

1. 金末元初文人之断限

《总目》著录金别集仅5家6种，其中李俊民和元好问两家都存在争议。对于《元诗选》将元好问列为元诗第一人的行为，后世多不取。翁方纲便极力反对："遗山金亡不仕，著《壬辰》之编，撰《中州》之诗，掩泪空山，殚心野史，此岂可以元人目之？顾侠君选《元百家诗》，既欲自附于《中州集》，知人论世之大义，而开卷先错谬如此，此何说也！"①《总目》的观念与翁方纲一致，认为元好问当断限为金人。

再看金元之际的李俊民。在《总目》之前，明代冯从吾《元儒考略》、王圻《续文献通考》、曹学佺《石仓历代诗选》，清代顾嗣立《元诗选》、钱大昕《元史艺文志》等文献皆将李俊民断限为元人。直至清康熙年间官修《御选四朝诗》时首次断限为金人。在李俊民断限争议中，《总目》取"金人"之说，《庄靖集》提要云："俊民抗志遁荒，于出处之际，能洁其身。集中于入元后只书甲子，隐然自比陶潜。故所作诗类多幽忧激烈之音，系念宗邦，寄怀深远，不徒以清新奇崛为工。文格冲澹和平，具有高致，亦复似其为人。虽博大不及元好问，抑亦其亚矣。"②则其依据为：金末坚守气节、入元仅书甲子和诗中多故国之思。

---

① 翁方纲：《石洲诗话》卷五，《谈龙录·石洲诗话》，中华书局1981年版，第152页。
② 纪昀等：《钦定四库全书总目》卷一六六，第2200页。

其所述似有理有据,成功塑造了李俊民眷眷故国的金遗民形象,然而其所云却与历史事实不符。余嘉锡考此提要后,便提出了与《总目》完全不同的断限观点,其考云:

> 案俊民与张特立同以完颜旧臣,受新朝之宠礼。特立终身不出,未尝俯受弓招,故《元史》入之于《隐逸》,俊民虽亦未仕元,特以金末身际丧乱,隐居已久,至忽必烈征大理之岁,年已七十有六,乐于放旷,不愿复婴世网耳,然犹起而应召,数承延访,遂参密谋,陈符命,故史臣作传,附之于姚枢、许衡、窦默之后,是直元代之谋士,非复金源之遗民也。观其《赠张仲一》诗,颂蒙古为清朝,祝其江山一统,而忘其为天兴之仇雠,金亡于天兴三年。甚至诋南宋为鲸鲵,恨华夏之不蚕灭,律以《春秋》之义,其能免于诛绝之罪乎?《提要》未考《元史》,不能知其生平,固不足怪,至谓其入元以后,祗书甲子,以为自比陶潜,斯则可笑之甚。蒙古自中统以前,从未建立年号,朝野习俗,惟以十二禽纪年,如牛儿年、猪儿年之类,文士著书,只得但书甲子,金源既亡,除南宋版图以外,举天下之人莫不皆然,若以此为自比陶潜,是何靖节之多也。且俊民文中称大朝某年者凡三见卷八《重修浮山女娲庙记》称大朝庚子,《阳城县重修圣王庙记》称大朝壬寅年春,卷九《重修王屋山阳台宫碑》称大朝己亥岁。此岂不奉兴王正朔者?《提要》遽侪之有晋征士,渊明有知,恐亦羞与为伍矣。①

余氏通过辨证认为,李俊民"是直元代之谋士,非复金源之遗民",其依据有三:其一,以《元史》所载为据对提要所述"抗志遁荒,于出处之际,能洁其身"进行否定;其二,以李俊民诗歌作品"颂蒙古"思想倾向正面论证李俊民的元人身份;其三,反驳提要仅依据"于入元后祗书甲子"而断言"自比陶潜"的逻辑。据余氏所考,则《总目》断限李俊民为金遗民实有悖事实。今观《元

① 余嘉锡:《四库提要辨证》卷二三,第4册,中华书局2007年版,第1492页。

史·窦默传》云："窦默字子声,初名杰字汉卿,广平肥乡人……帝尝谓侍臣曰:'朕求贤三十年,惟得窦汉卿及李俊民二人。'"①则元世祖忽必烈视李俊民为贤能之人,故欲求访其人。"窦默传"后所附"李俊民传"曰:"李俊民字用章,泽州人,得河南程氏传受之学。金承安中举进士第一,应奉翰林文字。未几,弃官不仕,以所学教授乡里,从之者甚盛,至有不远千里而来者。金源南迁,隐于嵩山,后徙怀州,俄复隐于西山。既而变起仓猝,人服其先知。俊民在河南时,隐士荆先生者,授以邵雍《皇极》数。时之知数者,无出刘秉忠之右,亦自以为弗及也。世祖在潜藩,以安车召之,延访无虚日。遽乞还山,世祖重违其意,遣中贵人护送之。又尝令张仲一问以祯祥,及即位,其言皆验。而俊民已死,赐谥庄静先生。"②依其本传所言,则李俊民确实曾入元世祖潜邸,为元世祖之谋士,尽管时间不长。余氏第一个角度的反驳可谓不诬。

今还可通过文献溯源的方式对《元史》观点之形成进行梳理,进而从根本上了解《元史》撰写之依据。溯源发现,元人苏天爵所撰《元朝名臣事略》为《元史》记载的源头,该书"窦默传"后附载云:"又《杨文宪公文集》云:李状元讳俊民,字用章,泽州晋城人。资醇谨,重然诺,不妄交游。金承安中,举进士第一,释褐应奉翰林文字。南迁隐嵩州鸣皋山。北渡客覃怀,未几入西山。既而变起仓卒,识与不识,皆以知几许之。居乡间,终日环书不出,四方学者不远千里而往,随问随答,曾无倦色。会皇弟经理西南夷,闻其贤,安车驰召,不得已起而应之,延访无虚日。遽乞还山,王重违所请,遣中贵护送之。年八十余而卒。世之知数者,无出子聪右,而子聪犹让之。又汲郡王公《中堂事记》云:先生在河南时,于隐士荆先生传康节《皇极》数学。己未间,上在潜邸,令张仲一就问祯祥,优礼有加。中统元年,先生已殁,其言尽征,追谥为庄静(靖)先生,以旌其德云。"③苏天爵明确提及其所参考的文献有二:杨果《杨文宪公文

---

① 宋濂等:《元史》卷一五八"窦默传",中华书局 2000 年版,第 2486—2488 页。
② 宋濂等:《元史》卷一五八"窦默传",中华书局 2000 年版,第 2488 页。
③ 苏天爵撰,姚景安点校:《元朝名臣事略》卷八,中华书局 1996 年版,第 154 页。

集》和王恽《中堂事记》。杨果（1195—1269），字正卿，祁州蒲阴人，金正大初，登进士第，国初，为河南课税及经略司幕官。中统元年（1260）拜北京宣抚使，明年入拜参知政事，至元六年（1269）出为怀孟路总管，其年薨，年七十三①。王恽（1227—1304），中统二年（1261）初为翰林修撰、同知制诰、兼国史院编修官，至元年间先后为监察御史、平阳路总管府判官、山东东西道提刑按察副使、福建闽海道提刑按察使、翰林学士，后奉旨纂修《世祖实录》②。由二人生平可知，二人皆为元世祖时期的名臣，王恽更是主持纂修过《世祖实录》，其对时政名人当了解甚悉，故其所载李俊民之事当为属实。且杨、王二人所载相同，这说明李俊民曾为元世祖忽必烈之谋士这一事实是可信的。苏天爵视李俊民作元人，不仅《元名臣事略》附载其人，而且在《元文类》中亦载有李俊民《明皇击梧图》诗一首。分析可知，《元史》基本遵从了《元朝名臣事略》以及其他元代文献的记载。

再读余氏所举之《赠张仲一》，这首诗今未见于李俊民《庄靖集》中，而是载于王恽《中堂事记》中，原文为："八日戊戌，益都申宋人侵轶涟水，与战，败之。是日，追谥前经义状元李俊民为庄静先生云云。先生字用章，雘［菏］泽人，明昌间进士，道号鹤鸣老人。在河南时，于隐士荆先生传皇极数学。己未间，圣上在潜，令张仲一就问祯祥，优礼有加。至是，先生已殁，其言尽征，故有是命，以旌其德学云。初，张辞去日，继请以蒲轮来起公，先生笑不答，赠诗以见方来。其辞曰：'丹凤衔书下九霄，山城和气动民谣。久潜龙虎声相应，未戮鲸鲵气尚骄。万里江山归一统，百年人事见清朝。天教老眼观新化，白发那堪不肯饶。'明年正月，先生卒于家。愚观其遗书，所得盖康节之传云。"③该书为纪实体例，所载元世宗中统元年（1260）九月至中统二年（1261）九月之事，故《赠张仲一》一首实有其作，李俊民曾任忽必烈之参谋亦确有其事。尽管余

①　苏天爵撰，姚景安点校：《元朝名臣事略》卷一三，中华书局1996年版，第203页。
②　宋濂等：《元史》卷一六七"王恽传"，中华书局2000年版，第2625—2626页。
③　王恽：《中堂事记》卷下，《金元日记丛编》，上海书店出版社2013年版，第128页。

氏因汉民族情结对诗歌的解读不无过度之嫌,如"而忘其为天兴之仇雠(金亡于天兴三年),甚至诋南宋为鲸鲵,恨华夏之不蚕灭"等,但诗歌中"归一统""清朝"等言辞,已足以证明李俊民是以元王朝的政治立场为本的。除此,今笔者发现,李俊民《庄靖集》中有《任仲山谈西府事》诗,亦体现出其曾参论元政之事:"德音到处下情通,喜动山城百岁翁。和气挽回中国化,威声振起外台风。少酬汉使澄清志,不愧周官燮理功。南北封疆归一统,太平立法自河东。"①其中"归一统"若非指元王朝又是何指?

以上从文献溯源的角度对余氏所辨进行了再辨证,可知馆臣既无视《元史》所载、不知蒙古纪年实情,又对李俊民褒崇元朝的政治立场失于考证。那么,馆臣与余氏所据皆为《庄靖集》,何以二者对李俊民断限之观点却完全不同? 暂不以对错论断限,但从余氏所证所论,可以确定的是李俊民在《总目》所言眷眷故国之外,还有另一种政治立场即"褒元"。馆臣的叙述实际上忽略后者,而仅仅在强调李俊民对金王朝之黍离之悲。于此而言,馆臣仅以李俊民的遗民情怀而断言其人为元人,这一判断显然具有片面性。盖馆臣在断限时的论证思维属于"充分而非必要"模式,即当寻求到符合其自身主观预设观点时,便忽略其他因素而进行片面定论。馆臣的预设观点为何? 以片面断限李俊民为金人来看,其目的当是为塑造金遗民这一群体、褒扬这一群体的气节。馆臣意图以李俊民与元好问作为金遗民之代表,故当其寻求到符合其主观观念的依据时便直接征引,并不顾及论证严谨与否。换言之,对人物生平信息把握的多与少、深与浅,实取决于馆臣主观意图所需。

2. 宋末元初文人之断限

《总目》著录由宋入元时段的别集数量较为庞大,远甚于由金入元时段的别集数量,而其断限情况和问题亦较金元段更为复杂。《总目》宋元之际别集的断限大致呈现出标准多样不一、主观观念先行等特征。

---

① 李俊民:《庄靖集》卷二《任仲山谈西府事》,山西古籍出版社 2006 年版,第 129 页。

首先,看《总目》元别集的断限未能统一标准。《总目》中唯一一位历经三个政权时空的元代文人便是杨弘道,他生于金朝末年,历经宋、金、元三朝,先后出仕金、宋政权,后又入元,未仕元以终。馆臣断限其为元人,称:"弘道字叔能,淄川人。生金之季,其事迹不见于史传。以集中诗文考之,金宣宗兴定末,始与元好问会于京师。是时金已南迁,至哀宗正大元年尝监麟游酒税,后又仕宋,以理宗端平元年为襄阳府学教谕。其《投赵制置札》,有'归朝未满三载'语,则当以绍定末南归者。而集中又有《赠仲经诗序》称:'端平二年清明后出襄阳,摄唐州司户,十二月上旬北迁,寓家济源'云云。则在宋未久,旋入于元。考之《宋史》,是岁七月元兵至唐州,全子才弃师宵遁,唐州遂为元所取。弘道盖因此北还耳。其后遂鲜所表见,当未经复仕。惟集中《门帖子》①有'己酉再逢鬓未皤'之句,计入元又十四五年而弘道年已六十矣。"②据提要所提供的信息及文献所载,杨弘道当金哀宗正大元年(1224),监麟游酒税;天兴三年(1234)金亡,随金邓州守将归宋;宋理宗端平二年(1235)清明,任襄阳府学教谕,是年十二月弃官北迁,则其曾仕金,又仕宋,若以《总目》"是否出仕新朝"为朝代断限标准,那么杨弘道最终出仕的政权是南宋王朝,故其人其集当归入南宋,既非入金亦非入元。

然《总目》并未遵其标准来断限,而是另立标准,将杨弘道断限为元人。其依据有二:一是"在宋未久,旋入于元",以其仕宋时间短,故不入宋;二是"年已六十"未能仕元,以其未能仕元是因为年事已高,并非其本心不从元廷,故当入元。前者是在解释仕宋却不当入宋,后者是在解释未仕元却当入元。实际上,依照《总目》断限之标准和"后又仕宋",便能断限其为宋人。馆臣何以要如此费力地论说? 答案或可在"惟"字中寻得。"惟"用来衔接前后语义,表示转折。提要前已承认其入元"未经复仕"的观点,后则用"惟"字来打破前句的观点,馆臣说杨弘道入元十几年之久,其意是杨弘道从时长上考虑当为元

---

① 按,此处书名号为笔者所加。
② 纪昀等:《钦定四库全书总目》卷一六六《小亨集》提要,第2212页。

人，又云其年岁已高，意谓杨弘道不仕乃因年岁过高，并非"心志"不从。从提要"惟"字之后的言说，可知馆臣不过试图为杨弘道未仕元而又当断限为元人的观点寻找依据。实际上，在《总目》系统中，文人的年龄与其出仕与否并无必然联系，因为在宋末元初的文人中，以七十甚至八十高龄出食元禄的情况亦是大有人在，如赵文"以迟暮余年重餐元禄"①，刘壎以七十二岁高龄出任南剑州学官，《总目》谓其"日暮途穷，复食元禄"②，等等。馆臣回避杨弘道出仕宋朝的政治经历而对其未能出仕元朝的原因强加阐释，这一回避一阐释之间，正体现出馆臣在断限杨弘道为元人时有着极强的主观意向。盖馆臣以为金、宋皆是沦陷于元军之马蹄下，故金遗民当为元人而不当为宋人。尽管杨弘道之断限莫衷一是，但《总目》将其断限为元人是通过另立断限标准来实现，则其主观意图昭然可见。

又如馆臣以出仕新朝为由，将王义山断限为元人，且对原本题其为"宋人"的做法予以否定。《稼村类稿》提要曰："义山字元高，丰城人。宋景定中进士，知新喻县。历永州户曹。入元，官提举江西学事。原刻题曰宋人，非其实也。"③关于王义山的仕宦经历，《元史》未载。《元诗选二集》所载则相对较为详细，其据《行状》《稼村类稿自序》等文献撰小传曰："丙子，宋大皇诏官民归附，遂还故山，以读书著文为事。至元己卯，行中书省俾路学以赘币礼聘于家，辞弗获，遂教授诸生。明年使掌江西学事，辛巳，退老于东湖之上。"④由小传可知，王义山在元朝出任学官的时间是从元世祖至元十七年（1280）到至元十八年（1281）仅一年时间，之后便辞官归里。且其出仕之前曾辞官不出，则其本不愿仕元做官。而其最终出仕，是迫于当时有司之强求，并非其本心意图仕元。

① 纪昀等：《钦定四库全书总目》卷一六六《青山集》提要，第 2206 页。
② 纪昀等：《钦定四库全书总目》卷一二二《隐居通议》提要，第 1625 页。
③ 纪昀等：《钦定四库全书总目》卷一六六，第 2203 页。
④ 顾嗣立：《元诗选二集》甲集，中华书局 1987 年版，第 121 页。

王义山本人认定自己的身份为"宋人",其在世之时便自撰《稼村王公自墓志铭》以表心志,其意图将其人生终止于宋亡之时明矣,《铭》曰:

> 乙亥春,江上报至丞相杭山先生章公鉴,议国事不合。有眈揆席者嫉公,嗾其徒攻之。公抗章三上不报,遂去。某以门下客为监察御史潘希圣所劾,镌两官,罢,见任。未几,江西按抚司辟充参议官,未上。丙子春,宋太皇诏下郡县,令民相率归附。某惟宋末举朝奔遁而某以奉使出。及章公去国,而某以坐党罢。希圣谓,章公之议国事,某实误之。呜呼! 千万世而下,谁实任其咎耶? 呜呼,奉命督饟,而某之上关明被劾投闲,而某之归心白。古人谓盖棺事定,某终身之事已定于此时矣。①

文中自述其在南宋末年勤王不遂的坎坷。"丙子"即宋端宗景炎元年(1276),其追随宋主逃至江上,当致力勤王,中途却因丞相章鉴获罪而遭牵连,文字中不无忠心被误会之委屈。末一句则明确表述在宋末罢官后闲居东湖时,是其一生盖棺论定之时,意谓其愿以宋人身份绾结其一生。又依其言:"余辛巳岁卜居东湖,或曰:'子弃乡井,何居?'余应之曰:'濂溪家舂陵而居溢浦;康节,卫人,温公,陕人,皆居于洛洪。吾父母国,庸何伤? 胡文定建之,崇安人,晚年于衡山买地结庐,终焉。录言行者谓:'公终于正寝。'余其老于东湖矣。"②可知其当时沦陷异族之伤痛。其中"辛巳"为元至元十八年(1281),从其身处元朝仍能以居"父母国"为幸事,可知其于宋廷大有眷意,而于亡国深感忧伤。再者,《墓志铭》末表其心志为"铭曰:'东坡死于常,葬于汝之阳颍滨,嘱其子归而祔于眉山之傍。呜呼,何必去父母之邦?'"③则其眷恋大宋之心昭然可见。原刻题曰"宋人",实为身处易代之际的王义山一生心志之体现。《总目》仅据其曾短暂出仕元朝而断限为元人,并未遵从著者之心志。或

① 王义山:《稼村类稿》卷二九,《景印文渊阁四库全书》第 1193 册,第 208 页。
② 王义山:《稼村类稿》卷二九,《景印文渊阁四库全书》第 1193 册,第 209 页。
③ 王义山:《稼村类稿》卷二九,《景印文渊阁四库全书》第 1193 册,第 209 页。

说,《总目》对王义山之断限实据于《元诗选》,但事实是,《总目》之断限并非完全遵循《元诗选》,有时依其断限,有时则否,如金末元初元好问之断限,宋末元初杨公远之断限,《总目》皆不取《元诗选》之法,何以如是? 此当与馆臣断限时的不同考量有关。

《总目》有时不以著者自身之心志作为断限标准,如王义山、杨弘道等,有时则又极力以著者自身之心志作为断限标准,甚至不惜大篇幅来阐释著者之心志,如杨公远。《野趣有声画》提要云:"入元未仕,当从周密之例,称'南渡遗民'。然集中《春雪》诗题下注'己卯正月初三作'。是时正张世杰、陆秀夫等蹈海捐生之岁,而其诗有'向晓披衣更拥衾,更无一事恼胸襟',则是以宋之存亡付诸度外,与前朝故老惓惓旧国者迥殊。且入元以后,干谒当路、颂扬德政之诗,不一而足。其未出仕,当由梯进无媒,固不能与密之终身隐遁者同日语矣。今系之元人,从其志也。"①《总目》从两个方面论证杨公远不能视作南渡遗民而应判为元人,第一条依据是,其诗歌对宋主殉国之事未流露出亡国之痛和故国之思,与遗民不同;第二条依据是,其入元后有干谒之行为,故其已有为元人之志。此论述看似有理有据,然而,馆臣在论据的选取和解读方面却是带有主观观念的,结论并不具有必然性。

其一,馆臣仅以一首诗中未有故国之思且有干谒之嫌疑而定其为元人,其论颇为草率。今核,《总目》所引"向晓披衣更拥衾,略无一事恼胸襟",出自杨公远《春夜雪再用韵》十首(其二),题后注"己卯正月初三",诗曰:"向晓披衣更拥衾,略无一事恼胸襟。起来点检窗前雪,地上无多屋上深。"②若如馆臣所言真无烦忧,诗人为何向晓披衣拥衾,为何不高枕无忧、酣睡终日? 只因彻夜难眠,辗转反侧所致。此"略无一事恼胸襟"并非字面意思,而是宋季士人追逐仕途之希望随着宋王朝的覆灭而化为泡影的自嘲。曾经被杨公远视为烦恼的仕途奔走,如今却已成为求之不再得的念想。此说还可由同题诗的第一、第

---

① 纪昀等:《钦定四库全书总目》卷一六六,第2204页。
② 杨公远:《野趣有声画》卷上,《景印文渊阁四库全书》第1193册,第745页。

三首等诗歌证得。第一首曰："东风怒撼树梢鸣,冻住顽云黯不明。兀坐炉边闲侧耳,春虫撩乱扑窗声。"①前两句描绘外界环境之恶劣昏沉,后两句写出诗人内心的不安与躁动,其中"春虫"正是来自心中的噪音,透露出内心的烦闷不安。第三首为:"诗梦关情草满池,东皇已向岁前归。怪渠杨柳摇金未(末),底事漫空絮便飞。"②此诗后两句以柳絮之飘飞漫舞,喻内心愁绪乱漫之状。这其中的躁动与愁绪来自何处?以其在宋世生活的四十九年光阴和习文弄墨的宋士人身份足可说明。此外,从时间来看,陆秀夫负主蹈海之日是在宋祥兴二年(1279)二月六日,是在"己卯(1279)正月初三"之后发生的,所谓"山雨欲来风满楼",亡国之前一月,亡国之势早便有征兆,故诗歌中有沉闷感却无伤痛感亦属合理现象。馆臣仅拈出诗歌中的个别字句作断章取义的理解,从而断言"则是以宋之存亡付诸度外""与前朝故老惓惓旧国者迥殊",未免过于武断,故并不能成为一条客观的论证依据。

其二,馆臣所言"干谒当路",则主要是指杨公远与当时任安徽按察使的卢挚往来唱和一事。杨公远《野趣有声画》中确有三首与卢挚交往的诗歌。《上疏斋卢按察》云:"歙境争先睹使星,玉川风致是前生。壮怀学富五千卷,明月光分十一城。吏立寒冰惊号令,民沾和气乐耘耕。政声久彻宸旒听,行看金瓯覆姓名。"③该诗对卢挚的人格才学以及政绩声名都给予了极高的美誉。后又有《诗谒按察疏斋,赐"贱号"二大字,赋诗以谢》曰:"幸披云雾睹青天,尽道山人有宿缘。得坐春风才半日,胜居尘世已千年。槎枯许到银河畔,葭老容依玉树边。两字光芒关不住,私心犹敢觅新篇。"④杨公远以诗答谢卢挚所书题词,并表达期待再获新篇之意。而最有干谒嫌疑的诗作是《又上疏斋卢按察》(原名《又,自述》),诗云:"自怜双鬓已星星,书剑无成老此生。愿识荆州

① 杨公远:《野趣有声画》卷上,《景印文渊阁四库全书》第 1193 册,第 745 页。
② 杨公远:《野趣有声画》卷上,《景印文渊阁四库全书》第 1193 册,第 745 页。
③ 杨公远:《野趣有声画》卷下,《景印文渊阁四库全书》第 1193 册,第 771 页。
④ 杨公远:《野趣有声画》卷下,《景印文渊阁四库全书》第 1193 册,第 771 页。

轻万户,要令和璧重连城。敲推风月诗随兴,模写江山笔代耕。闻道珠玑囊拍塞,愿分颗粒振声名。"①其中"愿识荆州轻万户,要令和璧重连城"或有"干谒"之意,而其"干谒"目的却并非做官,而是能与卢挚"敲推风月""模写江山"以激扬声名。至元二十四年(1287)卢挚于歙郡驿邸为其赋绝句:"造物怜渠有画痴,溪山无负墨成池。杨卿技进今如此,不博金钱却爱诗。"②最末一句便透露出杨公远工画却不为营利,只是为助兴作诗,这显然是在称赞杨公远超功利性的艺术追求。

今以《野趣有声画》全集观之,杨公远不过一方隐士,政治态度不甚明显。《总目》以干谒一说对其定论,不免一厢情愿。

事实上,在宋末杨公远已有隐逸之志。杨公远生于宋理宗宝庆三年(1227),宋崖山之战时已五十三岁,而其四十余岁之时,即宋亡之前已怀隐居山村之志,以超脱尘俗、诗画自娱的生活为寄托,《生朝(己巳)》云:"初度今朝四二年,头颅堪笑尚依然。故庐仅有三间月,负郭曾无二顷田。雅淡生涯图画里,清新吟思竹梅边。焚香只祝吾亲健,此外穷通付老天。"③又其《隐居杂兴十首》《次程斗山村居韵十首》《再用韵十首》《三用韵十首》《四用韵十首》共五十首诗歌,反复致意,流露出对村居生活的沉醉,如"隐迹深村里,年今四十馀。谩携三寸管,欠读几行书。爱竹和烟种,移梅带月锄。箪瓢还自乐,饭糗茹青蔬"④"人情从冷热,世态任浮沉。却喜虚檐外,清吹满竹林"⑤"日有丘园乐,身无世俗愁。怜渠名利客,汩汩几时休"⑥"是非荣辱俱乌有,翻笑人间两

---

① 杨公远:《野趣有声画》卷下,《景印文渊阁四库全书》第 1193 册,第 771 页。
② 陆心源:《皕宋楼藏书志·续志》卷九五,第 10 册,台湾广文书局 1991 年版,第 4237 页。
③ 杨公远:《野趣有声画》卷上,《景印文渊阁四库全书》第 1193 册,第 737 页。
④ 杨公远:《野趣有声画》卷上《次程斗山村居韵十首》(其一),《景印文渊阁四库全书》1193 册,第 737 页。
⑤ 杨公远:《野趣有声画》卷上《次程斗山村居韵十首》(其五),《景印文渊阁四库全书》1193 册,第 738 页。
⑥ 杨公远:《野趣有声画》卷上《次程斗山村居韵十首》(其十),《景印文渊阁四库全书》1193 册,第 738 页。

触蛮"①等等。

入元后,杨公远隐逸之志仍未变。其有诗《次南仲韵》云:"回首明年六十春,依然不改古衣巾。画图萧洒诗千首,心地通明月一轮。钟鼎虚名虽是贵,箪瓢陋巷且安贫。客来问我平生事,宠辱俱无老逸民。"②该诗作于至元二十一年(1284),诗人时已五十九岁。诗题中所提"南仲"即程以南。《(康熙)休宁县志》卷六《人物·风雅》有载:"程以南,字南仲,山斗人。有诗集,方虚谷为之序,谓其笔力古健,无近人绮丽风。"③杨公远与其同乡,志趣相投,甚为交好,此诗是与程以南唱和之作,诗歌所发当为真心。诗中自称六十岁仍旧"不改古衣巾",意指未改宋人之志,仍过着诗画自娱、闲云野鹤、安贫乐道的"老逸民"生活。作于至元二十三年(1286)的《初度》诗亦抒其志云:"行止由来不自如,八年初度寓僧庐。半生闲逸云无定,两鬓萧骚雪尚疏。岂愿身荣如卫鹤,祇惭技拙类黔驴。今朝六十从头起,数到稀年更有馀。"④时其已六十岁,"八年初度寓僧庐"表明自从宋祥兴二年(1279)宋亡崖山之战后,八年来都贫困漂泊旅居僧舍,"岂愿身荣如卫鹤,祇惭技拙类黔驴"则陈述其并无荣华富贵之志,以及当时贫困的生活现实。又,其曾力辞方回荐官,《(康熙)休宁县志》称其"清修高尚,与方回为友,回疏荐,固辞不仕"⑤,此虽无时间可据,但其隐逸之志足以见之。

总之,《总目》试图通过论证杨公远有元人之志,而将其列为元人,但是其两条依据皆难以成立。第一条依据是在馆臣的主观解读下,杨公远是"被"无亡国之痛;第二条依据则是馆臣仅以其干谒之诗歌,便放大其元人之志,掩盖

---

① 杨公远:《野趣有声画》卷上《隐居杂兴》,《景印文渊阁四库全书》第1193册,第731页。

② 杨公远:《野趣有声画》卷下,《景印文渊阁四库全书》第1193册,第770页。

③ 《(康熙)休宁县志》卷六,《中国方志丛书》华中地方第90号,台湾成文出版社1970年版,第917页。

④ 杨公远:《野趣有声画》卷下,《景印文渊阁四库全书》第1193册,第770页。

⑤ 《(康熙)休宁县志》卷六,《中国方志丛书》华中地方第90号,台湾成文出版社1970年版,第926页。

其隐逸之志,也忽略了其力辞荐官的行为。杨公远并未仕元,馆臣却又另寻"志向"一标准将其断为元人,由此可见,"今系之元人,从其志也"的结论实源于馆臣预设性的观点及其主观化的解读。与《总目》不同的是,杨公远在其他文献中多被视为"宋人",如《元诗选》因断其为宋人而未选入、曹庭栋《宋百家诗存》将其列入宋代、鲍士恭进呈本《野趣有声画》题作宋代,这也说明杨公远的时代断限已有大量文献在前,可作参考。再从别集作品时间来看,今观《野趣有声画》,分上下二卷,上卷基本为宋代所作,下卷则有元代所作,正如《总目》所云:"是集前有咸淳中吴龙翰《序》,称一卷,而此本二卷,然至元乙酉方回《跋》在上卷末①,所载《回溪道中》一诗乃在下卷中。使原为二卷,则此《跋》不应介在其间;使集中原载此诗,则回又必不更录其全文。知原集止一卷,而下卷为后人所续辑。"②故依创作时间,并不能定为元代作品。但是从其交游来看,所结多为宋末隐逸之士,从其心志来看,自宋便渴慕隐逸,又从其诗歌风格而言,沿宋风更多,恰如《总目》所云"其诗不出宋末江湖之格"。但馆臣并不取前人已有之断限方式,亦不以"出仕新朝与否"为标准,亦非依照别集时间,又非依循作者心志,而是在断限中通过主观阐释将杨公远划归在元代,其中的强制性与导向性由此可见。

其次,看《总目》断限时因主观观念太强而妄下定论的情形。如黄庚,提要依据"时元统一海内已五十七年",将黄庚归为元人。《月屋漫稿》提要云:"厉鹗以其生于宋末,入元未仕,遂收入宋诗。然宋亡时庚尚幼,观其集首自序,乃泰定丁卯所作,时元统一海内已五十七年,不得仍系之宋。今仍题作元人,从《浙江通志·文苑传》例也。"③今考,提要计算的时间"五十七年"有误。若以南宋祥兴二年(1279)崖山之战为宋亡之标志,向后推五十七年,则为元顺帝至元元年(1335),并非《总目》所言"泰定丁卯";若依照自序的时间"泰

---

① 按,文渊阁四库本《野趣有声画》中,方回《跋》已被移至两卷最末。
② 纪昀等:《钦定四库全书总目》卷一六六,第2204页。按,序、跋之书名号为笔者所加。
③ 纪昀等:《钦定四库全书总目》卷一六六,第2204页。

定丁卯"，即泰定四年（1327）往前推五十七年，当为宋度宗咸淳七年（1271），此距宋亡尚有八年之久，尚在忽必烈开始攻打南宋之时，自不可谓"时元统一海内已五十七年"。由上，无论正推或反推，《总目》关于黄庚生平的叙述都是难以成立的。泰定四年（1327）是一个明确记载的时间，因此讹误当产生于的宋亡时间点。然而即便提前至以宋端宗景炎元年（1276）元军攻陷南宋都城临安作为元亡之时，亦难符提要"五十七年"之说。馆臣此计算之误，直接影响了黄庚居元时间的估量以及黄庚的朝代断限。那么，这一错误究竟该如何看待？馆臣"五十七年"之数目又是如何得出的？诚如余嘉锡先生所言"心不在焉"①，此处"焉"指将黄庚断限为宋人，即《总目》主观意愿不在于将黄庚断限为宋人，故对其计算之误而浑然不觉。

因主观判断而考证不精的断限情形还体现在汪元量身上。由宋入元的汪元量曾于宋恭帝德祐二年（1276）与三宫一起被掳至北方，在元廷居住十三年之久。王国维考其曾出任元官："汪水云以宋室小臣，国亡北徙，侍三宫于燕邸，从幼主于龙荒。其时大臣如留梦炎辈，当为愧死。后世多以完人目之，然中间亦为元官，且供奉翰林，其诗俱在，不必讳也。《湖山类稿》卷二有《万安殿夜直》诗云：'金阙早朝天子圣，玉堂夜直夜光寒'。"②然《总目》却将表彰其气节并归其为宋人："元量以一供奉琴工，不预士大夫之列，而眷怀故主，终始不渝，宋季公卿实视之有愧，其节概亦不可及。"③

再以黄玠为例，其人的生卒迄今未有定论，而仅能作"宋末元初"的时段判定。而《总目》在既不知确切生卒，又无明确仕宦证据的背景下，仅

① 按，此四字是余嘉锡先生在考辨李继本《一山文集》提要时所言。《总目》中《一山文集》提要云："朱彝尊《明诗综》搜罗最备，独未录是集，殆未仕于明……"而未辨朱彝尊《明诗综》所录"李延兴"即"李继本"，余氏对《总目》此谬误，遂引《礼记》中"心不在焉、视而不见"八字评价之，此处借用余氏此语前四字评价《月屋漫稿》提要中计数之误。（余嘉锡：《四库提要辨证》（第四册）卷二三，第 4 册，中华书局 2007 年版，第 1498 页。）

② 王国维：《王国维手定观堂集林》卷一七，浙江教育出版社 2014 年版，第 446 页。

③ 纪昀等：《钦定四库全书总目》卷一六五《湖山类稿》提要，第 2189 页。

凭对《自序》中片言只语的臆断而将其归为"元人"。《弁山小隐吟录》提要云："前有自序,称'蔑有令德,不敢谓隐,独以所得于天者薄,故将退藏以终其身'。又引《文中子》之说,称'愿上之人正身修德,使时和岁丰,已受其赐'。尤粹然有德之言,胜矫语高蹈者万万也。"①提要意思是黄玠虽有归隐之心,但终究是出仕元朝,但又因其表达上颇为有自谦之语,故为出仕新朝者的"有德之言"。对于《总目》此观点,余嘉锡先生不以为然,他说:

> 黄氏之家既毁于兵,已而玠之王父梦斡先卒,大王父震以饿死此不知在何年。父正孙隐遁终其身。玠抱家国之隐痛,承奕世之孤忠,自无可仕之理,特泄笔至此,不欲明言,故微文以见意,其曰:"蔑有令德,不敢谓隐"者,巽词以著立身之迹也。其引文中子"原上之人正身修德"云者,危行言孙之义也。《提要》仅称其胜于矫语高蹈者万万,意欲以此讽刺明之遗民,是则玠之所不任受也。②

余嘉锡先生联系黄氏家族在宋亡之后的守节出处:以家风人情推测黄玠当未仕元,此其一;同时他还指出,《自序》不过是黄玠"微文以见意""巽词以著立身之迹"和"危行言孙之义",馆臣仅对"不敢谓隐""已受其赐"作字面化的解读,并未能捕捉到黄玠其人本义本心,而黄玠所言背后之本义实是遗民的忏悔和谦逊之词,此其二。余氏所云既合家风人情又合时代语境,而《总目》则似乎有意在为其出仕寻求证据。又,馆臣以黄玠为出仕新朝、心有愧疚之遗民,甚至以黄玠坦荡之人格来反讽明遗民中虚假隐居、沽名钓誉者,余氏表示,黄玠不仅未曾出仕元朝,更不能成为《总目》讽刺明遗民的凭据。《总目》对文人之别集作如此表面化的解读而意图证明其曾出仕元朝,为何? 其中的断限主观性不言而喻。

---

① 纪昀等:《钦定四库全书总目》卷一六七,第 2223 页。
② 余嘉锡:《四库提要辨证》卷二三,第 4 册,中华书局 2007 年版,第 1497 页。

3.元末割据政权文人之断限

元末割据政权文人之断限是《总目》断限中的一种特殊问题,与宋人、明人仅有易代断限的情况不同。割据政权的文人于仕宦看既非仕元,亦非仕明,从心志看既非心属蒙元王朝,又非心属朱明王朝。从政治态度的变化而言,他们先是与朱元璋政权一样,皆是元王朝的反抗者;后则是与朱元璋对抗,又为明王朝的反抗者。那么,究竟该如何对这一群体进行断限?《总目》采取了一种策略,将元末割据政权处理成元朝的内部矛盾,然后再依照元明断限之标准,将出仕割据政权的文人划拨归元代。而这一划拨方式,显然不具周延性,而是有过度阐释和强制归属之嫌。

《总目》著录元别集之作者中,与元末割据政权有关联的文人共五人,分别是刘仁本、郭翼、张宪、戴良和陈基。其中郭翼献策而未仕,戴良转仕王保保,陈基入明修《元史》,张宪和刘仁本二人以出仕割据政权而终,张宪仕张士诚吴中政权,刘仁本仕方国珍庆元幕府。故此二人断限颇具争议。以张宪为例,张宪在元末曾任张士诚吴中政权属官,吴政权亡后隐居以亡。提要云:"少负才不羁,晚为张士诚所招,署太尉府参谋,稍迁枢密院都事。元亡后,变姓名寄食僧寺以殁。《明史·文苑传》附载《陶宗仪传》末。然二人出处不同,非气类也……宪早岁入元都,所作《红骝马歌》、《酬海一沤》诸篇,皆在集中,奇气郁勃,颇有志于功名。后从淮张之招,非其本愿。故其《枕上感兴》诗云:'拓疆良在念,择木讵忘觇。嘉猷固久抱,忠愤欲谁展?'盖初同王粲之依刘,晚类韦庄之仕蜀,亦自知所托非人,而贫贱衔恩,不能自拔,读其词可以知其老矣。"[1]该提要所述无非意图将张宪归入元代,为此,馆臣不惜暗换概念,且误解诗歌。

首先,"元亡后"这一遣词有暗换概念之嫌,因为大多文献所采用的是"吴亡"这一表述。今查,《列朝诗集小传》云:"一日,升高望远,呼所亲曰:'亟

---

[1] 纪昀等:《钦定四库全书总目》卷一六八《玉笥集》提要,第2249页。

去'。三日,而逃寇猝入,兵死五百余家,始悔不用生言。淮张据吴,礼致为枢密院都事。吴亡,变姓名,走杭州,寄食报国寺。"①《明史》载:"负才不羁,尝走京师,恣言天下事,众骇其狂。还入富春山,混缁流以自放。一日升高,呼所亲,语曰:'祸至矣,亟去!'三日而寇至,死者五百家。后仕张士诚,为枢密院都事。吴平,变姓名,寄食杭州报国寺以殁。"②《元诗选》曰:"一日,升高望远,呼所亲谓曰:'亟去!'三日,逃寇猝至,死者五百余家,始悔不用生言。张氏据吴,辟为枢密院都事。吴亡,变姓名走杭州……中遭兵乱,混缁黄以自存,晚寄食报国寺以死。"③以上文献皆陈述为"吴亡",即指元末张士诚吴中政权灭亡。提要以"元亡后"陈述,与前三种文献表述不同。实际上,"元亡后"与"吴亡后"是有差别的:其一,二者时间不一致。据史载,朱元璋先攻下张吴政权,再北伐元大都,故张吴政权之亡是先于元朝政权的。元顺帝北遁在元至正二十八年(1368)七月,即明洪武元年;而张士诚被朱元璋俘获,自缢而亡,在至正二十七年(1367)九月,二者相隔一年之久。其二,此二种表述虽仅一字之差,但却在塑造不同政治立场的张宪,"元亡后"这一表述,是将张宪定论为元之遗民;"吴亡后"的表达,则是将张宪划拨为元之逆民。显然,《总目》改用"元亡后"的表述,是将张宪对张吴政权的支持视同对蒙元政权的支持,是在塑造张宪元遗民的形象,而非元逆民,但是《总目》这一字的改动并未尊重历史事实,而且还使得前后句语义突兀、跳跃,例如"为张士诚所招"与"元亡后"究竟有什么关系?馆臣深知"吴亡后"更为准确,却仍改作"元亡后",而在由"吴"到"元"的改动中,潜藏着馆臣的主观观念:不认可吴政权的合理性和独立性。也因此,张宪只能视为元遗民而非元逆民。

其次,提要云"后从淮张之招,非其本愿。故其《枕上感兴》诗云:'拓疆良在念,择木讵忘觊。嘉猷固久抱,忠愤欲谁展。'盖初同王粲之依刘,晚类韦庄

---

① 钱谦益:《列朝诗集小传》甲前集,上海古籍出版社 1983 年版,第 40 页。
② 张廷玉等:《明史》卷二八五,中华书局 2000 年版,第 4896 页。
③ 顾嗣立:《元诗选初集》庚集,中华书局 1987 年版,第 1919 页。

之仕蜀,亦自知所托非人,而贫贱衔恩,不能自拔",此番解读是对诗歌的误解,并不能成立。今观张宪《枕上兴感》①原诗:

> 客枕不成寐,丙夜犹展转。香销篆文灰,烬落灯花翦。露下林噪鸟,月斜巷鸣犬。乡心梗寂寞,归路际屯蹇。拓疆良在念,择木讵忘腼。嘉猷固久抱,忠愤欲谁展。岂忘藩篱护,奈此蹄涔浅。伊昔山水郡,屡兴诗酒宴。胜览熟轻舆,幽寻狎芳甸。空翠洒心目,轻红破颜面。清流朗澄澈,密荫郁葱蒨。猿鸟各欣适,鱼龙更变现。繁调肇宝瑟,雄濡集珍砚。妙境眇隔世,良辰迅驰传。忧来竟作恶,事去漫兴羡。北辰位极高,南州祸方煽。何人靖妖孽,普天罢征战。沛泽被草木,馀光照寒贱。一席倘再温,百废或兴缮。残喘苟未尽,太平庶几见。②

诗歌内容与张吴政权并无关联:首先是交代诗人境遇,即在归乡的路途中,客居难寐,因为抱负未展,忠心难遂;接着追忆家乡过往的种种美好景象,发出"妙境眇隔世"的感伤;最后书写现实兵戈四起、生灵涂炭的惨状,深感忧伤。总体观之,该诗显然是写于其京师游谒未遂而还乡之时,整首诗歌氤氲着一种沉闷压抑的氛围,既有诗人壮志难酬的苦闷,又有忧国忧民的沉重。其中"北辰位极高,南州祸方煽。何人靖妖孽,普天罢征战",陈述了此时南方动乱四起的割据势力,而其此时的心理是希冀元朝廷能派遣一位能人来"靖妖孽"而"罢征战"。此时他希望的"靖""罢"是从元王朝的角度来说,而不是张士诚政权,至少"北辰位极高,南州祸方煽"之语,不是用于描述"张吴政权"。馆臣是将诗人干谒失败的感慨误读为是对张吴政权的感恩。该诗言论的立场显然是元廷,它仅能体现张宪"曾经"对元王朝的一片忠心和深深的忧虑,但却不能说明"后从淮张之招,非其本愿"。此可类比李白"入李璘幕"一事。因永

---

① 按,该诗原名为《枕上兴感》,《总目》所引有误。
② 张宪:《玉笥集》卷五,《景印文渊阁四库全书》第1217册,第428页。

王李璘起兵当时的政治立场亦是扑朔迷离,故李白之政治立场亦随之模糊。①
身处乱世,政权动荡之时,每一人的立场和决定都是一念之间,或许如刘釪
(釬)《序》所言:"当元季扰攘之秋……志不获伸,才不克售,伤时感物而泄其
悲愤于诗。"②长期有志难伸的张宪或许试图一展抱负于张吴政权,又或许如
其师长杨维桢一般,并未能意料到作为元朝臣子的张吴政权的策反行动? 在
此,有必要追溯关于张宪生平叙述的文献源头,此即元末明初孙作所撰《玉笥
生传》,孙作与张宪为同时之人。囿于明初政治高压,避忌叛乱政权,该传全
文对张宪归顺张士诚之事只字不提,但是有一个事实却是可以确认的:张宪有
意投归张士诚。传云:"淮西扬尘,声势日甚,物情惶惑。生首抗大议,言论风
采,歆动时相。居数日,不报,去入富春山中,混淄黄辈为方外游,日以诗酒自
放。里豪见而异之,争下榻设盛馔,生弗之顾。贫士或置鸡黍,辄饭不辞。间
有识之曰:'子非张宪思廉耶? 君之齿长矣,犹混剑士、侠客为也'。为具衣
冠,强令出山。生默不答。久之,一旦升高望远,若有所睹,退谓所亲曰:'吾
亟去,汝辈亦慎毋居此。呼避,避里中,三日而逃'。众不之觉。会寇狼狈猝
入,兵死五百馀家,始悔不用生言。"③孙作书写此事件的目的是什么? 是为凸

---

① 按,关于唐永王李璘起兵究竟是叛乱还是奉玄宗之命,目前学界仍存争议。关于叛逆之
说,主要源于《旧唐书》的记载,《旧唐书·肃宗本纪》载为:"江陵大都督府永王璘擅领舟师下广
陵。"《旧唐书·永王璘传》亦载为:"擅领舟师东下,甲仗五千人趋广陵",《旧唐书·唐玄宗诸子
传论》评永王李璘为:"不能立忠孝之节,为社稷之谋,而乃聚兵江上,规为己利,不义不昵,以灾
其身。"依此,则李璘起兵属于悖逆行为。近年,学界对于李璘为叛逆之说质疑不断,贾二强先生
认为唐永王李璘起兵是奉玄宗之旨以对抗擅自即位的唐肃宗,而现存官方与个人原始文献多被
篡改、被删,故导致真相被遮蔽(贾二强:《唐永王李璘起兵事发微》,《陕西师范大学学报》1991
年第1期)。邓小军先生也认为唐永王李璘起兵并非叛逆,他以《旧唐书》卷一九〇下《文苑列
传·李白传》("禄山之乱,玄宗幸蜀,在途以永王璘为江淮兵马都督、扬州节度大使,白在宣州谒
见,遂辟从事")和《册府元龟》卷七三〇《幕府部·连累》("李白,天宝末为永王璘江淮兵马都督
从事")两则重要的未被篡改和删改的文献为依托,同时参证李白所作《永王东巡歌十一首》,全
面展开论述。(邓小军:《永王璘案真相——并释李白〈永王东巡歌十一首〉》,《文学遗产》2010
年第5期。)
② 张宪:《玉笥集》卷首,《景印文渊阁四库全书》第1217册,第366页。
③ 孙作:《沧螺集》卷五,《景印文渊阁四库全书》第1229册,第503页。

显张宪有料事如神之能力? 并不是。若是,那么"吾亟去"该如何理解? 联系上文所述,有人为其具衣冠,劝其出山,他默不答,而有登高望远之思考,历经一番心理挣扎之后,他决定"吾亟去"。所谓"吾亟去",即指他决定入张吴政权,施展抱负。而其预言所以实现,是出自于他对张吴政权战事动向的了解和预测。可见,孙作《玉笥生传》看似未正面提及张吴政权,实际上却在曲笔叙述张宪的心态。分析孙作所述,可知张宪归顺张吴政权是其本意,而并非如提要所云。

归言之,馆臣无论以"元亡后"不仕明朝来塑造张宪,抑或是妄下"后从淮张之招,非其本愿"的论断,都是在试图定论张宪的元人身份,而非元逆民身份。馆臣先入为主的观念和意图是,将元末割据势力处理成元廷的内部矛盾,故张宪当归为元人。

除张宪外,刘仁本亦为元末方国珍庆元幕府之文人。与张宪不同的是,刘仁本为元朝进士,先为元官,后入元末浙东割据势力,《总目》亦将其断限为元人。《羽庭集》提要云:"时方国珍据有温、台,招延诸郡士大夫,仁本入其幕中,参预谋议。国珍岁治海舟输江淮之粟于大都,仁本实司其事。其所署省郎官,盖即元所授,故集中诸作,大都感慨阽危,眷怀王室。其从国珍,盖欲借其力以有为,徐图兴复,亦如罗隐之仕吴越,实心不忘唐。观其《赠李员外自集庆回河南》诗云'汉兵早已定中华,孙述犹鸣井底蛙',于明祖显然指斥,其志可知。厥后国珍兵败,仁本就擒,抗节不挠,至鞭背溃烂而死。则仁本终始元人,未尝一日入明。《永乐大典》题曰'国朝刘仁本',非其实也。"[1]提要所云有三点:第一,从仕宦角度看,刘仁本虽入方国珍庆元幕府,但其所任省郎官实为元廷所授,故刘仁本终究为元官;第二,从作品角度看,其作品内容体现出其心怀元朝,入方国珍幕不过借其力量以图兴复元政;第三,从气节角度看,其敌视朱元璋,被朱擒后抗节不屈,故其不能归属明人。此三点目的在于论证刘仁

本应当断限为元人，而非明人，《永乐大典》所题"明人"不属实。然而，这三点证据看似条分缕析，其中却隐藏着主观臆断。

对于第一条依据，钱谦益已证，其《列朝诗集小传》称："仁本，字德玄，天台人。以进士业中乙科，试吏于闽，历官江浙省左右司郎中。朱右《羽庭诗稿序》云：'侯以经济之才，当艰厄之运，为国家安辑海隅，以通运道。'《国史实录》云：'朱亮祖克温州，获其员外郎刘仁本。'《方谷真本传》云：'谷真兄弟，目不知书，同邑刘仁本、张本仁等佐其谋议。以诸书参考之，谷真海运输燕，仁本实司其事。仁本之为省郎，盖元官也。'或谷真请于朝而授之也。国史云：'获其员外郎'，则直以仁本为方氏之官矣。淮张及庆元幕府辟授，略仿有唐藩镇承制故事，而国史考之不详也。"①钱氏认为元末方国珍庆元幕府和张士诚张吴政权，其性质并不同于刘福通、朱元璋等起义势力，因为他们都曾接受了元廷招降，方国珍曾被朝廷任命为"浙江行省参政"，张士诚被授予"张太尉"，故此二政权的官员授受实际上类同唐代藩镇的授官制度，因而刘仁本的官职当属朝廷任命，而非方国珍私授。今从文渊阁四库本《羽庭集》中《钱将作院使曲有诚公序》《送户部尚书彻公通理趣漕回京序》《送户部侍郎韩君汝舟督漕还京序》等多篇文章观之，其所载漕运背景、数量和路线等颇为清晰，可知当日负责与元朝督漕官员交涉的正是刘仁本其人。

对于第二条依据，则有主观臆断之嫌。今核《赠兵部李员外自集庆回河南军上》全诗："汉兵蚤已定中华，孙述犹鸣井底蛙。万里山川明剑戟，十年草莽厌尘沙。凤凰台上人回首，牛斗星边客问槎。会听后庭歌一曲，秦淮明月动清笳。"②诗题中"集庆"指今南京，诗句"孙述"当指公孙述，为西汉末的割据势力，自立为蜀王，年号"龙兴"，后为东汉光武帝所剿。依照馆臣之观点推测，则该诗背景当在至正十五年至十六年（1355—1356），此时朱元璋率军渡长江攻取要地集庆（今南京），最终成功占领集庆。馆臣认为诗中孙述指"朱

① 钱谦益：《列朝诗集小传》甲前集，上海古籍出版社1983年版，第43—44页。
② 刘仁本：《羽庭集》卷二，《景印文渊阁四库全书》第1216册，第26页。

元璋"，"汉兵"指元兵。当然，若仅对此二句作孤立解读，似乎无可争辩。但是，若联系整首诗歌来看，《总目》的解读是难以成立的。

首先，以时间观之，接下来的二句"万里山川明剑戟，十年草莽厌尘沙"中，"十年草莽"在馆臣的解读基础上是无法讲通的。此处"草莽"不外乎刘福通红巾军或朱元璋义军。按起义时间计算，刘福通在河南颍川以红巾军起义，时间在至正十一年（1351），以"十年草莽"算，则是至正二十一年（1361）；郭子兴起义攻占濠州，时间在至正十二年（1352），朱元璋是接续郭子兴义军而起，那么"十年草莽"当是至正二十二年（1362）。若以馆臣对前二句诗歌的解读逻辑，此时背景为朱元璋率军渡长江攻取集庆，时间是至正十五年（1355），那么无论哪一脉草莽政权，都还未达到十年的寿命。故，依据馆臣对前二句的解读，后二句的解读是无法贯通的。

其次，以内容观之，其实刘仁本《羽庭集》中还有一首同背景的诗歌《赠刑部尹侍郎自集庆回河南军上》，可资考证。诗云："百万王师属指挥，江南在望隔淮淝。斜阳惨淡乌衣巷，野水微茫黄鹤矶。漫说六朝风雨恨，要令万里版图归。使君返棹经鄞海，阃外还期羽檄飞。"①该诗中"百万王师属指挥"与前诗中"汉兵蚤已定中华"皆在陈述一个事实，即一个强有力的军队取得了决定性的胜利；结合该诗中"江南在望隔淮淝""要令万里版图归"两句中透露的收复版图的希望；最后再联系元末军事纷争的历史，我们大致可以判断此诗的写作背景。至正二十一年（1361），元朝大将察汗帖木儿所向披靡，短短一年时间，便基本将刘福通所统帅的百万红巾军歼灭，收复了除益都以外的山东全境。这意味着从陕西直到山东一线以北的整个中国北部地区，又重回元朝手中。需要重点提及的是益都（今山东省淄博市），它是红巾军头领刘福通所建宋政权的行省治所。元军攻山东后，各地败退之红巾军均会集益都，作拼死抵抗。察罕帖木儿自济南东进围益都，命诸军环城列营，凡数十处，又大治攻具，百道

---

① 刘仁本：《羽庭集》卷二，《景印文渊阁四库全书》第 1216 册，第 25 页。

并进。益都守军全力拒守。元军又挖掘深沟,筑长围,引南洋河水灌城中,未能破。至正二十二年(1362),元军围攻益都数月,屡攻不下,而察罕帖木儿却被降臣王丰、王士诚设计刺杀。①

以此历史背景观二首诗歌,则内容皆能通解,时间亦能应合:"百万王师属指挥"与"汉兵畲已定中华"指察罕帖木儿强势统一北方地区;"江南在望隔淮浉""要令万里版图归"中收复领土的希望来自于北方地区的迅速统一,其中"隔淮浉"指收复江南仍有淮河流域徐寿辉和朱元璋的势力阻隔;"万里山川明剑戟,十年草莽厌尘沙"中"十年草莽"当指刘福通所领红巾军,依据前文所推算,至正二十一年(1361)正是红巾军起义"十年"之时间。对于元王朝的这一军事全盛和中兴契机,刘仁本另有诗为证,其作《壬寅灯夕》诗云:"六街三市万灯齐,喜遇时清息鼓鼙。闾阖星辰开混沌,蓬莱楼观出鲸鲵。金莲影动瑶阶湿,玉漏声沉璧月低。小阁吟诗还刻漏,光分太乙照青藜。"该诗题后注:"辛丑冬得边报已定中原,乃壬寅岁上元节,四明父老请放灯为升平庆。"②其中"辛丑",即至正二十一年(1361);"壬寅",即至正二十二年(1362)。诗歌表达出刘仁本本人及四明父老对元廷收复领土的欢喜之情。

由上述考证和分析,便可以明确"汉兵畲已定中华,孙述犹鸣井底蛙"内容所指。"汉兵畲已定中华"所言为察罕帖木儿剿灭红巾军势力,再次统一被分裂的北方,而"孙述犹鸣井底蛙"中"孙述"是为红巾军残孤势力的唯一城池——益都,前文所言已详,此处不论。当然,此时以"孙述"寓意红巾军,是因为察罕帖木儿还未被暗杀,故以为益都最终会成为元军的囊中之物。馆臣认为此二句诗歌而发"于明祖显然指斥,其志可知"之结论,显然是与事实不符的。馆臣在无任何史料支撑的情况下,仅断章取义地拈出两句诗,进而作完全脱离事实的主观臆断,这显然有悖于《总目·凡例》所标举"谢彼虚谈,敦兹

---

① 按,以上皆据宋濂等:《元史》卷一四一,中华书局 2000 年版,第 2249—2255 页。
② 刘仁本:《羽庭集》卷三,《景印文渊阁四库全书》第 1216 册,第 39 页。

实学"①的纂修原则。

还需要补充的是,《总目》所云"于明祖显然指斥,其志可知"这是一虚假结论,而由其所引申的另一结论"其从国珍,盖欲借其力以有为,徐图兴复,亦如罗隐之仕吴越,实心不忘唐"亦为虚假,此二论既非刘仁本自云,也再无其他材料佐证,实为馆臣主观臆断、引申所来。

对于第三条依据,《总目》所云刘仁本"抗节不挠",故至于"鞭背溃烂而死",此说仅为一家之言,无史料佐证之。关于刘仁本是否"抗节不挠"而亡,迄今学界未有确切说法。依《明史》所载:"刘仁本,字德元,国珍同县人。元末进士乙科,历官浙江行省郎中,与张本仁俱入国珍幕。数从名士赵俶、谢理、朱右等赋诗,有称于时。国珍海运输元,实仁本司其事。朱亮祖之下温州也,获仁本。太祖数其罪,鞭背溃烂死。馀官属从国珍降者皆徙滁州,独赦丘楠,以为韶州知府。"②则朱元璋攻下庆元后,方国珍幕府官员皆"徙滁州",唯独刘仁本被"太祖数其罪,鞭背溃烂死"。至于为何举族迁徙,盖因方氏海运势力过于强大,必防备其卷土重来。然为何刘仁本其人会不得"善终"?"太祖数其罪",其"罪"为何?这仍是一桩迷案。明末钱谦益虽将刘仁本之死因归结为其人亵渎佛经之报应,因为刘仁本曾以佛经书衣装潢兰亭唱和诗集,但其亦认为直接事因还是"朝廷数仁本之罪"。《列朝诗集小传》云:"至正庚子,仁本治师会稽之余姚州,作雩咏亭于龙泉左麓,仿佛兰亭景物,集名士赵俶、谢理、朱右、天台僧白云以下四十二人,修禊赋诗,仁本自为之叙。又僧恕中记仁本刻诗成,取明州佛藏糊为书衣,揭去经文,装潢其诗。吴元年,取明州,朝廷数仁本之罪,鞭其背,溃烂现肝脏乃死。盖毁经之报也。"③刘仁本在方国珍幕府主持诗会和刻诗的时间是"至正庚子"为至正二十年(1360),此时距元亡尚有八年。然钱谦益迷信佛教果报说,并未有确切的证据证明刘仁本具体所犯

---

① 李致忠:《〈四库全书总目·凡例〉笺注》,《文献》2002年第1期,第101页。
② 张廷玉等:《明史》卷一二三,中华书局2000年版,第2452页。
③ 钱谦益:《列朝诗集小传》甲前集,上海古籍出版社1983年版,第44页。

何罪。钱谦益撰有《国初群雄事略》，对明初群雄争斗历史可谓了如指掌，尚且未能明了缘由，盖当日史料所存不足所致。《总目》所言为刘仁本"抗节不挠"而死，与《明史》《列朝诗集小传》所谓刘仁本因"罪"而死，并不一致。因为《总目》"抗节"说，是明廷尚有招降之意，而《明史》《列朝诗集小传》"数罪鞭背"说，是明廷因其罪恶重大而必须重罚，故并无招降之意，二者之区别颇大。《总目》于史料文献之外另立说辞，却无明确依据，故而"抗节不挠"只能是主观猜测之言，而非定论。当然，刘仁本虽身处方国珍庆元幕府，但其心怀元朝，忧虑元王朝，这是事实，且有不少诗歌可为证。但若因此而断言其"抗节不饶"，却是难以成立的。

总而言之，通过辨析《总目》论证刘仁本为"元人"而非"明人"的三条论据，除了第一条颇为合理外，其余二条皆难以成立。而第一条，以出仕元官而非方国珍私授之官，已足以说明刘仁本为元人，又何必第二、三条？为何馆臣还要费尽心机洗白刘仁本归附方国珍的污点？又刻意塑造刘仁本殉节忠元的形象？显然，馆臣此论过于牵强。《总目》对张宪和刘仁本二人的断限皆呈现出馆臣曲解诗歌本意以强制归入元代的意图，这种主观曲解较之认知不足、妄下定论等断限问题更能体现出馆臣书写提要时是将政治凌驾于学术之上的。盖此二人之断限，牵连着对元末割据势力的元明归属，比如若刘仁本被归入明代，则方国珍幕府便成为元之忤逆政权，被视作元王朝的对抗力量，这样的观点显然与清王朝对于初次入主中原的异族王朝——元王朝的维护态度不符。又，就时间断限而言，刘仁本归入元代本无须多言，但《总目》何以将其元、明归属问题特别提出来并加以辨析，这就是涉及时间断限以外的问题了，即政治审核和判定问题。《总目》对元末割据政权文人的断限实涉及其政治立场，故馆臣不得不制造论据以迎合之。

4. 元末明初文人之断限

关于元末明初之断限，何宗美师在《明代文学还原研究——以〈四库总目〉明人别集提要为中心》一书中已有较为详实的论述，该书对八种文献进行全面统计和比对后结论:"四库馆臣更倾向于把上述由元入明的大多数文人归到元代,这与《明史》《列朝诗集小传》和《明诗综》有根本区别,与《国史经籍志》《元诗选》也有所不同。"①同时,该书进一步认为:"《四库全书总目》对历史兴废、朝代替更之际人物之出处极为重视,特别是元明之际的人物辨证尤严,而其辨证又往往与彰表、贬斥相结合,概言之即寓褒贬于辨证之中,而其辨证并非止于史实之求真,而更在于褒贬之判别。"②此论可谓揭示出了一种现象,即《总目》对元末明初的文人断限多倾向于元代,亦切中了元明断限之核心问题——"明褒贬"。今笔者侧重于元别集著者的探究,亦发现元明断限存在主观倾向性,此或可补充和印证以上论点。

其一,主观臆测,妄下定论。信息不足、视野局限等因素,往往会限制馆臣的判断,但是知之为知之、不知为不知,馆臣却以无知而妄下定论。以评价李继本为例,《一山文集》提要称:"朱彝尊《明诗综》搜罗最备,独未录是集,殆以未仕于明,故与杨维桢诸人一例不载。顾嗣立《元百家诗选》亦未收入,则疑流传颇少,嗣立偶未见也。"③其中"殆以未仕于明,故与杨维桢诸人一例不载"一句完全为虚妄之语。因为这段文字的错误有二:一是说朱彝尊《明诗综》未录是集,有误。余嘉锡《四库提要辨证》已考证,兹不赘述④。二是说"(顾)嗣立偶未见"是集,亦误。事实上,顾嗣立《元诗选》虽未收录李继本诗歌,但是在其父"李承旨士瞻"小传中已经叙述了其生平以及未收《一山文集》之原因,《传》曰:"士瞻,字彦闻,先世南阳人,后徙汉上……彦闻襟度弘远,立朝謇谔,有经济之才。遗文五卷,曰《经济文集》。子守成,后名延兴,至正丁

---

① 何宗美、刘敬:《明代文学还原研究——以〈四库总目〉明人别集提要为中心》,人民出版社 2014 年版,第 55 页。
② 何宗美、刘敬:《明代文学还原研究——以〈四库总目〉明人别集提要为中心》,人民出版社 2014 年版,第 5 页。
③ 纪昀等:《钦定四库全书总目》卷一六八,第 2251 页。
④ 余嘉锡:《四库提要辨证》卷二三,第 4 册,中华书局 2007 年版,第 1498—1499 页。

西进士,官翰林检讨。明洪武间,尝典邑校。有《一山文集》传于世,兹不复录也。"①此处"子守成"乃李继本,其中明言:"明洪武间,尝典邑校。"余嘉锡《四库提要辨证》有考,云:"黄虞稷《千顷堂书目》卷二十九有李延兴《一山文集》九卷,叙其仕履略同,且云:'入明不仕,郡邑聘为教官。'是则延兴入明后之出处,前人已明言之矣。然考明人凌迪知《万姓统谱》卷七十三乃云:'李士瞻,东安人,为翰林学士承旨,封楚国公。有《经济集》。子守成,官至翰林检讨,有德望,河朔学者多师之,有《一山文集》。'官同、事同,集同,疑即一人。及检钱大昕《元史艺文志》卷四李继本《一山文集》九卷下注云:'一名守成,士瞻子。'始知果一人。"②仅因顾嗣立《元诗选》并未以"李继本"称其人且未单列其文集,馆臣遂认定顾嗣立未见其集。馆臣之论实为草率。又,顾嗣立《元诗选》对于不录《一山文集》之原因是有所交代的,乃因其为"文集",《元诗选》所选为诗歌,故"兹不复录也"。

不解的是,钱谦益《列朝诗集小传》所载为"李广文延兴",传曰:"延兴,字继本,东安人。先世河南人。"③朱彝尊《明诗综》亦如是。《进呈存目》亦谓:"《一山文集九卷》,元李延兴撰。延兴字继本,东安人。占籍北平。"④不知馆臣为何采"李继本"一名而不以其他名或字?且又不知有"李守成"一名?正是由于对人的名和字了解不足,《总目》失去了获得更多文人信息的可能。对于一位连姓名都未了解清楚的文人,馆臣却妄自推断说:"殆以未仕于明,故与杨维桢诸人一例不载",这说明馆臣始终将政治审核作为判断和阐释文人的第一位要素。

再看在朝代归属上历来有争议的王冕。《元诗选》依己见将其归入元,《总目》不取《元诗选》之说而将之归入明。先看《元诗选》的说法。其"煮石

① 顾嗣立:《元诗选初集》已集,中华书局 1987 年版,第 1606 页。
② 余嘉锡:《四库提要辨证》卷二三,第 4 册,中华书局 2007 年版,第 1498 页。
③ 钱谦益:《列朝诗集小传》甲前集,上海古籍出版社 1983 年版,第 64 页。
④ 《四库全书初次进呈存目》集部一,台湾商务印书馆 2012 年版,第 573 页。

山人王冕"传云:"明太祖既取婺州,遣胡大海攻绍兴,屯兵九里山。大海延冕问策,冕曰:越人秉义,不可以犯,若为义,谁敢不服。若为非义,谁则非敌。明日疾,遂不起。宋文宪公濂作《王冕传》,言太祖取婺州,将攻越,物色得冕,置幕府,授以谘议参军,一夕以病死。秀水朱检讨彝尊曰:'冕为元季逸民,自宋文宪传出,世皆以参军目之,冕亦何尝一日参军事哉?'读徐显《稗史集传》:'冕盖不降其志以死者也。'向来选本,俱编元章入明诗,兹特援朱检讨之言以正之,使后之君子得以考焉。"①在宋濂《王冕传》、朱彝尊《王冕传》以及朱彝尊所引的徐显《稗史集传·王冕传》三者之间,顾嗣立愿意取徐显、朱彝尊之说,这表明其更信赖非官方之记载,且最末一句不无挑衅宋濂之意。

《总目》则选取代表明官方立场的宋濂之见,将王冕归入明代。此在《竹斋集》提要中表述为:"宋濂为作传,载《潜溪集》中,叙其始末甚备。《明史·文苑传》亦同。《续高士传》以为太祖欲授以参军,一夕卒。《浙江通志》据以列入《隐逸传》。旧本亦题为元人,非其实矣。"②《总目》选择遵从宋濂《王冕传》及《明史》之"明人"说,而否定了《续高士传》《浙江通志》和旧本《竹斋集》这三种文献之"元人"说。其中理由,《总目》却未能作一番解释?仅是强硬地以"非其实矣"作结。事实上,馆臣在浙江易代人物归属上多遵从《浙江通志》,盖因该书为乾隆之父雍正帝所敕修,于馆臣而言可谓免责之凭据,如《月屋漫稿》提要评黄庚:"时元统一海内已五十七年,不得仍系之宋。今仍题作元人,从《浙江通志·文苑传》例也。"③馆臣在此处却又不遵此例,而将王冕归入明人,何以如此?

细思之,此当与提要所云"然行多诡激,颇近于狂"④有关。此说法本出于《元诗选》"煮石山农王冕"传所述:"安阳韩性异而教之,遂通《春秋》。尝一

---

① 顾嗣立:《元诗选二集》辛集,中华书局 1987 年版,第 929 页。
② 纪昀等:《钦定四库全书总目》卷一六九,第 2279 页。
③ 纪昀等:《钦定四库全书总目》卷一六六,第 2204 页。
④ 纪昀等:《钦定四库全书总目》卷一六九《竹斋集》提要,第 2279 页。

试进士举不第,即焚所为文,读古兵法,著高檐帽,衣绿蓑衣,蹑长齿屐,击木剑,或骑牛行市中,乡里小儿皆讪笑,冕弗顾也。尝北游燕都,泰不华荐以馆职,冕曰:'不满十年,此中狐兔游矣,何以禄为?'冕工于画梅,以胭脂作没骨体。燕京贵人争求画,乃以一幅张壁间,题诗其上曰:'疏花个个团冰玉,羌笛吹他不下来。'或以为刺时,欲执之。"①《元诗选》笔下的王冕可谓性情中人:其一,着装奇异,行为狂放;其二,蔑视官府,谶语时运;其三,指斥元廷,讽刺元政。此类个性与才情兼备的人格最为《元诗选》所称许②,今杨镰《元诗史》称王冕为"独行者",在解读王冕诗歌时他称王冕给人一种"造反者"的错觉:"就是从江南北上大都期间,王冕对元朝统治的合理性产生了怀疑。这就是后来为他'添加'了倾向朱元璋的感情色彩的依据。但是,他从根本上并不赞同'以暴易暴'的'造反'。"③然而,此种狂放人格却并不为《总目》接受,特别是王冕谶语朝运、指斥元廷的行为。在馆臣看来这显然有悖一朝子民之德行,是不利于"世道人心者"④,故《总目》势必要将不齿元廷的王冕踢出元代范围。更何况,作为与元朝同为一统中原的异族王朝,此中深藏的一份汉族士人与异族朝堂之对立危机,无疑会引起元朝命运映照体——清王朝的政治敏感和统治焦虑。同时,遵取《元史》官方之说即便有何不妥,馆臣亦可借以免责。

其二,"不拘一格"的元遗民断限方式。《总目》对三代遗民所取的断限方式是不同的。以著录别集数量较多的宋、元、明三代作比较,《总目》对宋遗民的断限方式是宋元分流,对明遗民的断限方式是"将他们绝大部分归入清

---

① 顾嗣立:《元诗选二集》辛集,中华书局1987年版,第929页。

② 按,如称元末"玉山雅集"主人顾瑛:"轻财结客,年三十,始折节读书,购古书、名画、三代以来彝鼎秘玩,集录鉴赏无虚日。举茂才,署会稽教谕,辟行省属官,皆不就。年四十,以家产付其子元臣,卜筑玉山草堂,园池、亭榭、伎馆、声伎之盛,甲于天下。四方名士若张仲举、杨廉夫、柯九思、李孝光、郑明德、倪元镇,方外若张伯雨、于彦成、琦元璞辈,常主其家,日夜置酒赋诗。有二妓曰小璚花、南枝秀者,每遇宴会,辄命侑觞,一时风流文雅,著称东南焉。"(顾嗣立:《元诗选初集》辛集,中华书局1987年版,第2321页。)

③ 杨镰:《元诗史》,人民文学出版社2003年版,第588页。

④ 中国第一档案馆编:《纂修四库全书档案》七四,上海古籍出版社1997年版,第117页。

代"①,而对元遗民的断限方式则是全部归入元代。而对于元末文人的朝代断限,《总目》有着一套极为具有包容性的断限理论,《总目》将元末文人分为四种类型:一种是不仕明朝,一种是"出预新朝贡举"②之事;一种是入明出任教官或参修《元史》《礼》《乐》之书而乞还不仕,一种是出仕明朝。再依据"出仕新朝"的标准,《总目》将前三种都归入元代,而最后一种则归入明代。需要注意的是,这种划分导致的直接结果是元末文人归入元代者多,归入明代者少。因为元末文人归入明代者只有"出仕明朝"这一种情形。那么,《总目》是如何做到合情合理地将元明之际的文人大多数都归为"元人"?

原因是《总目》对"出仕新朝"的内涵上作了变更。原本"仕新朝"的另一种表达是"署官食禄",意谓担任官员,亦即享国家俸禄。但《总目》则硬生生将此"出仕新朝"的内涵进行了区分和限定,将"署官食禄"理解为担任官员,食禄仅是做官的衍生品。依此逻辑,《总目》认为仅"食禄"而不"署官",或者说"禄"非自"官"而得,便不在"出仕新朝"的定义之内。依此,上述第二种、第三种类型便被馆臣从"仕新朝"中析出,而加以区别对待。《花溪集》提要便明言:"明初,以贤良征,辞不起,应聘入浙闽校文者三,为会试同考者再。太祖称之曰'老试官',然知其志不可屈,亦不强以仕。年垂九十而卒。梦麟以前朝遗老,不能销声灭迹,自遁于云山烟水之间,乃出预新朝贡举之事,此与杨维桢等之修《元史》,胡行简等之修《礼书》,其踪迹相类,以较丁鹤年诸人当降一格。然身经征辟,卒不受官,较改节希荣者,终加一等。仍系诸元,曲谅其本志也。"③"出预新朝贡举之事"和"参修《元史》《礼》《乐》之书"确实是明初特有的政治现象,然而问题在于,这两种与新朝接触的情形究竟算不算"仕"? 很显然,《总目》以为这两种情形,文人属于被迫接受且并未授予官职,故当与授受新朝官职的贰臣区分开来。因此,从春秋笔法寓褒贬的角度

---

① 王美伟:《〈四库全书总目〉清别集提要研究》,西南大学 2017 年博士学位论文,第 13 页。
② 纪昀等:《钦定四库全书总目》卷一六八《花溪集》提要,第 2257 页。
③ 纪昀等:《钦定四库全书总目》卷一六八,第 2257—2258 页。

说,《总目》这套标准尚能自圆其说。但是,若换个角度,"预新朝科举之事"和"参修《元史》《礼》《乐》之书"皆已属于文人臣服新朝的表现,且其又历经被明廷"赐金放还"的过程,故"食明禄"已成事实,《总目》将其归为元人实有不妥之处。

《总目》于元末文人中拈出这一"不仕明"与"仕明"之外的"中间存在",有 10 位之多,馆臣将其归入元,又将这一人群排序在元别集最末以示褒贬,支配这一系列行为背后的心态是:虽贬斥,但包容。对比其他朝代末造文人断限,《总目》在元文人中寻求"中间存在"实属于特例。而这一特例,一方面与馆臣采取"掐头去尾"的策略来压缩明代文学厚度有关,亦与明初特有的笼络政策有关。如果说前者属于馆臣主观意愿所驱使,那么后者则是明初历史为馆臣自圆其说提供的客观依据。

以上从金末元初文人、宋末元初文人、元末割据政权文人和元末明初文人四种情形对元别集断限进行了具体探究。总体而言,《总目》元别集提要中的文人断限主要体现出以下特征:

(1)扩容现象。与其他朝代相比,《总目》元别集作者断限呈现出"扩容现象",一方面收容了一部分宋遗民,另一方面收容了几乎全部的元遗民。支撑此"扩容现象"的是多元断限标准。细读元别集作者的人物生平和提要叙述可知,其断限标准是多元的。统计归纳,元别集的断限标准共有十类,具体如下:其一,以"出仕新朝与否"为标准,如王义山、刘壎等;其二,以生活时长为标准,如黄庚;其三,以文人心志为标准,如杨公远;其四,从《元史》之说,如许谦、陈栎等;其五,从《元诗选》之说,如谢宗可;其六,依同时之友人划定,如王旭;其七,依据别集完成时间,如郭豫亨;其八,入明出任教官和参修《元史》《礼》《乐》之书而乞还不仕,如沈梦麟、赵汸、杨维桢等人;其九,入元不仕而曾参加科举之事,如刘诜;其十,未云标准而直接归入元,如吾丘衍、马臻等人。以上十大断限标准共同构成了元别集"开阔"的门径,成为元别集"扩容"的直接依据。在此,需要说明的是,这十条标准在断限中的主次地位是不同的。以

第一条标准为例,它是《总目》文人断限的核心标准,如宋元之际卫宗武因未曾仕元,归为宋人,《秋声集》提要:"宗武字淇父,自号九山,华亭人。淳祐间历官尚书郎,出知常州,罢归,闲居三十余载,以诗文自娱。据至元甲午张之翰所作集序,称九山墓宿草已六白,则宗武实卒于至元二十六年己丑,在宋亡后十年。故焦竑《国史经籍志》载《秋声集》八卷,列入元人。然宗武实未仕元,仍当从陶潜书晋例也。"①元明之际的陶宗仪因曾出仕明朝,被归为明人,《南村诗集》提要云:"今考《十元人集》内如倪瓒、顾阿瑛,亦皆亲见新朝,然瓒遁迹江湖,阿瑛随子谪徙,未沾明禄,自可附《朱子纲目》陶潜书'晋'之例。宗仪则身已仕明,……是又岂'东篱采菊'之人所肯为之事?又何必曲相假借,强使与栗里同称乎!"②又,元明之际僧人释妙声被归为明人,是因为"方外者流不婴爵录,不能以受官与否为两朝之断限。既已谒帝金门,即属归诚新主,不能复以遗老称矣。今系之明,从其实也。"③元别集作者自不例外。因此,基本上符合这一条标准的文人,馆臣便直接划拨为元人而不再辩论了。而从数量上看,符合这一断限标准的元别集作者一共有 78 家之多,使用比例远远高出其他九条标准;从使用对象上看,但凡有出仕行为的皆可通过第一条标准进行判断,而未能证明出仕的则主要通过其余九条标准加以论定。

(2)妄下臆断。这一特点有时体现为在无确切证据或者众说纷纭的情形下,《总目》便会根据主观意愿对文人进行断限,如李俊民、李继本、黄玠等,有时体现在曲解相关证据以迎合某一种设想,如张宪、刘仁本,有时是迫于政治考量而更换断限标准,如王冕。但归纳而言,三者都是基于此,何宗美师如是论:"对于四库馆臣来说,当元代遗民作家提要更多地是为了满足其某种政治观念的需要时,便很容易被这种观念迷惑了他们作为考据大家的眼睛,这自然造成了他们的考据成了有主观选择性的考据,而非真正忠实于史实的科学考

---

① 纪昀等:《钦定四库全书总目》卷一六五,第 2188 页。
② 纪昀等:《钦定四库全书总目》卷一六九,第 2276 页。
③ 纪昀等:《钦定四库全书总目》卷一六九《东皋录》提要,第 2266 页。

据。所谓有主观选择性的考据，就是当史实不利于表达其特定的政治观念时，他们便不遗余力地进一步寻找新的材料，反之当其有利时，则不作深究，甚至宁愿其误而将错就错。所以，四库馆臣的考辨有时反而背离了历史主义的方向，不免滑向主观臆测的泥泞。"①诚如是，在《总目》的纂修过程中始终有一个超越文学序列的政治序列，当馆臣试图以政治序列取代文学序列时，必然需要借助主观意志和言语论述加以导向。

（3）断限标准不一。不同阶段的断限标准不同。提要在断限中并非将某一标准贯彻到底，而是在面对不同时代和政权时体现出不同的断限立场和倾向。比如宋遗民在"出仕新朝与否"标准外，还会依照"思宋与否"来断限，若无思宋之情便归入元代，而元遗民则会严守"出仕新朝与否"这一条界限。馆臣压缩宋、明而扩容元之断限立场可谓明矣。若从具体断限结果来看，在断限金元遗民时，多归金；在断限宋元遗民时，视思宋情况而定；在断限元明遗民时，多归元；在断限元末割据势力文人时，亦归元。

归而言之，相比于《总目》以"掐头去尾"②的断限方式压缩明别集数量、以"分流"的断限方式限制宋别集数量，元别集则呈现出承前接后的"扩容"现象。这一方面与《总目》分流宋、明遗民别集有关，一方面亦与《总目》对于元别集之断限基本采取"无甚苛责"的宽容态度有关。《总目》在《凡例》中表明王朝归属问题，亦希望能察明人物实情而加判定：

> 刘勰有言，意翻空而易奇，词征实而难巧。儒者说经论史，其理亦然。故说经主于明义理，然不得其文字之训诂，则义理何自而推？论史主于示褒贬，然不得其事迹之本末，则褒贬何据而定？如成风为鲁僖公之母，明载《左传》，而赵鹏飞《春秋经筌》谓不知为庄公之妾，

---

① 何宗美、刘敬：《明代文学还原研究——以〈四库总目〉明人别集提要为中心》，人民出版社 2014 年版，第 7—8 页。
② 何宗美、刘敬：《明代文学还原研究——以〈四库总目〉明人别集提要为中心》，人民出版社 2014 年版，第 2 页。

为僖公之妾,是不知其人之名分,可定其礼之得失乎? 刘子翼入唐为
著作郎、宏文馆直学士,明载《唐书·刘祎之传》,而朱子《通鉴纲目》
书贞观元年征隋秘书刘子翼不至;尹起莘《发明》称"特书隋官以美
之",与陶潜称晋一例。是未知其人之始终,可定其品之贤否乎?①

其反复列举所表达的旨意是只有了解文人之事迹始终,方能定其褒贬。
以刘子翼为例,《总目》考证由隋入唐的刘子翼曾出仕新朝,故对于朱熹《通鉴
纲目》在未明事实的情况下判刘子翼未仕唐朝且以春秋笔法书"隋秘书"称赞
其人,馆臣责以考证不精。然从前文论述元别集断限来看,《总目》所标榜的
"谢彼虚谈,敦兹实学"②这一治学精神,不过是馆臣的一种学术愿望而已。在
具体的提要书写中,馆臣似在孜孜不倦地考证人物实情以知人论世,然这种以
某一种预设观念去寻觅的"证据"、凭借主观剪裁而谱写的"实情",都只是形
式上的"真",而于人物本真面貌则相去甚远。《总目》著录元别集虽以扩容为
目的,但这一目的却是以制造某种意志凌驾下的"伪实情"来实现。

(三)序列结构:以"春秋笔法"寓褒贬

《总目》著录著作的排序问题,乾隆帝曾有圣谕指示:"朕则笔削权衡,务
求精当,使纲举目张,体裁醇备,足为万世法程,即后之好为论辨者,亦无从置
议,方为尽善。所有《四库全书》经、史、子、集各部,俱著各按撰述人代先后,
依次编纂。"③这里所谓"按撰述人代先后",是指将经、史、子、集四类文献依
照先秦至清的朝代更替顺序排列。这一旨意在《总目》中充分体现。然而,依
朝代更迭的排序方式仅仅是解决了最宏观的排序问题,却未言及微观层面即
朝代内部的序列问题。《总目·凡例》所言则更为具体,其归纳各时代内部

---

① 李致忠:《〈四库全书总目·凡例〉笺注》,《文献》2002 年第 1 期,第 100—101 页。

② 李致忠:《〈四库全书总目·凡例〉笺注》,《文献》2002 年第 1 期,第 101 页。

③ 中国第一历史档案馆编:《纂修四库全书档案》七五八,上海古籍出版社 1997 年版,第
1291 页。

的排列规则是:(1)"其历代帝王著作,从《隋书经籍志》例,冠于各代之首";(2)"其余概以著作人登第之年,生卒之岁,为之排比";(3)"或据所往来唱和之人,为次";(4)"无可考者,则附本代之末";(5)"释道、闺阁、宦侍、外臣,亦各从其时代,不复区分";(6)"诸书次第,虽从其时代,至于笺释旧文,则仍从所注之书,而不论作注之人"。① 然而,具体就元别集而言,这些规则显然未能涵括,以第二条"以著作人登第之年,生卒之岁,为之排比"为例,因为元代科举自延祐二年(1315)开始,自元顺帝至元元年(1335)遂中辍,到至元六年(1340)方又恢复,终其一朝共开十六科。《总目》所录元别集中作者身份属于进士者不过 23 家,且并未依次列出。再从元文人生卒列表(附录一)中可知,依"生卒之岁"排序的规则并不明显。那么,《总目》元别集的排序规则究竟是遵循了哪一规律? 囿于元代政治体制、社会制度和文化形态的特异性,元别集的次序规则是否会出现不同于其他断代别集之排序规则? 这是一个需要重新考量和审视的问题。

今据其排列次序梳理发现,元别集的基本序列是时间。从卷次范围来看,元别集著录书提要占据了《总目》卷一六六、一六七和一六八共三卷。卷一六六始于耶律楚材而终于尹廷高,共 50 家,主要列录宋元、金元易代文人;卷一六七则始于王旭而终于岑安卿,大体是以元世生活为主的文人,共 62 家;卷一六八始于吴镇而终于邓雅,多为元明易代之际的文人,共 51 家。当然这种特征只是就卷次的整体倾向而言,而当具体考察单个文人时,则多有打破时间标准之情形。探究发现:在时间序列之外,元别集卷次内部呈现出打破时间序列的其他序列标准,即开篇立典范、合并同类和以序列明褒贬的现象。

1. 定纲领,立典范

先看卷一六六,其卷次内部并非以时间序列为先后,此较为显著地体现在《总目》元别集著者中齿龄最长者杨奂(1186—1255)和杨弘道(1189—1272

---

① 郭伯恭:《四库全书纂修考》第四章,岳麓书社 2010 年版,第 81 页。

以后)二人,然此二人皆被放置在第 30 位和 31 位。除此,刘诜(1268—1350)、吾丘衍(1268—1311)、释善住(1278—约 1330)皆属于生卒靠后而位序被提前者。这些文人都有明确的生卒可考,但馆臣却并未依先后次序而排列。可见,《总目》卷一六六的内部序列标准并非仅为时间,而是另有其他。

今梳理和寻绎《总目》卷一六六,发现该卷别集序列呈现出同类归属和升降位序的现象。如位于卷首的文人群类是开国功臣或名宦,依次为耶律楚材(1190—1244),开国功臣,曾随成吉思汗西征,又在窝阔台时期,定君臣礼仪,奏立十路征收课税所;刘秉忠(1216—1274),辅佐元世祖忽必烈之黑衣宰相,建大都,立朝仪,定官制,议国号"元";张宏范(1238—1280),战功显赫,为征服南宋之汉军统领,俘获文天祥,灭宋于崖山;郝经(1223—1275),气节之士,元世祖时出使南宋议和而被南宋囚禁于真州十六年,守节不屈,时人喻之为"苏武";张养浩(1270—1329),一代名臣,务实政,且政绩显赫,著有《三事忠告》,合《牧民忠告》《风宪忠告》《庙堂忠告》各一卷,馆臣赞其:"留心实政,举所阅历者著之,非讲学家务为高论,可坐言而不可起行者。"[1]阅此五人生平可知,其皆可谓"理想型人臣"。紧接五位"理想型人臣"的是"释英",其人虽僧人,但亦非普通僧人。《白云集》提要云:"顾嗣立选《元百家诗》收入此集。其目录题曰'存实'[2],盖举其字。卷端标名则曰'白云上人英',盖以'英'为一字名也。考梁有僧祐、僧肇皆连'僧'字为名,安知其不以释英为名,取义于'释家之英'乎! 虽牟巘、赵孟頫、胡长儒、林昉、赵孟若诸序,皆称曰'英上人',此犹道林称'林公',慧远称'远公'耳,不足证其非二名也。"[3]馆臣以为,"释英"是取"释家之英"之义,而非其名,为此还对《元诗选》之观点大加驳斥。殊不知其推测的"释家之英"之义才是牵强附会。释英之"英"为人名,元人赵孟頫在《白云集序》中已有明言:"《白云诗集》者,实存英上人所为诗也。

---

① 纪昀等:《钦定四库全书总目》卷七九,第 1067 页。
② 按,引号为笔者所加。
③ 纪昀等:《钦定四库全书总目》卷一六六,第 2203 页。

上人俗姓厉氏……上人名英,'实存'其自号云。"①序末确切言及"英"为其名,"实存"为其号。赵孟頫为释英同时代人,且为其友,故其所陈述当不误。故余嘉锡在辨证此提要时指斥《总目》妄加推测:"则其名实只一字,非取义于释家之英亦明矣。盖《提要》所叙释英事迹,亦直录《元诗选》初集中壬集小传,非取之孟頫之序,故于其篇末数语,竟熟视而无睹也。"②余氏揭露了馆臣妄加猜测的原因是直录二手文献而导致原始信息的疏漏。然而《总目》为何会以"释家之英"之义妄测呢?余氏未言及。今从序列角度,依据馆臣阐释之逻辑,或可寻得此问题的答案。馆臣无将"释英"主观阐释作"释家之英",且越过年龄齿序而列位于功臣名宦之后的第一人,其意图是欲树立释英为元代释家文人之杰出代表。而释英作为僧人之杰出代表,亦与前五位功臣名宦形成了身份构成上的补足性呼应。可知,馆臣对"释家之英"的主观阐释实与馆臣的文人身份观有密切关联。身份结构之考量亦迫使馆臣对文人信息进行主观性的掘发和诠释。

2. 归类合并以定性质

依照著者身份类型进行归类合并,这是《总目》排列元别集一个隐而不宣的规则。

先看卷一六六,可发现前六位人物构成了第一类文人典范性群体。其后则列第二群类,即由宋入元的文人,前列 17 位由宋入元的文人:王义山、方回、杨公远、黄庚、戴表元、艾性夫、张伯淳、陆文圭、赵文、刘诜、刘壎、邓文原、张观光、王奕、释善住、吾丘衍,中列一位由金入元的官宦胡祗遹(1227—1295)。继之又是 6 位由宋入元的文人:任士林、赵孟頫、吴澄、仇远、白珽、释圆至。此序列实际搅乱了一个由宋入元的遗民文人群体,如方回、杨公远、戴表元、释善住、吾丘衍、仇远、白珽等。再列第三群类由金入元的文人,如杨弘道、杨奂、许

---

① 释英:《白云集》卷首序,《景印文渊阁四库全书》第 1192 册,第 664—665 页。
② 余嘉锡:《四库提要辨证》卷二三,第 4 册,中华书局 2007 年版,第 1493—1494 页。

衡、刘因;继列第四群类为宋金名士后人,如金名士魏璠曾孙魏初、宋遗民刘辰翁子刘将孙、宋遗民龚溪之子龚璛、耶律楚材之子耶律铸。又继列第五群类讲学家文人,如滕安上、许谦、程端礼、安熙、胡炳文。再继列元官宦王恽、姚燧、程钜夫、曹伯启、徐明善、陈孚。最末列生卒不详者,陈宜甫、尹廷高二人。其中第二类群体人数最多,其中顺序亦略显杂乱而无序,如其中邓文原(1259—1328)、刘诜(1268—1350)、释善住(1278—约1330)、吾丘衍(1268—1311)等人齿序稍后,却被前置,而仇远(1247—1328以后)、白珽(1248—1328)、赵孟頫(1253—1309)等齿序略长,却被后置。这一调整不过是试图打破遗民的群体性。对于元初之遗民诗社——月泉吟社的成员,《总目》只句不提。

再看最为典型的卷一六八。该卷亦体现出合并类别的现象,且以气节褒贬为排序先后:

第一群类为卒于元亡之前的元人11人,如吴镇、贡师泰、刘仁本、陈高、成廷珪、张雨、郑元祐、谢宗可、陈樵、郭翼、胡天游,其皆卒于元末。

第二群类是殉节者2人,如郑玉(1298—1358)与王翰(1333—1378)。郑玉在元末不降而死,《春秋经传阙疑》提要云:"玉字子美,歙县人,元末除翰林待制,以疾辞。明兵入徽州,守将迫之降,玉不屈死,与宋吕大圭及同时李廉,均可谓能明大义,不愧于治《春秋》矣。明郎瑛《七修类稿》乃谓玉既不受元爵,自当仕明,谓之当生而不生,其说殊谬。伯夷、叔齐岂尝受殷爵哉!瑛所云云,所谓小人好议论,不乐成人之美者也。"[1]又,王翰拒仕明朝而自决,提要云"元初从下江淮,授领兵千户,镇庐州,因家焉。翰少袭爵,有能名,累迁江西福建行省郎中。陈友定留居幕府,表授潮州路总管兼督循、梅、惠三州。友定败,浮海抵交趾,不果。屏居永福之观猎山,著黄冠服者十一年。洪武间,辟书再至,翰以幼子偁托其故人吴海,遂自引决。翰本将家子,志匡时难,不幸遭宗邦颠沛,其慷慨激烈之气,往往托之声诗"。[2]此二人皆非进士,若依生卒先后

---

① 纪昀等:《钦定四库全书总目》卷二八,第358页。按,括号内"郑"字为笔者所加。
② 纪昀等:《钦定四库全书总目》卷一六八《友石山人遗稿》,第2248页。

排列,皆当列于卷一六八之末尾,然而《总目》却将其跃居于谢应芳(1296—1392)、周霆震(1292—1379)等年长者之前。

第三群类是守节者16人,即入明后惓惓元主、力辞明朝征召而不仕者,他们依次是吴海、吴当、许恕、张宪、金涓、丁鹤年、舒頔、甘复、王逢、吴皋。据各别集提要云,吴海:"明洪武初,守臣欲荐诸朝,力辞得免,既而征诣史局,亦力辞不赴。"①吴当:"未上官,而陈友谅已陷江西,遂遁迹不出。友谅遣人召之,当坚卧以死自誓,舁床载送江州,拘留一年,终不屈。友谅灭,乃免。洪武初,复迫致之,见太祖,长揖不拜,竟得放归,隐居吉水之谷坪,完节以终。"②许恕:"会天下已乱,乃遁迹卖药于海上,与山僧野人为侣,善自晦匿,罕相识者,故征召不及。至洪武甲寅乃卒。"③张宪:"元亡后,变姓名寄食僧寺以殁。"④金涓:"明初,州郡辟召,亦坚拒不起,竟教授乡里以终。"⑤丁鹤年:"本世家子,遭乱不求仕宦,笃尚志操,兼以孝闻。乌斯道、戴良为作传,皆以申屠蟠拟之。元亡,避地四明,后归老武昌山中。"⑥舒頔"明兴,屡召不出,名所居曰'贞素斋',著自守之志也。"⑦甘复"元亡之后,遁迹以终"。⑧ 王逢:"适张氏据吴,东南之士咸为之用,逢独高蹈远引。及洪武初,征召甚迫,又以老疾辞。《明史·文苑传》附载于《戴良传》中,以二人皆义不负元者也。"⑨吴皋:"元亡后,抗志不出,遁迹以终,而不著其名。"⑩叶颙"集中诗皆高旷之言,绝无及仕宦者"。⑪ 鲁贞:"凡元代所作皆题至正年号,其入明以后惟题甲子,殆亦'栗里'

---

① 纪昀等:《钦定四库全书总目》卷一六八《闻过斋集》提要,第2248页。
② 纪昀等:《钦定四库全书总目》卷一六八《学言诗稿》提要,第2248页。
③ 纪昀等:《钦定四库全书总目》卷一六八《北郭集》提要,第2249页。
④ 纪昀等:《钦定四库全书总目》卷一六八《玉笥集》提要,第2249页。
⑤ 纪昀等:《钦定四库全书总目》卷一六八《青村遗稿》提要,第2249页。
⑥ 纪昀等:《钦定四库全书总目》卷一六八《丁鹤年集》提要,第2250页。
⑦ 纪昀等:《钦定四库全书总目》卷一六八《贞素斋集》提要,第2250页。
⑧ 纪昀等:《钦定四库全书总目》卷一六八《山窗余稿》提要,第2252页。
⑨ 纪昀等:《钦定四库全书总目》卷一六八《梧溪集》提要,第2252页。
⑩ 纪昀等:《钦定四库全书总目》卷一六八《吾吾类稿》提要,第2252页。
⑪ 纪昀等:《钦定四库全书总目》卷一六八《樵云独唱》提要,第2253页。

之遗意。"①郭钰:"《江西通志》称其'元末遭乱,隐居不仕。明初以茂才征,辞疾不就'……是其不忘故国,抗迹行吟,志操可以概见。"②戴良:"洪武六年南还,变姓名隐四明山。十五年征入京,欲官之,以老疾辞。太祖怒,羁留不释。次年四月卒于京师,然迄未食明禄也。"③杨允孚,是元顺帝时的尚食供奉官,提要评其《滦京杂咏》曰:"盖其体本王建《宫词》,而故宫禾黍之感,则与孟元老之《东京梦华录》、吴自牧之《梦粱录》、周密之《武林旧事》同一用意矣。"④李祁:"元统元年进士,除应奉翰林文字。改授婺源州同知,迁江浙儒学副提举,以母忧解职。会天下已乱,遂隐永新山中。元亡,自称'不二心老人',年七十余乃卒。……虽幸不死,然洪武中征召旧儒,祁独力拒不起。"⑤贡性之:"元季以胄子除簿尉,后补闽省理官。洪武初,征录师泰后人,大臣以性之荐。性之避居山阴,更名悦。其从弟仕于朝者,迎归金陵、宣城,俱不往。躬耕自给,以终其身。其集名曰'南湖',虽仍以宣城祖居为目,实则没于浙东,终未归也……盖人品既高,故得其题词,则缣素为之增价,有不全系乎诗者。"⑥守节者数量较多,但其于元王朝的忠诚程度不及殉节者,故居殉节者类群之后以示褒贬。

第四类群仍是明初未仕者,他们或始终超脱隐逸,或是力辞明官,但与第三类群相比,其诗歌中流露之遗民情怀不明显,故《总目》对其气节褒赞之意相对较弱。如顾瑛:"一名阿瑛,又名德辉,字仲瑛,昆山人。少轻财结客,年三十始折节读书,与天下胜流相唱和,举茂才,署会稽教谕,辟行省属官,皆不就。年四十,即以家产尽付其子元臣,卜筑玉山草堂,池馆声伎,图画器玩,甲于江左。风流文采,倾动一时。后元臣仕为水军副都万户。元亡,随例徙临

①　纪昀等:《钦定四库全书总目》卷一六八《桐山老农文集》提要,第2253页。
②　纪昀等:《钦定四库全书总目》卷一六八《静思集》提要,第2253页。
③　纪昀等:《钦定四库全书总目》卷一六八《九灵山房集》提要,第2253—2254页。
④　纪昀等:《钦定四库全书总目》卷一六八《滦京杂咏》提要,第2254页。
⑤　纪昀等:《钦定四库全书总目》卷一六八《云阳集》提要,第2254页。
⑥　纪昀等:《钦定四库全书总目》卷一六八《南湖集》提要,第2255页。

濠,瑛亦偕往。洪武二年卒。"①倪瓒:"家雄于赀,工诗,善书画。四方名士日至
其门。所居有阁曰清閟,幽迥绝尘。藏书数千卷,皆手自勘定。古鼎法书,名琴
奇画,陈列左右,四时卉木,萦绕其外,高木修篁,蔚然深秀,故自号云林居士。"②
王礼:"明兴,不仕,聘为考官,亦不就……尝选辑同时人诗为《天地间
集》。③"④吕诚:"明初尝谪迁广东,已而赦归,其缘何事获谴,则不可考……诸
书皆称'吕处士',无言其尝仕于明者,则仍元遗老也。"⑤朱希晦:"明初有荐
于朝者,朝命未至而卒。"⑥汪克宽:"泰定丙寅举于乡。元亡不仕。明初征修《元
史》,以老疾辞归。洪武五年卒于家。"⑦这一类群或隐居世外,或专注于学问,既未
仕元,亦不仕明朝,其生平与政治关联不多,故政治态度、故国气节亦不甚明显。

　　第五类群是明初应诏主持新朝贡举之事和修《元史》《礼乐》等书而后乞
还者,共 9 人,居最末。依次为沈梦麟:"以前朝遗老,不能销声灭迹,自遁于
云山烟水之间,乃出预新朝贡举之事,此与杨维桢等之修《元史》,胡行简等之
修《礼书》,其踪迹相类,以较丁鹤年诸人当降一格。然身经征辟,卒不受官,
较改节希荣者,终加一等。仍系诸元,曲谅其本志也。"⑧胡行简:"考《明史·
礼志》载:洪武二年诏郡县举高洁博雅之士,同修《礼书》,至者八人,而行简与
焉。"⑨赵汸:"于洪武二年应召修《元史》,归未逾月而卒。"⑩杨维祯(桢):"明
初命修礼乐书,旋以老病辞归。"⑪陈基:"至正中以荐授经筵检讨,尝为人草谏

①　纪昀等:《钦定四库全书总目》卷一六八《玉山璞稿》提要,第 2255 页。
②　张廷玉等:《明史》卷二九八,中华书局 2000 年版,第 5104 页。
③　按,此句后有案语"案谢翱尝录宋遗民诗为《天地间集》,此袭其名,盖阴以自寓"。
④　纪昀等:《钦定四库全书总目》卷一六八《麟原文集》提要,第 2256 页。
⑤　纪昀等:《钦定四库全书总目》卷一六八《来鹤亭诗》提要,第 2257 页。
⑥　纪昀等:《钦定四库全书总目》卷一六八《云松巢集》提要,第 2257 页。
⑦　纪昀等:《钦定四库全书总目》卷二〇《经礼补逸》提要,第 254 页。
⑧　纪昀等:《钦定四库全书总目》卷一六八《花溪集》提要,第 2257—2258 页。
⑨　纪昀等:《钦定四库全书总目》卷一六八《樗隐集》提要,第 2258 页。
⑩　纪昀等:《钦定四库全书总目》卷一六八《东山存稿》提要,第 2258 页。
⑪　纪昀等:《钦定四库全书总目》卷三〇《春秋合题著说》提要,第 385 页。按,此则提要写
作"杨维祯",其他提要有作"杨维桢"者。

章,几获罪,引避归。张士诚据吴,引为学士,书檄多出其手。明兴,太祖召修《元史》,赐金而还。"①宋禧:"元至正庚寅中浙江乡试,补繁昌教谕,寻弃归。洪武初召修《元史》,所撰《外国传》,自高丽以下悉出其手。书成不受职,乞还山,复与桂彦良同征,主考福建。"②张昱"元末弃官不仕,张士诚招礼之,不屈。明太祖征之,至京召见,悯其老,曰'可闲矣',厚赐遣归,更号'可闲老人',放浪山水,年八十三乃卒。《明史·文苑传》附见《赵捴谦传》中"。③ 梁寅:"元末辟集庆路儒学训导,以亲老辞。明年兵起,遂隐居教授。明初征修礼乐书,将授官,复以病辞归,结屋石门山,学者称曰'梁五经'。"④邓雅:"今案集中《洪武壬戌辞聘》诗有'雅以非才,例蒙郡举'云云,知其名为雅,而伯言乃其字也。又雅虽辞聘,而末一卷乃为《朝京纪行》诗,且有《应制赋钟山云气沍寒》之作。盖当时未允其辞,起送入都之后,始得放还,与张昱等相类也。"⑤此类群因与明王朝有关联,而对元王朝的忠诚程度又不及第二、三、四类,故位序为末。

由上提要归类可知,《总目》元别集的序列呈现出"云团"特色,即有相同性质的文人组合在一段区域,或因其有某一特殊代表意义而归类,或因其同为讲学家而归类,或因其同为遗民而归类等等。当然,在区域的内部仍有以褒贬定序列的意识。

3.升降序位以彰褒贬

元别集序列在时间之外的第三个标准是:升降序位以彰褒贬。《总目》一方面通过降位序来寄寓贬斥之意。如卷一六八中有二人位序下降,一位是李祁(1299—?),以齿龄第 116 位而置于第 145 位;另一位是杨维桢(1296—1370),以齿龄第 109 位而置于第 158 位,即居倒数第六位。此二人皆是大德

① 纪昀等:《钦定四库全书总目》卷一六八《夷白斋稿》提要,第 2260 页。
② 纪昀等:《钦定四库全书总目》卷一六八《庸庵集》提要,第 2260 页。
③ 纪昀等:《钦定四库全书总目》卷一六八《可闲老人集》提要,第 2260—2261 页。
④ 纪昀等:《钦定四库全书总目》卷四《周易参义》提要,第 43 页。
⑤ 纪昀等:《钦定四库全书总目》卷一六八《玉笥集》提要,第 2261 页。

四年(1300)前出生之文人,却并未处于同龄人之位序。原因是二者皆为元朝进士而未能持守气节。《云阳集》提要评李祁云:"其初登第也,元制以汉人、南人为左榜,蒙古、色目人为右榜。案元制尚右,故《元史·梁增传》称:谕安南以新朝尚右之礼。蒙古、色目人为右榜,以此。祁为左榜第二人,其右榜第二人则余阙也。后阙死节,而祁独转侧兵戈间,尝为阙序《青阳集》,以'不得乘一障,效死如廷心'为恨。又称:'世之贪生畏死,甘就屈辱,觍然以面目视人者,斯文之丧益扫地尽矣!'盖与阙虽出处稍殊,死生各异,而其惓惓故主、义不负元,则大节如一。昔宋理宗宝祐四年榜,得文天祥为状元,又得陆秀夫、谢枋得二人。是榜得李黼为状元,而又得祁与阙二人。黼不愧文天祥,阙不愧陆秀夫,而祁亦不愧谢枋得。是二榜者,后先辉映,亦可云科名之盛事矣。"①提要虽不免褒奖之意,但在排序上仍作降序处理,其主要目的是为与同榜进士李黼、余阙区分气节之高低。杨维桢以本该位于卷一六七之位序而降居卷一六八之末尾,主要因其"于明初被召,不肯受官,赋《老客妇谣》以自况,其志操颇有可取。而《乐府补》内有所作《大明铙歌鼓吹曲》乃多非刺故国,颂美新朝,判然若出两手"②,而其首鼠两端、"非刺故国"的人品最为乾隆唾弃,故在排序上将杨维桢降序为最末,这无疑是为了将其与怀有故国之思的遗民甚至出仕新朝而未非刺故国的贰臣区分气节高低。又如,卷一六六中耶律铸(1221—1285)、王恽(1227—1304)、胡祇遹(1227—1295)依齿龄当在第7位、第9位和11位,却分别被置于第37位、43位和23位。何以如是?耶律铸属于政事上有污点的官宦,《元史》载:"二十年冬十月,坐不纳职印、妄奏东平人聚谋为逆、间谍幕僚、及党罪囚阿里沙,遂罢免,仍没其家资之半,徙居山后。"③王恽则是因为主张辽、金、元三史并修的正统观与乾隆帝所主分歧较大,文渊阁库书提要云:"所谓辽、金不当为载记之说,尤为平允。后托克托等以宋、辽、金三史并修,

---

① 纪昀等:《钦定四库全书总目》卷一六八,第2254页。
② 纪昀等:《钦定四库全书总目》卷一六八《铁崖古乐府》提要,第2259页。
③ 宋濂等:《元史》卷一四六,中华书局2000年版,第2305—2306页。

实本其说。其明于史法,亦非杨维桢诸人固执偏见所及也。"①《总目》虽删去此语,但对王恽其人却是以降序之方式寄寓褒贬的。胡祗遹其人,《总目》称其"以阐明道学之人,作媟狎倡优之语,其为白璧之瑕,有不止萧统之讥陶潜者。陶宗仪《辍耕录》载其钟爱歌儿珠廉秀,赠以《沉醉东风》小曲,殆非诬词矣。以原本所有,姑仍其旧录之,而附纠其缪于此,亦足为操觚之炯戒也"②,其中不无指斥之意。

与此同时,《总目》又通过升位序以示表彰之意。如卷一六七中刘鹗(1290—1364)齿序靠后而被升序,他为殉节之文人,曾"守韶州,以赣寇围城,力御不支,被执,抗节死。其事甚烈"③,提要褒赞"鹗身捍封疆,慷慨殉国,千秋万世精贯三光,即其文稍不入格,亦当以其人重之"。又为其人不被列入《元史》而深感惋惜:"明初修《元史》,失于采录,不为立传,并佚其名。近邵远平作《元史类编》,始为补入《忠义传》,然亦仅及其死节一事。其生平行履,则已不可考矣。"④可见,《总目》对刘鹗抗节殉国之人格推赞不已。又如,余阙(1303—1358)为殉国死节者,提要称:"元统元年进士,累官淮南行省左丞,分守安庆。陈友谅陷城,自到死,赠行省平章,谥忠宣。"后又援引胡俨《杂说》所云:"初,危太朴以文学征起,士君子皆想望其风采。或问虞文靖公曰:'太朴事业当何如'?曰:'太朴入京之后,其词多夸,事业非所敢知。必求其人,其余阙乎',问:'何以知之'?曰:'集于阙文字见之'。后阙竟以忠义显,乃知前辈观人,自有定鉴。"⑤将余阙之死节与危素之变节事新君进行对举而明褒贬。再如,李士瞻(1313—1367),为至正十年(1350)进士,提要表彰其人忧国忧民:"《顺帝本纪》载,至正二十二年枢密副使李士瞻上疏,极言时政,凡二十

事。具列其目,大抵当时急务,盖亦谠直之士也。"①又表彰其作有忧国之心:"虽多属一时酬答之作,而当时朝政之姑息,兵事之乖方,藩臣之跋扈,多可藉以考见。其弥缝匡救,委曲周旋,拳拳忧国之忱,亦不在所上时政疏下。"②故李士瞻虽未死节,然因其身为进士而怀忧国忧民之心,故《总目》升其位序以寓表彰之意。

升其位序以寓表彰其人的情形还有较为显著的一例,那便是卷一六八中的丁鹤年(1335—1424)。若依齿龄排序,其人当列元人最末一位,然而《总目》中他却是居元明易代文人群体之第八位,甚至凌驾于隐居不出之人和入明参修《元史》《礼记》等书之人这两大人群之上。其中原因提要有言:"至顺帝北狩以后,兴亡之感,一托于诗,悱恻缠绵,眷眷然不忘故国。瞿宗吉《归田诗话》所称'行踪不异枭东徙,心事惟随雁北飞'句,及《逃禅室与苏生话旧》一篇,可以知其素志。"③可见馆臣是将其视为气节较高之人,故提升至前列。诸如上述,此种因气节等级较高而被提升位序的元文人,还有王翰、吴海等人。

4. 先后次序以明伦理

在父子诗文别集的排列顺序中寄寓父尊子孝的伦理观念,如父亲之别集在前、儿子之别集居父后,这本是古代社会编纂者的一种共识。但在《总目》中,以秩序明伦理的观点被当作一种现象加以特别强调,故在此有必要专作交代。以洪希文《续轩渠集》的编纂为例,提要云:"《附录》一卷,则其父岩虎诗也。岩虎,字德章,号吾圃,莆田人。宋末尝为教谕。希文字汝质,号去华,尝官训导。岩虎诗名《轩渠集》,故希文集以'续'名。然《轩渠集》断烂不存,故摭其遗诗附于卷末……惟其以岩虎之诗附希文诗末,用《山谷集》后附《伐檀集》之例,以子先父,究于义未安。而篇页无多,又不能如《伐檀集》之自为卷

---

① 纪昀等:《钦定四库全书总目》卷一六七《经济文集》提要,第2238—2239页。
② 纪昀等:《钦定四库全书总目》卷一六七《经济文集》提要,第2239页。
③ 纪昀等:《钦定四库全书总目》卷一六八《丁鹤年集》提要,第2250页。

帙,可以孤行。今特升冠此卷,置希文集之前,如《石屏集》、《玉井樵唱》之例焉。"①洪岩虎是洪希文之父,父集《轩渠集》本来仅附录于洪希文《续轩渠集》卷末,《总目》因"以子先父,究于义未安",故将父集列于子集之前。然而今文渊阁四库本《续轩渠集》,并未做出相应调整,父集仍为附录。另外,对于尹廷高《玉井樵唱》、戴复古《石屏集》皆将父亲遗诗冠于集首的编纂序列,《总目》表示认可,其在《玉井樵唱》提要中云:"是集首有廷高自记,载其父竹坡诗一联,盖即戴复古《石屏集》以其父遗诗冠首之意。"②在对父子别集序列认可的背后是《总目》一以贯之的儒家伦理观。

以上从著录标准、时间断限和序列结构三方面详细考察了《总目》对元别集提要的编纂方式。探究发现,与明清别集提要相比,《总目》对元别集提要的编纂有其独特的考量:宽于别集著录,松于别集断限,严于序列结构。在著录别集时遵从"多加甄录"的宽松式原则;在时间断限上以扩容为主,一则对元别集之断限基本采取"无甚苛责"的宽容态度,二则纳入自《总目》中分流而来的宋、明遗民别集;在序列结构上,以政治序列、伦理序列优先于时间序列之上。归而言之,《总目》在读者并不知情的编纂程序中,掺入了隐而不宣的"春秋笔法",传递出对元别集的宽容态度和褒贬旨归。

第二节 《总目》元别集提要撰写的思想倾向

"历时流变"和"共时编纂"是从纵、横二维度来探讨《总目》元别集提要的文本生成过程。然提要的生成,不仅包括客观的形式,亦不乏主观的意图,即提要是形式与观念的统一体。本书这一节将集中探究《总目》元别集提要中所蕴藏的"思想性",与上一节内容形成呼应,并与之共同构成元别集提要

---

① 纪昀等:《钦定四库全书总目》卷一六七,第2223页。
② 纪昀等:《钦定四库全书总目》卷一六六,第2220页。

生成研究的完整内容。

一、厘正典籍:独宗儒学,排除异端

《总目》对各阶段别集所持态度是不同的。若以"寓禁于征"定义纂修《四库全书》时明清别集之遭遇,那么元别集可谓逃离了"禁"的厄运。但是,元别集即便逃离了"禁毁"之灾难,却仍旧不能逃出"审核"之命运。今观元别集提要,"审核"与"厘正"是两项核心宗旨,《总目·凡例》和《总目·集部总叙》中有明确表达,今引如下:

(一)《总目·凡例》第一三则:

> 文章流别,历代增新。古来有是一家,即应立是一类;作者有是一体,即应备是一格,斯协于《全书》之名,故释、道外教、词曲末技咸登简牍,不废搜罗。然二氏之书,必择其可资考证者。其经忏章咒,并凛遵谕旨,一字不收。宋人朱表青词,亦概从删削。其依声填词之作,如石孝友之《金谷遗音》、张可久之《小山小令》,臣等初以相传旧本,姑为录存,并蒙皇上指示,命从屏斥。仰鉴大圣人敦崇风教,厘正典籍之至意。是以编辑虽富,而谨持绳墨,去取不敢不严。①

(二)《总目·凡例》第一五则:

> 我国家文教昌明,崇真黜伪,……故甄别遗编,皆一本至公;铲除畛域,以预消芽蘖之萌。至诗社之标榜声名,地志之矜夸人物,浮辞涂饰,不尽可凭,亦并详为考订,务核其真,庶几公道大彰,俾尚论者知所劝戒。②

(三)《总目·凡例》第一七则:

> 儒者著书,往往各明一义……今所采录,惟离经畔道、颠倒是非者,掊击必严;怀诈狭私、荧惑视听者,屏斥必力。至于阐明学术,各

---

① 李致忠:《〈四库全书总目·凡例〉笺注》;《文献》2002年第1期,第101页。
② 李致忠:《〈四库全书总目·凡例〉笺注》;《文献》2002年第1期,第102页。

撷所长,品骘文章,不名一格,兼收并蓄,如渤澥之纳众流,庶不乖于《全书》之目。①

(四)《总目·集部总叙》曰:

四部之书,别集最杂,兹其故欤! 然典册高文,清词丽句,亦未尝不高标独秀,挺出邓林。此在翦刈卮言,别裁伪体,不必以猥滥病也……至钱谦益《列朝诗集》,更颠倒贤奸,彝良泯绝,其贻害人心风俗者,又岂鲜哉! 今扫除畛域,一准至公,明以来诸派之中,各取其所长,而不回护其所短。盖有世道之防焉,不仅为文体计也。②

其中"厘正""铲除""屏斥""翦刈""扫除"等多处字眼(引文加点处)都在共同呈现《总目》编纂思想中的"审核意识"或者"审核鹄的",且其审核涉及之要素较多,如"朱表青词""诗社之标榜声名""贻害人心风俗""彝良泯绝"等。"敦崇风教,罢黜异端"是元别集提要中最为核心的标准。具体如下:

其一,对讲学家群体及其思想进行"审核"。《总目》元别集多则提要中提及"讲学家",据其语境归纳,其所谓"讲学家",是指有一定社会影响力的,居于书院或私宅以群体授学形式阐明儒家经术、传播儒家义理的儒家学者。《总目》对元代讲学家或儒者总体评价颇高,其云:"足见元儒敦朴无门户之成见也。"③又云:"是时文章耆宿不过此数人,而数人无不酬答,似权亦声气干谒之流。然孟頫等并以儒雅风流照映一世,其宏奖后进,迥异于南宋末叶分朋标榜之私,故终元之世,士大夫无钩党之祸。权与诸人款契,盖文字之相知,固未可以依门傍户论也。"④除此,《总目》在元别集提要语境中还大力表彰元代"醇儒",其所谓"醇儒"者,指学术和创作上以儒学经术为本,行为上能笃实达用、知行合一之人。对于因人品广受诟病的方回,《总目》却敢于突破众论而

---

① 李致忠:《〈四库全书总目·凡例〉笺注》;《文献》2002 年第 1 期,第 102 页。
② 纪昀等:《钦定四库全书总目》卷一四八,第 1971 页。
③ 纪昀等:《钦定四库全书总目》卷一六七《俟庵集》提要,第 2237 页。
④ 纪昀等:《钦定四库全书总目》卷一六七《此山集》提要,第 2221 页。

给予其儒学造诣充分肯定："然观其集中诸文,学问议论一尊朱子,崇正辟邪,不遗余力,居然醇儒之言。"①对于学术与创作皆秉持儒学的萧㪺赞赏不遗余力,其云:"关辅自许衡倡明理学之后,㪺实继之,为文悉本诸经。《元史》亦称㪺'制行甚高,真履实践,其教人必自小学始,为文辞立意精深,言近指远,一以洙泗为本,濂、洛、考亭为据,为一代醇儒'。今考其文,气格虽不甚高,而质实简洁,往往有关名教。其《辞儒学提举书》及《辞免祭酒司业》等状,尤可见其出处进退之大节。"②对于崇尚仁义并能将儒家理论践行于政事的名臣王结,其云:"其中《上宰相论八事书》,乃结年二十余游京师时所作,平生识力已具见于是。……《善俗要义》乃结为顺德路总管时所作,以化导闾里,凡教养之法,纤悉必备,虽琐事常谈,而委曲剀切,谋画周密,如慈父兄之训子弟,循吏仁爱之意,蔼然具见于言表,尤足以见其政事之大凡。统观所作,所谓词必轨于正理,学必切于实用者也,固不与文章之士争词采之工拙矣。"③对于这类有行实的儒者,《总目》可谓倍加褒颂。

　　然而,即便如此,馆臣对于元代的讲学家仍不乏指瑕,尤其表现为清除"有道之累"④的杂音。元代讲学家之别集,馆臣多核之以伦理世教,其中"有为道累"一条审核甚严。"有为道累"分三种情形:第一种,以儒者身份浸染释、老学说。如《总目》评价陈栎《定宇集》云:"栎生朱子之乡,故力崇朱子之学。集中如《澄潭赞》曰:'惟千载心,秋月寒水。儒释同处,我闻朱子。'附会《斋居感兴》诗句,以强合于禅,未免自生疵累,异乎朱子之所传。"⑤陈栎为朱子乡人,学崇朱子,提要以为其集中杂有"禅味",故属为学不纯,当须标明并剔除。又,评价许谦《白云集》"文亦醇古,无宋人语录之气,犹讲学家之兼擅

---

①　纪昀等:《钦定四库全书总目》卷一六六《桐江续集》提要,第 2204 页。
②　纪昀等:《钦定四库全书总目》卷一六七,第 2226—2227 页。
③　纪昀等:《钦定四库全书总目》卷一六七,第 2225—2226 页。
④　纪昀等:《钦定四库全书总目》卷一六六《白云集》提要,第 2216 页。
⑤　纪昀等:《钦定四库全书总目》卷一六七,第 2223 页。

文章者也。惟其《与王申伯》一诗,宗旨入于庄、老,非儒者所宜言"。① 许谦曾从金履祥游,守朱子之学,延祐期间以讲学名噪一时,可谓元代金华之一大儒。对于其作品中涉及庄、老之旨者,《总目》指斥曰"非儒者所宜言"。再有元儒同恕,《榘庵集》提要云:"惟祈禳青词本非文章正体,恕素以明道兴教自任,更不宜稍涉异端,乃率尔操觚,殊为失检。今以其原集所有,姑附录之,而并纠其失于此焉。"②集中涉及之异端言论,馆臣认为非儒者所宜,故特意纠正其过失并在提要中说明。与此同时,当儒者能排斥释、老,独崇儒学,《总目》则流露出表彰之意。如吴师道,《礼部集》提要云:"文多阐明义理,排斥释老,能笃守师传。其诗则风骨遒上,意境亦深,褎然升作者之堂,非复《仁山集》中格律矣。盖其早年本留心记览,刻意词章,弱冠以后,始研究真德秀书,故其所作,与讲学家以余力及之者迥不同云。"③可见,《总目》对于元代讲学家的儒家思想"醇正度"要求极高,而对于讲学家别集中的释、老之因素,则是极力翦刈,以示褒贬。第二种,以儒者身份作倡优浮艳之语。《总目》对于儒者语涉淫秽亦有贬斥,如胡祗遹,,提要虽赞赏其学问"大抵学问出于宋儒,以笃实为宗,而务求明体达用,不屑为空虚之谈"④,却对其关于戏曲的记载颇有微词:"惟编录之时,意取繁富,遂多收应俗之作,颇为冗杂,甚至如《黄氏诗卷序》、《优伶赵文益诗序》、《赠宋氏序》诸篇,以阐明道学之人,作媟狎倡优之语,其为白璧之瑕,有不止萧统之讥陶潜者。陶宗仪《辍耕录》载其钟爱歌儿珠廉秀,赠以《沉醉东风》小曲,殆非诬词矣。"⑤第三种,以儒者身份行卑鄙之事。《总目》以为儒者当为谦谦君子,知行合一之人,故对于如许谦代人干谒之事,则以为不必入集,提要云:"《求补儒吏》一书,代人干乞,亦可不必编置集中,

---

① 纪昀等:《钦定四库全书总目》卷一六六,第 2216 页。
② 纪昀等:《钦定四库全书总目》卷一六七,第 2227 页。
③ 纪昀等:《钦定四库全书总目》卷一六七,第 2234 页。
④ 纪昀等:《钦定四库全书总目》卷一六六《紫山大全集》提要,第 2209 页。
⑤ 纪昀等:《钦定四库全书总目》卷一六六《紫山大全集》提要,第 2209 页。

为有道之累。"①

其二,对文人中僧人和道士的身份和作品有意"消解"。身份消解方面,比如《总目》著录张雨《句曲外史集》,强调其文学造诣而弱化其道士身份,提要云:"雨诗文豪迈洒落,体格遒上。早年及识赵孟頫,晚年犹及见倪瓒、顾阿瑛、杨维桢,中间如虞集、范梈、袁桷、黄溍诸人,皆以方外之交深相投契,故耳濡目染,具有典型。虽托迹黄冠,而谈艺之家位置于文士之列,不复以异教视之,厥有由矣。"②将张雨之文人身份凌驾于道士身份。提要末一句今在定稿于乾隆四十二年(1777)九月的文渊阁库书提要中未见得,这说明"消解"释、道的意识在《总目》中体现得更为强烈。同样,《总目》亦如是消解马臻的道士身份,其云:"臻字志道,号虚中,钱塘道士……龚开《序》则称'大德辛丑,嗣天师张真人如燕主行内醮,玄教名流并翼然景从。王子聪、马志道在焉'。其人盖在通介之间者也。集中铺张富贵者数篇,如《嗣师吴真人》诗之类,颇乖山林之格。"③将马臻定为"通介之间者"的评价仅《总目》一家,其挚友仇远称其"出家著道士服,隐约西湖之滨,士大夫慕与之交,不过习清虚,谈淡泊,无一言及势力声利,而世之能寒热人者,尔尔我我,进退语嘿之间,一言不少屈。"④黄石翁《序》则称"余于虚中不独爱其诗而止,虚中早从硕师,自寄方外,志趣端正,待诏金马,浩然赋归,杜门择交,远迹声利,小轩幽寂,与湖山鸥鹭精神往来。"⑤所谓"待诏金马,浩然赋归",是指马臻未接受朝廷封赠。《元诗选初集》仅是据上述文献而将马臻归入宋遗民行列:"大德中,嗣天师张与材至燕京行内醮,名流并集,虚中在焉。未几辞归,手画《桑乾》、《龙门》二图传于世……当是时,江南甫定,兵革偃息,遗民故老如周草窗、汪水云之徒,往往托

---

① 纪昀等:《钦定四库全书总目》卷一六六《白云集》提要,第 2216 页。
② 纪昀等:《钦定四库全书总目》卷一六八《句曲外史集》提要,第 2245 页。
③ 纪昀等:《钦定四库全书总目》卷一六七《霞外诗集》提要,第 2221 页。按《序》之书名号为笔者所加。
④ 马臻:《霞外诗集》卷首仇远《序》,台北学生书局 1973 年版,第 5 页。
⑤ 马臻:《霞外诗集》卷首,台北学生书局 1973 年版,第 9 页。

于黄冠以晦迹,虚中殆其流亚欤!"①可见,《总目》对马臻之道士身份消解并未有充分的事实支撑。另,对于僧人释大䜣,《总目》则不断强调其官员身份:"又文宗入继大统,改建康潜邸为集庆寺,特起大䜣居之,授大中大夫,故虽隶缁流,颇谙朝廷掌故……集中多与赵孟頫、柯九思、萨都拉②、高彦敬、虞集、马臻、张翥、李孝光往来之作,而第九卷中《杭州路金刚显教院记》,第十二卷《金陵天禧讲寺佛光大师德公塔铭》,并注曰'代赵魏公作',则孟頫亦尝假手于大䜣,知非俗僧矣。"③除对僧道身份的消解,还有僧道作品进行删削。如释大圭《梦观集》原本的二十四卷,被馆臣删成五卷,其理由是"宗门语录""青词""疏引"不当列入文集。提要云:"其集本二十四卷:首为《梦法》一卷,《梦偈》一卷,《梦事》一卷,次为诗六卷,次为文十五卷。所谓'梦法'、'梦偈'、'梦事'者,皆宗门语录,不当列之集中。杂文亦多青词、疏引,不出释氏之本色,皆无可取。……今删除其《梦法》等卷,并删除其杂文,惟录古今体诗编为五卷。沙砾既捐,精华斯露,取长弃短,期于不失雅音。其《三乘宗旨》,听释氏之徒自传之,固不必为彼法计也。"④

其三,对文人别集关于僧、道、神怪因素的作品进行回避。此以倪瓒《清閟阁集》为例,提要云:"今考集中所载,如《题天香深处卷后》《题紫华周公碑传行状后》《题师子林图》《重览紫华周公碑传》《题周逊学府君遗翰后》《鹤林周元初像赞》等六篇,皆词意猥鄙,决非瓒笔。盖自伪本墨迹抄撮窜入,同人未及辨正,培廉此本亦尚载集中。以流传既久,姑仍刊本存之,而附著其可疑如右。"⑤提要质疑《题天香深处卷后》《题紫华周公碑传行状后》《题师子林图》《重览紫华周公碑传》《题周逊学府君遗翰后》《鹤林周元初像赞》等六篇

---

① 顾嗣立:《元诗选初集》壬集,中华书局1987年版,第2371页。
② 按,此句后有案语"原作萨都剌,今改正"。
③ 纪昀等:《钦定四库全书总目》卷一六七《蒲室集》提要,第2222页。
④ 纪昀等:《钦定四库全书总目》卷一六七《梦观集》提要,第2241页。
⑤ 纪昀等:《钦定四库全书总目》卷一六八,第2256页。

文章为倪瓒所作,认为此六篇"词意猥鄙,决非瓒笔",并推测"盖自伪本墨迹抄撮窜入",然其此质疑全然无据。

今观此六篇文章,除去《题师子林图》,其余五篇有一个突出的共性——与道士周文英、周元(玄)初二人相关。据杨维桢《周文英墓志铭》、龚致虚《周文英传》、各种《题跋》以及冯桂芬《(同治)苏州府志》可知,周文英(1265—1334),字上卿,别号梅隐,又号紫华,吴人,习医术,尚道术,时以为奇人,主道观。周玄真(1328—?),字玄初、原初,号鹤林先生,元末明初道士,洪武初多次被召至京师,受明太祖赞赏。明初刘基、姚广孝、释妙声等皆与之交游往来。那么,这些文章究竟与此二人有何关联?又是否"词意猥鄙"?

《题天香深处卷后》中记录了一段关于周文英的神异事件:"祖紫华先生仕隐乐道,每求活人于死地,阴功及物,奕奕然向显异矣。年六十六,微示疾十许日,对客坐,语如常时。及午,正容敛衣,翛然而逝,葬常熟虞仲山下。后二十七年,冢为盗所发。往易棺敛,肤体如生,遍生髭发,爪甲皆长寸馀,因改葬吴县道山之原,见者莫不叹异。"①《题紫华周公碑传行状后》谓:"遇真仙,故晚得尸解上道。是学道之士,非祖宗流庆,骨神合仙,精修冥契,何由仙灵降室哉?观陶贞白《冥通记》,庶知之耳。因读上卿《碑》及《传》,为之慨然久之。"②不仅称周文英能通灵仙,并且还推崇其道心之精诚动天地。另如《重览紫华周公碑传》云:"癸丑七月廿九日,重览若夫杨、高、龚三君子之著述,颜真卿诗语之隐微。余虽不识上卿,于心见上卿政绩在人,阴功及物,又能进修上道,其尸解而游仙,复何疑哉?"③夸赞周文英仙术之高妙。《题周逊学府君遗翰后》虽不叙仙术,但夸赞周文英之孙有孝行。题中的"周逊学",即周文英之孙,"遗翰"则当为其先大父周文英遗留之作。《鹤林周玄初像赞》一文夸赞周玄初道术之精湛,又褒奖其惠泽百姓之功,云:"栖真紫虚之上馆,宴景致道之

---

① 倪瓒:《清閟阁全集》卷九,《景印文渊阁四库全书》第1220册,第299页。
② 倪瓒:《清閟阁全集》卷九,《景印文渊阁四库全书》第1220册,第299页。
③ 倪瓒:《清閟阁全集》卷九,《景印文渊阁四库全书》第1220册,第304页。

玄宫。剑影拂三珠树之朗月,佩声锵七星桧之灵风。导之紫鸾笙,从以白玉童,变化隐显,如左元放。其召致鬼物,似齐少翁。嘘阳吸阴,以赞育元化;封山召云,以役使社公。琴三叠兮百神欣悦,舞胎仙于绛霄寥廓中者耶。"①

通过细读文章内容可知,提要所称此六篇文章"词意猥鄙",主要指其语涉道教、仙鬼,与儒家正统思想相去甚远。提要仅因此而认为"决非瓒笔",则不免过于主观。

今观此六文中,几乎每篇末尾都有明确的时间记载和倪瓒自题姓名,则作诗的背景和事件当是确切发生过,并无矛盾之处。况且,如提要所言,从明万历刊本到清康熙三十二年(1693)曹培廉城书室刻本,皆"尚载集中",可谓"流传既久"。何以前人皆未有质疑?而更为关键的是:元人周文英在元末明初,可谓"享有美誉",文人士大夫多有诗文酬赠此人。故倪瓒与其人相关之作品实有存在之可能。今观乾隆时期所编《秘殿珠林》,此书和《石渠宝笈》是清代宫廷编纂的两部大型书画著录。两书各分初编、续二和三编。其中《秘殿珠林》专记宫藏宗教题材的书画,《石渠宝笈》则专记宫藏一般题材的书画及其他。而在《秘殿珠林石渠宝笈》三编中,收录了《元人为周文英作诗、志、传三种》一卷,其中有幸道人《留别周文英诗》草书一幅,杨维桢所作《周文英墓志铭》楷书一幅,张适书、龚致虚撰《周文英传》楷书一幅,倪瓒《重览紫华周公碑传》《题紫华周公碑传行状后》题记二篇与洪武十三年汪中题跋一篇。分析宗教书画作品便可知,周文英于元末道教发展中有极为重要的地位。其在元末的昆山,更是颇具名望,故文人墨客纷纷为其撰文作画。同样,周玄初为元末明初神霄派道士,被召至京师祈雨,且被朱元璋召问道法,其于道教中的地位亦不可小觑。倪瓒身处其时,以题跋诗文夸赞其人,乃与其时其风甚为印合。

馆臣在没有其他有力证据的情况下,妄称此六篇关涉道教仙鬼之文为伪作,实属主观臆断。那么,此主观臆断的根本原因又是什么?《集部·总叙》

---

① 倪瓒:《清閟阁全集》卷九,《景印文渊阁四库全书》第1220册,第296—297页。

亦言："此在翦刈卮言，别裁伪体，不必以猥滥病也。"①由此，可知提要主观臆断此六篇文章为伪作的目的，是力图符合从严去取、"翦刈卮言"以及"厘正典籍"，以期合于《四库全书》的纂修宗旨。

又《水云村稿》提要有两个审核处：第一处事关青词、祝文，提要云："惟原目二十卷，而所存止十五卷，自十六卷以下有录无书，当由传写者失之。然此五卷所载，皆青词、祝文，无关体要之作，其存佚无足为重轻，则虽缺犹不缺矣。"②散佚的五卷为"青词、祝文"，故馆臣任之不问。今黄仁生于日本静嘉堂文库所见"刘壎撰《水云村泯稿二十卷附录二卷》"，其描述如下："卷首先有《钦定四库全书总目提要》（关于《水云村泯稿》的提要），下为崇祯十五年侯峒曾和康熙间张黼鉴、吴甫生分别撰写的《水云村泯稿序》三篇，后有《水云村先生传》和'水云村泯稿目录'。正文所录前十五卷同《四库全书》本，卷十六：乐语；卷十七：疏语；卷十八：上梁文；卷十九：祝文法语；卷二十：词疏；此五卷乃刘凝编原书实有而《四库全书》本所阙者。"③今阅文渊阁四库本《水云村稿》十五卷，卷首有目录，卷一赋，卷二碑，卷三记，卷四传，卷五序，卷六赞，卷七题跋，卷八墓表志铭，卷九启，卷十启，卷十一书翰，卷十二祭文，卷十三杂著，卷十四公牍，卷十五表笺。对比保存完整的《水云村泯稿》④可知，遗佚之五卷确实为与道教相关的青词、乐语之类。《总目》放之任之的态度，亦因排斥释、道为"外学"⑤。第二处事关遗民气节，刘壎为宋遗民，入元出仕学官，提要云："惟其年过七旬，复出食元禄，而《晚春郊行》诗云：'路少过军仍鼓吹，地多遗老自衣冠'，《丙子闽山》诗云：'汉祚纵移诸葛在，唐兵虽散子仪侯'，《贾似道》诗云'汉祖有恩惭马邑，怀王何罪老咸阳'，皆其未出山时所作，是则可

① 纪昀等：《钦定四库全书总目》卷一四八，第1971页。
② 纪昀等：《钦定四库全书总目》卷一六六，第2207页。
③ 黄仁生：《日本现藏稀见元明文集考证与提要》，岳麓书社2004年版，第3页。
④ 按，此即《总目》著录之《水云村稿》。
⑤ 纪昀等：《钦定四库全书总目》卷九一《子总部叙》，第1191页。

以不存耳。"①分析提要语义可知,对于出仕元朝的宋遗民别集中存有表达思宋情感的作品,馆臣可肆意删除之,以成就文人"归元"之身份。此意虽仅在该则提要中有所明言,但却传递出了在纂修《四库全书》的过程中,馆臣为了迁就政治意图和气节塑造而人为删除作品的现象。此当令人深思。

言归正传,审核还体现在对一般儒者之思想审核,如贡奎为"天下重望"②,其《云林集》提要曰:"卷末增载《见妇人偶兴》二首,鄙俚秽亵,必委巷附会之说,元礼不知而误收之。其为谬陋,不止《谢康乐集》载《东阳溪中赠答》也。"③对于不符合儒家君子身份的诗歌,馆臣以为应当删除之。

然而,《总目》的审核仍存在一定的疏漏,如虞集、欧阳玄、黄溍别集作品中有大量应制之作皆属于青词、祝语类,胡祗遹《紫山大全集》中亦有大量青词,这些皆未及审核和删除。其实,元别集中存在大量的涉及佛、道的文章,这与元代的宗教政策不无关系。尽管延祐以来程朱理学被尊为官学,但由于蒙元多民族共存的政治文化生态,佛教、道教一方面为君王信仰,一方面又为君王借以制衡汉人之儒学,故终其一朝可谓三教自由并行。可见,《总目》独崇儒教的撰写思想与元代宗教政策是冲突的,故其以此来审核和规约元别集,则大大削弱了元别集的文学、思想价值。

归而言之,《总目》以独尊儒家、罢黜释道为标尺对元别集加以审核,大致可传递两层意思:其一,"敦崇风教,厘正典籍"的审核鹄的,这是《总目》一以贯之的宗旨,而这一宗旨又是与清代"崇儒"之官学思想密不可分,元别集被思想审核也是不可避免的;其二,元别集的"审核"遭遇不可免,但《总目》对元别集审核之"宽容"态度又不可谓不幸运。明、清别集被"审核"的后续措施多为"禁毁",但元别集"审核"后的做法则是"厘正",这较明清别集之严苛处理方式显然属于"温和"行为。

---

① 纪昀等:《钦定四库全书总目》卷一六六《水云村稿》提要,第 2207 页。
② 纪昀等:《钦定四库全书总目》卷一六七,第 2224 页。
③ 纪昀等:《钦定四库全书总目》卷一六七,第 2224 页。

二、标榜学风：崇实黜虚，重视根柢

"崇实黜虚"是《总目》一以贯之的另一重要原则。清代提倡"实学"自开朝之初。顺治十二年（1655）曾下谕旨曰："凡经学、道德、经济、典故诸书，务须研求淹贯，博古通今。明体则为真儒，达用则为良吏，果有此等实学，朕当不次简拔，重加任用。"①清康熙帝在康熙九年（1670）策士新科状元时强调："崇经学，以正人心，重制科，以端始进。"②康熙二十五年（1686）下礼部征书："惟以经学、史乘，实有关系修齐治平，助成德化者，方为有用"而"诸子百家，泛滥诡奇，有乖经术"之"其他异端诐说，概不准收录"③。康熙五十四年（1715）规范科考内容："科场出题关系紧要。乡、会经书题目不拘忌讳，断不可出熟习、常拟之题。朕常讲《易》及修定天文、律吕、算法诸书，人人皆知，必以此等书拟题。尔等皆系应点考试之官，虽未派定何人，然断不可以此诸书出题。表题亦不可出修书、赐书等类，不然则人皆可以拟题幸进，实学何由而得？"④至乾隆朝亦秉承此传统而重申"实学"。乾隆帝在乾隆元年（1736）便下旨："圣祖仁皇帝四经之纂，实综自汉迄明，二千余年群儒之说而折其中，视前明《大全》之编，仅辑宋元讲解，未免肤杂者，相去悬殊。各省学臣，职在劝课实学，则莫要于宣扬圣教，以立士子之根柢。"⑤又在乾隆三年（1738）又下诏书曰："学问必有根柢，方为实学，治一经必深一经之蕴，以此发为文辞，自然醇正典雅。"⑥另，在乾隆十四年（1749）再次颁圣谕强调"经术本位论"，云："圣贤之学，行本也，文末也。而文之中，经术其根柢也，词章其枝叶也。"⑦可见清代"实学"之

① 《世祖章皇帝实录》卷九〇，《清实录》第 3 册，中华书局 1985 年版，第 712 页。
② 《圣祖仁皇帝实录》卷三二，《清实录》第 4 册，中华书局 1985 年版，第 435 页。
③ 《圣祖仁皇帝实录》卷一二六，《清实录》第 5 册，中华书局 1985 年版，第 336 页。
④ 《圣祖仁皇帝实录》卷二六二，《清实录》第 6 册，中华书局 1985 年版，第 579 页。
⑤ 《高宗纯皇帝实录》卷一七，《清实录》第 9 册，中华书局 1985 年版，第 448 页。
⑥ 《高宗纯皇帝实录》卷七九，《清实录》第 10 册，中华书局 1985 年版，第 244 页。
⑦ 《高宗纯皇帝实录》卷三五二，《清实录》第 13 册，中华书局 1985 年版，第 860 页。

盛与官方大力倡导密切相关。而这一风气至纂修《四库全书》时臻于极致。《总目·凡例》称:"圣贤之学,主于明体以达用。凡不可见诸实事者,皆属卮言。儒生著书,务为高论。阴阳太极,累牍连篇。斯已不切人事矣。至于论九河则欲修禹迹,考六典则欲复周官,封建井田,动称三代,而不揆时势之不可行。至黄谏之流,欲使天下笔札皆改篆体;顾炎武之流,欲使天下言语皆作古音,迂谬抑更甚焉。又如明之曲士,人喜言兵;《二麓正议》欲掘坑藏锥以刺敌;《武备新书》欲雕木为虎以临阵;陈禹谟至欲使九边将士人人皆读《左传》,凡斯之类,并辟其异说,黜彼空言,庶读者知致远经方,务求为有用之学。"①其中"明体以达用""务求为有用之学"的观念极为明确。

正是秉持此标准,《总目》对宋季、晚明之空疏学风大加挞伐。那么,《总目》对元代学风又是持何种态度的? 这是一个向来被忽视的问题。学者钱穆《中国思想史》将"宋元明儒"合一而论:"中国思想以儒学为主流。儒家可分先秦儒、汉唐儒、宋元明儒、清儒四期。汉唐儒、清儒重经典,汉唐儒功在传经,清儒功在释经。宋元明儒则重圣贤更胜于重经典,重义理更胜于重考据训诂。"②这段话清晰地界定了儒学这股思想主流在中国历朝历代的演进特征。元代看似被列于宋、明之中,判定为"重圣贤"者,但在实际论述中却未被提及,钱氏又云:"先秦以来,思想上是儒、道对抗。宋以下则成为儒、佛对抗……宋明儒沿接禅宗,向人生界更进一步,回复到先秦儒身、家、国、天下的实际大群人生上来,但仍须吸纳融化佛学上对心性研析的一切意见与成就。宋明儒会通佛学来扩大儒家,正如《易传》、《中庸》会通庄老来扩大儒家一般。宋明儒对中国思想史上的贡献,正在这一点,在其能把佛学全部融化了。因此有了宋明儒,佛学才真走上了衰运,而儒家则另有一番新生命与新气象。"③此中对"宋明儒"的夸赞并非前语中的"宋元明儒",可见,钱氏眼中元儒尚未具

---

① 李致忠:《〈四库全书总目·凡例〉笺注》,《文献》2002年第1期,第101页。

② 钱穆:《中国思想史》二九"宋元明时代",九州出版社2016年版,第159—160页。

③ 钱穆:《中国思想史》二九"宋元明时代",九州出版社2016年版,第160页。

有独立性,将三者相提并论,不过是因时间阶段的连续性。这又从他于宋儒中选取周敦颐、邵雍、张载、程颐、程颢、朱熹、陆九渊为代表和明儒选取王阳明为代表依次展开思想阐释,而独不及一位元儒可知。

张舜徽亦以"宋元"合称,其云:"全部《提要》中,贯注了提倡朴学的精神。所以在谈到经学时,竭力推尊汉《注》唐《疏》,而轻蔑宋元经义。对于河图洛书以及荒诞虚罔之说,尤屏斥不遗余力。清代帝王,力尊朱熹,将他的地位提得很高,意在能收政治上的傀儡作用,本与学术无关。《提要》谈到朱学,颇多非议;对于明代空谈讲学的风气,攻击更厉。全部《提要》中,这一类的见解、言论,屡见不一。大抵标榜汉学,鄙薄宋明,是纪氏一生论学宗旨,所以发表在《四库全书总目提要》中,十分明确。"①他认为清初推崇朱熹理学而并不认可朱熹学术,他认为清初帝王推崇朱熹理学的根本原因是为消除清廷异族统治焦虑而寻求的一个为汉族士人认可的合理思想基础,而其学术精神仍是具有清代独立性的。既是"宋元"并称,则张氏认为《总目》是"轻蔑宋元经义"的,即《总目》与元代学术实持"轻蔑"态度。

那么,《总目》中的元儒究竟是否可与宋、明合一而论?其是否如钱穆所言与宋、明一样确有"重圣贤更胜于重经典,重义理更胜于重考据训诂"的学术特征,或者说"重义理"的学术风气?《总目》给出的答案是:元儒笃实。同时,《总目》对元儒与宋儒、明儒是严格区别的,且其对元儒及其学风并非"轻蔑"视之,而是多有褒奖。此在《元儒考略》提要中有明确的表达:"然宋儒好附门墙,于渊源最悉;明儒喜争同异,于宋派尤详。语录学案,动辄灾梨,不啻汗牛充栋。惟元儒笃实,不甚近名,故讲学之书,传世者绝少。亦无汇合诸家,勒为一帙,以著相传之系者。从吾掇拾残剩,补辑此编,以略见一代儒林之梗概,存之亦足资考证。物有以少见珍者,此之谓欤?"②冯从吾是明万历年间人,《总目》虽对其所撰《元儒考略》颇有指瑕,但对其保存元儒文献资料的

---

① 张舜徽:《中国文献学》,上海古籍出版社 2011 年版,第 230—231 页。
② 纪昀等:《钦定四库全书总目》卷五八,第 813 页。

行为是极为推崇的。更值得注意的是,这种推崇态度与对宋儒、明儒的贬低态度形成鲜明对比,可见《总目》抑宋、明儒而扬元儒的书写立场。《总目》以"笃实"评价元儒学风的观点不仅在元儒专著《元儒考略》中有明确表述,在诸多著述提要中亦有反复表达,如评梁寅《诗演义》云:"元儒之学,主于笃实,犹胜虚谈高论、横生臆解者也。"①评朱善《诗解颐》曰:"盖元儒笃实之风,明初尤有存焉,非后来空谈高论者比也。"②评许谦《读书丛说》曰:"然宋末元初说经者多尚虚谈,而谦于《诗》考名物,于《书》考典制,犹有先儒笃实之遗,是足贵也。"③评詹道传《四书纂笺》称:"然大致皆有根柢,犹元儒之务实学者。"④可见《总目》以"元儒笃实"来评定元代学风,这一评价与对宋、明学风之重义理、好辩争的评价截然不同,与清代所提倡的"实学"学风则甚为契合。

《总目》以"笃实"称元代学风,此观念突出体现在经史著作提要中,亦融通在元别集提要的书写之中。

首先,在诗文评价上,凸显经史根柢。不同于魏晋清谈审美之标准、宋儒悟道审美标准以及晚明性灵审美之标准,《总目》以经史根柢作为审美标准,这是一种以知识内容为核心的审美观,且它只能出现在重经学之时代,如汉代、清代,与当时经学、史学的强势崛起有着必然联系。从著录作品情况来看,《总目》比《元诗选》多出 18 家元别集,其中 12 家出自《永乐大典》,而在此 12 家中,多为讲学家,或一般儒者,可见《总目》在著录别集时已经呈现出"重根柢"之学术倾向。而随着多位讲学家的别集被著录,元别集提要书写中"经史根柢"之体现则更为鲜明。最符合《总目》"重经史根柢"文学审美观的当属赵汸之别集。赵汸可谓元末明初经学大家,学主《春秋》,

① 纪昀等:《钦定四库全书总目》卷一六,第 201 页。
② 纪昀等:《钦定四库全书总目》卷一六,第 201 页。
③ 纪昀等:《钦定四库全书总目》卷一二,第 151 页。
④ 纪昀等:《钦定四库全书总目》卷三六,第 471 页。

著有《春秋集传》十五卷、《春秋师说》三卷、《春秋左氏传补注》十卷、《春秋金锁匙》一卷、《春秋属辞》十五卷等多部春秋学著作,另又有《周易文诠》四卷,经学成就斐然①。《东山存稿》提要称:"有元一代,经术莫深于黄泽,文律莫精于虞集,沆经术出于泽,文律得于集,其渊源所自,皆天下第一。故其议论有根柢,而波澜意度均有典型,在元季亦翘然独出。诗词不甚留意,然往往颇近元祐体,无雕镂繁碎之态。盖有本之学,与无所师承、剽窃语录、自炫为载道之文者,固迥乎殊矣。"②以馆臣之逻辑,黄泽为元代经术第一,虞集为元代文学第一,赵沆师承二人,故其以经术为根柢之文学在元季属"翘然独出"者。从对赵沆文学的推崇和褒扬可知,"经史根柢"是《总目》文学批评时的一条重要标准。

除此,以"经史根柢"为文学批评标准的例子还有不少。如郝经于《周易》《春秋》之学造诣极深,又著有史书《续后汉书》,《总目》评其《陵川集》称:"……学问文章亦具有根柢,如《太极先天诸图说》、《辨微论》数十篇,及《论学》诸书,皆深切著明,洞见阃奥。《周易》、《春秋》诸传于经术尤深。"③又如程端学有经学修养,著有《春秋三传辨疑》,《总目》评其《积斋集》曰:"然其人品端谨,学术亦醇,故其文结构缜密,颇有闳深肃括之风,故曹安又记其会试经义策冠场,考官白宰相曰:'此卷非三十年学问不能成。'盖根柢既深,以理胜而不以词胜,故与雕章绘句者异焉。"④又如苏天爵著有史学传记类作品《元朝名臣事略》,《总目》评其《滋溪文稿》云:"天爵乃词华淹雅,根柢深厚,蔚然称元代作者。其波澜意度,往往出入于欧、苏,突过其师远甚。至其序事之作,详明典核,尤有法度。集中碑版几至百有余篇,于元代制度、人物,史传阙略者多可藉以考见。《元史》本传称其身任一代文献之寄,亦非溢美。虞集《赋苏伯

---

① 纪昀等:《钦定四库全书总目》卷二八,第358—360页;纪昀等:《钦定四库全书总目》卷四,第43页。

② 纪昀等:《钦定四库全书总目》卷一六八,第2258页。

③ 纪昀等:《钦定四库全书总目》卷一六六,第2202页。

④ 纪昀等:《钦定四库全书总目》卷一六七,第2234页。

修滋溪书堂》诗有曰:'积学抱沉默,时至有攸行,抽简鲁史存,采诗商颂并.'盖其文章原本由沉潜典籍,研究掌故而来。"①还如,梁寅精于经学,被称为"梁五经"②,《总目》评其《石门集》谓:"寅于《易》、《诗》、《书》、《春秋》、《礼记》、《周礼》皆有训释,又有《策要》、《史断》诸书,颇究心于史学。又有《耄言》、《论林》、《搜古集》、《格物编》诸书,亦兼讲考证。故其文理致醇雅,而持论多有根柢,不同剽掇语录之空谈。"③陈栎有经学著作《书集传纂疏》,《总目》评其《定宇集》曰:"然集中诸文大抵皆醇正质实,不涉诡诞,如《深衣考》之类,虽未必尽合古制,而援据考证,究与空谈说经者有间。"④以上多则提要中皆体现出文学批评中的"经史根柢"标准,而此批评标准的形成,正有力地体现出清代重实学、崇经史的学术风尚。

其次,在文人评价上,注重"实政"与"践行"。"实政"一般体现在官吏评价上,《总目》会对其政绩和实行进行陈述和渲染。如评王结曰:"结为元代名臣,张珪称其非圣贤之书不读,非仁义之言不谈。今观是集,殆非虚语。……其中《上宰相论八事书》,乃结年二十余游京师时所作,平生识力已具见于是。《问答》五条皆与吴澄往复之语,或阐儒理,或明经义,可略见其学问之根柢。《善俗要义》乃结为顺德路总管时所作,以化导闾里,凡教养之法,纤悉必备,虽琐事常谈,而委曲剀切,谋画周密,如慈父兄之训子弟,循吏仁爱之意,蔼然具见于言表,尤足以见其政事之大凡。统观所作,所谓词必轨于正理,学必切于实用者也,固不与文章之士争词采之工拙矣。"⑤评张养浩云:"养浩为县令时,著《牧民忠告》二卷,凡十纲,七十二子目。为御史时著《风宪忠告》一卷,凡十篇。入中书时,著《庙堂忠告》一卷,亦十篇。其言皆切实近理,而不涉于迂阔。盖养浩留心实政,举所阅历者著之,非讲学家务为高论,可坐言而不可

---

① 纪昀等:《钦定四库全书总目》卷一六七,第2237—2238页。
② 纪昀等:《钦定四库全书总目》卷四《周易参义》提要,第43页。
③ 纪昀等:《钦定四库全书总目》卷一六八,第2261页。
④ 纪昀等:《钦定四库全书总目》卷一六七,第2223页。
⑤ 纪昀等:《钦定四库全书总目》卷一六七《王文忠集》提要,第2225页。

起行者也。明张纶《林泉随笔》曰：'张文忠公《三事忠告》，诚有位者之良规。观其在守令则有守令之式，居台宪则有台宪之箴，为宰相则有宰相之谟。醇深明粹，真有德者之言也。考其为人能竭忠狗（殉）①国，正大光明，无一行不践其言'云云。其推挹可谓至矣。"②又胡祗遹，中统初为官，延祐五年追赠礼部尚书，《总目》评其人曰："史称其官右司员外郎时，以论事忤奸相阿哈玛，案阿哈玛，原作阿合马，今改正。外迁太原路治中提举铁冶，欲以岁赋不办责之。及其莅职，乃以最闻。官荆湖北道宣慰副使时，辨诬告不轨之狱。官济宁路总管时，擘画军政八事，并修明学校之法。又称其所至皆抑豪右，扶寡弱，敦教化，厉士风。盖以吏材名一时，而无一语及其文章。今观其集，大抵学问出于宋儒，以笃实为宗，而务求明体达用，不屑为空虚之谈。"③亦推崇其吏治事迹。此类注重叙述文人之为政实迹者，元别集提要中还有如张之翰《西岩集》、卢琦《圭峰集》等著作提要。

　　《总目》凭借其独有的视野高度和文献基底，不仅通过经史著作提要，亦在元别集提要中渲染以"经史根柢"为标准的审美批评和以"实政"为标准的人物品评，其目的正是在于构建以"笃实"为标识的元代学术和学风。巧合的是，这一标识可谓与元代学术的真实面貌颇相契合。在此，可借鉴涂云清《蒙元统治下的士人及其经学发展》一书的研究成果。该书通过对元代经学家人数和著作的分期统计、元代经学家地理分布统计、元代书院地理分布统计，又进行多方比较剖析后以"笃践履、求实用"④概括元代实学思想之特征，其云："元人务实，凡事讲究实际效用，故有元一代弥漫着浓厚的'实学'风气，就中国实学史来看，元代可以说是一个相当贴近'实学'的时代，不论政治、学术、文化等各个层面，都隐隐然透显出一股'求真'、'求实'之趋势，并进而引领元

---

① 按，括号内的字为笔者所加。
② 纪昀等：《钦定四库全书总目》卷七九《三事忠告》提要，第 1066—1067 页。
③ 纪昀等：《钦定四库全书总目》卷一六六《紫山大全集》提要，第 2209 页。
④ 涂云清：《蒙元统治下的士人及其经学发展》，台大出版中心 2012 年版，第 463 页。

代的学术发展。如元代朱子学独尊,但元儒的'朱子学'却不是原来朱子的格局,多数元儒侧重于朱子'下学'一面的功夫,形成了学术界'笃实'的学风;至于朱子'上达'一面的学问,并未受到元儒的充分重视。在学术风格方面,许多儒者之治学依循'博综'的路径,除了五经、诸史等儒家的传统学问之外,又旁涉诸子百家等'有用'之学,因此,多数元儒具备了'经世'之才,发而为政,多能在事功上有所表现。"①经过翔实的统计和分析,涂氏亦获得了元儒"务实"的结论。元代的"务实"学风实与元王朝"重商抑儒"的治国方针有着密切的关联。

《总目》以"崇实黜虚"的标尺审核历代学术,若说宋季与晚明学术属不合规范者,那么元代学术则属于合标准者。当寻求到合标准者时,馆臣将会不遗余力地加以强化和渲染,显然元代学术与清代学术在"崇实"上有一定的契合性。究竟二朝双双以"实学"为学术典范,是出于巧合机缘,还是有某种历史发展规律呢? 再次借用涂云清之论述或可帮助理解,其云:"明清之际的儒者检讨王学末流对学术带来的冲击,成为明、清'实学思潮'形成的一大动力;而宋、元之际的儒者也曾针对宋代理学末流的偏激学风,做了深切的反省与批判,并进而提倡'经世致用'之学,这也直接促进了元代'实学思想'的发展。元、清两代这种十分近似的学术发展轨迹,应该不是历史的偶然,反而意味着两者之间的某种关联,这是值得注意的一点。"②至于其中"某种关联",其未明言,但不难知晓,当是元代与清代统治者拥有共同的游牧民族血统与异族入主中原的治理思维。

三、裨补史阙:完善史书,鉴元知清

"补史阙"为《总目》一以贯之的撰修宗旨,它渗透于经、史、子、集四部,亦弥散在自先秦以来的每一个历史阶段的著作提要中。今以元别集提要为考察

---

① 涂云清:《蒙元统治下的士人及其经学发展》,台大出版中心 2012 年版,第 496 页。
② 涂云清:《蒙元统治下的士人及其经学发展》,台大出版中心 2012 年版,第 495—496 页。

对象发现，与其他历史阶段的别集提要相同的是，补史阙是提要叙述的一项重要内容，但不同的是，补《元史》之阙实有着"鉴元知清"的当代意义。以下在对提要的逐一解读中进行探究：

从时间角度观之，若将元代分元初、元中、元末三个时段①，则馆臣最为重视元末顺帝一朝史实的挖掘。顺帝一朝历时最长而史料最为薄弱。元代有史官记载帝王实录，后来元十三朝君王实录被明军所虏获，继而作为明廷纂修《元史》的重要依据。然而因为末代帝王元顺帝仓皇北遁，记载其行为的实录在战火中佚失，故《元史》中元末事迹甚为缺乏。馆臣亦持此观点，故其在别集体系中亦尤为重视对元末之史料的钩沉。李士瞻（1313—1367）是元顺帝至正十一年（1351）进士，曾在至正二十二年（1362）上《时政疏》二十条，以图挽救已病入膏肓的元政权，可谓元末政界中之重要人物。然其文集中有一半是往来书信，酬答之作，且于文学而言无甚特色，但馆臣以为其补史阙的意义不可忽视，其云："当时朝政之姑息，兵事之乖方，藩臣之跋扈，多可藉以考见。其弥缝匡救，委曲周旋，拳拳忧国之忧，亦不在所上《时政疏》下。《元史》于顺帝时事最称疏略，存此一集，深足为考证之助，正不徒重其文章矣。"②另，元末的制度故事亦受到关注。周伯琦，为元末文臣，官至翰林院编修，江南行台监察御史，深受顺帝优宠，《总目》云："当顺帝时，伯琦以文章知遇，出入禁廷……《扈从诗》则至正十二年壬辰由翰林直学士兵部侍郎，拜监察御史，扈

---

① 按，元朝由于诸种原因，统治中国的时间不长，其具体时限大体有四种观念：第一种，将元史分为四个阶段：前元时期（1206—1259），主要指蒙古帝国；元代前期，指世祖一朝（1260—1294）；元代中期，指元成宗至宁宗诸朝（1295—1332），元代后期，指顺帝一朝（1333—1368）。（王岗《中国全史·中国元代政治史》，人民出版社1994年版）；第二种，自蒙古灭金统一北方开始，到至正二十八年（1368）明兵攻下大都，统一的元王朝灭亡为止，共134年；第三种观点，自世祖忽必烈至元八年（1271）改国号为大元至元亡，为97年；第四种，自至元十三年（1276）元军占领临安，统一全国起，为92年。后三种观念一般将元代划作三个时期：元世祖阶段为一阶段，36年，成宗至宁宗为一阶段，42年；顺帝一朝为一阶段，36年。上述四种观点的分歧主要集中在元前期，后期或末期指顺帝一朝，则无太大争议，所谓"元政不纲久矣，其乱亡之成，实由顺帝"。（陆深等：《平胡录》，《明代野史丛书》，北京古籍出版社2002年版，第5页。）

② 纪昀等：《钦定四库全书总目》卷一六七《经济文集》提要，第2239页。

从上京之作也。《近光集》中述朝廷典制为多,可以备掌故。《扈从诗》中记边塞闻见为详,可以考风土……溯元季之遗闻者,此二集与杨允孚《滦京百咏》亦略具其梗概矣。"①所提及的"杨允孚",为元顺帝的尚食供奉官,曾扈从顺帝至上都,《总目》评其《滦京杂咏》曰:"诗中所记元一代避暑行幸之典,多史所未详。其诗下自注,亦皆赅悉。"②

当然,元初、中期的历史亦有涉及,最典型的是开国功臣耶律楚材之子耶律铸《双溪醉隐集》。此集是纂修《四库全书》时从《永乐大典》本中析出的,馆臣以为其处处皆可补史,提要云:"铸早从征伐,足迹涉历多西北极远之区,故所述塞外地理典故,往往详核,如据和林城唐明皇御书《阙特勤碑》证新、旧《唐书》作'特勒'之误,处月、丁零二注,辨论颇详。此类皆有裨于考证。又其家在金元之间累世贵显,谙习朝廷旧闻,集中如《琼林园》、《龙和宫》诸赋,叙述海陵、章宗轶事,及宫室制度,多《金史》所未及。其他题咏亦多关系燕都故实,而《帝京景物略》诸书均未纪录,亦足以资博识也。至于《金史·耶律履传》、《元史·耶律楚材传》均不著其里贯,于史例颇为不合。今考铸《寓历亭》诗注云:'予家辽上,后家医无闾。'又《五湖别业》诗注云:'余先居和林,后寓隅台,今卜筑缙云。'《五湖别业》叙其迁徙之迹颇详,是尤足以补史之阙矣。"③行文中无一句涉及文学品评,可见在馆臣看来,耶律铸的身份便具有了记录历史的可能,其作品从塞外的景物写实,到金、元朝廷制度的见闻,再到耶律家族迁徙历史的记载,皆有补史阙之用,且可征信,故耶律铸《双溪醉隐集》的史料意义远甚于文学意义。

从补阙资料来源考察,馆臣惯于从文集奏折、传记、墓志中提取史料信息。奏折作为君臣交流国家大事的重要凭据,馆臣希冀于此获得可靠的史实。以被元世祖重用、官至南台御史中丞的魏初为例,此人《元史》有传,但仍有缺

---

① 纪昀等:《钦定四库全书总目》卷一六七《近光集》提要,第2239页。
② 纪昀等:《钦定四库全书总目》卷一六八《滦京杂咏》提要,第2254页。
③ 纪昀等:《钦定四库全书总目》卷一六六《双溪醉隐集》提要,第2215页。

失，故四库馆臣从《永乐大典》中辑录其集《青崖集》，厘为五卷，用以存世。馆臣先给予其文章高度评价，进而认为《青崖集》"补史阙"之意义并不亚于"文章"，提要称："其在世祖时始以经史进读，旋历谏职，遇事敢言，于开国规模多所裨益。集中奏议一门，皆详识岁月，分条胪列，中如《请定法令》、《请肃朝仪》、《请免括大兴兵民》、《请命御史按察司官岁举一人自代》诸议，《元史》皆采入本传中。其他若《请缓椿配盐货》、《请禁刁蹬客来》、《请优护儒户》、《请旌郑江死节》、《请修孟子庙》、《请和雇工匠》、《请罢河南佥军》诸议，史所未载者，类皆当时要务，切中事情。今幸遗集仅存，尤足以补史阙，固不徒以文章贵矣。"①馆臣认为，魏初的奏议文中有许多可资参考的政治制度。

除此之外，三位馆阁钜手的别集补阙价值，馆臣也给予了极大关注。王恽为元初名臣、翰林学士承旨，《总目》评其《秋涧集》云："集凡诗、文七十七卷，又《承华事略》二卷，乃裕宗在东宫时所撰进。裕宗深重其书，令诸皇孙传观焉。《中堂事纪》三卷，载中统元年九月，在燕京随中书省官赴开平会议，至明年九月，复回燕京之事，于时政缀录极详，可补史阙。《乌台笔补》十卷，乃为监察御史时所辑御史台故事。《玉堂嘉话》八卷，则至元戊子所作，乃追记在翰林日所闻见者。凡文章得失，典制沿革，皆汇而录之，颇为精核。"②馆臣所观，其四部作品皆可补史阙。姚燧为元中期集贤大学士，《总目》评其《牧庵集》谓："集中诸体皆工，而碑志诸篇叙述详赡尤多，足补《元史》之阙，又不仅以词采重焉。"③苏天爵为元中期名臣，《总目》评其《滋溪文稿》曰："集中碑版几至百有余篇，于元代制度、人物，史传阙略者多可藉以考见。"④作为御用文人，姚燧《牧庵集》中确实多奏折疏章，柳贯在《姚燧谥文》中称其"典册之雅

① 纪昀等：《钦定四库全书总目》卷一六六，第2214页。
② 纪昀等：《钦定四库全书总目》卷一六六，第2217页。
③ 纪昀等：《钦定四库全书总目》卷一六六，第2218页。
④ 纪昀等：《钦定四库全书总目》卷一六七，第2238页。

奥,诏令之深醇,固已抉去浮靡,一返古辙。而铭志箴颂之雄伟光洁,凡镂金刻石,昭德丽功者,又将等先秦两汉而上之,以闯夫作者之域。"①同样,苏天爵的古文多为碑、碣、墓志等应用文字,且多载朝政时事。

在奏折之外,馆臣还于人物传记中搜集忠节义士之事迹,如元末王逢为气节之士,《总目》评其《梧溪集》云:"才气宏敞而不失谨严。集中载宋元之际忠孝节义之事甚备,每作小序,以标其崖略,足补史传所未及,盖其微意所寓也。"②又于叙事诗中发掘史实,如"铁门后学"郭钰所著《静思集》,提要评曰:"迹其生平,大抵转侧兵戈,流离道路,目击时事阽危之状,故见诸吟咏者每多愁苦之词。如《悲庐陵》、《悲武昌》诸篇,慷慨激昂,于元末盗贼残破郡邑事实,言之确凿,尤足裨史传之阙。"③如评张昱《可闲老人集》时云:"《天宝宫词》、《辇下曲》、《宫中词》诸作,不独咏古之工,且足备史乘所未载。"④又于神道碑所载来肃清《元史》传记之疑点,如评刘敏中《中庵集》云:"史称敏中为御史时劾权臣僧格⑤,为集贤学士时上书陈十事,其文今皆不见集中,殆已散佚。集中有《星变奏议》、《皇庆改元奏议》,则为本传所未及,盖史佚之。其金石之文如巴延⑥庙碑,哈剌哈斯⑦、沙札该⑧、当达里⑨、耀珠⑩、布哈尔⑪、李唐诸神道碑记,《大智全寺碑》、《罔极寺碑》,皆承诏撰述之作。今考《元史·哈剌哈斯传》,即用敏中所撰墓碑,然不载其在宗正时从世皇北巡、猝遇乱、突出破敌事,又不载

---

① 柳贯著,魏崇武、钟彦飞点校:《柳贯集》卷八,上册,浙江古籍出版社 2014 年版,第223—224 页。

② 纪昀等:《钦定四库全书总目》卷一六八,第 2252 页。

③ 纪昀等:《钦定四库全书总目》卷一六八,第 2253 页。

④ 纪昀等:《钦定四库全书总目》卷一六八,第 2261 页。

⑤ 按,后注"原作桑哥,今改正"。

⑥ 按,后注"原作伯颜,今改正"。

⑦ 按,后注"原作哈剌哈孙,今改正"。

⑧ 按,后注"原作纯直海,今改正"。

⑨ 按,后注"原作大达立,今改正"。

⑩ 按,后注"原作咬住,今改正"。

⑪ 按,后注"原作不阿里,今改正"。

其在中书省时'每退食延见四方宾使,访以物情得失,吏治否臧,人材显晦,年谷丰歉,采可行行之'数语。又'度地置两仓'句'两'字讹为'内'字,《沙札该传》亦敏中碑,而其子当达里谕降襄阳,取汉口、破婺贼,功不在沙札该下①,而《沙札该传》末乃仅附其子昂阿剌②名,无一语及当达里事,尤为舛漏。盖《元史》仓猝成书,疏脱实多,不但重复割裂,如顾炎武所讥。则是集之存,并可订史传之讹异,不徒贵其文章矣。"③刘敏中为哈剌哈孙、沙札该撰墓碑,《总目》以其文来校正《元史》中《哈剌哈孙传》《沙札该传》之舛漏。

从可信程度而言,馆臣热衷于以亲历者的文字记录来还原史事的生动性。元世祖时期,征服安南国(今越南北部)为元廷一大夙愿,然几次出征皆不利,终以失败告终。至元二十九年(1292)元世祖命梁曾任吏部尚书再次出使安南,陈孚任礼部郎中,为副使。但安南世子陈日燇多次对蒙元使者不敬,陈孚以书信交涉,大义凛然,不辱使命,最终以礼义获得陈日燇尊重。《总目》收入陈孚别集《观光稿》一卷、《交州稿》一卷、《玉堂稿》一卷、《附录》一卷,提要云:"《附录》一卷,皆载《谕安南诏》、《安南谢罪表》及孚与安南诸书。考孚《元史》无传,其出使始末乃载《梁曾传》中。其时陈世燇不出郊迎,又不延使自阳明中门入。孚作三书责之,辞直气壮,迄不辱命。然传不载其书词,此卷亦足补史阙也。"④今核《元史·梁曾传》所载:"三十年正月,至安南。其国有三门:中曰阳明,左曰日新,右曰云会,陪臣郊迎,将由日新门入。曾大怒曰:'奉诏不由中门,是我辱君命也。'即回馆,既而请开云会门入,曾复执不可,始自阳明门迎诏入。又责日燇亲出迎诏,且讲新朝尚右之礼。以书往复者三次,具宣布天子威德,而风其君入朝。世子陈日燇大感服,三月,令其国相陶子奇等从曾诣阙请罪。"⑤其中确实无甚有力的依据,若依照馆臣所言,将亲历者陈

---

① 按,此句断句为作者所修改。
② 按,后注"原作昂阿剌,今改正"。
③ 纪昀等:《钦定四库全书总目》卷一六七,第 2225 页。
④ 纪昀等:《钦定四库全书总目》卷一六六,第 2219 页。
⑤ 宋濂等:《元史》卷一七八,中华书局 2000 年版,第 2763—2764 页。

孚的"书辞"补入,无疑会让事件的细节更具真实性。元末起义军事迹向来为馆臣重视。刘仁本,本为元官,后入方国珍幕僚,故刘仁本之政治立场扑朔迷离,然其文章对了解元末方国珍事迹则大有裨益,故《总目》特意言明,提要云:"其序、记诸篇,述方国珍与察罕通使,及岁漕大都诸事,多记传所不载,亦可补史阙。①

以上通过补阙时间、补阙资料来源与补阙可信度三个维度探究了《总目》元别集提要中"补史阙"观念的具体呈现。《总目》对于元别集史料价值的重视由此得以充分体现。尽管"补史阙"是《总目》一以贯之的撰写思想,但是相比其他阶段之别集,元别集中不断强化的"补史阙"话题无疑更具针对性和现实效应。

至于为何《总目》如此重视从别集中挖掘史料,通常认为这是清代考据学兴盛的体现,诚如是,但更值得一提的是,《总目》"裨补史学"对于元代的意义,远不同于对于其他朝代,具体如下:

首先,补阙价值不同。《元史》自成书以来,其错讹粗鄙便受到学者的质疑与不满。早在明成祖时期,胡粹中便指陈《元史》之弊,认为其详于世祖前攻战之事而略于成宗以后之事,顺帝一朝缺漏更甚,故著《元史续编》十六卷,然其实际上是接续元末陈桱《通鉴续编》的元代部分,并未补续《元史》本身。清乾嘉时期杰出的史学家钱大昕对于《元史》的研究最为精到,他直陈《元史》之弊病:"金华、乌伤两公,本非史才,所选史官,又皆草泽迂生,不谙掌故,于蒙古语言文字,素非谙熟,开口便错。即假以时日,犹不免秽史之讥,况成书之期又不及一岁乎!"②他认为《元史》纰漏丛生的原因是:第一乃修书之人宋濂(即"金华")、王祎(即"乌伤")既非史才又不谙蒙元语言;第二是修书时间仓促。对于《元史》未载"元初四杰"之一赤老温的事迹功业,他深感愤慨:"特明

① 纪昀等:《钦定四库全书总目》卷一六八,第2244页。
② 钱大昕撰,陈文和点校:《潜研堂文集》卷一三,《嘉定钱大昕全集》第9册,江苏古籍出版社1997年版,第203页。

初修史诸臣于《实录》之外,惟奉苏氏《名臣事略》为护身符,其余更不采访,遂使世家汗马之勋多就湮没尔。厥后金华窜死,乌伤非命,毋亦作史之孽欤?"①元初事迹之缺失亦由此可见。之后梁启超作《中国近三百年学术史》,提出《元史》之所以粗鄙还可能是史料不足:"蒙古人未入中国,先定欧西。太祖、太宗、定宗、宪宗四朝,西征中亚细亚全部以迄印度,北征西伯利亚以迄中欧,及世祖奠鼎燕京,其势已邻弩末。前四朝事迹,实含有世界性,为《元史》最主要之部分,而官修《元史》概付阙如,固由史官荒率,抑亦可凭借之资料太阙乏。"②同时梁启超认为"乾隆间自《永乐大典》中发现《元秘史》及《皇元圣武亲征录》所记皆开国及太祖时事。两书出而'元史学'起一革命"③。根据以上学者所述,仅就内容而言,《元史》对元代前四朝的历史,所载甚略;对成宗以后的制度,所述简略;对顺帝一朝的缺漏,则甚为严重。而修正和补正《元史》的关键途径便是不断发掘新的史料。

然而"元代学术热"并未出现在资料保存尚为完备的最佳时期——明代,而是越过明代而出现在三百年后的清代。此时,钩沉文献与史料成了研究元代学术的首要工作,而在这一方面的功绩,清乾隆帝及四库馆臣可谓肇其先。乾隆敕修《四库全书》时曾下旨"伏查初奉谕旨,搜访有裨实用之书,当即行司饬属访查"④。在此文献大整理背景之下,元代文献的搜访视野得以拓展,例如四库馆臣从《永乐大典》辑录出《元朝秘史》《大元马政记》《大元海运记》《大元官制杂记》等重要史料,皆为元史之补阙提供了珍贵的参考。不止于《永乐大典》辑佚,这份对元代史料的搜寻热情一直贯穿在《四库全书》及《四库全书总目》的整个纂修过程中。可知,四库馆之开办,是裨补元史的一个绝

---

① 钱大昕撰,陈文和点校:《潜研堂文集》卷二八,《嘉定钱大昕全集》第9册,江苏古籍出版社1997年版,第477页。
② 梁启超:《中国近三百年学术史》,东方出版社1996年版,第345页。
③ 梁启超:《中国近三百年学术史》,东方出版社1996年版,第345页。
④ 中国第一历史档案馆编:《纂修四库全书档案》一九四,上海古籍出版社1997年版,第268页。

佳机会。

其次，当代意义不同。清是继蒙元之后，另一个完全统治中原的少数民族，故其统治者亟须于元史中获取前车之鉴。清太宗皇太极尝于天命九年（1624）便命文馆译宋、辽、金、元四史①；清世祖顺治元年（1644），"大学士希福等进删译辽、金、元史"②。清儒群体则渴望通过元史寻求一种政治情感上的寄托。吴宗儒《清儒与元史》一书秉承陈垣弟子柴德赓之观点，认为"鉴元知清"是钱大昕元史研究的一个重要动机，其称"竹汀是一个温和的知识分子，他不敢公然反抗，唯借着'元史'以消解'清愁'……不仅是竹汀如此，'鉴元知清'思想，向来可说是清儒治元史的一贯特质，此正是元史学在清代学术有其特殊地位的原因。"③正是"鉴元知清"这一在清代帝王与清儒中形成的共识，使得元史学具有了蓬勃发展的契机和以资参考的当代意义。而这一意义，是补宋、明史之阙无法企及的。

四、消解思宋：观念先行，阐释导向

《总目》元别集提要流露出一种焦虑感和辩驳意识，即但凡某一元别集有"思宋"倾向，提要中便会有大段的论证进行澄清，即便其人并未生活于宋代。

先以释善住为例。释善住（1278—约1330），元僧人，《谷响集》提要云：

> 尝居吴郡城之报恩寺，往来吴淞江上，与仇远、白珽、虞集、宋无诸人相酬唱。远赠诗有云："阊门北去山如画，有日同师步翠微"，无答其见寄诗亦有"句妙唐风在"之语，盖虽入空门，而深与文士同臭味也。集中《癸亥岁寓居钱塘千顷寺述怀》诗有"高阁工书三十年"句，从英宗至治三年癸亥上推三十年，为世祖至元三十一年甲午，距

---

① 赵尔巽等：《清史稿》卷二《太宗本纪》第2册，中华书局1976年版，第50页。
② 赵尔巽等：《清史稿》卷四《世祖本纪》，第2册，中华书局1976年版，第85页。
③ 吴宗儒：《清儒与元史》，新北花木兰文化出版社2006年版，第47页。

宋亡仅十四年。其《赠隐者》诗有"对食惭周粟,纫衣尚楚兰"句,盖犹及见宋之遗老,故所作颇有矩矱。观其《论诗》有云:"典雅始成唐句法,粗豪终有宋人风"。命意极为不凡。及核其篇什,则但工近体,大抵以清隽雕琢为事,颇近四灵、江湖之派,终不脱宋人窠臼。所言未免涉于过高。①

提要中表述的意思大致有二:其一,释善住虽为僧人,但热衷于与出仕元朝的文士交流,故其当有积极入元世之志,而无"思宋"之心;其二,其年岁尚且有见及宋遗老的可能,故诗中难免有效仿宋遗民的表达,而并非其人有"思宋"之实。提要所言是否属实?

首先看第一层意思。与文士的交往即便是事实,但也不足以作为判断其人"积极入世"的依据,因为二者之间并无必然联系,故馆臣塑造释善住积极入世的论证并不成立。再说第二点,释善住思宋世确实是其真实的情感,并不是模仿和应酬性的创作套语。从《谷响集》三卷诗歌中看来,释善住诗歌内容主要是对山林生活的书写,如《春日杂兴》《冬日漫成》《山居》《遣兴》《漫兴》《遣怀》等,多抒发甘愿山居、闲适自足的人生志趣,偶尔亦有生不逢时、穷愁潦倒、思念友人的悲伤。然而其诗歌中最为凸显的主题则是"思宋""慕宋"。其诗歌多次提及"端淳耆旧""故衣冠""话前朝"等有意寓的字眼,如"端淳耆旧今无几,为问湖边老净名"②,"端淳耆旧凋零尽,今日伤心又到君"③,其中的"端淳",即南宋理宗端平年号、宋度宗咸淳年号的合称。又在诗歌《悼隐者》中云:"昭代征贤急,丘园尚考槃。安知新宇宙,犹有故衣冠。训子芝庭晓,谭玄水寺寒。遥怜随化尽,泉户夜漫漫。"④先描绘元廷招遗留贤的社会背景,然后表彰在元王朝的"新宇宙"仍坚守汉道统和文化传统不归顺元朝的

---

① 纪昀等:《钦定四库全书总目》卷一六六,第 2208—2209 页。
② 释善住:《谷响集》卷二,《景印文渊阁四库全书》第 1195 册,第 687 页。
③ 释善住:《谷响集》卷二,《景印文渊阁四库全书》第 1195 册,第 686 页。
④ 释善住:《谷响集》卷一,《景印文渊阁四库全书》第 1195 册,第 661 页。

"故衣冠";《春日至钱塘阻雨首寄山村先生》中称"南渡耆英久寥落,岂知犹有故衣冠"①,意指在蒙古族统治下汉族道统和文化制度的传承仍后继有人。释善住一方面避居山林,远离政治;一方面表彰宋耆旧并与之往来交游,这两种行为皆可明确释善住对宋世文化和宋人遗风的深深仰慕。特别是《钱唐感旧》一首,当他身处南宋都城临安时,物是人非之感油然而生,诗云:"江山王气终,江水自流东。钟鼓传新寺,烟花失故宫。龙亡灵沼竭,风去寝园空。残月西风夜,无人倚井桐。"②这显然并非局外人的历史感叹,而是在字里行间皆蕴含着沉郁的黍离之悲,若非思宋世者,何以会有此等情感?

归结而言,馆臣对释善住诗歌的解读并未能贴合历史事实和人物心灵,而是带有极大的主观偏颇,即试图遮蔽释善住"思宋"这一思想倾向。为此,提要不仅在征引文献时进行主观剪裁,又在表述时进行话题转移。

先看主观剪裁征引文献的情形。今对比《总目》与文渊阁库书提要、《元诗选》小传,《总目》的主观性可谓昭然若揭。与文渊阁库书提要相比,《总目》此则提要增加了"远赠诗有云:'阊门北去山如画,有日同师步翠微',无答其见寄诗亦有'句妙唐风在'之语,盖虽入空门,而深与文士同臭味也"一段,所增具体内容是(仇)远、(宋)无与其酬赠之诗。文献溯源可知,此添加一段又完全出自《元诗选》"云屋善住"小传,传曰:"山村赠诗曰:'阊门北去山如画,有日同师步翠微。'其相契可知也。所著《谷响集》近体诗若干首。子虚有《答无住师见寄》诗云:'句妙唐风在,心空汉月明。'即此可以评定其诗矣。"③其中"山村"即仇远,"子虚"即宋无。对比《总目》所增与《元诗选》,二者表达顺序和征引内容完全一致,可知馆臣撰写提要时曾参照《元诗选》。《元诗选》的评价点有二:一是"相契",即友谊;二是"唐风",即诗风。从提要的语义观之,《总目》征引《元诗选》所引仇远、宋无二人答赠诗的目的则是确立释善住的交

---

① 释善住:《谷响集》卷二,《景印文渊阁四库全书》第 1195 册,第 696 页。
② 释善住:《谷响集》卷一,《景印文渊阁四库全书》第 1195 册,第 678 页。
③ 顾嗣立:《元诗选初集》壬集,中华书局 1987 年版,第 2461 页。

友性质是文人相交,正其所谓"盖虽入空门,而深与文士同臭味也"。二者更为细微的一处差别是:《元诗选》所引宋无"句妙唐风在,心空汉月明"两句,《总目》仅保留了前一句,而后一句"心空汉月明"被隐去了。回到顾嗣立本意,他援引仇远(字山村)诗在于表现释善住的交游对象多为遗民野老,援引宋无诗在于评价其诗歌创作表达上崇尚唐风,而在内容意旨上是表达思宋情怀,且顾氏认为这两点足以"评定其诗"了。然馆臣何以一边直录《元诗选》原文,一边又屏蔽后一句诗,且不认同顾嗣立所言"评定其诗"的观点?分歧就在于"句妙唐风在,心空汉月明"。对应着看,后一句实有思汉、思宋之意,尽管释善住生于元至元十五年(1278),并无居宋的生活经历。实际上,若结合上文所论释善住思宋、慕宋之情来看,顾嗣立引"句妙唐风在,心空汉月明"以定评释善住之诗,已是颇为贴切。《总目》在征引文献时进行主观剪裁,目的是借此以消解和隐去释善住"思宋"这一思想倾向。

再看转移话题的情况。馆臣在解读诗歌时亦有其主观意图,如对《赠隐者》中"对食惭周粟,纫衣尚楚兰"二句的解读,馆臣得出"盖犹及见宋之遗老,故所作颇有矩矱"的结论。然而这一结论的前后二句并不属于同一评论范畴,前一句是思想情感指向的,即释善住对宋遗民有景仰之意和褒颂之情,后一句却转而论诗体,谓"颇有矩矱",《总目》似故意转换了话题。又如前文所言,释善住《论诗》中所云"典雅始成唐句法,粗豪终有宋人风",馆臣引用并认为"命意极为不凡"。殊不知,此二句前一句言诗风,后一句言诗情,其中一"终"字表明的是释善住对宋人"粗豪"风之坚守,细细品之,此句实暗含着一种自信,而并非指斥宋人之弊,而从内容上看,此二句显然与宋无所论"句妙唐风在,心空汉月明"遥相呼应。然馆臣对于这两句诗论的评论仅仅择取诗风展开,如以"颇近四灵、江湖之派""终不脱宋人窠臼"评之,丝毫未触及其中诗情层面的解读,如"宋人风"中"宋人情结""思宋"这一深层意蕴。

《总目》通过剪裁征引内容和转移话题的方式,将释善住思想中"思宋""慕宋"的因子消解于诗体与诗风的评价中,以致释善住的个人志趣被遮蔽和被隐藏。

另,《总目》还通过删除作品的方式来消解文人的"思宋"倾向。如《水云村稿》提要云:"惟其年过七旬,复出食元禄,而《晚春郊行》诗云:'路少过军仍鼓吹,地多遗老自衣冠',《丙子闽山》诗云:'汉祚纵移诸葛在,唐兵虽散子仪侯',《贾似道》诗云:'汉祖有恩惭马邑,怀王何罪老咸阳',皆其未出山时所作,是则可以不存耳。"①值得注意的是,此段话位于提要最末,且在较早定稿的文渊阁、文溯阁库书提要未见,乾隆四十九年(1784)定稿的文津阁库书提要则已经作出更改,《总目》与后者相同。此处修改的关键便是"思宋"问题。该书著者刘壎本为宋人,七十岁方才入仕元朝,《总目》依据"是否出仕新朝"的标准将其断限为"元人",然而其集中却仍保留大量刘壎关怀宋朝时政、拳拳宋世的诗歌,如《贾似道》《丙子闽山诗》等。或说馆臣是为保全刘壎之人格,故删之,但若是为保全其人格,何不凭其"思宋"之作而将其断限为"宋人"?事实是,馆臣认为可以随意删削别集中的作品来消解刘壎的"思宋"情感,从而强化其元人身份以符合《总目》之断限标准。可见,在馆臣眼中,消解元人"思宋"这一情感倾向远比保留别集之真实面貌重要。

除此,在仇远、岑安卿等宋末元初文人的别集提要中,无不体现出对"思宋"倾向的消解。可见塑造元王朝之向心力和凝聚力,是撰修《总目》时的预设观念之一。至于何以有如此观念,当与凸显元代、同构清代不无关系。

五、褒赞气节:表彰幽隐,砥砺风教

《总目·凡例》云"论史主于示褒贬。"②若以此"褒贬"二字用于《总目》元别集提要中人物气节之品评,甚为相符。寻绎发现,《总目》元别集提要彰显出强烈的对元人气节的褒奖意识,这种褒奖不仅有符合事实的褒奖,还有主观强制的褒奖,总之,体现出《总目》对元人气节的过度褒扬。

---

① 纪昀等:《钦定四库全书总目》卷一六六,第2207页。
② 李致忠:《〈四库全书总目·凡例〉笺注》,《文献》2002年第1期,第100页。

（一）基于事实的褒奖

《总目》对于元代守节之使者，大力表彰。郝经于元中统元年（1260）出使宋朝，为宋权臣贾似道所拘留，居于仪真十六年之久，直至南宋灭亡方才得以释放。《陵川集》提要云"其生平大节炳耀古今，而学问文章亦具有根柢"①，《续后汉书》提要中亦称其："敦尚气节，学有本原，故所论说，多有裨于世教。且经以行人被执，困苦艰辛，不肯少屈其志。故于气节之士，低徊往复，致意尤深。读其书者，可以想见其为人。"②刘鹗守韶州，因赣寇围城，力御不支，被执抗节死，《总目》给予其高度褒赞："鹗身捍封疆，慷慨殉国，千秋万世精贯三光，即其文稍不入格，亦当以其人重之，况体裁高秀，风骨清遒，实有卓然可传者乎！"③对于出使安南不辱使命者陈孚，提要亦赞赏有加："《附录》一卷，皆载《谕安南诏》、《安南谢罪表》及孚与安南诸书。考孚《元史》无传，其出使始末乃载《梁曾传》中。其时陈世熸不出郊迎，又不延使自阳明中门入。孚作三书责之，辞直气壮，迄不辱命。然《传》不载其书词。此卷亦足补《史》阙也。"④

除上所述，元别集提要表现得最为突出的还是对元遗民气节之褒奖。在众遗民中，提要推尊吴当为"有元遗老，当其最矫矫乎"，评价极高。《学言诗稿》提要称："当字伯尚，崇仁人，澄之孙也。以荫授万亿四库照磨，荐为国子助教，预修宋、辽、金三史。除翰林修撰，累迁直学士。江南兵起，拜江西肃政廉访使，左迁抚州路总管，旋罢归。后复擢江西行省参知政事。未上官，而陈友谅已陷江西，遂遁迹不出。友谅遣人召之，当坚卧以死自誓，舁床载送江州，拘留一年，终不屈。友谅灭，乃免。洪武初，复迫致之，见太祖，长揖不拜，竟得

① 纪昀等：《钦定四库全书总目》卷一六六，第2202页。
② 纪昀等：《钦定四库全书总目》卷五〇，第695—696页。
③ 纪昀等：《钦定四库全书总目》卷一六七《惟实集》提要，第2226页。
④ 纪昀等：《钦定四库全书总目》卷一六六《观光稿》提要，第2219页。按，《传》《史》书名号为笔者所加。

放归,隐居吉水之谷坪,完节以终。……澄于元代致位通显,号曰大儒。然实宋咸淳乡贡士,出处之间,犹不免责备于贤者。当不受僭(僭)窃之辟,则高于张宪诸人。乃天下已定,仍不降礼于万乘,尤在杨维桢诸人上。盖死生久付之度外,其不为谢枋得者,特天幸耳。有元遗老,当其最矫矫乎!其诗风格遒健,忠义之气凛凛如生,亦元季之翘楚。"①为了凸显吴当之气节,馆臣一方面将吴当与其祖父吴澄身为宋士子而出仕元朝对比,认为他既不屈服于割据者陈友谅之威逼,亦不受明太祖朱元璋之征辟,堪称元王朝而完节者;另一方面又为吴当之气节定性寻求参照物。《总目》大致将元遗民塑造为四种出处范式:第一种,忠于前朝而殉难者,如宋之谢枋得等;第二种,受僭窃之辟,投靠割据势力者,如张宪等;第三种,出仕新朝,与元末明初危素等人相同,如吴澄等;第四种,首鼠两端,不出仕新朝却又颂美新朝,参修官书者,如杨维桢等。对比可见,馆臣贬斥受僭窃之辟者、出仕新朝者和首鼠两端者,但却表彰吴当之坚守气节。又有王翰,西夏人,力拒明太祖征召而自决,提要赞其曰:"翰本将家子,志匡时难,不幸遭宗邦颠沛,其慷慨激烈之气,往往托之声诗,故虽篇什无多,而沈郁顿挫,凛然足见其志节。如《题画葵花》云:'怜渠自是无情物,犹解倾心向太阳'。《送陈仲实还潮阳》云:'归去故人如有问,春山从此蕨薇多'。大都憔悴行吟,不忘故国。其《绝命诗》云:'昔在潮阳我欲死,宗嗣如丝我无子。彼时我死作忠臣,覆祀绝宗良可耻。今年辟书亲到门,丁男屋下三人存。寸刃在手顾不惜,一死了却君亲恩'。盖翰于死生之际,明决如此,亦可见其志之素定也。"②

与此同时,《总目》还通过贬低未守气节者来凸显坚守气节者。如对于出仕元朝赵孟頫,《松雪斋集》提要称:"孟頫以宋朝皇族改节事元,故不谐于物论。观其《和姚子敬韵》诗有'同学故人今已稀,重嗟出处寸心违'句,是晚年

---

① 纪昀等:《钦定四库全书总目》卷一六八,第2248—2249页。按,括号内字为笔者所加。
② 纪昀等:《钦定四库全书总目》卷一六八《友石山人遗稿》提要,第2248页。

亦不免于自悔。"①对于出仕元朝的赵文,《青山集》提要将其与宋遗民谢翱、王炎午等对比:"文与谢翱、王炎午同入文天祥幕府。沧桑以后,独不深自晦匿,以迟暮余年重餐元禄,出处之际实不能无愧于诸人。"②在与谢翱、王炎午、文天祥等人的气节对比中寄寓褒贬。对于出仕元朝的刘壎,《水云村稿》提要云:"惟其年过七旬,复出食元禄。而《晚春郊行》诗云:'路少过军仍鼓吹,地多遗老自衣冠',《丙子闽山》诗云:'汉祚纵移诸葛在,唐兵虽散子仪侯',《贾似道》诗云:'汉祖有恩惭马邑,怀王何罪老咸阳',皆其未出山时所作,是则可以不存耳。"③尽管其大意在于指出刘壎诗歌的思想与其出仕新朝的行为相背离,但其中一"惟"字、一"复"字,《总目》的贬斥惋惜之意不难知晓。除此,杨维桢既拒仕明廷而又为大明吟唱军歌,这种首鼠两端之人格亦深为馆臣所唾弃,故《铁崖古乐府》提要直言:"惟维桢于明初被召,不肯受官,赋《老客妇谣》以自况,其志操颇有可取。而《乐府补》内有所作《大明铙歌鼓吹曲》乃多非刺故国,颂美新朝,判然若出两手。据危素跋,盖聘至金陵时所作。核以大义,不止于白璧之微瑕矣。"④贬斥之意寓于其中。

馆臣还通过对比元进士李祁和余阙二人,传递出气节褒贬之意。《云阳集》提要云:"祁字一初,别号希蘧,茶陵人。元统元年进士,除应奉翰林文字。改授婺源州同知,迁江浙儒学副提举,以母忧解职。会天下已乱,遂隐永新山中。元亡,自称'不二心老人',年七十余乃卒……其初登第也,元制以汉人、南人为左榜,蒙古、色目人为右榜⑤。祁为左榜第二人,其右榜第二人则余阙也。后阙死节,而祁独转侧兵戈间,尝为阙序《青阳集》,以'不得乘一障,效死

---

① 纪昀等:《钦定四库全书总目》卷一六六,第 2210 页。
② 纪昀等:《钦定四库全书总目》卷一六六,第 2206 页。
③ 纪昀等:《钦定四库全书总目》卷一六六,第 2207 页。
④ 纪昀等:《钦定四库全书总目》卷一六八,中华书局 1997 年版,第 2259 页。
⑤ 按,后注"案元制尚右,故《元史·梁增传》称:谕安南以新朝尚右之礼。蒙古、色目人为右榜,以此。"

如廷心'为恨。又称:'世之贪生畏死,甘就屈辱,觍然以面目视人者,斯文之丧益扫地尽矣!'盖与阙虽出处稍殊,死生各异,而其惓惓故主、义不负元,则大节如一。昔宋理宗宝祐四年榜,得文天祥为状元,又得陆秀夫、谢枋得二人。是榜得李黼为状元,而又得祁与阙二人。黼不愧文天祥,阙不愧陆秀夫,而祁亦不愧谢枋得。是二榜者,后先辉映,亦可云科名之盛事矣。初,明兵至永新,祁中刃僵道左。千户俞子茂询知为祁,舁归,礼待之。虽幸不死,然洪武中征召旧儒,祁独力拒不起。"①虽然馆臣未明言贬斥李祁,但在"黼不愧文天祥,阙不愧陆秀夫,而祁亦不愧谢枋得"这一人物类比序列中,褒赞死节之余阙,贬斥苟活之李祁,态度已甚为明显。

此提要所及有六位遗民。李黼(1298—1352),字子威,颍州(今安徽阜阳)人,元朝大臣。元朝泰定四年,明经科状元,授翰林国史院修撰。至正十一年(1351),徐寿辉反起河南,李黼力战而死②。《总目》将李黼类比于兵败被俘至大都、终因不屈而英勇就义的文天祥。余阙(1303—1358)字廷心,一字天心,色目人。元统元年进士。元末分守安庆。至正十八年(1358),陈友谅陷城,自刭死③;陆秀夫(1236—1279),字君实,南宋左丞相,宋元崖山海战兵败,背负卫王赵昺赴海而死④,《总目》将余阙与其等同视之。而李祁(1299—?),元亡未能死节,隐居不出,后遭兵乱被伤而殁。⑤《总目》将其与宋遗民谢枋得相提并论。谢枋得(1226—1289),字君直,号叠山,别号依斋,信州弋阳人,宋理宗宝祐四年(1256)与文天祥、陆秀夫同科中进士,南宋末年多次招集义兵进行抗元斗争,但终因寡不敌众而失败。迫于元军的追捕,他隐姓埋名,隐遁于建宁唐石山中。宋亡,流寓建阳,以卖卜教书度日。元初被强

---

① 纪昀等:《钦定四库全书总目》卷一六八,第2254页。
② 宋濂等:《元史》卷一九四"李黼传",中华书局2000年版,第2937—2939页。
③ 宋濂等:《元史》卷一四三"余阙传",中华书局2000年版,第2277—2279页。
④ 脱脱等:《宋史》卷四五一"陆秀夫传",中华书局2000年版,第10315—10316页。
⑤ 邵远平:《元史类编》卷三六,第4册,台北文海出版社1988年版,第1962页。

起北行出仕,至大都绝食而死①。

对此六人进行易代处境的解析,或可有助于深入理解《总目》之褒贬立场。首先,《总目》将元末三进士与宋末三进士对比而论,是否合理? 若从殉节的历史情境来说,李黼是在元亡之前镇压叛军而殉节,而文天祥是在宋亡之后被捕殉节,二者显然不同;若从守节的具体行为来说,李祁最终未能殉节,与谢枋得最终殉节而亡,二者并非在殉节上有共同性。因此,这种类比关系并非客观存在的,而是建构性的。其次,《总目》建构此类比关联的依据为何? 结合人物历史细节可知,依据当是遗民对待前朝的立场和态度。李黼与文天祥,虽殉节的具体境况不同,但都是被敌对方所杀害,可谓大义凛然型;余阙和陆秀夫,虽殉节的具体经历不同,但都是不忍被捕屈辱而自尽于本朝,可谓尽忠守节型;李祁与谢枋得,虽有较大差异性,但二人的共同性是虽然终究未出仕新朝,但却也并未在元亡时殉节,而是仍旧苟活于新朝,可谓保身守节型。在这三组类比中,馆臣尽管流露出对此三种类型的忠君爱国行为的褒赞,但却又在褒奖程度上有所区分:李黼和文天祥死于敌手,为褒奖第一等;余阙和陆秀夫死于自尽,为褒奖第二等;李祁和谢枋得则亡国仍苟且于新朝,为褒奖第三等。此是依照气节程度来归类别、定顺序。末次,《总目》建构类比关联的目的又是什么? 建立细致严苛的遗民褒贬范式,以规范万世为人臣者。

(二)溢出事实的褒奖

《总目》对元文人气节之褒奖若是本于事实,尚可体现出《总目》对儒家礼教和文人气节之推崇。但是,《总目》褒奖元文人之气节时,出现主观解读和强制定论等现象,这便反映出《总目》对元文人气节的过度关注和刻意塑造。

1. 主观解读:结论不是必然

《总目》对吴皋的气节塑造便有过度之嫌。《吾吾类稿》提要云:"皋《元

---

① 脱脱等:《宋史》卷四二五"谢枋得传",中华书局2000年版,第9922—9923页。

史》无传,志乘亦失载其姓名,独《永乐大典》各韵中颇采录其诗文,题作《吴舜举吾吾类稿》,又别收胡居敬等原序三篇,略具行履,知其为临川人,乃宋丞相吴潜诸孙,早游吴澂(澄)之门,尝官临江路儒学教授。元亡后,抗志不出,遁迹以终,而不著其名。"①其中"元亡后,抗志不出,遁迹以终"便有主观夸大之嫌。

据提要所述,吴皋信息主要从"胡居敬等原序二篇"中获得。今核文渊阁四库本《吾吾类稿》,其前实有序文三篇。第一篇为胡居敬所撰,胡居敬即胡行简,字居敬,新喻人。至正二年(1342)进士,授国子监助教,历翰林修撰,除江南道御史,迁江西廉访司经历。遭世乱,乞归,以经学教授乡里;第二篇为梁寅所序,梁寅,字孟敬,新喻人。元末辟集庆路儒学训导,以亲老辞。明年兵起,遂隐居教授。明初,征修《礼乐》书,将授官,复以病辞。第三篇为张美和所序,张美和,名九韶,以字行,清江人。元末,累举不仕。洪武三年(1370),以荐为县学教谕。后迁国子助教,改翰林院编修。致仕归,帝亲为文赐之。复与钱宰等并征,修《书传会选》。书成,遣还。此三人皆为元末明初人,且三篇序皆为原序,前二篇为吴均亲请之序,后一篇为刻梓之人"临江税课司大使京兆赵君师"②嘱托而作。

细细比对,提要所述主要来源于胡居敬《序》,其云:

> 强圉作噩之祀,余还江右,抵临江,假寓天宁寺。寺密迩郡庠,因与教授吾吾吴先生舜举游。先生尝语余曰:"郡承大乱之后,民皆习武事,厌儒行,弦诵绝响,教无所敷,吾甚耻之"。既而,时异事殊,先生屏居闾里,辟一室绩学艺文,惟以奉亲训子为务,势利纷华之习,视之漠如也。郡洊罹兵变,干戈相承,学宫荒闒,袁筠之境。遗民逸士闻先生名,每延置其家,奉贽请益,虽武夫悍将多遣子弟就学焉。四方搢绅大夫求诗若文,户屦恒满。平居无事,操觚染翰,著述不厌。

---

① 纪昀等:《钦定四库全书总目》卷一六八,第2252页。按,括号内字为笔者所加。
② 吴皋:《吾吾类稿》卷首序,《景印文渊阁四库全书》第1219册,第4页。

境与意会,必形之吟咏,学者多传诵之。遭时多艰,竟赍志以没,惜哉……先生世家临川,履斋丞相之诸孙也。蚤游吴文正公之门,获闻圣贤之学,故处乎叔世,卓然不易所守,使得位而见诸用,其事业必有可观也。①

通观序文,提要所述信息基本属实,仅"元亡后抗志不出,遁迹以终"一句,与撰序者本意有所出入。序文中有云元亡之后,吴皋屏居乡里,养亲奉子,且安之如饴。胡居敬书写其家居生活并非为渲染其抗志守节之品格,而是要表达对其人怀才不遇的遗憾和惋惜,如"使得位而见诸用,其事业必有可观也"。《总目》借胡居敬序文之名义,将吴皋闲居教书的个人生活志趣提升至"元亡后抗志不出,遁迹以终"的家国气节,实不免曲解之误和夸大之嫌。至于《总目》何以会将胡居敬所述吴皋的隐居生活抬升至抗志守节的话题,这当与《总目》撰写过程馆臣过度重视塑造文人气节有关。

此种主观性在《静思集》提要中亦可见得。《总目》对郭钰其人的解读是"钰字彦章,吉水人。《江西通志》称其'元末遭乱,隐居不仕。明初以茂才征,辞疾不就'。集首有洪武二年庐陵罗大己序,亦称其'有经济,能自守'。今案集中有《辛亥秋,诏举秀才,余以耳聋足蹩,县司逼迫非情,因成短句》②一诗,辛亥为洪武四年,又在作序后二年,则所谓'能自守'者,信矣。又《癸丑首正》诗中,有'盲废倦题新甲子,醉来谩说旧山川。贞元朝士今谁在?东郭先生每自怜'之句。是其不忘故国,抗迹行吟,志操可以概见。又有《乙卯新元六十生辰》诗,则其入明已八年矣。迹其生平,大抵转侧兵戈,流离道路,目击时事阽危之状,故见诸吟咏者每多愁苦之词。如《悲庐陵》、《悲武昌》诸篇,慷慨激昂,于元末盗贼残破郡邑事实,言之确凿,尤足稗史传之阙。"③提要以"明初以茂才征,辞疾不就"以及"不忘故国,抗迹行吟"等语将郭钰塑造为不仕新朝而

---

① 吴皋:《吾吾类稿》卷首序,《景印文渊阁四库全书》第1219册,第2—3页。
② 按,原本为引号,笔者改为书名号。
③ 纪昀等:《钦定四库全书总目》卷一六八,第2253页。

思怀故国的气节之士。但是,文献溯源发现,此仅为《总目》一家之言。今阅
《元诗选》"静思处士郭钰"小传所云:"钰字彦章,别号静思,吉水人。壮年盛
气负奇,适当元季之乱,晚际明兴,以茂才征,不就。年逾六十,竟以贫死。其
《春夜寒》诗序云:'余值时危,一穷到骨,薪米不给,恒自谓不敢侥幸,今春雨
雪连旬,拥牛衣以当长夜,寒砭肌骨,遂成痁疟。'其诗云:'少壮几时头欲白,
夜阑山鬼瞰孤灯。'亦可哀已!静思诗清丽有法,格律整严。其于离乱穷愁之
作,尤凄惋动人。殆所谓诗穷者欤!嘉靖间,八世孙廷昭哀集其诗刻之。罗念
庵曰:'静思为吾族志行之甥,经历艰难,闾里流离之状,皆目见之。当时故
实,可裨野史。其《赠吾族秀宾》诗有云:圣贤去我远,糜兹糟粕味。当其得意
时,何如卿相贵。鸣呼,此诗人所以穷饿终身而不悔也。'念庵此言,可谓深知
静思者。"①《元诗选》是以君子"固穷"的品质来评价郭钰,即赞扬郭钰能如颜
回一般身处贫困却能安贫乐道、怡然自得,其依据是明嘉靖四十年(1561)罗
洪先(念庵)所作《序》。"君子固穷"出自《论语·卫灵公》,原文:"在陈绝粮,
从者病,莫能兴。子路愠见曰:'君子亦有穷乎?'子曰:'君子固穷,小人穷斯
滥矣。'"②文中孔子称"固穷"乃君子人格,而"固穷"是为"求道"。此外,邵远
平《元史类编》载:"郭钰,字彦章,吉水人。壮年负盛气,为诗清丽有法,其于
离乱穷愁之作,尤凄惋动人,年逾六十竟以贫死。其《春夜寒诗序》云:'余值
时危,一穷到骨,今春雨雪连旬,拥牛衣以当长夜,遂成痁疟,亦可哀已。'所著
《静思集》,诗文甚富。"③亦是在突显其安贫抱乐的君子人格,并非与遗民气
节相提并论。

　　对比《总目》与《元诗选》《元史类编》三者对郭钰之书写,可知后二者皆
将郭钰塑造为安贫乐道的儒家君子,而《总目》将郭钰塑造为不忘故国之遗
民。两种塑造看似都在塑造气节,但儒家君子"固穷"的终极目标是对"道"的

---

① 顾嗣立:《元诗选初集》辛集,中华书局 1987 年版,第 2130 页。
② 程树德撰,程俊英、蒋见元点校:《论语集释》卷三一,中华书局 2013 年版,第 1205 页。
③ 邵远平:《元史类编》卷三六,第 4 册,台北文海出版社 1988 年版,第 1960 页。

坚守,并非仅仅指遗民"不忘故国"之坚守。因此,《总目》将郭钰"安贫乐道"之人格与元明易代之语境绑定,属于主观行为,虽看似合情合理,但却不无过度塑造之嫌。

2. 强制定论:结论根本不成立

甘复入明出仕,《山窗余稿》提要称其"元亡之后,遁迹以终"。[①] 此中所言甘复"元亡之后,遁迹以终",误。据明人林庭㭿《(嘉靖)江西通志》载"甘复(注:本县人)"曾任饶州府"国朝训导"[②]。又,明人黄佐《南雍志》"职官年表"中"六堂学正",洪武年任载"甘复,余干人,二十三年任。"[③]以上两种文献所载信息颇多印合之处:甘复,余干人,洪武二十三年(1390)任,其名、籍贯、时间皆一致,其所述当为同一人。南雍是明代设在南京的国子监,故《南雍志》所记南雍任职情况亦为可信。故,甘复明洪武年间曾出任过余干县训导,又升任为南京国子监学正,应无误。

《总目》之误源于何?文献溯源可知,此论当本于《元诗选》,《元诗选》原文云:"复字克敬,余干人。至正之乱,张仲举侨居云锦山中,克敬与甘彦初、张可立往从之游。仲举少许可,于三君独加重焉。洪武初,三君皆以前元遗才为士林推重。当时评彦初诗如美女簪花,可立诗如贞女守节。克敬篇什散漫,仅存手墨于同里赵石蒲。成化中,其孙琥始刻行世。邑人刘宪序之,谓其诗俊逸清奇。宜为士林推重也。"[④]《元诗选》此论又是源出钱谦益《列朝诗集小传》"甘布衣复",其云:"复,字克敬,余干人。至正之乱,张仲举侨居云锦山中,克敬与甘彦初、张可立往从之游。仲举少许可,独推重三君。国初,皆以前元遗才为士林推重。彦初诗多流传。克敬集,成化中同里赵琥刻之。惟可立

① 纪昀等:《钦定四库全书总目》卷一六八,第2252页。
② 林庭㭿、周广:《(嘉靖)江西通志》卷八,《四库全书存目丛书》史部第182册,齐鲁书社1997年版,第351页。
③ 黄佐:《南雍志》卷六,《续修四库全书》第749册,上海古籍出版社2002年版,第219页。
④ 顾嗣立:《元诗选二集》辛集,中华书局1987年版,第1320页。

不著。"①就生平而言,顾嗣立、钱谦益只言其元末往来于云锦山的经历,并未明其结果是"遁迹以终",不知《总目》凭何定论?且据钱谦益、顾嗣立所言,"洪武初,三君皆以前元遗才为士林推重"②,"国初皆以前元遗才为士林推重"③,则不过揭示了明初此三君皆有出仕之条件和可能,并非言三君之清高气节。经查文献,甘复(字克敬)、甘瑾(字彦初)、张适(初名本,字可立)三人,明初出处选择实不一。甘瑾出仕,钱谦益《列朝诗集小传》载"甘瑾"小传云:"入国朝,为严州府同知,或云翰林待制,皆未详也。或云临川人。"④张适未出仕,曾燠《江西诗征》载其:"洪武初,屡征,以目疾不赴,有《灌园集》。"⑤依次推之,则甘复之"遁迹"并不是必然。

盖钱谦益《列朝诗集小传》所获信息尚欠充分,故对其出处未下定论,顾嗣立《元诗选》延续之,亦未定论。《总目》于二手文献、他人言论之外擅自作语义补充,实有失严谨。究其原因,则是馆臣从主观上对甘复"元亡不仕"的出处更为认同,故妄下结论。

除此,对萧斟气节之主观塑造又为一例。馆臣一方面称萧斟曾"历官集贤学士,国子祭酒"⑥,另一方面又称"其《辞儒学提举书》及《辞免祭酒司业》⑦等状,尤可见其出处进退之大节"⑧。对于萧斟而言,既已出仕元朝官吏,又怎能称以"出处进退"之气节?因此,《总目》所言要么前者误,要么后者误。今《辞儒学提举书》及《辞免祭酒司业》等文皆存在于《勤斋集》中,读之可知,萧斟并未担任元朝官员,这说明馆臣提要所谓"出处进退之大节"实属

① 钱谦益:《列朝诗集小传》甲前集,上海古籍出版社 1983 年版,第 65 页。
② 顾嗣立:《元诗选二集》辛集,中华书局 1987 年版,第 1320 页。
③ 钱谦益:《列朝诗集小传》甲前集,上海古籍出版社 1983 年版,第 65 页。
④ 钱谦益:《列朝诗集小传》甲集,上海古籍出版社 1983 年版,第 119 页。
⑤ 曾燠:《江西诗征》卷三七,《续修四库全书》第 1688 册,上海古籍出版社 2002 年版,第 688 页。
⑥ 纪昀等:《钦定四库全书总目》卷一六七,第 2226 页。
⑦ 按,此为二文,分别为《辞免祭酒》和《辞免司业》,《总目》合称,此处予以注明。
⑧ 纪昀等:《钦定四库全书总目》卷一六七,第 2227 页。

于无稽之谈。提要前后抵牾的关键在于:其一,馆臣对萧㪺履历的误读;其二,馆臣对作品的解读有牵强附会之处,但凡遇见辞官,便意欲以气节人格论之。至于《总目》何以会误读,这当不仅因疏于核实,还应与馆臣主观上希望塑造萧㪺为有元一代气节人格之典范有关。

再有,王逢是否曾投归张士诚,迄今尚未定论,但《总目》却认定其为气节之士。《梧溪集》提要称:"逢字原吉,自称'席帽山人',江阴人。当至正间,被荐不就,避地吴淞江,筑室上海之乌泾。适张氏据吴,东南之士咸为之用,逢独高蹈远引。及洪武初,征召甚迫,又以老疾辞。《明史·文苑传》附载于《戴良传》中,以二人皆义不负元者也。"①对于元末张士诚的招纳,王逢未从,对于明初的征召,王逢亦辞之,《总目》以此叙述来塑造王逢对元王朝的绝对忠诚形象。然溯源发现,王逢献策张士诚之事,《明史》已载,载曰:"逢,字原吉,江阴人。至正中,作《河清颂》,台臣荐之,称疾辞。张士诚据吴,其弟士德用逢策,北降于元以拒明。太祖灭士诚,欲辟用之,坚卧不起,隐上海之乌泾,歌咏自适。洪武十五年以文学征,有司敦迫上道。时子掖为通事司令,以父年高,叩头泣请,乃命吏部符止之。又六年卒,年七十。有《梧溪诗集》七卷,逢自称席帽山人。"②《明史》是馆臣撰写提要的重要参考书籍,《总目》却与《明史》所言完全不同,而另言"逢独高蹈远引"。盖《总目》意图将王逢塑造为气节操守之士,故不顾其他记载,而仅凭借一己之臆测而进行强制定论。

综上所述,《总目》对元文人不论是基于事实的气节褒奖,还是主观强制性的气节褒奖,都呈现出《总目》对于元文人的一种姿态——"褒奖其气节",尤其是元末文人群体,馆臣甚至不惜主观歪曲历史事实以达到褒奖之目的。而这一立场与《总目》淡化宋遗民之气节、苛责明遗民之气节形成鲜明之对比。究竟元遗民是否如《总目》所言皆"不忘故国,抗迹行吟"? 以上事例皆可揭示:《总目》中"元遗民"群体不忘故国、抗迹新朝的气节塑造,并非全为事

---

① 纪昀等:《钦定四库全书总目》卷一六八,第2252页。
② 张廷玉等:《明史》卷二八五,中华书局2000年版,第4887页。

实，其中不乏馆臣的人为干预和过度阐释。那么，《总目》为何如此重视"元遗民"群体之气节？这一方面与清王朝对元王朝这一"命运投射体"的想象性塑造有关，另一方面则与借凸显元代遗民而贬抑明代遗民的政治策略有关。

六、消泯门户：遮蔽构争，塑造融合

门户之见，是《总目》极力抨击的一种学术风气。馆臣在经、史、子、集四部提要皆有消除门户之论。《经部总叙》云，"夫汉学具有根柢，讲学者以浅陋轻之，不足服汉儒也。宋学具有精微，读书者以空疏薄之，亦不足服宋儒也。消融门户之见，而各取所长，则私心祛而公理出，公理出而经义明矣。盖经者非他，即天下之公理而已。今参稽众说，务取持平，各明去取之故"。① 《史部总叙》谓："考私家记载，惟宋、明两代为多。盖宋、明人皆好议论，议论异则门户分，门户分则朋党立，朋党立则恩怨结。恩怨既结，得志则排挤于朝廷，不得志则以笔墨相报复。其中是非颠倒，颇亦荧听。然虽有疑狱，合众证而质之，必得其情。虽有虚词，参众说而核之，亦必得其情。"② 《子部总叙》曰，"然儒家本六艺之支流，虽其间依草附木，不能免门户之私"。③ 又在《儒家类小序》中称："迨托克托等修《宋史》，以道学、儒林分为两传，而当时所谓道学者，又自分二派，笔舌交攻。自时厥后，天下惟朱、陆是争，门户别而朋党起，恩仇报复，蔓延者垂数百年。明之末叶，其祸遂及于宗社，惟好名好胜之私心不能自克，故相激而至是也。圣门设教之意，其果若是乎？"④ 至集部，亦有明言，《集部总叙》云："大抵门户构争之见，莫甚于讲学，而论文次之。讲学者聚党分朋，往往祸延宗社，操觚之士，笔舌相攻，则未有乱及国事者。盖讲学者必辨是非，辨是非必及时政，其事与权势相连，故其患大。文人词翰，所争者名誉而已，与朝廷无预，故

---

① 纪昀等：《钦定四库全书总目》卷一，第1页。
② 纪昀等：《钦定四库全书总目》卷四五，第611页。
③ 纪昀等：《钦定四库全书总目》卷九一，第1191页。
④ 纪昀等：《钦定四库全书总目》卷九一，第1193页。

其患小也。然如艾南英以排斥王、李之故，至以严嵩为察相，而以杀杨继盛为稍过当，岂其扪心清夜，果自谓然？亦朋党既分，势不两立，故决裂名教而不辞耳。"①细读以上言论可知：其一，《总目》认为门户之争会带来权力倾轧，祸及宗社；其二，门户之争多在宋、明两朝，尤其是明季党争；其三，讲学者和文人同为门户构争之主体，故集部亦为"门户构争"的"危险地带"，需加以审核。相比于指责宋、明人的门户之见和社团纷争，《总目》对于元人则多夸赞之辞，体现在元别集提要中，则是在有意消泯和遮蔽元代存在的文人团体和门户成见。

（一）文人干谒？文字相知？

关于元代文人干谒这一问题，《总目》借《此山集》提要以发其论。提要云：

> 权字衡之，号此山，处州人。尝游京师，以诗贽翰林学士袁桷，桷深重之，荐为馆职，竟报罢。然诗名日起，唱和日多，集中有《赠赵孟頫》诗云："瓣香未展师道敬，携琴暂出松萝中"。《赠虞集》诗云："远游非涉声利途，愿谒国文开榛芜"。《赠揭傒斯》诗云："嗟予观光老宾客，瓣香仰止怀生平"。《赠陈旅》诗云："下榻清风延孺子，高楼豪气卧元龙"。《赠欧阳玄》诗云："床头萍绿多矜色，长价还从薛下门"。《赠马祖常》诗云："绝怜白发南州士，山斗弥高独仰韩"。而赵孟頫赠权诗，亦有"青青云外山，炯炯松下石，顾此山中人，风神照松色"之句，且亲写"此山"二字为额以赠。是时文章耆宿不过此数人，而数人无不酬答，似权亦声气干谒之流。然孟頫等并以儒雅风流照映一世，其宏奖后进，迥异于南宋末叶分朋标榜之私，故终元之世，士大夫无钩党之祸。权与诸人款契，盖文字之相知，固未可以依门傍户论也。是集为陈旅所选定，旅及袁桷、欧阳玄等各为之序。揭傒斯又为之跋。旅本作者，故别择特精。旅序称其"简淡和平，无郁愤放傲

① 纪昀等：《钦定四库全书总目》卷一四八，第1971页。

之色"。榗序称其"法苏、黄之准绳,达《骚》、《选》之旨趣",玄序称其"无险劲之词,而有深长之味,无轻靡之习,而有春容之风。"今观其诗,玄所称尤为知言矣。①

提要否定了周权为干谒之徒的观点,而以"文字相知"定性周权与文人大家的关系。然其论并不能成立,因为提要所述不妥之处至少有二:第一,"似权亦声气干谒之流"中"似"字是在否定周权干谒这一认识,馆臣意图将周权与干谒者区分开来,且馆臣将其所引诗歌皆定性为唱和之作,而完全忽略了这些诗歌的干谒性质;第二,"故终元之世,士大夫无钩党之祸""固未可以依门傍户论也",这些论说皆为馆臣过度阐释,因为从《此山集》诗歌中并不能判断赵孟頫行为的性质,更不能断言整个元代的门户构争情况。馆臣此论实属过度阐释。

以《呈揭曼硕监丞》诗为例,全诗云:"玉皇案吏来青冥,夜捧紫诏飞云軿。天章绚烂五就采,光气直向奎躔明。雄才独擅燕许手,照世奕弈垂高名。大篇春容金玉振,醉墨光怪云烟生。门人执笔漱芳润,变化总作中朝英。嗟予观光老宾客,瓣香仰止怀生平。焦桐倘许奏流水,古意或可追韺韺。顾公风谊薄霄汉,邂逅定见双瞳青。西清邃阁不可近,何日暂借蓬瀛登。"②前十句皆在夸赞揭傒斯居朝中的文笔之春容、意气之风发,后八句则是先表达仰慕之情,且以弟子自称,末一句"西清邃阁不可近,何日暂借蓬瀛登",意谓朝廷如"西清邃阁"般邈远,故望揭傒斯能化身"蓬瀛",助其登临"西清邃阁",即希望得到揭傒斯的举荐。诗句中干谒之意显而易见,与孟浩然在《望洞庭湖上张丞相》中所云"欲济无舟楫,端居耻圣明。坐观垂钓者,徒有羡鱼情"③有异曲同工之妙,孟浩然以无舟楫渡河这一隐喻干谒丞相张九龄,而周权正是以登蓬瀛之隐

① 纪昀等:《钦定四库全书总目》卷一六七,第2221页。按,诗题书名号为笔者所加,引文中"傑"当为"傒"。
② 周权:《此山诗集》卷五,《景印文渊阁四库全书》第1204册,第29页。
③ 孟浩然撰,李景白校注:《孟浩然诗集校注》卷三,巴蜀书社1988年版,第272页。

喻干谒揭傒斯。然馆臣仅引"嗟予观光老宾客,瓣香仰止怀生平"二句,完全遮蔽了整首诗歌的干谒意图。同样,馆臣引《呈赵子昂学士》(后注:号松雪)诗中,亦仅定其为唱和性质。原诗曰:"瓣香未展师道敬,携琴暂出杉萝中。问公何日作霖雨,只把文章事明主。愿恢斯道泽斯民,奕奕光华照千古。"①馆臣所引前二句仅是呈现二人以文为友的关系,而第三、四句"问公何日作霖雨,只把文章事明主"中的干谒本质则被忽略。而在赠欧阳玄的诗中,馆臣所引二句显然体现出干谒意图,馆臣亦无视。《谢欧阳学士》曰:"曾洒骊珠被短编,七襄欲报邈天孙。空怀春草池塘梦,莫写梅花水月魂。台阁文章端典雅,山林气质借清温。床头萍绿多矜色,长价还从薛卞门。"②整首诗都在借李白用典,馆臣所引末二句"床头萍绿多矜色,长价还从薛卞门",用李白《与韩荆州书》"庶青萍、结绿,长价于薛卞之门"③之意。《与韩荆州书》是李白干谒韩朝宗之作,其中"青萍"是宝剑名,"结绿"是美玉名,"长价"即提高声价,"薛、卞"是指薛烛识剑、卞和识玉,二人皆赏识人才之人。整句话就是在表达希望自己能被韩朝宗赏识举荐之意,而周权不正是借李白干谒韩朝宗之典故自行干谒之事吗?需补充的是,周权在该诗中还表达了其诗歌旨趣,其自称空怀"春草池塘梦",即崇尚谢灵运清新之风;莫写"梅花水月魂",即不屑宋末江湖诗人仅写梅花水月以寄托哀怜之音。又自谦其所作乃"山林气质"之诗,恐无台阁典雅之风。由此可见,馆臣征引周权呈送馆阁诸文人之诗,仅在于呈现元中期诗歌酬唱之风貌,而对于诗句背后整首诗歌的干谒主旨,馆臣却是置之不问。干谒诗歌往往多夸赞之词,而于干谒本意则喻而不宣。馆臣或引流于表面的唱和夸赞之词,或引干谒之词而不解干谒之意,其结果便是丢弃诗歌本意而片面定论。

---

① 周权:《此山诗集》卷四,《景印文渊阁四库全书》第 1204 册,第 24 页。

② 周权:《此山诗集》卷八,《景印文渊阁四库全书》第 1204 册,第 45—46 页。

③ 李白著,郁贤皓校注:《李太白全集校注》卷二五《与韩荆州书》,第 7 册,凤凰出版社 2015 年版,第 3690 页。

事实上,从诗歌解读来看,周权干谒之行为是不容置疑的,而赵孟頫等人是否结党之人则难以定论。

对于赵孟頫、欧阳玄和陈旅等人何以对干谒之士周权及其《此山集》如此推崇,顾嗣立《元诗选》给出了较为可取的说法,他认为陈旅和欧阳玄选评《此山集》是为发表以陈、欧二人为核心的馆阁文人的文学主张。顾嗣立云:"原功尝为之序云:宋金之季诗人,宋之习近骷髅,金之习尚号呼,南北混一之初,犹或守其故习,今则皆自刮劘而不为矣。世道其日趋于盛矣乎!"这是因为"有元之诗,每变而上,伯长、原功、众仲,皆文章巨公,善于持论,特借此山诗发之耳。"①首先,欧阳玄、陈旅等作为馆阁之士,皆倡导鸣盛之文学。欧阳玄曰"古之人闻乐以知政,诗与乐同出一初,皆感于性情而动于声音者也。因诗以知人,盖文士之通技也。抑余不独因是以知周君之生平,且有以观世尚矣。"②陈旅称:"我国家以淳庞雅大之风丕变海内,为治日久,山川草木之间,五色成文,八风不奸。士生斯时,无事乎文章,而其言自美,况以文章而歌咏雍熙之和者乎?"③可见欧阳玄和陈旅所赏识的是有盛世气象而可"观世尚"的诗歌;其次,周权之诗恰恰符合此特质,欧阳玄称"余爱其无险劲之辞而有深长之味,无轻靡之习而有春容之风"④,陈旅云"此山诗不但简淡和平,而语多奇隽"⑤。再者,《此山集》曾受到了前一辈提倡鸣盛文学的袁桷、赵孟頫等夸赞,袁桷赞其诗曰:"意度简远,议论雄深,法苏、黄之准绳,达《骚》《选》之旨趣。"⑥综合以上种种,欧阳玄和陈旅意欲编订此集作为文章楷式,以垂范天下。清乾隆年间翁方纲《石洲诗话》亦持此见。翁方纲多指瑕《元诗选》,而此处却取顾嗣立之说,可知此论有一定的公认度。

---

① 顾嗣立:《元诗选初集》己集,中华书局 1987 年版,第 1580 页。
② 周权:《此山诗集》卷首序,《景印文渊阁四库全书》第 1204 册,第 4 页。
③ 周权:《此山诗集》卷首序,《景印文渊阁四库全书》第 1204 册,第 3 页。
④ 周权:《此山诗集》卷首序,《景印文渊阁四库全书》第 1204 册,第 4 页。
⑤ 周权:《此山诗集》卷首序,《景印文渊阁四库全书》第 1204 册,第 4 页。
⑥ 周权:《此山诗集》卷首序,《景印文渊阁四库全书》第 1204 册,第 2 页。

从当时背景来看，顾、翁所言"借此山诗发之（鸣盛之音）"，甚为符合事理。陈旅《此山集序》中明确指陈当时文弊："近世为诗者，言愈工而味愈薄，声愈号而调愈下，日煅月炼，曾不若昔时闾巷美刺之言。世德之衰一至于此哉。"①陈旅和欧阳玄选评《此山集》在元统二年（1334），此时元代朝政日趋衰弱。杨维桢在《王希赐文集序》（原名《再序》）言："我朝文章肇变为刘、杨，再变为姚、元，三变为虞、欧、杨、宋，而后文为全盛。以气运言，则全盛之时也，盛极则亦衰之始。自天历来，文章渐趋委靡，不失于搜猎破碎，则沦于剽盗灭裂，能卓然自信，不流于俗者，几希矣。"②杨维桢是将"天历"视作元文由盛转衰的过渡阶段，认为天历之后，文章流弊滋生，萎靡不振。而据陈旅所言"言愈工而味愈薄，声愈号而调愈下"来看，盖此时正值浙东杨维桢铁崖体兴起之时，诗风大变。欧阳玄、陈旅曾试图再次恢复盛世之音，故二人特将周权《此山集》选定为元末诗歌的典范之一，标举"温柔敦厚"之诗风。陈旅元统二年（1334），出任江浙儒学副提举③，欧阳玄元统元年（1333）任翰林直学士、国子祭酒④，二人皆居朝廷要职，一为地方教育长官，一为中央教育长官，故二人在其上任后便着手选校和评点《此山集》，此官方意图不可不谓显著。

那么，馆臣何以要回护周权干谒一事？且有意削弱元代门户之见的风气？这便与"门户之见"在编纂《四库全书》时的重要性有关。反对"门户之见"是《四库全书》修纂过程中一以贯之的宗旨和标准。《总目·集部总叙》中明确声明，门户之见往往"祸延宗社"，士人讲学关乎"时政""权势"，其"患大"，故为防备之重点对象。同时，尽管文人词翰仅仅关乎"名誉"，其"患小"，但文人亦不无参政者，如明末之艾南英、钱谦益等，故《总目》认为"世道之防焉，不仅为文体计也"⑤，意即集部的"门户之争"亦为重点审核区域。《总目》其所言

---

① 周权：《此山诗集》卷首序，《景印文渊阁四库全书》第 1204 册，第 3 页。
② 李修生：《全元文》卷一二九九，第 41 册，凤凰出版社 2004 年版，第 229 页。
③ 宋濂等：《元史》卷一九〇，中华书局 2000 年版，第 2905 页。
④ 宋濂等：《元史》卷一八二，中华书局 2000 年版，第 2804 页。
⑤ 纪昀等：《钦定四库全书总目》卷一四八"集部总叙"，第 1971 页。

虽主要针对明别集而发,但亦不可忽视元别集。故当周权《此山诗集》彰显出
"门户之争"的征兆时,馆臣便给予极大的重视。然而,馆臣所论却表露出极
为主观的偏袒态度:首先,完全无视周权干谒之事实,回避其诗歌中的干谒之
意;其次,过度阐释周权与馆阁文人"文字之相知"的观点,进而定论元人"无
门户之争";再次,从论证逻辑看,馆臣试图通过否定周权是"干谒之徒",力辩
赵孟𫖯非结党之徒,最终塑造无"依门傍户"之风的元士大夫形象。然依前文
所考,馆臣整个论述的逻辑起点即周权非干谒之徒便已是假命题,那么由此展
开的所有推论便皆成无本之木,更遑论《总目》"故终元之世,士大夫无钩党之
祸"这一论断的真实性。总之,《总目》回护周权干谒之行为以及元代门户构
争之士风,其主观意图便是美饰元代的文人与士风。

(二)无门户之见? 有门户之见?

《总目》以"元儒敦朴,无门户之争"论元代学风,那么究竟元代学风是否
如此? 今在《总目》中检索"门户""朋党"二词,前者数量共达 286 次之多,后
者数量亦有 31 次,且分布于在经、史、子、集四部之中。以"门户"为例,仅就
集部而言,宋前别集提要中出现 1 次,宋别集提要中出现 21 次,元代别集提要
中出现 4 次,明代别集提要中出现了共 30 次,由此数据的悬殊可知,《总目》
视域中的宋人和明人皆好门户之争,元人则否。

在元别集提要出现的 4 次之中,有 1 处是在指斥清代学风,《静修集》提
要云:"王士祯作《古诗选》,于诗家流别品录颇严,而七言诗中独录其歌行为
一家,可云豪杰之士,非门户所能限制者矣。"①有 1 处是用于区分诗歌风格,
《渊颖集》提要称:"王士禛《论诗绝句》有曰:'铁崖乐府气淋漓,渊颖歌行
格尽奇。耳食纷纷说开宝,几人眼见宋元诗?'实举以配杨维桢。其所选七
言古诗,乃录莱而不录维桢,盖维桢为词人之诗,莱则诗人之诗,恃气纵横,

---

① 纪昀等:《钦定四库全书总目》卷一六六,第 2214 页。按,此处"王士禛"即王士禛,为同
一人,但在《总目》各提要中写法有不同。本书引用时遵原提要的写法。

与覃思冶炼,门户固殊。士禛《论诗绝句》作于任扬州推官时,而《古诗选》一书,则其后来所定,所见尤深也。"①其余2次则都是在反面立论,以"无门户之见"来肯定元人。其中1处评价是贴合事实的,如郑玉是元后期"朱、陆合流"学说的代表人物,《总目》引用其《送葛子熙序》和《与汪真卿书》二文,前者云:"陆子之质高明,故好简易;朱子之质笃实,故好邃密。所入之途有不同,及其至也,三纲五常,仁义道德,岂有不同者哉!况同是尧舜,同非桀纣,同尊周孔,同排释老,同以天理为公,同以人欲为私。大本达道,无有不同者。学者不求其所以同,惟求其所以异,此岂善学圣贤者哉!"②后者云:"朱子尽取群贤之书,析其同异,归之至当,使吾道在宇宙,如青天白日,万象灿然,莫不毕见。然自是以来,三尺之童,即谈忠恕,目未识丁,亦闻性与天道,一变而为口耳之弊。盖古人之学,以所到之深浅,为所见之高下,所言皆实事。今人之学,所见虽远,而皆空言。此岂朱子毕尽精微以教世之意哉!"③进而得出结论:"其言皆辨别真伪,洞见症结,无讲学家门户之见,知其授命成仁,揩拄名教,不自剽窃语录中来矣。"④另1处评价出现在《俟庵集》提要中,其中"无门户之见"则是出于馆臣的主观臆断,与事实不合。此在后文将展开辨析。

综上可知,《总目》对于元文人的评价是:无门户之见。然而这一评价却并不具有普遍性,因为"门户之见"在元文人中确实存在,只是或许不及宋明二代程度之严重。今以《俟庵集》提要为例展开辨证。《俟庵集》的作者李存是陆学传人,《宋元学案》中列在"静明门人,象山五传"⑤类下,"静明"即陈苑,字立大,南宋末年江西上饶人,人称为"静明先生",主心学。"象山"即陆

---

① 纪昀等:《钦定四库全书总目》卷一六七,第2231页。
② 纪昀等:《钦定四库全书总目》卷一六八《师山文集》提要,第2247—2248页。
③ 纪昀等:《钦定四库全书总目》卷一六八《师山文集》提要,第2248页。
④ 纪昀等:《钦定四库全书总目》卷一六八《师山文集》提要,第2248页。
⑤ 黄宗羲著,全祖望补,陈金生等点校:《宋元学案》卷九三,第4册,中华书局2009年版,第3103页。

九渊,其因讲学于象山书院,被称为"象山先生",提出"心即理"的命题,为心学鼻祖。《俟庵集》提要并未对李存的心学主张作详细剖析,而是试图借虞集之口来传递元人无门户之争的观点。提要云:

> 案《道园学古录》有《送李彦方闽宪诗序》曰:"近日晚学小子,不肯细心读书穷理,妄引陆子静之说以自欺自弃,至欲移易《章句》,直斥程朱之说为非。此亦非有见于陆氏者也,特以文其猖狂不学以欺人而已。此在王制之必不容者也。闽中自中立之归,已有'道南'之叹。仲素、愿中至于元晦,端绪明白,皆在闽中,不能不于彦方之行发之。去一赃吏,治一弊政,不如此一事有以正人心"云云。其言褊躁,与陆氏学派若不戴天,而与存书乃深相推挹,岂非以其人重之欤?亦足见元儒敦朴无门户之成见也。①

其中"元儒敦朴无门户之成见"并非从李存学术观点中获得的认知,而是借虞集之言论所导出的一种观念。馆臣又仅以虞集《送李彦方闽宪》诗序一文便判定虞集"与陆氏学派若不戴天",这一认识是否成立? 事实是,《总目》的阐释和理解皆为断章取义。今阅虞集《送李彦方闽宪诗序》,馆臣所解实不同于虞集之本意。序曰:

> 文监李公彦方出贰闽宪,同朝群公皆赋诗以为赠。彦方屡擢台职,激扬之宜,有不待予言者。适有一事,深有感于愚衷。先正鲁国许文正公,实表章程、朱之学,以佐至元之治,天下人心风俗之所系,不可诬也。近日晚学小子,不肯细心读书穷理,妄引陆子静之说以自欺自弃,至欲移易论语章句,直斥程、朱之说为非。此亦非有见于陆氏者也。特以文其猖狂不学以欺人而已,此在王制之必不容者也。闽中自中立之归,已有道南之叹,仲素、愿中至于元晦,端绪明白,皆在闽中,不能不于彦方之行发之。去一赃吏,治一

---

① 　纪昀等:《钦定四库全书总目》卷一六七《俟庵集》提要,第2237页。

弊政,不如此一事,有以正人心,儒者之能事也。集卧病,目眚尤甚,援笔书此云。①

初阅此文,虞集似在指斥陆九渊和陆学,而庇护程朱之理学。但通观其本末,虞集却并未将程朱之学和陆氏之学对立而论。虞集此番陈说的前提是朱、陆都属于儒学范畴,朱、陆矛盾为儒学内部矛盾,而其目的在于指出儒学内部滋长的不学无术的学风弊病,进而嘱托即将出任闽宪的李彦方肃清弊端,以振兴学术。依其表述,如"直斥程、朱之说为非"和"此亦非有见于陆氏者也""妄引陆子静之说",可知其所言"晚学小子",是指不学无术之儒生。馆臣仅依字面所见而将虞集与陆九渊学派置于对立面,是因为馆臣潜意识已经将朱陆学派对立起来。

事实上,虞集师承元代南方大儒吴澄,学术主张和会朱陆、宗朱兼陆。这点其本人在《送李扩序》中有充分表述。李扩与虞集一样,皆为吴澄门人,时其方中科举,出任之际向同门虞集"请一言以自警",故虞集将吴澄及其本人所历经的学术坎坷娓娓告之,大旨在向李扩讲述吴澄和其本人因主张和会朱陆二学而被主张程朱理学的许氏门人所排挤一事,可见虞集其时,亦身陷学术纷争,纷争二派是"主张程朱理学"的许氏门人和"主张宗朱兼陆"的吴澄一派,亦可谓南北学术之纷争,可见元代"南吴北许"的儒学格局并不是对一种静态对立的描述,而是对一个动态纷争的描述。只是因以吴澄为代表的南人学派始终未进入元王朝的行政格局之中,故学术之争并未能升级为政治权力之争,其门户之争的影响终究无明人党争之大。

虞集在《送李扩序》云:"议者曰:'吴伯清,陆氏之学也,非朱子之学也。不合于许氏之学,不得为国子师,是将率天下而为陆子静矣。'遂罢其事。呜呼!陆子岂易言哉?彼又安知朱、陆异同之所以然?直妄言以欺世拒人耳。"②其中的"议者"显然是位居显赫的维护朱子之学的许氏门人。吴澄主

① 虞集著,王颋点校:《虞集全集》之《送李彦方闽宪,并序》,天津古籍出版社2007年版,第14—15页。

② 虞集著,王颋点校:《虞集全集》之《送李扩序》,天津古籍出版社2007年版,第540页。

张宗朱兼陆,《元史》载其出任国子司业,即国子监儒学训导时"尝为学者言:'朱子于道问学之功居多,而陆子静以尊德性为主。问学不本于德性,则其蔽必偏于言语训释之末,故学必以德性为本,庶几得之。'"①他认为既要"道问学",又要"尊德性",二者是体与用的关系,彼此融通互补,故不可偏废其一。只是吴澄此论并不为当时学者接受,虞集描述说:"学者天资通塞不齐,闻先生言,或略解,或不能尽解,或暂解而旋失之,或解而推去渐远。退后论辩于仆,仆皆得因其材而达先生之说焉。"②可见吴澄初入元廷,其学说不被北人理解的。虞集自是了然于心,他为吴澄辩护说许氏之学与吴氏之学并无本质区别:"呜呼!文正与先生学之所至,非所敢知所敢言也。然而皆圣贤之道,则一也。时与位不同,而立教有先后者,势当然也。至若用世之久速,及人之浅深,致效之远近、小大,天也,非人之所能为也。"③

由虞集论述朱陆关系和维护吴澄学说可知,虞集于陆氏学派是接受和认可的,且认为朱、陆皆为圣贤之道,二者并无对立关系。可见,馆臣论断虞集与陆学是"若不戴天"的关系,这不过是馆臣主观的曲解罢了,与事实相悖。

通过上文对虞集学术主张的寻求,元代学术的另一个事实也呈现出来:元代是有门户之争的。进入元朝政治权力中心的北方学派——许衡门人与未掌握行政权力的南方学派——吴澄及子弟在元朝科举制度确立的前前后后展开一场学术和教育的博弈。

学术上,针对北方学派的强势,虞集亦曾抨击当时的许衡后学已然偏离许氏学术正轨:"文正殁,国子监始立,官府刻印章如典故。其为之者,大抵踵袭文正之成迹而已。然余尝观其遗书,文正之于圣贤之道、五经之学,盖所志甚重远焉。其门人之得于文正者,犹未足以尽文正之心也。子夏曰:'君子之道,孰先传焉?孰后倦焉?'程子曰:'圣贤教人有序,非是先传以近者、小者,而不教之远者、大者

---

① 宋濂等:《元史》卷一七一"吴澄传",中华书局 2000 年版,第 2680 页。
② 虞集著,王颋点校:《虞集全集》之《送李扩序》,天津古籍出版社 2007 年版,第 540 页。
③ 虞集著,王颋点校:《虞集全集》之《送李扩序》,天津古籍出版社 2007 年版,第 540 页。

也.'夫天下之理无穷,而学亦无穷也。今日如此,明日又如此,止而不进,非学也,天下之理无由而可穷也。故使文正复生于今日,必有以发理义、道德之蕴,而大启夫人心之精微、天地之极致,未必如前日之法也。而后之随声附影者,谓修辞申义为玩物,而从事于文章,谓辩疑答问为躐等,而始困其师长。谓无所猷为为涵养德性,谓深衷厚貌为变化气质,是皆假美言以深护其短,外以聋瞀天下之耳目,内以蛊晦学者之心思,此上负国家、下负天下之大者也。而谓文正之学,果出于此乎?"①对于许衡本人虞集持肯定态度,然而其中"后之随声附影者",即许氏后学,虞集则认为他们鄙薄文辞、一味固守朱学而不知变通,实"未足以尽文正之心"。

二派在学术上的争锋尚且停留于唇舌笔墨,而双方在科举科考内容的制定上则已牵涉至官位贬黜和政治排挤了。

《元史·吴澄传》载:"至大元年,召为国子监丞。先是,许文正公衡为祭酒,始以《朱子小学》等书授弟子,久之,渐失其旧。澄至,旦燃烛堂上,诸生以次受业,日昃,退燕居之室,执《经》问难者,接踵而至。澄各因其材质,反覆训诱之,每至夜分,虽寒暑不易也。皇庆元年,升司业,用程纯公《学校奏疏》、胡文定公《六学教法》、朱文公《学校贡举私议》,约之为教法四条:一曰经学,二曰行实,三曰文艺,四曰治事,未及行。又尝为学者言:'朱子于道问学之功居多,而陆子静以尊德性为主。问学不本于德性,则其敝必偏于言语训释之末,故学必以德性为本,庶几得之。'议者遂以澄为陆氏之学,非许氏尊信朱子本意,然亦莫知朱、陆之为何如也。澄一夕谢去,诸生有不谒告而从之南者。"②吴澄继许衡而入国子监教学,皇庆元年(1312)其任国子司业时,以经学、行实、文艺、治事四条改革教法,此法未能实行;又其和会朱陆的学说被认为"非许氏尊信朱子本意",故吴澄因主张未能行而辞官离去。吴澄和会朱陆的学说不行于学,固然是受朝廷许氏学派根深蒂固的地位所排挤。而其教学法何以也不被采纳?从元仁宗皇庆二年(1313)十一月元廷正式颁布的《行科举诏》便可知原因。程钜夫

---

① 虞集著,王颋点校:《虞集全集》之《送李扩序》,天津古籍出版社 2007 年版,第 539 页。
② 宋濂等:《元史》卷一七一"吴澄传",中华书局 2000 年版,第 2680 页。

《行科举诏》曰:"三代以来取士各有科目,要其本末,举人宜以德行为首,试艺则以经术为先,词章次之,浮华过实,朕所不取。"①这便是元官方对于学术之态度,以德行明经为主,词章次之。而皇庆二年(1313)十月中书省奏令则更有说服力:"学秀才的,经学、词赋是两等。经学的是说修身、齐家、治国、平天下的勾当,词赋的是吟诗、课赋、作文字的勾当。自隋唐以来,取人专尚词赋,人都习学的浮华了……俺如今将律赋、省题诗、小义等都不用,止存留诏诰、章表,专立德行明经科明经内《四书》《五经》,以程氏子、朱晦庵注解为主,是格物致知、修己治人之学。这般取人呵,国家后头得人才去也。"②由此官方政令可知,元代科举摒弃了金代和宋代以词赋取士的制度,而改为以德行明经取士。这一决策彰显出的是元代官方学术尊崇许衡学派重道理轻文辞的教育法。然吴澄的四条教法中,"文艺"一门便是沿袭了南宋科考词赋为重的标准,故不为官方所取。学术与教育密切相关,北方许衡学派因学术霸主地位而获得了教育话语权。

在南北学派的斗争中,受吴澄牵连而被弹劾和诽谤的人,还有南方文士邓文原和虞集。虞集说:"是时,仆亦孤立不可留。未数月,移病自免去。邓文原善之以司业召至,会科诏行,善之请改学法,其言曰:'今皇上责成成均至切也,而因循度日,不惟疲庸者无所劝,而英俊者摧败,无以见成效'。议不合,亦投劾去。于是,纷然言吴先生不可,邓司业去而投劾为矫激,而仆之谤尤甚。"③学派斗争带来的南方士人的被诽谤和弃官,这无疑体现出元代门户纷争的激烈性。然元代门户之争终究未如明代纷繁,则是因为元代南人大多为翰林文人角色,他们始终未能进入元代行政中心。

综上观之,提要所谓"元儒敦朴无门户之成见也"不无武断之嫌。更何况,馆臣仅是对虞集本意的误读而断定虞集无门户之见,进而再断言元儒无门户之

---

① 苏天爵:《元文类》卷九,上海古籍出版社1993年版,第121页。
② 陈高华、张帆等点校:《元典章》礼部卷四,中华书局、天津古籍出版社2012年版,第1098页。
③ 虞集著,王颋点校:《虞集全集》之《送李扩序》,天津古籍出版社2007年版,第540页。

见,这一由此及彼的逻辑显然是难以成立的。那么馆臣为何要如此推测和强调?原因在于馆臣主观上试图将元代塑造成与明代不一样甚至是优于明代的王朝,故对其弊端会尽量遮蔽而不予揭露,以此来维护元代学术的"醇正"性。

以上从六个方面对《总目》元别集提要呈现出的撰写思想进行了探究和辨析,其中敦崇风教、崇实黜虚、裨补史阙这前三者可谓是《总目》书写提要过程中一以贯之的标准,而消解思宋、褒奖气节和消泯门户这后三者则体现出《总目》书写元别集提要时的特殊性,这仅是第一层结论。在元别集提要中,撰写思想背后实有更为深刻的考量:审核鹄的是为厘正不为禁毁;裨补史阙是为完善《元史》;崇实黜虚是为认同元代学术;消解思宋是为营建元王朝之向心力;褒奖气节是为塑造元人价值观;消泯门户是为凸显元人之敦朴。此六个维度,是《总目》按照清代官学认可的方式所塑造的元代学术思想倾向。《总目》书写元代文人的整体立场是宽容的、认同的和推崇的,此是为第二层结论。若将《总目》书写元别集提要之立场与明别集提要比较,二者正可谓南辕北辙、截然相反。

第三节　乾隆题御制诗与《金渊集》提要的被"定格"

前两节从宏观角度探讨了提要生成之大端,本节则从微观角度,特别是以个案为中心,具体揭示生成提要过程中乾隆帝意志的干预和支配。

宋元之际的仇远及其《金渊集》在《四库全书》编纂之前的诗歌史上,并未有极为引人注目的地位和影响。然而在《四库全书》的纂修和《总目》的撰写过程中,该集却被乾隆帝所关注和重视。乾隆不仅为《金渊集》亲题御制诗,推崇其清真豪逸之诗风,更是对其"十二辰诗体"大加改良和运用,吟咏于武功和文治,戏谑于馆阁文臣之诗才。乾隆帝给予仇远及其诗歌的"圣爱",令四库馆臣对仇远的诗集——《金渊集》敬之三分,对于乾隆御批之《金渊集》提要更是不敢轻举妄动,这便导致了《金渊集》提要自文渊阁库书提要之初具形态后,直至《总目》定稿,始终处于馆臣的"认同区域"而被"无视",夹杂着诸多事实讹误和主观偏颇。

一、乾隆御题诗与《金渊集》提要之内在联系

据《四库全书》提要系统中①有时间可考的提要发现②,《金渊集》提要自定稿于乾隆四十年(1775)四月的文渊阁库书提要之后,基本未作任何改动。而在文渊阁库书提要中,《金渊集》提要是元代别集提要中定稿时间最早的一则,且是定稿于乾隆四十年(1775)四月的唯一一则。这当然与《金渊集》的成书情况有关。《金渊集》与另一部被《四库全书总目》著录的仇远诗集《山村遗集》不同,它是辑录自《永乐大典》的元别集。而整理《永乐大典》,是纂修《四库全书》的起点,故从采书程序上说,《金渊集》可能略早于大多数元别集进入馆臣视野。然而,更重要的不是定稿时间早的问题,而是定稿早而无改动的问题。因为该提要是从阁本提要到《总目》定稿为数不多的基本未作改动的元别集提要之一。这意味着,此篇提要自阁本至《总目》,无甚争议,一直保持着其较为原初的面貌。须知,这样的情况在提要的成形过程中是低概率的。在《总目》的纂修过程中,提要稿大则经历面目全非的变动,小则也有部分改动,但无论是大变动还是小改动,提要定稿前大多都发生过或多或少的变化,元别集提要自不例外。而在变动删改如此频繁发生的提要系统中,《金渊集》提要却能"保守原貌",为何?

今可于乾隆帝《御制题仇远〈金渊集〉》诗中寻得蛛丝马迹,该诗冠于文渊

---

① 按,包括分纂提要(如《翁方纲纂四库提要稿》)、汇总提要(如《四库全书进呈存目》)、刊本提要(《武英殿聚珍版丛书》书前提要)、阁本提要(包括《四库全书荟要》、文渊阁库书提要、文溯阁库书提要、文津阁库书提要、文澜阁库书提要等)和总目提要五种类型的文本。

② 按,今存世的提要文献中,《四库全书进呈存目》、《四库全书荟要》未载《金渊集》提要,《翁方纲纂四库提要稿》仅有仇远《仇山村诗》提要(《总目》著录为《山村遗稿》提要),而《金渊集》提要则无。而《金渊集》提要可见于《武英殿聚珍版丛书》本书前提要,文渊阁、文溯阁、文津阁三库书提要,其中《武英殿聚珍版丛书》书前提要和文渊阁库书提要皆定稿于乾隆四十年(1775)四月,内容完全一致。文溯阁库书提要定稿于乾隆四十七年(1782)五月,文津阁乾隆四十九年(1784)五月,二者内容亦与文渊阁库书提要相同。

阁四库本《金渊集》书前,其云:

> 宋末元初鸣以诗,早年仇白(斑)已名驰。却看排次还面目,信
> 有甲丁为护持。雄逸或堪苏(轼)伯仲,清真亦偶陆(游)塤篪。拟之
> 李杜诚犹远,则实渊源限代时。①

其中第三句"却看排次还面目"后自注曰:

> 仇远在宋末即以诗名,其格高雅,往往颉颃古人。世所传惟《兴
> 观集》《山村遗稿》及近时歙人项梦昶所辑《山村遗集》,其《金渊集》
> 则不可复睹。兹于《永乐大典》散篇中,裒辑各体,编为六卷。考远
> 《赠士瞻上人》卷,僧道衍跋之,推挹甚至,盖深倾倒于远者。故其监
> 修是书,所载独多,似全部,遗者无几,若有神物呵护者然。②

此诗及注皆收录在乾隆帝《御制诗四集》卷三〇中,按所作年编次在乾隆
四十年(1775)下。巧合的是,这一时间竟然与《金渊集》提要定稿的时间完全
一致。由此,足可判断,《金渊集》提要的定稿无疑与乾隆题诗有着密切关联。
为便于进一步探讨之,现引《总目》之《金渊集》提要如下:

> 元仇远撰。远字仁近,一曰仁父,钱塘人。因居余杭溪上之仇
> 山,自号曰"山村民"。世传高克恭画《山村图卷》,即为远作也。远
> 在宋咸淳间即以诗名,至元中尝为溧阳教授,旋罢归,优游湖山以终。
> 远初锓所作一编,方凤、牟巘、戴表元皆为之序。分教京口时,裒所作
> 曰《金渊集》,吾丘衍为之题诗,所谓《仇仁父解秩建康,有新文曰〈金
> 渊集〉》者是也。二集皆已佚,故明嘉靖中顾应祥跋其《赠士瞻上人》
> 卷,已有不见全集之憾。世所传《兴观集》、《山村遗稿》皆从手书墨
> 迹搜聚成编,非其完书。近时歙县项梦昶始采摭诸书所载,补辑为
> 《山村遗集》一卷,刻之杭州,而所谓《金渊集》者则不可否复睹。今

---

① 仇远:《金渊集》卷首,《景印文渊阁四库全书》第 1198 册,第 1 页;爱新觉罗·弘历:《御
制诗四集》卷二九,《景印文渊阁四库全书》第 1307 册,第 765 页。

② 仇远:《金渊集》卷首,《景印文渊阁四库全书》第 1198 册,第 1 页。

惟《永乐大典》所载尚数百首。考远《赠士瞻上人》卷后有洪武二十一年僧道衍《跋》，其推挹甚至，盖深倾倒于远者，故其监修是书，载之独夥，疑其全部收入，所遗无几也。谨以各体排纂，编为六卷。远在宋末与白珽齐名，号曰"仇白"。厥后张翥、张羽以诗鸣于元代者，皆出其门。他所与唱和者，周密、赵孟頫、吾丘衍、鲜于枢、方回、黄潜（溍）、马臻，皆一时名士，故其诗格高雅，往往颉颃古人，无宋末粗犷之习。方凤《序》述远之言曰："近体吾主唐，古体吾主《选》"。瞿祐又记远自跋其诗曰："近世习唐诗者，以不用事为第一格，少陵无一字无来处，众人固不识也。若'不用事'之说正以文'不读书'之过耳"。其言颇中江湖、四灵二派之病。今观所作，不愧所言。而此集出自尘埋蠹蚀之余，皆项梦昶本所不载，若有神物呵护，俾待圣朝而复显者，为尤可宝贵矣！①

对比乾隆御制诗及注与《金渊集》提要，发现二者有些内容完全相同、评价基础高度一致（引文加点标注处）。此处不可避免地需澄清一下二者孰先孰后的问题。很显然，其中多处涉及别集版本描述的具体内容，这些基础信息当是由馆臣撰写的，故从二者先后关系来说，应该是《金渊集》提要在前，乾隆御制诗及注在后。尽管馆臣是《金渊集》提要的第一作者，理应拥有删改权利，然而依封建制度下的君臣礼制，当乾隆御题诗及注解不变，则被乾隆帝引用的《金渊集》提要内容亦不可改变。若肆意改动，是为以下犯上之罪。故可以肯定地说，《金渊集》提要终究是因被乾隆题诗及其注释所吸纳而得以成为不刊之论。那么，究竟《金渊集》提要所载是否真为"不刊之论"呢？事实则并不然。

二、《金渊集》提要表述和观念之辨证

通过辨证发现，《金渊集》提要中至少有五处内容亟待商榷和斟酌：

---

① 纪昀等：《钦定四库全书总目》卷一六六，第2211页。按，断句、标点有所调整。

其一，主观臆断，悖于事实。提要云："今惟《永乐大典》所载尚数百首。考远《赠士瞻上人》卷后有洪武二十一年僧道衍《跋》，其推挹甚至，盖深倾倒于远者，故其监修是书，载之独夥，疑其全部收入，所遗无几也。谨以各体排纂，编为六卷。"①今考，僧道衍并非如馆臣所言"深倾倒于远者"。观僧道衍《跋》全文："仇先生仁近，宋季老儒也。与白先生湛渊诗名并称于吴下，人谓之'仇白'，若唐之'皮陆'也。二先生晚年谢事，乐于湖山泉石间，多与方外士游，名山胜地，佛刹灵区，足迹所到，无不有其题咏。兵后，石刻墨本百无一二存也。此数诗乃仇先生晚年所作，录与天平士瞻翁者，兵后亦失去。翁之徒，今天平住山复庵禅师，复得之于他人。复庵以为传家之珍，征余题其后。衍壮时遇（谒）天平，见翁于松下。翁善辨，评论古今人物惟允，于诗亦称道'仇、白'也。仇先生诗，前辈已曾论之，余尚何言哉？然是诗既失而复得，禅师宜加宝重。洪武二十一年岁在戊辰，十二月望日，燕山大庆寿独庵道衍。"②僧道衍，即姚广孝（1335—1418），僧人，被称作黑衣宰相，是明初靖难之变的主要策划者，后监修《永乐大典》。通读《跋》文，开篇是对仇远声名地位之陈述，接着交代仇远《书与士瞻上人》十首诗丢失而又被士瞻上人之徒复庵禅师重获的经历，末尾推崇复庵禅师其人时略有论及仇远诗。归而论之，此《跋》重点在于陈述仇远作品的流传而非评品。僧道衍对于仇远其人其诗也并未有直接的独立性评论，而是多在附和他人之观点，如"人谓""前辈已曾论之"等。故，若说以"推挹""深倾倒于"用以描述复庵禅师对仇远之态度则为贴切，用以描述僧道衍对仇远则未必见得；若说僧道衍《跋》文确有流露"推挹"之意的话，那么其"推挹"对象，更准确地说是复庵禅师。馆臣依据臆想作出的解读未免混淆原义，扭曲事实，其结果便是：夸大了僧道衍对仇远《书与士瞻上人》十首诗之评价，拉近了僧道衍与仇远的情感距离。

① 纪昀等：《钦定四库全书总目》卷一六六《金渊集》提要，第 2211 页。
② 仇远：《山村遗稿》卷二，《续修四库全书》第 1322 册，上海古籍出版社 2002 年版，第 637—638 页。

　　而后,馆臣顺理成章地根据僧道衍对仇远《书与士瞻上人》十首诗的推崇,判断僧道衍在监修《永乐大典》时定当格外关注仇远之作品,故言"载之独夥,疑其全部收入,所遗无几也"。

　　暂且不论僧道衍对仇远的推崇之情是属于馆臣主观强加的。单就因果逻辑来看,由"推挹"之情而"载之独夥",这显然属于毫无凭据的主观猜测。《永乐大典》卷帙浩繁,姚广孝是否曾关注此《金渊集》一集,实难定说。而馆臣言之凿凿,仿佛煞有其事。今栾贵明撰《四库辑本别集拾遗》,于《永乐大典残卷》中尚辑补出《金渊集》诗歌十题十二首,分别是《偶作》《无题》《后园野池诗》《东园赏红梅》《顷溧水归登官塘汤汉章义门》(二首)《村中语》《村舍即事》(二首)《程公明家玉蕊花》《送李介甫赴官塘汤氏馆》《元夕恩需即事》①。而这十二首诗歌仅仅是从残卷中辑录所得,若于《永乐大典》全卷搜寻之,则数量或将更大。另,杨镰先生所编《全元诗》又从《诗渊》辑得仇远诗歌若干首。需要补充的是,杨镰先生整理过大量元代文献并撰有《元诗史》一书,他提出"《永乐大典》和《诗渊》间有某种颇耐探寻的联系"②。依此说法,辑自《诗渊》中的若干首诗抑或存于《永乐大典》中,而馆臣未及见。故"所遗无几"之谓实属草率妄断。

　　由对僧道衍《跋》文之主观曲解,再到毫无凭据的主观猜测,馆臣显然有吹嘘辑录《永乐大典》的功绩和过度拔高《金渊集》价值之嫌疑。而这些言论皆因被乾隆御题诗所采纳而成为了"万世公论",其中馆臣之主观臆断也因御笔的绝对权威而被合理化。

　　其二,生平失考,所载有误。提要所云"至元中尝为溧阳教授"③,时间和官职皆不符,属张冠李戴之误。仇远曾出任溧阳教授一事无争议,此于其友人所述及其自身诗歌所载皆可知晓,然其任职时间却未有明确记载。如

---

①　栾贵明:《四库辑本别集拾遗》,中华书局 1983 年版,第 151—154 页。
②　杨镰:《元代文学及文献研究》之《元佚诗研究》,中华书局 2015 年版,第 29 页。
③　纪昀等:《钦定四库全书总目》卷一六六《金渊集》提要,第 2211 页。

张翥《跋仇仁近山村图卷》称："先生一为溧阳教授,即不仕。"①张翥为仇远弟子,其所记为实,但其仅言仇远曾任溧阳教授,时间未详。今考,仇远出任溧阳儒学教授的时间是大德八年(1304),并非"至元中"。仇远《金渊集》卷六有《纪事》一诗,题下自注曰:"淳祐丁未,亦旱,予始生。"②淳祐丁未,即宋淳祐七年(1247),仇远生于是年。又据方回《送仇仁近溧阳州教序》所云:"吾友山村居士仇君远仁近,受溧阳州教,年五十八矣。归附垂三十年,始得一州教,则何其难于仕也。"③以年五十八推之,则仇远出任溧阳教授的时间在大德八年(1304)。方回为仇远至友,二人酬唱往来之作颇多,且该序文专为送仇远上任溧阳教授而作,其中所言时与事皆甚切合实际,故方回所云时间当不至于有误。又《(嘉庆)溧阳县志》在"名宦"目下载:"元大德中,起为溧阳州教授,据旧《县志》。"④后又在"溧阳学官"名目下对仇远任溧阳教授的时间有所考证:"仇远,据旧《县志》,大德中任州教授,见《名宦》。案,下班、孔石所据并同。又案,《山村遗稿序》:'至元中部使者强以学职起'。远为溧阳州教授,似远以至元中来任。但至元时,溧阳为州止一年,既当有牟应龙作教授,不得复有仇远。旧《县志》以为大德中任,当得之。"⑤其中所提及的"牟应龙",该志亦列其于"溧阳学官"目下:"据《元史》本传,当以至元十四年任州教授,见《名宦》。案传,应龙于世祖时教授溧阳州,溧之改州在世祖至元十四年,明年便改府,故知应龙当以十四年来任。"⑥清嘉庆年间的县志纂修者依据旧《县志》的记载和仇远前任牟应龙和后任官员班惟志的任期时间,对"至元中"任溧阳教授一说进行反驳,论证颇为合理,

① 仇远:《山村遗稿》附录续,《续修四库全书》第 1322 册,上海古籍出版社 2002 年版,第 668 页。

② 仇远:《金渊集》卷六,《景印文渊阁四库全书》第 1198 册,第 60 页。

③ 仇远:《山村遗稿》附录续,《续修四库全书》第 1322 册,上海古籍出版社 2002 年版,第 667 页。

④ 史炳等:《(嘉庆)溧阳县志》卷九职官志之"名宦",成文出版社 1983 年版,第 225 页。

⑤ 史炳等:《(嘉庆)溧阳县志》卷九职官志之"文题名",成文出版社 1983 年版,第 205 页。

⑥ 史炳等:《(嘉庆)溧阳县志》卷九职官志之"文题名",成文出版社 1983 年版,第 205 页。

尽管仇远至元中任京口学正的经历被其所忽视，导致对"以学职起"的认识不足。除此，《(嘉庆)溧阳县志》所载："班惟志，大德五年任，曾修州学。"①亦可提供一条重要信息，仇远在大德五年（1301）还未任溧阳教授。秉持仇远"大德中"而非"至正中"任溧阳教授的，还有清晚期藏书家丁丙，他在叙述仇远生平时称："元大德九年，尝为溧阳教授，官代归，优游湖山以终。"②此说与《(嘉庆)溧阳县志》所载基本契合，时间上"元大德九年"则更为具体。丁丙曾在光绪乙未年（1895）刻《山村遗集》，后被收录《武林往哲遗著丛书》之中，其又藏有卢文弨抱经堂校本《金渊集》六卷，其所见作品较全，所考仇远之生平亦较为严谨可信。

那么《总目》何以会出现"至元中"的时间之误？文献溯源发现，迄今见及最早记载"至元中，荐为溧阳教谕"一说的文献为明人郎瑛《七修类稿》，该书"仇山村"条云："山村先生仇远，字仁近，宋咸淳名士。宋亡，落魄江湖，博通经史，剩有诗声，惜未见其集以行世也。至元中，荐为溧阳教谕，转宝庆路教授，不赴。"③误亦始于此。

清康熙年间顾嗣立编《元诗选》沿袭此说，"仇教授远"小传称："元至元中，部使者强以学职起之，为溧阳州学教授。"④

而《总目》之误极有可能是直接源于《元诗选》，因为《总目》元别集提要多参《元诗选》撰成⑤。从《七修类稿》到《元诗选》，再到《总目》，有关仇远生平的舛误链条大致如此。

追根究底，郎瑛《七修类稿》之误又是如何来的？探究发现，在仇远生平事迹中一直缺失了一个环节，即仇远早在溧阳教授之前，于至元年间便已出任

---

① 史炳等：《(嘉庆)溧阳县志》卷九职官志之"文题名"，成文出版社1983年版，第205页。
② 丁丙：《善本书室藏书志》卷三三，广文书局1988年版，第1574页。
③ 郎瑛：《七修类稿》卷三四，上海书店出版社2001年版，第372页。
④ 顾嗣立：《元诗选二集》甲集，中华书局1987年版，第30页。
⑤ 按，此论在第三章有详述。

过京口学正。此见载于《山村遗稿》①仇远自作律诗三十八首后所附俞希鲁《跋》中，谓："山村仇先生在宋时已有能诗声。至元中尝分教京口，余时尚童丱，从先人杖履识之，后每至杭必造其庐，拜床下。先生虽生长繁华之地，而神清骨耸，翛然山泽臞儒也。今观所录《与虎林盛先生赠行小卷》，其间多感慨兴亡之辞，而优柔不迫，平淡中有深味，真得诗人之旨者也。诗后题识岁月，距今六十八年矣。翰墨如新，诚可爱玩。季高其慎藏之哉。至正乙酉七夕后五日，晚学俞希鲁敬书。"②此《跋》给出了有关仇远仕履的两点重要信息：一是仇远"至元中尝分教京口"，即至元中仇远还曾出任京口学正一职；二是作者本人亲见仇远时，尚为"童丱"。这里需要补充了解一下俞希鲁其人。俞希鲁（1279—1368），字用中，先世温州平阳，南宋时祖父俞卓迁居至镇江，故为镇江人。至元十六年（1279）生，以茂才举处州独峰书院山长，后辗转任多地县尹，至正十六年（1356）以松江府判官致仕，自此优游度日。明洪武初年聘请宿学老儒，辞不就。著有《至顺镇江志》。生平事迹详见宋濂《俞先生墓碑》，今人杨积庆《俞希鲁其人——〈至顺镇江志〉的作者》有考。依据俞氏生年，以"童丱"推算之，即便以十岁推之，仇远分教京口的时间亦尚在至元年间，与俞氏所言"至元中尝分教京口"相印证。故俞希鲁所言不诬。又《跋》末题"至正乙酉"，是为元至正五年（1345），故《跋》文所载亦为较为原始之记载。

仇远至元间出任京口学正一事，不仅有俞希鲁《跋》文之记述，还有官方《郡志》之载录。《至顺镇江志》卷一七"（元）学正"名目下列"仇远，字仁近，杭州人"③，则仇远出任过京口学正一职位是有确切记载的，而《郡志》所载当

---

① 按，《山村遗稿》是清乾嘉时期清人顾维岳和鲍廷博所辑，内容比较完备；文渊阁四库本为《山村遗集》，以乾隆五年（1740）项梦昶刻本为底本。此跋《山村遗稿》和乾隆五年（1740）项梦昶刻本皆有，而四库本《山村遗集》无此篇。

② 仇远：《山村遗稿》卷一附《跋》，《续修四库全书》第 1322 册，上海古籍出版社 2002 年版，第 631 页。

③ 脱因修，俞希鲁纂：《至顺镇江志》卷一七，《宛委别藏》第 47 册，江苏古籍出版社 1988 年版，第 653 页。

有其事实依据。又根据"学职"（统领"教授""学正"等职）目下所载至元六年
（1269）二月所颁《蒙古字学诏》："至元八年，随路设教授，择民间之俊秀者充
生员，应举中选仍授官职，官员子孙弟侄堪读书者并听入学。今教授之下复设
学正，镇江以下路例设生员二十五人。"①尽管该诏书是为推广蒙古字学所颁，
但其中所言重建官学机构、恢复官学学职等情况却是确切可信的。因此，从诏
书所云便可知元朝入主中原后，在至元年间开始重建官学体系和教育机制，至
元八年（1271）之后，镇江路方设置教授、学正等职务，仇远任京口学正，当在
此年之后。后世所考《至顺镇江志》为俞希鲁所编纂，此虽不免引致误会，或
以为代表官方立场的《志》与代表私人话语的《跋》皆出自俞希鲁一人之手，有
官《志》沿袭私《跋》之嫌，故仍有讹误之可能。但可以肯定地说，《至顺镇江
志》成于元文宗至顺年间（1330—1332），该时间远早于俞希鲁作《跋》之时间
至正五年（1345）。可知官《志》在前而私《跋》实在后，而《志》为地方官修，故
所其载当是有事实来源的，故可信。且仇远有诗《和费廷玉》云："我昔南徐讲
席分，知君肥避白云村。"②其中"南徐"即镇江，则其自身诗歌亦载有任京口
学正之事。

　　上由俞希鲁为仇远自作律诗三十八首所作《跋》以及《至顺镇江志》的考
辨，证得仇远于至元八年（1271）至至元三十一年（1294）之间曾出任京口学正
一职。又，据戴表元诗《钱塘数友皆不免以学正之禄糊口，邓善之得杭，屠存
博得婺，白湛困得太平，仇山村得镇江，张仲实得江阴，一时皆有远别，因善之
有诗，次韵各藉之，此二首属善之》及诗题后注有"大德辛丑"可知，其任期一
直持续至大德五年（1301）左右③。而俞希鲁所作《跋》中"至元中"是用于描
述京口学正的，而非溧阳教授。

――――――――――

　　① 脱因修，俞希鲁纂：《至顺镇江志》卷一七，《宛委别藏》第47册，江苏古籍出版社1988
年版，第649页。
　　② 仇远：《金渊集》卷五，《景印文渊阁四库全书》第1198册，第45页。
　　③ 按，王伟伟所撰《仇远年谱简编》引戴表元该诗，称仇远出任京口学正在大德五年
（1301），误。（王伟伟《仇远诗歌研究》附录一，硕士学位论文，华东师范大学2010年，第54页。）

综上所论,可知郎瑛《七修类稿》之误是将"至元中京口学正"与"大德九年溧阳教授"这二次仕履的叙述张冠李戴地杂糅于一体,《元诗选》袭之,《总目》继而延续其误。以上延续"至元中"这一时间舛误,呈现出一个事实是,馆臣对仇远的生平并未有整体而清晰的考证和认识。虽然持有《永乐大典》辑录的仇远《金渊集》以及整理较为完备的《山村遗稿》,可谓拥有大量第一手文献,馆臣却并未对所见二手文献提出质疑并给予准确的考辨,而是人云亦云、以讹传讹。此盲目征引而不予辨证的治学态度,实难与其所标榜的考据精神相匹配。更需要指出的是,记载仇远生平信息的俞希鲁《跋》今载于项梦昶乾隆五年(1740)刻本中,《总目》亦声称其所录《山村遗集》为项梦昶刻本,然今于文渊阁四库本《山村遗集》却不见此《跋》。可见纂修《四库全书》时大量删除序跋的同时,亦抹去了大量真实的历史记载。而馆臣删序之举,不啻为作茧自缚,一则为自身之考证切断了依据,无力寻求真相,一则为后世诟病《总目》存留了把柄。

其三,别集描述,自相矛盾。提要称"分教京口时,裒所作曰《金渊集》,吾丘衍为之题诗,所谓《仇仁父解秩建康,有新文曰〈金渊集〉》者,是也。"①这短短一句表述中,馆臣从两个维度对《金渊集》进行了时间描述:一是《金渊集》结集于"分教京口"之时;一是《金渊集》结集于"解秩建康"之时。然而矛盾的是,此二次时间并不重合,而是颇有距离的,京口与建康亦不属同一行政区域。依前文所考,仇远任"分教京口"之时,即任京口学正时,是至元年间,这一时间在前;其任"解秩建康"之时,即任溧阳教授时,是大德八年(1304)之后,这一时间在后。那么馆臣究竟想要表达何种意思?此集是至元年间所集,还是大德年间所集?

今观《金渊集》所载诗歌,其中有多篇诗歌可确定为其任溧阳教授时所作,如《乙巳岁三月为溧阳校官上府,经乌刹桥,和陶渊明韵》《丁未元日》《自

---

① 纪昀等:《钦定四库全书总目》卷一六六《金渊集》提要,第 2211 页。按,此引文中后一书名号为笔者所加。

叹》《衰年》等。如何至元年间任京口学正时，仇远便可裒集到后来大德时期任溧阳教授时的诗歌？甚为荒谬。可见，"分教京口时，裒所作曰《金渊集》"这一时间描述，显然与《金渊集》的收录情况不符。

值得一提的是，馆臣在仇远另一部别集《山村遗稿》提要中亦曾描述《金渊集》云："远所撰《金渊集》，皆官溧阳日所作，故取投金濑事以为名，所载皆溧阳之诗，而他作不预焉。"①明言《金渊集》所收录的诗歌皆仇远居溧阳之日所作，即仇远任溧阳教授时所集。此说显然与《金渊集》提要"分教京口"时所辑这一表述相矛盾，而馆臣对这一前一后的矛盾竟浑然不知。

而导致馆臣浑然不知的关键点是对仇远生平仕履认识上的混沌不清，而仕履问题在前文已有澄清。正因为混同了京口学正和溧阳教授两次仕宦经历，所以馆臣才会将"京口学正"与"建康解秩"对接而论，其认为仇远在京口学正任期之中始编辑诗集，在建康解官之时该诗集编成。此混同认识前文已经通过所考仕宦经历进行厘清，此外，或还可以从行政区域上加以判断。吾丘衍《仇仁父解秩建康，有新文曰〈金渊集〉》中载"建康"，元代"建康路"即集庆路，而溧阳正属于集庆路。元人张铉所编《至正金陵新志》中，集庆路下辖五个县州：江宁县、上元县、句容县、溧水州和溧阳州。② 故吾丘衍此诗题所传递的信息是：仇远从溧阳教授解官时，新集《金渊集》已整理好。据元代所编纂的《至顺镇江志》，其卷首所列《郡县表》中"镇江府路总管府"下辖三个县邑：丹徒、丹阳和金坛③，并无溧阳。可见，在元代溧阳隶属集庆路（今南京），而京口隶属镇江路（今镇江），二者分属完全不同的行政区域，故仇远先后两次出仕，以行政区域判断，亦能佐证。

综上所述，《金渊集》并非分教京口所裒集，而是任溧阳教授时所结，提要

---

① 纪昀等：《钦定四库全书总目》卷一六六《山村遗稿》提要，第 2211 页。

② 张铉：《至正金陵新志》卷一，《宋元珍稀地方志丛刊》乙编第四册，四川大学出版社 2007 年版，第 24—37 页。

③ 脱因修，俞希鲁纂：《至顺镇江志》卷首，《宛委别藏》第 46 册，江苏古籍出版社 1988 年版，第 19 页。

描述有误。此描述之误，实源于仕履认识上的混沌不清。

其四，主观剪裁，过度阐释。提要云："故其诗格高雅，往往颉颃古人，无宋末粗犷之习。方凤序述远之言曰：'近体吾主唐，古体吾主《选》'。瞿祐又记远自跋其诗曰：'近世习唐诗者，以不用事为第一格，少陵无一字无来处，众人固不识也。若'不用事'之说正以文'不读书'之过耳'。其言颇中江湖、四灵二派之病。今观所作，不愧所言。而此集出自尘埋蠹蚀之余，皆项梦昶本所不载，若有神物呵护，俾待圣朝而复显者，为尤可宝贵矣！"①令人不解的是，瞿佑②《跋》所引"近世习唐诗者以不用事为第一格。少陵无一字无来处，众人固不识也。若'不用事'之说，正以文'不读书'之过耳"，本出自仇远自作《跋》，此《跋》赫然载于文渊阁四库本《山村遗集》中《赠盛元仁手书诗卷》三十八首后，且是文渊阁四库本留存的该组诗原载八篇跋文中的唯一一篇③。因此，瞿佑所引文字既然在文渊阁四库本《山村遗稿》仇远自作《跋》中存在，何以馆臣却要从瞿佑《跋》中辗转而引得此段文字？这固然可见馆臣书写提要时偏好对二手材料的征引，却并未亲历一手文献。然而，更重要的问题是，馆臣这一择取行为是其主观意图驱使所致。观瞿佑《跋仇山村赠盛元仁手书诗卷》原文："山村手写唐律三十八首以赠，皆其自作页，且题识岁月于后，谓'近世习唐诗者以不用事为第一格。少陵无一字无来处，众人固不识也。若'不用事'之说，正以文'不读书'之过耳'。其言似有所激，然亦切中寡学而辄

---

① 纪昀等：《钦定四库全书总目》卷一六六《金渊集》提要，第 2211 页。

② 按，"瞿祐"即"瞿佑"。《总目》称以"瞿祐"，今学界多称"瞿佑"。本书引用时遵原文，表述时则依今之称法"瞿佑"。

③ 按，仇远诗集有三种本子：其一，清乾隆五年（1740）项梦昶刻本《山村遗集》一卷，其在正文《赠盛元仁手书诗卷》后附仇远《跋》一篇，又在《附录》中载他人之《跋》七篇；其二，《续修四库全书》所录为清顾维岳和鲍廷博所辑《山村遗稿》四卷《杂著》一卷《杂著补遗》一卷《山村遗稿附录》二卷《补遗》一卷《附录续》一卷，在卷一《赠盛元仁手书诗卷》三十首诗歌后，便有八篇跋文，分别是仇远、石岩、俞希鲁、苏霖子、王洪、胡俨、瞿佑、龚翔麟所作；其三，文渊阁四库本，以项梦昶刻本为底本，其正文《赠盛元仁手书诗卷》后录有仇远《跋》一篇，但因《附录》未抄录，故其余七篇《跋》文皆缺失不载。

谈比兴之病。"①较之仇远《跋》原文,瞿《跋》多了"其言似有所激,然亦切中寡学而辄谈比兴之病"两句评论;较之瞿《跋》,《金渊集》提要则删去了"其言似有所激,然亦切中寡学而辄谈比兴之病"两句,改换为"其言颇中江湖、四灵二派之病"一句。此两处变化,瞿《跋》体现出瞿佑诗学观,即批判仇远当时存在的"寡学而辄谈比兴"之诗弊;《金渊集》提要则将瞿佑批评之诗弊具体到江湖、四灵二派之弊。由此可知,馆臣征引仇远《跋》文本是借鉴瞿《跋》而来,然馆臣又并未直录瞿《跋》,对于瞿《跋》评价仇远之语,馆臣则是进一步锁定对象加以指弊。在遵从和改变之中,馆臣的立场和观点得以彰显,即批判南宋末年江湖、四灵二派诗风,而其将瞿佑评判的对象锁定在江湖、四灵二派,实不无过度阐释之嫌。何以要征引瞿《跋》,何以过度阐释?《总目》征引之主观意图至此彰显无余。把握《总目》之主观意图后,再来反思《总目》何以不直接征引仇远《跋》文,而是辗转征引瞿佑《跋》中援引仇远《跋》的文字这一问题,答案便呼之欲出。因为瞿佑《跋》中论仇远用典观有"切中寡学而辄谈比兴之病"一句,此句的重要性在于直指宋末元初的诗学弊病。而对于馆臣来说,塑造宋末单弱之诗风、指斥宋末江湖四灵"单弱之习",是其重要的关注点和话题点②。这一点在改换瞿《跋》原文时体现得尤为突出。正因此,馆臣似乎更容易被有态度和观点的瞿佑《跋》所吸引,而非仇远自撰之《跋》。

　　细索之,瞿佑《跋》对于仇远所言是持辨证态度的,其表达也是两面性的:一方面他认为仇远关于诗歌用事的言论有过于偏激之处,一方面又肯定其切

---

① 仇远:《山村遗稿》卷末,《武林往哲遗著》本。按,瞿佑此跋仅载于《武林往哲遗著》本,而不见于他本。

② 按,"四库馆臣是'江湖诗派'最主要、也是最重要的构建者与阐释者"(第83—84页);"可以说四库馆臣笔下的'江湖诗派'带有浓烈的价值判断色彩,其背后指向的是一种相对固定的、格调不高的、猥琐龌龊的诗风"(第84页);"我们今日之研究当然不必'是馆臣之是,非馆臣之非',但是有鉴于'江湖诗派'是后人建构的一个指称,而四库馆臣可谓此概念的奠基者,故不得不辨析于上。此后学界再言'江湖诗派',必先究馆臣意见,方得其源"(第85页)。(侯体健:《"江湖诗派"概念的梳理与南宋中后期诗坛图景》,《文学遗产》2017年第3期。)

中弊病之实。认可瞿佑前一观点的,《赠盛元仁手书诗卷》其他《跋》中亦有之,如王洪作于永乐十六年(1418)的《跋》曰:"诗后自谓作诗必用事,然古人吟咏之妙,又有在于用事之外。风行水上,贵乎自然耳。"①再如胡俨作于永乐十八年(1420)的《跋》云:"至论作诗,必以用事为能,读书朱(未)免于固。前辈谓少陵诗无一字无来历,不过言其学博而有根据耳,非但为用事也。且诗言志,苟适其性情之正而得乎事理之当,亦何必拘拘于用事与不用事哉?岂仇公学识该博,固以用事为能邪?"②相比于瞿佑,王洪、胡俨二人《跋》中对于仇远所主诗歌用事一说批判性更强,而瞿佑后附一句"然亦切中寡学而辄谈比兴之病",实际是为回护仇远"用事之论"的偏激之嫌疑而转移话题。另,由《赠盛元仁手书诗卷》的保存方式,亦可有助于理解《跋》中所言"用事"一词。仇远擅长书法,《赠盛元仁手书诗卷》三十八首律诗便是其自书手迹,今藏于故宫博物院,名为仇远《自书诗》,书卷首有"钱唐王洪为彭氏宗海书""兴观"及"行人司副郑雍言"、篆书"兴观";卷末有元人石岩、俞希鲁、苏霖,明人王洪、胡俨、胡济、瞿佑,清人龚翔麟、翁嵩年诸人题跋③。此诗卷既为仇远自书手迹,则当仅此一册,那么,后人之序跋当是依照先后顺序增添上去,时间靠后的跋者当能见及时间在前的作跋者所作之《跋》。了解了《赠盛元仁手书诗卷》三十八首律诗后《跋》文之排列背景,则永乐年间王洪、胡俨、瞿佑三者先后在《跋》中所言"用事"一事当有其共识性,前二人偏重指斥,而到瞿佑似乎有了替仇远回护之意,将仇远"用事"言论之偏激性转移至指弊当时的诗风。

　　以上通过还原文献生成语境,可知瞿佑对仇远"以用事论诗"的观点是持

---

　　①　仇远:《山村遗稿》卷一,《续修四库全书》第 1322 册,上海古籍出版社 2002 年版,第 632 页。

　　②　仇远:《山村遗稿》卷一,《续修四库全书》第 1322 册,上海古籍出版社 2002 年版,第 632 页。

　　③　杨仁恺:《国宝沉浮录——故宫散佚书画见闻考略》,上海人民美术出版社 1991 年版,第 229 页;萧燕翼:《中国书画定级图典》,上海辞书出版社 2008 年版,第 96 页。

辨证态度的。明确这一点后,再来看《总目》,其舍瞿佑两面性的表述而执着于一端,仅称:"其言颇中江湖、四灵二派之病",这一改动的结果是具化和锁定了瞿佑表述的指弊范围,于瞿佑原意不免断章取义。而馆臣其论,虽源出瞿佑,却并非瞿佑本意。馆臣正意欲以此作定论。

《金渊集》提要辗转征引瞿佑《跋》中之仇远语,其目的不在引仇远《跋》文,而在于征引瞿佑的评语用以发挥己见。之所以发挥瞿佑的观点,是因为瞿佑之观点为指斥南宋末年江湖诗风保留了一定的阐发空间,或者说,能成为馆臣佐证其预设观点的有力理据。而《金渊集》提要征引瞿佑《跋》的不合逻辑,例如馆臣为何不引仇远原《跋》文字这一问题,若是离开预设的主观观念进行解释,则根本无法厘清,或者仅仅停留在过度依赖二手文献的原因,但若了解其征引文献之动机和意图,则一切便看似"合情合理",故本书揭发之,梳理之,以消解阅读提要之障碍。

其五,凸显诗艺,规避心史。评价诗歌大体有两个层次:第一层次为形式审美层面,主要体现在诗歌风格和诗论主张的评判;第二层次为内容主题层面,主要体现为诗歌情感和诗歌志趣的解读。《总目》亦不例外。当作者仅为诗人身份时,评论多止于第一层次;若既为诗人,又另有官宦、学者或其他身份时,评论则往往在第一层次基础上增添第二层次,如政治主张、学术思想、遗民心态等阐述,而其中遗民心态尤为被《总目》关注。今观仇远其人,显然在诗人身份之外,还有一项重要的社会身份,即遗民身份。确切地说,对仇远诗歌的认识应该是双重性的,其诗歌艺术评价当为其一,而成为其诗歌灵魂的故国之思和归隐之志亦当为不可忽略的内容。

今读《金渊集》,厌官之情和归田之志几乎弥散于每一首诗歌中,其主旨可谓与陶渊明"羁鸟恋旧林,池鱼思故渊"诗歌主旨一脉相承。而这种情感和志向自其奔赴溧阳教授之任起便表露无遗。其诗《乙巳岁三月为溧阳校官上府,经乌刹桥,和陶渊明韵》云:"一日不见山,胸次尘土积。老来志益壮,清游等畴昔。钟山草堂古,每恨身微翮。况是佳丽地,牛马风不隔。遑遑问征路,冉冉供吏役。渊明田可秫,肯为五斗易。石桥跨淮水,岐路由此析。俗驾何时回,为尔谢松菊。"①所和为陶渊明诗《乙巳岁三月为建威参军使都,经钱溪》。仇远诗中的"乙巳"为大德九年(1305),在奔赴溧阳教授的任途中诗人便已经表露出归隐田园的志趣和出任官职的无奈。而这种厌倦之情至辞官之前夕达到顶峰,其作《予久客思归以"秋光都似宦情薄,山色不如归意浓"为韵言志,约金溧诸友共赋,寄钱唐亲旧》十二首第四首曰:"江海寄孤篷,飘飘一鸥似。汲汲谋稻粱,欲去行且止。渊明真达者,解印如脱屣。五斗何足云,可但折腰耻。我尝慕其人,出仕亦漫尔。客行入岁晏,田稼逢水毁。逝者既如斯,吾属可去矣。肯负白鸥盟,西湖钓秋水。"②第十一首云:"未仕每愿仕,既仕复思归。了知归来是,宜悟求仕非。干禄本为贫,元非慕轻肥。已昧好为戒,复贻素餐讥。时艰士失业,十家九寒饥。岂无禹稷思,力薄愿乃违。吾门可罗雀,载酒人来稀。下考劣已书,归心疾如飞。眷言长途马,老矣思脱靰。昼短歌意长,式微兮式微。"③其中眷眷山林之志、为贫困折腰的无奈之情斑斑可见。作此十二首诗歌之后不久,仇远便辞官归隐了。

仇远在任官期间,亦不乏抒发归隐诉求的诗歌,如"老病须微禄,归田恨未能"④;"浮沉宦海终非愿,早葺山南屋数椽"⑤;"寡欢元亮须归去,老病相如已倦游。只忆西湖春涨绿,柳边雪外舣兰舟"⑥;"荷衣槐笏徒拘束,不似芒鞋白苎袍"⑦;"惟有溪干隐君子,知予的的愿归耕"⑧;"辛苦移家向溧州,微官只为斗升谋"⑨;等等,比比皆是。仇远热衷于以陶渊明自况,故其诗歌多引陶渊

---

① 仇远:《金渊集》卷一,《景印文渊阁四库全书》第1198册,第6—7页。
② 仇远:《金渊集》卷一,《景印文渊阁四库全书》第1198册,第13页。
③ 仇远:《金渊集》卷一,《景印文渊阁四库全书》第1198册,第14页。
④ 仇远:《金渊集》卷四《除夜新居》其一,《景印文渊阁四库全书》第1198册,第33页。
⑤ 仇远:《金渊集》卷四《宦海》,《景印文渊阁四库全书》第1198册,第38页。
⑥ 仇远:《金渊集》卷五《衰年》,《景印文渊阁四库全书》第1198册,第50—51页。
⑦ 仇远:《金渊集》卷五《秋怀和子野》其二,《景印文渊阁四库全书》第1198册,第47页。
⑧ 仇远:《金渊集》卷五《子野雪后寄和却寄廷玉》,《景印文渊阁四库全书》第1198册,第49页。
⑨ 仇远:《金渊集》卷六《言怀》,《景印文渊阁四库全书》第1198册,第61页。

明其人其事其诗,流露出慕陶之情。

可见,阅读仇远《金渊集》最为直观而强烈的感受是其归隐山林之志,其中情感诉求的冲击感完全胜过理性化的诗作和诗风之论。故若仅仅停留于艺术层面的赏析,无疑不能展现出仇远诗歌的核心魅力,而只有通过主题思想层面的解读,方能捕捉到仇远诗歌的精髓和灵魂。馆臣若亲读之《金渊集》,定然不会无感,而馆臣全然不言,避重就轻,故致舍本而逐末。

或者说,《总目》本是一部以文献目录为第一特征的著作,故其文学批评自不可吹毛求疵。然而,《总目》体现出的文学批评价值日益受到学界关注也是不争的事实,应该说,《总目》文学思想和文学批评自成一家且内容丰富。在此,还有必要澄清一下《总目》书写之特有规律。翻阅《总目》,易代之际文人的身份归属和褒贬问题往往成为核心话题。《总目》中但凡易代文人,其仕宦经历和政治归属都会被馆臣加以品评或定性,如宋末元初杨公远、王奕等人,元末明初戴良、危素等人,明末清初吴伟业、龚鼎孳等人,或对其诗歌中的故国之思大为表彰,或对其身份归属展开考辨,或对其出仕新朝大加挞伐。而至于仇远其人其提要,这种遗民情感的臧否褒贬却一句未及。这与《总目》后期"重气节"的撰写宗旨颇不相符。

今观仇远生平事迹,其以宋人自居之本心可谓明确。仇远(1247—1326以后),杭州人,宋末为临安太学生,未仕而宋亡。有名咸淳间,诗与白珽齐名,时人有"仇白"之称。鼎革后,其人生选择又分两个阶段:

第一阶段为未仕阶段。至少前十年,仇远多与宋遗民交友酬唱,先后多次参加遗民性质的社集活动。第一次,宋亡第三年,即元至元十五年(1278),僧人杨琏真伽掘南宋诸帝陵,爱国义士唐珏、林景熙等暗中收集残骸,并植以冬青树作标志。次年,仇远与周密、王沂孙、张炎、唐艺孙、唐珏等十四人先后汇集于浮翠山房、余闲书院、宛委山房和天柱山房,分题赋咏白莲、蝉、龙涎香、药和蟹以志之,寄托其沉痛的故国之思,后结集为《乐府补题》;第二次,宋亡第十年,即至元二十三年(1286)三月,周密在杨氏家园宴集会友,仇远与王沂孙、戴表元、白珽等十四人参加了这次活动,"坐中之壮者茫然以思,长者愀然以悲"①;第三次,至元二十三年(1286)十月十五日,吴渭等组织月泉吟社,以《春日田园杂兴》为题征诗四方,至次年正月十五日,共收五七言律诗二千七百三十五卷,仇远作诗与之,并取得第四十四名。而参与这次诗歌大联盟的"大抵宋之遗老,故多寓遁世之意,及听杜鹃、餐薇蕨语"②。据相关文献记载在宋亡后的至少十年里,仇远都在宋遗民的群体中寻找着身份认同和心灵书写,在《山村遗集》的诗歌中不乏黍离之悲、亡国之痛的表达。方凤《序》称其:"融化事,往往于融畅圆美中,忽而凄楚蕴结,有《离骚》三致意之馀韵。然后知向之所以为仁父者,穷而故在也。今夫水,虽万折,必东焉。鸟兽大者,丧其群,过乡,翔回焉,鸣号踯躅焉;小者至于燕雀,犹有啁啾之鸣焉,由人心生也。使遭变而不悲黍离,居蘖而不念仪凭,望白云而不思亲,过州西门而□□□(佚文三字),闻山阳笛而不怀故,是无人心矣。尚复有诗哉?"③

第二阶段为仕宦阶段。仇远也曾拒绝元廷之征遗逸④,但鼎革十几年之后,其终究选择出为学官。先后任京口路学正、溧阳州教授,而后归隐山林。而在其任职期间,其诗歌的基调则是一改亡国之悲痛而为归隐之渴望。此时体现的崇慕陶渊明的情感越来越浓烈,时时流露出厌倦宦途归隐山林的志趣。这点在上文已有详细论述,此不展开。而仇远的另外一个重要行为却是足以彰显其政治归属,即其诗歌不书大元年号,而仅书纪年甲子。牟巘为仇远诗歌作《序》称:"山村仇君仁近,尝有《辛丑出西岳》诗,适从何来?而欲效渊明邪?

① 戴表元:《剡源集》卷一〇,《戴表元全集》(上册),浙江古籍出版社2014年版,第222页。

② 吴渭:《月泉吟社诗》卷首库书提要,《景印文渊阁四库全书》第1359册,第618页。

③ 仇远:《山村遗稿》卷末,《续修四库全书》第1322册,上海古籍出版社2002年版,第659页。

④ 按,方回《次韵仇仁近有怀寄十首》"其一"即说"我能纳禄君辞聘","其五"又说仇远"寄来诗卷了无尘,想见家贫道不贫"。(仇远:《山村遗稿》卷末,《续修四库全书》第1322册,上海古籍出版社2002年版,第653—654页。)

自此亦皆以甲子书,似此例者甚众。"①又视仇远为陶渊明知音:"仇君自号山村,不愿富贵而志在田园,正如《己酉九日》《庚戌西田》《丙辰下潠田舍获》耳,是真知慕渊明者,可尚矣。"②仅书甲子看似是一个简单的书写细节,而其本质却是在以"春秋笔法"表达政治态度。陶渊明在晋时所作诗,皆题年号,入刘宋后所作者,但题甲子而已。其意思即仍以晋义熙年间人自居,示耻事二姓之志。仇远正是仿此法而行之,其志亦可知。

探究仇远生平事迹背后的人生志趣所在,则其一生之志皆欲以宋人自居,《总目》仅停留于第一层次上的形式的赏析和审美,却忽略了第二层次上的思想情感的掘发、疏于对诗歌中人生志趣的揭示,未免消解了仇远作为易代文人其思想的复杂性和真实性。馆臣于《金渊集》提要中强此弱彼的策略,与极力寻求依据对易代文人之出处进行褒贬的撰写思想并不一致。即便后期馆臣有所察觉,但终究会因为乾隆御题而未敢妄动之。

三、"十二辰体"与乾隆圣爱之形成

如上辨析知《金渊集》提要中存在事实错讹和观念偏颇的现象,而这些将直接影响后世对《金渊集》的认识和判断,然而从文渊阁库书提要至《总目》定稿,之间历时长达十余年之久,这些提要中的不足却并未被馆臣发现和纠正。且在纂修《四库全书》后期,大量提要被修改的背景之下,《金渊集》提要尚能完好地保留其乾隆四十年(1775)撰写之原貌,这是为何? 或者说与《武英殿聚珍版丛书》的刊出而书前提要无法更改有关,但在中央集权极度膨胀的乾隆朝,不可忽视的影响因素还是乾隆帝圣爱的干预。

乾隆帝的圣爱首先体现在其对仇远诗歌风格和艺术水准极为推崇。乾隆

---

① 仇远:《山村遗稿》卷末,《续修四库全书》第 1322 册,上海古籍出版社 2002 年版,第660 页。

② 仇远:《山村遗稿》卷末,《续修四库全书》第 1322 册,上海古籍出版社 2002 年版,第660 页。

帝在御制诗中称仇远诗雄逸堪比苏轼、清真不逊陆游,而宋之苏轼、陆游堪称有宋一代独领风骚的诗人,乾隆帝将在宋代诗坛名不见经传之仇远与此二人相提并论,无疑赋予了仇远其诗极高之地位。这样的评价仅乾隆帝一家之见,历来的诗论家皆未有此评,因为在苏轼、陆游之下,还有黄庭坚、杨万里等比仇远更为知名的诗人。之后,乾隆帝又将仇远诗与唐之李白、杜甫相比,虽其评曰"不及",但又将原因归结于仇远所处宋末元初之时代境遇、诗歌格调不及盛唐、中唐所致。此中乾隆帝对仇远诗歌的回护和推崇态度不难见得。

其次,另一份乾隆"圣爱"当与"十二辰体"息息相关。今于乾隆帝二度效仿仇远之十二辰体的创作中可获知。乾隆对仇远集中的"十二辰体诗"极为感兴趣,曾二度仿效以作诗,一用于武功,一用于文治。先看武功之咏。乾隆四十年(1775)所作《效仇远十二辰体咏金川事解闷》,诗云:

> 鼠寇猖金川,于唐吐番种。牛相却悉坦,自昔恶蠢动。虎年即背盟①,构衅邻封冗②。兔穴营三窟,蚁斗相冲桐。龙骧未足劳,方伯命戒董。蛇蝎为其心,迁延竟惝懵。马年增筑碉③,吞并心益涌。羊子效父触④,羸角曾弗恐。猴谲不可赦,王师发精勇。鸡肋非所图,群番筹安巩。狗苟与蝇营,压卵山临耸⑤。猪靴羌儿俘,成功不

---

① 自注:"促浸于乾隆戊辰年平定后,至戊寅年,其酉郎卡即与革布什咱构衅,意图吞并,时督臣开泰、提臣岳钟璜,檄令撤兵,弗听,随调绰斯甲布土兵断其粮路,又令章谷、僧拉各兵突出,会攻,始退兵至丹多,焚烧寨落而遁"。

② 自注:"郎卡屡与九土司构怨,以番人互相仇杀,蛮触交争,无足为异,且未敢犯干内地,无庸声罪致讨,止令九土司自行合力攻御。九土司者,绰斯、甲布、革布、什咱、巴旺、僧拉、丹坝与促浸最近,鄂克什从噶克梭磨、卓克采稍远"。

③ 自注:"壬午岁,郎卡自知为众番所恶,占据各山梁,修筑坚碉十余座,欲图出外滋扰,寻侵夺绰斯、甲布之俄坡,又攻杀丹坝番众,又与三杂谷革布、什咱接仗,又滋扰巴旺"。

④ 自注:"郎卡既死,其子索诺木益凶悖顽梗,戕害革布、什咱土司,掳其土妇,占据其地,怂恿僧拉土舍僧格桑攻围鄂克什,经督臣阿尔泰、提臣董天弼同往饬谕,僧格桑称愿退地释兵。辛卯夏,僧拉违背前约,复攻鄂克什,两逆酋遂相联合,狼狈为奸,且侵明正土司寨落,并添筑碉卡,负嵎抗拒,其罪实难再道,不得不加以兵力矣"。

⑤ 自注:"阿桂驻兵空萨尔,距勒乌围不远,现拟同明亮,订期分路,夹攻克日,扫穴擒渠,伫见肤功,迅奏"。

旋踵。①

该诗语句晦涩，注解便达五处之多，初读并不能准确把握诗意，但借助诗题"解闷"和其自注"诗序"则可知该文章写作契机和意图所在。诗序载：

> 近于《永乐大典》散篇中裒辑得仇远《金渊集》有所谓十二辰体者，颇创见可喜。惜一诗凡三易韵，且鼠、牛等字参差用于句中，不若鲍明远数诗之精审。余昔尝效昭体论君道，兹效仇远此体咏金川事，所用十二支字，并列句首，从鲍法也。日来大功将成，盼捷益切，寝食为之不安，拈翰成此，聊以自遣。而灌鼠屠猪，借以取譬，于施力之易易，庶几吉语，是征耳。②

据诗题与诗序可知晓其写作背景和写作意图：第一个写作背景是乾隆因金川战事之胜败而忧虑紧张，故作诗以排遣"寝食为之不安"的苦闷。金川战役被认为是乾隆"十全武功"中最为艰难的一次战争。大、小金川偏居川西一隅，仅有弹丸之地、数万人口，征战却持续五年、死伤逾万人、耗银七千万两。查阅有时间编年的《清实录》和乾隆帝《御制诗集》，不难发现，在纂修《四库全书》的前期始终贯穿着一件重要的军事事件——大小金川战役，直至乾隆四十一年（1776）春，金川战役才以胜利告终。此诗正作于胜利前最黑暗的挣扎期——乾隆四十年（1775）；第二个写作背景是乾隆帝此时正在翻阅馆臣所呈自《永乐大典》中辑佚的仇远《金渊集》，其中的"十二辰体"颇受其青睐。"十二辰体"即十二辰体诗，是指将子鼠、丑牛、寅虎、卯兔、辰龙、巳蛇、午马、未羊、申猴、酉鸡、戌狗、亥猪这十二属相名称依次嵌入诗中的诗作，其最大特点是形式和内容的新巧。今检仇远《金渊集》卷一确有《和子野见寄十二辰体》诗篇，云：

> 良工鼠须笔，戢戢囊颖露。抄诗节经史，汗牛车载路。信知文中

① 爱新觉罗·弘历：《御制诗四集》卷二九，《景印文渊阁四库全书》第1307册，第760页。
② 爱新觉罗·弘历：《御制诗四集》卷二九，《景印文渊阁四库全书》第1307册，第760页。

虎，一代人不数。细声笑蚯蝇，妙趣忘鱼兔。东野龙无云，胡为乎泥中。蟠屈如睡蛇，虚此云梦胸。且骑款段马，野服随田翁。相羊山泽间，真乐樵牧同。开林斩猴杙，种花续春意。他年处鸡窠，偃寒增老气。锦鲸卷不宜，貂狗续亦易。老砚磨猪肝，翰墨作游戏。①

诗歌以十二生肖（引文加点标注字）串联起了一系列的田园生活琐事，表达了隐逸生活的闲适和意趣。序中还提及鲍照用韵之创举。鲍照首先打破了七言诗逐句用韵的旧法（如曹丕《燕歌行》所用），而开创了后世七言诗隔句用韵的先例。而仇远十二辰体诗采用三易韵脚，不及鲍照之隔句用韵那般工整，故乾隆此诗采用鲍照之用韵法，以完善该体的形式之美。

在战事和吟咏二重背景契合之下，乾隆帝以诗言事、以诗遣怀，故有是作之诞生。然不同于仇远以十二辰体表达隐逸情怀，乾隆效仿十二辰体是意图以十二生肖之动物来贬低、嘲讽金川之顽寇，尽管诗中有用以描述年份时间的表达，如"虎年即背盟""马年增筑碉"，但更多的却是抒发辱骂泄愤之意的诗句，如"鼠寇狙金川""蛇蝎为其心""猴谲不可赦""狗苟与蝇营""猪靴羌儿俘"。乾隆帝自己亦明言"灌鼠屠猪，借以取譬，于施力之易易，庶几吉语，是征耳。"意思是诗中以鼠、猪等喻指金川寇贼，取其容易征服之意，是一种吉利的寓意。由此，足见乾隆对金川寇贼咬牙切齿之恨和对金川战事胜利的深切渴望。

再看文治之咏。以十二辰体咏金川战事后不久，乾隆又仿效十二辰体作《用十二辰本字题〈四库全书〉》云：

四库搜经史集子，绝胜书画收张丑。木天群彦聚清寅，宁一青藜照金卯②。名山搜校及兹辰，给札授餐岁始巳③。讵以军事废旁午④，

---

① 仇远：《金渊集》卷一，《景印文渊阁四库全书》第1198册，第5页。

② 自注："叶丑，依《诗经》"。

③ 自注："叶地，依元稹诗，辑《四库全书》始于癸巳岁开馆"。

④ 自注："年来征剿金川，军书筹笔几无暇晷，然馆臣每次进书遇善本，辄题咏及之，且几余披阅，常为订其讹误，仍与公务两不相妨也。"

速成欲信斯之未。玩愒有戒居申申,继晷焚膏穷二酉①。乙览秉烛
金屈戌,三豕子夏辨己亥。②③

整首诗歌语言晦涩,内容多熔铸典故和时事,乾隆自注便达五处之多。因
此,若要准确把握诗意,仅据乾隆自注是不够的,还需联系时事和解读典故来
看。诗歌首句便为纂修四库全书定性,乾隆认为纂修《四库全书》涵括经、史、
子、集四部书籍,其正统性非艺术赏玩收藏类可比。张丑(1577—1643),原名
张谦德,字叔益。后改名丑,字青甫,号米庵,别号亭亭山人,昆山(今江苏省
昆山)人,是明代著名的书画收藏家、藏书家、文学家。其善鉴藏,知书画,著
作有《清河书画舫》《真迹日录》等。而万历四十四年(1616)所著《清河书画
舫》十二卷尤具代表性,该书正录并附见者共一百四十余家,其中著录法书四
十九件,名画一百五十件,时间范围始自三国钟繇,终于明代仇英。正是因为
收录内容丰富、对于作者生平略及考证以及引用文献较多,此书成为收藏鉴赏
家辨验书画真伪的参考书④。乾隆以书画收藏大家张丑入诗,意在通过对比
凸显《四库全书》的文化正统性,而非娱乐性。接着第三、四句交代修书者的
水平和态度,即被召集至翰林院编纂《四库全书》的学者们都是国家文化精
英,他们已经在日复一日辛勤专注地工作了,其中"木天"指翰林院,"寅"指凌
晨三四点钟,"宁一"指国家统一安定,"青藜"指夜读照明的灯烛,"卯"即凌
晨五六点钟。又第五、六句写出编纂发起者和编纂时间,编纂发起者是官方、
朝廷,故其征收书籍遍及名山大川、全国各地,修书费用皆由朝廷派给,编纂时
间在"癸巳岁",即乾隆三十八年(1773)。继而第七、八句则表达出清廷对纂
修《四库全书》的极度重视和坚定信念,乾隆本人不会因为大小金川战役而视
修书为纷繁多余之事,反而每遇善本,辄题咏之,亦可见乾隆不以武功废文治

---

① 自注:"叶喜,依《参同契》"。
② 自注:"叶市,依《易林》"。
③ 爱新觉罗·弘历:《御制诗四集》卷二九,《景印文渊阁四库全书》第 1307 册,第 761 页。
④ 按,参见知识出版社编:《艺术百科全书》下册,知识出版社 1993 年版,第 703 页。

之态度以及对于善本书籍的珍视。"速成欲信斯之未"一句则传递出快速地完成这件"难以置信"的工程的信心,从而彰显乾隆朝的修书实力。之后第九、十句写出四库馆臣们的精神面貌,诗句中"玩愒"指贪图安逸,但以"有戒"陈述,即言其反面状态,"居申申"指平静舒适的样子,意思是馆臣们以放浪形骸、贪图享乐自戒,以继晷焚膏、专注学术自励,最末第十一、十二句写出了乾隆自身在《四库全书》纂修过程中的参与性,他秉烛夜读,烛光把"屈戌"都染成了金色,而他夜读的作用是为纠正一些字句讹误。句中"乙览"指乾隆阅览文书,"屈戌",也叫"屈戌儿",是指铜制或铁制的带两个脚的小环儿,钉在门窗边上或箱、柜正面,用来挂上钌铞或锁。最末一句中化用了"三豕涉河"的典故,典出《吕氏春秋·察传》:"子夏之晋,过卫,有读史记者曰:'晋师三豕涉河。'子夏曰:'非也,是己亥也。夫己与三相近,豕与亥相似。'至于晋而问之,则曰:'晋师己亥涉河。'"①子夏纠正了读史记者将"己亥"读作"三豕"之误,乾隆此诗借用此典以表达纠正字面之误的意思,当然这是乾隆自谦之辞而已,乾隆之干预岂止于字面? 以上通过细读诗句,大体可知乾隆作此诗,以记述事实为主,表露出清廷纂修《四库全书》的决心和魄力。该诗还有诗序可作注脚,序载:

> 昨既效仇远十二辰体咏金川事,各以肖生字用于句首,且通体一韵,非好为其难,盖参用明远数诗例也。诗中如虎年、马年,适符金川时事,而牛相则又以数典借用及之,所谓因难见巧,亦幸巧不伤雅耳。曾命内廷诸臣和韵,率皆阁笔,且云不可无一、不能有二,其然? 岂其然乎? 兹以十二辰本字题《四库全书》,非畏难,亦非避熟取材,固各有宜焉者。惟十二支字,本不同韵,今于韵脚用之,非可迁就,因仿远体,三易韵,按古韵叶之,自然恰合,仍以咨内廷及《四库全书》诸臣

---

① 高诱注,毕沅校,徐小蛮标点:《吕氏春秋》卷二二,上海古籍出版社2014年版,第546页。

共效其体,宁当如前诗之谀,为寡二少双,可耶!①

结合诗歌和诗序,大致可获取以下四方面信息:

其一,该诗不同于前诗的是,叶韵方法有所改变,乾隆对十二辰体做出了改变,即用"十二辰本字"入诗(子、丑、寅、卯、辰、巳、午、未、申、酉、戌、亥十二字),然囿于此十二本字韵脚不同,故仿仇远三易韵,且辅以叶韵之法。

其二,与前诗的吟咏对象不同,但传递出的必胜信念却是相同的。诗句中虽多纪事之笔,然"讵以军事废旁午,速成欲信斯之末"显然表达出乾隆面对纂修《四库全书》这一"信斯之末"(即难以置信)的文治之举时,那份所向披靡的挑战态度以及志在必得的气概。

其三,乾隆对其咏金川战事一诗作出自评:"因难见巧","巧不伤雅",认为无论生肖字的摆放、通篇之用韵以及典故之贴合都可谓尽善尽美矣,可见乾隆对此十二辰体仿效的感觉甚为良好,故有一而再的尝试。

其四,乾隆每仿"十二辰体"作诗,便命馆臣与之唱和。在咏金川战事的效仿中,其"曾命内廷诸臣和韵,率皆阁笔",而对于乾隆改良"十二辰体"的"创举",馆臣深感其难,"且云不可无一、不能有二,其然?岂其然乎?"乾隆的表述中不免有一种胜利感和得意感。继而乾隆再改十二辰体的创作法咏《四库全书》一事,"仍以咨内廷及《四库全书》诸臣,共效其体,宁当如前诗之谀,为寡二少双,可耶!"此次,乾隆虽然希望馆臣不要为"寡二少双"所限,自由唱和,但其字里行间不乏一种命题人的得意感和优越感。

于上对《效仇远十二辰体咏金川事解闷》和《用十二辰本字题〈四库全书〉》二首诗歌及其诗序之解读,可知乾隆对"十二辰体"有一种痴迷和偏爱,其借助十二辰体,不仅排解因战事而起的忧虑和愤懑,亦不仅咏叹其纂修《四库全书》的气魄和决心。更重要的是,乾隆通过对"十二辰体"这一形式特异、

---

① 爱新觉罗·弘历:《御制诗四集》卷二九,《景印文渊阁四库全书》第 1307 册,第 760—761 页。

技法高难的诗体的把玩,自辟了一套十二辰体的作诗法则,不但其自身沉浸于创作中而颇为自得,而且还召集馆阁大臣依此规则与其唱和之。而乾隆在一睹馆阁大臣的搔首称难和自愧不如中不禁自鸣得意,获得一种心理上的优越感和自豪感。换言之,十二辰体还帮助乾隆顺遂了诗歌吟咏方面的自尊和自得。

乾隆三十八年(1773),乾隆命从《永乐大典》中辑出"流传已少,其书足资启牖后学、广益多闻者"①汇付剞劂。后于其中择取一百三十八种,用木活字排版付印,乾隆帝御赐名《武英殿聚珍版丛书》,世称"聚珍版"。该书大部分是从《永乐大典》里辑出的宋元著作。元人别集被收录《武英殿聚珍版丛书》的只有仇远《金渊集》和姚燧《牧庵集》两家,仇远《金渊集》便在其列,足见《金渊集》因乾隆帝而得获之优待。

以上种种梳理、辨析和论证,皆可见《金渊集》提要历经《总目》十年改改删删而独能安然无恙,实赖乾隆御题《金渊集》之庇护而得。《金渊集》提要因御题而被"定格",一方面,它失去了与其他提要一样所具备的修正的可能性,故即便错讹频生亦无人敢于问津;另一方面,它亦在纂修《四库全书》后期严苛的气节褒贬运动中有幸逃脱,而未招致贬斥处理。此以一案例充分反映出乾隆圣意对提要书写实有巨大而深切的影响,而乾隆圣意是为馆臣修撰《四库全书》及《总目》时不可忽略的重要因素之一。尽管圣意未能于每一则提要中见及,但圣意作为《总目》提要书写的潜在考虑无疑是广泛存在的,大至宏观导向之圣谕,小至某一著作之御题诗、御题文。正如何宗美师所言:"对《四库全书》及《四库全书总目》的修纂来说,由于最高权力者皇帝的深度介入,这种干预和约束又变得更加强烈,其影响也更加深刻。无论是'宏纲巨目',还是'千载之是非''百家之疑似',一决于乾隆之'天裁'……这是研究《总目》

---

① 中国第一历史档案馆编:《纂修四库全书档案》三四,上海古籍出版社1997年版,第57—58页。

值得重视并需要辨证和还原的重要问题。"①后世对《总目》自身学术合理性的拷问以及对《总目》所构建的学术事实的还原极有必要。若能紧密结合清中期鲜活的帝王心态、政治语境和文化生态进行全面深入地认知和辨证,辨白其真伪,判断其是非,去除其蔽障,事实与真相方得显现。

① 何宗美、张晓芝:《〈四库全书总目〉的官学约束与学术缺失》,人民文学出版社 2017 年版,第 32 页。

第二章 《四库全书总目》著录元别集及提要所述之版本研究

　　清中期纂修《四库全书》是元代文献与学术得以整理与开新的一次绝佳契机,其间抉发的文献成果蔚为大观。《总目》著录元别集共二百零五种,在数量上看为当时书目文献之最。从文献来源上看,《总目》著录之元别集,从《永乐大典》中辑出者二十九种,另从进呈书中采录者(如侯克中《艮斋集》、刘岳申《申斋集》等);从提要内容上看,《总目》之著录涉及元别集之版本渊源、流传及存佚情况等。尽管四库馆臣对元别集之搜罗和辑录可谓功不可没,然而《总目》对元别集版本之著录不无可议,至少在一百一十六种别集提要中存在不同程度的疏误①。未经学者考辨的提要并非毫无问题,已经考辨而仍有问题者也不乏其例。如卢琦《圭峰集》二卷,尽管胡玉缙《四库全书总目提要补正》已予考辨,但其版本问题仍未得到完全解决,有待再作辨证。因此,《总目》元别集提要中的版本问题,值得专予检讨。

　　《总目》作为一部集大成式的批评宏著,其取舍和定位势必对整个学术知

---

① 按,据《总目》元别集提要考辨的现有成果,涉及版本问题的元别集提要约116种,如胡玉缙《四库全书总目提要补正》补正元别集提要98种,其中涉及版本者便有85种;李裕民《四库提要订正》订正元别集提要1种,为版本问题;本文"版本考辨"一章所涉提要有30种。

识架构和思想观念体系产生重要影响,而它的基本属性则系目录学著作,版本著录是重要内容,准确与否直接影响"辨章学术,考镜源流"之效验。既有研究表明,《总目》明别集版本的著录还存在各种问题①,既产生于征书视野局限等客观原因,也与清廷对明朝"狭隘的心理和敌视的姿态"②等主观态度有关。此类研究显然有助于探析四库馆臣对于明代思想、文化与文学所持的观念。与此相类,对《总目》元别集版本进行全面的清理和考辨,无疑可以考察四库馆臣的元代文学观念,成为观照元代文人创作风貌并还原元代文学本真图景的有效取径。

《总目》提要中的版本信息包括两方面内容:一是每则提要首行标注的书名及卷次、来源所对应的版本;一是与提要描述内容相对应的版本。本书紧扣这两个维度展开考辨,讨论《总目》对于元别集版本著录之得失及其与四库本的契合问题。

第一节　版本采源与馆臣视野

《总目》的版本采源与馆臣的版本视野对于考察《总目》所述元别集版本的源流、判断《总目》所取元别集版本的优劣具有重要的参考意义。四库馆臣的版本视野主要由官方采进书目、内阁书目以及自身学识眼界所构成。以下将以数量统计的方式整体把握《总目》元别集的采源出处、进呈数量、著录书情况、存目书情况及总体著录情况五个方面,从而揭示馆臣的版本视野。此统计结果又为本节展开探究之基础。

---

① 按,如"版本来源不详""版本好坏不辨""版本视野局限""卷帙多寡与底本、原刊本多有不同"等。(何宗美、张晓芝:《〈四库全书总目〉的官学约束与学术缺失》,人民文学出版社2017年版,第93页。)

② 何宗美、刘敬:《明代文学还原研究——以〈四库总目〉明人别集提要为中心》前言,人民出版社2014年版,第3页。

《总目》元别集采源和著录情况一览表①

采集来源	进呈书数量	著录书数量	存目书数量	著录书占比	著录书占比序位	存目书占比	存目书占比序位	著录率	著录率序位
直隶省呈送书目	3	1	0	0.005	15	0	16	0.004	21
江苏省呈送书目	33	8	2	0.047	5	0.055	5	0.049	6
两江呈送书目	21	4	2	0.023	9	0.055	5	0.029	9
两淮盐政呈送书目	23	6	2	0.035	8	0.055	5	0.038	8
两淮商人马裕家呈送书目	77	24	3	0.142	3	0.083	3	0.132	3
浙江省呈送书目（除孙、鲍、汪、范四家之外）	13	8	3	0.047	5	0.083	3	0.054	5
浙江省第四次孙仰曾家呈送书目	7	3	1	0.017	11	0.028	11	0.02	10
浙江省第四次鲍士恭家呈送书目	118	46	8	0.272	1	0.222	1	0.263	1
浙江省第四次汪启淑家呈送书目	6	3	0	0.017	11	0	16	0.015	12
浙江省第五次范懋柱家呈送书目	7	1	2	0.005	15	0.055	5	0.015	12
安徽省呈送书目	15	4	0	0.023	9	0	16	0.02	10
山东巡抚呈送书目	18	2	1	0.011	14	0.028	11	0.015	12
河南省呈送书目	2	1	0	0.005	15	0	16	0.005	15
江西巡抚呈送书目	16	7	2	0.041	7	0.055	5	0.044	7
湖南省呈送书目	1	0	0	0	22	0	16	0	22
湖北省巡抚呈送书目	2	0	1	0	22	0.028	11	0.005	15
衍圣公交出书目	1	0	0	0	22	0	16	0	22
总裁张交出书目	1	0	0	0	22	0	16	0	22
编修励守谦第一次至六次交出书目	2	1	0	0.005	15	0	16	0.005	16
庶吉士庄交出书目	1	0	0	0	22	0	16	0	22

① 按，以吴慰祖《四库采进书目》《钦定四库全书总目》元别集提要为统计对象。

续表

采集来源	进呈书数量	著录书数量	存目书数量	著录书占比	著录书占比序位	存目书占比	存目书占比序位	著录率	著录率序位
都察院副都御史黄登贤交出书目	3	0	2	0	22	0.055	5	0.01	13
国子监学正汪如藻交出书目	41	15	5	0.088	4	0.139	2	0.098	4
侍读纪昀交出书目	1	1	0	0.005	15	0	16	0.005	16
编修朱筠交出书目	3	1	0	0.005	15	0	16	0.005	16
内府藏本（武英殿书目）	10	2	1	0.012	13	0.028	11	0.015	12
永乐大典本	29	29	0	0.172	2	0	16	0.141	2
江苏蒋曾莹家藏本	?	1	1	0.005	15	0.028	11	0.01	13
左都御史张若淮家藏本	?	1	0	0.005	1	0	16	0.005	16
合计	455	169	36	—	—	—	—	—	—

通过以上表归类统计，可以得知元别集版本来源呈现出倒金字塔结构，即来源集中于一端。具体情况如下：

第一，总体上看，鲍士恭家和马裕家成为进呈元别集的大户。鲍士恭家呈送元别集数量最多，有118种，且被《总目》著录的元别集数量多达54种（著录书有46种，存目书8种），占元别集来源的26%，其中著录书占比更是高达27%；马裕家呈送元别集数量次之，有77种，被《总目》著录的有27种（著录书有24种，存目书3种），占元别集来源的13%，著录率亦达14%。合算之，二者加起来的呈送总数多达195种，占据了元别集采源总数的42%。从私人进献本①元别集数量远超于采进本来看，元别集在清初或已被视为珍本和藏品，

---

① 按，郭伯恭先生将《四库全书》所收书的来源分为两大项，即政府固有藏书和各省进到遗书，下又各分三小类政府藏书又分敕撰本、内府本、永乐大典本，各省进到遗书又分各省采进本、私人进献本、通行本，一共六小类。（郭伯恭：《四库全书纂修考》第四章，岳麓书社2010年版，第75—80页。）

康熙年间文坛泰斗王士祯的陈述可为力证。他在笔记《池北偶谈》"宋元人集目"一条描述了清初收藏宋元人文集之风气："秀水曹侍郎秋岳溶,好收宋元人文集,尝见其《静惕堂书目》所载宋集,自柳开《河东集》已下凡一百八十家,元集自耶律楚材《湛然集》已下凡一百十有五家,可谓富矣。近时石门吴孟举(之振)刻《宋诗钞》,亦至百数十家,多秘本。盖吴与其县人吕庄生(留良)两家所藏本;而颍滨、南丰尚不及载,则未刻尚多也。吴曾为予言:'唐樊宗师、宋二刘公是、公非集,其家皆有之。'又尝见金陵黄俞邰(虞稷)征刻唐、宋、元书目所载,有金赵秉文《滏水集》二十卷,元郝经《陵川集》三十九卷。癸亥,俞邰以徐都宪立斋(元文)疏荐入明史馆,予时向之借书,所见如《李观集》、司空图《一鸣集》、沈亚之《下贤集》、柳开《河东集》、王令《广陵集》、牟巘《陵阳集》、李之仪《姑溪集》、耶律楚材《湛然居士集》,皆目所未载者。又予家所有张养浩《归田类稿》、石介《徂来集》、尹洙《河南集》、岳珂《玉楮集》,则黄氏之所未备也。近朝鲜入贡使臣至京,亦多购宋元文集,往往不惜重价,秘本渐出,亦风会使然。《水东日记》云:'《张文忠公全集》,今在故副都御史云中孙廷瑞家,盖齐府旧物,有欧阳圭斋序。'予所见本,有孛术鲁翀序,而无圭斋序。"①其中提及的藏书大家曹溶、吴之振、吕留良、黄虞稷以及朝鲜使臣,包括王士祯本人,都热衷于对宋元人文集的搜罗。这固然体现清代藏书一时之风尚,同时也证明,至清代元人别集已渐属罕物。鲍士恭家藏本为元人别集的采录之最,亦属实至名归。首先,鲍士恭家为《四库全书》的献书大家,据《四库采进书目》载,鲍士恭家呈送书目共 626 种。今人付嘉豪重新统计,认为鲍氏实际进呈当为 717 种,仅次于两淮商人马裕家进呈之 776 种,居献书数量的第二位。② 鲍士恭,为鲍廷博之子,鲍氏父子为清代浙江藏书之大家,其藏书楼为知不足斋。

---

① 王士祯撰,靳斯人点校:《池北偶谈》卷一六,中华书局 1982 年版,第 386 页。

② 付嘉豪:《鲍廷博与〈四库全书〉》,《图书馆理论与实践》2011 年第 6 期,第 62 页。按,付嘉豪重新统计得出:"鲍氏,进呈 717 种,采纳 379 种,百分比为 53%;马氏,进呈 776 种,采纳 359 种,百分比为 46%。"

《清史列传》"鲍廷博传"云:"乾隆三十八年,四库馆开,廷博命长子士恭进家藏善本六百余种,大半宋元旧板、写本,又手自校雠,为天下献书之冠。"①《国朝耆献类征初编》记载:"乾隆三十八年,高宗纯皇帝诏开四库馆,采访遗书,海内藏书家踊跃进献,先生聚家藏善本六百余种,命长子士恭隶仁和县籍进呈乙览,先生之书大半宋元旧板旧写本,又手自校雠,一无伪讹,故为天下献书之冠。"②鲍氏被誉为"献书之冠",主要不是从数量上说,而是因为其家藏本多为善本,"大半宋元旧板写本",并且大多已经鲍廷博"校雠"。诚然,鲍士恭家藏本多旧本,如其进呈元别集共118种,居所有献书数量之最,其中还有传世孤本,如元侯克中《艮斋诗集》十四卷,为孤本,仅赖鲍士恭家藏本以存。后经《总目》著录而得以流传。今人杨洪升《知不足斋宋元文集书目考实》一文根据"底稿本"中的一些删改细节来窥探鲍廷博献书过程中的微妙心态。其文论证详实并得出结论:鲍氏不吝进呈原本,同时对于所藏复本之书,亦积极将善本优先献出。③ 鲍氏确实是宋元旧本的进呈大户,且其进献本多为善本,故馆臣多采录其本。

第二,从地域上看,浙江采进书中元别集数量最多,多达151种,占元别集采集总量的33%。被《总目》著录者76种,占《总目》元别集总量的37%。其中著录书61种,存目书15种,分别占著《总目》元别集著录书的36%、元别集存目书的42%。这一高占比数据与整个采书过程中乾隆帝对江、浙二省之特别关注紧密有关。乾隆三十八年(1773)三月二十八日谕曰:"且江浙诸大省,著名藏书之家,指不胜屈,即或其家散佚,仍不过转落人手。闻之苏湖间书贾书船,皆能知其底里,更无难于物色。"④在选取著录时,馆臣更注重浙江采进

---

① 王钟翰点校:《清史列传》卷七二,第 18 册,中华书局 1987 年版,第 5930 页。

② 李桓辑:《国朝耆献类征初编》卷四四一"鲍廷博",《清代传记丛刊》第 184 册,明文书局 1985 年版,第 251 页。

③ 杨洪升:《知不足斋宋元文集书目考实》,《文献》2014 年第 5 期,第 23 页。

④ 中国第一历史档案馆编:《纂修四库全书档案》四三,上海古籍出版社 1997 年版,第 68 页。

书。吴慰祖在《江苏采辑遗书目录序》中称："浙江所进书颇多善本，先有目录刊行，江南书既分为三，而呈书之家善本亦少，又限以时日，多未审详。"①在《四库采进书目》中他又质疑馆臣偏重浙江采进本，而无视江苏进书，其理由有二：其一，著录时无视江苏进呈本，如"明朱睦㮮（㮮）《五经稽疑》，四库据浙江进抄本著录，窜改卷第，非复旧观，而江苏所进自有八卷刊本，孤帙仅存，不知何故取彼舍此也？宋赵如愚《诸臣奏议》，唐黄滔《黄御史集》，并注明天水旧椠，如此佳本，有裨校勘者，不知又何故不取也"②；其二，《总目》标注出处时江苏藏书家四家中有三家被忽略了，其谓"又江苏进书者四家，而《四库总目》引称者，惟周厚堉一家而已。其余蒋曾莹、吴成佐、朱奂三家，皆三吴藏书名家，反为所掩而不彰矣。窃疑周氏一家，别有专目，故馆臣得据以注明，理或然也"③。吴氏之质疑并非空穴来风。关于第一点质疑，体现在元别集中，如《总目》著录浙江鲍士恭家藏本黄溍《黄文献集》十卷，却说宋濂所言《日损斋稿》二十五卷本和危素所编二十三卷本"今皆未见"④，经核，《四库采进书目》江苏省第一次进呈书目，赫然有"黄溍《黄学士（文）集》二十三卷"⑤，不知馆臣为何对此二十三卷本熟视无睹？而至于第二点质疑，吴氏则有所疏漏，今《总目》元别集中曹伯启《曹文贞诗集》十卷《后录》一卷，则注明为"江苏蒋曾莹家藏本"，而并非"四库总目引称者，惟周厚堉一家而已"。诚如吴氏所举，蒋、吴、朱三家确有被馆臣忽视的倾向。而偏好浙江采进书，无疑会消解馆臣对其他来源书籍的关注，如福建徐𤊾是明末清初的藏书大家，其《徐氏红雨楼书目》列录"元诸家姓氏"共 260 家⑥，明确元别集共 50 种，私人藏书可谓丰

① 吴慰祖校订：《四库采进书目》附录，商务印书馆 1960 年版，第 204 页。
② 吴慰祖校订：《四库采进书目》附录，商务印书馆 1960 年版，第 204 页。
③ 吴慰祖校订：《四库采进书目》附录，商务印书馆 1960 年版，第 204 页。
④ 纪昀等：《钦定四库全书总目》卷一六七，第 2231 页。
⑤ 吴慰祖校订：《四库采进书目》"江苏省第一次书目"，商务印书馆 1960 年版，第 12 页。
⑥ 徐𤊾：《徐氏红雨楼书目》，《晁氏宝文堂书目·徐氏红雨楼书目》，上海古籍出版社 2005 年版，第 377—381 页。

赡,且多为善本。陆心源《皕宋楼藏书志》著录有"丁复《桧亭稿》九卷,元刊本",下标注为"明徐兴公旧藏"①,徐兴公即徐燉。该集卷首有至元五年李桓《序》、至元六年李孝光《序》、至正四年危素《序》、至正十年杨翮《序》和至正十年谕立敬《序》,卷末有陆心源《跋》文。然今《总目》著录之元别集中却无一本出自徐氏藏书。

第三,从信任度上看,《永乐大典》是最为《总目》认可的元别集来源。馆臣从《永乐大典》中辑录 29 种元别集并全部著录,著录率为 100%,且占据《总目》著录元别集总量的 15%。马裕家藏本虽在采源数量上是《永乐大典》本的两倍多,但在著录比例上却不及《永乐大典》本,这在某种程度上体现了主动采源与被动采源的区别。那么,馆臣所辑《永乐大典》本元别集是否值得被信任和认可?肯定地说,补充完善元别集系统,馆臣功不可没。整理《永乐大典》是纂修《四库全书》的触发点和起点。《永乐大典》凡二万二千八百七十七卷,目录六十卷,装成一万一千九百九十五册,于元以前之秘籍,往往全部收录。故于时间观之,《永乐大典》辑录本可谓是补充元别集的一个重要途径,意义颇大。今观《永乐大典》辑录之仇远《金渊集》六卷,为宋末诗学大家仇远入元之后的诗集;又如张仲深《子渊诗集》六卷、吴皋《吾吾类稿》三卷、周巽《性情集》六卷等等,这些集子若非从《永乐大典》中辑录,则已被淹没在历史的沉积之中了。尽管如此,《永乐大典》本元人别集仍有其局限和不足。首先,此 29 种元别集属于合标准化的辑录,乾隆三十八年二月十三日圣谕曰:"将《永乐大典》分晰校核。除本系现在通行,及虽属古书而词意无关典要者,不必再行采录外,其有实在流传已少,其书足资启牖后学、广益多闻者,即将出(书)名摘出,撮取著书大指,叙列目录进呈,候朕裁定,汇付剞劂。其中有书无可采,而其名未可尽没者,只须注出简明略节,以佐流传考订之用,不必将全部付梓,(以)副朕裨补阙遗、嘉惠士林至意。再,是书卷帙如此繁重,而明代

① 陆心源:《皕宋楼藏书志·续志》卷一〇一,第 11 册,新北广文书局 1991 年版,第4473 页。

藏役仅阅六年,今诸臣从事厘辑,更系弃多取少,自当刻期告竣,不得任意稽延,徒消汗青无日。"①《永乐大典》辑录本有其明确的标准,亦可谓是其局限:其一,"属古书而词意无关典要者",不采;其二,"资启牖后学,广益多闻者",经乾隆审核;其三,"今诸臣从事厘辑,更系弃多取少",其辑录者为少,舍弃者为多。由此三点,便知辑自《永乐大典》的 29 种元别集是依据某一限定标准而辑录的,故此数量当是《永乐大典》所录元别集的一个部分而已,即,《永乐大典》本元别集的数量当不限于 29 种,而是还有更多。如《总目》著录刘秉忠《藏春集》六卷,而查洪德已发现"《永乐大典》残卷中有秉中(忠)诗二百三十八首,其中半数以上不见于《藏春集》"②,又称"今存明天顺五年(1461)刻本,藏国家图书馆,《北京图书馆古籍珍本丛刊》据此影印。"③其次,《永乐大典》辑本并非最佳版本。馆臣以《永乐大典》本为善本,只因视野局限,未见及传世他本而已。如元别集中的张养浩《归田类稿》二十四卷、姚燧《牧庵文集》三十六卷、刘敏中《中庵集》二十卷皆另有存世之本,且其本收诗文完备程度远甚《永乐大典》本,馆臣当未能见及。以元刊本刘敏中《中庵先生刘文简公文集》二十五卷为例,傅增湘曾取辑《永乐大典》辑本二十卷与元刊本相校,其发现元刊本:"前十卷,碑记中已溢出二十三篇",文字错漏亦多订正,故傅氏称元刊本为"天壤之孤本、希有之秘籍矣"④。另,除上述所论辑录标准、辑录非善本等局限之外,《永乐大典》依韵归类的体例,加之卷帙浩繁的规模,使得馆臣所辑《永乐大典》本中亦难免漏辑、误辑等现象。

---

① 中国第一档案馆编:《纂修四库全书档案》三四,上海古籍出版社 1997 年版,第 57—58 页。

② 查洪德:《中国古代诗文名著提要》(金元卷),河北教育出版社 2009 年版,第 34 页。

③ 查洪德:《中国古代诗文名著提要》(金元卷),河北教育出版社 2009 年版,第 34—35 页。按,"《北京图书馆古籍珍本丛刊》据此影印"一说有失严谨,今查《北京图书馆古籍珍本丛刊》,虽卷首记载"据明刻本影印",但却并非明天顺刊本,而是明弘治刻本。因据卷首有弘治元年(1488)春二月望日承德郎判直隶顺德府事商山孔鑑《藏春诗集叙》一篇,故可知《北京图书馆古籍珍本丛刊》所据当为弘治年间刻本。

④ 傅增湘:《藏园群书经眼录》卷一五,中华书局 2009 年版,第 1105 页。

以上三点呈现出浙江鲍士恭家、两淮马裕家在元别集采源数量上的绝对优势,馆臣所辑《永乐大典》本元别集在著录率上亦呈现出绝对优势。但值得反思的是,这种非均衡的采源结构必定会造成馆臣视野上的偏颇和盲区,同时,辑自《永乐大典》的 29 种元别集并非一定是该别集的最佳版本。这些皆是馆臣撰写《总目》时版本视野的"局限性"所在。

采源结构的畸形和主动采源的局限是馆臣书写提要时的两大客观条件,这些都极大程度地限制了馆臣择取版本、梳理学术脉络的视野。今以《中华再造善本》收录的元刻本元别集二十六种为考察对象,其中有九种未被《总目》叙录,意即近三分之一的元刻本被《总目》忽视,具体如下:

序号	别集名称	著者	版本	采源情况
1	知常先生云山集五卷	姬志真	元延祐六年李怀素刻本	未见
2	张文忠公文集二十八卷	张养浩	元至正十四年刻本	未见
3	赵子昂诗集七卷	赵孟頫	元至正元年虞氏务本堂刻本	见及,武英殿书目
4	静修先生文集二十二卷	刘因	元至顺元年宗文堂刻本	存疑,马裕（静修集,二十四卷）?
5	雍虞先生道园类稿五十卷	虞集	元刻本（卷十七至二十傅增湘抄配）	未见
6	畸斋文稿不分卷	张仲寿	稿本	未见
7	金华黄先生文集四十三卷	黄溍	元刻本（卷二十一至四十三配清抄本）	未见
8	揭曼硕诗集三卷	揭傒斯	元后至元六年（1340）日新堂刻本	见及,武英殿书目
9	梅花百咏一卷	韦珪	元至正刻本	未见

由此九种别集的采源看来,馆臣采源未及者有六种,武英殿藏本而馆臣未采录者有两种。可见,撰修《四库全书》时,元别集的采源出现了较大的局限,许多存世的元刻本并未被呈送至四库馆而进入馆臣视野,同时,对于武英殿藏

本的价值,馆臣似有所疏忽,《赵子昂诗集》七卷、《揭曼硕诗集》三卷皆是诗集单行本,其版本独立性和校勘价值皆不容忽视,而馆臣未能顾及。吴慰祖在对《武英殿书目》进行补遗时亦发现内府所藏善本的采录不足:"还有不少内府藏善本,稽之《天禄琳琅书目》亦相同,而《四库总目》未采用,另以次本著录。证之本目,往往而有。"①信然。忽略内阁藏书亦是馆臣撰写《总目》择取版本时的视野局限。

客观限制固然会影响馆臣视野,馆臣的主观缺失亦是影响《总目》元别集版本的另一限制因素。今梳理吴慰祖《四库采进书目》(参看附录二),发现《四库采进书目》见载而《总目》未叙录的元别集亦有之,这当与馆臣的疏忽不无关系,具体见下表所列:

《四库采进书目》见载而《总目》未叙录的元别集情况

序列	别集名称	著者	采源情况	现存情况
1	《虑得集》四卷	华宗骅	江苏一(四卷,附录二卷,元)	明嘉靖本(收入陶湘辑《托跋廛丛刻》十种);明万历四十二年(1614)华继祥刻本;
2	《刘仲修山阴集》八卷	刘永之	鲍士恭(八卷,元)	明别集丛刊(第一辑4册);续修四库全书(第1362册)
3	《赵子昂诗集》	赵孟頫	武英殿书目	元至正元年(1341)虞氏务本堂刻本
4	《揭曼硕诗》三卷	揭傒斯	武英殿书目	元后至元六年(1340)日新堂刻本

以《赵子昂诗集》为例,吴慰祖案语称:"四库著录《松雪斋集》十卷《外集》一卷。又明万历间刊《松雪斋集》二卷,见《善本书室藏书志》。然均非诗集单行本。"②其意思是,此本诗集单行本甚为特别,应当给予重视。吴氏之判

---

① 吴慰祖校订:《四库采进书目》补遗,商务印书馆1960年版,第187页。
② 吴慰祖校订:《四库采进书目》,商务印书馆1960年版,第192页。

断与傅增湘所论甚合,傅氏曾跋《赵子昂诗集》云:"此书绝罕见,惟《仪顾堂续跋》载之,云比《松雪斋文集》多《有所思》《望美人》等诗十余首,今考之信然……余壬子春得后至元五年花溪沈伯玉刊本,然固为习见,且为明时印本,未足贵也。前月鲁君纯伯言其戚丁氏有元本《赵子昂诗集》,旋与杜诗、韩集同来。考沈氏刻于己卯,仅先此二年,疑刻时两地不相谋,故其诗之次第不同,首数亦略有参差。偶取康熙时曹培廉刊本对刊数页,已得异字十余处。暇当合两元刊互校之,以为《松雪集》之定本云。"①依傅氏所言,在清末《松雪斋文集》为常见本而《赵子昂诗集》为罕见本,后者的校勘价值极大。若在清中期撰修《四库全书》时,馆臣能发现《赵子昂诗集》的价值并著录之,清末《赵子昂诗集》便已不再是罕见之本。遗憾的是,《总目》环节并未关注此本。

以上揭析了《总目》元别集采源的基本特点,呈现了馆臣的元别集采源视野,分析可知《总目》元别集版本采源上大致有以下四方面的局限:元别集的地方采源呈现为倒金字塔结构,这说明元别集的采源过于集中而未能全面关注,此其一;永乐大典本是元别集采源的重要对象,其中别集并非最佳版本,馆臣的盲目信任将阻碍其对善本的探寻,此其二;馆臣疏于对内阁藏本元别集价值的发现,导致所著录的元别集版本非善本,此其三;馆臣对于个别采源所及的元别集版本疏于采录,致使版本择取时出现所取非善的现象,此其四。综上四点,可以确切地说,《总目》元别集的版本采源存在一定程度的盲区,馆臣所取并非已有视野下的最优版本,其或偏于选择某几家的进呈本,或疏于发现版本价值,或对个别别集完全无视,这些都将使《总目》中呈现出的元别集版本并非"最佳"状态。

第二节　著录元别集版本及提要所述版本辨证

《总目》钩沉和辑录元别集之功不可淹没,它提供了许多有价值的元别集

---

① 傅增湘:《藏园群书经眼录》卷一五,中华书局 2009 年版,第 1093 页。按,引文中书名号均为笔者所加。

版本及其信息,包括底本情况、版本存佚、渊源及流传等,这对整理和研究元别集大有裨益。但是,其中问题是客观存在的,由于学术视野的不足、主观意志的干预等原因,馆臣并未能给予元别集版本全面而准确的认识和评判。若将其中的问题进行分门别类,则大致有四:所取非善、私造版本、混淆版本和版本描述衍生讹误。

一、所取非善

求"善本",是纂修《四库全书》时的一条重要宗旨。乾隆帝本人多次下旨,表达对"善本"之重视。他既下令于内阁所藏《永乐大典》辑录"古书善本,世不恒见"①者,又下旨于地方搜访"家传善本,珍秘有加"②者。《总目·凡例》亦称:"诸书刊写之本不一,谨择其善本录之。增删之本亦不一,谨择其足本录之。"③馆臣于征集所得的同一别集的多种版本中,择取其中一种进行著录,而其著录标准是求"善本"和"足本"。善本,最初是指经过严格校勘、无讹文脱字的书本。唐代雕版印刷术出现后,书籍开始出现"版本"的概念,版本书籍依据收录文献多寡、校勘精劣程度不同,区分为足本、残本、精本、劣本等。清末藏书家丁丙(1832—1899)在《善本书室藏书志跋》对"善本"也提出了四条标准:一是旧刻;二是精本;三是旧抄;四是旧校。④ 后来张之洞(1837—1909)在"读书宜求善本"中精辟地归纳为:"善本非纸白板新之谓,谓其为前辈通人用古刻数本精校细勘付刊、不讹不缺之本也。……善本之义有三;一足本,(注:无阙卷,无删削。)二精本,(注:一精校,一精注。)三旧本。(注:一旧刻,一旧抄。)"⑤他在丁丙善本标准之外新增"足本"一条。本书所云"善本"取法《总

---

①　中国第一档案馆编:《纂修四库全书档案》三二,上海古籍出版社 1997 年版,第 55 页。

②　中国第一档案馆编:《纂修四库全书档案》四,上海古籍出版社 1997 年版,第 5 页。

③　李致忠:《〈四库全书总目·凡例〉笺注》,《文献》2002 年第 1 期,第 99 页。

④　丁丙:《善本书室藏书志》卷末跋,新北广文书局 1988 年版,第 2125—2126 页。

⑤　司马朝军撰:《輶轩语详注》"通论读书",华东师范大学出版社 2010 年版,第 134—135 页。

目》和《书目答问》之说，即满足足本、精本和旧本三个标准的本子，以此考察《总目》"所取非善"的情况。

（一）虞集《道园学古录》五十卷（浙江巡抚采进本）

据金华黄溍序，以是集为集手自编定，然其（虞集）《天藻诗序》云："友人临川李本伯宗辑旧诗，谓之《芝亭永言》"。又《赋谢李伯宗》题云："至元庚辰冬，临川李伯宗、黄仲律来访山中，拾残稿二百余篇录之"。而李（本）序又云"至正元年十有一月，闽宪韩公征先生文稿，本与先生幼子翁归及同门之友编辑之，得《在朝稿》二十卷，《应制稿》六卷，《归田稿》一十八卷，《方外稿》六卷"。所言与今本正相合。又考《道园遗稿》前有至正己亥眉山杨椿序，以为集季子翁归及其门人所编，与李本序合。盖集母杨氏为衡阳守杨文中之女，杨椿即其外家后人，其言自当无误，亦可证黄溍所云之不足据。是编为李所定无疑也。自元暨明屡经刊雕，然皆从建本翻刻，亦间有参错不合，盖多出后人窜改，要当以元本为正矣。①

按：此段提要主要是在辩驳"是集为集手自编定"的说法，且认为这一说法出自黄溍所撰序。其最后结论是"黄溍所云之不足据"，"是编为李所定无疑也"。今查黄溍《道园遗稿序》，其云："公之诗文曰道园学古录者，其类目皆公手所编定。"②则黄溍原意是虞集所编定仅有"类目"，至于类目之外的具体篇目及卷次则并未明言由谁所编。仅此，则馆臣所云"是集为集手自编定"并非黄溍本意。类目为何？即《在朝稿》《应制稿》《归田稿》《方外稿》等分类列目，这些仅属于别集的编排体例。《总目》实误读了黄溍序文之原意，之后馆臣引虞集《天藻诗序》、虞集《赋谢李伯宗题》、李本《道园学古录

---

① 纪昀等：《钦定四库全书总目》卷一六七，第2227—2228页。按，引文中括号内的字为笔者所加。

② 黄溍著，王颋点校：《黄溍全集》上册，天津古籍出版社2008年版，第276页。

序》以及杨椿《道园遗稿序》等多种文献为证据,竟是在辩驳一个因误读而衍生的"伪"问题。

那么,馆臣何以会产生误读?此番辩驳之目的又是什么?换言之,馆臣究竟在"忧虑"什么?联系整体可知,馆臣是在试图强调并抬升《道园学古录》的版本价值。虽然《总目》澄清了《道园学古录》并非出于虞集手定,仅有李本所定本一说,这看似消解了《道园学古录》与虞集的紧密关联,但《总目》的另一逻辑是:李本所定本为"建本"之最初形态,故当以此"李(本)本",(即所谓"元本")为原初本、善本,如此则《道园学古录》的版本价值同样得以确立。

然而,若依馆臣的"元本"逻辑,那么元至正五年刊刻之《道园类稿》五十卷也当被重视和著录,因为这一别集也属于"元本"。更巧的是,二者卷次亦相同。馆臣为何采纳《道园学古录》而舍弃《道园类稿》?馆臣显然未能正面回答这一重要问题。

其实,在《总目》的早期形态之一——翁方纲分纂稿中,翁氏便试图抬升《道园类稿》的文献价值。他在《道园学古录》分纂提要中称:

《道园学古录》五十卷,元虞集著。集字伯生,蜀之仁寿人。宋丞相允文五世孙。居江西之崇仁,从临川吴澄游。以荐授大都路儒学教授,擢国子助教,迁集贤修撰、翰林待制兼国子祭酒。文宗天历中,拜奎章阁侍书学士,进侍讲学士。顺帝初,谢病归临川。卒赠仁寿郡公,谥文靖。集为文万篇,存者十之二三耳。其《在朝》、《应制》、《归田》、《方外》诸稿,总五十卷者,曰《道园学古录》。其诗稿亦曰《芝亭永言》,又有别集曰《翰林珠玉》,其从孙堪又访得其诗七百四十余篇,曰《道园遗稿》。今之行世者又有《道园类稿》,与《学古录》互有出入。金华黄溍以《学古录》为集,手自编定。然其《天藻诗序》云:友人临川李本伯宗辑旧诗,谓之《芝亭永言》。又《赋谢李宗伯》题云:至元庚辰冬,临川李伯宗、黄仲律来访山中,拾残稿二百余篇而录之。而李《序》又云:至正元年十有一月,闽宪斡公征先生文稿,本与先生幼子翁始(归)及同门之友编缉之,得《在朝稿》二十卷,《应制录》六卷,《归田稿》一十八卷,《方外稿》六卷。此与今本正相合,即所谓斡克庄建本者是也。庚辰是至元六年,其明年辛巳改元至正,是则李本、黄钟之录文于山中,与其刻于闽中相去一年耳,是编为李本所定无疑也。自元暨明,屡经刊本,然皆从建本翻刻,亦间有参错不合处。集之诗文为有元一代冠冕,应合《类稿》、《遗稿》诸本,校正善本刊之。①

通观全文,翁氏认为《学古录》之盛行,是出于黄溍的误导,其称:"今之行世者又有《道园类稿》,与《学古录》互有出入,金华黄溍以《学古录》为集亲手编定。"之后他便反驳黄溍之说法,虽然此段反驳《总目》亦有,但需要注意的是,《道园学古录》非虞集手定这一说,翁氏的辩驳有一个前提是"今之行世者又有《道园类稿》,与《学古录》互有出入",而其目的在于证明《道园学古录》并非虞集亲手编定,而是虞集幼子虞翁始(归)及门人李本所编,言外之意是《道园学古录》与《道园类稿》皆非虞集手定之作,故二者与虞集并非存在亲疏之别。既然如此,《道园类稿》与《道园学古录》就当被同等对待。翁方纲的质疑,实际是试图唤起学界对《道园类稿》的重视和关注。故其提要最末明确声称,虞集《道园学古录》一书并非虞集别集之"善本",而是应将其与《道园类稿》《道园遗稿》等校勘,方得善本。

然而,此意图在提要稿的反复修改中却发生了变化。今观定稿于乾隆四十六年(1781)九月的文渊阁库书提要,原文云:

> 集著作为有元一代冠冕。平生为文万篇,存者十之一二,其《在朝》《应制》《归田》《方外》诸稿,总五十卷者,曰《道园学古录》。其中之诗稿亦曰《芝亭永言》,又有别集曰《翰林珠玉》。其从孙堪又访得其诗七百四十余篇,曰《道园遗稿》。今之行于世者,又有《道园类

---

① 翁方纲纂,吴格整理:《翁方纲纂四库提要稿》,上海科学技术文献出版社 2005 年版,第800 页。按,引文中括号内文字为笔者所加。

稿》与《学古录》互有出入，金华黄溍以《学古录》为集手自编定。然其《天藻诗序》云："友人临川李伯宗辑旧诗，谓之《芝亭永言》。"又《赋谢李伯宗题》云："至元庚辰冬，临川李伯宗、黄仲律来访山中，拾残稿二百余篇录之。"考伯宗，为李本字，则是编当为李本所定也。乾隆四十六年九月恭校上。①

文渊阁库书提要直接删去了校刊建议，而笃定地将李本所编《道园学古录》视为虞集别集之最初原本，并以其为正本。

再看定稿与乾隆四十七年（1782）的文溯阁库书提要，二者内容相同，其曰：

> 此集凡分四编，曰《在朝稿》，曰《应制稿》，曰《归田稿》，曰《方外稿》。其中诗稿又别名《芝亭永言》。据金华黄溍《序》，以是集为集手自编定。而《道园遗稿》前有至正己亥眉山杨椿《序》，以为集季子翁归及其门人所编，与李本《序》合。盖集母杨氏为衡阳守杨文仲之女，杨椿即其外家后人，其言自当无误，亦可证黄溍所云之不足据，是编为李所定无疑也。自元暨明，屡经刊雕。然皆从建本翻刻，亦间有参错不合。盖多出后人窜改，要当以元本为正矣。②

与文渊阁库书提要相比，定稿于乾隆四十九年（1784）四月的文溯阁提要删去了文渊阁库书提要一些已有文字（前段加点字），新增了一段文字（本段加点字）。所增一段文字可谓力证了《道园学古录》为李本所定。如此一来，提要的叙述重点较文渊阁库书提要发生了转移，即着力论证此《道园学古录》为虞集门人李本所定，极力强调此本的价值。联系前文观之，翁方纲分纂提要稿试图澄清的核心问题是《学古录》并非虞集"手自编定"的问题，从而消除《道园学古录》与虞集之亲近关系，将《道园学古录》《道园类稿》归置于同等

---

① 虞集：《道园学古录》卷首，《景印文渊阁四库全书》第 1207 册，第 1—2 页。
② 金毓黻等：《文溯阁四库全书提要》卷九九《道园学古录》提要，中华书局 2014 年版，第 3324—3325 页。

地位来考量。归言之，文溯阁库书提要力图证明《道园学古录》之价值，而翁方纲分纂提要稿则是力图消解《道园学古录》的价值，二者观点可谓南辕北辙。《总目》和文津阁库书提要所持观点皆与文溯阁库书提要同，由此可知翁方纲主张的校勘《道园学古录》与虞集之《道园类稿》《道园遗稿》多部著作以求"善本"的建议，在提要的层层书写和改动中被逐渐消解。至今学界将《道园学古录》视作虞集别集之善本，盖始于《总目》。

由上述提要的层层修订可知，从翁方纲分纂提要稿之本意到库书提要，再到《总目》。馆臣在某一环节的断章取义、挂一漏万，都会导致后者因消解问题的原初针对性而架空论说，背离初衷。而正因馆臣的误读，导致《道园类稿》《道园遗稿》的价值问题由显转而为隐，长期未能得到学界的正面回应。据《四库采进书目》所载，采进虞集别集一共九种，分别是：两淮盐政李呈送书目《道园学古录》五十卷①、浙江省孙仰曾家呈送书目《道园学古录》五十卷②、山东巡抚呈送第一次书目《道园学古录》五十卷③、内府藏本（武英殿书目）《道园学古录》五十卷④、《浙江采集遗书总录简目》载《道园学古录》五十卷（注：花山马氏藏元刊本）⑤、浙江省第四次鲍士恭呈送书目《道园遗稿》六卷⑥、江西巡抚海续购书目《道园续集》三卷⑦、国子监学正汪（如藻）交出书目《道园遗稿》六卷⑧、《浙江采集遗书总录简目》载《道园先生遗稿》六卷《诗续》三卷（注：季振宜藏写本）⑨、江西巡抚海第一次呈送书目《虞道园

---

① 吴慰祖校订：《四库采进书目》，商务印书馆1960年版，第57页。
② 吴慰祖校订：《四库采进书目》，商务印书馆1960年版，第81页。
③ 吴慰祖校订：《四库采进书目》，商务印书馆1960年版，第150页。
④ 吴慰祖校订：《四库采进书目》，商务印书馆1960年版，第202页。
⑤ 吴慰祖校订：《四库采进书目》，商务印书馆1960年版，第285页。
⑥ 吴慰祖校订：《四库采进书目》，商务印书馆1960年版，第95页。
⑦ 吴慰祖校订：《四库采进书目》，商务印书馆1960年版，第164页。
⑧ 吴慰祖校订：《四库采进书目》，商务印书馆1960年版，第182页。
⑨ 吴慰祖校订：《四库采进书目》，商务印书馆1960年版，第285页。

集》六卷（注：四库著录作《道园遗稿》）①、江苏省第二次书目《道园集》不分卷②。其中"《道园学古录》五十卷"出现五次，尽管《四库采进书目》统计未尽采进书目之全貌，但亦能呈现出虞集别集在清初的通行情况，馆臣所取亦不过为通行本而已。至于翁方纲所倡校勘之建议，则完全被搁置。

再看馆臣又是如何看待《道园类稿》和《道园遗稿》。《总目》明言《道园遗稿》是"补《道园学古录》之遗也"③，又称《道园类稿》为"考衷录集之遗文者，别有《道园类稿》"④，则馆臣认为二者皆是《道园学古录》的补遗集。《道园遗稿》为补遗集，颇为符合事实，傅增湘《跋》语可为证："余以目录校之，各卷之诗与《学古录》诚无重复。"⑤但是，《道园类稿》是否为《道园学古录》之补遗集？实不然。

事实是，《道园类稿》与《道园学古录》的内容是并列关系，而非补遗关系。《道园类稿》的刊行，主要为弥补《道园学古录》刊刻之缺陷。《道园类稿》为元顺帝至正五年（1345）由抚州路总管府刊刻，至正五年（1345）五月江西湖东道廉访司颁《宪司牒文》云："其所著诗文若干卷，前福建闽海道廉访副使斡玉伦徒已尝命有司锓梓，然字画差小，遗逸尚多。抚州路乃本官寓闲之地，如蒙移文本路，详加编录，大字刊行，岂惟可以为法后学，实足以彰国家制作之盛。牒请照验施行，准此看详。"⑥则从字体来说，《道园学古录》为小字本，而《道园类稿》为大字本；从时间来看，《道园学古录》闽刻本先于《道园类稿》；从刊刻主体来看，《道园学古录》的刊行是个人行为，《道园类稿》的刊刻是官方行为。欧阳玄曾为《道园类稿》作《雍虞公文集序》，其云："太史夏台刘君伯温尝

① 吴慰祖校订：《四库采进书目》，商务印书馆 1960 年版，第 158 页。
② 吴慰祖校订：《四库采进书目》，商务印书馆 1960 年版，第 29 页。
③ 纪昀等：《钦定四库全书总目》卷一六七《道园遗稿》提要，第 2228 页。
④ 纪昀等：《钦定四库全书总目》卷一六七《道园遗稿》提要，第 2228 页。
⑤ 虞集：《道园遗稿》，《中华再造善本》据北京大学馆藏元至正十四年（1354）金伯祥刻本。
⑥ 虞集：《道园类稿》卷首，《元人文集珍本丛刊》第 5 册，台北新文丰出版公司 1985 年版，第 254 页。

岁鼓箧,从公成均。及为江右肃政使者,近公寓邑,乃哀公之文,将传诸梓。书来京师,属玄为序言……第于公有世契,生平敬慕公之文,以附著姓名为幸。又高刘君政事之暇敦笃夙谊如是,遂不敢辞而为之序。至正六年二月,翰林学士承旨、荣禄大夫、知制诰兼修国史欧阳玄序。"①其中刘伯温,非指刘基,而是刘沙剌班,字伯温,元代畏兀尔人,虞集门人。《道园类稿》有《江西监宪刘公去思碑铭》云:"公名沙剌班,字伯温,世家宿卫旧臣,有家学。历西北山川形要,验以前史如指掌,学于成均,知内圣外王之道。观史传,得古今之变如亲履之。"②作序时间则是至正六年(1346),与刘沙剌班《道园类稿》刊刻时间相照应。又,欧阳玄《与刘伯温书》中亦谈及刻文集之事:"詹溯书来,知刻虞先生文,足见高谊。作序当求名笔,乃称雅意。谅切不敢力辞,因便辄供稿去,刻成,千万见惠一本为感。"③由考证可知,《道园类稿》是并行于《道园学古录》的另一别集版本,而并非《道园学古录》的补遗集。今台湾新文丰公司编《元人文集珍本丛刊》,收录台北"中央图书馆"所藏明初覆刊元初抚州路学刊本,编者整理后称:"《道园类稿》于至正五年由集门人江西廉访使刘沙剌班刻于抚州路学后,即罕见流传,学者至不能举其名。殊不知《类稿》内篇章多《学古录》所失收,极富参考价值,编次亦较佳。其与《学古录》不同处为将在朝稿、应制录、归田稿三部分混合按文体重编分卷,而删除方外稿。二书虽同为五十卷,珠玉纷陈,或此有彼无,或文字出入,正不妨相辅相成,并存不废。"④今核以其说,为实。

《道园学古录》与《道园类稿》《道园遗稿》的关系已经厘清,那么《道园遗稿》与《道园类稿》又是什么关系?馆臣曾校勘二集,提要称与《道园遗稿》相

---

① 欧阳玄著,魏崇武等校点:《欧阳玄集》补遗卷,吉林文史出版社2009年版,第229页。
② 虞集:《道园类稿》卷三九,《元人文集珍本丛刊》第6册,台北新文丰出版公司1985年版,第222页。
③ 欧阳玄著,魏崇武等校点:《欧阳玄集》补遗卷,吉林文史出版社2009年版,第230页。
④ 虞集:《道园类稿》卷首,《元人文集珍本丛刊》第5册,台北新文丰出版公司1985年版,第250页。

较,"《类稿》所已载者,仅百余篇,《类稿》所未载者,尚五百余篇"。① 则《道园类稿》与《道园遗稿》有小部分重复,而大部分不重合,这说明《道园遗稿》并非《道园类稿》的补遗之作。

以上梳理《道园学古录》《道园类稿》《道园遗稿》三者关系的目的在于纠偏《总目》关于《道园类稿》为《道园学古录》补遗之作的观点,重新掘发《道园类稿》所应有的版本价值和意义,进而全面整理《道园学古录》《道园类稿》《道园遗稿》三种本子以求虞集别集之"善本"。

文渊阁库书提要之后的其他库书提要,皆忽略了翁方纲提出的极为重要的版本建议,且未能充分认识《道园类稿》的价值,故最终导致《道园类稿》的边缘化。这种提要的层层逐渐"离题"现象,与《总目》编纂程序之繁复不无关联,更与馆臣对版本之校勘不精、取舍不精有关。

(二)黄溍《黄文献集》十卷(浙江鲍士恭家藏本)

濂序称,所著《日损斋稿》二十五卷,溍殁后县尹胡惟信锲梓以传。又有危素所编本,为二十三卷,今皆未见。此本乃止十卷,前有嘉靖辛卯张俭序,称"旧本颇缺失,且兼载其一时泛应异端之求者,恐非公意也。索世家得善本,及公所为笔记一编,稍加删定,付建瓯尹沈璧陈珪重梓以传"云云。则俭已有所刊削,非濂所序之本。卷首题"虞守愚、张俭同校"一行,又题"温陵张维枢重选,会稽王廷曾补订"一行,则二人又有所窜易,并非俭所刻之本。卷数不同,有自来矣。明人诞妄,凡古书经一刊刻,必遭一涂改。数变之后,遂失其真,盖往往如此。然有所私损,未必有所私益,虽残缺不完,尚可见溍之崖略也。②

① 纪昀等:《钦定四库全书总目》卷一六七《道园遗稿》提要,第2228页。
② 纪昀等:《钦定四库全书总目》卷一六七,第2231页。

　　按:《总目》所取"《黄文献集》十卷"并非足本。提要谓宋濂所称《日损斋稿》二十五卷本和危素所编二十三卷本"今皆未见",并不属实。今查《四库采进书目》,"江苏省第一次书目"中"黄溍《黄学士(文)集》二十三卷"①赫然有之;《浙江采集遗书总录》著录"《黄文献公集》二十三卷",描述为"右元元侍讲学士义乌黄溍撰,门人宋濂、傅藻同编"②,又称其本为"鲍士恭家藏本"③,则浙江鲍士恭家曾进呈此二十三卷本;《中华再造善本》收录之《金华黄先生文集》四十三卷,为元至正刻本(卷二十一至四十三配清钞本),《中华再造善本总目》称:"此本曾经苏州蒋重光子宣、任邱边浴礼夔友递藏,钤有'重光'、'子宣'、'边氏空青馆鉴藏经籍书画记'诸印可证。乾隆间蒋氏曾进呈以充纂修《四库全书》之用,开卷钤有翰林院大方印,书衣有'乾隆三十年江苏巡抚□载送计书□本'戳记,封底钤有'江苏巡抚采购备选书籍'印。但《四库》所据实系明嘉靖张俭所刊只十卷本而非此本,未悉缘何。缪荃孙跋云'《四库》不搜足本,仅以十卷本著录,未免因陋就简'。"④则当时四十三卷本曾被进呈入翰林院供纂修《四库全书》之用。又,《四库提要著录丛书》与《中华再造善本》所取版本相同,其后标注有"四库进呈本"⑤。以上可证二十三卷本和四十三卷本皆曾进入四库馆臣的视野。那么,《总目》何以要称"今皆未见",仅取《黄文献集》十卷本这一并非足本者?

　　黄溍《黄文献公集》的刊刻和流传甚为复杂,在清乾隆朝之前已经有四十三卷本、二十三卷本、十卷本、十二卷本传世⑥。今取黄溍别集之十卷本对比

---

　　①　吴慰祖校订:《四库采进书目》,商务印书馆 1960 年版,第 12 页。

　　②　沈初等:《浙江采集遗书总录》壬集,上海古籍出版社 2010 年版,第 609 页。

　　③　沈初等:《浙江采集遗书总录》壬集,上海古籍出版社 2010 年版,第 609 页。

　　④　中华再造善本工程编纂出版委员会:《中华再造善本总目提要》(金元编),国家图书馆出版社 2015 年版,第 1261 页。按,文中"□"系缺字。

　　⑤　《四库提要著录丛书》编纂委员会编纂:《四库提要著录丛书》集部 255 册,北京出版社 2010 年版,第 59 页。

　　⑥　按,详参《元人文集版本目录》《中国古代诗文名著提要(金元卷)》等文献。

如下,以便知晓是四库本的版本源流情况:

版本	明嘉靖十年校刊本（十卷本）	清康熙三十年重修本（十卷本）	文渊阁四库本（十卷本）	备注
卷首	题"门人宋濂辑""后学虞守愚校刊""后学张俭编次";嘉靖十年张俭《重刊黄文献公文集序》;有详目	题"门人宋濂、王祎同辑""后学虞守愚、张俭同校""温陵张维枢子环重选、会稽王廷曾培庵补订";王廷曾《补订黄文献公集序》、宋濂《金华先生黄文献公集序》;有详目	题"元黄溍撰";宋濂《文献集序》;无目录	四库本版本信息粗略,且无目录
卷一	五言古诗 75 首、律诗 62 首、绝句 4 首	五言古诗 75 首、律诗 62 首、绝句 4 首	五言古诗 75 首、律诗 62 首、绝句 4 首	—
卷二	七言古诗 28 首、律诗 129 首、绝句 44 首	七言古诗 28 首、律诗 129 首、绝句 44 首	七言古诗 28 首、律诗 130 首、绝句 44 首	—
卷三	赋 2 首、赞 6 首、骚 1 首、答问 1 首、策问 1 首、策题 1 首、杂著 4 首、劝农文 1 首、乐章 1 首、祭文 2 首、祝文 9 首、表 10 首、笺 3 首、笺 1 首、公文 1 首、启 1 首、书 1 首、传 1 首、行述 1 首、制 1 首、箴 1 首、行状 1 首、辞 1 首	赋 2 首、赞 6 首、骚 1 首、答问 1 首、策问 6 首、策题 1 首、杂著 4 首、劝农文 1 首、乐章 1 首、祭文 2 首、祝文 9 首、表 10 首、笺 3 首、笺 1 首、公文 1 首、启 3 首、书 1 首、传 4 首、行述 1 首、制 2 首、箴 1 首、行状 1 首、辞 1 首	赋 2 首、赞 6 首、骚 1 首、答问 1 首、策问 6 首、策题 1 首、杂著 4 首、劝农文 1 首、乐章 1 首、祭文 2 首、祝文 9 首、表 11 首、笺 1 首、公文 1 首、启 3 首、书 1 首、传 4 首、行述 1 首、制 2 首、箴 1 首、行状 1 首、辞 1 首	康熙重修本与四库本在内容上略微多于嘉靖刊本,例如启、传、制等文体
卷四	题跋 89 首、跋 30 首	题跋 89 首、跋 30 首	题跋 89 首、跋 29 首	—
卷五	序 28 首	序 28 首	序 28 首	—
卷六	序 28 首	序 28 首	序 28 首	—
卷七	记 56 首、笔记 3 首、附录 3 首(目录载笔记 3 首、附录 3 首,集中无)	记 56 首、笔记 3 首、附录 3 首(后无按语)	上卷记 38 首 下卷记 18 首;卷七下卷末有按语,有笔记 3 首、附录 3 首	(1)四库本分上下卷;(2)四库本与康熙重修本皆有笔记 3 首、附录 3 首
卷八	墓记 4 首、铭 9 首、墓志铭 31 首	墓记 4 首、铭 9 首、墓志铭 31 首	上卷墓记 4 首、铭 9 首、墓志铭 14 首 下卷墓志铭 17 首	四库本分上下卷

续表

版本	明嘉靖十年校刊本（十卷本）	清康熙三十年重修本（十卷本）	文渊阁四库本（十卷本）	备注
卷九	墓志铭 36 首	墓志铭 36 首	上卷墓志铭 17 首	四库本分上下卷
			下卷墓志铭 18 首	
卷十	碑文 1 首、庙碑 2 首、神道碑 11 首、墓碑 4 首、墓碣 3 首、墓表 5 首	碑文 1 首、庙碑 2 首、神道碑 11 首、墓碑 4 首、墓碣 3 首、墓表 5 首	上卷碑文 1 首、庙碑 2 首、神道碑 9 首	四库本分上下卷
			下卷神道碑（碑文）2 首、墓碑 4 首、墓碣 3 首、墓表 5 首	
卷尾	无	无	无	—

　　结合四十三卷本的收录情况①和十卷本的源流情况，大致可以得出以下四点认识：其一，四库本所据者并非足本；其二，四库本之底本乃清康熙三十年（1691）王廷曾补订本；其三，四库本与其他诸本分卷皆有不同，即四库本自卷七至卷十皆分上、下卷，他本则否；其四，四库本及其所据底本皆涵括了黄溍

---

① 按，据《四部丛刊》本描述和统计，元刊本《金华先生文集》四十三卷如下：该本卷首有贡师泰《黄学士文集序》，每卷首题"临川危素编次""番易刘耳校正"，卷一为五言古诗 42 首（题）、七言古诗 14 首，卷二为五言律诗 33 首、七言律诗 60 首、五言绝句 2 首、七言绝句 33 首，卷三为赋 1 首、骚 1 首、答问 1 首、杂著 4 首、记 3 首、赞 1 首、碑 1 首、记 1 首、序 5 首、题跋 6 首、书 1 首、祭文 1 首、传 2 首、行述 1 首，卷四为乐章 3 首、五言古诗 36 首、七言古诗 20 首，卷五为五言律诗 115 首，卷六为五言律诗 48 首、五言绝句 6 首、七言绝句 61 首，卷七为诏 1 首、制 18 首、表 9 首、笺 3 首、箴 1 首、铭 11 首、赞 8 首，卷八为碑文 4 首、记 12 首，卷九为记 17 首，卷十为记 17 首，卷十一为记 17 首，卷十二为记 10 首，卷十三为记 13 首，卷十四为记 14 首，卷十五为记 21 首，卷十六为序 20 首，卷十七为序 23 首，卷十八为序 20 首，卷十九为序 12 首、说 4 首、启 3 首、公文 2 首，卷二十为策题 9 首、劝农文 1 首、上梁文 1 首，卷二十一为题跋 77 首，卷二十二为题跋 44 首，卷二十三为祝文 8 首、青词 1 首、疏 3 首、祭文 1 首、行状 3 首，卷二十四为神道碑 5 首，卷二十五为神道碑 4 首，卷二十六为神道碑 5 首，卷二十七为神道碑 6 首，卷二十八为碑 4 首，卷二十九为墓碑 7 首，卷三十为墓表 10 首，卷三十一为墓志铭 10 首，卷三十二为墓志铭 12 首，卷三十三为墓志铭 11 首，卷三十四为墓志铭 10 首，卷三十五为墓志铭 11 首，卷三十六为墓志铭 9 首，卷三十七为墓志 16 首，卷三十八为墓志铭 12 首，卷三十九为墓志铭 15 首，卷四十为墓碣 8 首、墓记 4 首，卷四十一为塔铭 8 首，卷四十二为塔铭 5 首、道行碑 1 首，卷四十三为世谱 1 首、家传 2 首，卷末为宋濂撰《金华黄先生行状》。

《日损斋笔记》内容,而明嘉靖十卷本是有目而无文。四库本卷七下末尾有一段说明文字:"按此下凡《杂说》七条,原刊本佚其标目而参校危素所订潜集,又不载此数条之文,无可考补,今姑阙之"①,其下附六段话,另有《辨史十六则》《杂辨十三则》两部分内容。按语所称的"《杂说》七条"正对应《日损斋笔记》中《辨经六则》②这一部分,《辨史十六则》《杂辨十三则》则对应《日损斋笔记》的后两部分,由此可判断,康熙刻本补足的"笔记3首"即黄潜《日损斋笔记》。翻阅嘉靖十年刻本,其卷七目录中虽载有"笔记3首、附录3首"③,然文集中又并无内容与此目录对应,而康熙刻本则已补足此缺漏,四库本亦同。康熙刻本和四库本又附录有危素《黄公神道碑》及《请谥文移》《谥议》三篇文,即嘉靖十年刻本所缺失的"附录3首"。

据上揭提要所述和版本比对可知,《总目》著录之《黄文献集》是以清康熙三十年(1691)王廷曾补订本为底本。王廷曾,清康熙年间人,纂修《(康熙)义乌县志》二十卷。据王廷曾《补订黄文献公集序》称:"当是至正壬寅癸卯,历二百三十八年,而张侯维枢选而布之,今又九十二年矣。版之阙者有十,而字之漶且讹者不止百千焉。稍为补之订之,尚当求其全本,而以文宪状及忠文祠堂碑入附录,增锓其后,是为叙。"④则王廷曾重修本所据底本是万历年间张维枢辑刻的《重刊黄文献公文集》十卷本。张维枢,明万历年间人,万历二十六年(1598)进士,官至工部侍郎,著有《澹然斋小草》。张维枢辑刻本,又是以明嘉靖十年(1531)虞守愚、张俭所编校刊刻本为底本。然此十卷本始于明嘉靖年间,与元刊本四十三卷本相比,已是删节本。

令人不解的是,馆臣为何对于囊中之物——鲍士恭家藏本和江苏巡抚进

---

① 黄潜:《文献集》卷七下,《景印文渊阁四库全书》第1209册,第457页。

② 按,按语中所谓"《杂说》七条"当对应《辨经六则》,"七条"乃"六则"数量之误。

③ 黄潜:《重刊黄文献公文集》卷首目录,明嘉靖十年(1531)虞守愚、张俭所编校刊刻本,第2b页,国家图书馆藏,善本书号04468。

④ 黄潜:《重刊黄文献公文集》卷首序,清康熙三十年(1691)王廷曾补订本,第5b页,国家图书馆藏,善本书号02928。

呈本视而不见,而取用一删节本? 又明知其所取本"窜易"甚多,却并未继续搜寻善本来取代"粗劣"之本? 不可否认的一个重要原因便是,该"粗劣"之本契合了编纂《四库全书》的一条重要宗旨:删除了不符合儒者身份和儒家思想的言论,即《总目》所言"为有道之累"①者。《黄文献公集》十卷本诞生的缘起便是出于"裨于治教"。关于嘉靖"十卷本"的诞生还有一段故事。明嘉靖年间虞惟明出任福建巡按,受黄氏族人所托刊刻《黄文献公集》,将旧卷帙嘱托张俭校编。张俭认为黄溍为朱学正传后人,其《序》云:"盖公生长何王金许四君子道学之乡,得闻闽学之正传,而仁山、白云二先生,犹及先辈"②,故而"见凡老释碑版,尽以刊去"③,即删除了集中的道、佛之作。而虞惟明、张俭主观删改之行为遭到了时人李鹤鸣的极力反对,其《序》曰:"且公集无新刻,人尚旧本之求。新刻行,则完本日沦泯矣。岂校刻者不得吾虞子意邪? 敢辄托书张副宪,用载赞我虞子,以所刊去别为一卷系集后,且期得报,乃以叙复。既久而不获,我私问,将别增刻一卷,不但已也。"④李鹤鸣要求将删除之文合为一卷,即为十一卷,附于卷末。此反对声音得到张大轮的响应,张大轮称:"《黄文献集》之初刻也,虞巡按惟明属张金宪存礼校之,凡涉异教者削去,谓公知道者宜不为此。惟明既不满志。李司谏九皋见之,寓书惟明,并属大轮曰:'必刻之'。安知公之作,非不得已则意有在耶? 大轮跃曰:'信哉! 公生不逢时,当元入中国,天下且臣之矣。公之作其不得已乎? 乃其志则可悲耳。抑曾子固有言:君子之禁邪说,固将明其道于天下。使当世皆知其说之不可从,然后以禁则齐;使后世皆知其说之不可为,然后以戒则明。公之意其在兹乎? 其在兹乎?'"⑤张氏同样反对删除行为,因其认为黄溍集存有道佛之文的本意是以自身之过失警诫后人。

---

① 纪昀等:《钦定四库全书总目》卷一六六《白云集》提要,第 2216 页。

② 黄溍:《黄文献公集》卷首《重刊黄文献公文集序》,中华书局 1985 年版,第 23 页。

③ 黄溍:《黄文献公集》卷首《重刻黄文献公集后叙》,中华书局 1985 年版,第 21 页。

④ 黄溍:《黄文献公集》卷首《重刻黄文献公集后叙》,中华书局 1985 年版,第 21 页。

⑤ 黄溍:《黄文献公集》卷末《书黄文献集别刻后》,中华书局 1985 年版,第 579—580 页。

此段"删编"公案,在本集的多篇序跋中反复提及,而黄溍于元代文学而言亦非无名小辈,馆臣不可谓不知,但其却仍执意抄录删节本《重刊黄文献公文集》十卷,其用意虽未明言,但显然是默认了嘉靖年间虞惟明、张俭"凡涉异教者削去"的理念及删削黄溍文集的行为。馆臣谨防大儒"有道之累"的顾虑可谓昭然若揭。

(三)刘敏中《中庵集》二十卷(《永乐大典》本)

《元史》载敏中《中庵集》二十五卷,《文渊阁书目》作五册,不著卷数。梁维枢《内阁书目》不载其名,则是时官书已佚。明人藏书之家惟叶盛《菉竹堂书目》仅著于录,亦无卷数。黄虞稷《千顷堂书目》虽有其名,而独作三十五卷,与史不符。盖虞稷所列诸书,乃遍征各家书目为之,多未亲见其本,故卷数多讹,存佚不确,未可尽援为据也。苏天爵《元文类》中仅载其《贺正旦表》、《忠献王庙碑》二首,其他作则不概见。今从《永乐大典》所载,搜罗裒辑,以类编次,尚可得二十卷,则所佚者不过十之二三矣。①

按:馆臣以为《中庵集》二十五卷"已佚",于是从《永乐大典》中辑录刘敏中《中庵集》二十卷。实际却并非如此。今据国家图书馆所藏清抄本知,元刊本刘敏中《中庵先生刘文简公文集》二十五卷仍存世,有"元刻本""清抄本",皆藏今国家图书馆②,而馆臣所辑《永乐大典》本《中庵集》远不如元刊本完善。今传刘敏中别集有两种系统:一为《中庵先生刘文简公文集》二十五卷(目录二卷),有元刻本、1990年书目文献出版社《北京图书馆古籍珍本丛刊》(第92册)影印之清抄本;另一为《中庵集》二十卷,《四库全书》之《永乐大典》辑本系统。前者,据傅增湘之描述为:"十一行二十一至二十二字,细黑口,左右双栏。前有元统二年江浙等处儒学提举吴善序,元统二年韩性序。每

---

① 纪昀等:《钦定四库全书总目》卷一六七,第2225页。
② 周清澍:《元人文集版本目录》,南京大学出版社1983年版,第38—39页。

卷后有'后学钱唐叶森校正'一行,卷首题'正议大夫前户部尚书魏谊编类'。卷一至三碑记,四至十一碑志,十二至十三序,十四铭、赞、颂,十五表笺、册、奏议,十六经疑、策问、杂著,十七赋、诗,十八至二十三诗,二十四至二十五乐府。"①今元刻本藏国家图书馆,与傅增湘所述一致,又今存本后附《监察御史奏撰刘文简公神道碑碟文》、泰定四年(1327)八月初九日《圣旨》及曹元用《敕赐故翰林学士承旨赠光禄大夫柱国追封齐国公刘文简公神道碑铭并序》,傅增湘未提及。

今阅北京图书馆古籍珍本丛刊(第92册)《中庵集》二十五卷本,卷首有吴善序、韩性序二篇,目录二卷,目录上卷包括卷一至十六之目,目录下卷包括卷十七至二十五之目。卷一至三为碑记三十七首,卷四至十为碑铭墓志四十六篇,卷十一碑铭十二篇,卷十二至十三序二十八篇,卷十四为铭、赞、颂二十四篇,卷十五为表笺、册、奏议十三篇,卷十六经疑、策问、杂著五十五首,卷十七赋六首、诗歌七十五首,卷十八诗一百零九首,卷十九诗一百零三首,卷二十诗一百三十首,卷二十一诗一百一十九首,卷二十二诗一百三十七首,卷二十三诗九十三首,卷二十四乐府五十八首,卷二十五乐府九十一首。统计之,卷一至卷十六为文,共二百一十五篇,卷十七至二十三为诗、赋,共七百七十二首,卷二十四至二十五为乐府(词),共一百四十九首。

今检四库本,卷首仅有韩性序,卷一为赋四首、骚一篇、五言古诗三十六首,卷二为七言古诗二十七首,卷三为五言律诗三十七首,卷四为七言律诗三十六首、五言长律二首,卷五为五言绝句十七首、七言绝句三十首,卷六为诗余三十一首,卷七为表三篇、奏议三篇,卷八为书启五篇、序十二篇,卷九为序十二篇,卷十为题跋十五篇,卷十一为记六篇,卷十二为记十一篇,卷十三为记七篇,卷十四为碑七篇,卷十五为碑五篇,卷十六为碑十篇,卷十七为碑六篇,卷十八为碑七篇,卷十九为杂著十九篇,卷二十为墓铭八篇。归言之,卷一至卷

---

① 莫芝友撰,傅增湘订补:《藏园订补郘亭知见传本书目》卷一四,中华书局2009年版,第1315页。

五为诗、骚、赋共一百九十首（篇），卷六为诗余三十一首，卷七至卷二十为文一百三十六篇。

两种版本相比，从数据来看，元刻本文章多七十九篇、诗赋多五百八十二首、词多一百一十八篇，可见馆臣从《永乐大典》中辑录《中庵集》二十卷缺失之严重，看似只卷次少五卷，而诗歌数量上则已经多出一倍多。无怪乎历来藏书家们对四库辑录《永乐大典》本多有不齿。傅增湘曾校元刊本与四库本，其言："元刊本……其编次与四库本迥异，卷数多五卷，所收诗文溢出四库本颇多。如其词凡一百二十六首，四库本只三十二首。"又云："旧写本，从元刊本出，与四库本不同。各体文增至八十二篇，诗溢出三之二，词溢出十之八。四库本从《永乐大典》辑出，故视此元本差失如此之钜也。"①又谓："余曾据元刊本校卷一至十。其中碑记溢出二十三编，灵泉庵记补九十三字，顺德忠献王碑补二十一字，赵珪墓铭补二十九字，潘琚碑铭补三十字，崔氏先茔记补二十五字，元刊之佳胜处可以想见矣。"②依傅增湘言，则元刊本不仅数量上胜出，而且篇目内容上也更为完善。傅增湘称元刊本为"善本秘笈"③，"天壤之孤本、希有之秘笈"④。又元刊本曾被海源阁所藏，杨彦合《跋》云："四库本从《永乐大典》本重编，此则元时之原刻，完整无缺，亦珍笈矣。"⑤可见，四库本（即《永乐大典》本）实远不如元刊本优良，而元刊本方才是迄今传世的刘敏中别集之善本。

（四）顾瑛《玉山璞稿》一卷（两淮马裕家藏本）

玉山璞稿一卷（两淮马裕家藏本）。⑥

---

① 莫芝友撰，傅增湘订补：《藏园订补郘亭知见传本书目》卷一四，中华书局 2009 年版，第 1315 页。

② 莫芝友撰，傅增湘订补：《藏园订补郘亭知见传本书目》卷一四，中华书局 2009 年版，第 1316 页。

③ 莫芝友撰，傅增湘订补：《藏园订补郘亭知见传本书目》卷一四，中华书局 2009 年版，第 1315 页。

④ 傅增湘：《藏园群书经眼录》卷一五，中华书局 2009 年版，第 1105 页。

⑤ 傅增湘：《藏园群书经眼录》卷一五，中华书局 2009 年版，第 1105 页。

⑥ 纪昀等：《钦定四库全书总目》卷一六八，第 2255 页。

按:提要未能交代《玉山璞稿》一卷的版本源流情况。今检四库本采录之《玉山璞稿》一卷,有诗文一百二十六篇,除末尾《拜石坛记》《玉鸾传》二篇文外,其余皆诗。此本《玉山璞稿》来历不明,且非当时馆臣所见《玉山璞稿》的最佳版本。因为当时进入馆臣视野的至少有以下两种版本,皆优于四库此本。

第一种,明崇祯年间毛晋辑、汲古阁刊刻的《元人十种诗》,编入了顾瑛《玉山草堂集》二卷和《顾玉山集外诗》一卷两种别集,共计诗一百四十八首,文三篇。前者有黄溍《玉山名胜集序》、李祁《顾阿瑛传》和殷奎所撰《墓志铭》,卷上收诗八十首,卷下收联句诗五首、《玉鸾谣》一首、《玉鸾传》等及后附自撰《墓志铭》和《自题像》,末有毛晋跋;后者则辑各体诗共六十二首。

第二种,清康熙年间顾嗣立所编《元诗选初集》,尽管它是诗选集,所据仅为《玉山璞稿》一卷,但作品多达一百五十二首,其中诗歌一百四十六首,联句六首,无文。由于顾嗣立对顾瑛的推崇,此本中每一首诗歌和联句的创作背景都一一考证和附注,故此版本虽数量不及《元人十种诗》本,但其文献价值却是颇高的,当是了解顾瑛及其作品信息的最佳版本。

对比四库本《玉山璞稿》,从卷次、编排和数量上看,四库本既非出自《元人十种诗》本,又非出自《元诗选》本。

再有,乾隆三十七年(1772)十月十七日鲍廷博编《玉山逸稿》四卷《附录》一卷。《玉山逸稿跋》曰:"而其自著曰《玉山璞》者,凡二十卷,见华亭殷奎所撰墓志中,今传世本仅寥寥数十篇,盖出于后人所掇拾,非其旧矣。至海虞毛子晋刻《玉山草堂集》,亦只就名胜集采取玉山自作,编辑成书,而附以《铁网珊瑚》诸书所得为集外诗,其实非专集也。康熙间吴门顾侠君编选元诗,于玉山有宗谊焉。故采录视诸家为多,而于名胜、草堂、汲古诸刻之外,亦能有所增益也。今年三月,予偶从故家得吴中朱存理手钞《玉山璞稿》二卷,为至正甲午、乙未二年之作,诗凡二百十有二首,多世所未见者,于其全集盖什一焉。夫以毛、顾两家之搜讨,而此本卒不获遇,则信乎诗文传世迟速,固自有时也。因重加缮录,并取汲古阁本,考其自来,补所未备。节去已载于《璞稿》

者二十二篇,编为四卷,题曰《玉山逸稿》。凡诗文若词二百十篇,附与《璞稿》之后,藏之家塾,以备□诗如顾氏者取裁焉。"①则鲍廷博新获明正德年间朱存理(1444—1513)手抄本《玉山璞稿》二卷,再参以汲古阁《元人十种诗》本及《元诗选》本,故而编成《玉山逸稿》四卷,此当是为迄今为止收录最全的顾瑛别集。然今观《浙江采集遗书总录》所录顾瑛作品仅为三种,分别是:"玉山名胜集十册(写本)""玉山草堂集二卷(写本)""玉山草堂雅集十三卷(知不足斋写本)"②,并未见鲍廷博所编《玉山逸稿》四卷及《附录》一卷。盖尽管《玉山逸稿》四卷及《附录》一卷编定于乾隆三十七年(1772),却未能进呈至四库馆。

以上三种,后一种未能进入馆臣视野,而前两种皆为馆臣所知晓。从作品数量上看,四库本所采纳的《玉山璞稿》,并未如顾嗣立《玉山璞稿》以及汲古阁刊刻《元人十种诗》本多。从内容详备来看,亦不如顾嗣立所采《玉山璞稿》细致。

以一组诗《天宝宫词》对比来看,《元诗选》本《玉山璞稿》录有《天宝宫词十二首寓感》,后注"《草堂雅集》本作《唐宫词次铁崖先生无题韵十首》",该组诗第二首为"五家第宅近天家,侍女都封系臂纱。池上桃开销恨树,阁中香进助情花。风回辇道鸾铃远,日射龙颜雉扇斜。韩虢并骑官厩马,醉搀丞相踏堤沙。"诗歌后注:"此首与第九首,《草堂雅集》不载。"③第九首为:"十三女子擘箜篌,选作梨园第一流。却道荷花真解语,岂知萱草本忘忧。红鸾不照深宫命,翠凤常看破镜羞。舞得太平并万岁,五年谁赐锦缠头。"④可见,此两首诗《草堂雅集》原本无,乃顾嗣立所增添。顾嗣立又是据钱谦益《列朝诗集》所添。钱谦益《列朝诗集》中亦有《天宝宫词十二首寓

---

① 顾瑛著,鲍廷博辑录:《玉山逸稿》卷末,中华书局1985年版,第83页。按,引文中□系缺字。
② 沈初等:《浙江采集遗书总录》壬集,上海古籍出版社2010年版,第622—623页。
③ 顾嗣立:《元诗选初集》辛集,中华书局1987年版,第2327页。
④ 顾嗣立:《元诗选初集》辛集,中华书局1987年版,第2328页。

感》，不同的是，此处二首是作为补遗附于十首诗末，并云："以下二首，集本有之，《草堂大雅》并不载。"①顾氏所录不仅诗题与诗歌皆与《列朝诗集》相同，而且所摘评语亦相同。《列朝诗集》所录第十首诗："宫衣窄窄小黄门，蹒躅初开赐缥盆。夜月不窥鹦鹉冢，春风每忆凤皇园。爱收花露消心渴，怕解金呵见爪痕。只有椒房老宫监，白头一一话开元。"后有注："铁厓评曰：十诗绵联缛丽，消得锦半臂也。"②从杨维桢评语中"十诗"，则知此为第十首。顾嗣立将杨维桢评语附注在第十二首，虽附注之处有误，但内容却一致。也正是由此评语，可断言顾嗣立辑录此组诗歌当从钱谦益处来。此诗在汲古阁《元人十种诗》本《玉山草堂集》中载为《和杨铁崖唐宫词十首》，与顾、钱截然不同，所缺二首正是《元诗选》本所谓第二首与第九首。据此，则可推断四库本《玉山璞稿》中的《天宝宫词十二首寓感》，当是出自《元诗选》本，只是诗歌的附注内容被抹去了。

令人不解的是，组诗《天宝宫词十二首寓感》甚至未能出现在鲍廷博所编《玉山逸稿》中，可见此组诗歌的"罕见性"，仅《大雅集》《列朝诗集》和《元诗选》载之。而《列朝诗集》仅录顾瑛二十五首，《元诗选》中所录该诗当是由此而来，四库本《玉山璞稿》底本显然又是从《元诗选》本中来，尽管编排次序和数量不尽相同。

通过乾隆年间的藏书家鲍廷博《跋》来看，能够进入馆臣视野的《玉山璞稿》，当有《元诗选》本和汲古阁本，以诗作对比来看，四库底本所取为《元诗选》本。至于编排顺序不一致，当是馆臣在回避以《元诗选》选本为底本的事实而故加区别。

为何馆臣要回避四库底本的出处而不言明？盖馆臣认为别集若与《元诗

---

① 钱谦益编，许逸民、林淑敏点校：《列朝诗集》甲集前编第八上，第 1 册，中华书局 2007 年版，第 471 页。

② 钱谦益编，许逸民、林淑敏点校：《列朝诗集》甲集前第卷八上，第 1 册，中华书局 2007 年版，第 471 页。

选》选本一致,便可不取而置于存目中。例如王士熙《王鲁公诗钞》便是因此
而入存目书,该集提要云:"与顾嗣立《元诗选》所载士熙《江亭集》八十余首一
一相同,惟次第小异。疑即书贾从《元诗选》抄出,伪为旧本射利耳。"①然顾
瑛作为元末风雅代表人物,其诗自不可缺,故其集需列为著录书。

(五)杨维桢《铁崖古乐府》十卷《乐府补》六卷(安徽巡抚采进本)

其门人吴复所编。维桢以乐府擅名,此其全帙也。②

按:此二句中讹误处有二。其一,"其门人吴复所编"之说不确,《乐府补》
六卷实为明刊本所补。杨维桢诗歌集现存最早的本子,当属元末至正二十四
年(1364)刊本《铁崖古乐府》十卷《复古诗集》六卷,由杨维桢门人章琬所编。
章琬至正二十四年(1364)撰《辑铁雅先生复古诗集序》云:"琬登铁门学诗,因
辑先生前后所制者二百首,连吴复所编又三百首,名曰《铁崖先生复古诗集》,
此集出,我朝之诗斯为大备。"③依序可知,章琬所编《铁崖先生复古诗集》是
在吴复所编三百首诗歌基础上完成合编的。顾瑛至正八年(1348)所撰《序》
曰:"若先生之诗,自《琴操》而下诸乐府之作,其不可尾于骚人之后乎?故予
谨录吴复所编本,凡三百余首以锓诸梓,与有志古诗者共之,庶几感发古之六
义,由是而之风骚之教,不难也。"④吴复所编《古乐府》在至正八年(1348)便
由顾瑛刊刻梓行。据以上二则材料,可知《铁崖古乐府》确为吴复所编,但卷
次不明。今阅《四部丛刊初编》本《铁崖古乐府》十卷(据明成化本影印),其
卷十之后附有杨维桢为吴复所作《墓志铭》,而《墓志铭》后载有章琬语:"吴见

---

① 纪昀等:《钦定四库全书总目》卷一七四,第 2379 页。
② 纪昀等:《钦定四库全书总目》卷一六八,第 2259 页。
③ 杨维桢:《铁崖先生复古诗集》卷首章琬序,《四部丛刊初编》集部第 244 册,上海书店
1989 年版,第 1a 页。
④ 杨维桢:《铁崖先生复古诗集》卷末顾瑛序,《四部丛刊初编》集部第 244 册,上海书店
1989 年版,第 3b 页。

心集《铁崖古乐府》凡十卷,盖先生中年之作也。见心卒于至正八年戊子,集诗止于其时也。见心卒后,先生晚年之著则有《补遗》《遗稿》《后集》焉。家传人诵者,散逸未暇裒集,亦可慨也。附录先生作《见心墓志》于集后,以见世次云。"①由此可以确定两个事实:一是吴复卒于至正八年(1348);二是吴复所编《铁崖古乐府》为十卷。又,从《乐府补》六卷的内容来看,《大明铙歌鼓吹曲》十三首显然是杨维桢入明后所作,吴复卒于元末,故吴复编《乐府补》在时间上是不成立的。那么,《乐府补》六卷是何时进入杨维桢作品集的?据民国藏书家叶启发《华鄂堂读书小识》记载:"明成化间,先族祖文庄公巡抚两广,尝校正《古乐府》,命广州郡守沈礼梓行。同时昆山王益复据以重刊。凡《乐府》十卷,《补遗》六卷,而无《复古诗集》,又不得谓之完本矣。"②则明成化时,《乐府补遗》实赖沈礼得以成书,王益又是据沈礼所编进行刊行。至明末,藏书家毛晋"又据元至正甲辰章琬、明成化乙(己)丑沈礼两刻本,刊行《古乐府》十卷、《乐府补遗》六卷、《复古诗集》六卷",则"铁崖诗赋颇称全备"③。由上可知,《乐府补》六卷并非吴复所编,而是明成化时沈礼所辑补。馆臣所述有误。

其二,提要称"此其全帙也",然此本实非杨维桢乐府作品全帙。《四库全书荟要总目提要》(下称《荟要提要》)明确记载杨维桢《铁崖古乐府》是依"明毛晋汲古阁刊本缮录恭校"④,后尚无"全帙"之称。嵇璜《续文献通考》著录"杨维桢《铁崖古乐府》十卷,《乐府补》六卷,《复古诗集》六卷",后注曰:"维桢以乐府擅名,此集其门人吴复所编。又《复古诗集》,其门人章琬所编。"⑤

---

① 杨维桢:《铁崖古乐府》卷末《吴君见心墓志铭(为)铁崖先生作》,《四部丛刊初编》集部第 244 册,上海书店 1989 年版,第 14a 页。

② 叶启发撰,李军整理:《华鄂堂读书小识》卷四,《二叶书录》,上海古籍出版社 2014 年版,第 319 页。

③ 叶启发撰,李军整理:《华鄂堂读书小识》卷四,《二叶书录》,上海古籍出版社 2014 年版,第 319 页。

④ 江庆柏等整理:《四库全书荟要总目提要》,人民文学出版社 2009 年版,第 418 页。

⑤ 嵇璜等纂:《续文献通考》卷一九五,《景印文渊阁四库全书》第 630 册,第 612—613 页。

亦未有"全帙"之谓。《四库全书荟要》(下称《荟要》)和《续文献通考》成书略早于《总目》,其作为馆臣撰修《总目》时不可回避的两部参考文献,皆未以"全帙"称之,而《总目》则加之,那么《总目》何以要增添"此其全帙也"这一判断?

首先,需要明确的第一个问题是四库本杨维桢《铁崖古乐府》及《乐府补》是否为"明毛晋汲古阁本"?民国藏书家叶启勋将其所见元刊本《铁崖古乐府》十卷《复古文集》①六卷与毛晋汲古阁本《古乐府》十卷《复古诗集》六卷进行详细比对,认为《四库全书》所录《铁崖古乐府》十卷以及《复古诗集》六卷是以毛晋汲古阁本为底本的,叶氏描述如下:

> 元椠元人《杨铁崖集》,书贾从衡阳常氏得之,归于余者也。旧藏毛晋汲古阁本,即从此出,唯末有正统元年杨士奇、卫靖两跋,所据当是正统年间补修元椠。于此可见此书在明时,元时初印者已自难得,宜为自来藏书家珍重也。毛本《古乐府》十卷,(A)卷各有目,目后有"复识已上凡若干首"云云一段,即此本每卷末所载移置者。(B)唯删去第十卷末"吴见心集《铁崖古乐府》凡十卷,至尾句以见世次云"一段,(C)并删去他人和辞及篇末评语,只存卷三《龙王嫁女辞》、《后匡山人于立彦成和辞》。(D)卷七《警雕三章》,篇末评曰:"'此先生在天台'至尾句'故曰诗可讽也'一段未删,馀均删去。(E)又删去首列宋濂撰先生墓志铭及卷十末吴君见心墓志铭二篇。至《复古诗集》六卷,(F)卷亦有目,与此本通连卷数计算者不同,(G)其篇末"太史评语"云云各段悉经删去,(H)"琬曰"云云各段,则只删去卷一《精卫操》末"琬曰:古人赋《精卫辞》者称王建,先生此作出,建辞劣矣"一段,馀均未删。毛氏既从此刻翻雕,乃自作聪明,擅易旧本次第,毛刻各书大都如是,又不仅此书矣。然(I)《古乐府》卷四《金山篇》,毛本作《涂山篇》,注"一作金山"。(J)卷五《贫妇

---

① 按,盖为《复古诗集》之误。

谣》末句下毛本注"'龙盘有髻不复梳'一作'闭门花落春不知',又作'闭门花落青春深'"。(K)卷六《强氏母》末句下毛本注'儿孙'一作'诸孙'。(L)又《傅道人歌》毛本注"一作《傅剑子歌》"。(M)又《禽演赠丁道人》注"'嬴分'一作'龟介'",毛注作"嬴介"(注:当是补修之讹)。(N)卷七《两鹁鸪》毛本注"为颜氏妇赋"。(O)卷十《冶春口号》毛本注"寄昆山袁、郭、吕三才士"。又(P)《复古诗集》卷三《商妇辞》末句下毛本注"'荡子'作'荡荡'、'西江'作'西流'",(Q)又《杨柳词》末句下毛本注"'几万,一作'万万'"。(R)卷四《青峰庙王氏》毛本注"一作'清风'",如此之类,又似毛氏别从他本校正。此尚是字句之异,其(S)《复古集》卷一《精卫操》末附郭翼《和辞》一首、陆仁《和辞》一首,为此本所无,此书此刻乃第一祖本,毛本何所据而录以窜入?今得此本,盖信毛刻诸书,皆不足信今传后矣。壬戌夏闰月伏日,叶启勋跋。①

从上文可知,叶氏应是亲见过各种版本的,并以元刊本为参照物,列举了汲古阁本的种种篡改之处并大加谴责。从其细致的勘校可知,汲古阁本与原刊本出入颇大,其中《铁崖古乐府》的排版差异有五处(A、B、C、D、E 处),《复古诗集》的排版差异有三处(F、G、H),而在篇目、注解上亦有十一处(I 至 S)差异,合计一共十九处与元刊本不合。巧合的是,以上汲古阁本的所有区别特征,皆能在四库本得以印证。除此,毛晋汲古阁本是首次将《乐府补》六卷与《铁崖古乐府》十卷合刻,其中《乐府补》六卷收录 96 首②,《古乐府》十卷收录 415 首,合计 511 首。四库本亦然。综上可断,四库本所据确为毛晋汲古阁本③。

---

① 叶启勋:《拾经楼䌷书录》卷下,《湖南近现代藏书家题跋选》第 2 册,岳麓书社 2011 年版,第 128—130 页。按,引文中(A)、(B)等序号为笔者所加。

② 按,本为 99 首,除去友人和辞 3 首,则为 96 首。

③ 按,此本今藏国家图书馆。

其次，还需明确的是"毛晋汲古阁本"究竟是否为杨维桢乐府作品的"全帙"？显然不是。尽管《乐府补遗》六卷是对元刊本《古乐府》的一次补遗，但却仍不无遗漏之憾。如《杨铁崖咏史古乐府》一卷（或不分卷），是书为明成化八年刊本，由杨维桢门人顾亮辑录。叶启发《华鄂读书小识》著录，并称"顾氏编刻在明之初年，而在吴、章两辑之后"①，又认为："此书各首均为沈刻、吴编《古乐府》之止于至正戊子者所不载矣。"②据叶氏所述，则在毛晋汲古阁本之外，杨维桢乐府作品仍有散佚。《杨铁崖咏史古乐府》内容便为毛氏所未及。

收录杨维桢作品较完备的本子，当属明天启元年马弘道所编《铁崖大全集》十卷。叶启发《华鄂堂读书小识》称此本："据万历中陈渊止刊、华亭陈仲醇继儒校本抄录，并益以元至正戊子顾瑛、至正甲辰章琬、成化王益、金华章懋、诸暨陈于京及归景山房古本、金陵坊本，合并编定为十卷。凡《古乐府》八卷七百七十首，《文赋》二卷三十五首，《香奁》八首，又《古乐府补遗》一卷八十首，凡各本之序跋、传志均采录甚全，可谓集诸家之大成矣。"③仅从数量来看，天启年间的《铁崖大全集》共收录古乐府850首，此数目远甚于汲古阁的555首④。

事实上，在乾隆年间，杨维桢乐府类作品便已经得到一定程度的整理：一是王荣绂所编《杨铁崖先生咏史古乐府》四卷，其篇目皆不见于吴复《铁崖古乐府》，于乾隆三十八年（1773）五月刊行；一是楼卜瀍于乾隆三十九年（1774）

---

① 叶启发撰，李军整理：《华鄂读书小识》卷四，《二叶书录》，上海古籍出版社2014年版，第318页。

② 叶启发撰，李军整理：《华鄂读书小识》卷四，《二叶书录》，上海古籍出版社2014年版，第318页。

③ 叶启发撰，李军整理：《华鄂读书小识》卷四，《二叶书录》，上海古籍出版社2014年版，第320页。

④ 按，今描述文渊阁四库本《铁崖古乐府》十卷如下：卷一为26首，卷二为44首，卷三为22首，卷四为40首，卷五为29首，卷六为26首，卷七为31首，卷八为42首，卷九为80首，卷十为75首，合计415首；《乐府补》六卷：卷一为24四首，卷二为7首，卷三为18首，卷四为34首，卷五为13首，卷六为32首，合计140首；总计一共555首乐府作品。

完成《铁厓乐府注》十卷、《铁厓咏史注》八卷、《铁厓逸编注》八卷①，至乾隆末年由联桂堂刊行。楼卜瀍《铁厓咏史注序》称："《杨铁厓先生古乐府》编自门人吴复，人称'铁雅'，外此有《咏史诗》编自门人顾亮，人称'铁史'。予求顾编不可得，盖书缺有间矣。前明万历中先外王父渊止陈公为刊《古乐府》行世，强半皆《咏史诗》，吴编所不载。予既出吴编付梓，因删去已见者不重出，另录《咏史诗》加之笺注，都为一集，名亦仍旧题曰'铁厓咏史注'矣。"②可见，毛晋《铁崖古乐府》及《乐府补》之外，杨维桢乐府作品仍存在大量散佚。

由此看来，毛晋汲古阁本实难称"全帙"。然馆臣为何急于以"全帙"对此集进行论定？盖囿于人物褒贬和政治立场的考虑。

毛晋汲古阁本《乐府补》中的补遗篇目《大明铙歌鼓吹曲》，曾一度惊起了政治巨浪。乾隆四十三年（1778）初夏，乾隆帝弘历阅及此《乐府补》六卷后愤然撰写《题杨维桢〈铁崖古乐府〉》，后被冠于四库本《铁崖古乐府》卷首。题词首先对杨维桢诋毁故国之行径大加挞伐："杨维桢于元仕不显而不肯仕于明，似为全人矣，而其补集中有《大明铙歌鼓吹曲》，非刺故国，颂美新朝，非真全人之所为，与《剧秦美新》何以异耶？"③进而谴责贬低其人品之劣甚于钱谦益；接着极力否定馆臣为杨维桢人品寻找托词的行为；末则试图将杨维桢作为反面教材："因著此论，并命录其集前，亦所以教万世之为人臣者。"④其中指向无疑包括馆臣在内。于是馆臣心有余悸，反复对《铁崖古乐府》提要作出相应的更改。《荟要》成书于乾隆四十三年（1778），是最早的四库系列成果之一。《荟要》本《铁崖古乐府》提要曰："至维桢于明初被召不肯受禄，赋《老客妇谣》以自况，其志操颇有可取。而《乐府补》内有所作《大明铙歌鼓吹曲》，乃多

---

① 按，楼卜瀍所编本"铁崖"皆为"铁厓"。
② 楼卜瀍：《铁厓咏史注》卷首序，《续修四库全书》第 1325 册，上海古籍出版社 2002 年版，第 528 页。
③ 杨维桢：《铁崖古乐府》卷首，《景印文渊阁四库全书》第 1222 册，第 1 页。
④ 杨维桢：《铁崖古乐府》卷首，《景印文渊阁四库全书》第 1222 册，第 1 页。

非刺故国,颂美新朝,判然若出两手。据危素《跋》,《铙歌》即聘至金陵时所作。或者惧明祖之强留,而故为此逊词,自全之计,亦未可知。然终不免于白圭之玷也。"①此则提要后来又历经了三次修改,主要集中于末三句。第一次修改是定稿在后的库书提要中,此可见于文渊阁(乾隆四十六年正月)、文溯阁(乾隆四十七年九月)、文津阁(乾隆四十九年八月)三库书提要。因三库书提要一致,此仅引文渊阁库书提要为据:"据危素《跋》,亦即聘至金陵时所作,不知何以乖谬至是。核以大义,殆不止于白璧之微瑕矣。"②第二次修改是浙本《总目》提要,此版本晚于库书提要而又早于殿本《总目》提要,其载:"据危素跋,盖聘至金陵时所作。或者惧明祖之羁留,故以逊词脱祸欤?然核以大义,不止于白璧之微瑕矣。"③第三次修改是《纪晓岚删定四库全书总目稿本》提要和殿本《总目》提要,其载:"据危素跋,盖聘至金陵时所作。核以大义,不止于白璧之微瑕矣。"④

细校提要之变化,从《荟要提要》到殿本《总目》,《铁崖古乐府》提要的表述越来越简洁,但是馆臣对杨维桢的态度则越来越笃定。若说最初在《荟要提要》中,馆臣是以存疑之法而尚未对杨维桢的人品加以论定,那么在乾隆题词之后,提要的反复修改,则是已将杨维桢的悖逆之罪牢牢坐实。可见,《大明铙歌鼓吹曲》及其出处毛晋汲古阁本《乐府补》,既已被乾隆帝援引来定性杨维桢的人品,则其权威性已不容置疑,又何谈置换?

(六)刘秉忠《藏春集》六卷(浙江鲍士恭家藏本)

至其所著文集,见于本传者十卷。今此只六卷,乃明处州知府马伟所刊。前五卷为各体诗,末一卷为附录、诰敕、志文、行状,而不及

---

① 江庆柏等整理:《四库全书荟要总目提要》,人民文学出版社2009年版,第418页。

② 杨维桢:《铁崖古乐府》卷首,《景印文渊阁四库全书》第1222册,第2页。

③ 永瑢等:《四库全书总目》卷一六八《铁崖古乐府》提要,中华书局1965年版,第1462页。

④ 纪昀等:《钦定四库全书总目》卷一六八《铁崖古乐府》提要,第2259页。

所著杂文。故秉忠所上万言书及其他奏疏见于本传者,概阙焉。盖
文已佚而仅存其诗,故卷目多寡与本传不合也。①

按:提要以"文已佚""今此本只六卷"论定刘秉忠别集的存世情况,实属
草率。经考,《永乐大典》本刘秉忠《刘文贞公集》的版本价值当远甚《藏春
集》,其有文又有诗,且数量亦多于《藏春集》。

爬梳前人书目著录情况,《元史》本传称刘秉忠"有文集十卷"②;明焦竑
《国史经籍志》著录为"《刘秉忠诗集》二十二卷"③;清初黄虞稷《千顷堂书目》
著录有"刘秉忠《藏春诗集》六卷(商挺编),又文集十卷又诗集二十二卷"④;
傅增湘《藏园群书经眼录》著录"刘文贞公全集三十二卷",又云"旧写本……
卷一至十二诗,十三卷以后皆文。前有同邑云龙山人李冶序"。⑤ 且不论其他
书目,仅观黄虞稷《千顷堂书目》所载,便知"刘秉忠《藏春集》六卷"与"文集
十卷诗集二十二卷"属于两个版本系统,故后世当将二本相互校勘、整理以求
善本,而不至于就此而舍彼。

笔者分别以"刘文贞公集"和"刘秉忠"条目在《永乐大典》残卷中检索,
尚能辑录诗文共二百三十三首⑥,其中词作二首,分别是《谒金门》(忆故人)
和《南乡子》(秋日有怀故人);文三篇,分别是《跋宋先生花光墨梅》《跋宋汉
臣墨梅》《又(跋宋汉臣墨梅)》;余皆诗歌,其中仅《古诗泛言》一诗题便有一
百二十一首。此数量还仅仅是从残卷中辑录所得,倘若从《永乐大典》全卷辑
录,其数量则更为可观。又或者,《永乐大典》所载刘秉忠《刘文贞公集》正与
《千顷堂书目》著录之"文集十卷诗集二十二卷"这一版本相印合? 值得一提
的是,自《永乐大典》辑录的诗歌与四库本《藏春诗集》六卷重合者寥寥无几,

---

① 纪昀等:《钦定四库全书总目》卷一六六,第 2201 页。
② 宋濂等:《元史》卷一五七"刘秉忠传",中华书局 2000 年版,第 2462 页。
③ 焦竑:《国史经籍志》卷五,中华书局 1985 年版,第 275 页。
④ 黄虞稷:《千顷堂书目》卷二九,上海古籍出版社 2001 年版,第 716 页。
⑤ 傅增湘:《藏园群书经眼录》卷一五,中华书局 2009 年版,第 1084 页。
⑥ 按,有二百三十八首之说,今逐一核实,应为二百三十三篇,其中文三篇。

这说明《藏春诗集》所录诗歌缺失较为严重。显然,馆臣疏忽了对存录诗文数量较多的刘秉忠《刘文贞公集》的辑录和整理,其所择取之《藏春集》并非当时刘秉忠存世别集之善本。

二、私造版本

私造版本,可分两类情况:一类是指与存世版本、《总目》描述版本皆不同的四库本;一类是唯《总目》描述(包括标注)中存在而现实中并无与之描述对应的那一版本。而私造版本,或是馆臣求善本、求足本的心理所致,或与《总目》的学术信息不断修改更新而保持原来学术信息的四库本已经被抄录有关。今列举此类个案如下:

(一)周权《此山集》四卷(浙江鲍士恭家藏本)

> 是集为陈旅所选定,旅及袁桷、欧阳玄等各为之序。揭傒(傒)
> 斯又为之跋。旅本作者,故别择特精。①

按:《总目》著录之版本卷次、来源以及叙述之版本信息皆与四库本不符。其一,著录之《此山集》为四卷,而四库本实际所录《此山诗集》为十卷;其二,著录本采源出处为"浙江鲍士恭家藏本",核之却并非如是;其三,提要称"是集为陈旅所选定",而四库本《此山诗集》名为"十卷"实"四卷",并非元人陈旅选定本。

通常认为,《总目》著录本及其所述信息理应与四库本一致,可《此山集》实际情况却是提要篇首标注本、叙述本与四库本三者均不同。何以如此? 这些版本之间究竟有什么关联和区别? 在此,有必要对《此山集》的版本作一番梳理。笔者将四库本十卷与今存之鲍士恭家藏本四卷②、明天顺刻本四卷③、清景元刻

---

① 纪昀等:《钦定四库全书总目》卷一六七,第2221页。按,引文括号内文字为笔者所正。
② 按,浙江大学图书馆编、西泠印社出版社2011年出版的《周此山先生诗集》,所据底本乃鲍士恭家藏本。
③ 按,此本藏国家图书馆,善本书号12327。

本十卷①、清初抄本四卷（附查慎行跋）②进行了详细比对，具体如下表：

版本	四库本 （十卷）	鲍士恭家藏本 （四卷）	明天顺刻本 （四卷）	清景元刊本 （十卷）	清抄本 （四卷）
序	3篇（袁桷、陈旅、欧阳玄）	3篇（袁桷、欧阳玄、陈旅）	3篇（袁桷、欧阳玄、陈旅）	3篇（袁桷、欧阳玄、陈旅）	3篇（袁桷、欧阳玄、陈旅）
卷次	卷一：五古31首	卷一：五古54首	卷一：五古58首	卷一：赋4篇	卷一：五古58首
卷次	卷二：五古27首	卷一：五古54首	卷一：五古58首	卷二：诗52首	卷一：五古58首
卷次	卷三：七古27首	卷二：七古47首（含《舟行阻潮》）	卷二：七古84首	卷三：诗60首	卷二：七古84首
卷次	卷四：七古25首	卷二：七古47首（含《舟行阻潮》）	卷二：七古84首	卷四：诗52首	卷二：七古84首
卷次	卷五：七古32首	无	——	卷五：诗53首	无
卷次	卷六：五律30首	卷三：五律30首、七律43首（此本有44首，混入赵孟頫诗1首。③）	卷三：五律30首、七律84首	卷六：诗45首	卷三：五律30首，七律84首
卷次	卷七：七律42首	卷三：五律30首、七律43首（此本有44首，混入赵孟頫诗1首。③）	卷三：五律30首、七律84首	卷七：诗30首	卷三：五律30首，七律84首
卷次	卷八：七律41首	卷三：五律30首、七律43首（此本有44首，混入赵孟頫诗1首。③）	卷三：五律30首、七律84首	卷八：诗69首	卷三：五律30首，七律84首
卷次	卷九：五绝15首	卷四：五绝15首、七绝49首	卷四：五绝15首、七绝55首	卷九：诗64首	卷四：五绝15首、七绝55首
卷次	卷十：七绝55首	卷四：五绝15首、七绝49首	卷四：五绝15首、七绝55首	卷十：乐府35首	卷四：五绝15首、七绝55首
跋	跋二篇（谢端、揭傒斯）	跋一篇（揭傒斯）	跋三篇（谢端、揭傒斯、柳贯）	跋三篇（柳贯、谢端、揭傒斯）	跋三篇（谢端、揭傒斯、柳贯），附查慎行跋一则
合计	诗325首	诗238首	诗326首	诗425首，赋4首，乐府35首	诗326首

对比以上五种版本，可得出如下认识：

---

① 按，此本藏上海图书馆，《择是丛书初集》《丛书集成续编》皆收录。

② 按，此本藏国家图书馆，善本书号03721。

③ 按，周权《次韵子昂学士人日立春》附列赵孟頫原唱和诗："今年人日与春并，人得春来喜气迎。宫柳风微金缕重，御沟冰泮玉鳞生。阴消渐觉馀寒散，阳长争看晓日明。霜鬓锦幡浑不称，强裁新句慰羁情。"文渊阁四库本赵诗录在诗题中，并未单列，诗仅载周权诗一首："人日今年乐事并，新春又遣鬓幡迎。一元块圠新调燮，万物洪纤总发生。早有东风消腊冻，渐舒昕日作晴明。玉堂人醉梅花底，门帖新题羁宦情。"

首先，四库本并非以浙江鲍士恭家藏本为底本。二者相同之处，在于诗歌均按体裁分门别类。二者不同之处则体现在：其一，卷次不同。鲍本四卷而四库本十卷。从诗歌体裁分卷来看，鲍本卷一为五古，相当于四库本卷一、卷二；鲍本卷二为七古，相当于四库本卷三、四、五；鲍本卷三为律诗（含五律、七律），相当于四库本卷六、七、八；鲍本卷四为绝句（含五绝、七绝），相当于四库本卷九、十。其二，数量不同。四库本比鲍本五古多四首，七古多三十七首，七律多四十首，七绝多六首，合计共八十七首，其中最大的差异则体现在七古和七律上。又，今查《浙江采集遗书总录》著录"《此山集》四卷"，描述为"知不足斋写本"，且称"按今本系陈旅选定者"①，则《总目》叙述之版本与提要篇首标注之版本皆与浙江鲍士恭家藏本是一致。问题在于，四库本实录为十卷本，并非鲍士恭家藏本四卷。

其次，《此山集》版本主要存在两个流传系统，故有十卷本和四卷本之分。十卷本属于元刊本，而四卷本属于明刻本。《此山集》最早由周权本人所定，献与时任史官的袁桷。袁桷《此山集序》称："括苍周君衡之，磊落湖海士也。束书来京师，以是编见贽，意度简远，议论雄深，法苏、黄之准绳，达《骚》《选》之旨趣。历览名胜，长歌壮吟，亦皆写其平生胸中之耿郁。至于词笔，尤为雅健。读之亹亹忘味，诚有起予者。"②袁桷《清容居士集》中亦有此文，篇名为《书括苍周衡之诗编》。元末元统年间，陈旅校选、欧阳玄批点《此山先生集》完毕。欧阳玄《此山先生集序》言："仆既序，复见诗集留莆田陈君处，陈为之精选，又倍神采焉。仆因致点校之助于其间云。欧阳玄识。"③是序作于元统二年（1334）八月。陈旅《序》亦称："因为选其最佳者，得若干首，题为《此山先生集》云……又予为校选，故能深知之也。"④可知，《此山先生集》传世的最

---

①　沈初等：《浙江采集遗书总录》壬集，上海古籍出版社2010年版，第612页。
②　周权：《此山诗集》卷首，《景印文渊阁四库全书》第1204册，第2页。
③　周权：《此山先生诗集》卷首序，《择是居丛书初集》本，1926年吴兴张氏刊。
④　周权：《此山先生诗集》卷首序，《择是居丛书初集》本，1926年吴兴张氏刊。

早版本在元末便已定型。今上海图书馆藏"此山先生诗集十卷","清翻元刻本"①；又清光绪年间张钧衡编、民国十五年（1926）吴兴张氏所刊行《择是居丛书初集》，收录《此山先生集》②十卷，便是据元刻本影印。《择是居丛书初集》本《此山先生集》卷首载"据元至正评点本开雕"③，又卷首《序》之末有"袁桷""欧阳玄"等印章，则此本当是以元朝元统年间陈旅校选和欧阳玄批点、至正年间刊行的《此山先生集》为底本。此元刊十卷本的特点是：每一卷次下皆标注"登仕郎江浙等处儒学副提举陈旅校选""翰林直学士中宪大夫知制诰同修国史欧阳玄批点"；按赋、诗、词三种文体分类，其中对诗歌并未再作体裁分类；有部分诗歌后有欧阳玄评点；卷首有袁桷、欧阳玄、陈旅所撰三篇《序》；卷末附录《此山堂题咏》六首，分别为赵孟頫、袁桷、欧阳玄、谢端、揭傒斯、陈旅六人所作诗；卷末有元元统二年（1334）揭傒斯《跋》一篇、谢端《跋》一篇以及元至正五年（1345）柳贯题记。张钧衡《跋》称："《周此山集》十卷，元周权衡之撰，元刊本，每半叶十一行，行十九字，高五寸九分，广四寸九分，白口单边，上有字数。"④傅增湘《藏园群书经眼录》著录有"此山先生诗集十卷，附此山堂题咏三页"并描述曰："元刊本，十一行十九字，细黑口，左右双栏，版心上记字数。行间有圈点。次行题陈旅校选。三行题欧阳玄批点，俱带官衔。有延祐袁桷序，欧阳玄序，陈旅序。后有谢端跋、揭奚（傒）斯跋。癸丑岁见于南浔张石铭家。"⑤二者对元刊本的版次描述一致。再看四卷本系统。张钧衡《跋》云："顾《四库》所收及九家著录，均分体诗四卷，亦无批点，且抄本居多。明天顺黑口本已极罕见，亦只有四卷。"⑥今查阅多种书目所载，其言不诬。明

---

①　周清澍：《元人文集版本目录》，南京大学出版社1983年版，第33页。

②　按，后文分卷之卷首皆题为《此山先生诗集》。

③　周权：《此山先生诗集》卷首，《择是居丛书初集》本。

④　周权：《此山先生诗集》卷末跋，《丛书集成续编》集部第108册，上海书店1994年版，第959页。按，《丛书集成续编》所录即为《择是居丛书初集》本。

⑤　傅增湘：《藏园群书经眼录》卷一五，中华书局2009年版，第1101页。

⑥　周权：《此山先生诗集》卷末跋，《丛书集成续编》集部第108册，上海书店1994年版，第959页。

末清初藏书家黄虞稷《千顷堂书目》著录："周权《此山集》四卷,一作十卷。"①
清初徐乾学《传是楼书目》记为："周此山集四卷,元周衡。"②清倪灿《补辽金
元艺文志》著录为："周权此山诗集四卷。"③清钱大昕《补元史艺文志》载为:
"周权此山集四卷。(后注:一作十卷。字衡之,括苍人。)"④另如清瞿镛《铁
琴铜剑楼藏书目录》、黄丕烈《士礼居藏书题跋记》、陆心源《皕宋楼藏书志》等
亦皆著录四卷本。梳理可知,明清时期的四卷本较为通行且常见。而四卷本
相对于十卷本,特点是仅有诗歌,且对诗歌进行体裁分类,未录赋和乐府,无
《此山堂题咏》六首,首无目录。各四卷本在内容和数量上皆较为一致,鲍士
恭家藏本四卷本内容有所删减(见上表)。今存四卷本,有明天顺刻本,部分
诗歌后有批语,此本可谓现存最早的四卷本;清初抄本(国家图书馆善本书号
05407),部分诗歌后有批语,末附查慎行跋,《跋》曰:"周权《此山诗集》,莆田
陈众仲所选定者,余抄自泰兴季氏。诗后间有评骘,当是莆田手笔也。初白
翁。"⑤此本与天顺刻本较为相近,差别仅其中《子陵钓图》一首顺序不同,盖
因抄录时疏漏,后附于卷末所致;清同治十三年(1874)刘履芬刻本,有清刘履
芬跋,章钰校并跋,藏国家图书馆(善本书号14609);东武李氏研录山房刻本,
藏国家图书馆(善本书号14022)。

再次,四库本是十卷本与四卷本的杂糅体,非元刊本。从数量统计和版本
比对可知,除卷次不同外,四库本《此山诗集》十卷在数量、顺序、分类方式上
皆与明刻四卷本一致,总数为三百二十五首,相比于天顺刻本和清初抄本的三
百二十六首,缺少《浮淮》一首,盖因此《浮淮》之前一首为《淮海》,诗题近似,
馆臣抄录时混淆二者,故漏抄其一。除去上述不同外,四库本亦仅录诗歌且依

---

① 黄虞稷:《千顷堂书目》卷二九,上海古籍出版社2001年版,第724页。
② 徐乾学:《传是楼书目》,清味经书屋抄本。按,此中"周衡"当为"周衡之"。
③ 倪灿:《补辽金元艺文志》,中华书局1985年版,第98页。
④ 钱大昕:《补元史艺文志》卷四,中华书局1985年版,第44页。
⑤ 周权:《此山诗集》(有查慎行跋),清抄本。

诗歌体裁分类,诗歌顺序、体裁断限处皆与四卷本一致。但尽管总量一致、顺序一致、分类方式一致,四库本又确实为十卷本,相对于明刻本四卷本的大分类,四库本将其分类进一步细化,故拆作十卷。馆臣将明刊本四卷本生硬地拆分为十卷本,比如将原本归于卷一的五言绝句与七言绝句,割裂为两卷:一卷为五言绝句,一卷为七言绝句,依此便将四卷拆分为了十卷。值得注意的是,此十卷本与元刊本十卷本截然不同。四库本《此山诗集》具备了元刊十卷本的卷次总数,采纳的却是明刊四卷本的分类和内容,这便使得它完全成为了独立于元刊本与明刊本之外的新版本。故馆臣简单将之认定为元刊本实不妥,或简单认定其为明刊本亦属混淆。而除去版本梳理不精之外,纂修《四库全书》过程中馆臣的各自为政、协调不一,亦是造成《此山集》版本信息扑朔迷离的重要原因。

(二)李孝光《五峰集》六卷(编修汪如藻家藏本)

所著诗文,岁久散佚。是编乃弘治甲子怀远钱杲为乐清令,访求遗稿,得全集于儒生周纶家,因俾纶编次刊板,杲自为之序,仍以《五峰集》为名。其诗文不分卷帙,但以各体分编。今定以乐府、四言诗为一卷,五、七言古诗为一卷,五言律诗为一卷,七言律诗为一卷,绝句为一卷,杂文为一卷。卷首别有逸文目四篇:曰《南村草堂记》,曰《郭翼迁善斋记》,曰《姚文焕书声斋记》,曰《孝善坊记》,皆有录无书。盖传写复佚,今亦阙之……杂文凡二十首,皆矫矫无凡语……末附《题朱泽民画》一首,盖《古乐府》之末章,误编于文集,今仍移附乐府末云。①

按:提要称《总目》著录之《五峰集》六卷是据弘治刻本编定而成,其称弘治十七年(1504)钱杲访求李孝光遗稿,于儒生周纶家得其全集,因俾周纶编次刊版,钱杲为之作序,其特点是不分卷,仅以文体类编。馆臣自称据此本而略作改动,将其编次为六卷,其中"今定"二字意,即馆臣对此别集进行了分卷

---

① 纪昀等:《钦定四库全书总目》卷一六七《五峰集》提要,第2240—2241页。

改编,且是依文体不同而定为六卷。

提要言之凿凿,但与其所述内容矛盾的是,今文渊阁四库本《五峰集》并非六卷,而是十卷。提要所述版本与文渊阁四库本实际所录版本并不一致。那么二者究竟是什么关系?何以会出现这种不一致?为厘清这一问题,兹将《总目》所述本、弘治刻本、文渊阁四库本、文津阁四库本,对比如下:

卷次	文体	《总目》所述本(六卷)	文渊阁四库本(十卷)	弘治钱昊辑本①(不分卷)	文津阁四库本(十卷)	备注
序	—	钱昊序	无序	钱昊序	钱昊序	—
卷一	记、序文	卷六(20篇)	13篇	13篇	13篇	《总目》述本多7篇
卷二	古乐府	卷一	38题43首	45首	45首(标注)	钱本比四库本多2首
卷三	四言诗	卷一	9题32首	无	9首(标注)	四库本比钱本多32首
卷四	五言绝句	卷五	19首	19首	19首(标注)	钱本、四库本相同
卷五	五言古体、古诗	卷二	前者50首,后者40首	无	91首(标注)	四库本比钱本多90首
卷六	五言律	卷三	44首	44首	44首(标注)	钱本与四库本相同
卷七	六言诗、五言排律	卷三(五言排律)	六言4首,五言7首	无	7首(标注)	四库本比钱本多11首

---

① 按,清末学者孙诒让家藏有弘治刻本传录的《五峰集》,其描述曰:"《五峰集》二十卷本,明时已佚,今所传者,明钱昊重辑本,不分卷,然刊本亦不多觏。余家所藏则从钱刻传录者,凡文十三首,古乐府四十五首,五言律诗四十四首,五言绝句十九首,七言古诗三十首,七言近体五十五首,七言绝句二百十九首,共分七类。四库本厘为六卷,其本今未之见。提要称杂文二十篇,则与钞本不合,未知明刊原本果何如也。"(孙诒让撰,潘猛补校补:《温州经籍志》卷二四,上海社会科学院出版社2005年版,第1024页。)

续表

卷次	文体	《总目》所述本（六卷）	文渊阁四库本（十卷）	弘治钱㷅辑本（不分卷）	文津阁四库本（十卷）	备注
卷八	七言绝句	卷五	218 首	219 首	220 首（标注）	钱本比四库本多1首
卷九	七言古体	卷二	30 首	30 首	30 首（标注）	钱本与四库本相同
卷十	七言律	卷四	155 首	55 首	55 首（标注，实际为录155首）	四库本比钱本多100首
合计	—	—	文 13 篇，诗642首	文 13 篇，诗425首	文 13 篇，诗641首	四库本共多诗217首

对比可知，《总目》所述本与文渊阁库书、文津阁库书之实际，最明显的差别是卷次数量。《总目》所述本是六卷，而文渊阁、文津阁库书所录是十卷本。卷次之所以不同是划分方式不同所致。四库本《五峰集》十卷的文体划分比较细致，而《总目》所述本则是将四库本《五峰集》中的卷二古乐府与卷三的四言诗合为一卷，卷四的五言绝句与卷八的七言绝句合为一卷，卷五的五言古体与卷九的七言古体合为一卷，卷七的六言五言排律与卷六的五言律合为一卷，而所剩卷一之记和序文、卷十之七言律仍是独立卷次，故为六卷。

与文渊阁库书对应的，是文渊阁库书提要。提要云："《五峰集》十卷……是编乃明弘①治甲子怀远钱㷅为乐清令，访求遗稿得全集于儒生周纶家，因俾纶编次板行，其诗文不分卷帙，但以各体分编，今依次分为十卷。"②此与《总目》所述完全不同。再查文溯阁库书提要，其与文渊阁库书提要所载同，皆为"《五峰集》十卷……今依次分为十卷"③。可见，定稿早于《总目》的文渊阁、文溯阁库书提要所述皆是《五峰集》十卷，且其所言与今所见文渊阁、文津

---

① 按，"弘"字原文缺末笔。
② 李孝光：《五峰集》卷首，《景印文渊阁四库全书》第 1215 册，第 91 页。
③ 金毓黻等：《文溯阁四库全书提要》卷九九，中华书局 2014 年版，第 3361 页。

阁《四库全书》所录卷次亦为一致。而定稿较晚的文津阁库书提要则已删除了"今依次分为十卷"一句,改作"今定以乐府、四言诗为一卷,五、七言古诗为一卷,五言律诗为一卷,七言律诗为一卷,绝句为一卷,杂文为一卷。卷首别有逸文目四篇:曰《南村草堂记》,曰《郭翼迁善斋记》,曰《姚文焕书声斋集记》,曰《孝善坊记》,皆有录无书。盖传写复佚,今亦阙之"。① 其描述,已与《总目》一致。同时,可以明确的是,馆臣的确曾厘定该集为六卷本,而非十卷本。

问题在于,尽管弘治本《五峰集》原无卷次,但是既然文渊阁、文溯阁二库书提要皆称已将其"分为十卷",且四库本所录《五峰集》十卷又正与二库书提要对应,那么《总目》仅需顺理成章地沿袭描述便可。何以馆臣却执意否定"今以此分为十卷"的做法,而擅自改编为"六卷"?

今据《总目》所云核实,文渊阁库本、文津阁库本《五峰集》的杂文卷首并无"逸文目四篇",文渊阁、文溯阁二库书提要亦未提及此四篇目,更未载有杂文"二十首"这一内容。再联系《总目》标注的"六卷"卷次来看,则可断言《总目》所据当另有版本,而此版本显然与文渊阁库书、文津阁库书所录版本不尽相同。

经检,与《总目》所述版本最为贴近者,当是今存鲍廷博手抄并校、劳格朱墨笔校本《五峰集》六卷《补遗》三卷《文集》一卷《雁山十记》一卷(后称"鲍本"),今藏中山大学图书馆。此本《五峰集》卷一为古乐府十七题十八首、骚类十八题十八首,卷二为四言诗九题、五言古体六十六题六十八首,卷三为七言古诗二十八题,卷四为五言律诗四十题、五言长律七题、六言诗四题,卷五为七言律诗一百三十一题一百三十二首,卷六五言绝句十九题、六言绝句四题、七言绝句一百五十五题,《补遗》卷一诗歌二十九题、卷二诗歌十一题十二首、卷三诗歌四十四题四十六首,《五峰文集》共文章十篇,分别是《乐府诗集序》

---

① 《四库全书》出版工作委员会:《文津阁四库全书提要汇编》集部上,商务印书馆 2006 年版,第 572—573 页。

《朱伯贤白云稿序》《送曲慧夫上青龙镇学官诗序》《丁仲容桧亭诗稿序》《萧山县公署记》《重修昆山州学宫记》《重修乐清县学记》《王贞妇传》《汉洛阳令方圣公储传》《遂初斋铭并序》，又《雁山十记》一卷共十篇文章。此一种本子，能与《总目》所述相呼应。

对比《总目》所述与鲍本实际情况，大致能判断纪昀在库书提要确定之后，对《五峰集》提要又单独作出了修改。修改的契机是鲍廷博重新修订了《五峰集》的版本，其不仅对原来《五峰集》的诗歌进行了补遗，亦对文章进行了补遗，故而鲍本《五峰集》是当时收录李孝光作品最全、最新的别集。因此纪昀秉着收录全本的态度对《总目》著录之《五峰集》的描述进行了修改，提要所云"今定"便是试图对新编的鲍本进行厘定。根据提要所述的分卷方式可知，纪昀的设想是将鲍本的前六卷诗歌与补遗三卷诗歌合并，再进行重新编排为五卷，又将鲍本的《五峰文集》和《雁山十记》合为杂文一卷，共二十篇，依此则《五峰集》包括诗文，一共六卷。至于提要所云"卷首别有逸文目四篇……皆有录无书"，当是鲍廷博辑佚时所列出的篇目，但终究未能抄录原文，故原本缺失。

然而纪昀重编鲍本的设想只是一纸理论，因为践行其设想的《四库全书》七分书已经处于紧锣密鼓的抄录阶段。今观成书较早的文渊阁、文溯阁库书提要并未变更，仍载"今依次分为十卷"。纪昀曾力求把《五峰集》整理的最新成果融入《四库全书》系统中，只可惜其想法并未能在《四库全书》中得到全部实现，今查《文津阁四库全书》所抄录的《五峰集》便仍是十卷。

纪昀试图在《总目》中呈现别集版本的最新学术成果，此为其不断对《总目》提要进行修改和完善的重要原因之一。然而遗憾的是，他所提出的版本修改设想，终究未能付诸实践并形成与之对应的版本，因此《总目》中所记载的版本与实际抄录者并未能一一对应。提要所叙版本与实际抄录者之间的信息错位，体现出《总目》所述学术信息并非完全反映出当时学术之最新成果。

（三）刘鹗《惟实集》四卷《外集》一卷（江西巡抚采进本）

集为其子遂、述所编，初名《鹜溪文献》。其称《惟实集》者，盖本其祖训以"诗道贵实"之语也。鹗尝官翰林修撰，与虞集、欧阳玄、揭傒斯等游。所居浮云书院，诸人皆有题咏。玄为序其文集，称其诗六体皆善。傒斯序亦谓其高处在陶、阮之间。虽友朋推挹之词，例必稍过其量……《外集》二卷，皆前人序记挽诗，乃其裔孙于廷等所重辑，今仍附之集末，以补史传之阙漏焉。①

按：《总目》著录"《惟实集》四卷《外集》一卷"，实是对《惟实集》四卷《外集》二卷之篡改。首先，《总目》标注之"《外集》一卷"与提要中所述"《外集》二卷"相矛盾；其次，此著录版本与文渊阁库书实录《惟实集》七卷《附录》一卷完全不同。不仅如此，《总目》还与文渊阁、文溯阁二库书提要所载"《惟实集》七卷《附录》一卷"②不符，更与文津阁库书提要著录之"《惟实集》八卷《附录》二卷"③相去甚远。归而言之，《总目》著录之本、所述之本与文渊阁库书本皆不相同。又，《总目》与文津阁、文溯阁库书提要著录之版本亦不相同。那么，《总目》著录之版本源于何处？为何与四库系统的其他本皆不同？

据今存文献记载考证，《惟实集》版本流传情况大致如下：最早的《惟实

---

① 纪昀等：《钦定四库全书总目》卷一六七，第 2226 页。

② 文渊阁库书提要云："臣等谨案《惟实集》七卷《附录》一卷，元刘鹗撰……《外集》二卷，皆前人序记、挽诗，乃其裔孙于廷等所重辑。今仍附之集末，以补史传之阙漏焉。乾隆四十六年十二月恭校上。"（刘鹗：《惟实集》卷首书前提要，《景印文渊阁四库全书》第 1206 册，第 295 页。）文溯阁库书提要曰："臣等谨案《惟实集》七卷《附录》一卷，元刘鹗撰……《附录》一卷，皆前人序记、挽诗，乃其裔孙于廷等所重辑。今仍附之集末，以补史传之阙漏焉。乾隆四十七年十月恭校上。"（金毓黻等：《文溯阁四库全书提要》卷九九，中华书局 2014 年版，第 3319—3320 页。）

③ 文津阁库书提要云："臣等谨案《惟实集》八卷《附录》二卷，元刘鹗撰……《外集》二卷，皆前人序记、挽诗，乃其裔孙于廷等所重辑。今仍附之集末，以补史传之阙漏焉。乾隆四十九年三月恭校上。"（《四库全书》出版工作委员会：《文津阁四库全书提要汇编》集部上，商务印书馆 2006 年版，第 539—540 页。）

集》是刘鹗本人在元末自编的一部诗集,许有壬《刘楚奇〈惟实集〉序》云:"祖桂林翁,学行冠冕乡里,得寿百有三岁。其百一岁时,尝序楚奇诗曰:'得道贵实'。楚奇服膺斯言,名所为诗曰《惟实集》,请余序。"①其时名家吴澄、揭傒斯、虞集、欧阳玄、刘岳申、许有壬等人均为其撰序。需指出的是,此时的《惟实集》仅为诗集,这从诸篇序文的叙述和评语可知。此时的《惟实集》无卷次,刘鹗卒于元至正二十四年(1364),刘玉女后来作《刘公墓志铭》称:"其文章有《惟实集》若干卷传于世。"②并未记录具体卷次。又,刘玉女与刘鹗为亲戚,其自称"予于公为母姻家,予少公五岁,自童稚为兄弟"③。以二人之熟悉度以及墓志之公众性,刘玉女所云颇为可信,也即元末《惟实集》尚未编定卷次并付梓。

此后的刊刻情况,乾隆年间刘仁所作《重镌楚奇公惟实集后序》载之甚明。全文如下:

> 《惟实》一集,吾祖楚奇公之所著也。其命名本乎祖训,其称许在当时而嘉叹于后代者则有若吴文正、虞文靖、揭文安、欧阳圭斋、解大绅诸先正之笔墨,烂如也。其点检于公从容就义之余,镌而传之者,公之子遂、述二公也。及有明洪武间,裔孙演重修之,原本俱无存者。至本朝康熙乙未年,予犹未生,裔孙于廷等顶倡修复,搜讨残断,网罗散失,盖亦大费心神矣。然但收公遗稿暨前后诸名人赠言,错杂成帙,未为尽善也。岁甲子,予读书于浮云书院,公集在焉。捧而阅之,见其编列失次,不禁怃然叹兴曰:"士君子袭明达之后,不能积学以扩其才识,建奇节于天壤,垂芳声于来世,用光先烈,无忝前人,惜已而忠节之手泽犹存,复任其纂辑凌乱,主客不分,令观者目迷神眩,

---

① 傅瑛、雷近芳校点:《许有壬集》卷三四,中州古籍出版社1998年版,第428页。按,标点有改动。
② 刘鹗:《惟实集》附录,《景印文渊阁四库全书》第1206册,第373页。
③ 刘鹗:《惟实集》附录,《景印文渊阁四库全书》第1206册,第374页。

不更足羞与?"方欲重订而新之,而自治多疏不能遽。及迄今乙亥,又阅十余年矣。敢谓吾学之有益哉? 正恐日月易逝,时不可失,敬就族之老成与诸英俊商曰:"楚奇公之遗集,宜谨编而重刻之也"。群相首肯,老成董其纲领,予偕诸英俊并力参考,序列无僭,名公之所自作曰《本集》,列于前,其为先后赠言,名之曰《外集》,附于后,共为六卷。招梓人而镌之。工讫,合予姓陈集祀于公庙,版藏斋室。斯举也,固于乙未之本,无所增加而文无差落。编次适宜。殆有以妥先灵于在天,免管尔于有识,而在予之初志,亦稍稍得慰矣。久而复修,是所望于后起者。裔孙仁谨识。①

刘仁是乾隆二十年(1755)重刻《惟实集》的发起者和组织者,且其本为刘鹗后人,故其序中所言信息当是有所依据且有一定可信度的。细读序文,《惟实集》在刘鹗去世后曾历经四次刊刻:

第一次在其殉节身亡后,由刘遂(字尊贤)、刘述(字尊武)二人"镌而传之",今其版本情况已难以查证。

第二次在明洪武间,裔孙刘演重刻,此后刻本原本散佚无存。刘仁此说略有不妥。至少在洪熙元年(1425)之后,仍有一次《惟实集》的刊刻。据《外集》内容,刘虬洪武十八年(1385)所作《像赞》和永乐二十一年(1423)所作《惟实集序》、曾棨永乐五年(1407)所作《像赞》、梁潜永乐五年(1407)作《元故江西参政刘公挽诗序》、周孟坚②洪熙元年(1425)所作序等文献时间,可知《惟实集》正式付梓当在明洪熙元年(1425)之后。明永乐五年(1407)梁潜撰《元故江西参政刘公挽诗序》曰:"今年冬,公之曾孙振,持公生时所谓诗、文,及元进士刘玉女所撰公墓志,俾读之。既又以诸贤所挽公诗辞,属为序,故掇取公平生出处大略以冠其首,且以备太史氏之阙,庶几读

_____

① 刘鹗:《吉永丰鸳溪刘楚奇先生惟实集》外集卷一,清咸丰五年(1855)江西刘氏宸章楼刻本,第100a—100b页。

② 按,另有称"周孟简"。

者有所考也。"①由梁氏挽诗序可知,其一明永乐五年(1407)刘鹗的曾孙刘振曾请梁潜作挽诗序;其二,此时的《惟实集》包含诗和文两种文体,另还有刘玉女所撰公墓志和诸贤所挽公诗辞。今存各版本《惟实集》中,数十篇挽诗皆是以梁序冠首,盖雏形于此时。另,明洪熙元年(1425)周孟简作《鹭溪文献集序》亦保留了相关版本信息。该序云:"刘之贤嗣公绰尝辑其先世浮云翁遗稿暨诸名贤诗、文合为一帙,题曰《鹭溪文献集》,间以示予,属序篇端。捧诵四三,词意深古,其序记铭刻诸篇则如长江大河,浩渺莫测,而诗之音响则犹云门大夏金石皆和而迭奏于郊庙也。"②由周序可知,洪熙元年(1425)的《惟实集》名《鹭溪文献集》,该集所录为刘鹗之遗稿,从序文的赏析文字可知遗稿包括文和诗两类作品,除此,此集亦收录诸名贤诗文,包括吴澄、虞集等人之序和挽诗等。

第三次在清康熙五十四年(1715),裔孙刘于廷广为搜罗,方才重辑成集,但此本不足是"但收公遗稿暨前后诸名人赠言,错杂成帙,未为尽善"。刘仁此言可与康熙朝刘廷瑛《惟实集序》所云相互印证。刘廷瑛《惟实集序》作于康熙五十四年(1715),序曰:"永丰元参政刘公以名臣死节,循例得请,将入祠。公之裔孙于廷等来,以期告且持公所著《惟实集》拜而请曰:'是祠之复,公实倡之。先大夫俎豆其间,于廷等感且不朽,顾惭不肖,不能光大前人之遗绪。惟兹手泽所存,罔敢失坠,欲丐一言弁诸首简,以贻之子孙。于廷等感益不朽。'……孙于廷等辈后克承家学,珍重遗编于十余世之后,付之剞劂,以昭示来兹。俾后之览是集者,莫不油然勃然兴起忠孝,其有裨于世道人心,良非浅鲜也。余小子言,虽不文,私喜厕名简,末有馀荣焉,辄拜手而书之。"③序中明言裔孙刘于廷藏有刘鹗遗作,意欲付梓一事,所谓"珍重遗编于十余世之

① 刘鹗:《惟实集》附录,《景印文渊阁四库全书》第1206册,第362—363页。
② 刘鹗:《吉永丰鹭溪刘楚奇先生惟实集》外集卷一,清咸丰五年(1855)江西刘氏宸章楼刻本,第89a页。
③ 刘鹗:《惟实集》外集卷首刘廷瑛《惟实集序》,南京图书馆藏,第2a—2b页。

后"即此。而付梓之前,刘于廷请时任庐陵知事的刘廷瑛为该集作序。由此,则《惟实集》在康熙年间曾被重刊是事实,而其本所据则是刘述、刘遂所辑梓的明刻本。

第四次在清乾隆九年(1744),刘鹗裔孙刘仁读书于浮云书院,见该集"编列失次",故欲重订之,未果。直至乾隆二十年(1755),由刘仁主倡,族人共修订之,其编排序列是"公之所自作曰《本集》,列于前,其为先后赠言,名之曰《外集》,附于后,共为六卷",内容与康熙五十四年(1715)本相比,则是"无所增加而文无差落,编次适宜。"①此次重修,乾隆二十年(1755)彭修礼所撰《重修惟实集序》亦有明言,序称:"今嗣公之贤能,悉订而正之,复付诸梓,欲以表公之文章者,益以彰公之节义,不更足征先生节义、文章之庆泽,流还悠远哉!"②由上二序所记,则乾隆刊本是以康熙本为底本的。与康熙本相比,此本篇目无差,而仅仅对归类、序列等加以修订,最终定卷次为《惟实集》四卷《外集》二卷。在此,可以确定的是,刘鹗《惟实集》四卷《外集》二卷本始于乾隆二十年(1755)刊本。

前四次刊刻情况大致如上。同时,明洪熙元年(1425)周孟坚《序》和清康熙四十五年(1706)刘于廷《序》皆可与刘仁所述内容相互印证。而在乾隆二十年(1755)之后,《惟实集》实际上还曾被两次刊行,依次或可称作为第五次和第六次:第五次是在乾隆三十八年(1773),纂修《四库全书》时抄录《惟实集》七卷《附录》一卷;第六次在清咸丰五年(1855),江西刘氏宸章楼刊《吉永丰鹭溪刘楚奇先生惟实本集》四卷《外集》二卷。

通过对刘仁所撰序的解读及相关考证发现,有确切时间和卷次可考的《惟实集》版本只有乾隆二十年(1755)刊刻本。既如是,那么库书抄录之《惟

---

① 刘鹗:《吉永丰鹭溪刘楚奇先生惟实集》外集卷一,清咸丰五年(1855)江西刘氏宸章楼刻本,第100b页。

② 刘鹗:《惟实集》四卷《外集》二卷卷首彭修礼《重修惟实集序》,南京图书馆藏,第4a—4b页。

实集》七卷本、八卷本又是何种来历？

现依《总目》所标注的版本来源"江西巡抚采进本"进一步探寻。查阅吴祖愨《四库采进书目》，江西巡抚共四次呈送的书目中皆无《总目》著录之"刘鹗《惟实集》四卷《外集》一卷"，而是在"浙江省第四次鲍士恭呈送书目"清单中有"《惟实集》八卷，元刘鹗撰"①。鲍士恭家呈送此书的记录在《浙江采集遗书总录》中也有印证："惟实集八卷，刊本，右元提举永丰刘鹗撰"②。这说明，"《惟实集》八卷"在纂修《四库全书》时已经存在，且曾刊行于世。换言之，"《惟实集》八卷"与"《惟实集》四卷《外集》二卷"在纂修《四库全书》时皆已进入馆臣的视野。

那么"《惟实集》八卷"是何时被刊行？与四卷本是否有关联？今张金吾《爱日精庐藏书志》著录"《宪节堂惟实集》八卷《附录》二卷"，并称"元鹭溪刘鹗楚奇先生著，男遂尊贤、述尊武辑。"③后录吴澄、揭傒斯、虞集、欧阳玄、刘岳申所撰五篇序文，又列"刘虬序""周孟坚序"④二条目而无序文。其中集名《宪节堂惟实集》与四卷本集名《惟实集》不同，刘岳申序和刘虬序八卷本有而四卷本无，由此不同，故可判断八卷本与四卷本当是有所区别的。张金吾生于乾隆五十二年(1787)，主要活动于嘉庆、道光年间，其《爱日精庐藏书志》于道光七年(1827)最终刻印，其生活时代距离乾隆年间所修《四库全书》的时间较近，故其所见称"旧抄本"，应非乾隆年间抄本。后来莫友芝《邵亭知见传本书目》亦曾提及"张金吾有旧抄本，作宪节堂惟实集，八卷，附录二卷"。⑤ 陆心源《皕宋楼藏书志》亦谓："宪节堂惟实集八卷，旧抄本。元鹭溪刘鹗楚奇先生著，遂述尊实

---

① 吴慰祖校订：《四库采进书目》，商务印书馆 1960 年版，第 96 页。

② 沈初等：《浙江采集遗书总录》，上海古籍出版社 2010 年版，第 624 页。

③ 张金吾撰，冯惠民整理：《爱日精庐藏书志》卷三三，中华书局 2012 年版，第 531 页。

④ 张金吾撰，冯惠民整理：《爱日精庐藏书志》卷三三，中华书局 2012 年版，第 534 页。

⑤ 莫友芝撰，傅增湘订补：《藏园订补邵亭知见传本书目》卷一四，中华书局 2009 年版，第 1316 页。

武辑梓。"①后附列"刘虬序,永乐二十一年"和"周孟简序,洪熙元年"二条目,无序文。多种记载皆可证得,《宪节堂惟实集》八卷《附录》二卷确实是清代中晚期仍存世的《惟实集》版本。且据前引刘仁《重镌楚奇公惟实集后序》中对康熙刊本的描述:"然但收公遗稿暨前后诸名人赠言,错杂成帙,未为尽善也""编列失次"等,则康熙刊本仍未对诸名人序记、挽诗、赠言等进行整理、分类和排序。今观八卷本附录卷,确实仍存在无序、混乱等问题,故可推知康熙刊本应该是八卷本附录二卷本。清末民初的藏书家丁仁在《八千卷楼书目》著录:"《惟实集》四卷《外集》一卷,元刘鹗撰",后注曰"抄八卷附二卷本"②,则直接作出了四卷本出自八卷本的判断。依其所断,则"《宪节堂惟实集》八卷《附录》二卷"早于四卷本而存在,即在乾隆二十年(1755)刊本前已经存在。其说亦可证得康熙刊本乃为八卷本。乾隆刊本则是在此八卷本基础上重新编次而来。

以上根据现存文献记载,详细辨证和梳理了纂修《四库全书》之前的《惟实集》的流传情况,发现《惟实集》自元末以来主要有两种版本传世:一是《宪节堂惟实集》八卷《附录》二卷,应为明洪熙年间刻本、康熙年间重刻本;一是《惟实集》四卷《外集》二卷,乾隆二十年(1755)刊刻,在八卷本基础上重新编次而来。今存《惟实集》版本有四:第一种是《惟实集》四卷《外集》二卷,乾隆二十年刊本,藏于南京图书馆;第二种是《惟实集》七卷《附录》一卷,四库本;第三种是《惟实集》八卷《附录》二卷,清抄本,藏于南京图书馆;第四种是《吉永丰鹭溪刘楚奇先生惟实本集》四卷《外集》二卷,清咸丰五年(1855)江西刘氏宸章楼刊本,藏于川大图书馆、江西省图书馆、上海图书馆、国家图书馆③。

为了能更准确地把握四库本七卷本与八卷本、四卷本之卷次关系,以下将列表具体说明:

---

①　陆心源:《皕宋楼藏书志·续志》卷九九,第 10 册,新北广文书局 1991 年版,第 4424 页。
②　丁仁:《八千卷楼书目》卷一六,新北广文书局 1970 年版,第 4 页。
③　周清澍:《元人文集版本目录》,南京大学出版社 1983 年版,第 40 页。

现存《惟实集》七卷本、四卷本和八卷本之对比列表

版本	文渊阁四库本	乾隆二十年刊本	咸丰五年刻本	清抄本	对比说明
卷次	惟实集七卷附录一卷	惟实集四卷外集二卷	惟实本集四卷外集二卷	惟实集八卷附录二卷	
卷首	无序	2篇序文:康熙五十四年刘廷瑛所撰《惟实集原序》、乾隆二十年彭修礼所撰《重修惟实集序》	《四库全书目录》;道光七年李金台撰序;康熙五十四年刘廷瑛序;乾隆二十年彭修礼序	无序,以《总目》提要为卷首	1)南京图书馆藏八卷本乃从文渊阁四库全书抄出本;2)咸丰刻本源于乾隆刻本
卷中	卷一疏论	卷一疏论	卷一疏论	卷一疏	相同
	卷二序	卷二序、记	卷二序、记	卷二序	四卷本序和记合卷,八卷本序和记分卷
	卷三记			卷三记	
	卷四五言古	卷三五言律、五言古	卷三五言古、五言律、五言绝	卷四五言古	1)八卷本依照文和诗体不同细分为八卷;2)四卷本依文二卷和诗分五、七言二卷编次
	卷五五言律			卷五五言律	
	卷六七言古	卷四七言古、七言律、七言绝	卷四七言古、七言律、七言绝	卷六七言古	
	卷六七言律			卷七七言律	
	卷七七言绝			卷八七言绝	
集末	—	—	咸丰五年刘绎所撰《书元忠节参政公惟实集序》	—	仅咸丰刻本有后序

续表

版本	文渊阁四库本	乾隆二十年刊本	咸丰五年刻本	清抄本	对比说明
附录/外集	《附录》一卷①	《外集》二卷②	《外集》二卷③	《附录》二卷④	四库本仅一卷

① 按,《附录》一卷,依次为永乐五年(1407)长至日梁潜《元故江西参政刘公挽诗序》;挽诗七十篇,分别有梁寅、邓伯言、韩梦臣、黄庄、丁国卿、鲁沂、张希达、赵敬、刘源、赵祀、马复初、黄琢、萧绍宗、文允中、段琇、刘德俊、萧规、罗达、吴汶、胡天全(十章)、张耆、金幼孜、周孟简、曾鼎、彭汝器、萧镃、吴仲珠、刘虬、胡广、周述、曾棨、刘素、朱缙。(不分元人、明人)裔孙刘希旦、裔孙刘希奭、裔孙刘公熙、裔孙刘冠、裔孙刘士彦、裔孙刘士章、裔孙刘可规、张元锐、朱玉朗、聂大绥、蒋璟、解以敬、钟维桢、程卫、刘士晋、宋上达、程谋道、张允沆、汤道生、谢可法、汤桢、陈之麟、张允淇、刘芳汉、李向旦、裔孙刘于廷、裔孙刘天受、裔孙刘刚所作;墓志、像赞等,如《吊楚奇公子忠节尊元公》《戊申暮春怀元忠节楚奇公浮云书院遗迹》、刘玉女撰《元故中顺大夫海北广东道肃政廉访副使刘公墓志铭》、胡行简《铭》、洪武乙丑刘虬及永乐五年曾棨《大参公遗像赞》、蒋璟《刘楚奇先生赞》二首、无名氏《刘尊元先生赞》、裔孙刘刚《楚奇公遗像赞》、无名氏《尊元公遗像赞》、无名氏《予因旧像朽蠹,乃请丹青重绘二公遗容以启后人敬仰不忘之意》)。

② 按,《外集》二卷,卷一包括:《元史类编》、吴澄《序》、虞集《序》、欧阳玄《序》、揭傒斯《序》、周孟简《序》《夏日考时雨堂记》、揭傒斯《浮云道院记》、欧阳玄《浮云道院赋》、龙仁夫《重修河南书院碑》、杨士奇《重修浮云道院记》、曾棨《重修浮云道院记》、刘中孚《跋邱民则书》、解缙《跋邱民则书》《宋玉郎传》、沈俨《重修浮云书院记》《拟重修浮云书院引》、萧时中《重修浮云道院诗》、彭汝器《重修浮云道院诗》、刘仁《重镌楚奇公惟实集后序》;卷二包括:梁潜《挽诗序》;"元朝挽诗",元人挽诗歌有梁寅、邓伯言、韩梦臣、黄庄、丁国卿、鲁沂、张希达、赵敬、刘源、赵祀、马复初、黄琢、萧绍宗、文允中、段琇、刘德俊、萧规、罗达、吴汶、胡天全(十章)、张耆;"明人挽诗"有金幼孜、周孟简、曾鼎、彭汝器、萧镃、吴仲珠、刘虬、胡广、周述、曾棨、刘素、朱缙。

③ 按,《外集》二卷,卷一包括:《元史类编》、吴澄《序》、虞集《序》、欧阳玄《序》、揭傒斯《序》、周孟简《序》《夏日考时雨堂记》、揭傒斯《浮云道院记》、欧阳玄《浮云道院赋》、龙仁夫《重修河南书院碑》、杨士奇《重修浮云道院记》、曾棨《重修浮云道院记》、刘中孚《跋邱民则书》、解缙《跋邱民则书》《宋玉朗传》、沈俨《重修浮云书院记》《拟重修浮云书院引》、萧时中《重修浮云道院诗》、彭汝器《重修浮云道院诗》、刘仁《重镌楚奇公惟实集后序》;卷二包括:梁潜《挽诗序》;"元朝挽诗"有梁寅、邓伯言、韩梦臣、黄庄、丁国卿、鲁沂、张希达、赵敬、刘源、赵祀、马复初、黄琢、萧绍宗、文允中、段琇、刘德俊、萧规、罗达、吴汶、胡天全(十章)、张耆;"明人挽诗"有金幼孜、周孟简、曾鼎、彭汝器、萧镃、吴仲珠、刘虬、胡广、周述、曾棨、刘素、朱缙。

④ 按,《附录》二卷,上卷包括:《宪节堂记》欧阳玄《送浮云先生之湖广副提举序》《拟重修浮云书院引》等;下卷包括:梁潜《元故江西参政刘公挽诗序》;"(元代)挽诗"十六首,分别有邓伯言、韩梦臣、黄庄、丁国卿、鲁沂、张希达、赵敬、刘源、赵祀、马复初、黄琢、萧绍宗、文允中、段琇、胡天全(十首)、张耆。"明朝挽诗"十二首,作者分别是金幼孜、周孟简、曾鼎、彭汝器、萧镃、吴仲珠、刘虬、胡广、周述、曾棨、刘素、朱缙。(清人挽诗)有十一篇,作为分别是裔孙刘希旦、裔孙刘希奭、裔孙刘公熙、裔孙刘冠、裔孙刘士彦、裔孙刘士章、裔孙刘可规、张元锐、(周)玉朗、聂大绥、蒋璟。

对比发现，今存四个版本既有联系，又有区别：首先，乾隆二十年刊本与咸丰五年刊本皆为《惟实集》四卷《外集》二卷，二者卷次与附录卷次、内容皆一致，而该四卷本始于乾隆二十年；其次，今南图所藏清抄本《惟实集》八卷《附录》二卷，乃清人抄自文澜阁四库本《惟实集》八卷《附录》二卷①。后一判断依据有三：其一，卷首录《总目》提要；其二，清抄本每行字数与四库本一致，皆为21字；其三，中有校改处皆以四库本对参照，如将"松标悴寒冬，薤露稀朝阳"中"稀"更改为四库本之"晞"，将"暮年恃（时）节绣衣班，经济才名岂等闲"中"恃（时）"更改为四库本之"持"等。由此可知，清抄本《惟实集》八卷《附录》二卷，是以文澜阁四库本为底本补充完善而成，也是迄今最完善的《惟实集》版本。当然，二种本子仍存在不同之处，既体现在卷次上略有变化，如清抄本将四库本七卷本中卷六中的"七言律"独立为一卷，故清抄本《惟实集》增至八卷，又体现为《附录》部分，清抄本对四库本《附录》一卷有所增补，扩增至上、下二卷，具体比较四库本而言，清抄本《附录》上卷增加了诸位友人为浮云书院所作的若干记、序，四库本无此，而《附录》下卷则基本与四库本一致。再次，文渊阁库书本所录《惟实集》七卷《附录》一卷，是由《惟实集》八卷《附录》二卷的删削而来，比如合七言古诗与七言律诗成一卷，删除《附录》上卷，属于馆臣擅自改动的版本。

至此可知，不仅《惟实集》七卷《附录》一卷已为删削本和擅改本，《总目》标注的《惟实集》四卷《外集》一卷也是私造本，并未有真实的《惟实集》四卷《外集》一卷流传于世。据以上版本对比的结论，反观《总目》著录版本、所述版本与文渊阁四库本，三者各异。为何同处于《四库全书》系统中，三者却各行其是？《总目》云"明初修《元史》，失于采录，不为立传，并佚其名。近邵远平作《元史类编》，始为补入《忠义传》，然亦仅及其死节一事。其生平行履，则已不可考矣。集为其子遂、述所编，初名《鹭溪文献》。其称《惟实集》者，盖本

---

①　按，文澜阁四库全书所录为《惟实集》八卷《附录》二卷。

其祖训以'诗道贵实'之语也。鹗尝官翰林修撰,与虞集、欧阳玄、揭傒斯等游。所居浮云书院,诸人皆有题咏。玄为序其文集,称其诗六体皆善。傒斯序亦谓其高处在陶、阮之间。虽友朋推挹之词,例必稍过其量"[①]。这一段文字陈述的信息可谓完全来自于四卷本《外集》卷一所载篇目,而四库本中这些篇目都是缺失的,故提要不可能是馆臣据四库本撰写所成。分析可知,三者出入的原因在于,撰写提要的馆臣明知有附录二卷,且其所载信息丰富,但是抄录别集原文的馆臣却是在面对一个完全不同的版本——七卷附录一卷本。四库馆臣的各自为政,故使《总目》著录本、所述本和《四库全书》抄录本毫无照应关系。这便导致了版本的混乱和林立:四库本《惟实集》七卷本属于一个私造本,它既不与八卷本的卷次一致,又不与四卷本的卷次一致,其《附录》部分相较于八卷本、四卷本又删削太甚,信息量大减;而《总目》著录之"《外集》一卷"则显然是撰写提要的馆臣篡改所致。

由上所述,《总目》之误有二处:一是提要所述之版本与著录之版本脱节,二是对著录之别集版本进行主观再改造,删削旧本信息,而另造版本,给后世的版本梳理增添干扰。

三、混淆版本

混淆版本,是指馆臣在描述别集版本源流或在判断版本时出现版本信息张冠李戴的现象。这一现象的产生与馆臣对版本认识不足、版本梳理不精有关。

(一)张养浩《归田类稿》二十四卷(永乐大典本)

养浩尝自序其集称"退休田野,录所得诗、文、乐府九百余首,岐为四十卷,名曰《归田类稿》",富珠哩翀《序》按富珠哩翀原作孛术鲁翀,

---

① 纪昀等:《钦定四库全书总目》卷一六七《惟实集》提要,第2226页。

今改正。作三十八卷,卷数已异。《文渊阁书目》载养浩《云庄传家集》一册,《云庄集》三册。焦竑《国史经籍志》则作张养浩《文忠集》十八卷,书名卷数更均与养浩自序不符。黄虞稷《千顷堂书目》虽载《归田类稿》之名,而亦无卷数。考吴师道《序》云:"公《云庄集》四十卷,已刻于龙兴学宫。临川危太朴掇其有关于治教大体者为此编,而属予以序"云云。则龙兴所刻者,即养浩手编之类稿,而改其名曰《云庄集》,亦即《文渊阁书目》之三册。危素所删定者,即《经籍志》之《张文忠集》十八卷,而所谓《传家集》一册者,当由后人掇拾,乃外集、补遗之类也。①

按:馆臣旁征博引各类文献来论证张养浩别集版本的源流情况,但是对其所引文献的解读却不尽准确。首先,馆臣对《传家集》的描述有误,提要云"所谓《传家集》一册者,当由后人掇拾,乃外集、补遗之类也"这一判断有误。据张养浩《归田类稿自序》云:"退休田野,录所得诗文乐府九百余首,岐为四十卷,名曰《归田类稿》。"②则其曾亲订诗文集《归田类稿》四十卷。再结合吴师道《张文忠公云庄家集序》所谓:"公《云庄集》四十卷已刻于龙兴学宫,临川危素复掇其关于治教大体者,为此编秘书,属予以序。"③可知两条信息:一是《归田类稿》刊刻于龙兴学宫时已更名为《云庄集》,此本早于《张文忠公云庄家集》刊行;二是吴师道所序集名为《张文忠公云庄家集》,并非《张文忠集》,其内容是危素从《云庄集》中选取"关于治教大体者"删定所成。因此,馆臣所言危素所删定为《张文忠集》,不确,馆臣又言《传家集》"当由后人掇拾,乃外集、补遗之类也",亦有误。事实应如吴师道所言,"《云庄集》三册"是指元刻于龙兴学宫的《云庄集》(原名《归田类稿》)四十卷,"《云庄传家集》一册"是指危

① 纪昀等:《钦定四库全书总目》卷一六六,第2202页。按,引文"序"的书名号为笔者所加。

② 张养浩:《张文忠公集》卷一三,中华再造善本,据北京图书馆藏元至正十四年(1354)刻本影印。按,此序《归田类稿》卷首亦载。

③ 吴师道:《礼部集》卷一五,《景印文渊阁四库全书》第1212册,第205页。

素取《云庄集》所删定者,也即《张养浩文忠集》二十八卷,而非所谓"外集""补遗"之类。馆臣因未厘清《传家集》与《张养浩文忠集》之关系,故致判断失误。其次,馆臣征引文献的信息不准确。今观元统三年(1335)孛术鲁翀《张文忠公归田类稿序》原文曰:"吴肃公彦清持公所辑《归田类稿》二十八卷征序,因书其概如此。"①则元末孛术鲁翀所记《归田类稿》为"二十八卷",提要引称为"三十八卷",与孛术鲁翀原序所载不符,馆臣误。需要明确的是,此时孛术鲁翀所称之"《归田类稿》二十八卷"已非张养浩手定之《归田类稿》四十卷。馆臣误为"三十八卷",盖以为其本与《归田类稿》四十卷有关。又,提要所引"焦竑《国史经籍志》则作《张养浩文忠集》十八卷",实际上此"十八卷"当为"二十八卷"脱漏所致,故此条文献并不能作为《总目》的判断依据。

由上对讹误的清理和订正,不难发现馆臣对张养浩别集版本之源流认识颇为粗浅,仅知张养浩手订之《归田类稿》四十卷,却不知后来流传更为广泛的是危素所编《张文忠公集》二十八卷,该集名又可称《张文忠公云庄家集》《张云庄传家集》《归田类稿》《张养浩文忠集》,故版本描述多有疏误。

(二)卢琦《圭峰集》二卷(浙江鲍士恭家藏本)

徐𤊻《笔精》曰:《圭峰集》岁久弗传,近岁惠安庄户部征甫搜而梓之,误入萨都拉诗六十余首。此本为元陈诚中所编,明万历初邑人朱一龙、福州董应举序而刻之,在庄本之前,然已多窜入他作。②

按:提要第二句涉及三种《圭峰集》版本,同时也蕴含着馆臣对《圭峰集》版本的三条认知信息。第一,四库本所据是陈诚中所编本;第二,朱一龙、董应举本刻于万历初,其本即为陈诚中所编本;第三,朱一龙、董应举所刻本在时间上当早于庄毓庆万历年间所刻本。其中前两条皆有误。事实是,一方面四库

---

① 张养浩:《张文忠公集》卷首,中华再造善本,据北京图书馆藏元至正十四年(1354)刻本影印。

② 纪昀等:《钦定四库全书总目》卷一六七,第2239页。

本并非据"元陈诚中所编"本而来,另一方面朱一龙、董应举所刻本亦非"元陈诚中所编"本,且刊刻时间并不是万历初,而是隆庆年间。以下试对《圭峰集》三种版本进行详细梳理:

其一,元陈诚中所编本为七卷本,是《圭峰集》的最初形态,非万历刻本。今之文献关于此本的记载有三:一是孙伯延《序》,其云:"凡为七卷,将锓梓,以久其传"①;二是陆心源《皕宋楼藏书志》著录有"《卢圭峰先生集》七卷",陆氏称洪武六年(1373)曾刊印七卷本,为陈诚中所编,其考证曰:"从洪武刊本影写,孙《序》后有'洪武癸丑五月七日重梓'一行,其证也"②;三是黄仁生《日本现藏稀见元明文集考证与提要》中载有日本静嘉堂文库所藏《圭峰集》七卷,其描述谓该本卷首有孙伯延《序》,末署"至正丙午二月庚寅日延平孙伯延撰、大明洪武癸丑五月七日重梓",正文各卷头题"卢圭峰先生集卷几",署"惠安卢琦撰""莆阳陈诚中编",又称是本收诗"四十五首"。③ 由上三种文献记载,可确定"元陈诚中所编本",是七卷本,而非二卷本,故提要所云四库本为"元陈诚中所编本"显然有误。

其二,隆庆壬申刻本,卷次未明。据四库本卷首隆庆壬申朱一龙《序》言:"卢公遗文,予未仕时尝见抄本半集于先君子旧箧中。荐经倭乱,散逸无存,求之二十余年不获。一日得于吾乡王君玉流氏,乃元陈诚中所编为《圭峰集》,与公之子昺所次为《平阳集》,欲锓梓而未就者。当兵燹之余,家比为烬,不知藏于何名山大川以得无毁。或者鬼神呵护,将使之俟后世君子以广其传也钦? 予不类窃喜为之校阅叙录,遂令锓梓如左。"④则隆庆刻本之《圭峰集》并非陈诚中所编之《圭峰集》,而是陈诚中所编之《圭峰集》与卢琦子卢昺所编次之《平阳集》的合集,内容上较元陈诚中所编七卷本亦有所增加。

---

① 陆心源:《皕宋楼藏书志·续志》卷一○四,第 11 册,广文书局 1991 年版,第 4618 页。
② 陆心源:《皕宋楼藏书志·续志》卷一○四,第 11 册,广文书局 1991 年版,第 4618—4619 页。
③ 黄仁生:《日本现藏稀见元明文集考证与提要》,岳麓书社 2004 年版,第 37 页。
④ 卢琦:《圭峰集》卷首,《景印文渊阁四库全书》第 1214 册,第 689 页。

其三,万历已酉刻本为二卷本。此本今《北京图书馆古籍珍本丛刊》据以影印,卷首有朱一龙、庄毓庆、董应举三序,有目录,集名题曰"圭斋卢先生集"①,而"圭斋"乃"圭峰"之误②。每卷首署有"元锦田卢琦希韩著"以及"乡后学三山董应举崇相、陈勋元凯,邑人朱一龙于田、吴天成德浑、庄明镇静甫、庄毓庆征甫同选"③两行文字。正文分二卷,上卷为诗歌二百九十八首,下卷为文章二十六篇。之后为《附录》,附有五篇文章,分别是吴鉴《故前村居士卢公墓志铭》、陈忠《卢平阳哀辞》、林以顺《永春平贼记》、陈中《恭人陈氏圹志》以及孙伯延《立斋卢先生文集后语》④。

通由上述梳理可知,提要所述实混淆了隆庆刻本与万历刻本两种版本。再来看四库本究竟出自何本。

对比文渊阁四库本与万历刻本,知二者相同之处在于正文卷次相同,篇目数量和顺序相同,附录五篇文章亦相同;不同之处在于卷首序不同,四库本缺漏了庄毓庆《序》,仅录朱一龙、董应举二序;目录不同,四库本无目录;署名不同,四库本仅有"元卢琦撰"。尽管有所不同,但二者实为同一版本则无疑。细检其文,知二者相同之处是《圭峰集》的主体部分,而不相同之处皆是后人参与的部分。此处还有一条力证,即董应举《序》,该《序》云:"惠安卢希韩先生《圭峰集》若干卷,庄征甫得之于田朱大参家,而犹病其杂也,则使庄、吴二山人损焉以授我,又令我损焉以传。盖存者仅十五六,而古风独全。……万历巳酉秋日闽中董应举书。"⑤据此可知,董应举是受庄毓

① 卢琦:《圭峰先生集》卷上,《北京图书馆古籍珍本丛刊》第 96 册,书目文献出版社 1998 年版,第 105 页。

② 按,圭斋,是元代馆阁文人欧阳玄之字,《圭斋文集》是欧阳玄之别集。圭峰,是卢琦之号,卢琦(1306—1362),字希韩,号圭峰、立斋,所著乃《圭峰集》。

③ 卢琦:《圭峰先生集》卷上,《北京图书馆古籍珍本丛刊》第 96 册,书目文献出版社 1998 年版,第 104 页。

④ 卢琦:《圭峰先生集》卷末,《北京图书馆古籍珍本丛刊》第 96 册,书目文献出版社 1998 年版,第 173—177 页。

⑤ 卢琦:《圭峰先生集》卷首,《北京图书馆古籍珍本丛刊》第 96 册,书目文献出版社 1998 年版,第 94—96 页。按,"万历巳酉"当为"万历己酉"之误。

庆所托而作序,且该序时间与庄毓庆《序》一致,皆在"万历巳酉"即万历三十七年(1609)。由此可判定,此本为万历刻本。此外,还有一处证据。万历本《附录》第五篇孙伯延《立斋卢先生文集后语》中有一处讹误:"公之徒莆阳陈诚中氏,适至三山,与予学,同寓僧舍,诚中访求得公所为诗文而编次之,凡十三卷,将锓梓,以久其传,且求诸名公为之序。"①其中的"十三"有误,今所见陈诚中所编实为七卷。巧合的是,此误亦出现在四库本中:"凡十三卷,将锓梓,以久其传,且求诸名公为之序。"②而日本静嘉堂文库所藏《圭峰集》七卷,其孙伯延《序》所载实为"七卷",前文已引,可据。由四库本沿袭万历本的一处细微讹误可推出,尽管四库本缺漏一篇《序》、删除目录和简化署名,但其以万历刻本为底本仍可坐实。此观点亦为黄仁生《日本现藏稀见元明文集考证与提要》所认可,其云:"至于《四库全书》本《圭峰集》二卷……其所据底本既非陈诚中所编,亦非朱一龙隆庆六年序刻本,而是万历三十七年庄毓庆刻本。"③

四库本缺漏庄毓庆《序》、简化庄毓庆等署名,这些做法的共通性则是在简化和弱化万历刻本的特征,其中删除目录亦不失为一种掩盖版本特征的快捷有效的方式。可见,四库本实是弱化了万历本特征的万历本。盖万历刻本错讹过多,故书贾隐去万历本之特征,而冒充隆庆本。而馆臣在撰修《总目》时亦被其表面信息所欺骗,误认此即为隆庆本,而非万历本。馆臣又混同元陈诚中所编本(即洪武七年刊本)与隆庆本,故致版本描述错讹频出。

(三)张昱《可闲老人集》四卷(浙江鲍士恭家藏本)

旧稿散佚,正统元年杨士奇始得残帙于给事中夏时,以授浮梁县

---

① 卢琦:《圭峰先生集》卷末《附录》,《北京图书馆古籍珍本丛刊》第96册,书目文献出版社1998年版,第177页。

② 卢琦:《圭峰集》卷末《附录》,《景印文渊阁四库全书》第1214册,第759页。

③ 黄仁生:《日本现藏稀见元明文集考证与提要》,岳麓书社2004年版,第41页。

丞时昌刻之。此本即从正统刻本传写者。士奇原序尚载于卷端……顾嗣立《元诗选》尝录其诗于"辛集"中，其小传引杨士奇序云云，所见盖即此本。旧板久佚，流传渐寡，国朝金侃得毛晋家所藏别本，改题曰《庐陵集》。侃复为校正，间附案语于下方。然其本亦从此本传录，非两书也。①

按：提要所述第一个意思是此本属于最早的明初刻本系统；第二个意思是顾嗣立编纂《元诗选》所据亦为此本；第三个意思是毛晋家"所藏别本"、金侃抄本亦为此明刻本系统。提要再三申明此本的合一性和唯一性，其意在于强调该版本之重要性和代表性。那么此本是否为原初本呢？而此一系列版本究竟是否为同源版本呢？

据周清澍《元人文集版本目录》所载，张昱集有二卷、七卷和四卷之分②。先看二卷本《张光弼诗集》。明初刻本为《张光弼诗集》二卷，今已不存。现存明末毛晋所校《张光弼诗集》二卷（今国家图书馆藏），卷首有洪武九年陈彦博序、元统元年杨士奇序，正文共收诗九百二十首，卷末附录逈贤所赠七律三首，又附《杨维桢次韵杨左丞五府壁诗》一首；清康熙十八年（1679）金侃抄本，名为《张光弼诗集》二卷，借毛晋本抄得，并作校正，今国家图书馆藏③；清康熙三十三年（1694）长洲顾氏秀野草堂刻本《庐陵集》，据金侃抄本抄写，但集名改《张光弼诗集》为《庐陵集》，今国家图书馆藏。由现存别集来看，可以确定的是，明末毛晋所校《张光弼诗集》二卷，正是金侃抄本、顾氏秀野草堂刻本的底本，三者为一个版本系统。除此还有"清抄本"，有丁丙跋，又有"清小辋川抄本"字样，有赵琦美跋，今皆藏于南图，然此二本却与毛晋二卷本不同，后详论。再看七卷本《张光弼诗集》。七卷本实为二卷本分卷所致。现存有明天启元年（1621）赵琦美家藏本，有赵琦美跋、黄丕烈校并跋。赵《跋》云："元

---

① 纪昀等：《钦定四库全书总目》卷一六八，第 2261 页。

② 周清澍：《元人文集版本目录》，南京大学出版社 1983 年版，第 107—108 页。

③ 周清澍：《元人文集版本目录》，南京大学出版社 1983 年版，第 107 页。

《张光弼诗》二卷,为不解事书人强为解事,作七卷分之,遂失其本来面目,一卷之五卷合作第一卷,六卷之七卷元合作第二卷也。其书借海盐胡孝辕氏所录"①。此本后归黄丕烈,黄丕烈购明刻本校勘并改正七卷之误。民国间上海涵芬楼从常熟瞿氏铁琴铜楼借得黄丕烈校明抄本影印。今《四部丛刊续编》收录张昱《张光弼诗集》七卷,即为此本。检阅此集,具体卷次分类为:卷一古风五言,卷二古风七言,卷三为七言绝句、六言绝句一首、四言诗一首,卷四为五言绝句,卷五长短句、五言律诗、五言排律,卷六为七言律诗,卷七为七言律诗。最后看四卷本,此本仅为《四库全书总目》所著录并收入《四库全书》,称《可闲老人集》四卷。

　　《总目》著录之四卷本出处为何? 与二卷本、七卷本有何关联? 提要有所交代,然其所云显然自相矛盾。

　　其一,《总目》认为"此本即从正统刻本传写者"。《总目》著录"《可闲老人集》四卷",并标注其源自"浙江鲍士恭家藏本"。今检,浙江鲍士恭家藏本为张昱《可闲老人集》二卷,《浙江采集遗书总录》描述鲍士恭家藏本云:"右元枢密院判官庐陵张昱撰。正统元年同郡杨士奇序云'先生少事虞文靖公,得诗法。张潞公翥最先知之。予近从给事中夏时得其五七言古近体一帙,以授其外孙浮梁县丞时昌,俾刻之。'按今抄上卷八十八翻,下卷七十九翻。疑非编次原本。"②则鲍士恭家藏本实为二卷,且据《序》可知其本属于"正统刻本"。然核文渊阁库书,其所抄《可闲老人集》为四卷本,与"鲍士恭家藏本"并不一致,则亦并非正统刻本系统。

　　其二,《总目》认为此本与明毛晋校本、金侃抄本和顾嗣立《元诗选》为同一版本,且认为金侃校本是由毛晋抄本传录。提要云:"国朝金侃得毛晋家所藏别本,改题曰《庐陵集》。侃复为校正,间附案语于下方。然其本亦从此本

　　① 黄丕烈著,周少川点校:《士礼居藏书题跋记》卷六,书目文献出版社 1989 年版,第 280 页。

　　② 沈初等:《浙江采集遗书总录》壬集,上海古籍出版社 2010 年版,第 620 页。

传录,非两书也。"那么"毛晋家所藏别本"究竟为何?经查,明末毛晋校抄本《张光弼诗集》二卷,今藏国家图书馆①。该集卷首有洪武九年陈彦博《序》、正统元年杨士奇《序》。上卷为古风五言85首,古风七言389首,五言绝句96首,长短句6首,五言律诗4首,六言诗1首,四言诗1首;下卷为七言律诗428首。关于毛晋本与金侃本的关系,二者并非"同一",先可通过金侃修改诗篇得知,如下表:

篇目	毛晋抄本	金侃本	四库本	说明
七言《题鹦鹉仕女图》	长门几日断羊车,闻得工夫坐日斜。**唯有**旧时鹦鹉见,春衫曾染石榴花。	美人应自惜年华,庭院沈沈锁暮霞。**只有**旧时鹦鹉见,春衫曾似石榴花。	美人应自惜年华,庭院沈沈锁暮霞。**只有**旧时鹦鹉见,春衫曾似石榴花。	金侃涂改,四库本从之
七言《过泖湖》	泖湖有路接天津,万顷银花小浪匀。安得满船都是酒?船中更**再**浣纱人。	泖湖有路接天津,万顷银花小浪匀。安得满船都是酒?船中更**载**浣纱人。	泖湖有路接天津,万顷银花小浪匀。安得满船都是酒?船中更**载**浣纱人。	金侃修手改,四库本从之

再看毛晋本无而金侃本有的诗歌。以《春日》这首诗为线索说起。元末明初的瞿佑与张昱为友人,其《归田诗话》称张昱多次与其酬唱,并载"有诗云:一阵东风一阵寒,芭蕉长过石阑干。只此消几度瞢腾醉,看得春光到牡丹。盖言时事也。"②此诗并未收录在明初《张光弼诗集》二卷本。明正德、嘉靖年间郎瑛作《七修类稿》称:"有《春日》诗云:'一阵东风一阵寒,芭蕉长过石栏杆。只消几度瞢腾醉,看得春光到牡丹。'盖寓时事也,今集中亦无。"③可见在正德、嘉靖年间流传《张光弼诗集》中并无《春日》诗。时至明末清初,藏书家钱曾仍称集中无此诗,其《读书敏求记》有"《张光弼诗集》二卷"条载:"淮张用事,诸人宴安逸豫,不以烽警为虞。光弼《春日》诗云:'一阵春风一阵寒,芭

① 张昱:《张光弼诗集》二卷,明毛晋校抄本,国家图书馆藏。

② 瞿佑:《归田诗话》下卷"歌风台",《麓堂诗话·归田诗话》,中华书局1985年版,第33页。

③ 郎瑛:《七修类稿》卷三一"一笑居士",上海书店出版社2001年版,第331页。

蕉长过石阑干。只消几个懵懂醉,看得春光到牡丹。'瞿宗吉谓其隐刺淮张而作,词婉情深,有风人之遐思,今此集不载何也?"①可见,明中期以来,流传的《张光弼诗集》二卷皆无《春日》此首诗。

清初金侃所校《张光弼诗集》二卷,《春日》诗的缺失状况始发生改变。今检明末毛晋所校《张光弼诗集》二卷仍无《春日》一诗②,而据此为底本的金侃抄本、《元诗选》则已收录《春日》诗。清康熙十八年(1679)金侃抄本《春日》诗为:"一阵东风一阵寒,芭蕉长过石栏杆。只消几度曹腾醉,看得春光到牡丹。"诗下注:"瞿宗吉云:'此诗刺淮张用事诸人也'。"③而顾嗣立《元诗选》所选《春日》诗:"一阵春风一阵寒,芭蕉长过石栏杆。只消几个曹腾醉,看得春光到牡丹。"④此中"春风"是对原本"东风"的篡改,已非瞿佑《归田诗话》和郎瑛《七修类稿》所录原版。再观明天启二年(1622)抄本《张光弼诗集》七卷,未见有《春日》诗,则明抄七卷本所依据的二卷本亦尚未收录《春日》诗。由上《春日》诗的追踪和对比,可知金侃校本对毛晋校本当是有所增补,已非同一版本矣。

由篇目对比以及录有《春日》一诗可知,文渊阁四库全书的版本实出金侃本,而非明初正统刻本系统。金侃本与毛晋本二者已有所不同。

馆臣在无任何实证依据的情况下,仅凭所录杨士奇《序》一篇相同而贸然定论版本源流,认为鲍士恭家藏本、毛晋校本和明初正统刻本为同一版本,颇为武断且有悖于事实。另,馆臣随意将所据之鲍士恭家藏本之二卷本改为四卷本,其标新立异之意图昭然若揭。

至于集名为何采用罕见的鲍士恭家藏本"《可闲老人集》"而不用最初所称又流传最广的"《张光弼诗集》",盖"可闲老人"为明太祖朱元璋所赐,

---

① 钱曾撰,丁瑜点校:《读书敏求记》,书目文献出版社 1984 年版,第 139 页。按,其中"阑"当作"栏","懂"当作"腾"。

② 张昱:《张光弼诗集》二卷,明毛晋校抄本,国家图书馆藏。

③ 张昱:《张光弼诗集》二卷,清康熙十八年(1679)金侃抄本,国家图书馆藏。

④ 顾嗣立:《元诗选初集》辛集,中华书局 1987 年版,第 2075 页。

是张昱未仕明朝的标志性符号,且对其人品和气节皆最有代表性,故馆臣用之。

值得补充的是,在进呈书目中不仅有鲍士恭家藏本《可闲老人集》二集,亦有两淮商人马裕家藏本《光弼集》二卷。用此而不用彼,馆臣自有别样的考量。而《春日》一诗的增补之所以如此重要,是因为《元诗选》所载《春日》诗歌下注云:"光弼初居杨左丞幕下,颇有功业之思。及张氏擅权,光弼愤之焉。其诗云云,盖刺淮张用事诸人也";文渊阁四库本《春日》诗则下亦注云:"瞿宗吉云:'此诗刺淮张用事诸人也'。"①这对于探讨张昱的政治倾向和人品较为重要。

(四)吕诚《来鹤亭诗》九卷《补遗》一卷(浙江鲍士恭家藏本)

> 集不知何人所编,维桢序称尝和其《古乐府》"自上京至江南谣弄"若干首,今集中皆无之。则原序虽存,诗已多所散佚,非其原本。又顾嗣立《元人百家诗选》称其尚有《既白轩》、《竹洲归田》诸稿,今所见者惟此集,或维桢所言,在其他集之内软?②

按:提要所述《来鹤亭诗》版本信息极少且混淆版本,成为吕诚别集版本梳理中极大的障碍。第一个问题是,《总目》著录之"《来鹤亭诗》九卷《补遗》一卷",但文渊阁四库本实际为《来鹤亭集》八卷《补遗》一卷,可见《总目》著录本并非四库本,二者卷次有出入。那么,究竟《总目》著录本为何本? 四库本又为何本? 著录本与四库本又有什么关系? 经查,当前有三条记录可为探究《来鹤亭诗》四库底本提供证据。

第一条是鲍廷博校藏的《乐志园集》八卷《补遗》一卷③,该本卷首有丁丙《跋》,《跋》称鲍廷博校藏本为四库底本,其原文曰:

---

① 张昱:《可闲老人集》卷二,《景印文渊阁四库全书》第1222册,第560页。
② 纪昀等:《钦定四库全书总目》卷一六八,第2257页。
③ 按,此本今藏国家图书馆、南京图书馆。

诚诗格清丽，尝于同里郭翼、陆仁、袁华相唱和，家园蓄一鹤，后有鹤自来相伴，因筑来鹤亭并名其诗集。四库著录即是此本。惟题作《乐志园集》，未知何据？卷首鲍氏廷博已别本标题作《吕敬夫集》，分作四卷，曰《来鹤草稿》①《番禺稿》《既白轩稿》《草堂雅咏》《竹洲归田稿》，与此次第为同，末附《鹤亭倡和》一卷则此本所无也。癸未三月十七日，知不足斋听雨记。前杨维桢《序》，后郑东《叙》则别本未载也。有"金石录十卷人家"、"鲍氏收藏"二印。②

丁丙谓"四库著录即是此本"，明确道出鲍廷博校藏的"《乐志园集》八卷《补遗》一卷"为四库底本，且对鲍廷博题"《乐志园集》"这一集名提出疑惑。同时，丁丙还提及了鲍廷博所编的另一版本"《吕敬夫集》四卷"，该版本与"《乐志园集》八卷"不同，它是按 5 种类稿名称进行编次③，且末附有《鹤亭倡和》一卷，但此本无杨维桢《序》和郑东《叙》。由丁氏所述，鲍廷博所编吕诚别集当有两种版本。

第二条是清末沈家本所编《枕碧楼丛书》，该丛书收录 12 种旧抄本，《来鹤亭诗集》为其中一种。沈氏《跋》称其所录"《来鹤亭集》九卷"为四库馆藏旧抄本，其谓：

> 吕诚《来鹤亭集》九卷。前有朱记，一曰"多慧之印章"，又有"翰林院印"。盖四库馆所收呈献之原书。提要注"浙江鲍士恭家藏本"，当亦奉旨发还而本家未经领回者也……卷中多墨笔涂乙之处，当时四库馆臣校勘之迹，但无校语耳。④

① 按，此当为《来鹤草堂稿》，丁氏所记有误。
② 吕诚：《乐志园诗集》八卷《补遗》一卷，清鲍廷博校并跋本，全国图书馆文献缩微中心 2004 年。
③ 按，丁氏实列五种诗稿，与其所言"四卷"不符。事实上，今存《吕敬夫诗》有三卷本、四卷本、五卷本，不同卷次的差别在于五种类稿合并与分立的方式不同。
④ 吕诚：《来鹤亭集》卷末《跋》，《枕碧楼丛书》，知识产权出版社 2006 年版，第 460 页。

　　沈氏认为《来鹤亭集》九卷为四库底本。今核《枕碧楼丛书》本《来鹤亭集》九卷与四库本,二者内容完全一致。不同的是,《枕碧楼丛书》本将《补遗》卷计入了正集,故称九卷。

　　与沈氏所称相呼应的,是第三条证据,即今国家图书馆藏清抄本《来鹤亭集》九卷,明确标为"清乾隆翰林院抄本,四库底本"①。

　　结合后两种文献所述,不难发现,四库底本当是清抄本《来鹤亭集》九卷。那么,丁丙所言鲍廷博校藏之"《乐志园集》八卷《补遗》一卷"是否四库底本?鲍廷博校藏本与清抄本又是何种关系?更重要的是《总目》著录之"《来鹤亭诗》九卷《补遗》一卷"又是何种版本?为肃清这些版本之关系,追踪《总目》著录本与四库本的源头,今对比鲍廷博校藏本、清抄本(四库底本)、四库本和吴骞校抄本如下:

版本 卷次	乐志园诗集八卷补遗一卷(清鲍廷博校藏本)	乾隆翰林院抄本(四库底本)	四库本	乐志园诗集八卷补遗一卷(清吴骞校抄本)②
卷首	丁丙《跋》 杨维桢《序》	杨维桢《序》	杨维桢《序》、郑东《后叙》、天顺三年郑文康《后记》	杨维桢《序》
卷末	郑东《后叙》(眉批:此序别本不载)、天顺三年郑文康后记	郑东《后叙》、天顺三年郑文康《后记》	—	郑东《后叙》、天顺三年郑文康《后记》、光绪二十五年朱昌燕《跋》
卷一	游石湖次五峰李著作韵》(下注:以下《来鹤亭稿》,又删改为《来鹤草堂稿》")	诗下无此注	诗下无此注	诗下无此注
卷一	《南海道中》(下注:"以下《番禺稿》")	诗下无此注	诗下无此注	诗下无此注
卷二	《暮春感怀》(下注:以下《既白轩稿》	诗下无此注	诗下无此注	诗下无此注

---

　　①　吕诚:《来鹤亭集》九卷,清乾隆翰林院抄本(四库底本),国家图书馆藏。
　　②　按,该本以顾嗣立《元诗选》初、二、三集校。

续表

版本 卷次	乐志园诗集八卷补遗一卷（清鲍廷博校藏本）	乾隆翰林院抄本（四库底本）	四库本	乐志园诗集八卷补遗一卷（清吴骞校抄本）②
卷七《东溟生诗为顾某赋》	第一处："霞爛浴出扶桑暾,是时幽人侍宴温。"	"爛"字前添加"燦"字。	"燦爛浴出扶桑暾,是时幽人侍宴温。"①	"爛然浴出扶桑暾,是时幽人侍宴温。"
	第二处："兴来挥扫水墨浑,下笔墨惨淡愁鬼神"句,"浑"旁注一"尘"字。	"兴来挥扫水墨浑尘下笔墨惨淡愁鬼神"句,浑、尘二字一并抄录,后又圈删"浑"字。	"兴来挥扫水墨尘浑下笔墨惨淡愁鬼神",尘、浑二字并抄而未删。②	"兴来挥扫水墨尘,下笔墨惨淡愁鬼神"（眉批："尘"作"浑"）。
卷七《巨浸诗》	"变白斋心戒夕惕,忆昔前车大鱼人"句中"变"旁注"发"。	"发白斋心戒夕惕,忆昔前车大鱼人。"	"发白斋心戒夕惕,忆昔前车大鱼人。"	"发白斋心戒夕惕,忆昔前车大鱼人。"（页眉"发"作变）。
卷七《觅菊》	"苍颜谁客强为妍"句"妍"字前又加一"谁",（按,此句有问题,故后之抄本皆试图更改）。	"苍颜衰容强为妍"。	"苍颜衰容强为妍"。	此句眉批："客强"作"对客"。

对比表格所列四种本子,大致能获得五个方面的认知。其一,序跋篇目相同,四者皆有杨维桢《序》、郑东《后叙》和郑文康《后记》,仅四库本将《后叙》和《后记》移至了卷首。从时间起点来看,鲍本为母本。其二,类编方式有差异,鲍本标注有"以下《来鹤草堂稿》""以下《番禺稿》""以下《既白轩稿》"等类稿的名称,而其他三种均未注明。其三,诗句内容有出入,比较之,由鲍本到翰林院抄本,再到四库本,这是一个遵照鲍廷博校勘意见进行修改、订正和完善的过程。四库底本对于鲍廷博的批校内容基本上都给予了对应的修

---

① 按,从翰林院抄本(四库底本)。

② 按,此在翰林院抄本中一并抄录,但翰林院本已删除"浑"字,而四库本仍抄之,故该诗句多一字。

改,当然也不排除在修改中所产生的新讹误。其四,四库本出自四库底本。四库底本是鲍本的修正本和过录本,并非鲍本,其集名亦已改为"《来鹤亭集》九卷"(将《补遗》卷并入正集)。《总目》著录"《来鹤亭集》九卷《补遗》一卷",当是馆臣未能核实底本中所记"第九卷"即为《补遗》卷,故误。其五,吴本虽以鲍本为底本,但其后又参顾嗣立《元诗选》进行校勘,故字句与鲍本终有所不同。

通过文献所载以及四种版本对比考证,可知四库底本、四库本、吴本皆出自鲍廷博校藏之"《乐志园》八卷《补遗》一卷"本,而非鲍氏所编"《吕敬夫诗》四卷附《鹤亭唱和》一卷"本。四库底本是鲍本的修正本,其变更了鲍本之集名为"《来鹤亭集》九卷《补遗》一卷",抹去了类稿的标识(如《来鹤堂稿》《番禺稿》《既白轩稿》等),所录诗歌不再注明出处而皆统于《来鹤亭集》之下。文渊阁四库本出自四库底本,故其亦是鲍本的修正本。《总目》对吕诚别集版本的最大干扰,便是对别集名称的修改;四库底本对鲍本的最大干扰,则是对类稿名称的删除。如此种种删改,便导致四库本与提要所述信息的不匹配,故而造成版本信息的混乱。

再来看因馆臣对版本认识不足所导致的第二个问题,即馆臣以为此集外佚诗甚多,如与杨维桢唱和的古乐府以及《元诗选》所称《既白轩》《竹洲》《归田》诸稿皆佚失。实不然。首先,与杨维桢唱和的古乐府,皆在顾瑛所编《草堂雅集》中,《草堂雅集》录吕诚诗二十四首,其中有《采莲曲和铁厓先生》《蹢躅篇和铁厓先生》等,即指与杨维桢唱和之作,而唱和诸作在后来的《草堂杂咏》中已经增补,此集未见及而已;其次,馆臣称未见《元诗选》所云"《既白轩》《竹洲》《归田》诸稿",事实上这些诗稿皆已收录在此本中,馆臣未知而已。而馆臣不知的根本原因是他们没有弄清楚顾嗣立所称《来鹤草堂稿》和馆臣所著录《来鹤亭诗》八卷之关系。二者的关系是四库本《来鹤亭诗》是类稿合集,而《来鹤草堂稿》仅是类稿的一种,前者内容显然包含后者。《元诗选》吕诚小传中称:"所著有《来鹤亭》、《既白轩》、《番禺》、《竹洲》、《归田》诸稿。"①今检《元诗选》所选吕诚诗,其中选自《来鹤草堂稿》有三十九首,选自《既白轩稿》三十四首,选自《竹洲归田稿》六十二首,选自《玉山雅集》二十四首,补遗四首。顾嗣立《元诗选》自注其选吕诚诗的来源有《来鹤草堂稿》《既白轩稿》《竹洲归田稿》《玉山雅集》和《敬夫稿》(即"补遗"卷)。若取《元诗选》中各类稿中的诗歌,与四库本《来鹤亭诗》对比,可发现《元诗选》所选诗歌虽来自不同的诗集,但基本上能在四库本《来鹤亭诗》中对应找到,如选自《来鹤草堂稿》的诗歌分别入四库本《来鹤亭诗》的卷一、卷二,选自《既白轩稿》的诗歌分别入《来鹤亭诗》卷二、卷三、卷四,选自《竹洲归田稿》的诗歌分别入《来鹤亭诗》卷五、卷六、卷七、卷八和卷补遗。当然,《元诗选》选自《玉山雅集》和《敬夫稿》(即《补遗》)中的诗歌,四库本缺之。

以上所述,说明馆臣对吕诚别集版本的认识极为粗略,以至于不知《来鹤亭诗》八卷《补遗》一卷实际已是《来鹤草堂稿》《既白轩稿》《竹洲归田稿》多种诗集的整合和编排后的总集名称。在此,还有必要将吕诚的别集流传情况作一番梳理:

一种是《吕敬夫诗》四卷《鹤亭唱和》一卷,明抄本,二册,藏国家图书馆,何焯批校并跋。②《鹤亭唱和》录于郭翼、陆仁、袁华等唱和之作。四卷分别是《来鹤草堂稿》一卷、《番禺稿》一卷、《既白轩稿》一卷、《竹洲归田稿》一卷。明人张昶《吴中人物志》载曰:"吕肃,字敬夫,初名诚,工于诗,昆山才士袁、吕为首称。杨廉夫尝序其诗风流俊采极一时之选。肃尝师郑东之,亦称其气夷色庄,学端识敏,邑聘训导,不就。有《来鹤亭稿》《既白轩稿》《番禺稿》《竹洲归田稿》。"③可见明抄本四卷当指此四种。

一种是《吕敬夫诗》三卷《鹤亭唱和》一卷,清抄本,一册,藏国家图书馆,

---

① 顾嗣立:《元诗选三集》辛集,中华书局1987年版,第658页。按,《竹洲》《归田》当为《竹洲归田》之误。

② 周清澍:《元人文集版本目录》,南京大学出版社1983年版,第99页。

③ 张昶:《吴中人物志》卷九,《四库全书存目丛书》史部第97册,齐鲁书社1997年版,第741页。

黄丕烈校并跋。三卷分别是《来鹤草堂稿》一卷、《既白轩稿》一卷、《竹洲归田稿》一卷。此本应是将《番禺稿》一卷并入了《来鹤草堂稿》一卷。

一种是《吕敬夫诗》五卷《鹤亭唱和》一卷，清抄本，二册，藏南图，丁丙跋，有"季振宜小印""陈仲鱼图缘""简庄艺文""海宁陈鳣观"诸印。五卷分别是《来鹤草堂稿》一卷、《番禺稿》一卷、《既白轩稿》一卷、《草堂杂咏》一卷、《竹洲归田稿》一卷。此本新增添了《草堂杂咏》一卷，即是对顾瑛《草堂雅集》中吕诚诗歌的补录。又有称"吕敬夫集六卷"者，即此本。清末藏书家丁丙《善本书室藏书志》载："吕敬夫诗集五卷鹤亭倡和诗一卷，旧钞本，季沧苇藏书。……此本一曰《来鹤堂稿》一曰《番禺稿》一曰《既白轩稿》一曰《草堂杂咏》一曰《竹洲归田稿》，总名曰《敬夫诗集》。至正七年会稽杨维桢为序，后附鹤亭倡和诗一卷，则至正戊子昆阳郑东为前序，明天顺三年昆山郑文康为后记也。有季振宜印简庄艺文，海宁陈鳣观诸印。"①《元诗选》所据即为此本，故《元诗选》以《敬夫稿》称"补遗卷"。

一种是《来鹤草堂集》一卷《番禺稿》一卷《既白轩稿》一卷《竹洲归田稿》一卷《敬夫集外诗》一卷《鹤亭倡和》一卷，清抄本，今藏福建师范大学图书馆。

一种是《乐志园诗集》八卷《补遗》一卷，旧抄本，藏南图，鲍廷博校并跋，有丁丙跋，一册，有"金石录十卷人家""鲍氏收藏"二印②。丁丙《善本书室藏书志》著录并将其与四库本对比之。据丁丙所考，此本打破了诗歌以出处分类的编排而代之以卷次编排，诗歌顺序与另一版本的《吕敬夫集》略同，而末尾未附《鹤亭倡和》一卷；而此本比别本多杨维桢《序》和郑东《叙》③。

一种是《乐志园诗集》八卷《补遗》一卷，清抄本，藏北图（今国家图书馆），一册，吴骞校，黄丕烈校跋并题诗，朱昌燕跋并题诗④。清莫友芝《郘亭知

---

① 丁丙：《善本书室藏书志》卷三四，新北广文书局 1999 年版，第 1690 页。
② 周清澍：《元人文集版本目录》，南京大学出版社 1983 年版，第 99—100 页。
③ 按，丁丙《跋》前文有引，兹略。
④ 周清澍：《元人文集版本目录》，南京大学出版社 1983 年版，第 100 页。

见传本书目》著录:"《来鹤亭诗》八卷《补遗》一卷",并称"《四库》依抄本。拜经楼藏本作《乐志园集》八卷《补遗》一卷,黄丕烈复以秀野草堂抄本互勘,补正脱误。"①拜经楼是清朝学者吴骞(1733—1813)的藏书楼,此本经"吴骞校","黄丕烈复以秀野草堂抄本互勘,补正脱误",已具有了"秀野草堂抄本"即《元诗选》底本的视野,比鲍士恭家藏本更为完善。

一种是《来鹤亭诗集》九卷,清抄本(四库底本),藏国家图书馆,一册②。此本收录《枕碧楼丛书》本,1913 年刊,1960 年中国书店重印,收录此本《来鹤亭诗集》九卷,末有沈氏校语和《跋》。据《跋》所称③,沈氏所见为四库馆藏之旧抄本,他认为此本是浙江鲍士恭家藏本而未被领回之呈献书。

由上梳理可知,吕诚别集的版本流传情况可谓复杂,又可谓简单。复杂在于,后世对最初本为四卷本的编次改动过多,在四卷本基础上合则为三卷本,添则为五卷本;若取消原四卷本卷次重新编排,再加以补遗,则有八卷本、九卷本。故今有据原本合并和拆分的《吕敬夫集》有三卷、四卷和五卷之分,又有消解分稿而重新编排的《乐志园诗集》八卷《补遗》一卷本和《来鹤亭诗集》九卷本;简单则在于,各版本之间的诗歌数量皆较为稳定。而重新编订之《乐志园诗集》八卷《补遗》一卷本和《来鹤亭诗集》九卷本,则均有《补遗》卷,较三卷、四卷本而言,诗歌数量有所增加。但较增添《草堂杂咏》一卷的五卷本,则有所不及,较顾嗣立所辑《补遗》卷,则亦有所缺失。而今存本最为完善的,当属拜经楼藏本,作《乐志园集》八卷《补遗》一卷,黄丕烈以秀野草堂抄本互勘,补正脱误,故所存诗歌数量为最完备。

综上所言,提要所述的四库底本是鲍士恭家藏本《乐志园诗集》八卷《补遗》一卷,四库本实际所抄则为清抄本《来鹤亭诗》九卷。至于"《来鹤亭诗》

---

① 莫友芝撰,傅增湘订补:《藏园订补郘亭知见传本书目》卷一四,中华书局 2009 年版,第 1359 页。

② 周清澍:《元人文集版本目录》,南京大学出版社 1983 年版,第 100 页。

③ 按,沈《跋》前文有引,兹略。

八卷《补遗》一卷"这一集名,则是馆臣为求与四库本卷次相符而在《总目》中作出的变更。然则此二种版本实为不同,馆臣仅改集名以合其版本,则其于版本之差异所辨不精矣。

四、衍生讹误

《总目》在描述版本时往往衍生一些版本描述上的讹误,或是因为对版本的认识不足,或是因为对别集信息的了解不够全面,在此一一肃清并订正之。

(一)同恕《榘庵集》十五卷(永乐大典本)

> 所著《榘庵集》本三十卷,至正初陕西行台御史观音保、潘惟梓等始刊布于江淮。赵郡苏天爵为之序。《文渊阁书目》亦载有《榘庵文集》一部,八册。焦竑《经籍志》乃作二十卷,疑传写误也。自明以来,久佚不传,故叶氏《箓竹堂书目》、晁氏《宝文堂书目》并不载其名。惟《永乐大典》中颇散见其诗文。谨抄撮编集,分类排比,厘为文十卷,诗五卷,视原本尚得半焉。①

按:提要称《榘庵集》"本三十卷",此说无据。今观贾仁所撰《行状》曰:"有文集若干卷藏于家。"②富珠哩翀作《神道碑》称:"其集若干卷藏于家,有味仁义者将有采焉。"③则最原初之文献所载并未记录明确的文集卷数。又,元至正四年(1344)《榘庵集》刊行,由观音保、潘惟梓请刊,苏天爵为序。然苏天爵《序》中亦无卷次说明,《序》云:"至正四年春,天爵来官于秦,方将考求诸老言行而表章之,俾多士以为矜式。会御史观音保、潘惟梓以文贞遗文来上,请刊布于江淮郡学。天爵再三诵读,爱其词淳而义正,信乎有德者之有言。呜呼!迩年以来,中原耆旧相继沦逝,流风余韵日远日亡,独赖其语

---

① 纪昀等:《钦定四库全书总目》卷一六七,第2227页。
② 同恕:《榘庵集》附录,《景印文渊阁四库全书》第1206册,第811页。
③ 同恕:《榘庵集》附录,《景印文渊阁四库全书》第1206册,第813页。

言文字,尚能稽其一二,善哉！御史之有是请。"①据现有文献可知,该集有明确的卷次记载最早出现在《元史》中:"其所著曰《榘庵集》,二十卷。"②之后焦竑《国史经籍志》亦载"周恕榘庵集二十卷"③,"周"为"同"之误。后来的明清文献,则多依据此二家载为"二十卷"。由此看来,"三十卷"之说既不具原初性,又无确切出处,仅为《总目》一家之言。今观《总目》所述:"《文渊阁书目》亦载有《榘庵文集》一部,八册。焦竑《经籍志》乃作二十卷,疑传写误也。自明以来,久佚不传,故叶氏《菉竹堂书目》、晁氏《宝文堂书目》并不载其名。"④则并无一种文献记载此原集为"三十卷",《总目》称"三十卷"实无所据。然馆臣反而指责"焦竑《经籍志》乃作二十卷,疑传写误也",实属无端之辞。

(二)李继本《一山文集》九卷(两淮马裕家藏本)

朱彝尊《明诗综》搜罗最备,独未录是集,殆以未仕于明,故与杨维桢诸人一例不载。顾嗣立《元百家诗选》亦未收入,则疑流传颇少,嗣立偶未见也。⑤

按:此语段错误有二。其一,言朱彝尊《明诗综》未录是集,有误。余嘉锡《四库提要辨证》已考证,兹不赘述⑥。其二,言是集"(顾)嗣立偶未见",不妥。事实上,顾嗣立《元诗选》虽未收录李继本诗歌,然其人物生平以及未收《一山文集》之原因皆载于其父"李承旨士瞻"小传中:"士瞻,字彦闻,先世南阳人,后徙汉上……彦闻襟度弘远,立朝謇谔,有经济之才。遗文五卷,曰《经济文集》。子守成,后名延兴,至正丁酉进士,官翰林检讨。明洪武间,尝典邑

---

① 同恕:《榘庵集》卷首,《景印文渊阁四库全书》第 1206 册,第 661 页。
② 宋濂等:《元史》卷一八九,中华书局 2000 年版,第 2892 页。
③ 焦竑:《国史经籍志》卷五,中华书局 1985 年版,第 275 页。
④ 纪昀等:《钦定四库全书总目》卷一六八,第 2227 页。
⑤ 纪昀等:《钦定四库全书总目》卷一六八,第 2251 页。
⑥ 余嘉锡:《四库提要辨证》卷二三,第 4 册,中华书局 2007 年版,第 1498 页。

校。有《一山文集》传于世,兹不复录也。"①此处"子守成"乃是"李继本"。

余嘉锡《四库提要辨证》考云:"黄虞稷《千顷堂书目》卷二十九有李延兴《一山文集》九卷,叙其仕履略同,且云:'入明不仕,郡邑聘为教官。'是则延兴入明后之出处,前人已明言之矣。然考明人凌迪知《万姓统谱》卷七十三,乃云:'李士瞻,东安人。为翰林学士承旨,封楚国公。有《经济集》。子守成,官至翰林检讨,有德望,河朔学者多师之,有《一山文集》。'官同、事同,集同,疑即一人,及检钱大昕《元史艺文志》卷四李继本《一山文集》九卷下注云:'一名守成,士瞻子。'始知果一人。"②盖因顾嗣立《元诗选》并未用"李继本"之名称其人且未单列其文集,馆臣遂认定顾嗣立未见其集,馆臣之误,实乃因姓名自字号之称呼不一而致。又,顾嗣立《元诗选》对于不录《一山文集》之原因有所交代,乃"兹不复录也",盖因其人已由元入明之故也。

令人不解的是,钱谦益《列朝诗集小传》称"李广文延兴",载:"延兴,字继本,东安人,先世河南人。"③朱彝尊《明诗综》亦如是。《四库全书进呈存目》亦称"《一山文集九卷》,元李延兴撰。延兴字继本,东安人。占籍北平。"④不知馆臣为何采之"继本"之字为其名,而不顾及其他名或字,且更不知其又有"李守成"一名?

(三)张养浩《归田类稿》二十四卷(永乐大典本)

(1)惟明季有刻本二十七卷尚存于世,既多漏略,编次亦失伦类。今据以为本,而别采《永乐大典》所载,删其重复,补其遗阙,得杂文八十八首,赋三首,诗四百六十三首,共为五百八十四首,厘为二

---

① 顾嗣立:《元诗选初集》己集,中华书局 1987 年版,第 1606 页。
② 余嘉锡:《四库提要辨证》卷二三,第 4 册,中华书局 2007 年版,第 1498 页。
③ 钱谦益:《列朝诗集小传》甲前集,上海古籍出版社 1983 年版,第 64 页。
④ 《四库全书初次进呈存目》集部一,台北商务印书馆 2012 年版,第 573 页。

十四卷……又集中有《和陶诗序》，自谓"年五十二退居无事，日读陶诗，拟其题以发己意，得诗若干篇"云云。今集中乃无一篇，殆别为一编，未以入集，故《永乐大典》不收欤？①

按：《总目》著录卷次有误，"二十四卷"当为"二十二卷"。又，提要所述亦有误，按《总目》所列杂文、赋和诗之数量合算，则正确总数应为五百五十四首，不为"五百八十四首"。然即便是合计正确的"五百五十四首"，亦与《四库全书》本实际数量不相符。今考文渊阁四库本《归田类稿》，卷首有序三篇：富珠哩翀《归田类稿原序》、吴师道《归田类稿原序》、张养浩《归田类稿自序》。卷一至卷十三为文，共八十九篇：卷一为《经筵余旨有进表》五篇、奏疏二篇，卷二为上书一篇、表一篇、书一篇，卷三为序十五篇，卷四为记七篇，卷五为记六篇，卷六为记十篇，卷七为传二篇、哀辞二篇、祭文二篇，卷八为杂著十篇，卷九为碑四篇，卷十为神道碑四篇，卷十一为碑五篇，卷十二为碑六篇，卷十三为表十篇；卷十四至卷二十二为诗赋，赋三篇、诗歌共四百一十四首：卷十四为赋三篇、"拟雅诗"十六篇、操一篇，卷十五为五言古诗二十八首，卷十六为五言古诗二十三首，卷十七为七言古诗十七首，卷十八为五言律诗五十二首，卷十九为七言律诗六十二首，卷二十为七言律诗六十首，卷二十一为七言律诗五十九首，卷二十二为五言绝句五首、七言绝句九十一首。合计诗赋文章总共五百零六篇，厘为二十二卷，而非"二十四卷"。

对比提要描述，则文渊阁四库本所载诗歌篇目比提要所述实少四十九首，杂文少一篇，卷次少二卷，总数较"五百五十四首"仍少四十八首。可见，提要所述杂文篇目、诗歌篇目、卷次等数目，均与文渊阁四库本不符。

另，"惟明季有刻本二十七卷尚存于世，既多漏略，编次亦失伦类"，所述亦不符事实。今检历来文献所载，张养浩《归田类稿》"二十七卷"本，仅出于

---

① 纪昀等：《钦定四库全书总目》卷一六六，第 2202—2203 页。

《总目》一家①。现存元至正十四年刻本《张文忠公集》二十八卷,题《张文忠公集》,诗文二十八卷,有附录一卷,藏于北京大学图书馆②,卷首有元元统三年(1335)孛术鲁翀③《张文忠公归田类稿序》、至正十四年倪中《云庄画像记》以及刘耳《云庄画像赞》、张起岩《张公神道碑》。又有《张文忠公文集目录》。卷一为赋三篇,卷二为拟雅十五首,卷三为古诗二十七首,卷四为五言古诗十七首,卷五为七言古诗十七首,卷六为五言律诗五十八首,卷七为七言律诗六十三首,卷八为七言律诗四十八首,卷九为七言律诗五十六首,卷十为五言绝句五首、七言绝句四十一首,卷十一为书一篇,卷十二为序九篇,卷十三为序八篇,卷十四为记七篇,卷十五为记八篇,卷十六为记七篇,卷十七为碑铭六篇,卷十八为碑铭三篇,卷十九为碑铭六篇,卷二十为碑铭三篇,卷二十一为表铭一篇、碣铭二篇、圹铭一篇、堂铭一篇,卷二十二为志铭六篇,卷二十三为表一篇、传二篇、疏二篇、露布一篇、操一篇,卷二十四为文八篇、词二篇、赞二篇,卷二十五为《进牧民忠告》十则,卷二十六为《进风宪忠告》十则,卷二十七为《进庙堂忠告》十则,卷二十八为《进经筵余旨》五则,附录《画像》《画像记》《神道碑铭》《祠堂碑铭》,共计诗歌三百八十首(含赋三篇),文八十八篇,卷二十五至卷二十八奏折四章。文渊阁四库本无元刊本卷二十五《进牧民忠告》十则、卷二十六《进风宪忠告》十则以及卷二十七《进庙堂忠告》十则。今核,此三文曾合为《三事忠告》一书,《总目》已著录在"史部职官类"。此元刻本之后,又有元刊本、明写本、清写本、清影元抄本,此四种傅增湘《藏园群书经眼录》均著录之④。笔者私疑明季刻本"二十七卷"乃"二十八卷"之误。

---

① 刘倩:《张养浩诗文集版本及存佚考述》,《古典文献学术论丛》(第3辑),黄山书社2013年版,第267—273页。按,此文列举多种张养浩诗文集版本,未及"二十七卷"本。

② 张养浩:《张文忠公集》卷首序,中华再造善本,据北京图书馆藏元至正十四年(1354)刻本影印。

③ 按,四库本作"富珠哩翀"。

④ 傅增湘:《藏园群书经眼录》卷一五,中华书局2009年版,第1085页。

（2）然苏天爵辑《元文类》仅录养浩文二篇，故明叶盛《水东日记》，颇以天爵失载《谏灯山疏》为讥。疑元末已鲜流播。近时王士禛偶得养浩《王友开墓志》，叹其奇诡，载之《皇华纪闻》，则亦未见其全集。①

按：提要所云讹误有三。其一，今查苏天爵《元文类》，收录张养浩诗和文各二首（篇），诗二首为《王内翰哀挽（恽）》（《元文类》卷七）、《赠李祕监（至治间曾画御容）》（《元文类》卷八），文二篇为《济南龙洞山记》（《元文类》卷二十九）、《监察御史韩君墓碣铭》（《元文类》卷五五）。据此，则提要所云"仅录养浩文二篇"，不属实。其二，"颇以天爵失载《谏灯山疏》为讥"一事非出自叶盛《水东日记》，而是出自叶盛《泾东小稿》。该书"书国朝文类后"云："此书于有元一代之文，博矣。然如许文正公《训子诗》，吴草庐《大都东岳仁圣宫碑》，张文忠公《灯山疏》，此等关系世教之作，皆不在。虞、揭此等文字尤多，亦多不在，盖亦伯修早年所成之书，惜乎继之者无其人耳。虽然，不独有元也。"②提要所引出处有误。其三，提要所云"疑元末已鲜流播"，有误。今北京图书馆藏元至正十四年（1354）刻本《张文忠公集》二十八卷③，从刊刻时间看，此本于元末尚刊行于世，如之何称"元末已鲜流播"，《总目》所言不确。

（四）刘因《静修集》三十卷（两江总督采进本）

其早岁诗文，才情驰骋，既乃自订《丁亥诗集》五卷，尽取他文焚之，卒后，门人故友哀其佚稿，得《樵庵词集》一卷，《遗文》六卷，《拾遗》七卷，最后杨俊民又得《续集》二卷，捃拾残剩，一字不遗。其中当必有因所自焚者，一例编辑，未必因本意也。后房山贾彝复增入附

---

① 纪昀等：《钦定四库全书总目》卷一六六，第2202页。

② 叶盛：《泾东小稿》卷九"书国朝文类后"，《续修四库全书》第1329册，上海古籍出版社2002年版，第114页。

③ 张养浩：《张文忠公集》卷首序，中华再造善本，据北京图书馆藏元至正十四年（1354）刻本影印。

录二卷,合成三十卷。至正中,官为刊行,即今所传之本。①

按:《总目》所述卷次数量与其合计之"三十卷"数目不合。合算提要所称《丁亥诗集》五卷、《樵庵词集》一卷、《遗文》六卷、《拾遗》七卷、《续集》二卷以及《附录》二卷,则刘因《静修集》仅为二十三卷,并非三十卷。今检文渊阁库书提要与《荟要提要》,二者描述该集为:"《静修集》二十五卷《续集》三卷,元刘因撰……因早岁诗文才情驰骋,既乃自订《丁亥诗》五卷,尽取他文焚之。卒后,门人故友衰其轶稿,得《樵庵词集》一卷,《遗文》六卷,《遗诗》六卷,《拾遗》七卷。最后杨俊民又得《续集》三卷。其中或有因所自焚者未可知也。至正中,官为刊行。因其所居斋名之曰《静修集》。"②对比三者发现,《总目》所述与文渊阁库书提要、《荟要提要》不同有二:一是缺漏了"《遗诗》六卷",二是误将"《续集》三卷"作"《续集》二卷"。《总目》若依库书提要将缺漏的信息补足,纠正鱼鲁之误,加以《附录》二卷,方能与三十卷之数目吻合。提要的叙述未能精准。

(五)王翰《友石山人遗稿》一卷(编修汪如藻家藏本)

凡诸体诗八十四首,前有陈仲述序,后附志、铭、表、词等七篇,皆吴海所作也。③

按:提要称"凡诸体诗八十四首",误。据清藏书家丁丙《善本书室藏书志》描述周松蔼所藏旧抄本《友石山人遗稿》一卷《附录》一卷云:"首有前进士监察御史庐陵陈仲述序,翰作凡五言古诗十八首,七言古诗三首,五言律诗二十六首,五言排律三首,七言律诗十八首,五言绝句四首,七言绝句十六

---

① 纪昀等:《钦定四库全书总目》卷一六六,第2213页。按,引文中书名号为笔者所加。
② 江庆柏等整理:《四库全书荟要总目提要》,人民文学出版社2009年版,第405页;刘因:《静修集》卷首库书提要,《景印文渊阁四库全书》第1198册,第483页。
③ 纪昀等:《钦定四库全书总目》卷一六八,第2248页。

首。"①计算之,则诸体诗合计总数当为八十八首。今检四库本《友石山人遗稿》一卷,诸体诗篇目数与合计总数皆与《善本书室藏书志》所载一致。不知《总目》八十四首之数据何本所得? 或为计数之误?

(六)邵亨贞《野处集》四卷(浙江巡抚采进本)

今诗词二选世已无传,惟此本独存,共杂文六十八首。②

按:《总目》对该集版本的留存情况认识不足。清乾隆、嘉庆间阮元撰写《四库未收书提要》③,对《四库全书》有极大的补阙意义,其已关注到邵亨贞著作的缺失和补遗问题。今查《四库未收书提要》,其《蛾术诗选》提要云:"元邵亨贞撰,亨贞字复孺,有《野处集》四卷,见《四库全书》。伏读《四库全书总目》云:'亨贞所著《蛾术诗选》,世已无传'。此从旧钞依样过录,凡古今体三百七十六首,又联句三首。诗格高雅,绝无元世绮缛之习。"④又《蛾术词选》提要云:"伏读《四库全书总目》云:'亨贞所著《蛾术词选》,世已无传'。又云'其词世不多见,惟陶宗仪《辍耕录》载所作《沁园春》二首,隽永清丽,颇有可观。盖所长尤在于是,惜《词选》今已久佚矣'。是编从旧钞依样影写,藏书家未见著录。《古今词话》亦称其《沁园春》词新艳入情,书中《追和赵孟頫》十首。案侯文灿所辑《松雪词》已佚,其《点绛唇》一阕、《感皇恩》一阕、《蝶恋花》一阕,未尝不藉是以见其梗概也。"⑤可见,邵亨贞《蛾术诗选》及《蛾术词选》,阮元皆可从旧钞依样过录,则当时显然是存世的,只是馆臣未能见及。

---

① 丁丙:《善本书室藏书志》卷三四,新北广文书局1999年版,第1672页。
② 纪昀等:《钦定四库全书总目》卷一六七,第2241页。
③ 按,含元代别集8家9种,总集1种。
④ 阮元撰,傅以礼重编:《四库未收书提要》卷四,商务印书馆1955年版,第83页。按,引文中书名号为笔者所加。
⑤ 阮元撰,傅以礼重编:《四库未收书提要》卷四,商务印书馆1955年版,第97页。按,引文中书名号为笔者所加。

（七）胡助《纯白斋类稿》二十卷（浙江巡抚采进本）

是集乃助所自编，本三十卷，历年既久，残缺失次。①

按：提要称"是集乃助所自编"，误。胡助《纯白先生自传》云："初在山中所作，曰《巢云稿》。至建康，曰《白下稿》。往来京师几三十年，有《京华杂兴》《上京纪北游前后续稿》，命子编集，合三十卷，名之曰《纯白斋类稿》。"②正德年间杜储《序》曰："纯白斋者，元太常博士古愚胡先生之自号也。类稿者，先生之子瑜以诗文遗稿类而别之，以便传诵，总二十卷。岁久荐，经兵燹，残缺失次，且第二卷及后一连十三卷俱无存，今六世孙淮深痛惜之，廿余年间，遍扣文献大家，求其遗墨，分入各类以补之，仍曰《类稿》。又以当时名公所赠诗文类于卷末以为附录，凑二十二卷，将以刊梓于家以勖后裔，录成，其从昆季子姪见之皆喜，各出工费以助其成。间尝示予较正，且祈文以序于篇端……正德庚午春二月之吉同邑杜储公运书。"③可知原稿非胡助"自编"，而是其子胡瑜所编。

以上通过对同一别集多种版本的比较，发现《总目》著录之元别集存在所取者并非足本等现象，《总目》相关信息存在不同程度的失实及错讹之处，严重影响了《总目》学术作用的发挥。本书结论如下：

其一，《总目》元别集提要中存在的版本问题，大致可归为四类。第一类，因陋就简，取非足本，即所录本非其所见足本。实际上，求"足本"是《四库全书》纂修的一项重要宗旨。《总目·凡例》称："诸书刊写之本不一，谨择其善本录之。增删之本亦不一，谨择其足本录之。"④馆臣于征集所得的同一别集

---

① 纪昀等：《钦定四库全书总目》卷一六七，第 2239 页。

② 胡助：《纯白斋类稿》卷一八，《景印文渊阁四库全书》第 1214 册，第 662 页。

③ 陆心源：《皕宋楼藏书志·续志》卷一〇四，第 11 册，新北广文书局 1991 年版，第 4606—4609 页。

④ 李致忠：《〈四库全书总目·凡例〉笺注》，《文献》2002 年第 1 期，第 99 页。

的多种版本中择其一种进行著录,而其标准是:从刊写角度看,择选善本;从增删角度上,选取"足本"。但《总目》所著录元别集中仍有不少属于删节本。前文所考黄溍《黄文献集》、杨维桢《铁崖古乐府集》即属此类代表,此外还有戴表元《剡源集》三十卷、赵孟頫《松雪斋集》十卷《外集》一卷、余阙《青阳集》四卷等。第二类,《总目》所述本与四库本为馆臣重编本,与存世版本不同。馆臣之所以重编,同其求善本、求旧本、求足本的心理有关,或是与《总目》编撰观念有关。如前文所考周权《此山集》四卷即属此类;此外还有释大圭《梦观集》五卷等。第三类,《总目》混淆版本,即《总目》在描述四库底本的版本源流、对四库底本作出判断时,出现混淆不清、张冠李戴的现象。这一现象的产生与馆臣版本认识不足、版本梳理不精有关。属于此类的有卢琦《圭峰集》二卷以及张养浩《归田类稿》二十四卷、张昱《可闲老人集》四卷等提要。第四类,提要标注本与所述本不同,即《总目》提要条目内标注者与提要所述者未能相匹配。这一现象揭示出《总目》关于某一元别集的叙述存在"文"不对"题"的问题,此或与定稿在后的《总目》对于版本信息不断更新,而已被抄录的四库本无法更换有关,或是《总目》之编撰与《四库全书》之抄录二者各自为政所致。前文所考如李孝光《五峰集》六卷即属此类,另有刘鹗《惟实集》四卷《外集》二卷、贡性之《南湖集》七卷亦为此类。

其二,政治权力、正统观念凌驾于学术客观之上,这是导致《总目》在论述元别集版本时存在诸多问题的重要原因。据前文可知,《总目》元别集提要中版本存在的讹误和缺失多与帝王干预、官学约束等非学术因素有关。比如,馆臣轻易将杨维桢《铁崖古乐府》十卷《乐府补》六卷盖棺论定为"全帙",便是迎合"圣裁独断"的意志。因《大明铙歌鼓吹曲》对杨维桢人物重评的重要价值,故馆臣以"全帙"称之,以此方能确保毛晋汲古阁本《铁崖古乐府》十卷《乐府补》六卷这一版本的权威地位,同时使得此篇"罪证"文字在后世的传播以及杨维桢教化人臣的典型作用得以确立。馆臣此举显然与遵从圣命、迎合圣意有关,是将政治操弄凌驾于学术客观的行为。再如,通过考辨可知《总目》

著录之《黄文献集》既非原初刻本,又非足本,而是一删节本。而为何《总目》在能见及元刻本《金华黄先生文集》四十三卷这一善本的情况下,却取劣不取优? 原因便在于,馆臣选取版本的标准是以思想性为首要的,这种标准致使馆臣往往置实际上的足本于不顾。可见,儒为正统的官学思想显然是《总目》版本择取时至关重要的标准,它甚至制约了馆臣求善求精的学术主动性。再如释大圭《梦观集》,原本为二十四卷,但因集中"杂文亦多青词、疏引,不出释氏之本色,皆无可取"①,故馆臣"删除其《梦法》等卷,并删除其杂文,惟录古今体诗编为五卷"。② 可见为了摒弃"释氏"色彩,馆臣擅自大量删减其原本而重编删节本,其崇儒抑佛的思想倾向昭然若揭。

第三节 《总目》观照下的四库本序跋、附录删削现象探究

"《四库全书》是否保留原书序跋"这一问题,目前学界存在争议。司马朝军在《〈四库全书总目〉编纂考》中就此展开探讨,针对学界"四库馆臣对书籍的删改,情形各有不同,不能一概而论。以原书序跋为例,四库本一般不收"这一观点,他进行检索验证,发现《四库全书》收录原序在 1300 条以上、原跋15 条,在此数据基础上,他进一步认为"《四库全书》确实删掉了大量的原序,同时也保留了相当数量的原序"。③ 今笔者对《总目》元别集提要所述版本与文渊阁四库本进行互核后,发现《总目》所述序跋篇目与四库本实载序跋篇目存在着较大的出入,即《总目》中明确描述某书所载某某序跋,在四库本中却往往无迹可寻。这一出入,不仅反映出《总目》的版本描述并不能与四库本形成完全对应的关系,同时也体现出四库本在一定程度上存在序跋缺失的现象。

---

① 纪昀等:《钦定四库全书总目》卷一六七《梦观集》提要,第 2241 页。
② 纪昀等:《钦定四库全书总目》卷一六七《梦观集》提要,第 2241 页。
③ 司马朝军:《〈四库全书总目〉编纂考》,武汉大学出版社 2005 年版,第 435 页。

一、四库本元别集所存序跋、附录之统计

《四库全书》收录元别集共 169 种,四库本元别集保留的序文共 193 篇,跋文 12 篇,附录① 25 种。具体情况如下:

就《序》而言,在元别集中保留序文最多者当属迺贤《金台集》,达 10 篇之多;其次为贡师泰《玩斋集》,保留序文 9 篇;其余别集保留序文则均在 5 篇以下;其中未载有序文的元别集有 80 种,占元别集总量的一半。故整体而言,有超过一半的四库本元别集保留了序文,而还有近一半的四库本元别集未保留序文。

就《跋》而言,有 14 种元别集保留了《跋》,占元别集总量的百分之八。

就《附录》而言,有 25 种元别集保留了《附录》,占元别集的百分之十六。其中《附录》收录诗文篇目最多的是郑玉《师山文集》,附录文 21 篇,诗歌 24 首;次则为柳贯《待制集》,附有文 17 篇;再则为傅若金《傅与砺诗集》,附有文 5 篇,诗歌 24 首;其余 22 种亦有不同程度存留。

总体而言,今存四库本元别集所存序、跋、附录等数量并不多,保留序、跋、附录之别集比例亦不大。但是,数量和比例并不足以判断《四库全书》大量删序这一事实,因为四库底本所存序、跋、附录的情况如今已经难以一一复原。目前能够对《四库全书》删序情况进行有效判断的依据,还只能是《总目》对四库底本的描述。

二、《总目》与库书不符之例举

今将《总目》所述版本情况与文渊阁四库本别集版本进行一一对比,发现《四库全书》删除序、跋和附录的情况确实存在,其中至少有 12 种元别集出现了序、跋和附录与《总目》不符的现象,列举如下:

---

① 按,附录包括墓志、行状、祭文、挽诗、像赞、唱和诗等多种文体类型。

（一）胡助《纯白斋类稿》二十卷（浙江巡抚采进本）

是集乃助所自编，本三十卷，历年既久，残缺失次。明正德中其六世孙淮掇拾散佚，重编此本，仅存赋一卷，诗十六卷，杂文三卷，又附录当时投赠诗文二卷，仍以《纯白斋类稿》为名，而卷帙已减三之一，非其旧本。虞集常跋其《上京纪行集》，称其龙门以后诗尤佳，今已散入集中。邓文原、吴澄尝跋其《銮坡小录》及《升学祭器文》，此本不载，则当在亡轶十卷中也。①

按：提要云"附录当时投赠诗文二卷"。今观文渊阁四库本《纯白斋类稿》，收录诗文集二十卷，其中包括赋一卷、诗十六卷、杂文三卷，但并无"附录"二卷。提要描述与库书不符。

（二）宋褧《燕石集》十五卷（浙江巡抚采进本）

首载至正八年御史台咨浙江行中书省刊行《咨呈》一道，欧阳玄、苏天爵、许有壬、吕思诚、危素五《序》，末附谥议、墓志、祭文、挽诗，又有洪武中何之权、吕荧二《跋》，盖犹旧本。②

按：提要称该集有《咨呈》一篇、《序》五篇、《跋》二篇和《附录》内容。今阅文渊阁四库本《燕石集》，卷首无刊行《咨文》，序仅有前三篇，而无吕思诚、危素二《序》，卷末亦无《附录》，亦无《跋》。提要所述与四库本不合。

（三）洪希文《续轩渠集》十卷《附录》一卷（江苏巡抚采进本）

旧有希文《自序》……宗衮《序》称，删去一百三十五首，存四百三十五首，编为十卷，附刻一卷，则原集五百七十首也。王凤灵《序》

---

① 纪昀等：《钦定四库全书总目》卷一六七，第2239页。
② 纪昀等：《钦定四库全书总目》卷一六七，第2234页。按，"《序》""《跋》"之书名号为笔者所加。

则称诗二卷,为七律一百九十二首,古诗九十七首,绝句一百首,为数不同。又皆不及其词与杂文……宗兖《序》谓其"以山泽之臞,出山泽之语,譬诸夏鼎商鬲,华采虽若不足,而浑厚朴素之质,使望之者知为古器"。凤灵《序》称其"能以质胜,不蔽其情"。①

按:提要称该集有三篇序,与库书不一致。今核文渊阁四库本《续轩渠集》,卷首仅有蔡宗兖《序》、洪希文《序》二序,而无王凤灵《序》。

(四)邵亨贞《野处集》四卷(浙江巡抚采进本)

是编后有冯迁、汪稷二《跋》,谓其书本出上海陆深家,深之孙郊以授稷而刊行之,并所著《蛾术诗选》、《蛾术词选》为十六卷。今诗词二选世已无传,惟此本独存,共杂文六十八首。②

按:《总目》所言"是编后有冯迁、汪稷二《跋》",检文渊阁四库本《野处集》,前后皆无冯迁、汪稷二《跋》。然阮元所见《野处集》却有跋文,其谓:"案冯迁、汪稷《跋野处编》,并云'其书乃上海陆郊以授稷而刊行',是编及词选,每卷首皆有'新都汪稷校'字样,是亦郊所授刊之册。《跋》又云:'并所著《蛾术诗选》《蛾术词选》为十六卷,今合三书卷帙观之,并属完善之书。'"③且其所引《跋》文内容与《总目》所言一致。盖馆臣所见之《野处集》实有二《跋》,而库书未录。

(五)王翰《友石山人遗稿》一卷(编修汪如藻家藏本)

凡诸体诗八十四首,前有陈仲述序,后附志、铭、表、词等七篇,皆吴海所作也。④

---

①　纪昀等:《钦定四库全书总目》卷一六七,第2223页。按,"《序》"之书名号为笔者所加。
②　纪昀等:《钦定四库全书总目》卷一六七,第2241页。按,"《跋》"之书名号为笔者所加。
③　阮元撰,傅以礼重编:《四库未收书提要》卷四,商务印书馆1955年版,第83页。
④　纪昀等:《钦定四库全书总目》卷一六八,第2248页。

按:提要称"后附志、铭、表、词等七篇",误。今阅文渊阁四库本《友石山人遗稿》,并未见《附录》七篇。据丁丙《善本书室藏书志》所言,旧抄本实有《附录》一卷,其云:"附录吴海撰《友石山人墓志铭》《友石先生传》《王山人哀辞》《送王潮州序》《王氏家谱序》《故王将军夫人孙氏墓志铭》《友石山人真赞》,徐熥、谢肇淛、陈鸣鹤、陈荐夫《谒王先生祠》诗四首。孤子偊谨跋、元孙焯谨录。"① 又,清人瞿镛《铁琴铜剑楼藏书目录》亦如是描述旧钞本《友石山人遗稿》:"题:'灵武王翰用文。'后附吴海所作《墓志铭》《传》《哀辞》《赠序》《真赞谱序》及母孙氏《墓志》,又徐熥、谢肇淛、陈鸣鹤、陈荐夫诗。《四库提要》云:'后附志、铭、表、词等七篇,皆吴海作。'则徐熥诸人诗阙也。前有庐陵陈仲述序,后有其子偊跋。"② 可见,馆臣所见且描述之《友石山人遗稿》实为旧抄本,有《附录》一卷,但四库本却并无《附录》一卷,盖抄录过程中被遗漏或删除。

(六)叶颙《樵云独唱》六卷(浙江鲍士恭家藏本)

> 序凡二篇,皆题至正甲午,而集中多载入明诗,且后篇乃明兴后语,疑原本后篇未著年月,传写者误以前篇年月补入也。③

按:提要所称"序凡二篇",且二者时间皆在"至正甲午"。经检文渊阁四库本《樵云独唱》,仅载至正甲午(1354)九月叶颙《序》一篇,并无二篇,提要描述与四库本实际不符。

今查,元刊本《樵云独唱》有叶颙自作前、后二序,前序作于"至正甲午",即至正十四年(1354),后序作于"至正庚子",即至正二十年(1360)。清乾嘉时期藏书家张金吾《爱日精庐藏书志》著录有"《樵云独唱集》六卷",题曰:

---

① 丁丙:《善本书室藏书志》卷三四,新北广文书局 1988 年版,第 1672—1673 页。
② 瞿镛编纂,瞿果行标点,瞿凤起覆校:《铁琴铜剑楼藏书目录》卷二二,上海古籍出版社 2000 年版,第 632 页。
③ 纪昀等:《钦定四库全书总目》卷一六八,第 2253 页。

"元刊本","元金华云颙天民景南叶颙撰",又列载"至正甲午叶颙《前序》"全文和"至正庚子叶颙《后序》"全文。① 此外,乾嘉之际的藏书家瞿镛《铁琴铜剑楼藏书目录》亦著录元刊本"《樵云独唱集》六卷",描述云:"题:'金华云颙天民景南叶颙撰。'有至正甲午自序及至正庚子后序。"②此与张金吾所述元刊本的序跋情况一致。

清初抄本为另一版本。其载有叶颙自作三序,集首有"至正甲午"所作序二篇,集末有"至正庚子"所作序一篇,此外,另有史敏《序》和袁凯《序》二篇。清道光、咸丰年间的藏书家丁丙《善本书室藏书志》载有:"《樵云独唱诗集》八卷,旧钞本,汪孟慈藏书",其后称"元傅(叶)颙撰……长孙雍编次成帙,有至正甲午自为《前序》者二,庚子自为《后序》者一,不乞序于他人,即寓独唱之意。景泰间颙长孙雍,字邦和,刻于淮阳刑部观政,淮东史敏为序;成化十一年颙曾孙户部尚书琪重刻之,广东左布政使安邱袁凯又序之。此本为□③国初所钞,字颇古逸,有汪喜孙印信一印"。④ 民国时期胡宗楙据汪孟慈所藏旧钞本校锓之《樵云独唱》(辑入《续金华丛书》)卷首有作者二序,一作于至正甲午(1354)九月,一作于至正甲午(1354)十一月,二序撰写时间仅为月份的不同;卷末有一后序,落款为"至正庚子中秋日云颙天民景南叶颙后序"⑤,此本与清抄本当为同一本,皆为汪孟慈所藏本,但史敏《序》和袁凯《序》二序缺之。

对比观之,文渊阁四库本《樵云独唱》是迄今载序数量最少的版本,仅存至正十四年(1354)九月叶颙自撰《序》中的一篇,另一篇同年月《序》以及至正二十年(1360)所作序皆被删除。

---

① 张金吾撰,冯惠民整理:《爱日精庐藏书志》卷三四,中华书局 2012 年版,第 579—581 页。

② 瞿镛编纂,瞿果行标点,瞿凤起覆校:《铁琴铜剑楼藏书目录》卷二二,上海古籍出版社 2000 年版,第 635 页。

③ 按,此处缺字。

④ 丁丙:《善本书室藏书志》卷三四,新北广文书局 1988 年版,第 1687—1688 页。

⑤ 叶颙:《樵云独唱》卷末,《续金华丛书》,民国十三年(1924)永康胡氏梦选楼刊本。

（七）安熙《默庵集》五卷（两淮马裕家藏本）

其门人苏天爵作熙《行状》，称朱子《四书集注》初至北方，滹南王若虚起而辨之，陈天祥益阐其说，熙力与争。天祥遂焚其书。今天祥之书故在，焚之之说虽涉于夸饰，然熙之力崇朱学，固于是可见也。熙殁之后，天爵辑其诗文，而虞集为之序。……天爵《行状》称集十卷，《目录》后熙子塈《附记》亦云"《内集》五卷、《外集》五卷"。此本仅存诗文五卷，附录一卷，或旧本散佚，后人重为编缀欤？①

按：据提要所言，四库本当有虞集《序》、苏天爵《行状》，另有《目录》以及《目录》后安塈（安熙之子）《附记》一篇。今查文渊阁四库本，皆无。提要所述与四库本显然不符。

依提要所述，则《总目》所据版本当为乾嘉年间鲍廷博藏本。今核《元人文集珍本丛刊》所录"蒙隐褐夫抄本"，诗文五卷、附录一卷。卷首有泰定三年（1326）虞集《序》一篇，《目录》五卷，《目录》后有泰定四年（1327）安塈《附记》，题有"前乡贡进士真定路赵州儒学正、门生杨浚民校雠"以及"应奉翰林文字承值郎同制诰兼国史院编修官、门生苏天爵编集"。卷末《附录》一卷，仅有苏天爵《行状》和袁桷《墓志铭》。后有嘉庆十一年（1806）赵辑宁《跋》，称"借得老友鲍渌饮藏本"②，其中"鲍渌饮"即指鲍廷博，则此"蒙隐褐夫抄本"为乾嘉年间鲍廷博所藏。又，傅增湘《藏园群书经眼录》亦著录安熙《默庵安先生文集》五卷，描述称"旧写本，十行二十字。目后有泰定四年男广宁路儒学正塈记十行，又有门生杨浚民氏校雠、苏天爵编集官衔二行。与前校涵芬楼藏本同，不具录。钤有鲍以文三印，'蒋维基印'、'茹古主人'、'文廷式印'各

---

① 纪昀等：《钦定四库全书总目》卷一六六，第2216页。按，此提要标点笔者有作改动。

② 安熙：《默庵安先生文集》卷末，《元人文集珍本丛刊》第5册，台北新文丰出版公司1985年版，第245页。

印"。① 所言"鲍以文",即鲍廷博。对比傅氏所述本与蒙隐褐夫抄本,二者完全一致,甚至版式亦为一致,如"十行二十字""墅《记》十行"等描述,核之,皆同。

今存尚有国家图书馆藏清康熙三十二年(1693)金侃抄本《默庵安先生文集》,前五卷为诗文,卷一为古诗二十七首,卷二为律诗四十二首,卷三为遗文六篇,卷四为遗文十三篇,卷五为遗文二篇记乐府五首,卷六为附录五篇,分别是苏天爵《行状》、袁桷《墓表》及王思廉为其祖安涛所撰《石峰先生墓表》、苏天爵为其父安宋所撰《恕斋先生墓志铭》、王守诚为其弟安煦所撰《素斋先生墓志铭》。此本与鲍廷博所藏"蒙隐褐夫抄本"有所不同,总为六卷,附录为第六卷,而附录亦比鲍本多出后三篇。

《总目》标注来源本为"两淮马裕家藏本",虽不知真实版本为何?但据《总目》所述,其本应为鲍廷博藏本。对比鲍本,四库本的序、跋皆已被删去。

(八)陈镒《午溪集》十卷(编修汪如藻家藏本)

前又载基、旸手柬各一通。基《柬》称其"体制皆佳,而近日应酬之作去其一二,则纯矣"。旸《柬》则称其"篇篇合律而中吕,字字镂金而锵玉"。今观其集,基言为是。②

按:提要称集前有刘基、孙旸手柬各一通,且又征引其内容,言之凿凿。今核文渊阁四库本《午溪集》,集前并无此二通手柬。提要所云与四库本不符。

(九)张宪《玉笥集》十卷(浙江鲍士恭家藏本)

是集卷首有同时杨维桢、周砥、戴良及成化初安成刘钎四序,又孙大雅《玉笥生传》一篇,杨基《玉笥生传书后》一篇。③

---

① 傅增湘:《藏园群书经眼录》卷一五,中华书局 2009 年版,第 1097 页。
② 纪昀等:《钦定四库全书总目》卷一六七,第 2242 页。按,"《柬》"之书名号为笔者所加。
③ 纪昀等:《钦定四库全书总目》卷一六八,第 2249 页。

按:提要称卷首有四篇《序》和《传》二篇,然四库本《玉笥集》卷首仅有刘釪《序》一篇,未载其余三《序》和二《传》。提要所述与库本不符。

(十)钱维①善《江月松风集》十二卷(山东巡抚采进本)

前有陈旅《序》,称其妥适清蒨,娓娓乎有唐人之流风,品题颇当,又有至元五年淳安夏溥《序》,以宋末"四灵"指为晚唐之人,纰谬殊甚。今惟录旅《序》以弁首,溥《序》则削不载焉。②

按:检四库本《江月松风集》,卷首并无一《序》,而提要明言卷首有陈旅《序》,亦未见。提要所述与库本并不一致。

(十一)赵汸《东山存稿》七卷《附录》一卷(内府藏本)

其门人汪荫裒辑遗文为一编,后其门人范准又搜罗补缀,汪仲鲁为之序,但称若干卷,而不详其数,似作《序》时尚未编定也。又有嘉靖戊午鲍志定《序》,称"文集散佚,间辑于汪、范二君而未备也。先翰林于先生为莫逆交,故诸所撰述,留余家藏书楼中,大率悉备。先君子棠野公追念世好,收摭先生遗文,总汇成集,携游北雍。潜川豫庵汪君丞请绣梓"云云。则此本乃志定之父所编,非汪荫、范准之旧也。③

按:依提要所言和所引,卷首当有汪仲鲁《序》和鲍志定《序》二篇。今核文渊阁四库本《东山存稿》,卷首仅有汪《序》一篇,而无鲍《序》。提要描述与四库本所载不一致。

(十二)龚璛《存悔斋稿》一卷《补遗》一卷(浙江鲍士恭家藏本)

所著有《存悔斋诗稿》一卷。明朱存理复辑其佚篇为《补遗》一

---

① 按,浙本《四库全书总目》载为"钱惟善",四库本亦载为"钱惟善"。
② 纪昀等:《钦定四库全书总目》卷一六八,第2251页。按,"《序》"之书名号为笔者所加。
③ 纪昀等:《钦定四库全书总目》卷一六八,第2258页。按,"《序》"之书名号为笔者所加。

卷。其诗稿之末,至正九年开封俞祯《跋》所称"永嘉朱先生"乃别是一人,而佚其名,非即存理也。①

按:提要谓卷末有俞祯《跋》且征引其内容。今检文渊阁四库本《存悔斋稿》,并无俞祯《跋》文,提要所言与四库本不符。

通过全面梳理 169 种元别集提要发现,四库本元别集中出现删除序、跋和附录这一现象者仅有以上 12 例,仅占元别集总量的百分之七。依此比例而言,四库本元别集删序之情况并不严重,换言之,四库本元别集仍留存了大量的序、跋和附录。

三、删除缘由之寻绎

通过考察《总目》所述版本与四库本元别集,可知虽然四库本元别集被删除序跋之程度不甚严重,但馆臣删除序跋之行为却是存在的。那么,馆臣删除序跋的原因是什么? 是出于工作量过于繁重的考虑而删去? 在保留与不保留之间,是"无意"在支配还是"有意"在支配? 这是一个值得探索的话题,因为这一探索将有助于了解《四库全书》的具体编纂细节以及编纂思想。郭伯恭先生亦发现了四库本删序跋问题,他在《四库全书纂修考》中称"说者谓库本多删序跋,或即以此故。实则序或载或不载,或载其一,而遗其二三。漫无标准,亦不能代为解释。要之,无意识而已"。② 他认为"删序跋"属于"无意识"。然而仅就元别集而言,笔者认为此一观点或有待商榷。因为,四库本元别集删除序、跋、附录等内容,并非全是"无意识"而为之。

(一)因数量较多、抄录工作量大而被删减。这种情况一般是被删之序跋不甚重要,或其信息已在保留的序跋中有所体现。如《燕石集》提要谓:"首载至正八年御史台咨浙江行中书省刊行《咨呈》一道,欧阳玄、苏天爵、许有壬、吕思诚、危素五《序》,末附谥议、墓志、祭文、挽诗,又有洪武中何之权、吕荧二

---

① 纪昀等:《钦定四库全书总目》卷一六六,第 2215 页。按,"《跋》"之书名号为笔者所加。
② 郭伯恭:《四库全书编纂考》,岳麓书社 2010 年版,第 219 页。

《跋》,盖犹旧本。"①今核文渊阁四库本《燕石集》,卷首无刊行咨文,《序》则仅保留前三篇、末二篇被删除。盖当元别集序文篇目过多时,位置处于末尾的一二篇可能会被抄录者舍去,以减少作品本身之外的其他抄录工作。

(二)因撰修思想冲突而删之。《江月松风集》提要云:"前有陈旅《序》,称其妥适清蒨,娓娓乎有唐人之流风,品题颇当,又有至元五年淳安夏溥《序》,以宋末'四灵'指为晚唐之人,纰谬殊甚。今惟录旅《序》以弁首,溥《序》则削不载焉。"②提要自述删序的原因是"夏溥《序》以宋末四灵指为晚唐之人,纰谬殊甚"。陆心源《皕宋楼藏书志》存有夏溥《序》,可以之核实提要所言。《序》云:

> 诗工于景物,至晚唐、四灵殆已无可掇拾。皇宋涉于议论,遂谓"议论非唐诗",少陵就□③时事议论亦多耳!论者若置少陵于唐诗外,岂三百篇性情议论者非耶?④

序中所称"四灵"是指南宋末年永嘉四灵诗派,而"晚唐"则是指"晚唐体",一种具有独立特征的唐代末年的诗歌范式和风格,以晚唐贾岛、姚合的诗歌为代表。此二者的共通性是:晚唐诗歌与四灵诗派皆注重细密精工的景物描写;二者的渊源是:南宋末四灵诗派往往崇尚晚唐体及晚唐诗风,故夏溥《序》将二者并论。夏溥所言"晚唐""四灵"显然是两个词,所指为唐末和宋末的诗歌风格,而并非以"四灵"为晚唐之人。馆臣理解有偏差,致曲解夏溥序文之本意。然不解的是,对于谙熟诗歌发展脉络的馆臣们,竟不能准确理解夏溥所论"四灵"和"晚唐"为二种诗歌风格?事实上,删除夏溥《序》,远非断句或者文学审美层面的原因,而是出于更深层的考虑。今观陆心源《皕宋楼藏书志》所载夏溥《序》,其言:

---

① 纪昀等:《钦定四库全书总目》卷一六七,第 2234 页。按,引文中书名号为笔者所加。
② 纪昀等:《钦定四库全书总目》卷一六八,第 2251 页。按,引文中书名号为笔者所加。
③ 按,此处系缺字。
④ 陆心源:《皕宋楼藏书志·续志》卷一〇七,第 11 册,新北广文书局 1991 年版,第 4728 页。

钱思复所作特妙,未尝不议论而不□①于议论,未尝不景物而不晚唐、四灵于景物,亦浣花溪上见白头乱发两耳人耶?②

其中"未尝不议论而不□于议论"有空缺之处。联系前后文,若从语义连贯上和结构上照应后一句中的"晚唐四灵"来补充,则应该为"皇宋"二字。可见,清末陆心源所见夏溥《序》曾因"皇宋"字眼而被人为处理过,只不过前一段引文中"皇宋涉于议论"之"皇宋"二字因疏忽而被留下,遂成蛛丝马迹。结合纂修《四库全书》的高压语境,身为元人的夏溥却远追宋代并尊称"皇宋",是未给予元朝正统之地位,此行实为清代统治者之大忌,故馆臣必删除其人其言以顺圣意。可知,删除此序与该《序》中"未尝不议论而不□于议论"的空缺实为同一原因所致,即"皇宋"字眼有碍。于此而言,夏溥《序》被删实因政治避讳,而并非馆臣所述的原因。

再如耶律楚材《湛然居士集》,提要云"考僧行秀所作《集序》、平水王邻《序》",则四库底本当有僧行秀、王邻二人之原序,但今观文渊阁四库本《湛然居士集》,未载任一篇序跋。此集序跋为何被删除?理由是二《序》文多涉及佛教语。今引僧行秀《序》如下:

湛然居士年二十有七,受显诀于万松。其法忘死生,外身世,毁誉不能动,哀乐不能入。湛然大会其心,精究入神,尽弃宿学,冒寒暑、无昼夜者三年,尽得其道。万松面授衣颂,目之为湛然居士从源。自古宗师,印证公侯,明白四知,无若此者。湛然从是自称嗣法弟子从源。自古公侯,承禀宗师,明白四知,亦无若此者。

万松一日过其门,见执菜根蘸油盐,饭脱粟。万松曰:"子不太俭乎?"曰:"围闭京城,绝粒六十日。"守职如恒,人无知者。以至扈从西征六万余里,历艰险,困行役,而志不少沮;跨昆仑,瞰瀚海,而志

---

① 按,此处系缺字。
② 陆心源:《皕宋楼藏书志·续志》卷一○七,第11册,新北广文书局1991年版,第4728—4729页。

不加大。客问其故。而曰："汪洋法海涵养之力也。"若乃詈圣安而成赞，戏清溪而发机，行九流而止纵横，立三教而废邪伪。外则含弘光大，御侮敌国之雄豪；内则退让谦恭，和好万方之性行。世谓佛法可以治心不可以治国，证之于湛然正心修身家肥国治之明效。吾门显诀，何愧于《大学》之篇哉！湛然尝以此诀忠告心友，时无识者，慨然曰："惟屏山、闲闲可照吾心耳！"噫嘻！虽欲普慈兼济天下后世，末由也已！"

尝和友人诗曰："赠君一句直截处，只要教君能养素。但能死生荣辱哀乐不能羁，存亡进退尽是无生路。"至于"西天三步远，东海一杯深"，老作衲僧，未易及此，使裴公美、张无尽见之，当敛衽焉。盖片言支字出于万化之源，肤浅未臻其奥者，方且索之于声偶锻炼之排，正如检指蒙学对句之牧竖，望涯于少陵诗史者矣。加以志天文以革西历，玩焦桐而赞南风，在燮理为难能，皆湛然之余事。

或谓万松阔论，无乃夸诞乎？曰："王从之、雷晞颜、王禧伯尚不肯屏山、闲闲，形于论辩，万锻炎炉，不停蚊蚋，宜乎子之难信也，吾待来者！千载一人，岂独为子设耶！

甲午年仲冬晦日，万松野老行秀中夜秉烛序。①

《序》中对耶律楚材弃儒从佛的经历所言甚明，故于耶律楚材的佛教徒身份有所塑造。《总目》则是意图凸显耶律楚材的儒者身份，关于馆臣对耶律楚材以儒者身份加以树立的意图，本书第三章第三节已有具体论证，此不赘述，故出于"为贤者讳"的立场，馆臣删除了对耶律楚材儒者身份有消解作用的《序》。

同样，黄溍《文献集》中的张俭《序》被删除，亦是出于"为贤者讳"。据本章第二节对《文献集》版本的考辨结论，可知《总目》著录之黄溍《文献集》乃

———————————

① 耶律楚材著，谢方点校：《湛然居士文集》卷首序，中华书局1986年版，第1—2页。

删节本,此版本的择取已是"为贤者讳"。此本卷首本有张俭《序》,序文明确提出"见凡老释碑版,尽以刊去"①,馆臣将此序删去,不仅能够遮蔽其取"删节本"的行为,还能对黄溍儒者身份的醇正性有所庇护。

(三)因遵从《四库全书》的纂修条例而删之。乾隆皇帝在审阅《四库全书》进呈钞本时,发现宋人李昴英《文溪集》卷首像赞等项"有目无书",于是责问校勘官员。校勘官核实后进奏曰:

> 臣等遵旨,将宋李昴英《文溪集》卷首像赞等项,何以有目无书之处,询问嵇璜。据称:此集卷首既未录入,亦不应存目。皇上万几之暇,一经批阅,即蒙指示,而臣职司校勘,未能详细看出,非一二字讹错可比,实属惶愧无地。惟有仰恳皇上天恩,将臣交部议处。等语。臣等又将此书因何删节之处,传询纂校各员。据称:四库全书集部内像赞行述等项,词多谀滥,无关考核者,拟俱删节,各书皆如此办理。此书卷首各项,例应删去,乃目录内仍行列入,实属疏误。等语。相应请旨将承办此书之提调、覆校、分校各员,一并交部察议。恭候训示。谨奏。②

回奏解释了"无书"(也即删节)产生的缘由,即遵照《四库全书》纂修条例,像、赞等因"词多谀滥,无关考核者"应当删节。这一纂修条例深得乾隆认可:"乾隆四十一年十月初五日奉旨:是。著交部。将来有似此错误者,俱照此办理。钦此。"③又,此圣谕来看,乾隆认为删除序跋附录固然可行,但应保持目录与正文一致,这无疑是要将删除行径的蛛丝马迹彻底清理。由此看来,纂修《四库全书》时删除序、跋、附录等,似乎是乾隆帝与四库馆臣的一种君臣共识,二者合力完成了一场文献的"阉割"运动。郝经《陵川集》的《附录》被

---

① 黄溍:《黄文献公集》卷首《重刻黄文献公集后叙》,中华书局 1985 年版,第 21 页。
② 中国第一历史档案馆:《纂修四库全书档案》三四六,上海古籍出版社 1997 年版,第 546 页。
③ 中国第一历史档案馆:《纂修四库全书档案》三四六,上海古籍出版社 1997 年版,第 546 页。

删即是遵从此条例。《总目》著录"《陵川集》三十九卷《附录》一卷",并描述《陵川集》的版本源流为:"延祐五年,经门人集贤大学士郭贯请以是集与所作《续后汉书》,官为刊版,付待制赵穆、编修官蒲道源等详定。得旨允行。卷首所载江西中书省《札付》《咨文》,盖即其事。后官板散佚,明正德己卯沁水李淑渊重刊于鄂州,陈凤梧序之。康熙乙酉,武进陶自悦守泽州,得李本于州民武氏家,欲锓木未果,仅为制序弁其首。乾隆戊午,凤台王镠始校刊之,而撮诸书之有涉于经者,别为《附录》一卷,缀之于末。其志传、行状、官诰、札咨及元、明人原序,皆仍旧刻冠于首,今所行者,皆镠此本云。"①今核文渊阁四库本《陵川集》,其中并无《附录》一卷。笔者即对其所述各版本进行一一核实,试图肃清《附录》一卷的源流:

其一,为元延祐五年(1318)官刻本(后简称"延祐官本"),卷次不明,依元官方所颁《中书省移江西行省咨文》曰:"今将《陵川文集》并《三国志》,申解前去,乞照验事,省部仰照验,议拟施行。承此具呈照详,得此,除将发到《陵川文集》一十八册,《三国志》三十册,送付编修官蒲道源等考校。"②仅可知有《陵川文集》一十八册。今不见此本。

其二,为明正德二年(1507)沁水李叔渊刻本(后简称"正德李本"),其刊刻底本为阁本。据正德二年(1507)刘龙所撰《新刻陵川文集序》:"龙垂髫时即慕先生名,仅闻其诗一二,求全集不得者,数年而未置也。迢承乏史职,宪副沁水李公叔渊笃学好古,凡先达制作有未显者,辄为表章,亦以是属龙,始获抄诸阁本。及公转湖广宪使,遂付诸梓,龙得校而序之。"③其中"阁本",即"延祐官本"。又据康熙年间搜访《陵川文集》意欲重刻的陶自悦《序》言:"其文集三十九卷,曾一刻于元,迨明武宗朝,沁水李司农叔渊官

---

① 纪昀等:《钦定四库全书总目》卷一六六《陵川集》提要,第2202页。按,《札付》《咨文》《附录》书名号为笔者所加。
② 郝经撰,秦雪清点校:《郝文忠公陵川文集》卷首,山西人民出版社2006年版,第6页。
③ 郝经:《郝文忠公陵川文集》卷首,《北京图书馆古籍珍本丛刊本》第91册,书目文献出版社1986年版,第458页。

楚,复镂诸板,江右陈司空文鸣为之序,其本行于北,东南学士罕藏之。"①则此本为三十九卷。今阅《北京图书馆古籍珍本丛刊》所存《郝文忠公陵川文集》三十九卷首一卷,据"正德二年沁水李瀚刻本"影印,卷首包括元延祐四年李之绍《序》、正德二年刘龙《序》和陈凤梧《序》、元延祐五年官印《陵川文集》的《札付》和《咨文》、元人卢挚《元故翰林侍读学士国信使郝公神道碑铭》、元人阎复《元故翰林侍读学士国信使郝公墓志铭》、其门人苟宗道《元故翰林侍读学士国信使郝公行状》以及元大德延祐间四则封赠;接着按文体所编的目录,共列三十九卷,卷一为赋、卷二至卷七为古诗、卷八至卷十二为歌诗,卷十三至卷十四为律诗,卷十五为绝句,卷十六至卷三十九为各种体裁的文;卷末亦有元延祐五年(1318)冯良佐所作《后序》。

其三,为康熙年间陶自悦未刻本(后简称"康熙未刻本")。陶自悦《序》云:"余愿见既久,购不获。会移知泽州,岁乙酉纂修郡志,遍搜,得李刻全册于陵,大喜逾望,惜鲁鱼漫漶。访他邑,又见一前本似初刷者,颇明晰,较其可知,馀则姑付阙如。"②序中所言"李刻全册"即正德二年李叔渊刊本,然此本刊刻错误漫漶;"前本"即为"正德李本"的初次印刷本,品相较好,则陶自悦所据为"正德李本"。乾隆三年(1738)朱樟《序》中提及"欲为重锓,仅冠以序,未遂其志"③,可知此本终未付刊印。

其四,为清乾隆三年凤台王镠刻本(后简称"乾隆王本")。乾隆三年(1738)钱塘朱樟《序》:"甲寅春,来守濩泽,知为郡之先贤,访其遗集,罕有知者。在郡三年,仅于陵川诸生武氏得其藏本,家已世守,不轻假人。爰效古人抄书之例,随阅随录,始得全书……后松坪王少司空,郡之乡先哲也。勤求掌故,有志重刊;会

---

① 郝经:《陵川集》卷首,《景印文渊阁四库全书本》第1192册,第4页。
② 郝经:《陵川集》卷首,《景印文渊阁四库全书》第1192册,第4页。
③ 郝经撰,秦雪清点校:《郝文忠公陵川文集》卷首,山西人民出版社2006年版,第1—2页。

督饷秦川,亦未竟其事。今其令嗣涵紫,好学稽古,承先人志,付诸梨枣,阅三月而告竣。哀然成帙,问序于余。"①序中"王涵紫",乃王镠。又乾隆五十九年(1794)朱樟曾孙朱镛《序》曰:"会乡先生涵紫王公,以旧版漫漶,检其残缺,序其巅末,重授梓人氏;且恳先曾伯祖,弁言于端。是文集一版,先曾伯祖曾几费心血,罢官后携以俱南。"②可知,是本为朱樟得"陵川诸生武氏"藏本。据朱樟《序》言"武进艾圃陶先生曾牧是邦,亦录是集去"③,"武进艾圃陶先生"即陶自悦,则朱樟所录底本为陵川武氏藏本,也即陶自悦所言"李刻全册"。因此,"乾隆王本"是以"正德李本"为底本,而在编排上略有不同。此本集名为《郝文忠公陵川文集》三十九卷《卷首》一卷《附录》一卷(今藏国家图书馆),《卷首》一卷包括元、明、清人序文,另有志传、行状、官诰、札咨等,《附录》一卷收录"诸书之有涉于经者",收录涉及郝经本人及其父兄的诗文、题跋、序文、逸闻笔记等十四篇,集末有元人冯良佐的《后序》以及清乾隆三年高都王镠《跋》。

对照各版本情况可知,郝经《郝文忠公陵川集》三十九卷底本为元延祐五年官刻本,至明正德二年李叔渊再刻,再至清乾隆三年王镠复刻,这三版实属一个版本系统。正德李本翻刻时在卷首增添了更多序文,乾隆王本又在卷末收录了更多关乎郝经的相关资料,使得《郝文忠公陵川集》三十九卷卷首一卷附录一卷得以成形。《附录》一卷盖自"乾隆王本"始。

今检文渊阁四库本《陵川集》三十九卷《附录》一卷,卷首序二篇,分别为明正德二年陈凤梧《序》和清康熙间陶自悦《序》,另有延祐五年官发《札付》《咨文》各一篇,无其志传、行状、官诰等文,亦无元人序文,其后亦无卷次目录,卷末无《附录》一卷,即未见关涉郝经其人的文章。既然《总目》称其所著录为"乾隆王本",那么《卷首》一卷、《附录》一卷为何不见于四库本中?再对

① 郝经撰,秦雪清点校:《郝文忠公陵川文集》卷首,山西人民出版社 2006 年版,第 1—2 页。
② 郝经撰,秦雪清点校:《郝文忠公陵川文集》卷首,山西人民出版社 2006 年版,第 2 页。
③ 郝经撰,秦雪清点校:《郝文忠公陵川文集》卷首,山西人民出版社 2006 年版,第 1 页。

比定稿早于《文渊阁四库全书》的《摛藻堂四库全书荟要》,其收录之《陵川集》三十九卷《附录》一卷,卷首虽亦无序,仅有目录分列三十九卷之文体、《陵川集》提要一则、《陵川集札付》一则,但是《附录》一卷却是存在的,收录"诸书之有涉于经者",包括郝经本人及其父兄的诗文、题跋、序文、逸闻笔记等共十四篇,此不详列。以上种种皆说明四库本《陵川集》的《附录》一卷实被馆臣依照相关纂修条例而删除了。

目前学界对于四库本保留原序的情况基本持消极态度,而其主要依据是官方文献记载,如乾隆与馆臣之对话(奏议)等,而其基本逻辑则是:既是皇帝命令,馆臣定会遵从皇帝圣谕而将《四库全书》集部大量像赞、序题等"无关考核"的内容删除,故四库本将会缺失大量序跋。这一逻辑似乎成立,然而四库本的实际情况却并非如此。今观四库本元别集,仍存在大量的像赞、家谱和碑文,多以附录形式存在。如对于气节人格之记载,多不予删除,如郑玉《师山文集》后之《附录》收录《元史忠义传》、汪克宽《行状》《宣命》、赵汸《贺郑子美受诏命书》、徐大年《贺郑子美被征命起》《御酒师山燕诸生致语》、赵汸《送郑征君应诏入翰林诗序》、余阙《与子美先生书》三篇、汪彬《与子美先生帖》、徐大年《与郑子美先生论春秋阙疑书》、唐筠轩《寄郑子美》二首及《题郑子美师山精舍》、陈旅《郑君子美倒骑驴图》、王仲履《送子美入黄山读书》等等,数量相当可观;再如戴良《九灵山房集》共三十卷,而卷三十实际为《九灵先生画像赞》十九篇。对于表彰儒者风范之作,多不予删除,如柳贯《待制集》末列有《外编附录》一卷,载有戴表元《送柳道传赴江山序》、程汝器《祭文》、郑太和《祭文》、戴良《祭文》、戴暄《祭文》、戴良《五贤祠待制柳公赞》《自赞》(蜀山静俭翁)、韩性《赞》、宋濂《赞》、苏伯衡《赞》、宋濂《行状》、宋濂《墓碑铭》、宋濂《墓碑》、黄溍《墓表》、戴良《墓表碑阴记》、宋濂《谥议》、宋濂《待制集后记》),多是像赞、墓碑、祭文、行状、谥议;再如吴景奎《药房樵唱》末有附录一卷,载有其子吴履《故处士吴公行述》,黄溍《故处士吴君墓志铭》,张顺祖《吴文可传》,叶仪述、唐怀德、范祖幹、苏伯衡、吴沉所作《哀辞》五篇,正德四年岁次己巳秋八月望赐进士工部营缮司员外郎六世族孙吴禧《题识》,皆为行状、哀辞之类。对于记录官吏显赫政绩之作,多不予删除,如卢琦《圭峰集》卷末附录吴鑑《行实》、陈忠《卢平阳哀辞》、林以顺《永春平贼记》《恭人陈氏圹志》、孙伯延《立斋卢先生文集后语》,《附录》内容对元代"良吏"卢琦的政事记载翔实周全,大有"以文存人"之意图。

四库本元别集中序、跋、附录的大量保留,说明了一个事实:馆臣并未能严格执行《四库全书》纂修条例。从元别集所存序、跋、附录来看,所留者皆非"词多谀滥,无关考核者",反而是"有裨世教""可资考核"者,如气节表彰、儒者表彰、政绩表彰等等,以此而言,馆臣执行修纂条例时又是区别对待的且另有考量的。

综上分析,尽管乾隆和馆臣有删节序、跋、像赞等共识,但今将《总目》所述与文渊阁四库本元别集对照观之,整体而言四库本元别集删除序跋的情况并不严重。对于四库本元别集的文献保存价值,亦不能仅作消极看待,而应从整体上加以肯定。当然,馆臣删除元别集序跋之行为是确实存在的,其中抄录员意图省事而删节者有之,馆臣出于各种考量而删节者亦有之。馆臣之删,通常是遵循纂修条例而删,然纂修条例实又是《四库全书》纂修观念的体现。因此,当大量序、跋、像赞等有"有裨世教""可资考核"的价值时,馆臣并未进行规模的删节,而是将其保存和抄录下来,使其得以流传。

以上从版本采源与馆臣视野、《总目》所述版本和所著录版本的辨证以及《总目》所述版本观照下的四库本删序现象这三个方面对《总目》元别集提要的版本问题展开了探究。究其关系,版本采源与馆臣视野是展开版本研究的基础,《总目》所述版本和著录版本的考辨是版本研究的主体,而《总目》观照下的四库本删序现象是版本研究的现象型案例,三者相辅相成,互为补充印证。

通过第一方面的探索,可知尽管《总目》的版本视野可谓前所未有的广阔和宏大,但囿于地方呈送的元别集是非全视野的、辑录永乐大典本元别集的标准的限定性、内阁所藏元别集的未被充实,再加之馆臣采录时的或盲目或疏忽,《总目》所呈现的元别集版本仍存在诸多不足之处。而这一事实,正是第二个方面赖以展开的前提和基础。通过第二方面的考辨可发现,《总目》元别集提要的版本问题有四:第一,《总目》著录之元别集中存在"所取非善本"的现象;第二,四库本可能是《总目》所述版本与著录版本之外的新版本,或《总目》所述版本根本不存在;第三,《总目》描述版本时有"混淆版本"的现象;第四,《总目》在描述版本时常常会衍生出讹误。这些问题几乎都与版本视野相关,当然也与官学意识形态干预、《总目》信息更新而库本元别集未能及时更改等因素有关。删序、跋、附录等是四库本与四库底本版本不符的重要原因之一,这也是研究元别集版本当重点关注的问题。通过第三方面的探究可发现,四库本元别集虽存在一定程度的删序现象,但并非主要倾向,这说明删序并非四库本与四库底本分歧的关键原因,二者的分歧主要还在于各自所据版本本身的差异。此一观点或可为理解《总目》元别集提要中出现的种种问题提供了一种新的角度。总而言之,因采源不足、视野局限、四库底本与四库本各自为政、官学意识形态干预等因素,《总目》所述版本和著录版本仍有待进一步完善。然而《四库全书》乃鸿篇巨制,包举宏纤,类目繁多,工程浩大,故于元别集的整理难免出现一定程度的疏误和遗漏;加之有明一代对元代文献的疏于总结,如《元史》缺失《艺文志》等,致文献未能得到较好的保存;直至清初元代文献的整理方才得到重视,而清中期纂修《四库全书》便已蔚为大观。因此,元别集的搜罗、辑补和完善优化,在纂修《总目》时已成为高峰,但终究不能仅赖《总目》而"毕其功于一役"。

第三章 《四库全书总目》元别集提要之征引研究

《总目》提要并非全为馆臣的独创性写作,准确地说,它是一则一则的微考证,通过援引各种类型的材料以考证某一事实、论证某一观点,这充分体现了乾嘉学术的考据精神。而这种考据性的写作是由两种话语组成,一种是他引,广泛征引文献,一种是自撰,由征引而进行论述并作出结论。而在乾嘉学术力求有理有据、凭"材料说话"的写作模式中,"他引"无疑具有决定性的话语权和导向力。在浩如烟海的文献中,征引何者?或不征引何者?这是一个考量著者撰写客观与否的重要角度。故本章试图在对征引情况的归纳统计、分项探究中去寻绎隐藏在《总目》元人别集提要背后的征引意图、征引策略以及征引思想。

第一节 《总目》元别集提要的征引概况

相对于其他朝代文人别集提要而言,《总目》元人别集提要征引文献有其自身的独特性。本节先从征引类别、征引方式和征引内容三方面进行考察:

从征引类别看,征引频率最高者是序、跋、墓志、行状等,《元史》次之,《元诗选》又次之。具体情况如下:序跋、墓志、行状70处,宋濂《元史》48处,顾嗣立《元诗选》34处,张廷玉《明史》25处,方志20处,焦竑《国史经籍志》18处,王士祯《池北偶谈》《居易录》《香祖笔记》《皇华纪闻》共16处,杨士奇《文渊阁书目》10处,瞿祐《归田诗话》8处,陶宗仪《南村辍耕录》7处,黄虞稷《千顷堂书目》6处,叶盛《水东日记》4处、《菉竹堂书目》2处,曹安《谰言长语》2处,刘祁《归潜志》2处。必须指出的是:这一统计并不能代表《总目》的真实征引状况,因为序、跋、墓志、行状属于一个文献群体,故其频率高亦属合理。另外,《总目》对《元诗选》的征引有一部分属于隐性征引,故《元诗选》的实际征引频率,当远远高出统计之数。若从征引涉及内容以及《总目》信任度来说,《元诗选》实属当之无愧的主文献。又,从单一文献引用率而言,《元史》与《元诗选》一样也是《总目》征引的主文献之一。

从征引方式看,分为显性引用和隐性直录。显性引用是指馆臣在撰写元人别集提要时明确标识文献出处并加以引证或反驳。隐性直录指对文献表述进行全貌直引而不言出处,这种引用巧妙地消融"他者"表述与观念于提要文字之中而不露声色。显性引用属于通常状态,且比较显著,如征引《元史》时明确标明"事迹具《元史》本传",征引《文渊阁书目》时明确注明"《文渊阁书目》载",征引序文时引为某某"序云"等等。而隐性直录则属于特殊状态,由于其隐蔽性而较难发现,这种情况主要体现在对《元诗选》的征引中。以《元诗选》为例,隐性直录大致可分为两种情形:一类是对小传文字表述或所选诗歌附注评论的小字部分原貌直录,一类是文献视野借鉴。先看第一类,以钱惟善《江月松风集》提要为例,将其与顾嗣立《元诗选初集》"钱惟善"小传对比如下:

顾嗣立《元诗选初集》辛集"钱惟善"小传	钱维①善《江月松风集》十二卷（山东巡抚采进本）
惟善，字思复，**（1）钱塘人。领至正辛巳乡荐，官至副提举。张氏据吴，退隐吴江之简川，又移居华亭，明洪武初卒。思复长于毛氏诗学，强记而多才。（2）**乡试时，以《罗刹江赋》命题，锁院三千人，不知罗刹江之为曲江也。思复引枚乘《七发》为据，其首句云："惟罗刹之巨江兮，实发源于太末。"大为主司所称，由是知名。号"曲江居士"，又自号"心白道人"。所著《江月松风集》，**（3）陈众仲为之序，谓当壮盛之年，未尝有纷华之悦。观其为诗，妥适清蒨，娓娓乎有唐人之流风焉。**思复与杨廉夫倡和有句云："笠泽水寒鱼尾赤，洞庭霜落树头红。"又云："汉史丁公那及齿，陶诗甲子不书元。"盖有感而言之也。 　附注：**（4）**钱思复《江月松风集》十二卷，焦澹园《经籍志》不载，钱牧斋《列朝诗集》录思复诗九首，得之赖良《大雅集》所载者而已。练川陆子垂家藏思复手书诗集，后归于秀州曹倦圃，友人金亦陶钞得之，合之甫里许氏所藏，与陆氏原本无异。倦圃云：余家藏元人真迹有思复诗，乃知《江月松风集》尚多遗佚。思复以书名卷册流传人间者，随见当补入也。②	维善字思复，自号"心白道人"，**（1）钱塘人。领至正元年乡荐，官至儒学副提举。张士诚据吴，退隐吴江之简川，又移居华亭。明洪武初卒。（2）**维善初应乡试时，题曰"罗刹江赋"，锁院三千人，不知所出。独维善引枚乘《七发》证钱塘之曲江即罗刹江，大为主司所称，由是知名。其作《西湖竹枝词》乃称断桥曰"段家桥"，为瞿宗范所讥，并见瞿宗吉《归田诗话》。然考证之疏密，与吟咏之工拙，各自一事，不以地理之偶误，病及其诗也。其集在明不甚显，**（4）**故焦竑撰《国史经籍志》收元人诗集颇夥，而维善所作不著录，其传于世者惟赖良《大雅集》所录诗九首而已。此本初为维善手书，真迹藏于练川陆氏家，后归嘉兴曹溶。康熙中，金侃于溶家抄得，又以甫里许氏藏本较其异同，始行于世。顾嗣立《元诗选》所录，即据此本采入者也。**（3）**前有陈旅《序》，称其妥适清蒨，娓娓乎有唐人之流风，品题颇当，又有至元五年淳安夏溥《序》，以宋末"四灵"指为晚唐之人，纰谬殊甚。今惟录旅《序》以弁首，溥《序》则削不载焉。③

　　表格显示，二者一一对应的相似处一共有四（字体加粗处）：第（1）和（2）处，《总目》关于文人爵里、生卒、事迹的表述与《元诗选》完全一致；第（3）和（4）处，包括评论性序文的引用和别集版本的梳理，二者虽表述略有出入，但内容的摘选却是一致的。在一则提要小篇幅的表述中，《总目》对《元诗选》的隐性直录便占据了大部分内容，这些直录的文字《总目》或原文照抄，或略作改动，遂完全消融在自身的表达中而丝毫无违和感。值得注意的是，隐性征引一方面体现出

①　按，殿本《总目》为"钱维善"，浙本《总目》及其他本皆为"钱惟善"，1997年中华书局出版的《钦定四库全书总目》取殿本为底本，故为"钱维善"。
②　顾嗣立：《元诗选初集》辛集，中华书局1987年版，第2268页。
③　纪昀等：《钦定四库全书总目》卷一六八，第2251页。按，"旅《序》""溥《序》"之书名号为笔者所加。

馆臣直录二手资料的隐藏心理,而另一方面却透露出一种征引策略,即隐性直录对象多为一些不够显赫文人的提要,即其在元代文学史中并非领袖人物或代表人物,而对于像馆臣认为具有文学史地位的如虞集、杨维桢等,《总目》却是不征引《元诗选》的,盖因其元代文学观与《元诗选》有分歧所致。再看第二类,以《牧庵文集》提要为例,其云:"张养浩作是集序,称其'才驱气驾,纵横开合,纪律惟意','如古勃将率市人战,鼓行六合,无敌不北。'柳贯作燧谥议,称其'典册之雅奥,诏令之深醇,抉去浮靡,一返古辙,而铭、志、箴、颂,雄伟光洁,家传人诵,莫得而掩。'虽不免同时推奖之词,然宋濂撰《元史》称其文'闳肆该洽,豪而不宕,刚而不厉,春容盛大,有西汉风,宋末弊习为之一变。'"①其中征引了张养浩所撰《序》、柳贯所作《谥议》以及宋濂《元史·姚燧传》。顾嗣立《元诗选二集》曰"牧庵为文,闳肆该洽,豪而不宕,刚而不厉,春容盛大,有西汉风。宋末弊习,为之一变。济南张养浩序其集曰:公才驱气驾,纵横开阖,纪律惟意,约要于烦,出奇于腐,江海驶而蛟龙拿,风霆薄而元气溢。"②所取信息亦为宋濂《元史·姚燧传》和张养浩所撰《序》。而张养浩《牧庵姚文公文集序》原文为:"惟公才驱气驾,纵横开阖,纪律惟意。其大略如古劲将率市人战,彼虽素不我习,一号令之,则鼓行六合,所向风从,无敌不北……约要于繁,出奇于腐,江海驶而蛟龙拿,风霆薄而元气溢。"③对照加点文字,虽然《总目》与《元诗选》对张养浩《序》的选取略有出入,所秉持的观点亦不同,但对文献来源的借鉴却是重合的。类似的在文献视野方面的借鉴现象,《安雅堂集》提要中亦有之。

从征引内容看,《总目》别集提要的撰写大致包括四个要素:作家生平履历、别集描述、别集版本考证、别集及文人评价。仍以《元诗选》为例,笔者便依此对《总目》元人别集三卷④提要中的显性引用进行了分卷统计,《总目》对

① 纪昀等:《钦定四库全书总目》卷一六六,第2217页。按,引文中引号的使用有所调整。
② 顾嗣立:《元诗选二集》乙集,中华书局1987年版,第187页。
③ 张养浩:《归田类稿》卷三,《景印文渊阁四库全书》第1192册,第497页。
④ 按,卷一六六、一六七、一六八,大体按时间顺序归类,如卷一六六为元初文人(含金、宋遗民),卷一六八元末文人(含元遗民)。

顾嗣立《元诗选》的显性引用一共有 34 则。分类归纳之,有关别集与版本参考 20 则、作者生平质疑 8 则、诗文观念批评 8 则,具体为:卷一六六共 10 则,其中关于别集与版本参考 4 则、作者生平质疑 4 则、诗文观念批评 3 则;卷一六七共 10 则,其中关于别集版本参考 6 则、作者生平质疑 1 则、诗文观念批评 3 则;卷一六八共 14 则,其中版本参考 10 则、作者生平质疑 3 则、诗文观念批评 2 则。观之,《总目》元人别集提要对《元诗选》的显性引用基本涉及提要撰写的各个要素,然而《总目》毕竟是一部以文献为第一性征的著作,故别集状貌以及别集版本的考辨和梳理成为其参照的首要内容。以此推之,《总目》对其他文献的征引亦不外乎此态度。

把握元别集提要的征引类别、征引方式和征引内容后,不难知晓文献征引实为元别集提要的一个重要组成部分,馆臣在征引上的用心亦不可忽视,故对文献征引之考察,不失为进入《总目》思想和学术的重要门径。以下拟从三个角度对元人别集提要的文献征引进行考察:第一种是历史性文献,如《元史》,其特点主要是具有正统身份,而其缺点在其修撰之粗劣;第二种是文学性文献,如《元诗选》,其特点是内容面面俱到,而其缺点亦在夸饰之嫌;第三种是原初性文献,行状、墓志铭、墓表、序、跋等,这类文献距离文人生活以及文集刊印的时间最近,故具有真实性,而其缺点则是有夸赞过誉之嫌。

第二节 《元史》:循其"名",失其"实"

《总目》元别集著录书共 163 家 169 种,相关提要言及"《元史》"者共计 60 次①。其中与《元史》所载之作家重合者共有 58 家,征引《元史》内容者 48

---

① 按,以"《元史》不为立传""史称""史传""《元史》""事迹具《元史》本传"等关键词统计所得。

家①,未征引者 10 家;存目书 35 家 36 种,仅 1 家提及《元史》。就著录书而言,《总目》元别集提要对《元史》的引用率高达 80%。今以此有内容征引的48 家为例展开探究,发现《总目》元别集提要引用《元史》时呈现出明显的"校写草率""误读原意""借以正名"等多种现象。

一、校写草率,生发讹误

《总目》元别集提要虽对《元史》的征引频率最高,但其征引态度却不甚严谨。尽管纂修过程中少不了校雠环节,但提要中有关征引《元史》的内容却仍讹误频生,有些甚至荒谬至极,而这些往往是疏于核实所致。

有时提要称此人《元史》无传,而《元史》明确有载。陈孚所作《观光稿》,其提要称:"考孚《元史》无传,其出使始末乃载《梁曾传》中。其时陈世燨不出郊迎,又不延使自阳明中门入。孚作三书责之,辞直气壮,迄不辱命。然传不载其书词,此卷亦足补史阙也。"②其中"考孚《元史》无传,其出使始末,乃载《梁曾传》中",误。今检《元史》列传,实有"陈孚"传,入"儒学二"类目。而出使安南的始末,《元史》"陈孚"传载:"二十九年,世祖命梁曾以吏部尚书再使安南,选南士为介,朝臣荐孚博学有气节,调翰林国史院编修官,摄礼部郎中,为曾副。陛辞,赐五品服,佩金符以行。三十年正月,至安南,世子陈日燇以忧制不出郊,遣陪臣来迎,又不由阳明中门入,曾与孚回馆,致书诘日燇以不庭之罪,且责日燇当出郊迎诏,及讲新朝尚右之礼,往复三书,宣布天子威德,辞直气壮,皆孚笔也。其所赠,孚悉却之。详见《梁曾传》中。"③其中所述出使安南,关乎陈孚本人之事已然叙述完备,而《梁曾传》虽亦有载,但主要以梁曾行事为叙述对象。又,文渊阁库书提要载为:"《陈刚中诗集》三卷附录一卷。元

---

① 按,元人别集中标注经、史、子部"已著录"之信息,亦纳入此考察范围。因为前部之"已著录",只是信息位置的转移,但仍构成元人别集提要的组成部分。

② 纪昀等:《钦定四库全书总目》卷一六六,第 2219 页。

③ 宋濂等:《元史》卷一九〇,中华书局 2000 年版,第 2900 页。

陈孚撰。孚字刚中,天台临海人,历官奉直大夫台州路总管府治中。事迹具《元史》本传。"①已明言《元史》本传有载。何以定稿时间在前的文渊阁库书提要有正确陈述,而定稿时间在后的《总目》却反称"《元史》无传"呢? 盖因提要经过层层书写,至《总目》环节时,原材料已然面目全非,而纪昀仅据二手信息隔空定论,自不免疏忽失真。而最终定稿时又未曾核之《元史》,这说明《总目》核定仍有失之草率之处。

有时提要依据别集篇目而断言《元史》未载某事,然却实有。如刘敏中《中庵集》,提要称:"集中有《星变奏议》、《皇庆改元奏议》,则为本传所未及,盖史佚之。"②此言有误。今文渊阁四库本《中庵集》中《星变奏议》③原文云:"钦奉圣旨以恒旸、暴风、星芒之变,同御史台集贤翰林院会议者,切惟事有本末,政有先后,今摭其本与先者言之,其略有五:一曰畏天,二曰敬祖,三曰清心,四曰持体,五曰更化,具列于后"④,后则分列五条具体展开。不止如此,五条之后又再增列二条,记曰:"又二事,窃闻今之议者,皆曰实惠不能及民,钦惟圣天子即位以来,诏令频下,未尝不以崇本抑末,兴利除害,恤孤赈乏为务,实惠至矣。然且云尔者,有司不能奉宣德意而有以格之耳。其甚者有二,事列于后。一察吏治……一除民患……"⑤《星变奏议》前后一共奏有七事。而《元史》"刘敏中"传云:"诏公卿集议弭灾之道,敏中疏列七事,帝嘉纳焉。"⑥所谓"弭灾之道"的"灾",正是星变即"恒旸、暴风、星芒之变"预示之灾难。而"敏中疏列七事",正与《星变奏议》七事合。可见,《元史》"刘敏中"传实载有《星变奏议》之事,提要因未细核第一手材料而致判断失误。

有时提要征引《元史》,在原初提要时便出现表述之误,但《总目》却仍

① 陈孚:《陈刚中诗集》卷首库书提要,《景印文渊阁四库全书》第 1202 册,第 613 页。
② 纪昀等:《钦定四库全书总目》卷一六七,第 2225 页。
③ 按,清抄本《中庵集》卷一五载为《翰林院议事》,标题不同而内容一致。
④ 刘敏中:《中庵集》卷七,《景印文渊阁四库全书》第 1206 册,第 50 页。
⑤ 刘敏中:《中庵集》卷七,《景印文渊阁四库全书》第 1206 册,第 52—53 页。
⑥ 宋濂等:《元史》卷一七八,中华书局 2000 年版,第 2765 页。

旧沿袭之,未予纠正。《雪楼集》提要云:"其《顺宗谥册》诸篇,宋濂等采入《元史》。"①其中"《顺宗谥册》诸篇",当指程钜夫所撰《顺宗皇帝上尊谥册文》《皇后玉册文》(注:皇庆二年二月)《皇太后加上尊号玉册文》等诸篇册文。"采"即选取、采用之意,此"采"与史学家班固所言"司马迁据《左氏》、《国语》,采《世本》、《战国策》,述《楚汉春秋》,接其后事,讫于大天汉"②中的"采",为同一意思。而对于撰写史书而言,"采"文献的情况大致有二:或是取其事件内容;或是取其文字表述。

今以提要所举《顺宗谥册》为例,探究《元史》"顺宗"传究竟是否"采"程钜夫《顺宗皇帝上尊谥册文》之内容或表述。以下列表对比之:

《元史》"顺宗"传	程钜夫《顺宗皇帝上尊谥册文》
顺宗昭圣衍孝皇帝,讳答剌麻八剌,裕宗第二子也。母曰徽仁裕圣皇后,弘吉剌氏。至元初,裕宗为燕王,答剌麻八剌生于燕邸。明年,诏裕宗居潮河。八月,召至京师。凡乘舆巡幸及岁时朝贺,未尝不侍裕宗以行。稍长,世祖赐女侍郭氏,其后乃纳弘吉剌氏为妃。二十二年,裕宗薨,答剌麻八剌以皇孙钟爱,两宫优其出阁之礼。二十八年,始诏出镇怀州,以侍卫都指挥使梭都、尚书王倚从行,至赵州,从卒有伐民桑枣者,民遮诉于道,答剌麻八剌怒,杖从卒以惩众,遣王倚入奏,世祖大悦。未至,以疾召还。明年春,世祖北幸,留治疾京师,越两月而薨,年二十有九。子三人:长曰阿木哥,封魏王,郭出也;妃所生者曰海山,是为武宗;曰爱育黎拔力八达,是为仁宗。大德十一年秋,武宗即位,追谥曰昭圣衍孝皇帝,庙号顺宗,祔享太庙。③	臣闻:显亲所以为子,追远所以厚民。矧必百世祀而位弗隆,为天子父而养弗逮。流光积庆,爰集眇躬。亦既践阼,而缵先猷。是宜称秩而跻庙祐,以循彝典,以达纯诚。钦惟皇考皇帝,渊穆有容,神明莫测。文孙文子,钟至爱于两宫;宜君宜王,膺具瞻于四海。当璧之祥未卜,弃扆之迹已遥。兴言欲报之恩,昊天罔极;对越有成之命,夙夜惟寅。昭哉玄德之升,圣矣生知之异。衍莫衍于昌后嗣而有天下,孝莫孝于配前烈而茂本支。念兹继体之初,实切终身之慕。谨遣摄太尉某奉册宝,上尊谥曰昭圣衍孝皇帝,庙号顺宗。伏惟明明,降监序于祖宗。攸跻攸宁,永锡祚胤,谨言。④

---

① 纪昀等:《钦定四库全书总目》卷一六六,第 2218 页。
② 班固:《汉书》卷六二,中华书局 2000 年版,第 2070 页。
③ 宋濂等:《元史》卷一一五"后妃一",中华书局 2000 年版,第 1908 页。
④ 程钜夫:《雪楼集》卷一,《景印文渊阁四库全书》第 1202 册,第 7 页。

将《元史》"顺宗"传与程钜夫《顺宗皇帝上尊谥册文》全文对比,发现从事件内容上看,前者事件更为丰富和详实,而后者通篇为笼统褒赞之语,无涉具体事件的陈述;从文字表述上看,二者的文字自成风格和系统,表述并无完全重复之处。而二者唯一有可能关联之处,便是谥号"昭圣衍孝皇帝"和庙号"顺宗"相同。问题是,《元史》"顺宗"传末尾"追谥曰昭圣衍孝皇帝,庙号顺宗,祔享太庙"这一表述,是否如《总目》所云是取自程钜夫《顺宗皇帝上尊谥册文》? 难道谥号和庙号是仅赖程钜夫《顺宗皇帝上尊谥册文》才可明确? 按照中国古代帝王谥号和庙号的产生原则,古代帝王、诸侯、卿大夫、高官大臣等死后,朝廷根据他们的生平行为给予一种称号以褒贬善恶,称为谥或谥号。庙号,是指皇帝在庙中被供奉时所称呼的名号,起源于重视祭祀与敬拜的商朝。帝王的谥号和庙号一般由礼官或礼部集议而定。也就是说,谥号和庙号是官方所定,帝王实录等文献中通常都会书面记载。具体就"顺宗"的谥号和庙号而言,其是由元武宗朝诸位要臣集体商议而定。《元史》卷二二"武宗一"所记甚明:"(大德十一年)六月……丁酉,中书右丞相哈剌哈孙答剌罕、左丞相塔剌海言:'臣等与翰林、集贤、太常老臣集议:皇帝嗣登宝位,诏追尊皇考为皇帝,皇考大行皇帝同母兄也,大行皇帝祔庙之礼尚未举行,二帝神主依兄弟次序祔庙为宜。今拟请谥皇考昭圣衍孝皇帝,庙号顺宗。'"[①]而程钜夫所撰《顺宗皇帝上尊谥册文》不过是以君王口吻书写的一份官方公文而已,其对谥号和庙号的记载,虽有权威性但并非唯一性。在此,需要补充的是,以上提及的"顺宗"并不是元王朝之登基皇帝,而是元武宗和元仁宗之父,其人早亡。其子武宗和仁宗先后即位元代帝王,便开始追封其父其母,并为其修实录。今谢贵安《中国已佚实录研究》一书中对《元顺宗实录》的成书过程和时间已有详细考证,该书据《元史》和《资治通鉴后编》所载,称"武宗于至大元年(1308)三月乙卯命国史院为其父修纂《顺宗实录》"[②],"仁宗皇庆元年(1312)十月戊

---

① 宋濂等:《元史》卷二二"武宗一",中华书局2000年版,第325页。
② 谢贵安:《中国已佚实录研究》,上海古籍出版社2013年版,第399页。

子,顺宗、成宗、武宗三帝实录已经修完进呈",而三朝《实录》的修撰实由程钜夫主持,进书时程钜夫撰有《进三朝实录表》①。可见,《元顺宗实录》在元仁宗时已修撰完毕,故元顺宗的生平事迹是有《实录》可查的,虽此书今已佚失。但它的存在说明元顺宗的生平信息并非仅赖程钜夫《册文》所记载。观迄今为止的所有元代断代史书,如清康熙朝邵远平《元史类编》、清末魏源《元史新编》和曾廉《元书》,民国柯劭忞《新元史》等,对"顺宗传"的书写皆未能出《元史》之右,可见尽管后世对《元史》批评不断,但从某种程度上说《元史》中所存留的史料确实是极具原初价值的。而从《元史》所载顺宗传的内容来看,时间和事件一一对应,所载甚详,与实录的"时间—事件"体例极为相似,则宋濂等撰《元史》"顺宗传"时应多采《元顺宗实录》所载。

由上所述,提要所用"采"字,表述并不准确:一则《元史》"顺宗传"和程钜夫《顺宗皇帝上尊谥册文》,仅有谥号和庙号相同,而谥号和庙号的官方多种文献皆有记载,如《元史》"武宗本纪"、《元顺宗实录》等,未必"采"《顺宗皇帝上尊谥册文》而来;二则全文对比可知,除谥号和庙号以外,《元史》"顺宗传"并无其他内容或文字"采"自《顺宗皇帝上尊谥册文》。

既然《元史》"顺宗"传与程钜夫所撰《顺宗皇帝上尊谥册文》未必有必然联系,何以馆臣在撰写提要时使用"采"字将二者联系起来呢?这便与提要生成机制密切相关。此提要在较早的文渊阁库书提要中是这样记载的:

> 虞集尝称宋季士习卑陋,以时文相尚,病其陈腐,则以奇险相高,江西尤甚,钜夫始以平易正大之学,振文风,作士气。元代古文之盛,实自钜夫创之。苏天爵《元文类》亦录钜夫古文十余篇,大抵皆制诰、碑版、纪功、铭德之作,而不及其诗。盖生平所注力者在此。其《顺宗谥册》诸篇,《元史》亦有取焉,诚以庙堂制作,温厚典雅,有合于训诰遗风,足为欧阳修、王安石等嗣音,固非南宋以来雕镂藻缋者

---

① 谢贵安:《中国已佚实录研究》,上海古籍出版社 2013 年版,第 400 页。

所可及也。①

馆臣将《元史》与程钜夫所撰《顺宗皇帝上尊谥册文》建立联系,意在凸显程钜夫之文风温厚典雅,文章有馆阁文人训诰遗风,同时亦具有史料价值。殊不知,其所列文章篇目实际并未能与《元史》形成"取"与"被取"的关系。盖如前文所言,程钜夫主持修撰顺宗、成宗、武宗三帝实录,与其说其所撰某一篇目为《元史》所采,不如说其所撰三帝实录确实多为《元史》所取。

《总目》删改后,该提要变为:

> 文章亦舂容大雅,有北宋馆阁余风,其《顺宗谥册》诸篇,宋濂等采入《元史》。苏天爵撰《文类》亦录其文十余篇,大抵皆诏诰、碑版、纪功、铭德之作,而不取其诗。然其诗亦磊落俊伟,具有气格。近体稍肤廓,当由不耐研思之故。古诗落落自将,七言尤多遒警,当其合作,不减元祐诸人,非竟不工韵语者。天爵偶尔见遗,非定论也。②

修改后的提要删去了库书提要褒奖程钜夫文章的大量文字,使得论文章的篇幅缩小而论诗歌的比例增大了。这一比例调整,馆臣当是有其考量的。另一处改动是,改库书提要的"取"字为"采"字,然这一改在意思上无甚变化,仍旧未能纠正库书提要所举篇目与《元史》之间并无"采"的关系。也就是说,《总目》沿袭了库书提要不合事实的表述而未能给予核实和校正,故致以讹传讹而浑然不知。

《总目》征引《元史》的表述中出现笔误而失于核对,遂致事实天壤之别。《滋溪文稿》为苏天爵之别集,提要云:"元苏天爵撰。天爵有《名臣事略》,已著录。"③又,苏天爵《元朝名臣事略》为苏天爵之史著,提要云:"天爵字伯修,真定人。由国子学生试第一,释褐授从仕郎,苏(蘇)州判官,终浙江行省参知

---

① 程钜夫:《雪楼集》卷首,《景印文渊阁四库全书》第1202册,第3—4页。

② 纪昀等:《钦定四库全书总目》卷一六六《雪楼集》提要,第2218页。

③ 纪昀等:《钦定四库全书总目》卷一六七,第2237页。

政事。事迹具《元史》本传。"①其中"苏（蘇）州"乃"蓟州"之误。今检宋濂《元史》"苏天爵传"载："苏天爵字伯修，真定人也。父志道，历官岭北行中书省左右司郎中，和林大饥，救荒有惠政，时称能吏。天爵由国子学生公试，名在第一，释褐，授从仕郎、大都路蓟州判官。"②苏天爵仕履叙述中赫然为"大都路蓟州判官"，蓟州在元代属中书省大都路，而苏州在元代属江浙行省平江路。一在北，一在南。若说《总目》和《元史》二者之记载各执一词，不足以决断对错，那么苏天爵之友人宋本的记载当可作为决断依据。宋本撰有《滋溪书堂记》一文，"滋溪书堂"即苏天爵的书斋，其文载："延祐六年，予初来京师，闻国学贵游称诸生苏伯修，以《碣石赋》中公试。释褐，授蓟州判官。往往诵其警句，名藉甚，欲一识则已。赴上及还，始与交。"③文中"释褐授蓟州判官"的记载与《元史》一致。该文末题时间作者为"至顺二年十二月廿六日大都宋本记"，又记录苏天爵当时之官职曰："伯修，名天爵，今以翰林修撰，拜南行台监察御史。"④宋本（1281—1334），字诚夫，大都人。长苏天爵十四岁。至治元年（1321），赐进士第一，授翰林修撰。后累前为集贤学士兼国子祭酒。著有《至治集》四十卷，今佚。宋本与苏天爵同时为朝廷官员，从《滋溪书堂记》行文内容来看，宋本对苏天爵家世颇为熟稔，对其学术事业亦颇为推崇，可知当时二人关系实较为密切。且宋本该文作于元代，时间记忆并不久远，此文又为苏天爵《元文类》所收，则其中对于苏天爵仕履之叙述当是无误的。宋本《滋溪书堂记》对苏天爵生平仕履的记录可谓具有原初性，后《元史》《元诗选》等皆沿袭此说。唯独至《总目》，"蓟州"误为"苏（蘇）州"。馆臣声称事迹具《元史》本传，但其内容却疏于核校，导致错谬而全然不知。

以上讹误皆因馆臣撰写元提要时未对《元史》进行原文核实却妄自定论

---

① 纪昀等：《钦定四库全书总目》卷五八，第810页。按，引文括号中的字为笔者所加。
② 宋濂等：《元史》卷一八三，中华书局2000年版，第2821页。
③ 苏天爵：《元文类》卷三一，上海古籍出版社1993年版，第385页。
④ 苏天爵：《元文类》卷三一，上海古籍出版社1993年版，第386页。

所致,反映出《总目》撰写过程中因馆臣疏忽的主观失误。虽人力所为,在所难免,可是元别集提要中既然存在因征引《元史》而起的讹误,则需一一纠正以还原事实本真,否则以讹传讹、真假混淆,不免带来学术隐患。

二、曲解原意,失之千里

《总目》元别集提要在征引《元史》时亦有曲解《元史》原意之误。曲解原意,往往源于对字句的理解偏失,具体如断章取义、囫囵吞枣等都是造成理解偏误的原因,这一定程度反映出馆臣撰写提要时的轻率和大意。

其一,对《元史》较为复杂的叙述,提要未能准确提取信息。如《勤斋集》提要,其云:"元萧㪺撰。㪺字维斗,奉元人。历官集贤学士,国子祭酒。谥贞敏。事迹具《元史·儒学传》。"①提要云萧㪺"历官集贤学士,国子祭酒",且称事迹具《元史·儒学传》,但提要所云显然是《元史》"萧㪺传"的误读,因为事实上萧㪺并未接受和出任此类官职。

观《元史》"萧㪺传",原文曰:

> 世祖分藩在秦,辟㪺与杨恭懿、韩择侍秦邸,㪺以疾辞,授陕西儒学提举,不赴。……后累授集贤直学士、国子司业,改集贤侍读学士,皆不赴。大德十一年,拜太子右谕德,扶病至京师,入觐东宫,书《酒诰》为献,以朝廷时尚酒故也。寻以病力请去职,人问其故,则曰:"在礼,东宫东面,师傅西面,此礼今可行乎?"俄除集贤学士、国子祭酒,依前右谕德,疾作,固辞而归。卒年七十八,赐谥贞敏。②

从《元史》陈述中看,萧㪺的仕履大致如是:第一次是元世祖时期,授陕西儒学提举,未任;第二次是大德年间,授集贤直学士、国子司业及集贤侍读学士,未任;第三次是大德十一年(1307)任太子右谕德一官,出任,寻又辞归;第

---

① 纪昀等:《钦定四库全书总目》卷一六七,第2226页。
② 宋濂等:《元史》卷一八九,中华书局2000年版,第2891页。

四次是授集贤学士、国子祭酒及太子右谕德，未任。依此，则萧𣂏仅在大德十一年（1307）任太子右谕德一官职，实未任陕西儒学提举、集贤学士、国子司业和国子祭酒等官职。所幸的是，《元史》所载萧𣂏的多次辞官行为《勤斋集》中皆有对应的文章为证，第一次有《辞儒学提举书》，第二次有《辞免国子司业状》，第四次有《辞免国子祭酒状》，第三次出任太子右谕德一官，故无辞文。

除此之外，《元史》所载与苏天爵所撰《元故集贤学士国子祭酒太子右谕德萧贞敏公墓志铭》的情况基本相同。《萧贞敏公墓志铭》云：

> 世祖皇帝既一四海……授公承务郎、陕西儒学提举，盖从贞献王及赵公之言也。省宪请公就职，公以书辞曰……大德七年冬，超擢集贤直学士、奉训大夫、国子司业，遣使征之。公又力辞不拜……九年夏，制若曰"萧维斗山中读书，不贪官，不嗜利。世祖征召不至，朕遣人召之亦不至，岂将命者非其人而弗来欤？今特命参议中书省事廉恒等以往，其令行省给五乘传，赐之楮币百定，命挈其家偕来。或萧维斗坚欲不仕，可进嘉言一二，朕当令人送还。如年老或不能骑，别给安车可也。"行省、行台、诸司所在敦遣，公辞不获，力疾北行。适成庙不豫，然犹传敕俾择舍馆，遣近侍赐饩廪衣物，又命宰执以治道为问。公寻亦南归，仍辞所赐不受。十年，进集贤侍读学士、少中大夫，即其家授之。明年，武宗临御。仁皇养德东宫，博选当世名儒，左右辅导，特授公嘉议大夫、太子右谕德，命官师府长史聂辉起公，敦迫上道。至大元年二月至京，入见嘉禧殿。仁皇温问再三，公书《酒诰》以进，因言："古人惟祭祀则饮酒，然尚德将无醉"。盖当时近习多侍上燕饮，故公首以是训陈之。未几，恳请还山。上怜其衰老，遣使送归。二年四月征拜集贤学士、国子祭酒，依前太子右谕德，进阶通议大夫，公以老疾辞。门人疑焉，问曰："圣人乐得天下英才而教育之，今先生辞祭酒者何也？"公曰："曩在京师，有朝士再三以成均教法为问者，余告之曰：'若欲作新胄子，当罢岁贡，一如许文正公

时,专于教养。彼既外无利禄之诱,内有问学之功,则人材庶有望矣。'此语一传,物议鼎沸,执政者亦深不以为然,今余出则徇人,岂能正己以正人乎!"四年正月,尚书臣皆以罪废,政务复归中书,而大臣请曰:"今政事大坏,当从新治之。中外廉洁老臣及事世祖、成庙两朝有若李谦、尚文、赵居信、刘敏中、萧㪚、程巨夫、郝天挺、韩从益、刘正、程鹏飞、董士选、陈天祥、王思廉等可急遣使召之,共议新政。"仁皇从之。公以疾辞,不起。延祐五年七月己未,有星殒于所居中庭,光射如昼。越八日丙寅,公以疾薨,春秋七十有八。①

通读此文,可依据时间线索对萧㪚之仕履作出梳理:第一次元世祖时期授公承务郎,陕西儒学提举,辞任;第二次大德七年(1303)冬,擢集贤直学士、奉训大夫,国子司业,力辞;第三次大德九年(1305)夏,再征,"行省、行台、诸司所在敦遣,公辞不获,力疾北行",然虽北上,但因成宗"不豫",终未能任职,寻亦南归,仍辞所赐不受;第四次大德十年(1306),进集贤侍读学士、少中大夫;第五次,大德十一年(1307),时元武宗已登帝,"特授公嘉议大夫、太子右谕德,命宫师府长史聂辉起公,敦迫上道",但此官职直至大元年(1308)二月方才出任,不久亦辞归;第六次至大二年(1309)四月征拜集贤学士、国子祭酒,依前太子右谕德,进阶通议大夫,公以老疾辞;第七次至大四年(1311)正月,再征,公以疾辞不起。苏天爵所述萧㪚生平仕履信息甚为详备,且苏氏撰写此文的立场是代表官方的,故其中仕履经历当为实。此梳理实有助于确认两个信息:其一,《元史》所述是否属实。对比《元史》与《萧贞敏公墓志铭》,尽管《元史》所述略微简略,但仕履事实二者却是一致的,即萧㪚仅在至大元年(1308)二月出任过太子右谕德一职,其余官职皆未出任。其二,《总目》曲解了《元史》的本意,故与事实不符。

追溯之,《总目》出现曲解《元史》的主要症结在于"后累授集贤直学士、国

---

① 苏天爵著,陈高华、孟繁清点校:《滋溪文稿》卷八,中华书局1997年版,第115—117页。

子司业,改集贤侍读学士,皆不赴"以及"俄除集贤学士、国子祭酒,依前右谕德,疾作,固辞而归"二句的解读不够准确,尤其是后一句。《元史》"疾作,固辞而归"中的"固辞而归",《总目》可谓熟视而无睹。而这四字之差,关乎重大:无此四字,则是出任前所言官职;有此四字,则表示未曾出任。提要无视这四字,遂称萧㪍出任官职,而这一叙述与《元史》原意相违背。故《总目》虽曰"事迹具《元史·儒学传》",但所言却并未能与《元史》原意符合。

此外,萧㪍本人所撰《辞免国子祭酒状》一文亦可补证未任"集贤学士、国子祭酒"一说,其原文曰:

> 七月十六日承奉陕西等处,行中书省备中书省咨,除㪍集贤学士、国子祭酒、依前右谕德……㪍赋性愚暗,学术空疏,名浮于实,多误朝听。前大德十一年冬,病中拜谕德之命,不敢固辞,力疾载行,自十二月二十一日起家,二月二十日方到阙下。又伏枕月余,四月二十一日拜觐东宫杖策人,扶艰于趋造,惛忘错误,不能应酬,旷职素餐,空贻罪责。东宫怜此羸惫,命使送还归家。妻没未藏,疫疾满室,悲忧困顿,精神耗竭。忽拜新除,愈增惶惧,人微学陋,犹未论及。只此沈痼,实难勉强,惛忘恍忽,常若梦中,足膝恒痛,泄泻频作,夜不能卧,坐痹达晓,日惟指使,无力语言,医药无功,饮食渐减,即日未能前去。除将元给之任,铺马圣旨钦领外,候疾稍愈,赴都合行。具呈陕西等处行中书省照验施行。①

此文为萧㪍自撰的《辞免国子祭酒状》,目的在于拒辞朝廷国子祭酒之任。文中萧㪍以"人微学陋"和"沈痼"缠身二理由婉言相辞,着力对自己疾病缠身、羸弱难支的境况进行铺陈,其拒任之本心明矣。当然关于辞官之结果,《辞免国子祭酒状》未能明言。但是从《元史》所述"疾作,固辞而归"来看,其最终并未出任朝廷第四次征召之"集贤学士""国子祭酒""太子右谕德"三

---

① 萧㪍:《勤斋集》卷二,《景印文渊阁四库全书》第1206册,第396页。

职。《总目》撰写为"历官集贤学士,国子祭酒",将未然之事说成已然之事,这显然亦是未细读《辞免国子祭酒状》一文。

再如,《黄文献集》提要云:"潜有《日损斋笔记》,已著录。"①转阅《日损斋笔记》提要,其谓:"元黄潜撰。潜字晋卿,金华人。延祐二年赐同进士出身,历官翰林侍讲学士,中奉大夫,知制诰,同修国史,同知经筵事,谥文献。事迹具《元史》本传。"②其中"历官翰林侍讲学士,中奉大夫,知制诰,同修国史,同知经筵事"的叙述有误。首先,提要将"中奉大夫"作为官职,与翰林侍讲学士等官职并列,误。"中奉大夫"当为官阶,为文散阶从二品。《元史》载"阶自将仕郎七转至中奉大夫。"所言甚明。"将仕郎"为文散阶正九品,所谓"七转",即从"正九品"升至"从二品",连升七级官阶。馆臣疏忽。其次,"历官"一词表述有误。《元史》载:"中延祐二年进士第,授台州宁海丞。……入为应奉翰林文字,同知制诰,兼国史院编修官,转国子博士……出为江浙等处儒学提举……俄以秘书少监致仕,未几,落致仕,除翰林直学士、知制诰同修国史。寻兼经筵官,执经进讲者三十有二,帝嘉其忠,数出金织纹段赐之。升侍讲学士、知制诰同修国史、同知经筵事。阶自将仕郎七转至中奉大夫。洊上章求归,不俟报而行,帝闻之,遣使者追还京师,复为前官。久之,始得谢南还,优游田里间,凡七年,卒于绣湖之私第,年八十一。赠中奉大夫、江西等处行中书省参知政事、护军,追封江夏郡公,谥曰文献。"③对《元史》所述进行梳理,可知"升侍讲学士、知制诰同修国史、同知经筵事"为黄潜同时兼任的官职,且为黄潜终生所任的最高官职。若依馆臣所云"历官",那么应该是有时间变迁或官位变化的叙述,如上对《元史》的梳理所呈现。馆臣之表述显然有失严谨,或是欲删除之前官职,而导致衔接有误。总之,提要对黄潜生平的叙述不无舛误之处,既有常识之误,亦有表达衔接之失。

---

① 纪昀等:《钦定四库全书总目》卷一六七,第2231页。
② 纪昀等:《钦定四库全书总目》卷一一九《日损斋笔记》提要,第1591页。
③ 宋濂等:《元史》卷一八一,中华书局2000年版,第2797—2798页。

《蜕庵集》提要将张翥两次"致仕"经历简化为一次:"累迁翰林学士承旨。致仕,加河南行省平章政事,给俸终身。事迹具《元史》本传。"①其中所述与《元史》本传本意不一致。依提要之意,张翥是以翰林学士承旨致仕。然既然已经"致仕",何以会有之后加官进俸之事?提要描述不符合逻辑。事实上,张翥曾有两次"致仕"经历,《元史》"张翥传"载曰:

> 尝奉旨诣中书,集议时政,众论蜂起,翥独默然。丞相搠思监曰:"张先生平日好论事,今一语不出何耶?"翥对曰:"诸人之议,皆是也。但事势有缓急,施行有先后,在丞相所决耳。"搠思监善之。明日,除集贤学士,俄以翰林学士承旨致仕,阶荣禄大夫……及孛罗帖木儿既诛,诏乃以翥为河南行省平章政事,仍翰林学士承旨致仕,给全俸终其身。二十八年三月卒,年八十二。②

第一次是"除集贤学士,俄以翰林学士承旨致仕,阶荣禄大夫";第二次为"诏乃以翥为河南行省平章政事,仍翰林学士承旨致仕,给全俸终其身"。其中一"仍"字,即谓张翥继第一次"致仕"后,重新出仕,起任于"河南行省平章政事"一职,同时继任翰林学士承旨这一职位,之后为第二次"致仕",故有"仍翰林学士承旨致仕,给全俸终其身"一说。馆臣对《元史》的征引仅仅停留于字面,而未能深入把握《元史》本意,故造成误解。提要应改为"累迁翰林学士承旨,加河南行省平章政事,致仕,给俸终身",更为准确。

断章取义、曲解原意何以频频发生?这当与纂修《四库全书》和《总目》的"求速"不无关系。郭伯恭称"高宗纂修《四库》本旨,固为政治作用,非为学术立场也。故办书要旨,在敏中诸函中言之亦详,即第一求速,第二求无违碍,第三求进呈本字画无讹误。唯其求速,故不能不草率,唯其求无违碍,故不能不有所删改,唯其求进呈本字画无讹误,故进呈本以外,讹误遂不可问"。③当一

---

① 纪昀等:《钦定四库全书总目》卷一六七,第 2240 页。
② 宋濂等:《元史》卷一八六,中华书局 2000 年版,第 2862 页。
③ 郭伯恭:《四库全书纂修考》,岳麓书社 2010 年版,第 89 页。

个宏大的文化工程仅仅是为急躁地赶超一个时间限制时,其准确性和周全性显然是难以确保的。

三、循名失实,流于形式

《总目》元别集提要中通常会出现"事迹具《元史·儒学传》""事迹具《元史》本传"等字眼,借以表达《总目》对正统史书《元史》的参考。然而此话有时不过是一句流于形式的套语,事实上,《总目》所述往往并非本于《元史》,而是比《元史》更符合需求的其他文献,比如《元诗选》,或单篇的人物行状等。

以《剡源集》提要为例,其云:"表元字帅初,一字曾伯,庆元奉化人。宋咸淳中登进士乙科,除建康教授,迁临安,又迁行户部掌故,国子主簿,皆以兵乱不就。元大德中以荐除信州教授,调婺州,移疾归。再以修撰博士荐,不起,终于家。事迹具《元史·儒学传》。"①提要称人物生平本于《元史·儒学传》,但《元史》载曰:"戴表元字帅初,一字曾伯,庆元奉化州人。七岁,学古诗文,多奇语。稍长,从里师习词赋,辄弃不肯为。咸淳中,入太学,以三舍法升内舍生,既而试礼部第十人,登进士乙科,教授建(宁)康府。后迁临安教授,行户部掌故,皆不就。大德八年,表元年已六十余,执政者荐于朝,起家拜信州教授,再调教授婺州,以疾辞。"②对比二者所载,显然有所不同:提要所言"再以修撰博士荐,不起,终于家",则戴表元"移疾归"之后还有一段被荐举的经历,《元史》无此。由此可见提要对人物之叙述并非本于《元史·儒学传》,其自称"事迹具《元史·儒学传》",不过是为自身叙述的可信度寻求了一份正史依据而已。而《总目》所云的真正来源是《元诗选》,其载:"表元,字帅初,一字曾伯,庆元奉化人。宋咸淳中,登进士乙科,教授建康府。迁临安教授,行户部掌故国子主簿,皆以兵乱不就。元成宗大德八年,表元年六十余矣,执政者荐之,

---

① 纪昀等:《钦定四库全书总目》卷一六六,第 2205 页。
② 宋濂等:《元史》卷一九〇,中华书局 2000 年版,第 2898 页。

除信州教授,再调婺州,以疾辞。其后翰林集贤以修撰博士交荐,不起,卒年六十七。"①其中"移疾归"之后仍被荐举一事,《总目》与其一致。

进一步对比之,《总目》云:"表元少从王应麟、舒岳祥游,学问渊源具有授受。顾嗣立《元诗选》小传称:'宋季文章气萎苶而词骫骳。帅初慨然以振起斯文为己任。其学博而肆,其文清深雅洁,化朽腐为神奇,间事摹画而隔角不露。尤自秘重,不妄许与。至元、大德间,东南之士以文章大家名重一时,帅初一人而已'。又引宋濂之言曰:'濂尝学文于黄文献公,公于宋季词章之士乐道之而不已者,惟剡源戴先生为然'云云,于元人之中,推之独至。今观其诗文,信嗣立所论不诬也。"②提要显然征引了《元诗选》以表达观点,所谓"嗣立所论不诬"。但是,《元诗选》所云又是出自《元史》,《元史》评价戴表元的文学为:"初,表元闵宋季文章气萎苶而辞骫骳,骳弊已甚,慨然以振起斯文为己任。时四明王应麟、天台舒岳祥并以文学师表一代,表元皆从而受业焉。故其学博而肆,其文清深雅洁,化陈腐为神奇,蓄而始发,间事摹画,而隔角不露,施于人者多,尤自秘重,不妄许与。至元、大德间,东南以文章大家名重一时者,唯表元而已。其门人最知名者曰袁桷,桷之文,其体裁议论,一取法于表元者也。"③对比《总目》与《元史》不难知晓,《总目》所述实更贴近《元诗选》。

更有甚者,《总目》虽称其所述基于《元史》,但其叙述却较《元史》本身更为详备,这充分说明《总目》自称征引《元史》,或不免流于虚名。此类如《待制集》提要,其云:"元柳贯撰。贯字道传,浦江人。大德四年荐为江山县教谕,延祐四年授湖广儒学副提举,六年改国子助教,至治元年迁博士,泰定元年擢太常博士,三年出为江西儒学提举,至正元年擢翰林待制兼国史院编修官,仅七月而卒。故世称柳待制焉。事迹附载《元史·黄潛传》。"④今阅提要对柳

---

① 顾嗣立:《元诗选初集》甲集,中华书局 1987 年版,第 226 页。
② 纪昀等:《钦定四库全书总目》卷一六六《剡溪集》提要,第 2205 页。
③ 宋濂等:《元史》卷一九○,中华书局 2000 年版,第 2898—2899 页。
④ 纪昀等:《钦定四库全书总目》卷一六七,第 2232 页。

贯生平仕途的叙述，远比《元史·黄溍传》详备，故《总目》"事迹附载《元史·黄溍传》"之说显然是流于形式的套语，而并非《元史》真正为《总目》所参考或者说《元史》所述确实具有参考意义或价值。观宋濂《元史》"柳贯传"全文云："贯字道传，器局凝定，端严若神。尝受性理之学于兰溪金履祥，必见诸躬行，自幼至老，好学不倦。凡《六经》、百氏、兵刑、律历、数术、方技、异教外书，靡所不通。作文沉郁舂容，涵肆演迤，人多传诵之。始用察举为江山县儒学教谕，仕至翰林待制。与溍及临川虞集、豫章揭傒斯齐名，人号为儒林四杰。所著书有文集四十卷、《字系》二卷、《近思录广辑》三卷、《金石竹帛遗文》十卷。年七十三卒。"①相比之下，《元史》记载的细致程度远不及《总目》。而《总目》此番叙述，实本于宋濂《柳先生行状》。今观宋濂《柳先生行状》：

> 国朝大德四年庚子，先生年三十一，始用察举为江山县学教谕。至大元年戊申，迁昌国州学正……延祐四年丁巳先生年四十八，铨曹以士论所归，特授湖广等处儒学副提举。未上，六年己未，改国子助教，阶将仕佐郎。至治元年辛酉，升博士转将仕郎，……泰定元年甲子，先生年五十五，迁太常博士，升征事郎……监察御史马公祖常荐先生堪任风宪，章再上，弗报。三年丙寅，先生年五十七，以文林郎出为江西儒学提举……至正元年辛巳先生年七十二，朝廷更化，征用老成，台阁近臣有以先生名闻于上者。于是有旨以翰林待制、承务郎、兼国史院编修官起先生于家……会贡举法复行，江浙行中书留主文衡。二年壬午夏五月至官。仅七阅月，竟以一病不起，实冬十一月九日，而先生年七十三矣。②

可见，《总目》依据宋濂所撰《柳先生行状》而首次对柳贯的生平履历进行了细致而全备的概括性描述，这是其他文献所未能完成的。但需要指出的是，

---

① 宋濂等：《元史》卷一八一，中华书局 2000 年版，第 2799 页。
② 宋濂著，黄灵庚点校：《宋濂全集》卷七六，第 4 册，人民文学出版社 2014 年版，第 1841—1842 页。

提要所云"延祐四年授湖广儒学副提举",与《行状》不符,《行状》原文云"延祐四年丁巳先生年四十八,铨曹以士论所归,特授湖广等处儒学副提举。未上",末尾"未上"二字,即谓铨曹虽拟任此职,但未上报,故柳贯实际并未出任此职务,故《总目》应当注明"未上",更为准确。

除此,《总目》更是将《元史》未载之信息冠以《元史》之名。例如袁桷《清容居士集》,该集提要云:"其集据苏天爵行状及《元史》本传,俱称五十卷。此本卷数相符,盖犹旧本也。"①其中"苏天爵《行状》及《元史》本传,俱称五十卷",误。通观《元史》本传,并无《清容居士集》卷次记载,仅在苏天爵《袁文清公墓志铭》载曰:"公为文辞,奥雅奇严,日与虞公集、马公祖常、王公士熙作为古文,论议迭相师友,间为歌诗倡酬,遂以文章名海内。士咸以为师法,文体为之一变。公有《易说》若干卷,《春秋说》若干卷,《清容居士集》五十卷。"②馆臣无中生有,遂造就了虚假信息。由此可见,在元别集提要写作过程中,相比于征引《元史》所载之事实,馆臣更为重视冠以《元史》之名。

由上考辨不难得出一个事实:《总目》在书写人物生平事迹时,但凡能够注明"《元史》"之处,几乎不遗余力地宣称其所述本于《元史》本传,但是,对于其所征引或参考的《元史》内容是否正确和真实却不甚在意。换言之,《总目》看重《元史》其名甚于其实。而造成这一事实的原因,一方面与书写提要所历的繁复环节以至于脱离一手文献有关,另一方面,也是更为重要的是馆臣对于《元史》的全面征引和一一注明,是为了获得一种正统史书的话语权,是为其官学立场寻求一份依据。

四、主观择取,服从主旨

《总目》既以文献之集大成者和文化的总结者称之,则其视野非前代前人所及,其所征引之文献亦非前代学者所能匹敌。然而,即便有集大成者的姿态

① 纪昀等:《钦定四库全书总目》卷一六七,第2221页。
② 苏天爵著,陈高华、孟繁清点校:《滋溪文稿》卷九,中华书局1997年版,第137页。

和前所未有的学术视野，《总目》却并未能完成客观性的、辩证性的提要书写。体现在征引《元史》上，一则表现为选择性取舍，仅从《元史》中征引有利于其观念塑造的信息，二则反映在征引《元史》与否亦由主观需求所决定。

征引《元史》时的主观选择性，首先体现在人物叙述时崇实黜虚和回护隐恶。此一方面体现在对神怪传说之"避讳"。杨奂《还山遗稿》，该集之提要称："奂又名知章，字焕然，乾州奉天人。生于金世宗大定二十六年。凡秋试四中选，而春试辄不第。入元，以耶律楚材荐，授河南路征收岁课所长官，兼廉访使。越十年致仕归。事迹具《元史》本传。"①又版本描述亦据之曰："《元史》本传则仅称有《还山集》六十卷"②，可见，提要撰写时参看《元史》本传是无疑的，但是，对于《元史》所载杨奂流于迷信的身世传说，《总目》却讳而不言。《元史》"杨奂传"载：

> 杨奂字焕然，乾州奉天人。母尝梦东南日光射其身，旁一神人以笔授之，已而奂生，其父以为文明之象，因名之曰奂……金末举进士不中，乃作万言策，指陈时病，皆人所不敢言者，未及上而归，教授乡里。③

其实这段神话般的身世描述不过是为"释名"，及解释杨奂之名的来由。故顾嗣立沿袭之，《元诗选二集》"杨廉访奂传"云：

> 奂字焕然，又名知章，乾州奉天人。母尝梦东南日光射其身，旁一神人以笔授之，已而奂生。甫胜衣，尝信口唱歌，有紫阳阁之句，问其故，则不能答也。未冠，梦游紫阳阁，景趣甚异，自悟以前为紫阳宫道士，后因以自号。金末举进士不中，乃作万言策，指陈时病，未及上而归，教授乡里。④

---

① 纪昀等：《钦定四库全书总目》卷一六六，第2212—2213页。
② 纪昀等：《钦定四库全书总目》卷一六六《还山遗稿》提要，第2213页。
③ 宋濂等：《元史》卷一五三，中华书局2000年版，第2412—2413页。
④ 顾嗣立：《元诗选二集》乙集"杨廉访奂"传，中华书局1987年版，第144页。

此述不仅承袭《元史》所记载，甚至在《元史》基础之上进一步神化杨奂其人。对于《元史》以及《元诗选》关于杨奂其人神奇化的身世，《总目》丝毫不予提及，仅言"事迹具《元史》本传"。理由甚为明确。《元史》以及《元诗选》所载杨奂神秘身世虽能解"奂"之名，但是其为迷信之"虚言"，与《总目》"崇实黜虚"之宗旨相违背，故避而不引。另一方面还体现为对污点事迹之"隐恶"。耶律铸《双溪醉隐集》，该集提要云：

> 铸字成仲，辽东丹王九世孙，中书令楚材之子也。累官中书左丞相，卒，追赠懿宁王，谥文忠，事迹具《元史》本传。楚材佐元太祖、太宗，平定天下，立纲陈纪，皆出其所规划。铸少而聪敏，尤工骑射，从宪宗征蜀，屡建功绩。后三入中书，定法令，制雅乐，多所裨赞。经济不愧其父，而文章亦具有父风。故元好问与李冶诸人皆与款契。①

提要所述皆为其丰功伟绩，且多夸誉之词，然而，《元史》所载不仅有耶律铸优良的政绩，亦有其为政之污点：

> 二十年冬十月，坐不纳职印、妄奏东平人聚谋为逆、间谍幕僚、及党罪囚阿里沙，遂罢免，仍没其家资之半，徙居山后。②

文中罗列出耶律铸为政罪行四项，亦交代其人因此而遭受罢免、被没家资之半的惩罚。可以说《元史》本传所载较为客观，可谓"不虚美，不隐恶"。然而，提要虽称"事迹具《元史》本传"，但征引时却对人物事迹进行了"隐恶"。这种"隐恶"是断章取义所致？又或者说馆臣根本未阅《元史》本传原文？实则不然。因为从耶律铸在《总目》中的序列位置来看，是有贬低倾向的。若依照齿龄，耶律铸当居刘秉忠之后，位列第七，但是其实际位序却降至第四十位，这无疑显露出馆臣对其人某些方面的贬抑态度，只是提要中并未明言。而今于《元史》的还原阅读中掘发出提要所隐藏的为政之污点，又于依据第一章中"降序明褒贬"之观点，可知《总目》对耶律铸之"隐恶"，实是出自主观遮蔽：

---

① 纪昀等：《钦定四库全书总目》卷一六六，第2215页。
② 宋濂等：《元史》卷一四六，中华书局2000年版，第2305—2306页。

一则因其为耶律楚材之子,二则因其为元世名臣。再纵观整个元别集提要,除去对宋遗民方回和元遗民杨维桢关于"气节"问题有所贬斥外,其他文人皆无"显恶"之记载。再如,元末宠遇优渥之"周伯琦",提要仅渲染其显赫之履历,而不提及其政绩之匮乏。因此,不得不说,《总目》对于元别集著者有一定的"隐恶"和"回护"倾向。

其次文学评价上,则重"经史根柢""典雅法度"之论。《元史》仅设"儒学传"而未有"文苑传",这是《元史》较其他断代史的重要区别。《元史·儒学传序》对此体例变更有相当明确的申明:"前代史传,皆以儒学之士,分而为二,以经艺颛门者为儒林,以文章名家者为文苑。然儒之为学一也,《六经》者斯道之所在,而文则所以载夫道者也。故经非文则无以发明其旨趣;而文不本于六艺,又乌足谓之文哉。由是而言,经艺文章,不可分而为二也明矣。元兴百年,上自朝廷内外名宦之臣,下及山林布衣之士,以通经能文显著当世者,彬彬焉众矣。今皆不复为之分别,而采取其尤卓然成名、可以辅教传后者,合而录之,为《儒学传》。"①此段话反映出宋濂"经义文章,不可分而为二"的文学观。而在此指导思想下,《元史·儒学传》对文学之评价无疑体现出重"经史根柢"之特征。

《元史》中的文学评价似乎被《总目》深深地认可。在元别集提要中,《元史》之文学评价频频被征引,如评陆文圭《墙东类稿》曰:"《史》称文圭之文融会经传,纵横变化,莫测其涯涘,东南学者皆宗师之。今核所作,《史》言不谬。"②评魏初《青崖集》为:"《史》称初好读书,尤长于《春秋》,为文简而有法。而集中所记,自称'与姜彧同辱遗山先生教诲',又称'先生入燕初,朝夕奉杖履'。是其学本出元好问,具有渊源,故所作皆格律坚苍,不失先民轨范。"③评

---

① 宋濂等:《元史》卷一八九,中华书局 2000 年版,第 2883 页。
② 纪昀等:《钦定四库全书总目》卷一六六,第 2206 页。按,元别集提要中"史"指《元史》,故笔者特加书名号以明《元史》,下同。
③ 纪昀等:《钦定四库全书总目》卷一六六,第 2214 页。

陈旅《安雅堂集》云:"史称其文典雅峻洁,必求合于古作者,不徒以徇世好。又称虞集见所作,有'我老将休,付子斯文'之语。"①评萧㪺《勤斋集》:"《元史》亦称㪺'制行甚高,真履实践,其教人必自小学始,为文辞立意精深,言近指远,一以洙泗为本,濂、洛、考亭为据,为一代醇儒'。"②刘诜《桂隐文集》曰:"本传称'其文根柢六经,蹢跦诸子百家,融液今古,而不露其踔厉风发之状'。"③评杨载《杨仲弘集》云"史称其'文章一以气为主,而于诗尤有法度。自其诗出,一洗宋季之陋'云云。盖宋代诗派凡数变:西昆伤于雕琢,一变而为元祐之朴雅;元祐伤于平易,一变而为江西之生新;南渡以后,江西宗派盛极而衰,江湖诸人欲变之而力不胜,于是仄径旁行,相率而为琐屑寒陋,宋诗于是扫地矣。载生于诗道弊坏之后,穷极而变,乃复其始,风规雅赡,雍雍有元祐之遗音。史之所称,固非溢美"④。等等。归纳这些征引自《元史》的文学评论,可以发现它们一个审美共同点:有经史根柢、文风典雅而有法度。相反,对于《元史》本传有文学评论而《总目》未予征引的原因亦呈现出一种倾向:表述过于浮华虚饰。如《元史》评黄溍之文学曰:"文辞布置谨严,援据精切,俯仰雍容,不大声色,譬之澄湖不波,一碧万顷,鱼鳖蛟龙,潜伏不动,而渊然之光,自不可犯。"⑤表述有修辞过度之嫌。故《黄文献集》提要未引《元史》,而自撰评论为:"其文原本经术,应绳引墨,动中法度。学者承其指授,多所成就。"⑥此种表述显然换作了《总目》在求实学风背景下的标准用语。又,《元史》称柳贯:"作文沉郁舂容,涵肆演迤,人多传诵之。"⑦《待制集》提要更改为:"故其文章原本经术,精湛闳肆,与金华黄溍相上下。"⑧其中提要更改的评论角度和

① 纪昀等:《钦定四库全书总目》卷一六七,第 2236 页。
② 纪昀等:《钦定四库全书总目》卷一六七,第 2226 页。
③ 纪昀等:《钦定四库全书总目》卷一六六,第 2206—2207 页。
④ 纪昀等:《钦定四库全书总目》卷一六七,第 2228 页。
⑤ 宋濂等:《元史》卷一八一,中华书局 2000 年版,第 2798—2799 页。
⑥ 纪昀等:《钦定四库全书总目》卷一六七,第 2231 页。
⑦ 宋濂等:《元史》卷一八一,中华书局 2000 年版,第 2799 页。
⑧ 纪昀等:《钦定四库全书总目》卷一六七,第 2232 页。

话语皆符合《总目》模式:凸显经术根柢,表述务实。再如许有壬,《元史》"许有壬传"称"工辞章,欧阳玄序其文,谓其雄浑闳隽,涌如层澜,迫而求之,则渊靓深实,盖深许之"。① 提要更改,评之曰:"文章亦雄浑闳肆,餍切事理,不为空言,称元代馆阁钜手。"②提要摒弃修辞,显然表述上更为质实而明确。

以上从《总目》对《元史》内容进行选择性征引,可知《总目》征引《元史》并非被动性的征引,而是有一定"原则""标准"的征引。

此外,还有一种情况可以加以佐证,那便是有时尽管《元史》是所有文献中最完备、最优良的征引选择,而《总目》却不予征引。如《近光集·扈从诗》提要:"伯琦有《六书正讹》,已著录。当顺帝时,伯琦以文章知遇,出入禁廷,因别裒录所作为此二集。"③转阅《说文字原》提要,其曰:"伯琦,字伯温,饶州人。官至兵部侍郎。明郎瑛《七修类稿》载其降于张士诚,士诚破后,为明太祖所诛。谓《元史》称其后归鄱阳,病卒,为误考。徐祯卿《翦胜野闻》先有此说。然宋濂修史在太祖时,使伯琦果与士诚之党同诛,濂等不容不知。至《翦胜野闻》本出依托,不足为据,瑛所言殆传闻失实也。"④此处主要征引明人郎瑛《七修类稿》,意图反驳周伯琦为明太祖诛杀而亡一说。其中虽涉及《元史》,亦不过复述郎瑛言论。

今观《元史》,实有"周伯琦传"。对比之,提要缺失有二:其一,提要仅称"官至兵部侍郎",并未对周伯琦的仕途作完整描述。《元史》"周伯琦"传载:"十二年,有旨令南士皆得居省台。除伯琦兵部侍郎,遂与贡师泰同擢监察御史。两人皆南士之望,一时荣之。"⑤则周伯琦在兵部侍郎之后,又擢升为监察御史。只是因为他徇私偏袒也先帖木儿而失去公信,且在担任江东肃政廉访使遭遇宁国府沦陷时而弃城逃遁,故后仕途无所升迁。《元史》载:"时御史大

---

① 宋濂等:《元史》卷一八二,中华书局 2000 年版,第 2808 页。
② 纪昀等:《钦定四库全书总目》卷一六七《至正集》提要,第 2233 页。
③ 纪昀等:《钦定四库全书总目》卷一六七,第 2239 页。
④ 纪昀等:《钦定四库全书总目》卷四一,第 548 页。
⑤ 宋濂等:《元史》卷一八七,中华书局 2000 年版,第 2871 页。

夫也先帖木儿以大军南讨,而失律丧师,陕西行台监察御史刘希曾等十人共劾奏之。伯琦乃劾希曾等越分干誉,希曾等皆坐左迁,补郡判官,由是不为公论所与……除兵部尚书,未行,改浙西肃政廉访使。江南行台监察御史余观,纠言伯琦失陷宁国,宜正其罪。十七年,江浙行省丞相达识帖睦尔承制假伯琦参知政事,招谕平江张士诚。"①可见,馆臣对于其仕途的陈述有失完备。其二,提要又称"伯琦以文章知遇,出入禁廷",此说并无出处。而据《元史》所述:"至正元年,改奎章阁为宣文阁、艺文监为崇文监,伯琦为宣文阁授经郎,教戚里大臣子弟,每进讲,辄称旨,且日被顾问。帝以伯琦工书法,命篆'宣文阁宝',仍题扁宣文阁;及摹王羲之所书《兰亭序》、智永所书《千文》,刻石阁中。自是累转官,皆宣文、崇文之间,而眷遇益隆矣。帝尝呼其字伯温而不名。会御史奏风宪宜用近臣,特命金广东廉访司事。八年,召入为翰林待制,预修后妃、功臣列传,累升直学士。十二年,有旨令南士皆得居省台。除伯琦兵部侍郎,遂与贡师泰同擢监察御史。两人皆南士之望,一时荣之。"②则周伯琦乃是以善工书法而宠遇隆渥。而此二集,便是其宠遇隆渥之体现,并非原因。馆臣主观判断有误。

结合《近光集》《扈从诗》二书提要以及《说文字原》《六书正讹》二书提要观之,《总目》并未能征引和参考《元史》"周伯琦传"。馆臣未采纳作为当时记载周伯琦事迹最为详备的文献《元史》"周伯琦传",而是仅仅征引郎瑛《七修类稿》以寻求某一有争议性问题的结论。又,从提要中的讹误可知,馆臣对周伯琦之生平缺乏基本的了解,便凭借臆断而妄言。《元史》作为《总目》元别集提要大面积征引之主文献,何以周伯琦此人则独缺漏不引? 由此不难判断,《总目》对《元史》的征引并非出于客观事实之需要,而是依照其主观需求而进行取舍。

以上通过对提要的微观辨证,大致可获得以下总结和反思:

---

① 宋濂等:《元史》卷一八七,中华书局 2000 年版,第 2871—2872 页。

② 宋濂等:《元史》卷一八七,中华书局 2000 年版,第 2871 页。

其一，从学术事实的考察看，《总目》元别集提要征引《元史》的情况有待全面辨证，因为征引中不仅有校写草率的客观失误，亦有急于求成所致的不求甚解、囫囵吞枣，更有借《元史》之正史话语身份以正名、以突显先行观念等主观支配行为。然而，不论是出于客观疏忽，还是出于主观偏颇，以上种种皆造成了学术失真的结果，反映出《总目》元别集提要征引《元史》掺杂了多种非学术性因素的影响。

其二，从征引态度的角度看，《总目》对于《元史》基本持"信任"态度。尽管《总目》对《元史》不无指瑕，但仍给予大面积征引和注明，甚至将别集与《元史》进行文史互证，足见《总目》之"宽容""信任"态度。在此，有一个疑问不得不提出：《总目》对明修《元史》整体持鄙薄态度，如"盖《元史》仓猝成书，疏脱实多，不但重复割裂，如顾炎武所讥"①"《元史》于顺帝时事最称疏略"②，等等，然而事实上《元史》却是元别集提要中征引频率最高的文献。也就是说，馆臣明知《元史》之撰修极为粗糙，却仍旧毫不辨证地进行大量征引。且当时，清初康熙年间邵平远《元史类编》已然面世，辩证性的征引完全可以实现，而馆臣不为。为了说明以上问题，还可以对比元别集提要对《明史》的征引情况来看。元著录别集与《明史》（包括文苑传、艺文志）著录重合有25家，而提要中明言征引《明史》的仅13则，另有12则未提及。由此征引数据来看，元别集提要中《明史》的征引率并不太高，仅为百分之五十。为何其余12则不注明征引出处？这当与避嫌有关，因为《总目》和《明史》皆为清廷官修史书，若《总目》断限时列入元代之文人，却在《明史》中列入明人，这便极易暴露清官方学术对历史事实的认定前后不一的弊病。故作为官方利益代表的馆臣势必要给予适当的处理，以维护官方学术之颜面。而元别集提要征引《明史》的实际情形是怎样的呢？归纳而言，可称作简化浓缩式的征引，具体又可分两种情况而论：一种是引而不言，如《周易参义》提要、《经礼补逸》提要等；一种是

①　纪昀等：《钦定四库全书总目》卷一六七《中庵集》提要，第2225页。
②　纪昀等：《钦定四库全书总目》卷一六七《经济文集》提要，第2239页。

主观篡改而引，如《梧溪集》提要、《周易文诠》提要、《思贤录》提要等①。

综上所言，《总目》对《元史》之征引呈现出三个事实：一是鄙薄之评价，一是信任之态度，一是寄寓主观意图。此三者从学术上看并不和谐，但《总目》却将其完美地统合于一体，并行而不悖。那么，《总目》又是如何统合三者的？那便是在《总目》元别集提要的书写中，主观意图优先而学术客观置于后。

第三节 《元诗选》：文献与官学的游移

《总目》各代别集提要呈现出一种征引的共同性，即每一断代别集提要，都会出现一二本高频征引的文学文献，例如明别集提要主要征引《列朝诗集小传》《静志居诗话》，宋别集提要主要征引《郡斋读书志》，清别集提要多征引王士禛《居易录》《池北偶谈》《渔洋诗话》等②。而至于元别集提要，顾嗣立《元诗选》是《总目》征引频率最高的文献之一。《总目》元别集著录书共 163 家、169 种，征引《元诗选》者至少有 75 家、75 种。其中，有 35 种是显性的征引，馆臣在论述过程中，明确标识出出自"顾嗣立《元诗选》""《元百家诗》"；另有 40 种系隐性征引，如仅引用《元诗选》的文字或观点而未注明"《元诗选》"之名。通过文献溯源、对比阅读和观念辨析可以发现，馆臣征引《元诗选》时，盲目直录文献，有意删改或取舍部分原文文字，有意扩展或遮蔽原文话题及观点。本节对这些盲目与有意之举背后的政治、官学等动因加以辨证，以期完善《总目》元别集提要的内容，同时还原和彰显其在文献、学术和文学

---

① 按，依照《总目》体例，著录书目皆依照经、史、子、集四部顺序排列，故著者人物生平等信息在经部、史部和子部出现过的，集部著作中往往使用"已著录"标注而不再叙说。如梁寅、汪克宽、赵汸、谢应芳等人皆有经学著作，故其生平信息皆出现在经部著作提要中，而集部著作不及。今本论文研究元别集，其文人生平信息不得不以经部著作提要为依据，故考察元别集提要中人物生平时，便将经部著作提要中的人物生平等同于别集提要中的人物生平。

② 按，参看王美伟《〈四库全书总目〉清人别集提要研究》，西南大学博士学位论文 2017 年，第 83 页。

等方面的价值。

一、以讹传讹：直录文献时的盲目与失考

《总目》元人别集提要对《元诗选》的征引可分两类：一种是明引，是指馆臣在撰写元人别集提要时明确标识"顾嗣立《元百家诗》"字眼而加以引证或驳难，这种征引方式较能体现馆臣于《元诗选》借鉴之谨严态度；一种是暗引，是指对《元诗选》人物小传或选诗所附评论文字整体采纳而不言出处，这种征引方式虽然反映馆臣对《元诗选》的文献依赖，但又不免有贪人之功为己有之弊病。不论是明引或暗用，若并无错误，则仅仅是材料征引方式问题，无可厚非；但若《元诗选》原本有误，其盲目抄录而不辨，则不免有以讹传讹之贻害。

在此先比较两段文字，一是《不系舟渔集》提要，另一是顾嗣立《元诗选》陈高小传。前者曰："至正十六年，浮海过山东，谒河南王库库特穆尔原作扩廓铁木儿，今改正。于怀庆，密论江南虚实。库库特穆尔欲官之，会疾作，卒。"①后者为："二十六年春，浮海过山东，谒河南王扩廓帖木儿于怀庆，密论江南虚实，扩廓喜，欲官之。居数月，疾作卒，年五十有三。"②两相比较，可知《总目》基本抄录《元诗选》是毫无疑问的，不同者只是将"（至正）二十六年"误成了"至正十六年"。但纠正这一年号之错是否就意味着再没有问题了呢？事实上，《元诗选》原有的问题馆臣丝毫未作深究而被照录下来，至今仍无人订正。这一错误又是《元诗选》采用其他文献时有所疏忽所致。据揭傒斯撰《陈子上先生墓志铭》载："二十六年冬，东西浙陷。明年春，先生走中州，夏，谒河南王太傅中书右丞相于怀庆，论江南之虚实，陈天下之安危，当何以弭已至之祸，何以消未来之忧。"③以"二十六年冬"及"明年春"推之，则"走中州""浮海过山东"以及与河南王库库特穆尔在怀庆"论江南之虚实"的时间当为至正二十七

---

① 纪昀等：《钦定四库全书总目》卷一六八，第 2245 页。
② 顾嗣立：《元诗选初集》庚集，中华书局 1987 年版，第 1770 页。
③ 陈高：《不系舟渔集》卷一六《附录》，《景印文渊阁四库全书》第 1216 册，第 273 页。

年(1367)春以后,而非至正二十六年(1366)春。比较起来《墓志》撰于陈高去世之后,远比相距数百年之后的《元诗选》更具原始性。可是,《总目》过分依赖《元诗选》,一则不知本源有误,二则抄录再误,可谓错之又错。

此类直录时的笔误,在《玩斋集》提要亦有体现。提要云:"顾嗣立《元百家诗选》则据其门人朱镳所作《纪年录》及揭傒所作《墓志》①,载:'至正十六年正月,张士诚陷平江,公抱印隐居吴淞江上,主钓台山长吴景文家,易姓名为端木氏,号"戾契子羿羿翁"。二十六年卒于海宁寓舍'。证默《跋》所纪之诬。"②其所引《元诗选》记载贡师泰的卒年为"二十六年卒于海宁寓舍",这显然与提要开头所云"二十二年,召为秘书卿,道卒"③相矛盾。《元诗选》云至正二十六年(1366),《总目》曰至正二十二年(1362),其中必有一对一错。今依提要所云"顾嗣立《元百家诗选》"按图索骥,顾嗣立《元诗选》原载末尾赫然为"二十二年卒于海宁寓舍"④。可见错讹实出馆臣的笔误,其硬生生将"二十二年"录作了"二十六年"。然而这一误虽为手误,却足以导致了《总目》在观点表达上的前后矛盾。若依《总目》之误,则《总目》自撰云"二十二年,召为秘书卿,道卒",后言"师泰没于至元(正)二十二年壬辰"⑤,中间却引入贡师泰卒于"二十六年"一说,前后不一,甚为荒谬。更遑论后续展开的推理和驳论的可信度和合理性了。可见《总目》校勘工作失之严谨,甚至不能疏通提要语义、排除逻辑矛盾。

《总目》直录《元诗选》不仅有沿袭或自制之笔误,张冠李戴者亦有其例。《居竹轩集》提要便是这样一例,提要云:"刘钦称廷珪'五言务自然,不事雕刻,七言律最为工,深合唐人之体'。"⑥这里的错误是,"五言"云云之语根本

---

① 按,此句二处书名号为笔者所加,后文"跋"的书名号亦为笔者所加。
② 纪昀等:《钦定四库全书总目》卷一六八,第 2244 页。
③ 纪昀等:《钦定四库全书总目》卷一六八,第 2244 页。
④ 顾嗣立:《元诗选初集》戊集,中华书局 1987 年版,第 1429 页。
⑤ 纪昀等:《钦定四库全书总目》卷一六八,第 2244 页。
⑥ 纪昀等:《钦定四库全书总目》卷一六八,第 2245 页。按,句中引号为笔者所加。

不是出自刘钦,而是郜肃。郜肃《居竹轩集序》曰:"余在广陵识成君原常,虽居于市廛而植竹庭院间,绰有山林意趣,扁其燕息之所曰'居竹'……唯意于诗,五言务自然,不事雕刿,七言律最为工,深合唐人之体。"①可见,四库馆臣在此完全犯了张冠李戴的错误。探究其致误原因,是因为成廷珪《居竹轩集》中同时收录了刘钦、郜肃之序各一,馆臣或一时看走了眼,或看后记忆有误,而把郜肃所评当成刘钦之语了。

值得注意的是,上述这一语误在通常认为是《总目》雏形的《进呈存目》中并未出现,其云:"殁后,其故人郜肃、刘钦搜辑遗稿刻之。肃称其'五言自然,不事雕刿。七言律合唐人之体'。"②虽然《进呈存目》同时提到郜、刘二人,但"五言自然,不事雕刿"等语还是准确无误地归属在郜肃名下。依《总目》生成机制,从原始初稿《进呈存目》到《总目》定稿,中间反复修改而最终由纪昀一手裁定,那么,为何在多次修改成文过程中,原本正确的内容反而修改成了错误呢?想必馆臣应该是有修改依据的,那其根据又是什么呢?在此,我们便可从《元诗选》中找到答案。原来该著《二集》"成处士廷珪"小传云:"故人京兆郜肃彦清、中山刘钦叔让搜辑遗诗,汇而刻之。……刘钦亦曰:原常诗五言务自然,不事雕刿,七言律最为工,深合唐人之体。"③据此则真相大白,原来《总目》与《元诗选二集》的讹误之处如出一辙。由此看来,《总目》提要有时并非在《进呈存目》基础上撰成,而是据一些信息更全的文献重新拟稿,这其实是一种取其捷径的办法,但也容易造成将错就错的现象,其中元别集提要则多依《元诗选》,上述之类错误即被一并沿袭下来。

类似因抄录致笔误或直录而不予辨证的错讹在黄镇成《秋声集》提要、黄溍《文献集》提要、丁鹤年《丁鹤年集》提要等篇中亦有之。而这些讹误之肃清对我们准确判断《总目》提要的生成过程是极有帮助的,且对我们进一步做

---

① 成廷珪:《居竹轩集》卷首,《景印文渊阁四库全书》第 1216 册,第 279 页。
② 《四库全书初次进呈存目》集部三,台湾商务印书馆 2012 年版,第 1019 页。
③ 顾嗣立:《元诗选二集》戊集,中华书局 1987 年版,第 650 页。

《总目》考辨工作足以提供了新的思路,其附带的作用则有益于发现《总目》所引文献的有关错误,如上文中《元诗选》的若干问题就同时得到了纠正。

二、政治禁毁:避替所致的混乱与断裂

《总目》征引中无意之失虽于事实的传播有妨害,然对于"体大虑精"的鸿篇巨制《四库全书》自不可求全责备。然而征引文献中往往还有因人为干预之误,比如为符合君王圣意和政治需求而对事实进行牵强的避绕、替代和删改,这是极为影响学术客观与真实的,故必须溯源还原之。就《总目》而言,此类人为干预行为的典型代表便是出于迎合政治需求的避替,如钱谦益其名、其著之隐去。仅据姚觐元《清代禁毁书目四种》统计,清乾隆朝禁毁钱谦益所撰、所编、所选和所评之著作多达 12 种①,奏准抽毁钱谦益涉及别集或总集条目多达 35 条,而实际抽毁之条目之数量当远远不止于此。作为文坛巨擘的钱谦益,因其著作多涉"谋逆"内容且其"贰臣"人格为乾隆帝唾弃,圣谕曰:"钱谦益在明已居大位,又复身事本朝,而金堡、屈大均则又遁迹缁流,均以不能死节,靦颜苟活,乃托名胜国,妄肆狂狺,其人实不足齿,其书岂可复存? 自应逐细查明,概行毁弃,以励节臣而正人心。"②《总目·集部总叙》亦云:"至钱谦益《列朝诗集》,更颠倒贤奸,彝良泯绝,其贻害人心风俗者,又岂鲜哉! 今扫除畛域,一准至公。"③这种态度在《总目》撰写过程中却又并非一步到位的,以致定稿之前仍保留明引钱氏《列朝诗集》的一些内容。随着官方在修书进

①　按,据姚觐元《清代禁毁书目四种》统计,"全毁书目"(1 种):《国初群雄事略》二本,钱谦益撰;"军机处奏准全毁书目"(3 种):钱谦益撰《钱牧斋尺牍》、钱谦益撰《杜诗笺注》及钱谦益笺注《唐诗合选》;"应毁钱谦益著作书目"(7 种):《初学集》《有学集》《牧斋文钞诗钞》《牧斋性理钞珍》《列朝诗集》《列朝诗集小传》《大方语范》;外省移咨应毁各种书目(1 种):钱谦益选《王叔闻诗钞》;"应缴违碍书籍各种名目"(4 种):钱谦益著《钱牧斋尺牍》,钱谦益选《列朝诗集》,钱谦益编《有学集》,钱谦益编《初学集》。删去重复记载,共计著作 12 种。

②　中国第一档案馆编:《纂修四库全书档案》三五二,上海古籍出版社 1997 年版,第552 页。

③　纪昀等:《钦定四库全书总目》卷一四八,第 1971 页。

程中思想禁锢意识的不断强化,《总目》定稿时一方面不得不将钱氏的痕迹一概抹去,另一方面关于元末至清初诗家之评定又很难绕过这位文坛大家的不刊之论。为此,馆臣采取的是较为简单的方法,即将明引的字眼删除,引用的内容则保持不变。这样,也就不可避免要出现上下文的语义龃龉或混乱。《总目》明人别集提要这种现象较为突出,学界已有相关著作专作辨证①。因《列朝诗集》中明初的一些作家被《总目》归入元代,此类问题也就在《总目》元人别集提要中有所存在。

如果正本清源,我们会发现《列朝诗集》人物小传实为《总目》元末部分别集提要书写时参照之源头。在《总目》之前已有《元诗选》问世,而《元诗选》于元末明初作家小传多参照《列朝诗集》撰成,所以当《总目》大篇幅采录《元诗选》相关内容时实际就形成了对《列朝诗集》的间接引用。当乾隆帝一纸禁书令下达时,《列朝诗集》打入禁毁之列,在上述情况下要撇清《总目》与《列朝诗集》千丝万缕之关联谈何容易。故馆臣为迎合圣意只能做出字面的删除,而未能顾及语义含混断裂之后遗症。以叶颙《樵云独唱》的提要为例予以说明:

> 顾嗣立《元诗选》载:"叶樵云颙,字伯恺,洪武中登进士,官行人司副,免归"。按集中《挽琳荆山上人》云"大德庚子春,生我及此公"。以年计之,当洪武戊申,景南年六十有九矣。其《独乐歌》云:"屈指今年七十五"。集中诗皆高旷之言,绝无及仕宦者,袁布政凯序云:"使先生后生数年,际我朝之明盛,与一时俊乂并列庶职,其事业必有可观。惜其不然,而徒于言语文字间见之,其志不亦可哀乎!"袁序作于成化间,不应有误。《元诗选》所引未知何所据也。又《震泽编》载:"东山叶颙,字伯昂,尝以乡贡为和靖书院山长。则又一同名姓者耳"云云,其辨甚明。案《太学题名碑》,建文庚辰科有叶

---

① 何宗美、张晓芝:《〈四库全书总目〉的官学约束与学术缺失》,人民文学出版社 2017年版。

颙,亦金华人。庚辰为建文三年,革除以后,称洪武三十三年。《元
诗选》所引当必因此而讹,嗣立特未之详考也。①

细读此提要,引文与论述混杂不清,且材料所论与观点自相矛盾。对照以
下二则文献,便能一清二楚。其一是顾嗣立《元诗选》"叶樵云颙"小传附录考
证部分:

> 钱牧斋《列朝诗集》所载叶樵云颙,字伯恺,洪武中登进士,官行人
> 司副,免归。按集中《挽琳荆山上》云:"大德庚子春,生我及此公。"以
> 年计之,当洪武戊申,景南年六十有九矣。其《独乐歌》云:"屈指今年
> 七十五"。集中诗皆高旷之言,绝无及仕宦者。袁布政序云:使先生后
> 生数年,际我朝之明盛,与一时俊义并列庶职,其事业必有可观,惜其
> 不然,而徒于言语文字间见之,其志不亦可哀矣乎! 袁序作于成化间,
> 不应有误。牧斋所云,未知何所据也? 又《震泽编》所载,东山叶颙,字
> 伯昂,尝以乡贡为和靖书院山长。此则又一同名姓者耳。②

其二是钱谦益《列朝诗集小传》"叶樵云颙"小传:

> 颙,字伯恺,金华人。元末,隐居不出,自号云颙天民。至正庚
> 子,自刻其诗曰《樵云独唱》。洪武中,举进士,官行人司副。免官家
> 居,授徒甚众。③

三段文字对比发现,钱谦益《列朝诗集》小传内容为起点,《元诗选》附注
文字是顾嗣立对钱谦益所述叶颙生平事迹中入明出仕的质疑。《总目》与《元
诗选》之关系则甚为微妙:一方面,《总目》与《元诗选》大篇幅雷同;另一方面,
中间又藏有三处不同:《元诗选》之"钱牧斋《列朝诗集》所载",《总目》改成
"顾嗣立《元诗选》载",此一;《元诗选》之"牧斋所云,未知何所据也",《总目》
换为"《元诗选》所引,未知何所据也",此二;《总目》末尾增添了《太学题名

---

① 纪昀等:《钦定四库全书总目》卷一六八,第 2253 页。
② 顾嗣立:《元诗选初集》辛集,中华书局 1987 年版,第 2252 页。
③ 钱谦益:《列朝诗集小传》甲前集,上海古籍出版社 1983 年版,第 66 页。

碑》一条材料为《元诗选》所无,此三。这里前两处的轻易改动造成了《总目》话语归属发生错位,即原为钱谦益《列朝诗集》所载硬说成是顾嗣立《元诗选》所载,这完全是不顾事实的做法,这种错误必须纠正。更严重的问题是,经此妄改,原本是顾嗣立指出钱著中的问题并加以辨证,由此反成了顾氏之著本身的问题了,辨证之功便落到了《总目》头上。这样,《总目》一是妄诬《元诗选》,二是贪顾氏之功为己有。此类问题出现在像《总目》这种严肃的官学目录著作中是极不应该的。

我们所说馆臣的"妄改"可以在《纪晓岚删定〈四库全书总目〉稿本》得以印证。该稿本为纪昀手删稿,保存了圈删和修改的墨迹。其中,叶颙《樵云独唱》提要的圈改处一共有四:(一)"顾嗣立《元诗选》曰:《列朝诗集》载'叶樵云颙,字伯恺,洪武中登进士,官行人司副,免归'。"删除"曰《列朝诗集》"数字,变为"顾嗣立《元诗选》载:'叶樵云颙,字伯恺,洪武中登进士,官行人司副,免归'"①;(二)将"《列朝诗集》所载未知何所据也"改为"《元诗选》所引未知何所据也"②;(三)将"《列朝诗集》当必因此而讹"改为"《元诗选》所引当必因此而讹"③;(四)"嗣立尚未之详也"改为"嗣立特未之详考也"。④ 前三处涂改皆因规避钱谦益《列朝诗集》所致,但这种删改仅停留于字面上的简单改动,未能完成内在意义的准确转化,遂导致了我们上述分析的问题。

因钱氏《列朝诗集》引起的删削变更,在《江月松风集》提要中亦有体现:"其集在明不甚显,故焦竑撰《国史经籍志》收元人诗集颇夥,而维善所作不著录,其传于世者惟赖良《大雅集》所录诗九首而已。此本初为维善手书,真迹

---

① 永瑢、纪昀等:《纪晓岚删定〈四库全书总目〉稿本》(第 7 册),国家图书馆出版社 2011 年版,第 299 页。

② 永瑢、纪昀等:《纪晓岚删定〈四库全书总目〉稿本》(第 7 册),国家图书馆出版社 2011 年版,第 300 页。

③ 永瑢、纪昀等:《纪晓岚删定〈四库全书总目〉稿本》(第 7 册),国家图书馆出版社 2011 年版,第 301 页。

④ 永瑢、纪昀等:《纪晓岚删定〈四库全书总目〉稿本》(第 7 册),国家图书馆出版社 2011 年版,第 301 页。

藏于练川陆氏家,后归嘉兴曹溶。康熙中,金侃于溶家抄得,又以甫里许氏藏本较其异同,始行于世。顾嗣立《元诗选》所录,即据此本采入者也。"①据《元诗选》"曲江老人钱惟善"小传附注文字:"钱思复《江月松风集》十二卷,焦澹园《经籍志》不载,钱牧斋《列朝诗集》录思复诗九首,得之赖良《大雅集》所载者而已。练川陆子垂藏思复手书诗集,后归于秀州曹倦圃,友人金亦陶抄得之,合之甫里许氏所藏,与陆氏原本无异。"②对照一看,《总目》提要的内容全都来源于《元诗选》,除钱谦益外,他如焦、赖、陆、曹、金等人也明确提及,之所以唯独隐去钱氏不提则因其著遭清廷禁毁之故。这种改动虽较上例造成的错误不是那么突出,但其影响也是不可忽略的,因删除"钱牧斋《列朝诗集》"数字,材料来源的信息链就被人为地断裂。"其传于世者,惟赖良《大雅集》所录诗九首而已"的说法,删改之前直接是据于《列朝诗集》的,删改之后就变成来源于《大雅集》了,意义虽然差异不大,但与事实则相违背。读者必须将其还原到《元诗选》才不失真,如单据《总目》则存在部分信息完全虚假的问题。

再如,在书写元末明初诗人郭翼之生平时,顾嗣立《元诗选二集》"郭翼"小传后附有顾嗣立驳难钱谦益《列朝诗集》的考证文字:"按羲仲卒于至正二十四年,崑山朱珪《名迹志》载有卢熊所撰墓志可据。而钱宗伯牧斋《列朝诗集》谓羲仲洪武初征授学官,度不能有所见,怏怏而卒。岂未见公武所撰墓志耶?牧翁考证,号为详博,而小传中疏缪如此类者颇多。余一一表而出之,非敢指摘前贤,窃恐贻误来学也。"③文中极力反驳钱谦益所言郭翼出仕明朝一事。顾嗣立此段考证完全被《总目》采录,而"钱宗伯牧斋《列朝诗集》"被《总目》以"他书"二字替换了,提要云:"他书或谓翼至洪武初尝征授学官,非其实也。"④非常明显地,在征引《元诗选》的过程中,钱谦益的观点随着"钱宗伯牧

① 纪昀等:《钦定四库全书总目》卷一六八,第2251页。按,原文中"维善"实为"惟善"之误,笔者更正。
② 顾嗣立:《元诗选初集》辛集,中华书局1987年版,第2268页。
③ 顾嗣立:《元诗选二集》庚集,中华书局1987年版,第1001页。
④ 纪昀等:《钦定四库全书总目》卷一二二《雪履斋笔记》提要,第1630页。

斋《列朝诗集》"的删除而被隐去了。《总目》此处的避替虽不及前几例那般生硬，但钱谦益的观点却被无形中遮蔽。而冠名"钱谦益"之观点和冠名无名氏之观点，对于后世学术的影响可谓天壤之别。

由以上诸案例可知，《总目》惯于直录《元诗选》小传和附注内容而隐去其出处，悄然将《元诗选》所言所考转换成《总目》话语，这显然有贪功之嫌。而《总目》又擅自将《元诗选》征引《列朝诗集》处，或换以"他书"，或略去钱谦益的观点，或甚至直接生硬抹去钱谦益《列朝诗集》其名目而不顾其他。而当提要撰写者仅生硬剪辑又未能顺畅接缝时，便造成了语义表述的混乱；当钱谦益之观点被替换或隐藏后，又会造成学术真实脉络的被隐藏和被断裂，甚至于反而对学术脉络的梳理增添了障碍。

当然，《元诗选》仍有多处征引《列朝诗集》处未被《总目》所征引①，虽然《总目》不予征引采用的原因目前难以定说，或因观点一致？或因论述不足？但可以肯定的是，《总目》未予征引，反而是一种幸运，因为《元诗选》中与之相关的学术原始地尚且得以保留。

通常认为，乾隆朝禁书运动中的禁销重灾区是明末清初之书籍，而元人著作是严苛禁书运动中的幸运儿。然而，此幸运中亦暗藏着不幸。因为朝代的更替、时间的流逝，元人学术脉络的延伸势必逃不出明末清初这一段时间带，而当此环节因外力而被剪辑删除时，元人学术的脉络轨迹亦会出现断落和畸变，此在上文已有确切印证。又，因避替"钱谦益"字眼而导致的明清之际学术混乱和断裂，学界亦早有关注。除集部，经部亦有；除明末清初学术，清代中期学术中亦有。如叶纯芳所考，《四库全书》本秦蕙田《五礼通考》删去了钱谦

---

① 按，如《元诗选》"张昱"小传所云："钱牧斋《列朝诗集》，次光弼于廉夫之后，皆以元官终其身者也"（顾嗣立：《元诗选初集》辛集，中华书局 1987 年版，第 2057 页）；"杨维桢"小传："钱牧斋谓铁体靡靡，久而未艾，斯言未足以服铁崖也"（顾嗣立：《元诗选初集》辛集，中华书局 1987 年版，第 1976 页）；"谢应芳"小传："钱宗伯《列朝诗集》载谢《璚树》诗一首入甲集。云诗出朱存理钞本，其名未考，想未细审邑志及余、卢二公所撰序耳"（顾嗣立：《元诗选二集》辛集，中华书局 1987 年版，第 1212 页）等等。

益《徐霞客传》一条,却并未删去秦蕙田相关的按语,导致秦氏按语所言"徐氏"无所指,造成了表达上的障碍和接受上的困惑。① 而本节以上呈现的仅是该现象在《总目》元别集提要中之体现。

三、身份焦虑:变化之形态与不变之持守

《总目》对《元诗选》的参照不仅停留于信息表述的征引上,更体现在对《元诗选》所持观念的再生发和再阐释上。具体而言,但凡《元诗选》有对某一事实进行考证或论证的文字,《总目》都会予以征引,同时隐去其原始出处,而征引形态则各不相同,有时是认同式,有时是反驳式,有时则是转换式的,有时是变未知为确说。然而此变化不一的征引形态中,却透露出一种"不变性",即《总目》对别集作者的身份、志趣,特别是人生出处、朝代替更的归属尤为在意。以下分四种情况考察:

第一种情况,认同式的扩展和再论证,如《秋声集》提要,其云:

> 《闽书》称镇成至正中筑室城南,号"南田耕舍"。部使者屡荐之,不就,似乎高隐之士。郑潜《序》则称其"有所激而鸣其不平"②。今考集中《南田耕舍诗序》,言"赋者,率拟之于老农,人各有志,同床而不相察"。其第二首云:"种田南山下,土薄良苗稀,稀稗日以长,茶蓼塞中畦。路逢荷蓧人,相顾徒嗟咨。我欲芟其芜,但念筋力微。终焉鲜嘉谷,何以奉年饥? 谁令恶草根,亦蒙雨露滋? 岂无力耕士,悠悠兴我思"。则镇成盖遭逢乱世,有匡时之志,而不能行,乃有托而逃,故诗多忧时感事之语。潜《序》为知其心。徒以为恬退之士,未足罄所抱矣。③

① 叶纯芳:《理解版本的方法与效用》,《儒家典籍与思想研究》第四辑,北京大学出版社2012年版,第266页。

② 按,此句中书名号和引号为笔者所加。

③ 纪昀等:《钦定四库全书总目》卷一六七,第2235页。按,提要中"《序》"之书名号为笔者所加。

　　文献对比发现,此段提要完全是在《元诗选》小传表述基础上生发开来的,小传云:

　　　　筑南田耕舍,隐居著书。……部使者屡荐之,不就。……所著《秋声集》十卷,新安郑潜序之。谓如太音希声,天籁自鸣。抑亦有所激而鸣其不平者耶? 今观《南田耕舍》及《西城纪事》诸诗,亦可以知其寄托之有在矣。①

　　以上两文虽然字数多寡不一,但仍然不难看出,《总目》提要的内容全是在《元诗选》诗人小传基础上生发出来的,后者提供了基本的胚胎,前者由此结胎成文。其结胎处有二:一是观点。《总目》立论基点是"有所激而鸣其不平",这完全出自《元诗选》。二是材料。《总目》为阐发其观点,主要依据郑潜之《序》和诗人黄镇成集中的《南田耕舍诗》及其诗序,这也是《元诗选》提供的。以下我们即从这两个层面来分析:

　　为了论析之便,在此先说材料,再说观点。而说到材料,《总目》提要明显是有些问题的。所谓"今考集中《南田耕舍诗序》,言:'赋者,率拟之于老农,人各有志,同床而不相察'。"是错误的,馆臣弄错了诗题,以下所引"其第二首云"完全对错了号。这首诗原题曰《予作〈南山耕舍〉,诸公赋者率拟之于老农。噫! 人各有志,同床而不察。世之君子,乃欲责人之知己,不亦难乎? 因作〈写怀〉二首以自解云》,诗之其一曰"白日不停驭,颓波竟东驰……",其二曰"种田南山下,土薄良苗稀……"②,后一首即为《总目》提要所引之作。原来诗题本来叫作《写怀》,馆臣却说成了《南田耕舍》,原因是馆臣对这段文字只看了开头部分,后面的文字则略而未睹便匆匆掐头去尾、断章取义,犯了常人易犯的错误。根据原题,是说诗人先以《南山耕舍》为题作过诗,引起"诸公赋者"的误读,后来再作《写怀》二首进一步明志。他提到的《南山耕舍》诗有七言二首、五言一首,《元诗选》皆选入,其五言曰"离离南山田,采采山下

　　① 顾嗣立:《元诗选初集》庚集,中华书局1987年版,第1802页。
　　② 顾嗣立:《元诗选初集》庚集,中华书局1987年版,第1813—1814页。

绿……还肯过邻家,邻家酒应熟"①,馆臣把"种田南山下"误为《南山耕舍》的诗句,显然又是张冠李戴了。问题说明,馆臣在提要撰写过程中有时是十分麻痹大意的,他们不仅谈不上认真翻阅作者文集,甚至连提要中涉及的作品也没有顾得上核实对照,用到的材料在未及通读的情况下顺手拈来即用,造成的"硬伤"便在所难免。

与材料的问题相比,《秋声集》提要的观点征引虽没有明显的问题,但仍有值得辨析的价值。还有一点让我们可以明白的是,馆臣的提要撰写往往会流露出一种特别的敏感度和关注度。从《秋声集》提要的征引来看,《总目》在生平爵里、文献得失和文学批评的常规书写范围之外,对文人出世或入世心态倾注了特别的关注。集中表现在对文人出世或入世心态话题的征引和扩充。《元诗选》仅用了 52 字,以"点到为止"的方式补充了前人少有关注的黄镇成隐逸背后的入世本心和社会关怀,而《总目》则将《元诗选》此观点扩展至 244 字,且进行了扩充式的再论证和再阐释。而更特别的是,文渊阁、文溯阁以及文津阁库本书前提要均未载有此内容,也就是说,这 244 字的内容是《总目》后来据《元诗选》扩增而来。今阅《秋声集》文渊阁库书提要全文②,其中并无涉及《元诗选》论述和观点之处,而是主要征引王士禛《居易录》中对黄镇成的诗歌风格进行评价。库书提要将黄诗与"抗尘走俗者"之诗对比而论,着力凸

---

① 顾嗣立:《元诗选初集》庚集,中华书局 1987 年版,第 1811 页。

② 按,提要原文云:"《秋声集》四卷,元黄镇成撰。镇成,字元镇,邵武人。自幼刻苦嗜学,笃志力行,筑南田精舍,隐居著书,部使者屡荐之,不就,最后用执政奏,授江西路儒学副提举,命下而卒。至正间,集贤院定谥曰'贞文'。处士所著,有《易通义》《尚书通考》《中庸章旨》《性理发蒙》诸书,皆已亡佚。惟此集尚存,然原本十卷,此仅四卷,则亦非完帙也。镇成诗格清新刻露,在唐人中颇近钱郎,不染元代秾纤气习,可谓能超然埃壒之表者,王士禛《居易录》称,镇成《秋风诗》云:'秋风淅淅生庭柯,萧萧木落洞庭波。红树夕阳蝉噪急,白苹秋水雁来多。王孙不归怨芳草,山鬼欲啼牵女萝。蒹葭苍苍白露下,望美人兮将奈何'。又《秋山小景》云:'家住夕阳三峡口,人行秋雨二崤间。不知何处真堪画,移得柴门对楚山'。《五曲精庐》云:'歌棹曾穷九曲源,精庐迢递隐屏前。闲寻五曲樵溪上,三十六峰秋满船'。以为甚有风调。今检集中,多韵致楚楚、可供吟讽之作,正不独此三诗为然。盖秀骨出于天成,故霞举云骞,自然隽逸,固非抗尘走俗者所可及已。"(黄镇成:《秋声集》卷首,《景印文渊阁四库全书》第 1212 册,第 523—524 页。)

显其诗歌"清新刻露"①"自然隽逸"②之风格特征。可见,在《总目》之外的库书提要对黄镇成的诗歌批评主要体现在诗歌风格上,且认为其清新超脱之风格与其人之隐逸志趣是一以贯之、互为表里的。

再对比《元诗选》看,《元诗选》小传表述的观点正好是与库书提要所述相背离,体现在:其一,库书提要对诗歌进行的是审美风格的评论,而《元诗选》是从思想志趣上进行解读;其二,库书提要认为黄镇成清新诗风与隐逸志趣二者相辅相成,取王士禛之观点,而《元诗选》所言则是认为其清新诗风背后有一颗入世之心和忧国忧民之心,这从根本上否定了"清新诗风"形成之根源。显然,顾嗣立所论是带有针对性的,其直指的对象是前人或时人仅以隐逸人格及其超脱诗风论黄镇成诗歌的局限论点,其中便包括王士禛所论。《元诗选》小传的叙述逻辑是,前半部分通过人物行为方式和仕宦选择的叙述塑造了黄镇成超然世俗的隐士形象,在后一部分则转而引郑潜《序》,否定了隐士之笔必为隐逸之风的因人论诗的批评观点。他认为黄镇成其人之行为虽是出世的,但其内心却是入世的,与郑潜《序》中所论"抑亦有所激而鸣其不平者耶"深相契合。顾嗣立对黄镇成诗歌思想和心灵的揭析应是出于阅读心得的"与众不同",因为"选"诗的过程是一个取与舍的全面审阅过程,较之管窥一豹的批评家更需要鉴别和区分的识力。黄镇成《秋声集》中固然有大量描绘田园生活图景的诗歌,如《春雨南山书事》《野望》等,皆能体现其隐逸超脱之闲趣,然其亦有一类诗歌,如《写怀》《城西纪事》③等,以"路崄巇""无津涯""稊稗""荼蓼"④等意象表露出诗人不满社会现实,意欲济世却无路可走的愤懑和忧虑,故其退而愿如秦汉方士羡门子一般,隐居而生,长生不老。而《元诗选》认为后者才是直写其本心的,他并非超脱之隐士,归隐只是一种消极愤世的隐遁

---

① 黄镇成:《秋声集》卷首,《景印文渊阁四库全书》第 1212 册,第 523 页。

② 黄镇成:《秋声集》卷首,《景印文渊阁四库全书》第 1212 册,第 524 页。

③ 按,黄镇成《秋声集》并无《西城纪事》,实有《城西纪事》,一字之差,《元诗选》有误。

④ 顾嗣立:《元诗选初集》庚集,中华书局 1987 年版,第 1813—1814 页。

选择,诚如郑潜《秋声集序》所云:"先生学行卓异,抱济世之材,不得志于有司,慨然著书垂训,以淑后学。"①

正如上所述,三库书提要之叙述角度和表述观点皆与《元诗选》大相径庭。然而《总目》摒弃库书提要之叙述,一改之前对王士禛观点的推崇态度而为中立,删削征引王士禛评论之内容,而与此同时,则是全盘吸收《元诗选》全新之解读和观点。《总目》对《元诗选》观点之推崇由此可见。当然,这一变化固然与《总目》对《秋声集》再认识和观念修正有关,但是,《总目》甚至在《元诗选》观点的基础上再另增文献,引入《闽书》和本诗,以助再阐释和再引证,这便足见《总目》于黄镇成诗歌思想和人生志趣话题的极度关注。

第二种情况,否定式的辩驳和再论证。《总目》在征引《元诗选》时,表露出《总目》关注度和兴趣点的不仅有肯定式的扩充论证之处,还有否定式的辩驳论证之处,比如《栲栳山人集》提要云:

> 顾嗣立《元诗选》曰:"安卿尝作《三哀诗》,吊宋遗民之在里中者,寄托深远,有俯仰今昔之思"。案《三哀诗》一曰厉元吉,宋末举进士第,为乌程尉,入元不仕以终,安卿之师也。一曰高师鲁,佚其名,而为安卿家三世之交,总角时曾得见之。一曰李天锡,则其里之老儒,安卿未及相识者。详其词意,前二篇为追念故交,后一篇为表章潜德,其间虽有"新亭"、"黍离"诸语,乃追叙三人之遗事,非安卿自有是感。诗语甚明,嗣立遽以思宋为说,穿凿殊甚。又集中《出门偶赋》诗有"侧闻朝廷遗逸征,集贤著作空盈庭。中书堂上日羊饭,世祖山河如砥平"。则身见元政渐弛,文恬武嬉,方深以国事为忧,而望以无忘祖宗之创业,岂复眷眷于宋者乎! 嗣立以词害意,遂使安卿首鼠两端。今谨订正其误,俾读者无惑焉。②

---

① 黄镇成:《秋声集》卷首,《北京图书馆古籍珍本丛刊》第96册,书目文献出版社1998年版,第613页。

② 纪昀等:《钦定四库全书总目》卷一六七,第2242—2243页。

此则提要的核心思想是对顾嗣立《元诗选》"思宋"说的辩驳。其角度有二：一是对《三哀诗》中人物身份和诗歌主题的把握否定顾氏之说；二是以《出门偶赋》诗的"亲元"阐释来反驳"眷眷于宋"并不成立。但事实上，馆臣这两个方面无一符合逻辑。

先看第一方面的主观断论之误。馆臣的用意是，通过对诗作的解读，确认著者岑安卿诗中的三人并非全为遗民，而其中"新亭""黍离"等并非故国之思。今阅《栲栳山人诗集》上卷《三哀诗》，其一云："厉公予先师，侃侃国髦士。文词奋白屋，名识动丹宸。帝乡眷遇殊，曲宴锡丰侈。青衫何足云，倏忽期显仕。云胡尉苕溪，露泣秋萱死。朔风撼南极，黄屋继隳圮。归栖从山云，松柯荫琴史。泪挥新亭悲，诗穷黍离旨。雪霜转侵凌，故里不可止。漂泊海东西，生计日凋靡。暮年赋归欤，幸遂首丘志。遗经惜无传，嗣续但耘耔。死别三十春，怅未致一慰。何当马鬣封，秋菊荐寒水。"且于诗题后注曰："右故厉先生，讳元吉，字无咎，号半村，宋末举进士第，为乌程尉。"①联系厉元吉的身份，再看"新亭悲""黍离旨""首丘志"等常典，其诗表彰主人公守志固穷、思悼故国的遗民情怀是毋庸置疑的。再看诗之其二，小注曰："右故高先生，先生字师鲁，里先儒。"诗中写道："驰骋文藻林，濩落老无遇。转眄五十春，国祚倏非故。荒凉东海滨，谁复嗟罄窭。"②这里所描述的高师鲁，他在南宋覆灭之后奔走东海之滨，可见与厉元吉一样，同样是一位贫穷困顿而不仕新朝的节义之士，而所谓"国祚"毫无疑问是就宋室而言的。元人刘岳申撰《高师鲁墓志铭》仅载其入元后事迹而未及宋末，并言"以布衣死"③，则其入元未仕由此可知。诗之其三是咏李天锡的，小注曰："右故李先生，先生字天锡，号碧峰，里先儒。"其诗则云："驰声翰墨场，群彦咸辟易。五色日迷眼，造物秘莫测。馀年付诗酒，琴书自朝夕。晚交无功师，妙语契金石。谈空眇生死，实以贫贱戚。

---

① 岑安卿：《栲栳山人诗集》上卷，《景印文渊阁四库全书》第 1215 册，第 462—463 页。
② 岑安卿：《栲栳山人诗集》上卷，《景印文渊阁四库全书》第 1215 册，第 463 页。
③ 李修生：《全元文》卷六七〇，第 21 册，江苏古籍出版社 2001 年版，第 595 页。

青衫固不就，纵就国步革。凄凉文会基，狐兔穴遗甓。"①诗中"国步"，典出《诗经·大雅》之《桑柔》"于乎有哀，国步斯频"②，指的是国运，而"国步革"就是"国步斯频"的意思。对于由宋入元的人来说，"国步革"之"国"非宋之谓而又是何指？所以，《三哀诗》无论哪一首，其所哀者无一不是体现了其宋遗民身份的，如果他们的人生遭际不是都与故国命运相关联，作者在诗题中又何必要用一"哀"字？由此看来，《元诗选》的编撰者顾嗣立论之以"寄托深远，有俯仰今昔之思"，甚是合理，毫无瑕疵。馆臣却在没有任何确切证据的情况下，且置诗中明确描写的事实于不顾，反说顾嗣立"以词害意，遂使安卿首鼠两端"，而轻易断言"前二篇为追念故交，后一篇为表章潜德"，妄意否定"思宋"之说，结果改是为非，其说"今谨订正其误，俾读者无惑焉"云云，实则恰恰相反，如不辨证，便反受其误。

再看第二方面的逻辑之误。依提要所言，岑安卿《出门偶赋》一诗为"身见元政渐弛""而望以无忘祖宗之创业"，此单就这首诗来说应该是不成问题的。今观其全诗曰："老骥伏枥风萧萧，饥鹰侧目看青霄。骊龙抱珠海底卧，虎豹不噬群狐嗥。河边老人倚墙坐，六合茫茫弹丸大。平生剩读古人书，倒箧青钱无一个。侧闻朝廷遗逸征，集贤著作空盈庭。紫薇堂上日午饭，世祖山河如砥平。"③先看前四句，"老骥伏枥""骊龙抱珠"等显然指斥朝廷用人不善而奸佞当道的政治现实，为贤能者怀才不遇、深陷贫困抱不平。而后几句亦即馆臣所引诗句，则是对元初世祖统治时期知人善用而世道太平的怀念。通观全诗，岑安卿对元朝有美有刺，其中馆臣所谓"身见元政渐弛"的意思是有的，但问题是在逻辑上并不能以此诗之意旨来证明诗人另一首《三哀诗》无"眷眷于宋"的思想感情。馆臣以同一诗人的此诗之意反驳彼诗之意，而试图界定其思想的单一倾向，这于逻辑上是不成立的。

---

① 岑安卿：《栲栳山人诗集》上卷，《景印文渊阁四库全书》第 1215 册，第 463 页。
② 程俊英、蒋见元：《诗经注析》，中华书局 1991 年版，第 869 页。
③ 岑安卿：《栲栳山人诗集》卷中，《景印文渊阁四库全书》第 1215 册，第 476 页。

又，今查文渊阁、文溯阁、文津阁三库本书前提要，皆无征引和考辨顾嗣立《元诗选》此一段，那么，馆臣何以要独于《总目》提要中增添此一段，并加以辩驳呢？其用意为何呢？笔者以为有两方面的原因：

第一，修正的必要性。即纂修《总目》对文人身份归属和思想倾向考察的需求。因馆臣对岑安卿的生卒未能确认，提要仅言"集中《次韩明善题推篷图》诗称'坡翁仙去二百春'，以苏轼卒于宋徽宗初计之，盖当元之中叶，故上得见厉元吉，下得见危素也"，这一推测性结论以宋遗民厉元吉和仕明元臣危素两位政治性较强的人物为时间节点，则岑安卿极有"思宋"或"入明"的可能性。再按，《总目》元人别集提要的编排顺序是有一定讲究的，《栲栳山人诗集》是卷一六七的最后一位，而卷一六八则基本为元末文人，多为死节之士、隐逸之士或明初被征修《明史》《礼》《乐》之人，故纪昀在修改《总目》时，有必要对处于这种时间断限标志性位置的文人及别集作思想的梳理和身份的肃清，以确保其归属之合理性。

第二，修正的可能性。《栲栳山人诗集》在乾隆三十五年（1770）的校勘和整理，使得岑安卿之评价出现了与此前《元诗选》不同的观点。早在元末明初宋濂《题栲栳山人诗集后》便称岑安卿为德高望重的乡贤："其居乡也，人皆敬而惮之。"①至乾隆时卢文弨先后作有《题张氏所刻栲栳山人诗集后》《题钞本栲栳山人诗集后》，其中前一篇提供的信息至少有三点值得一提：一则乾隆三十五年（1770），即在纂修《四库全书》之前，《栲栳山人诗集》赖余姚乡人搜访、校勘而再次在京城显世；二则发扬宋濂之说，尊岑安卿为引一乡风气、德高望重的乡贤；三则对"近人顾侠君颇意其有郁塞之慨，殆非知先生之深者"②不以为然，而以"独善之士"和"清白守节，行义悦民"对其定评。基于此，卢文弨认为岑安卿"诗风格清劲，多见道之言，有以自乐，不慕荣

---

① 宋濂著，黄灵庚校点：《宋濂全集》卷三九，第 2 册，人民文学出版社 2014 年版，第 861 页。

② 卢文弨著，王文锦点校：《抱经堂文集》卷一二，中华书局 1990 年版，第 176 页。

利",又云"先生古诗格高气劲,多以理胜,有益于世教,然亦温润妍雅,与陈腐之言迥别"①。显然,依卢文弨所谓"见道之言""有益于世教"而言,则何来顾嗣立所说的"郁塞之慨"?这说明,在《总目》之前从顾嗣立到卢文弨对岑安卿的评价已经发生变化,而馆臣的做法是取时下之见而弃顾嗣立之说。卢文弨于乾隆三十四年(1769)辞官归里,后来纂修《四库全书》他并未参与②,但因其以校勘著称一时,且身居高位,又与四库馆臣戴震、王念孙、翁方纲及其门人等交往皆密切,故其观点或为四库馆臣采纳并发挥是不无可能的。

第三种情况,征引《元诗选》材料而变换论题。此以《梅花道人遗墨》提要观之,《元诗选》有对吴镇生平轶闻的考证,其矫正之对象是"野史"流传的吴镇墓为杨琏真伽所发一事。因此人此事皆存在于元初,与生活在元末的吴镇完全不相及,故顾嗣立纠正之,并顺带嘲讽了附会野史虚妄之说的陈继儒。小传云:

> 仲珪将殁,命置短碣冢上曰"梅花和尚之塔"。或怪之,曰:此有意,当自验。元末兵起,所至椎冢,惟仲珪以碣所署,疑为缁流,舍去。按仲珪生于前至元十七年庚辰,卒于至正十四年甲午,有墓碑可考。而野史流传,发墓为杨琏真伽事,不知杨髡发掘宋陵,在前至元戊寅,是时仲珪犹未生也。陈征士继儒仲醇作《梅花庵记》,亦从而附会其说,可为大噱。钱宗伯牧斋谓仲醇为装点山林,附庸风雅,于此益信为千古定评矣。③

《总目》完全借鉴了《元诗选》之材料和观点,却是为了驳斥另一个论题。提要云:

> 《嘉兴志》称其卒于明洪武中。考镇自书墓碣,称生于至元十七年庚辰,卒于至正十四年甲午,则未尝入明,《志》为舛误。又陈继儒

---

① 卢文弨著,王文锦点校:《抱经堂文集》卷一二,中华书局1990年版,第177页。
② 傅璇琮:《卢文弨与〈四库全书〉》,《濡沫集》,北京联合出版公司2013年版,第59页。
③ 顾嗣立:《元诗选二集》己集,中华书局1987年版,第710页。

《梅花庵集》称镇自题墓碣为"梅花和尚之塔",后扎木扬喇勒智原作杨琏真伽,今改正。所至椎冢燔椁,独镇之墓疑为僧塔,遂舍去。考扎木扬喇勒智发宋陵,在至元甲申、乙酉之间,《元史》与《癸辛杂识》所记并同。是时镇方五六岁,安有预题墓碣之事。此好事者因镇明于《易》数,故神其说,而未思岁月之颠舛。继儒摭以为说,亦疏谬也。①

细推提要的叙述逻辑,其主要是在论证吴镇"未尝入明"一事,而其驳斥的靶子是"《嘉兴志》称其卒于明洪武中"。为此,《元诗选》所撰和陈继儒所云皆变成了论据。同样的材料,《元诗选》引之为澄清野史之妄诞,《总目》据之以论证吴镇之元人身份,于其择取之中,或可见《总目》对元人归属的关注度。

第四种情况,征引《元诗选》时对悬疑之问题作盖棺论定。在《玩斋集》提要中一共 860 字,其中有 347 字在考证贡师泰之生卒,且其核心材料和观点皆来自《元诗选》。需要说明的是,与上则提要所征引出自《元诗选》人物小传不同,此则提要所征引内容是出自《元诗选》选诗《吴淞江上漫兴》二首之后的"附注"。若不读《元诗选》选诗之人,是难以发现此"附注"内容的,可见馆臣对《元诗选》全书之谙熟程度和参照的细微程度。该附注内容是考证贡师泰于元至正二十二年(1362)已卒,未尝入明,亦非死节者,其批驳对象是嘉靖间李默《书玩斋集后》之观点,李默秉持贡氏后人传言所云贡师泰死节一说,而反驳《元史》所载病卒一说②。事实上,《元诗选》亦仅凭"书面可信而传言不可信"的观念而下判断,并无其他更有说服力的证据,故其说并未能完全否定李默之说。而《总目》取《元诗选》之说法,并增引《明史·宋濂传》以考,称"此其后人之饰词,欲附于王蠋之节,殊非事实。嗣立疑之当矣"③,则

①　纪昀等:《钦定四库全书总目》卷一六八《梅花道人遗墨》提要,第 2243 页。
②　按,李默云:"予在宣州,诸生贡安国者,为言其先世礼部公寓海宁时,自名其里为小桃源。元命既革,宋学士景濂尝邀之,公为置酒饮,夜分乃起就卧,仰药而毙。按《元史》载公文章行迹甚备门人朱镳作《纪年录》,但称病笃。岂史氏与其宾客皆讳之耶?"(顾嗣立:《元诗选初集》戊集,中华书局 1987 年版,第 1429 页。)
③　纪昀等:《钦定四库全书总目》卷一六八《玩斋集》提要,第 2244 页。

欲对贡师泰的生卒之谜进行盖棺论定。又,《进呈存目》本无此,《总目》依据库书提要所增添保留之。何以要对未定说的生卒之谜进行定论呢,且是在没有绝对论据的情况下。《总目》于元明人断限之问题或有所考量。

上举四例征引形态各异,然万变不离其宗的便是维护对作者身份归属和心灵世界的鉴别和判定。以前二例论,顾嗣立对黄镇成、岑安卿二人诗歌皆作了思想性和心灵性的解读,且皆评定其诗有抑郁不平之气。然而馆臣一则加以推赞,不惜扩充篇幅,一则加以辩驳,不惜曲解诗歌,为何? 又,何以馆臣会曲解诗歌而牵强辩驳呢? 黄镇成、岑安卿二人之评价之背后究竟牵动着怎样的思虑? 笔者依《元诗选》之解读寻求答案,发现其二人最大之不同,便是抑郁不平之对象不同。顾嗣立笔下黄镇成"抑郁不平"是欲入世而不得所发,其本心是思元世的,而岑安卿"郁塞之慨"是思宋斥元所发,其本心是思宋世的。问题的症结找到了,原来《总目》认同此而反驳彼的背后悬着的是"朝代意识"这一杆秤,故而顾嗣立会因"思元"之论而被认可,又会因"思宋"之说而招致驳斥。此答案或为馆臣之行为决断找到了最为合理的解释。而后二例,在征引中转换论题、意欲盖棺论定,都是在试图维护处在元末明初之际的吴镇和贡师泰的元人身份。可见,《总目》征引形态之辗转变化,皆因馆臣潜在意识中对朝代界限和作者身份的焦虑感所致。而这种焦虑除了源于当时元代学术之乏力屡弱,故难以与较为成熟的宋、明学术抗衡之外,更重要的还是缘于清代统治者强烈的"遗民情结"以及对"遗民问题"之重视,突出体现在明遗民的清算上。而《总目》处理"明遗民"断限时的强势态度又不可回避地影响到宋遗民、元遗民之断限标准。可是具体情况是,元代终其一朝不及百年,若以有确切生卒年份可考的《总目》元人统计之①,则有具体生卒可考的纯粹元人,仅为41 人,只及《总目》著录元别集 163 家的四分之一。若依照《总目》著录明别

---

① 按,以金哀宗自杀身亡作为元代统一北方之起点,以崖山海战作为元代统一南方之起点,以元顺帝仓皇北遁之日为元代之终点,即以金哀宗天兴三年(1234)、宋帝昺祥兴二年(1279)和元顺帝至正二十七年(1367)为时间界限。

集采取"掐头去尾"①的断限方式,元人别集仅得41家。那么,《总目》究竟要如何对元人进行断限才能达到163家这一数量呢?今从《总目》著录事实看来,相比明别集,馆臣在对待元别集时显然是以"扩容"的断限方式在处理。因此可以说,征引中的"元世"与"元人"焦虑感还来自于馆臣对《总目》遗民断限标准的自我悖谬与自圆其说。

四、尊儒崇正:显此隐彼间的书写策略

《总目》不仅借助肯定或驳斥《元诗选》观念来确立己说,还通过人为取舍原文、转移重点来定评文人思想。明代对元代文学和文化的疏于整理给予了清人描摹和定义元代文学的契机。作为私修的《元诗选》,其编纂过程便是顾嗣立对元诗认识逐渐成熟的过程,蒋寅先生认为"他是站在元诗立场上来认识元诗的,因而不抱先入为主的偏见"②。故《元诗选》呈现的是丰富而博大的元代诗歌和诗人群体。然作为官修之《总目》元人别集提要,其书写过程中的征引却充斥着馆臣人为的删改与取舍,透露出强烈的主观导向意识,而这一主观导向源于儒家正统思想在清官方意识形态和学术风尚中的绝对凌驾地位。

被置于《总目》元人别集提要体系中第一人的开国功臣耶律楚材,可谓典型一例。其《湛然居士集》提要云:

> 或经国之暇,惟以吟咏寄意,未尝留意于文笔也。王士禛《池北偶谈》摘录其《赠李郡王笔》、《寄平阳润老》、《和陈秀玉韵》、《赠富察元帅河中》、《游西园》、《壬午元旦》诸诗,以为颇有风味,而称其集多禅悦之语。考僧行秀所作集序称,楚材年二十七受显诀于万松,尽弃宿学,其耽玩佛经盖亦出于素习。平水王邻则曰:"按元裕之《中

---

① 何宗美、刘敬:《明代文学还原研究——以〈四库总目〉明人别集提要为中心》,人民出版社2014年版,第56页。

② 蒋寅:《顾嗣立的元诗研究》,《中国文化研究》,2008年第2期,第47页。

州集》载右相文献公诗,又称赵闲闲为吾道主盟,李屏山为中州豪杰,知晋卿学问渊源有自来矣,故旁通诣极,而要以儒者为归"云云。今观其诗语皆本色,惟意所如,不以研炼为工。虽时时出入内典,而大旨必归于风教,邻之所云,殆为能得其真矣。①

再观顾嗣立《元诗选初集》"耶律楚材"小传:

> 万松野老行秀为之序曰:"湛然居士年二十有七,受显诀于万松,尽弃宿学,冒寒暑无昼夜者三年,以至扈从西征六万余里,历艰险,困行役,而志不少沮。跨昆仑,瞰瀚海,而志不加大。客问其故,曰:'汪洋法海,涵养之力也。'又尝慨然曰:'惟屏山、闲闲可照吾心耳!'片言只字,皆出于万化之原,而肤浅未臻其奥者,方索诸声偶锻炼之余。正如掐指蒙学对句之牧竖,望涯于少陵诗史者矣。"平水王邻曰:"中书湛然有天然之才,如宝鉴无尘,寒冰绝翳。"按元裕之《中州集》载右相文献公诗。又称赵闲闲为吾道主盟,李屏山为中州豪杰。知晋卿学问渊源有自来矣。旁通诣极,而要以儒者为归。故当经营创制之初,驰驱绝域,宜若无暇于文。而雄篇秀句,散落人间,为一代词臣倡始,非偶然也。②

对比二者全文,首先,《总目》论述顺序和表述话语皆直录《元诗选》文字,唯独脱漏了"平水王邻曰"的内容,即"中书湛然有天然之才,如宝鉴无尘,寒冰绝翳"一句,故造成了顾嗣立语"按元裕之《中州集》……"为王邻语之误;其次,此误还波及末一句"邻之所云,殆为能得其真矣"之误,正确应该为"顾嗣立之所云,殆为能得其真矣"。《湛然居士集》提要看似言之凿凿,实际却暗藏文献出处错误、话语权归属张冠李戴之类的问题。启人疑窦的是,脱漏之误究竟是馆臣无意疏忽所致,还是有意为之呢?若是无意,为何正好是一句?准确地说,为何是一个完整的语义单位?若是有意为之,那么此举是否《总目》撰

---

① 纪昀等:《钦定四库全书总目》卷一六六,第 2201 页。
② 顾嗣立:《元诗选初集》乙集,中华书局 1987 年版,第 339—340 页。

写过程中馆臣的主观所为呢？对此重重疑问，实有必要做进一步探讨。

　　据笔者所考，四库馆臣无意抄漏的可能性不成立①。那么，四库馆臣何以要有意删除此语呢？首先，此语干扰了文人身份之确立。《总目》在该提要中花大篇幅论述之核心问题是王士祯"称其集多禅悦之语"是否成立，可见此问题之重要性。馆臣虽未做直接否定，但却转引顾嗣立的观点否定王氏之论断，企图以"其耽玩佛经盖亦出于素习"和"虽时时出入内典，而大旨必归于风教"之语，将耶律楚材的佛教思想轻描淡写成一种玩乐习惯，从而试图削弱佛教在耶律楚材思想和创作中的影响力，塑造耶律楚材的儒臣身份。而在此论调背景之下，顾嗣立所引平水王邻语句"中书湛然有天然之才，如宝鉴无尘，寒冰绝翳"，在《元诗选》"耶律楚材"小传以及王邻《序》全文，其本意皆为褒扬耶律楚材的创作才能，然却无意中在字里行间流露出一种佛家空灵之美，此实与馆臣对耶律楚材以儒家为定格的思想期许相龃龉，故馆臣刻意删之，以弱化空灵诗风而强化耶律楚材之醇儒身份。其次，此语展现的文学审美不仅与耶律楚材之大儒身份不符，亦与清官学之"雅正"审美观不符，故其必然被删除之。

----

　　① 按，今查顾嗣立《元诗选》旧刻本。"耶律中书令楚材"收录在《元诗选初集》乙集中，据宋荦《元诗选序》落款"康熙癸酉嘉平月商丘宋荦序"(顾嗣立：《元诗选初集》卷首，中华书局1987年，第6页。) 又顾嗣立《元诗选凡例》末尾有"康熙甲戌首春，长洲顾嗣立题于秀野草堂"(顾嗣立：《元诗选初集》卷首，中华书局1987年，第9页。) 可知顾嗣立《元诗选初集》在康熙癸酉(1693)年乃选录完毕并于次年(1694)在顾氏秀野草堂付梓刊行，因此《元诗选初集》最早版本乃是清康熙间顾氏秀野草堂刻本，今考其版式为每半页十三列，诗歌每列二十三字，人物小传每列二十一字，其中"耶律中书令楚材"条目"小传"中"平水王邻则曰中书湛"(9字)为当页第二列末，"然有天然之才如宝鉴无尘寒冰绝翳按元裕之中州"(21字)为当页第三列，"集载右相文献公诗又称赵闲闲为吾道主盟李屏山"(21字)为当页第四列，于此可推测馆臣抄漏了第二列末3字与第三列前15字，这种无意抄漏可能性极小。那么，四库馆臣手中《元诗选初集》是否为清康熙间顾氏秀野草堂刻本？依《钦定四库全书总目》载："《元诗选》(一百一十一卷)(内府藏本)。"(纪昀等：《钦定四库全书总目》卷一九〇，第2664页。) 那么"内府藏本"为何本？罗鹭《〈元诗选〉与元诗文献研究》在对《元诗选》版本的考辨中认为"《元诗选》初、二、三集只刊刻过一次，即康熙年间秀野草堂刻本，《四库全书》本和中华书局排印本皆以康熙刻本为底本。"(罗鹭：《〈元诗选〉与元诗文献研究》，巴蜀书社2010年版，第52页。) 既然仅此一版，可知内府藏本《元诗选初集》当为"清康熙间顾氏秀野草堂刻本"。由此，可确定四库馆臣无意抄漏的可能性不成立。

至于馆臣又为何要费力肃清耶律楚材小传中之佛学思想痕迹，浅层原因是耶律楚材在《总目》元人别集体系中第一人之地位，其思想倾向、创作风格从某种意义上说是四库馆臣为元人诗文批评及文学思想确定之纲领和典范，故其思想倾向势必要与官方期许相契合，即耶律楚材当以儒家思想为其正宗，而不能是"以儒治国以佛治心"①的折中派，当然，而这一种人为定格显然是有失真实的。被馆臣异化的非真实的耶律楚材在《元诗选》中才是鲜活而富有意义层次的。通读《元诗选》"耶律楚材"小传，第一层是引僧行秀《序》，意在突出耶律楚材儒佛并修的人生志趣，以耶律楚材所答"汪洋法海，涵养之力也"显白其佛教信仰，又以耶律楚材所言"惟屏山、闲闲可照吾心"表明其儒释并参的思想本色；第二层引王邻《序》，称赞其创作才华与创作特点；第三层"按"语则主要是对耶律楚材推崇之"屏山"（李纯甫）和"闲闲"（赵秉文）二人的儒释合一思想进行确认；最终是因耶律楚材仕途通达且为开国之功臣而定论耶律楚材思想旁通释家而以儒家为归的。而这样的陈述无疑更贴近文人之本真。追溯其根本原因则是乾隆帝的最高指示："至儒书之外，阑入释典、道经，于古柱下史专掌藏书、守先待后之义，尤为凿枘不合。"②故馆臣必须将这一指示渗透于《四库全书》及《总目》纂修的方方面面。在明人别集体系中的第一人宋濂的别集提要中，馆臣便对其中的佛家思想进行了肃清。诚如何宗美师所言："四库馆臣限于官学思想和正统观念的束缚，不可能真实地面对、看待和评价思想史的各派学说，而他们之所以作如是观，不仅由其自身的思想认识所决定，更主要是遵循最高统治的意旨而为之。"③

　　《总目》意图强化儒者的儒家思想的纯粹性，不仅对儒者的佛禅思想进行规避，还对非正统的儒学思想（如心学）进行弱化。《鹿皮子集》提要便是一

---

　　①　耶律楚材著，谢方点校：《湛然居士文集》卷一三《寄万松老人书》，中华书局1986年版，第293页。

　　②　中国第一档案馆编：《纂修四库全书档案》三四，上海古籍出版社1997年版，第57页。

　　③　何宗美、刘敬：《明代文学还原研究——以〈四库总目〉明人别集提要为中心》，人民出版社2014年版，第81页。

例，其称："郑善夫《经世要言》称其经学为独到，然所称'神所知者谓之智'，实慈湖之绪余，而姚江之先导。论其所长，当仍在文章。"①其中对理学家陈樵学术论断失之公允。对比《元诗选》陈樵小传："尤长于说经，与同郡黄晋卿辈友善。尝贻书宋景濂，谆谆以文章相勉励云。所著曰《鹿皮子集》。好为古赋，组织绵丽，有魏晋人遗风。其诗于题咏为多，属对精巧，时有奇气"②，顾嗣立对陈樵是分项肯定的，而《总目》则是以擅长文学为话题而淡化其学术成就。再对照观之，文渊阁四库本《鹿皮子集》书前提要所言亦是肯定陈樵学术的，其云："樵长于说经，与黄溍、宋濂等以文章相砥砺，故造诣颇深。"③此论也与《总目》相左。馆臣又为何要修改书前提要中对陈樵学术之评价呢？事实上，陈樵于元代称得上理学大家。只因陈樵自言治学方法云："余悉屏去传注，独取遗经，精思至四十春秋，一旦神会心融，灼见圣贤之大指。譬犹明月之珠，失之二千年，上自王公，下至皁隶，无不伈伈日索之终不可致。牧竖乃获于大泽之滨，岂可以人贱而并珠弗贵乎？"④此不仅与乾隆帝所倡导之"根柢"⑤之学悖逆，而且还与钦定之言"大旨以濂、洛、关、闽为宗"⑥的儒家正宗不符。故，馆臣暗做转移，将其所擅长归于文章论之。

再如《吴文正集》提要，有一半的文字在阐释和发挥《元诗选》所云"先是许文正公倡教于北，而先生崛起于南。道统渊源，互相提唱"⑦之意，将吴澄与北方大儒许衡相提并论，从而凸显吴澄的南方大儒地位。事实上，吴澄秉持"朱陆合流"之思想主张，思想中有一部分崇陆的因子，对后期南方心学的蓬

① 纪昀等：《钦定四库全书总目》卷一六八，第2246页。
② 顾嗣立：《元诗选初集》戊集，中华书局1987年版，第1479页。
③ 陈樵：《鹿皮子集》书前提要，《景印文渊阁四库全书》第1216册，第643页。
④ 宋濂著，黄灵庚点校：《宋濂全集》卷五七，第3册，人民文学出版社2014年版，第1327页。
⑤ 《清高纯皇帝实录》卷七九"乾隆三年十月下"，《清实录》第10册，中华书局1985年版，第244页。
⑥ 纪昀等：《钦定四库全书总目》卷九一《儒家类序》，第1193页。
⑦ 顾嗣立：《元诗选初集》乙集，中华书局1987年版，第517页。

勃发展有重要影响,而提要避而未谈。又僧人释大䜣著有《蒲室集》,该集提要与《元诗选》皆引虞集《序》,而前者在后者所引之基础上,进一步凸显其人对于"名教节义"①之谙熟。

文人之思想观念无不浸润于其文学作品之中,通常人们会从文学作品中去把握作者之思想观念,这是窥斑见豹的一个较为客观的方法。然四库馆臣在书写《总目》元人别集提要时,多征引二手文献,此征引看似有理有据,然摘取过程中却是贯穿着为我所取的主观意图。在文献征引中,为凸显儒家的独尊地位而进行人为取舍以强此弱彼便是有力的体现。此或可以于清代学术对儒学的崇尚中寻求解释,但亦不可忽略蒙元和满清二朝政治身份的类同性。作为入主中原的异族王朝,清统治者借立儒学为官学来消除其"政治力焦虑"和"文化虚空感",而在其书写同样入主中原的异族王朝——蒙元王朝时,亦不忘将此依据投射至命运共同体蒙元王朝的统治合理性上,进而同构。

《总目》在书写别集提要时,于意识形态考量上用心良苦,特别体现在不同阶段文学的书写策略和取舍标准大相径庭。如明人别集提要中馆臣对明代文学观持"衰变"论、"演退"论②,"将开国之音作为明代文学的至高点"③,之后则逐渐递衰;而对清人别集提要中的清代文学,馆臣虽未能完成整体观照,但仅就迄于乾隆朝的别集提要观之,其书写要旨显然在于彰显大清盛世气派,"四库馆臣把清初四朝文学分为三个阶段,即顺治朝文学初创,变革晚明纤仄之体为开国之音;康雍七十余年间人文蔚起,诗作皆汸汸乎治世之音;乾隆时期,考据之风成为主流,诗文亦追求根柢之学。在官方看来,清代立朝以来之

---

① 纪昀等:《钦定四库全书总目》卷一六七,第2222页。
② 何宗美、张晓芝:《〈四库全书总目〉的官学约束与学术缺失》,人民文学出版社2017年版,第311页。
③ 何宗美、张晓芝:《〈四库全书总目〉的官学约束与学术缺失》,人民文学出版社2017年版,第304页。

文学就是一幅蒸蒸日上的繁荣景象。"①那么,于元代而言,在与《元诗选》的对照中不难发现,《元诗选》意在奠基有元一代之诗学;《总目》意欲构建蒙元王朝族群认同下的儒家正统文学。康熙朝编定的《元诗选》实属与时代之契合。清初康熙年间,诗学内部突破唐诗独尊格局而悄然转向去俗求新的兼容并蓄,故宋元诗风备受青睐。冉觐祖《莘野集序》云:"宋元诸家迭出相轧,不仅如昔所云元轻白俗、郊寒岛瘦已也。"②李来章《观澜亭诗序》云:"今天下之诗喜为宋,渐且为元。"③当然,这种时代契机同时也给予了顾嗣立探寻元诗独立性的宏观诗学视野。四库馆臣在明代以来繁复的论调中清理和重塑着元代文学,而塑造元代又是以垂范清代为指归的。《总目》元别集提要中的元代文学书写可以说是馆臣在为清王朝的文臣们树立榜样,为清王朝的正统身份和统治信心寻求一种依据,而这一主导性目的是凌驾于元代文学的真实与客观之上的。

第四节　序跋及其他:回避自觉和价值缺失

序、跋、墓志、行状是了解文集流传与著者思想的重要文本,其优点和缺点皆显而易见,优点是原初性,因其时间距离比较贴近;缺点是美饰性,因其虚美隐恶的文体写作本质。史学大家钱大昕曾质疑传记、碑志的不可信,他说:"史家立传往往征采家传碑志,事迹多文饰不可信。"④然而此类亲缘性文献是否真无征引价值了呢? 宇文所安《中国文论:英译与评论》中称:"中国文学思

①　王美伟:《〈四库全书总目〉清人别集提要研究》,西南大学博士学位论文 2017 年版,第 125 页。
②　康乃心:《莘野诗集》卷首,康熙刊本。
③　李来章:《礼山园文集》续集卷一,《四库全书存目丛书》集部第 246 册,齐鲁书社 1997 年版,第 599 页。
④　钱大昕:《十驾斋养新录》卷九,《嘉定钱大昕全集》第 7 册,江苏古籍出版社 1997 年版,第 248 页。

想有几个比较大的资料来源,'序'就是其中的一个。……11世纪以后,跋成了特别重要的形式。除了包含若干重要的文献资料以外,跋还经常包含若干有关文学接受史和作家风格的评论。"①此论不无合理性,因为序跋等原初文献确实蕴藏着丰富的资源有待挖掘。而如何判定这类文献是否具有史料价值方是问题的关键。今以169则《总目》元别集提要为考察对象,除去描述版本时的征引以外,元别集提要征引序、跋等原初文献有55处,近及元别集提要的三分之一,这反映出馆臣对于原初文献的征引率是较高的。需要说明的是,关于序跋中文献版本流传记载在第二章已经探究过,本节则主要考察版本信息征引之外的征引意义和价值,如人物事迹和诗文评价方面的征引。以下从源头追踪、视野探寻、立场捕捉和讹误辨证四个方面对序、跋等原初文献的征引展开探讨。

一、源头追踪:非见序跋,转引他者

由第二章对版本"删除序跋"的考察可知,元别集的大量序跋是被或主观删除或省事不抄而在四库本中消失了。然而,令人疑惑的是,四库本中消失的序跋,却又因被《总目》征引而出现了。按理来说,《总目》所述之本不是应当与《四库全书》本信息一致? 何以会出现前者有而后者无的情形呢? 此种情况的出现不外乎有两种可能:一是《总目》的最初形态——分纂稿撰写时所见之本子可能是含有序跋的,故分纂官在提要中征引之,但后抄录《四库全书》时而被删去,故前者有而后者无;二是分纂官或后来提要的修改者在增入征引序跋时,并未见及原本,而是仅对二手文献中所征引之序跋进行直录,在这种情况下,序跋在别集中存在与否并不影响《总目》提要之书写,故原本有无问题已然不重要,而提要中却是可以自由征引的。对于元别集提要而言,第一种可能性的验证囿于今存文献不足,实有难度;第二种可能性,则可于《元诗选》

---

① 宇文所安著,王柏华、陶庆梅译:《中国文论:英译与评论》,上海社会科学院出版社2003年版,第8页。

中落实。

　　首先,若征引序跋时仅以《元诗选》所引为视野,是为一证。如《燕石集》提要,该提要的征引矛盾处有二:其一,既然四库本《燕石集》未有危素《序》,何以提要会引其来评论诗歌? 其二,既然如提要所云有五篇序,何以提要所引三篇正好与《元诗选》所引三篇出处完全一致? 为了肃清此悖论产生之缘由,兹列表剖析如下:

例序	出处	引文	备注
例一	欧阳玄《序》	"余读尽卷,**求一言之陈无有也**。虽大堤之谣,出塞之曲,或驰骋乎江文通、刘越石诸贤之间,而燕人凌云不羁之气,慷慨赴节之音,一转而为清新秀伟之作,吾知齐鲁老生之不能及是也。"①	1)《元诗选》将"求一言之陈无有也",改为"务去陈言";2)《元诗选》将"吾知齐鲁老生之不能及是也"改为"齐鲁老生不能及也";3)《总目》沿袭《元诗选》"务去陈言"之改动;4)《总目》删"虽大堤之谣,出塞之曲,时或驰骋乎江文通、刘越石之间"以及"齐鲁老生不能及也"。
	《元诗选》	"欧阳元功谓其诗**务去陈言**,虽大堤之谣,出塞之曲,时或驰骋乎江文通、刘越石之间。而燕人凌云不羁之气,慷慨赴节之音,一转而为清新秀伟之作,齐鲁老生不能及也。"②	
	《总目》	"欧阳玄序,称其诗'**务去陈言**,燕人凌云不羁之气,慷慨赴节之音,一转而为清新秀伟'。"③	
例二	苏天爵《序》	"故其为学时精深坚苦,下至稗官传记亦无不览。**诗尤清新飘逸,间出奇古,若卢仝、李贺之流**,盖喜其词以摹拟之。"④	1)《元诗选》征引《序》原文;2)《总目》所引不出《元诗选》引文范畴。
	《元诗选》	"苏伯修亦谓其诗**清新飘逸,间出奇古,若卢仝、李贺之流**,益喜其词以模拟之。"⑤	
	《总目》	"苏天爵序称其诗'**清新飘逸,间出奇古,若卢仝、李贺**'。"⑥	

① 张金吾著,冯惠民整理:《爱日精庐藏书志》卷三四,中华书局2012年版,第563页。
② 顾嗣立:《元诗远二集》"宋学士褧"小传,中华书局1987年版,第501页。
③ 纪昀等:《钦定四库全书总目》卷一六七,第2234页。
④ 张金吾著,冯惠民整理:《爱日精庐藏书志》卷三四,中华书局2012年版,第563页。
⑤ 顾嗣立:《元诗远二集》"宋学士褧"小传,中华书局1987年版,第501页。
⑥ 纪昀等:《钦定四库全书总目》卷一六七,第2234页。

例序	出处	引文	备注
例三	危素《序》	"公之于诗**精深幽丽而长于讽谕**,其文温润而完洁,固足以**成一家之言**。"①	1)《元诗选》因其自身性质而仅选取序中论诗之文字加以征引;2)《总目》沿袭《元诗选》,亦仅取论诗之文字,而忽略了论文之"其文温润而完洁"。
	《元诗选》	"危太朴曰:公之于诗,**精深幽丽,而长于讽谕**,用成一家之言。"②	
	《总目》	"危素序则称其'**精深幽丽,而长于讽谕**'。"③	
例四	吕思诚《序》	"盖音声之谐,性情之曲也。诗变为骚,骚变为赋。汉、魏而下盛于唐人,苦心镂刻,极于思致,视屈宋犹霄壤,而况于风雅乎?宋、金以来,唐人又远矣。文清公兄弟学诗者,方脱略宋、金之习,可谓有功于诗学矣。"④	《元诗选》《总目》皆无引
	《元诗选》	未涉	—
	《总目》	未涉	—
例五	官刊《咨文》	"观其翰林供奉、史馆著述之暇,作为诗文、记序、碑铭、杂文一十五卷,或严谨纯正,或瑰玮雄赡,或清婉富丽。出入乎马、班之场,游骋乎严、徐之行,颉颃乎沈、谢之间。是皆无忝,诚可表仪后进。"⑤	《元诗选》《总目》皆无引
	《元诗选》	未涉	—
	《总目》	未涉	—

比对《燕石集》提要所征引的五篇《序》文发现,《元诗选》之征引是本于《序》文本身,而《总目》之征引却是本于《元诗选》的。此论最有力的依据有二:对于《元诗选》篡改《序》原文之表述,《总目》全盘照搬,可见其仅有《元诗选》征引《序》文之视野;对于《元诗选》仅以诗歌为对象的评论征引,《总目》

---

① 张金吾著,冯惠民整理:《爱日精庐藏书志》卷三四,中华书局 2012 年版,第 566 页。
② 顾嗣立:《元诗选二集》"宋学士褧小传",中华书局 1987 年版,第 501 页。
③ 纪昀等:《钦定四库全书总目》卷一六七,第 2234 页。
④ 张金吾著,冯惠民整理:《爱日精庐藏书志》卷三四,中华书局 2012 年版,第 565 页。
⑤ 张金吾著,冯惠民整理:《爱日精庐藏书志》卷三四,中华书局 2012 年版,第 566 页。

亦全盘照搬，而忽略了其自身诗歌、文章皆为评论对象的事实。当然，除此二条依据外，吕思诚《序》、官刊《咨文》皆有评论而未被《总目》征引视野，亦只因《元诗选》未引。再前瞻之，此结论亦可解决了前文所提出的征引悖论。正是因为《总目》之征引仅依赖《元诗选》而完成，故四库本之《燕石集》有无保留序跋，丝毫不影响馆臣对序、跋之征引。

又，《渊颖集》提要曰："黄溍亦称其文'崭绝雄深，类秦汉间人'。皆未免溢量。胡助谓'他人患其浅陋，而莱独患其宏博'，斯为笃论矣。"①今观文渊阁《四库全书》本《渊颖集》，卷首有胡翰《序》一篇，卷末有宋濂撰《渊颖先生碑》《渊颖先生谥议》二篇，提要未以予征引，而是转而征引黄溍语和胡助语。今查黄溍所语，并未载于黄溍本集，而是载于宋濂《元史》："贯平生极慎许与，每称莱为绝世之才。溍晚年谓人曰：'莱之文，崭绝雄深，类秦、汉间人所作，实非今世之士也。吾纵操觚一世，又安敢及之哉！'"②可见，黄溍此语不过是宋濂撰写《元史》时，对吴莱同门友人柳贯、黄溍口述评价之记载，故黄溍本集亦不及。而胡助语则是出自胡助《浦阳渊颖吴先生文集序》："如千兵万马之衔枚疾驰而不闻其声也。呜呼，壮哉！他人恒苦其浅陋而立夫独患其宏博者也。"③然胡助序并未载于《渊颖集》卷首，馆臣于何处见及呢？当然，或说馆臣视野开阔，当为阅读记忆而来。此一说法固然存在可能性，但在此处却并不成立。因为，阅读《元诗选》"渊颖先生吴莱"小传后，提要所据便显而易见了。传曰："其子士谔，哀次其遗文为十二卷，门人胡翰为之序。东阳胡助谓其如千兵万马之衔枚疾驰，而不闻其声。他人恒苦其浅陋，而立夫独患其宏博。黄侍讲尝谓人曰：立夫文崭绝雄深，类秦、汉间人所作。皆确论也。"④《元诗选》先交代《渊颖集》卷首有胡翰《序》，但却弃而不引，进而转引《元史》所载黄溍

---

① 纪昀等：《钦定四库全书总目》卷一六七，第2231页。
② 宋濂等：《元史》卷一八一，中华书局2000年版，第2799页。
③ 胡助：《纯白斋类稿》卷二〇，《景印文渊阁四库全书》第1214册，第681页。
④ 顾嗣立：《元诗选初集》己集，中华书局1987年版，第1513页。

语和胡助《浦阳渊颖吴先生文集序》所论。试观《总目》，其亦置触手可及的胡翰《序》和宋濂撰《渊颖先生碑》《渊颖先生谥议》二篇不引，而将征引的目光牢牢锁定在《元诗选》，故虽然其对胡助《序》的征引文字略简于《元诗选》所引。但其所征引黄溍语和胡助《序》源自《元诗选》的事实是肯定的。再如《安雅堂集》提要明言卷首有二序："此本仅十三卷，乃其子吁所编，有张翥、林泉生二序，一作于至正九年，一作于十一年。"而在征引时则仅引《元史》和张翥《序》："史称其文典雅峻洁，必求合于古作者，不徒以徇世好。又称虞集见所作，有'我老将休，付子斯文'之语。张翥序亦称：'天历、至顺间，学士虞公以文章擅四方，其许与君特厚。君亦得相与薰濡，而法度加密'。盖纪实也。"①对比《元诗选》"陈旅"小传："有《安雅堂集》十四卷。《史》称其文典雅峻洁，必求合于古作者，不徒以徇世好而已。河东张翥序其集曰：'天历、至顺间，学士虞公以文章擅四方，学者仰之。其许与君特厚，君亦得与相薰濡而法度加密。'"②由此可知，《总目》征引文献时并非广征博引，而是仅以《元诗选》征引之文献为视野的事实。说通俗一点，就是直接袭取《元诗选》。

再如《樵云独唱》提要云："前有自序，谓'薪桂老而云山高寒，音调古而岩谷绝响'，故名曰《樵云独唱》。"③提要对叶颙《樵云独唱》的释名，完全依从《元诗选》，然《元诗选》之阐释抽象而模糊，而其《自序》中本有更明确的表达。为何说完全依从《元诗选》？《元诗选》云："自序所作诗，以为'薪桂老而云山高寒，音调古而岩谷绝响'，故名之曰《樵云独唱》。"④《总目》同之。然观文渊阁四库本所载《自序》，原文乃为："薪桂老而云山高寒，音调古而岩谷绝

---

①　纪昀等：《钦定四库全书总目》卷一六七，第 2236 页。
②　顾嗣立：《元诗选初集》戊集，中华书局 1987 年版，第 1301 页。
③　纪昀等：《钦定四库全书总目》卷一六八，第 2252—2253 页。
④　顾嗣立：《元诗选初集》辛集，中华书局 1987 年版，第 2252 页。

听。"①一为"响",一为"听",一为误引,一为原文,《总目》弃置原文而从《元诗选》之误,可见《总目》所引并非出自馆臣亲见第一手资料。除此,《元诗选》的释名并不清晰明确。叶颙《自序》中解释《樵云独唱》云"盖予知樵夫刍叟相与之娱,而不知世俗之好;樵夫刍叟知从予之游,又不知予赋诗之趣。薪桂老而云山高寒,音调古而岩谷绝听,得不谓之'独唱'乎?"②依据《自序》所述,"樵云独唱"的诠释有两层含义:世俗之独,即其隐居之志被樵夫刍叟知,却不为世俗所知,是为第一层"独";诗趣之独,即其隐居之志虽为樵夫刍叟所知,而诗趣又不为樵夫刍叟所知,此乃第二层"独"。而其后又以"薪桂老而云山高寒,音调古而岩谷绝听"做比喻,"薪桂老"比喻年岁老去而不见用的自己,"音调古"比喻所作不迎合时风、具有拟古色彩的诗歌。由上分析可知,对于《樵云独唱》集名的解读,以前二句便可把握清晰的含义,而《总目》依照《元诗选》而选用表意上更为隐晦的后二句,可见馆臣并未对二手文献的表述进行筛选和取舍,而是对二手文献的观点和说法依葫芦画瓢、人云而亦云。

其次,若提要沿袭《元诗选》的讹误,是亦可为证。如《闲居丛稿》提要云:"黄溍为之序,称'国家统一海宇,士俗醇美,一时鸿生硕儒所为文皆雄深浑厚,而无靡丽之习。承平滋久,风流未坠。皇庆、延祐间,公以性理之学施于台阁之文,譬如良金美玉,不假锻炼雕琢,而光耀自不可掩'云云。亦言其文之真朴也。盖元大德以后,亦如明宣德、正统以后,其文大抵雍容不迫,浅显不支,虽流弊所滋,庸沓在所不免,而不谓之盛时则不可。顾嗣立《元诗选》引潘此文,谓当时风尚如此,可以观世运焉。斯言允矣。"③提要所引为黄溍《序》,此序不见于文渊阁四库本《闲居丛稿》,不知四库底本是否有此序?《总目》对

---

① 叶颙:《樵云独唱》卷首,《景印文渊阁四库全书》第 1219 册,台湾商务印书馆 1986 年版,第 47 页。
② 叶颙:《樵云独唱》卷首,《景印文渊阁四库全书》第 1219 册,台湾商务印书馆 1986 年版,第 47 页。
③ 纪昀等:《钦定四库全书总目》卷一六七,第 2232—2233 页。

《闲居丛稿》的底本描述不多,仅云:"其子机衷辑遗文,题曰《闲居丛稿》。凡诗赋八卷、杂文乐府十八卷"。所幸的是,《翁方纲纂四库提要稿》对所取《闲居丛稿》版本有详细描述,从序、跋到卷次一应俱全,或可有助于判断。今提炼翁方纲关于四库底本的描述内容如下:(1)"眉注:抄本,有红笔改正";(2)《顺斋蒲先生文集序》,未录全文,仅择录三层信息:一为"故赠秘书少监顺斋蒲公既殁,仲子御史君机衷辑遗文曰为二十六卷";二为"皇庆延祐间,公入通朝籍,以性理之学,施于台阁之文,而其文益以粹";三为"至正十年冬十月,前史官金华黄溍序";(3)《顺斋先生闲居丛稿总目》;(4)"男蒲机类编";(5)分卷如下:卷一古赋、古诗,卷二古诗,卷三律诗,卷四律诗,卷五律诗,卷六律诗,卷七绝句,卷八绝句,卷九杂文,卷十杂文,卷十一杂文,卷十二乐府,卷十三经旨,卷十四传、记,卷十五制,卷十六碑,卷十七书、启,卷十八序,卷十九序,卷二十序,卷二十一字说,卷二十二祝文,卷二十三祭文,卷二十四墓志铭,卷二十五墓志铭、表,卷二十六行状;(5)附录《顺斋蒲公诔》《顺斋先生墓志》二文。① 从描述来看,翁氏所据底本虽为抄本,但其与今所存元至元十年刻本属同一版本则无疑,卷首也确实载有黄溍所撰《序》。然而问题在于,翁氏所撰提要中仅交代此本卷首有黄溍《序》,但却并未征引该序文的内容。翁氏据此底本分纂的提要稿曰:"《闲居丛稿》二十六卷,元蒲道源著。道源字得之,别号顺斋。世居眉州之青神,徙家兴元。道源强记过人,究心濂洛诸儒之学。尝为郡学正,罢归,绝意仕进。晚以遗逸征入翰林,改国子博士,岁余引去。起提举陕西儒学,不就。以仲子机贵,赠秘书少监。衷辑其遗文曰《闲居丛稿》,金华黄溍为之序。抄本传者颇少,应抄录之。"②可更有甚者,《总目》所引黄溍《序》所云"国家统一海宇,士俗醇美,一时鸿生硕儒所为文皆雄深浑厚,而无

---

① 翁方纲纂,吴格整理:《翁方纲纂四库提要稿》,上海科学技术文献出版社2005年版,第805—806页。

② 翁方纲纂,吴格整理:《翁方纲纂四库提要稿》,上海科学技术文献出版社2005年版,第806页。

靡丽之习。承平滋久,流风未坠"和"譬如良金美玉,不假锻炼雕琢,而光耀自不可掩"二句,翁方纲并未摘录,此可对比前文提炼所列第(2)处可知。据此便可推测,按照提要的生成环节,馆臣若仅凭借分纂官翁方纲的版本描述及所撰提要,当是未能见及黄溍《序》全文的。那么,《总目》中却为何出现馆臣修改和完善提要视野之外的黄溍《序》文内容?

根据《总目》提及顾嗣立《元诗选》这一信息,笔者文献溯源发现:《总目》新增的黄溍《序》文内容皆是征引自《元诗选初集》"蒲提学道源"小传:"黄文献公溍为之序曰:国家统一宇内,士俗醇美。一时鸿生硕儒所为文,皆雄深浑厚,而无靡丽之习。承平滋久,风流未坠。皇庆延祐间,公以性理之学施于台阁之文,譬如良金美玉,不俟锻炼雕琢而光辉自不可掩。盖当时之风尚如此,可以征世运焉。"①对比观之,《总目》不仅引文内容起止与《元诗选》一致,更是对《元诗选》所持有之观点直接转引加以认可。而更为有说服力的是,二者所引序文内容相较原《序》皆遗漏了"治化休明"一句,何以二者错讹脱漏会如此一致? 今观元刻本《闲居丛稿》卷首黄溍《序》云:"国家统一宇内,治化休明,士俗醇美。一时鸿生硕儒所为文皆雄深浑厚,而无靡丽之习,承平滋久,流风未坠,皇庆、延祐间,公入通朝籍,以性理之学施于台阁之文,而其文益以粹,譬如良金美玉,不俟锻炼雕琢而光辉发越,自有不可掩者矣。"②再观收录在黄溍本集《金华黄先生文集》中《顺斋文集序》一文,原文云:"粤自国家统一宇内,治化休明,士俗醇美,一时鸿生硕儒,为文皆雄深浑厚,而无靡丽之习。承平滋久,流风未坠,皇庆、延祐间,公入通朝籍,以性理之学施于台阁之文。而其文益粹,譬如良金美玉,不俟锻炼雕琢,而光辉发越,自有不可掩者矣。"③将冠于别集卷首的序与本集的序二者相互印证,正说明原初完整的序跋内容当

① 顾嗣立:《元诗选初集》丙集,中华书局 1987 年版,第 817 页。
② 蒲道源:《顺斋先生闲居丛稿》卷首,中华再造善本,据上海图书馆藏元至正十年(1350)刻本影印。
③ 黄溍著,王颋点校:《黄溍全集》(上册),天津古籍出版社 2008 年版,第 257 页。

是有"治化休明"一句的。由二者引文内容的高度一致,甚至连脱漏错讹都高度一致,加之前文所云馆臣见及黄溍《序》的可能性极小,则《总目》所引黄溍《序》仅仅是转引自《元诗选》显得更为明确了。

或说,《总目》和《元诗选》所据为同一版本的《闲居丛稿》,且这一版本中的黄溍《序》缺失了"治化休明"一句,故二者错讹相同。今《中华再造善本总目提要》描述《顺斋先生闲居丛稿》二十六卷《附录》一卷时称:"此本乃初刻本,字抚赵松雪体,写刻工致,字画娟美,当为名手所书。但卷内字画时见漫漶,个别文字缺失,更甚者如卷十四之第十九、第二十两页,下半均空白无只字,知其书版经年,已遭损坏,后印时又未加修补,故而如此。此书后世再无传刻,仅有明清时期传抄本流传。元刻本中残缺或漫漶不清之字,抄本亦皆作空阙,知诸抄本俱由此本所从出。"①核之,其所述为实,文渊阁四库全书本《闲居丛稿》中空阙处与元至正刻本所阙完全一致。因此可以说,《闲居丛稿》自元刻本后版本变动并不大,版本亦不纷杂。又,《总目》之后的清代藏书家,如张金吾《爱日精庐藏书志》著录《顺斋先生闲居丛稿》二十六卷,注明为"抄本",描述称"男蒲机类编、门生薛懿校正",并录有黄溍《序》全文,序文内容与元刻本同。② 又陆心源《皕宋楼藏书志》著录《顺斋先生间居丛稿》二十六卷两种:一为"元刊本",描述为"男蒲机类编,门生薛懿校正",并录有黄溍《序》全文,序文内容亦与元刻本相同③;一为描述为"旧抄本",描述亦有"男蒲机类编、门生薛益校正"以及"黄溍序,至正十年"④,当是此序与元刊本无差别,故未录全文。文献梳理可知,从后世流传的各种版本来看,卷首黄溍《序》并无内

---

① 中华再造善本工程编纂出版委员会:《中华再造善本总目提要》(金元编),国家图书馆出版社 2013 年版,第 1264—1265 页。

② 张金吾撰,冯惠民整理:《爱日精庐藏书志》卷三四,中华书局 2012 年版,第 547—548 页。

③ 陆心源:《皕宋楼藏书志·续志》卷一〇一,第 11 册,新北广文书局 1991 年版,第 4504—4508 页。

④ 陆心源:《皕宋楼藏书志·续志》卷一〇一,第 11 册,新北广文书局 1991 年版,第 4508 页。

容脱漏之差别。因此,也可以确切地说,《元诗选》征引黄溍《序》文时遗漏"治化休明"一句,此脱漏之误并非版本原文之误,而是征引时抄录之误。馆臣征引之,故《总目》中的黄溍《序》文亦出现了同样的脱漏之误。

由上所述,从翁方纲分纂提要稿和版本描述底稿中可知,修改提要稿的馆臣并未能见黄溍《序》全文,又从各版本黄溍《序》的对比中可知,《总目》所引黄溍《序》中出现的脱漏之误实沿袭《元诗选》而来,与版本差异无关。文献溯源、版本对比,又经过层层论证,可判断馆臣并未亲见黄溍《闲居丛稿序》全文,而仅仅是转引《元诗选》所引序文内容而已。且馆臣确是见及《元诗选》小传的,《闲居丛稿》提要末云:"顾嗣立《元诗选》引溍此文,谓当时风尚如此,可以观世运焉。斯言允矣。"①这说明馆臣对《元诗选》所引黄溍《序》是极为接受和认可,故直接征引之。

再次,若所引与所论皆与《元诗选》一致,是可为一证。如《樵云独唱》提要:"袁布政凯序云:'使先生后生数年,际我朝之明盛,与一时俊乂并列庶职,其事业必有可观。惜其不然,而徒于言语文字间见之,其志不亦可哀乎!'袁序作于成化间,不应有误。"②提要引袁凯《序》文,未见于文渊阁四库全书本《樵云独唱》。那么,《总目》所引袁凯《序》的内容所据为何?馆臣是否亲见之?岂提要征引之后,将之删除?或是馆臣并未见及该序?这些问题皆需一一寻求答案。所幸的是,清光绪年间藏书家陆心源《皕宋楼藏书志》著录"《樵云独唱》六卷,文澜阁传抄本"③,并录至正甲午十一月叶颙所撰《序》全篇,后又列"袁凯《序》,成化十九年"和"叶颙《序》,至正甲午九月"二序篇目④而无文。这一记载为我们追寻源头留下了一丝线索。据陆氏所述,则"文澜阁传

---

① 纪昀等:《钦定四库全书总目》卷一六七,第 2233 页。

② 纪昀等:《钦定四库全书总目》卷一六八《樵云独唱》提要,第 2253 页。

③ 陆心源:《皕宋楼藏书志·续志》卷一〇八,第 11 册,新北广文书局 1991 年版,第 4773 页。

④ 陆心源:《皕宋楼藏书志·续志》卷一〇八,第 11 册,新北广文书局 1991 年版,第 4777 页。

抄本"的底本实有至正甲午(1354)九月叶颙《序》、至正甲午(1354)十一月叶颙《序》和成化十九年(1483)袁凯《序》三篇序文。依此,则与文澜阁本为同一底本的文渊阁本,亦当有。然事实是,文渊阁本却仅有至正甲午(1354)九月叶颙《序》一篇,而无至正甲午(1354)十一月叶颙《序》和成化十九(1483)年袁凯《序》二篇。很显然,文渊阁四库全书本录至正甲午(1354)九月叶颙《序》,而将其余二序删之。

以上只能推定一个事实,即四库底本当有三序。但是,馆臣所引是否出自于删前之序?答案是否定的。尽管馆臣有见及袁凯《序》之可能,但可以明确的是,提要所引"袁布政凯《序》云……"是直录《元诗选》附证部分而来。《元诗选初集》"云颙天民叶颙"小传载:"颙,字景南,金华人。少壮有志事功,未尝干谒,人罕知者。晚遭元季之乱,结庐城山东隅,名其地曰'云颙',自号'云颙天民'。既而移居山之西隅,与云颙相望不数里,时得以幅巾野服,轻鞋瘦策,从樵夫刍叟相往还其间。自序所作诗,以为'薪桂老而云山高寒,音调古而岩谷绝响',故名之曰《樵云独唱》。长孙雍编次成帙,曾孙户部尚书淇重刻之。广东布政使安丘袁凯为之序云。"[①]小传末尾描述所据版本称"广东布政使安丘袁凯为之序",则顾嗣立所见别集版本当有袁凯《序》。又顾嗣立在小传其后附注有考证一段:

> 钱牧斋《列朝诗集》所载:叶樵云颙,字伯恺,洪武中登进士,官行人司副,免归。按集中《挽琳荆山上》云:"大德庚子春,生我及此公。"以年计之,当洪武戊申,景南年六十有九矣。其《独乐歌》云:"屈指今年七十五"。集中诗皆高旷之言,绝无及仕宦者。袁布政序云:"使先生后生数年,际我朝之明盛,与一时俊乂并列庶职,其事业必有可观,惜其不然,而徒于言语文字间见之,其志不亦可哀矣乎!"袁序作于成化间,不应有误。牧斋所云,未知何所据也?又《震泽

---

① 顾嗣立:《元诗选初集》辛集,中华书局1987年版,第2252页。

编》所载,东山叶颙,字伯昂,尝以乡贡为和靖书院山长。此则又一同名姓者耳。①

其中"袁布政序云……"乃顾嗣立据所见袁凯《序》对钱谦益《列朝诗集》说法进行的反驳,当属实。今观《总目》,其在征引的内容和引后的表述方面皆与《元诗选》完全一致。可见,《总目》所引袁凯《序》,并非本于袁凯《序》本身,而是出于有观点而又有材料的二手文献《元诗选》。

通过以上例证可知,《总目》征引序、跋等原初性文献时,并非亲见其原文,而是仅仅转引自二手文献而已。这说明《总目》即便占据官学优势,由拥有前所未有的文献视野,但在撰写提要、征引材料时却并非拥有学术"全视野",而是充分利用了对元代文学、文献和批评有奠基作用的《元诗选》。

二、视野探寻:独立书写,序跋缺位

《总目》对序、跋、墓志的征引通常是以主观意志为标准的,这是元别集提要征引中的一个重要现象。征引,或者不征引,虽有时出于见与未见,但有时却是出于主观的择取。但不论何种情况,元别集的序跋等原初文献价值都未能得到最大限度的掘发。

(一)未见而不引

未见而不引,是指别集卷首明载序文篇目,但馆臣却因视野未及或未曾亲阅而未给予征引,这一情形可称作客观缺失。这类事例考证难度颇大,但通过一二则提要便能了解问题的症结。其中最明确的案例便是《子渊诗集》提要。张仲深《子渊诗集》实辑自《永乐大典》,因其未得以流传,故在纂修四库全书时关于该集与文人的信息,可资参考的文献寥寥无几。因此,馆臣对其人物生平须给予考证,对其诗歌亦须自评,提要云:

---

① 顾嗣立:《元诗选初集》辛集,中华书局 1987 年版,第 2252 页。

案:《子渊诗集》散见《永乐大典》中,但题曰"元人"。《文渊阁书目》载之,亦不著撰人名氏。考集中有《岁尽》诗云:"照我乡关梦,相随到鄮城"。鄮故城在鄞县东,唐时析鄮置鄞、慈、奉、镇四邑,隶明州,元为庆元路。纳新《金台集》有《怀明州张子渊》七律一首,又有《依韵奉答子渊》七律二首,今倡和诗俱在集中,韵亦相符,则当为庆元路人。又《铁釜中莲》诗题下自注,叙同时并赋诸人,有"暨仲深"之语,则其名当为仲深,又有《怀兄子益在横浦》诗,以其兄字推之,则子渊当为其字矣。集久不传,兹分体缀辑,得诗六卷,多与纳新、杨维桢、张雨、危素、袁华、周焕文、韩性、乌本良、斯道兄弟唱和之作,而纳新为尤夥。古诗冲澹,颇具陶、韦风格,律诗虽颇涉江湖末派,格意未高,然五言如"晓市鱼虾集,秋田笋蕨多","驿路随江尽,湖云类海宽","地通江栈阔,天入海门低","明月孤城柝,秋风弱客心","枯萑晴似雪,独鹤夜如人",七言如"江村夜迥传金鼓,池馆秋深老芰荷","满面炎尘低客帽,一川离思属荷花","家僮解事故携酒,野鸟避人低度墙","北风吹沙弓力劲,落日照海旌旗寒","林荒乏酿茶为酒,鱼熟难赊米当钱","西江返照连虹影,南镇残山入雁行",亦皆楚楚有致,其见重于当时名辈,亦有以也。①

提要确是馆臣根据《子渊诗集》的诗歌内容考证而撰成。但今观文渊阁四库本张仲深《子渊诗集》前冠四序,分别为至正十六(1356)郑奕夫《序》、至正十二年(1352)危素《序》、后至元五年(1339)艾逸《序》、至正十六年(1356)杨彝《序》,四序皆作于元代。《总目》未言四序从何而来?但是,既然《子渊诗集》都是辑《永乐大典》本而成,并非流传已久的较为完整的单行别集,那么四序或者是馆臣于《永乐大典》中辑录而出,或者是馆臣于别处辑补而来。不管何种原因,对于四序,馆臣应当是有所了解的。且今

---

① 纪昀等:《钦定四库全书总目》卷一六七《子渊诗集》提要,第2241—2242页。

阅此四序,其已然提供了诸多人物和别集的信息,然馆臣对于此现有的、确定的信息却是完全无视。

其一,关于籍贯。提要称不知其籍贯,费尽一番考证后得知其为鄞人,元时称"庆元人"。其实,对于张仲深之籍贯,危素《序》中所言甚明:"子渊,越人也。由其诗观之,越之为越,岂不异乎古昔哉?鄞,故越地,至于近代,遂为文献之邦。宗公大儒,前后相望。子渊生于其乡,一扫其鄙裹之辞。"①可见,对于《子渊诗集》原序四篇,馆臣并未读之。

其二,关于事迹。张仲深为孝子,诗歌中多孝亲之意。郑奕夫《序》有云:"今子渊之诗拳拳不忘乎亲,志形于言,自有不能已者。子渊虽未能拾一第、承一命以荣其亲,独能以诗彰其母之志节,亦荣矣。然诗之驯驳,固未暇论,其爱亲之诚,较子美忠君爱国之心,庸有二哉?观子渊之诗者,各能兴起其爱亲之心,则于名教信不为无补也。"②提要未及此。须知,《总目》热衷于对孝亲之事迹的提取,如丁鹤年别集提要中对"丁孝子"的塑造,此处不及,当因未读该序。

其三,关于诗歌。从序中至少可获得评价有二:一为立意深远而力去雕琢,如后至元五年(1339)艾逸《序》:"近获与张君子渊交片言之间,辄悟此意,出示所作百余篇,其意辄深远,与雕琢相谢绝,虽天禀所至,亦薰熟有素者。夫已有所得而不与知者共,非君子用心也";一为学杜而能得其道,至正十六年(1356)杨彝《序》称其"读杜诗而精其句法,成一家言",非"昧者剽剟,近似袭用一律,而不知根本道艺其所以来"者可比。此二种评价在提要中皆未体现。而在无任何其他参考文献的情况下,《总目》对出现在视野内的时人之评价完全无视,这并不是一种严谨的学术态度。

由以上三角度的分析可知,《子渊诗集》四序已经为提要书写提供了较为全面而确切的材料,但因馆臣的无视而未被给予关注,馆臣也因无视四序而在

---

① 张仲深:《子渊诗集》卷首,《景印文渊阁四库全书》第 1215 册,第 309 页。
② 张仲深:《子渊诗集》卷首,《景印文渊阁四库全书》第 1215 册,第 308 页。

提要书写中耗费了不必要的精力。

再看《白云集》提要(此《白云集》为释英所撰),其亦可为证。提要云:"顾嗣立选《元百家诗》收入此集。其目录题曰存实,盖举其字。卷端标名则曰'白云上人英',盖以英为一字名也。考梁有僧祐、僧肇,皆连僧字为名,安知其不以释英为名,取义于'释家之英'乎!虽牟巘、赵孟頫、胡长儒(孺)、林昉、赵孟若诸序,皆称曰'英上人',此犹道林称'林公',慧远称'远公'耳,不足证其非二名也。"①《总目》花费此一大段文字反驳《元诗选》所云释英之"英"为单字名,而认为"英"是"取义于释家之英"。殊不知,赵孟頫《序》末一句明言:"上人名英,实存其自号云。"②此《序》载于四库本《白云集》卷首,馆臣本当阅之。提要中亦云"牟巘、赵孟頫、胡长儒(孺)、林昉、赵孟若诸序,皆称曰'英上人'"之言,似馆臣曾亲阅此五序,然而事实上,《总目》所云并非馆臣亲阅五序而来,而是直录《元诗选》内容而成。今观《元诗选初集》"白云上人英"小传:"英字实存,钱塘人。唐诗人厉玄之后也,素有能诗名。历走闽、海、江、淮、燕、汴。一日登径山,闻钟声,有省,遂弃官为浮屠,结茅天目山中。数年,遍参诸方,有道尊宿,皆印可之,故其诗有超然出世间趣。别号'白云',即以名其诗集。牟巘翁、赵松雪、胡长孺、林石田、赵春洲辈皆为之序云。"③对比二者可知,《总目》所云实仅仅据《元诗选》而出,馆臣根本未曾亲读卷首牟巘、赵孟頫、胡长孺、林昉、赵孟若五序,只不过抄录《元诗选初集》"白云上人英"小传末一句内容而已。馆臣若是亲读之序文,则不可能不知赵孟頫《序》中所载名号等信息。余嘉锡先生考辨该提要后直指馆臣疏忽之误说:"《提要》所叙释英事迹,实直录《元诗选》初集中壬集小传,非取之孟頫之《序》,故于其篇末数语,竟熟视无睹也。"④馆臣因未亲阅序文,故失去了了解人物名姓

① 纪昀等:《钦定四库全书总目》卷一六六,第 2203 页。按,引文括号内的字,为笔者所正。
② 释英:《白云集》卷首,《景印文渊阁四库全书》第 1192 册,第 665 页。
③ 顾嗣立:《元诗选初集》壬集,中华书局 2002 年版,第 2456 页。
④ 余嘉锡:《四库提要辨证》卷二三,第 4 册,中华书局 2007 年版,第 1494 页。

的第一手文献,颇为遗憾。又,馆臣因序文信息的缺失而对《元诗选》所言妄加揣测和指责,颇显失态。

(二) 见及而不引

见及而不引的情况,是指提要中已然交代该本有序,但对于内容却不予征引。这种情况可以称作主观缺失,在提要中出现比较多。其中最为典型的例子便是《金台集》提要。迺贤①为《金台集》的作者,其字易之,别号河朔外史,本突厥葛逻禄氏,世居金山(今新疆阿尔泰山)之西,其祖虽蒙古军内迁中,居南阳(今河南),遂为南阳人。"葛逻禄"汉译作马,故时人又称马易之。文渊阁四库本迺贤《金台集》卷首和卷末实有序跋题词等共 10 篇之多,且皆是出自迺贤同时代人之手,而《总目》对此仍旧无视,其自撰迺贤诗歌评论云:"纳新天才宏秀,去元好问为近,虽晚年内登翰林,外参戎幕,而仕进非所汲汲,惟以游览唱酬为事,故气格轩鬈,无世俗猥琐之态,其名少亚萨都拉,核其所作,视萨都拉无不及也。"②然此评论却与序跋题词中所呈现出的诗歌评论不太一致。现从 9 篇序跋中拈出 8 处诗文评价列举如下:

1. 欧阳玄《序》:以能文称,而尤长于诗,其诗清新俊逸而有温润缜栗之容,七言杰者拟盛唐焉。③

2. 李好文《序》:尝爱贺六浑阴山敕勒之歌,语意浑然,不假雕刓,顾其雄伟质直,善模写,政如东丹托云画本土人物,笔迹超绝,论者以为不免有辽东风气之偏,惟吾易之之作,粹然独有中和之气,上可以追媲昔贤,下可以鸣太平之治,温柔敦厚,清新俊迈,使人读者隽

① 按,此名音译而来,原本为"迺贤",今之简体字为"乃贤"。《总目》改为"纳新",《景印文渊阁四库全书》本《金台集》又抄录为"纳延"。为消除读者阅读障碍,本书遵从文学史普遍采用之名称"迺贤"。

② 纪昀等:《钦定四库全书总目》卷一六七《金台集》提要,第 2241 页。

③ 纳延:《金台集》卷首,《景印文渊阁四库全书》第 1215 册,第 262 页。

永而不厌,兹非圣人之化,仁义渐被,诗书礼乐之教而致然耶?①

3. 贡师泰《序》:博学善歌诗,其词清润纤华,每出一篇则士大夫辄传诵之,大抵五言类谢朓、柳恽、江淹,七言类张籍、王建、刘禹锡,而乐府尤流丽可喜,有谢康乐、鲍明远之遗风。②

4. 黄溍《题词》:果啰罗氏纳延易之,雅志高洁,不屑为科举利禄之文。平生之学悉资以为诗。久留京师,出入于英俊之林,而习闻于朝廷之典礼,台阁之仪章。至于众大之区,纷华侈靡,宏丽可喜之观,亦有以开廓其心目,故其形于咏歌,言必发乎情,辞必称乎事,不规规焉务为刻雕藻饰以追逐乎前人,而自不能不与之合也。③

5. 揭傒斯《跋》:其诗百余篇,森然若开群玉之府,圭璋琮璜,各有列位,辞语至到而神与情诣,动荡激越,可歌可舞,信乎其能谕诸人者。④

6. 程文《跋》:然皆本诸性情,征诸政教,而不为烟云月露之归。追风雅之遗音,振金石之远响,上而公卿大夫,下而里闾韦布之士,莫不称之。一时之善为诗者,亦莫之能过也。⑤

7. 杨彝《跋》:取一二篇以读,则慷慨悲歌而燕赵之风声气习犹可想见。及观承旨欧阳公、祭酒李公、侍讲黄公、故侍书虞公、侍讲揭文安公所为序引,深评远论,唯恐其不传也。其有得于此,可谓难矣。且诗自汉魏而下,至唐为盛,而其间独推杜甫氏以为不失风人之旨。然其时先后若陈子昂、高适、韦应物、刘禹锡辈,亦各名家,盖诗由人情生也。情非有古今者,特有至有不至尔,是故越人之曲,敕勒之歌,

---

① 纳延:《金台集》卷首,《景印文渊阁四库全书》第1215册,第263页。
② 纳延:《金台集》卷首,《景印文渊阁四库全书》第1215册,第263页。
③ 纳延:《金台集》卷首,《景印文渊阁四库全书》第1215册,第264页。
④ 纳延:《金台集》卷末,《景印文渊阁四库全书》第1215册,第303页。
⑤ 纳延:《金台集》卷末,《景印文渊阁四库全书》第1215册,第304页。

其托兴写物,非素工于辞者,而操觚之士有不逮也何? 则情之所至而语至焉,则不求工而自工也。故余谓易之诗,如《颖州老翁》《西曹郎》《巢湖》《新乡媪》《新堤》等篇,抚事感怀,若不经意而尽所欲言,有得于风人之旨者当不谢于古人,况其所工者复不下是,兹固可信其必传也。①

8. 危素《跋》:易之乃泊然无意于仕进,退藏句章山水之间,其所为诗清丽而粹密,学士大夫多传诵之。②

以上八则评论虽出自不同序跋,但其人之身份皆为馆阁之士,故从其表述中大致可以归纳出遒贤诗歌的艺术特点:从情感上看,温柔敦厚,有风人之旨;从表达上看,清新俊迈。盖上引八篇序之作者皆元代馆阁之士,故其以"温柔敦厚""清新俊迈"评判之,与当时官学审美意识不无关系。

今观顾嗣立《元诗选》,便是征引《序》《跋》以立论的,"编修遒贤"小传云:"所著《金台集》,欧阳元功序之,谓其清新俊逸,而有温润缜栗之容。宣城贡师泰称其词清润纤华,五言类谢朓、柳恽、江淹,七言类张籍、王建、刘禹锡。而乐府尤流丽可喜,有谢康乐、鲍明远之遗风。魏郡李好文曰:易之西北方人,而粹然独有中和之气。不喜禄仕,惟以诗文自娱。其来京师,特广其闻见,以助其诗也。其兄塔海仲良以进士起家,而易之晚乃得一官,未竟其用。虞文靖题其集云:'因君怀郭隗,千古意如何。'张承旨起岩云:'爱君谈辨似悬河,最喜交情古意多。长使马周贫作客,令人千古愧常何。'其所期望者深矣。"③其中引欧阳玄、贡师泰、李好文三人序中的诗文评论,又引虞集、张起岩二人题诗中的人物评价。

《总目》立论之角度一改《序》《跋》和《元诗选》之立场,评曰"纳新天才宏秀,去元好问为近"。需要说明的是,"元好问"实为《总目》元别集提要中的一

---

① 纳延:《金台集》卷末,《景印文渊阁四库全书》第 1215 册,第 304—305 页。
② 纳延:《金台集》卷末,《景印文渊阁四库全书》第 1215 册,第 306 页。
③ 顾嗣立:《元诗选初集》戊集,中华书局 1987 年版,第 1437 页。

种文学批评符号,如《陵川集》提要:"故其文雅健雄深,无宋末肤廓之习。其诗亦神思深秀,天骨挺拔,与其师元好问可以雁行,不但以忠义著也。"①《青崖集》提要:"是其学本出元好问,具有渊源,故所作皆格律坚苍,不失先民轨范。"②《秋涧集》提要:"恽文章源出元好问,故其波澜意度,皆不失前人矩矱。诗篇笔力坚浑,亦能嗣响其师。"③归纳而言之,"元好问"所代表的诗学特征是"风格遒上",而与此诗学特征针对的诗学弊病则是南宋末江湖单弱之习和江西粗犷之失。《总目》评价元好问诗为:"好问才雄学赡,金元之际,屹然为文章大宗。所撰《中州集》,意在以诗存史,去取尚不尽精。至所自作,则兴象深邃,风格遒上,无宋南渡末江湖诸人之习,亦无江西流派生挐粗犷之失。"④所言甚明。

至于《金台集》,《总目》无视《序》《跋》和《元诗选》所言"温柔敦厚""清新俊迈"之论,而转以"风格遒上"之角度评定遒贤诗风,即刻便暗合了遒贤北人之气质。那么,《总目》何以要转换角度论之?其论又是否具有代表性?

今读文渊阁四库本《金台集》,其以毛晋汲古阁本为底本抄录,其中有四首诗歌比较醒目,因附有时人之评价。

一首是《三峰山歌》,诗人因道经三峰山,感当地父老之言而作。诗歌着力描述元军攻打金师时所向披靡之势,诗风慷慨雄健。诗后附元人张翥评论一则,曰:

> 余比修国史,睹三峰之役,金师三十五万来拒战,我师不敌军于山之金沟。其军数重围三峰,而中夜大雪,金人戈戟弓矢冻缠,莫能施。我师一鼓歼之,自是金人胆落,不复战矣。易之作歌辞,豪健激昂而奕奕有思致,殆与三峰长雄!置诸乐府、铙歌间,扬厉无前之盛

---

① 纪昀等:《钦定四库全书总目》卷一六六,第2202页。
② 纪昀等:《钦定四库全书总目》卷一六六,第2214页。
③ 纪昀等:《钦定四库全书总目》卷一六六,第2217页。
④ 纪昀等:《钦定四库全书总目》卷一六六,第2201页。

绩，良无愧也。①

一首是《新乡媪》，描述河南新乡老妪辛勤劳作、贱价买孙仍贫困难持的艰难生存状态，诗末描述富家女子生活，与之对比，以作反衬。此诗讽谏之意与白居易《卖炭翁》有异曲同工之效。后附有自称"盖苗耘夫"者的诗评，曰：

> 右《新乡媪》一首，余同年诺海仲良宣慰君之仲氏纳新易之之所作也。其词质而婉，丰而不浮，其旨盖将归于讽谏云尔。昔唐白居易为乐府百余篇以规讽时政，流闻禁中，即日擢为翰林学士。易之他诗若《西曹郎》《颍州老翁》等篇，其关于政治，视居易可以无愧，而藻绘之功殆过之矣。况今天子圣明，求言之诏，播告天下，当此之时，易之之诗或经乙夜之览，则其眷遇又岂下于居易哉？故予三复之馀，谨识其后，以俟南台中执法濮阳。②

一首是《颍州老翁歌》，此诗与《新乡媪》所述对象和表达主题相近，皆为反映黎民百姓生活疾苦之作，以揭露统治者的剥削行径。后附李黼、危素、余阙三人诗评，分别是：

1. 状物写景之工，固诗家之极致；而系于风化、补于政治，尤作者之至言。易之此诗，兼得之矣。礼部侍郎汝阴李黼子威书。

2. 易之此诗，格调则宗韩吏部，情性则同元道州，世必有能知之者。监察御史危素书至正四年。

3. 至正四年河南北大饥，明年又疫，民之死者过半，朝廷尝议粥爵以赈之。江淮富人应命者甚众，凡得钞十余万锭，粟称足。会夏小稔，赈事遂已。然民罹大困，田菜尽荒，蒿蓬没人，狐兔之迹满道。时余为御史，行河河南，请以富人所入钱粟贷民，具牛种以耕，丰年则收其本，不报。览易之之诗，追忆往事，为之恻然。八年三月翰林待制

---

① 纳延：《金台集》卷一，《景印文渊阁四库全书》第1215册，第266页。
② 纳延：《金台集》卷一，《景印文渊阁四库全书》第1215册，第281页。

武威余阙志。①

一首是《巢湖述怀寄四明张子益》,诗中有云:"湖水漫漫接天杪,天低更觉青山小。倦飞沙鸟戛渔艇,倒景芙蓉涵碧藻。凉波不动舟如飞,棹歌窅窅声相随。江东云树转头失,淮西山水尤清奇。故人江南不可见,千里相思情眷恋。门外梅花知未发,屋头柿叶题应遍。期君不来争奈何,青天落日摇沧波。"②其诗风尤为清俊。后附危素评语曰:

> 易之诗中所历之景,予皆尝过之,所未至者巢湖耳。易之有此清雄峻拔之句,余无一语者。人各有能,有不能也。太常博士危素书。③

细读以上四首诗作,发现所附时人之评与遁贤作品基本相符,故可以时人之评为公论。借由此四首诗再来反观《总目》所评"去元好问为近",实不无来由。《金台集》开篇一首《三峰山歌》便是"歌辞豪健激昂",与所谓"风格遒上"者相印合。观之后三首,其与白居易新乐府以及汉魏乐府为近,以"风人之旨"称之,尤为妥帖。

当然,除以上风格之外,遁贤另有清新婉约之作,如诗作《宫词八首次偰公远正字韵》"其六"云:"花影频移玉砌平,美人欹枕听流莺。一春多病慵梳洗,怕说銮舆幸上京。"④"其七"云:"绣床倦倚怯深春,窗外飞花落锦茵。抱得琵琶阶下立,试弹一曲斗清新。"⑤又如《新月行》曰:"谁念天涯远游客,只有新月能相亲。"⑥等等。

因此,《总目》仅以"风格遒上"论遁贤诗歌,而回避诸篇《序》《跋》之论,不免主观片面。在评论遁贤诗歌时显此隐彼,这体现出《总目》对遁贤诗歌的

---

① 纳延:《金台集》卷一,《景印文渊阁四库全书》第 1215 册,第 285 页。
② 纳延:《金台集》卷一,《景印文渊阁四库全书》第 1215 册,第 282—283 页。
③ 纳延:《金台集》卷一,《景印文渊阁四库全书》第 1215 册,第 283 页。
④ 纳延:《金台集》卷一,《景印文渊阁四库全书》第 1215 册,第 275 页。
⑤ 纳延:《金台集》卷一,《景印文渊阁四库全书》第 1215 册,第 275 页。
⑥ 纳延:《金台集》卷一,《景印文渊阁四库全书》第 1215 册,第 275 页。

一种主观性的审美期待。

再如评马臻《霞外诗集》，《总目》亦回避了载于卷首仇远《序》中的诗歌评论而另立观点。究其原因，亦是出于对马臻诗歌某一风格的过度彰显。提要云：

> 元马臻撰。臻字志道，号虚中，钱塘道士仇远序是集，称其"隐约西湖之滨，士大夫慕与之交，不过习清虚，谈淡泊，无一言及势力声利"。龚开序则称"大德辛丑，嗣天师张真人如燕主行内醮，玄教名流并翼然景从。王子疑、马志道在焉"。其人盖在通介之间者也。集中铺张富贵者数篇，如《嗣师吴真人》诗之类，颇乖山林之格。然所作皆神骨秀骞，风力遒上，琅琅有金石之音，虽不能具金鹅擘海、香象渡河之力，而亦不类酸寒细碎，虫吟草间。观其《述怀》一诗，殆宋末遗老寄托黄冠，而其豪逸俊迈之气，无所不可，政不以枯寂恬淡为高耳。此本为毛晋所刻，末有晋跋，称"伯雨之后复有虚中"。今考诸家之序，皆作于仁宗大德初年，则臻尚在张雨前，晋偶失检也。①

提要称"此本为毛晋所刻"。今观毛晋汲古阁本《元人十种诗》中《霞外诗集》十卷，卷首实有三篇序，分别是大德六年（1302）仇远序、落款为"时年八十一"的龚开《序》以及落款为"庐山黄石翁"的黄石翁《序》。今文渊阁四库本《霞外诗集》十卷，卷首仅保留了仇远《序》和龚开《序》。而从提要引仇远《序》和龚开《序》，又称"今考诸家之《序》，皆作于仁宗大德初年"，则馆臣无疑是见过仇、龚二《序》的。

关于马臻之身份，仇远《序》与龚开《序》所论分别代表了马臻两种不同的身份归属。《总目》并引二序，正是为了塑造马臻"在通介之间者"的身份，目的则是消解马臻的道士身份。此意图在第一章已有相关论述，兹不赘述。

此处试图考察的是马臻诗歌评论之征引问题。仇远《序》除了叙述生平

① 纪昀等：《钦定四库全书总目》卷一六七，第2221页。

外,还有评论,其言:"大抵以平夷恬澹为体,清新圆美为用,陶衷于空,合道于趣,浑然天成,不止于烟云花草鱼鸟而已。"①其中"平夷恬澹"指诗歌思想以隐逸淡泊为主,"清新圆美"指诗歌表达以清新圆美为主。"陶衷于空",指内心无汲汲于名利而一片澄澈,"合道于趣",指心中所追求的不外乎自然山水之趣。而所谓"浑然天成,不止于烟云花草鱼鸟",则是说自然之景与超然之情融为一体,并未浮于写景之表面。以《白鹭》诗为例,诗云"吟肩高耸受风吹,西塞山边细雨时。不染丹青愁鹤妒,自矜清白见鸥欺。某丘有树犹堪宿,何处无鱼可疗饥。振振飞来应得意,也曾物色到周诗。"②此诗歌看似写白鹭在受尽风吹雨打中,从不改变生命本色以屈就鹤、鸥等同流合污之辈,而是孑然独立、怡然自得。可是"不染""自矜""得意"这些心理活动,又岂是白鹭之本意? 可见,这一白鹭意象实际上是诗人自身心志的投射,诗人在白鹭身上寄寓了自我不愿同流合污的志向,也即坚守遗民之志。而马臻此类于景物中寄寓志向的浑然天成的诗歌特色,黄石翁《序》亦深表认可,《序》中举佳句如"'达人不患贫,贞女不事媚','静知春事佳,老觉世味熟','古交山上松,今交陌上花','某丘有树犹堪宿,何处无鱼可疗饥','瘦梅喜浸古罍盎,老态怕著新衣裳',后世视此数联以为何如人也!"③

接着看《总目》所评"神骨秀骞,风力遒上,琅琅有金石之音",不乏"豪逸俊迈之气"。为论证此观点,馆臣还进一步提出了与马臻诗风对立的两种具体的诗歌弊病:一为"酸寒细碎,虫吟草间",一为"枯寂恬淡"。《总目》顺便借马臻"风力遒上"之诗风以贬抑南宋末年江湖诗人"酸寒细碎""枯寂恬淡"之弊端。对比观之,《总目》此论显然是有别于仇远观点的另一审美范畴的表达。那么,《总目》何以要置仇远《序》不取而另发此论? 原因便是馆臣对仇远观点的不认可。事实上,《总目》所论并非无出处。仅四库本《霞外诗集》末便

---

① 马臻:《霞外诗集》卷首序,《景印文渊阁四库全书》第 1204 册,第 56 页。
② 马臻:《霞外诗集》卷一,《景印文渊阁四库全书》第 1204 册,第 59—60 页。
③ 马臻:《霞外诗集》卷首黄序,台北学生书局 1973 年版,第 10 页。

附有毛晋《跋》，其云："既从褚雪巘游，肆力吟事，风致酷似中州诸名家。"①此中"酷似中州诸名家"便是《总目》的立论起点。在此值得一提的是，毛晋之评语实自相矛盾，其中"既从褚雪巘游，肆力吟事"与"风致酷似中州诸名家"，前后语义冲突。"褚雪巘"即"褚师秀"，又名褚伯秀，号环中子，所居种芭蕉，又号蕉池叟，杭州人，宋末之道士。自宋以清苦节行闻，宋亡，居天庆观。著有《南华真经义海纂微》（又名《庄子义海纂微》）一百六卷，宋咸淳元年（1265）梓行。其人可与文人谈儒学，与道士论道，唯不愿与官宦往来。入元后，其力拒江浙行省平章尤氏之求访，一时传为佳谈。据元人郑元祐《遂昌杂录》所载："一日尤公单骑从一童至天庆方丈，观主王管辖者尚不知为平章。尤公乃自言。观主大惊。尤公曰：'我欲一拜褚高士耳。'观主谓：'其人孤僻士，宰相何取而欲见之。'尤公意弥坚，观主扣房门。高士方读书，闻扣户声，问为谁。观主以姓名对，高士曰：'主首不游廊，管辖何为至此。'观主以山门急切事语之，乃启户。观主言平章请见。高士拒之曰：'某自来不识时贵人。'而平章顾已拜于地，意欲高士延坐其室。即锁户偕行廊庑间，平章卑抑，敬之愈甚。至云堂前，语平章曰：'三年前，有阆州王高士尝留此，某则非其人也。'因长揖，竟出。"②其生平信息文献记载不够丰富，唯此一事迹广为流传。最早见于元人郑元祐《遂昌杂录》，后清初葛芝撰《褚雪巘小传》本之而成，清后期高兆撰《续高士传》《（雍正）浙江通志》《（光绪）武林玄妙观志》《（民国）杭州府志》皆录其人其事。从迄今保存文献来看，其人为道士，偶作诗歌，其诗不乏宋末"永嘉四灵"的苦吟风格。陈起《江湖小集》所录林尚仁《赠褚雪巘》云："多年林下隐，犹带旧儒酸。自说因《诗》苦，还如学《易》难。晓窗花气润，夜枕雨声寒。又欲名山去，应寻胜迹看。"③便是以"苦吟"评价褚氏诗风。再读其诗《大涤洞》云："仙岩九折锁琼台，琪树排云洞户开。欲探骊渊更深处，恐惊龙

① 马臻：《霞外诗集》卷末跋，《景印文渊阁四库全书》第1204册，第169页。
② 郑元祐：《遂昌杂录》，《景印文渊阁四库全书》第1040册，第383—384页。
③ 陈起：《江湖小集》卷三三，《景印文渊阁四库全书》第1357册，第268页。

睡却回来"①;《题翠蛟亭》曰:"不逐风雷去,蜿蜒舞石屏。源深有龙伴,流远借丹灵。坐觉云藏树,吟忘雪溅亭。岩隈又斜日,归去了残经"②;等等,褚氏诗尽管不能以苦吟定论,但亦并非所谓"风力遒上"者。毛晋所云"既从褚雪巘游,肆力吟事,风致酷似中州诸名家"③,一"既"字,是将马臻与道士褚师秀之诗风关联而论,毛氏认为褚雪巘与马臻之诗皆为"风力遒上"者。事实上,如前所述,褚雪巘之诗风并非"酷似中州诸名家""风力遒上"一类。毛晋此观点显然并不成立。或毛晋另有所据? 今不可知。又观《元诗选》"马炼师臻"小传,其表述如是:"尝从褚雪巘游,肆力吟咏。所著曰《霞外集》。"④则《元诗选》并不取毛晋之论。

《总目》曾多次以"风力遒上"评价"中州诸名家"之作,如元好问、王恽等。值得肯定的是,《总目》与毛晋《跋》之诗评亦有其依据,依据便是《霞外诗集》中的诸篇北游之作有关,如《鲁中》《东平道中》《望岳》《开平寓舍》《滦都旅夜二首》《李陵台怀古》等,多述北方辽阔奔放之景。仇远《序》亦言及其北游之经历:"远览嵩、岱之雄拔,江、河、济、淮之奔放,近挹两峰、三潭、六桥之佳丽秀整,交广视阔,胸次宏豁,宜其笔力不凡如此。"⑤可是,即便在阅尽其北游著作后,仇远仍旧"以平夷恬澹为体,清新圆美为用"评价之,但《总目》却取毛晋语,甚至因此而有"神骨秀骞,风力遒上"之论。就马臻诗歌的整体风格而言,《总目》之论不无过度之嫌。今阅《霞外诗集》全集,其题材内容上大体以吟咏山水自然和自述怀抱为主;思想情感则主要抒发超脱名利、寄情山水、闲适淡泊的人生志趣,隐隐中亦有一种压抑和苦楚;语言风格清新雅健。因此,若说仇远之评价是超越南北地域差异而对其诗进行本质性的把握,那么

① 俞金生编注:《洞霄宫诗选》,浙江文艺出版社 2000 年版,第 113 页。
② 俞金生编注:《洞霄宫诗选》,浙江文艺出版社 2000 年版,第 112—113 页。
③ 马臻:《霞外诗集》卷末跋,《景印文渊阁四库全书》第 1204 册,第 169 页。
④ 顾嗣立:《元诗选初集》壬集,中华书局 1987 年版,第 2371 页。
⑤ 马臻:《霞外诗集》卷首序,《景印文渊阁四库全书》第 1204 册,第 56 页。

《总目》所论则是局限性的,是仅以诗人诗歌之一面来论其整体。具体而言,《总目》是意图以一种自身认同和主观期待的审美风格来"塑造"马臻之诗风。

除此之外,贡师泰《玩斋集》前有九篇序、戴良《九灵山房集》前有四篇序,且多有诗文评价,然《总目》皆未予征引。这皆与馆臣的审美期待密切相关。

三、立场捕捉:异代定论,回避序跋

《总目》元别集提要在75处版本之外的序跋等征引中,有55处来自于元人之序。通过对这55处征引的考察,大致可以把握《总目》元别集提要中序跋征引之规律:品人评诗,对元人之序跋中的一些内容有所回避,以防虚美。

以公论定评,以时间为验金石,这是《总目》明确申明的一种批评观念。《集部总叙》云"浮华易歇,公论终明"①。《别集类叙》亦称:"文章公论,历久乃明……今于元代以前,凡论定诸编,多加甄录,有明以后,篇章弥富,则删薙弥严。非曰沿袭恒情,贵远贱近,盖阅时未久,珠砾并存,去取之间,尤不敢不慎云尔。"②《国秀集》提要中言"然文章论定,自有公评,要当待之天下后世"③。这说明馆臣极为注重评论的时间性,重视时间沉淀后的评价。因此,对于评价而言,征引时人所撰序跋墓志行状等文献往往会出现推奖过量的情况,这一点《总目》是颇有觉知的,故其在元别集提要中屡屡倡导异代定论的做法,如《牧庵文集》提要称:"张养浩作是集序,称其'才驱气驾,纵横开合,纪律惟意,如古勍将率市人战,鼓行六合,无敌不北。'柳贯作燧谥议,称其'典册之雅奥,诏令之深醇,抉去浮靡,一返古辙,而铭、志、箴、颂,雄伟光洁,家传人诵,莫得而掩。'虽不免同时推奖之词,然宋濂撰《元史》称其文'闳肆该洽,豪而不宕,刚而不厉,春容盛大,有西汉风,宋末弊习为之一变。'国初黄宗羲撰《明文案》,其序亦云'唐之韩、柳,宋之欧、曾,金之元好问,元之虞集、姚燧,其

---

① 纪昀等:《钦定四库全书总目》卷一四八,第1971页。
② 纪昀等:《钦定四库全书总目》卷一四八,第1981页。
③ 纪昀等:《钦定四库全书总目》卷一八六,第2603页。

文皆非有明一代作者所能及.'则皆异代论定,其语如出一辙,燧之文品亦可概见矣。"①又在《师山文集》提要亦持此认识:"汪克宽作玉行状,称其文'以正大刚直之气,发为雄浑警拔之词,感慨顿挫,简洁纯粹。然纪事朴实,不为雕镂锻炼跌宕怪神之作,出入马迁、班固,而根之以六经之至理'。其推尊亦太过。"②又,《纯白斋类稿》提要云:"吴澄称其诗如'春兰苗芽,夏竹含箨,露滋雨洗之余,濯濯幽媚,娟娟静好'。则形容过当,反不肖其品格矣。"③这实际涉及到今天所说的"过度解读",馆臣主张尽量避免这种情况,以达到批评的客观。

馆臣有此顾虑是合理的,毕竟时人之评确实不能一概信之。但是若因此而对时人之评过度防范,不予正视,则又是否有矫枉过正之偏颇? 在实际征引过程中,《总目》往往因回避时人之评带来的溢美现象却又深陷"异代定论"的泥淖。比如,《元史》虽然可谓异代之作、易代之论,然而众所周知的是,《元史》所云又并非原创,何况其成于明初,成于由元入明的宋濂之手,其为"异代书写"的事实又岂可忽略? 再有,撰写《元史》的信息来源为何? 自然不外乎各种序跋墓志行状,换言之,《总目》征引《元史》之论,极有可能是在间接地征引元人之序跋墓志等。以下略加证明。

《桂隐文集》提要称:"本传称'其文**根柢六经,躏跞诸子百家,融液今古,而不露其踔厉风发之状**'。"④《总目》征引此句出自《元史》"刘诜传",但是这一句却并非史传中所说,其源出欧阳玄为刘诜所撰的《墓碑铭》:"至其为文,**根柢六经,属餍子史,躏跞百家,渟滀演迤,资深取弘,榘矱哲匠,达于宗工,液古融今,自执其鞚,靡虑不获,靡施弗宜**,虽未尝露其俊杰廉悍踔厉风发之状,韫玉在椟,气如白虹,不可掩抑。四方求文,褷属于门。有古文若干卷,诸体诗

---

① 纪昀等:《钦定四库全书总目》卷一六六,第2217—2218页。
② 纪昀等:《钦定四库全书总目》卷一六八,第2247页。
③ 纪昀等:《钦定四库全书总目》卷一六七,第2239页。
④ 纪昀等:《钦定四库全书总目》卷一六六,第2206—2207页。

若干卷,骈俪书札若干卷,总题曰《桂隐集》。"①同时,欧阳玄此段表述亦被夏以忠撰刘诜《行状》时所引,原文曰:"翰林承旨欧阳公玄未识先生而书问频致,称先生:'道德之重,藻鉴之明,**其为文根柢六经,属餍子史,躏跞百家**,渟滀演迤,资深取宏,榘矱哲匠,达于宗工,不钵刿心目,不掏擢胃肾,液古融今,自执其辔,靡虑不获,靡施不宜,**虽未尝露其隽杰廉悍踔厉风发之状**,韫玉在椟,气如白虹,不可掩抑。'及叙先生文集有曰:'余读先生之文,温柔敦厚,欧也;明辨雄隽,苏也。至论其妙,抑岂相师也哉,有不可传以言者矣。'"②对比观之,《元史》不过是在此基础上撮取字句而成,因此,就算是隔代之论,但亦并非自立新说。《总目》试图避免刘诜相关的序、跋、墓志、行状,而不予征引,殊不知,作为异代之论的《元史》亦不过是借序、跋、墓志、行状发其观点而已。

又,《闻过斋集》提要云:"史称其文严整典雅,一归诸理。"③馆臣征引《元史》,认为可借此异代定论。但事实是,《元史》所云原本并非宋濂等人之语,而是出自至正元年(1341)徐起所撰《闻过斋集序》,序云:"今观闽中吴先生《闻过斋集》,叙事严整,议论正大,雄健宏奥,离合变化,一归于理,非通经博古之精而信之笃、养之有素,何能致是?"④可见,即便是同样的意思,馆臣对《序》中繁复的表述置若罔闻,却对《元史》简短精练的表述更有兴趣。馆臣急于求成的拿来主义意识不可谓不深,同时也受到"异代定论"观念的影响。

再如《勤斋集》提要的书写。萧㪺《勤斋集》卷首载有李黼《序》、张冲谨《序》和官发牒文三篇文章,而提要中却一字未及。当然,若是萧㪺其人其集的相关信息,后世保留足够充裕,这便无可厚非。可事实是,《勤斋集》辑补自《永乐大典》,这便注定该集所保存的作者及文集相关信息不够充裕。而在此文献不充裕的情况下,萧㪺《勤斋集》提要却仍未重视此二序一牒文,更何况,

---

① 刘诜:《桂隐文集》附录,《景印文渊阁四库全书》第 1195 册,第 211 页。
② 刘诜:《桂隐文集》附录,《景印文渊阁四库全书》第 1195 册,第 208—209 页。
③ 纪昀等:《钦定四库全书总目》卷一六八,第 2248 页。
④ 吴海:《闻过斋集》卷首序,《景印文渊阁四库全书》第 1217 册,第 150 页。

此二序一牒文实为迄今评价萧㪺其人其文的最重要的依据。

今观《总目》评萧㪺云:"天爵《滋溪集》载㪺《墓志铭》一首,称㪺于六经、百氏无不通,尤精《三礼》及《易》,且邃于六书。初凿土室终南山下,以经传列左右,思索其义,至于忘寐者三十年,乃表里洞彻。关辅自许衡倡明理学之后,㪺实继之,为文悉本诸经。《元史》亦称㪺'制行甚高,真履实践,其教人必自小学始,为文辞立意精深,言近指远,一以洙泗为本,濂、洛、考亭为据,为一代醇儒'。"①《总目》主要依据《元史·儒学传》和苏天爵《萧贞敏公墓志铭》撰写。苏天爵《萧贞敏公墓志铭》原文曰:"维关辅自许文正公、杨文康公倡鸣理学,以淑多士,公与同公接其步武,学者赖焉……为文悉本诸经,非有裨世教者不言"②;《元史》称:"㪺制行甚高,真履实践,其教人,必自《小学》始。为文辞,立意精深,言近而指远,一以洙、泗为本,濂、洛、考亭为据,关辅之士,翕然宗之,称为一代醇儒"③,其源流关系由此可见。

然《元史》并非原创文本,但因其表述凝练、信息丰富,正合提要写作之体例,故馆臣征引之。殊不知,若进一步溯源,则可发现《元史》所载皆来源出于李黼《序》和官发牒文。至正六年(1346)李黼《序》:"盖先生立志笃,制行高,其处心正,其识趣远,其力学,充积华赡,一以洙泗为本,濂洛、考亭为依"④;官方所颁《元刊勤斋文集原牒》,其云:"观其措词典雅,立意精深,言近而旨远,词约而理明。"⑤当然《元史》中"其教人,必自《小学》始"一句,亦出自苏天爵《萧贞敏公墓志铭》所云"其学皆自小学始"⑥之语。

可见,《总目》通过异代文献《元史》获得的信息,皆可以在序、跋等文献中找到源流,而《总目》却未能于《序》中获得。馆臣直接征引了《元史》所载,而

① 纪昀等:《钦定四库全书总目》卷一六七,第2226页。
② 苏天爵著,陈高华、孟繁清点校:《滋溪文稿》卷八,中华书局1997年版,第117—118页。
③ 宋濂等:《元史》卷一八九,中华书局2000年版,第2891页。
④ 萧㪺:《勤斋集》卷首序,《景印文渊阁四库全书》第1206册,第380页。
⑤ 萧㪺:《勤斋集》卷首序,《景印文渊阁四库全书》第1206册,第379页。
⑥ 苏天爵著,陈高华、孟繁清点校:《滋溪文稿》卷八,中华书局1997年版,第119页。

未暇见及第一手序跋文字,这对于信息的获得显然有所欠缺。那么卷首二序中是否还能提供更多信息呢? 其实还有。比方诗文评价观点。元至正四年(1344)张冲谨所撰《序》云:"然以诗文名世者,班马李杜而下曰韩柳、曰欧曾、曰苏黄。世之有意于为诗文者,必以六公为宗师。如魏鹤山之文、陆放翁之诗,亦皆知其味而存于心,其深于道德者曾不释手,盖惟贤知贤也。先生诗文制作固不类乎六公,而继乎鹤山、放翁者,不可诬也。后之深于道德者,将不释乎手矣。虽与六公诗文不类,又何害焉。"①序文认为萧𣂏之诗文不及韩愈、柳宗元、欧阳修、曾巩、苏轼和黄庭坚六位一流文人的水平,但是与魏了翁之文、陆游之诗是可以相提并论的。馆臣全然不知,而曰:"今考其文,气格虽不甚高,而质实简洁,往往有关名教。其《辞儒学提举书》及《辞免祭酒司业》等状,尤可见其出处进退之大节。诗非所长,而陶冶性灵,绝去纤秾流派,亦足觇其志趋之高焉。"②这种评价可谓平庸无奇,不过就正统的官学观念说了几句套话,远不及张序把诗人放在文学史大背景中加以评价,之所以如此,则与其闭门造车,而无视序跋中有价值的言论有关。

由此剖析可知,征引《元史》仍旧未能回避序跋、墓志等原初文献,故《总目》元别集提要仍未彻底挣脱以时人定评的禁忌而走向异代定评的理想批评模式。除此,通过对元别集征引内容的阅读,发现馆臣对诗文评价的征引行为呈现出一种共同的趋势,即当馆臣要刻意凸显一种文风,或夸赞某一文人时,就会毫无顾忌地大量征引时人之评。这种征引行为显然与其所推崇的"异代定评"南辕北辙了。

当馆臣怀有塑造褒赞之意时,时人之序的禁忌也就自然被打破。如馆臣视马祖常为元中期文坛巨擘,《石田集》提要云:"盖大德、延祐以后,为元文之极盛,而主持风气,则祖常等数人为之巨擘云。"③又评其诗歌云:"其文精赡鸿

① 萧𣂏:《勤斋集》卷首序,《景印文渊阁四库全书》第 1206 册,第 379 页。
② 纪昀等:《钦定四库全书总目》卷一六七,第 2226—2227 页。
③ 纪昀等:《钦定四库全书总目》卷一六七,第 2227 页。

丽,一洗柔曼卑冗之习。其诗才力富健,如《都门壮游》诸作,长篇巨制,回薄奔腾,具有不受羁靮之气。"①故直接征引苏天爵的推赞之辞"其接武隋唐,上追汉魏,后生争效慕之,文章为之一变"②。论资历,苏天爵可谓为馆阁文人之后辈,故其对前辈马祖常当是仰视而观的,溢美之词自当难免。馆臣征引之,是为巩固其元中期文坛巨擘之地位。另,刘鹗为殉国之文士,《总目》赞其气节曰:"身捍封疆,慷慨殉国,千秋万世精贯三光,"然而又回护其文章说:"即其文稍不入格,亦当以其人重之,况体裁高秀,风骨清遒。"更引时人之评称赞曰:"玄为序其文集,称其诗六体皆善。侯斯序亦谓其高处在陶、阮之间。"③其中"玄"为欧阳玄,"侯斯"为揭侯斯,二人皆馆阁文臣,且与刘鹗为友人,亦为江西同乡,故序中推崇之意难免。馆臣取此褒赞之评价以定论。

另,若时人之序中呈现某一被馆臣认可的文学审美时,《总目》亦多引之。这种文风便是"去雕饰""去奇险"。尽管序文中表述词汇不尽相同,但指向却是一致的。今列举如下(提要加点处为笔者所标):

1. 张养浩作是集序,称其"才驱气驾,纵横开合,纪律惟意,如古勍将率市人战,鼓行六合,无敌不北"。柳贯作燧谥议,称其"典册之雅奥,诏令之深醇,抉去浮靡,一返古辙,而铭、志、箴、颂,雄伟光洁,家传人诵,莫得而掩"。④(《牧庵文集》提要)

2. 韩性原序亦谓其"不藻缋而华,不琢镂而工,户枢门键,庭旅陛列,进乎古人之作"。固不诬也。⑤(《中庵集》提要)

3. 吴澄跋其文稿,称其"温然粹然,得典雅之体,视求工、好奇而卒不工、不奇者,相去万万"。⑥(《云林集》提要)

---

① 纪昀等:《钦定四库全书总目》卷一六七,第2227页。
② 纪昀等:《钦定四库全书总目》卷一六七,第2227页。
③ 纪昀等:《钦定四库全书总目》卷一六七《惟实集》提要,第2226页。
④ 纪昀等:《钦定四库全书总目》卷一六六,第2217页。
⑤ 纪昀等:《钦定四库全书总目》卷一六七,第2225页。
⑥ 纪昀等:《钦定四库全书总目》卷一六七,第2224页。

4. 旐序称其"简淡和平,无郁愤放傲之色"。桷序称其"法苏、黄之准绳,达《骚》、《选》之旨趣",玄序称其"无险劲之词,而有深长之味,无轻靡之习,而有舂容之风"。今观其诗,玄所称尤为知言矣。①(《此山集》提要)

5. 黄溍为之序,称"国家统一海宇,士俗醇美,一时鸿生硕儒所为文皆雄深浑厚,而无靡丽之习。承平滋久,风流未坠。皇庆、延祐间,公以性理之学施于台阁之文,譬如良金美玉,不假锻炼雕琢,而光耀自不可掩"云云。亦言其文之真朴也。②(《闲居丛稿》提要)

6. 惟其诗气骨磊落,无元代纤秾之习,亦无宋末江湖蔬笋之气。吴鉴原序,称其"华实相副,词达而意到,不雕镂而工,去篆组而丽,屏耘锄而秀"。虽朋友推奖之词,然核以所作,亦不尽出于溢美。盖石湖、剑南之余风犹存于方以外矣。③(《梦观集》提要)

7. 刘钦称廷珪五言务自然,不事雕刿,七言律最为工,深合唐人之体。④(《居竹轩集》提要)

8. 汪克宽作玉行状,称其文"以正大刚直之气,发为雄浑警拔之词,感慨顿挫,简洁纯粹。然纪事朴实,不为雕镂锻炼跌宕怪神之作,出入马迁、班固,而根之以六经之至理"。其推尊亦太过。⑤(《师山文集》提要)

9. 其事实具见于姚燧所作墓碣铭,且称其"敏修笃行,学积其躬,道行其家,化及其乡"……而姚燧亦谓其文一本理义,辞旨畅达,不为险谲,非有裨世教者不言。⑥(《东庵集》提要)

---

① 纪昀等:《钦定四库全书总目》卷一六七,第2221页。
② 纪昀等:《钦定四库全书总目》卷一六七,第2232—2233页。
③ 纪昀等:《钦定四库全书总目》卷一六七,第2241页。
④ 纪昀等:《钦定四库全书总目》卷一六八,第2245页。
⑤ 纪昀等:《钦定四库全书总目》卷一六八,第2247页。
⑥ 纪昀等:《钦定四库全书总目》卷一六六,第2215页。

由上列举可知,当序跋、墓志中以朴实去雕饰、平易去险怪描述作者文风时,《总目》便给予了大量的征引(提要中加点字部分)。然而,《总目》在征引中亦会因对序跋的理解有误而出现征引悖论。

以周权《此山集》提要为例,提要引陈旅、袁桷和欧阳玄三序,最后取欧阳玄《序》的观点为定论。而事实是,陈旅《序》、欧阳玄《序》所言并无二意,因为从内容上说,陈《序》所言为欧阳玄《序》所言的一部分。而与二序观点不同的是袁桷《序》:"法苏、黄之准绳,达《骚》、《选》之旨趣"。那么袁桷此话所指为何? 袁桷《此山诗集原序》言之甚明:

> 宋世诸儒一切直致,谓理即诗也,取乎平近者为贵,禅人偈语似之矣。拟诸采诗之官,诚不若是。后苏、黄杰出,遂悉取历代言诗者之法而更变焉。音节凌厉,阐幽揭明,智析于秋毫,数弹于微眇,诗益尽矣,止矣,莫能以加矣。故今世作诗者咸宗之。括苍周君衡之,磊落湖海士也,束书来京师,以是编见赘,意度简远,议论雄深,法苏、黄之准绳,达《骚》、《选》之旨趣。历览名胜,长歌壮吟,亦皆写其平生胸中之耿郁。至于词笔尤为雅健,读之亹亹忘味,诚有起予者。乃知山川英秀之气,何地无奇才。感叹之余,因书此以赘其卷首。①

袁桷在评价周权诗歌之前陈述了关于宋代诗歌的情况,他以为宋代诗坛曾流行道学家之诗作,以"平近"为贵,此所指大体如邵雍之击壤体等;后来苏轼、黄庭坚"则以"音节凌厉,阐幽揭明,智析于秋毫,数弹于微眇"一变道学家之"禅人偈语"。尽管严羽《沧浪诗话》将苏轼、黄庭坚与陈师道诸人的诗称为"元祐体",而"元祐体"的最典型特征便是平易徐缓之风。但袁桷所称的"法苏、黄之准绳",却并非以平易徐缓之风论,而是雄长明辨之风,其言甚明:"音节凌厉,阐幽揭明,智析于秋毫,数弹于微眇"。再联系后文中"写其平生胸中之耿郁"看来,袁桷对周权诗歌的评价显然与陈旅所谓"无郁愤放傲之色"、欧

---

① 周权:《此山诗集》卷首序,《景印文渊阁四库全书》第1204册,第2—3页。

阳玄所云"有春容之风"是相区别的。

那么究竟何种评价更为符合周权诗歌之真实状貌呢？是否如馆臣所言以欧阳玄所言为是呢？从序的时间入手，袁序撰于延祐六年（1319），陈旅和欧阳玄之《序》作于元统二年（1334），袁桷序早于后陈、欧二序十五年之久。这一时间差至少可以反映两个信息：其一，袁桷所见的是最早形态的《此山诗集》，为周权自编；其二，袁桷《序》之观点不可忽略，因其所见与陈、欧所见并非同一文本。袁桷《清容居士集》中有《书括苍周衡之诗编》，当时或名为《周衡之诗编》。而袁桷所序的《此山诗集》是周权投谒袁桷之作，后袁桷因此曾力荐其入馆职，终未录。既然袁桷对周权是赞赏和举荐态度，则序中所言当无贬低之意，反而不无过誉之嫌。而以袁桷为元中期的文学领袖地位，其论不至于为无稽之谈，故当不可忽视。而今存四库本《此山诗集》则是他者所选，即"为陈旅所选定"，陈旅《序》曰："余官桥门七季，凡四方文字当程校者，莫不与寓目焉，尝疑山林间必犹有可观者，未之见也。此诗盖山林之碨礨，而余所未见者乎？故阅之不能去手，因为选其最佳者，得若干首，题为《此山先生集》云。"①则四库本乃为选本，是陈旅认为"选其最佳者"而成，也就是说，今存之《此山诗集》是按陈旅之审美思想选定的，不仅是陈旅精选，还有欧阳玄批点。今清光绪年间张钧衡编、民国十五年（1926）吴兴张氏刊行的《择是居丛书初编》，收录《周此山先生集》十卷，便是"据元至正评点本"影印而成。每一卷次下皆标注："登侍郎江浙等处儒学副提举陈旅校选""翰林直学士中宪大夫知制诰同修国史欧阳玄批点"②。而二人皆为当时馆阁之士，陈旅元统二年（1334），出任"江浙儒学副提举"③，欧阳玄元统元年（1333）任"翰林直学士""国子祭酒"④，一为地方教育长官，一为中央教育长官，其上任后便着手选校

---

① 周权：《此山诗集》卷首序，《景印文渊阁四库全书》第 1204 册，第 3—4 页。
② 周权：《周此山先生集》，《择是居丛书初编》第 52 册，1926 年吴兴张氏刊本。
③ 宋濂等：《元史》卷一九〇"陈旅传"，中华书局 2000 年版，第 2905 页。
④ 宋濂等：《元史》卷一八二"欧阳玄传"，中华书局 2000 年版，第 2804 页。

和评点《此山集》并刊印,可见二人借《此山诗集》以发凡官方诗歌审美以垂范世人之意图。

了解三序的创作背景,便可知陈序和欧序是有着共同审美倾向的。陈旅在选定此集后《补序》称:"此山诗不但简淡和平而语多奇隽。余为校选,故能深知之也。"①欧阳玄点评此集后亦补序曰:"仆既序,复见诗集留莆田陈君处,陈为之精选,又倍神采焉。仆因致点校之助于其间云。"②可知,今存陈旅校选、欧阳玄点评本《此山诗集》已然不能代表周权诗歌之全貌,呈现出"简淡和平""温柔敦厚"这一符合元代馆阁诗歌审美之风格。陈旅《补序》中所云"不但简淡和平而语多奇隽",其中"语多奇隽"则有弥补周全前序之意。而补序所言显然与袁桷"法苏、黄之准绳,达《骚》、《选》之旨趣"更为贴近,因为二者皆捕捉到了周权文风"奇隽"的一面。结合陈旅《补序》与袁桷《序》所论中"奇"的因素,则可知在未经删选的诗集中亦呈现出"奇隽"特点的。反观被《总目》引以为是的欧阳玄《序》,其所称"无险劲之词,而有深长之味,无轻靡之习,而有舂容之风",虽与后来陈旅所选之《此山诗集》更为相符,但却是对周权诗歌风格的片面评价和主观夸大。原因是,此风是馆臣在刻意推崇的元代朴实平易之风。然而多方征引时人之《序》,却对序与序之间的差异和分歧未予辨证式的征引。

由上可知,尽管馆臣深深认可,甚至反复倡导"异代定论""文章公论,历久乃明"等主张。但撰写《总目》时在征引材料的有限情况下,一方面迫于"求速"的纂修节奏,《总目》转而向二手材料寻求便捷的书写素材;另一方面,面对序跋、墓状这一信息充裕的文献资源,馆臣亦难以避绕,更何况,对于纂修思想的执行,阔大的文献视野是极为重要的保障。而无论是转引《元诗选》而未亲见序跋,还是直引《元史》而无视序跋,又或是主观征引序跋,都共同呈现一个事实,那便是馆臣对序跋等征引并未充分体现出学术的客观性。不见或无

---

① 周权:《此山诗集》卷首,《景印文渊阁四库全书》第 1204 册,第 4 页。
② 周权:《此山诗集》卷首,《景印文渊阁四库全书》第 1204 册,第 5 页。

视,无疑会遮蔽序跋、墓状的实际价值,而主观征引则又会使得文献被施以滤镜而降低价值。因此,即便是面对"时人过誉"之嫌的序跋、墓状,文献征引若能在出处和内容方面皆保持全面性与辨证性,则亦不害序跋、墓状之价值矣。

四、讹误辨证:误读原文,难圆其说

《总目》在征引序跋时,亦往往因浮光掠影式的阅读而导致理解不精,以至于误读原意和混淆事实。

有时体现在引文出处张冠李戴。如《惟实集》提要称:"玄为序其文集,称其诗六体皆善。"①其中"称其诗六体皆善"之言,出于虞集《序》,而非欧阳玄《序》。虞集《序》云:"鹗字楚奇,与予同客都门。既读其诗,六体皆善,信如临川先生之言。"②而欧阳玄《序》通篇无此语。事实上,率先提出刘鹗诗"六体皆善"的是吴澄,即虞集序中所称"临川先生"。吴澄《序》作于泰定二年(1325),开篇即曰:"有客携庐陵刘鹗诗一帙来,予观之,五言七言、古体五言七言、近体五言七言、绝句凡六体③,无一体不中诗人法度,无一字不合诗家声响。"④其观点甚明,只不过未能概括为"六体皆善"的表述。虞集作序之前已见及吴澄《序》,故虞集所言仅为附和吴澄。其后,刘岳申《序》又再次附和吴澄所称"六体皆善"一事,其曰:"予愧焉。玩临川先生序,称其'六体俱善'。评诗之中,寓有敬老怜才、有广孝慈之意。楚奇得此,复何求哉!"⑤

文献溯源发现,《总目》之误甚矣。在此需要说明的是,今四库本《惟实集》卷首并无一篇序文,提要所云"玄为序其文集"不知所据为何? 今四库本《圭斋集》亦无此序。又,清人劳格《读书杂识》"欧阳玄《圭斋集》补遗目"和

---

① 纪昀等:《钦定四库全书总目》卷一六七《惟实集》提要,第 2226 页。
② 张金吾撰,冯惠民整理:《爱日精庐藏书志》卷三三,中华书局 2012 年版,第 533 页。
③ 按,此处断句有误,当为"五言七言古体、五言七言近体、五言七言绝句,凡六体。"
④ 张金吾撰,冯惠民整理:《爱日精庐藏书志》卷三三,中华书局 2012 年版,第 531—532 页。
⑤ 张金吾撰,冯惠民整理:《爱日精庐藏书志》卷三三,中华书局 2012 年版,第 534 页。

"《揭文安公文集》补遗目"名下皆辑补有"《宪节堂惟实集序》,《藏书志》三十三"①,此中《藏书志》指张金吾《爱日精庐藏书志》卷三三,则劳格所见之《圭斋集》全集仍无《惟实集序》一文。再,今阅吉林文史出版社 2009 年出版之校点本《欧阳玄集》,该序文亦附在集末"辑佚"名下。由此可知,该序并不见于馆臣所见欧阳玄《圭斋集》中,故提要所征引之欧阳玄《序》的渠道,唯一可能就是《惟实集》卷首所载之欧阳玄《序》,只不过此序已被馆臣所删。今张金吾《爱日精庐藏书志》著录之"宪节堂惟实集八卷附录二卷",题有"鹭溪刘鹗楚奇先生著、男遂尊贤述尊武辑",该本卷首即七篇序文,分别为吴澄、揭傒斯、虞集、欧阳玄、刘岳申、刘虬和周孟坚所撰。由此情况或可说明,馆臣当是同时见及欧阳玄《序》和虞集《序》,但因笔录疏忽,遂致话语归属张冠李戴之误。

　　有时讹误体现为误读序文原意,故致其论说背离事实。如《静春堂集》提要云:"延祐四年龚璛为之序,推之甚至,然以王安石拟之殊不相类。"②馆臣以"以王安石拟之"提炼龚璛《序》中之观点,显然是误读。今阅《静春堂集》卷首所载龚璛《序》,原文云:

　　　　世之为诗者学古人,欲其似;出己意,欲其新,两端而已。然似者多蹈袭,新者常崖异。唯其似而非似也,新而非新也,得之浑然,又未知古人、己意,孰先孰后也,始可言诗耳。一自士去科举之业,例无不为诗。北音伤于壮,南音失之浮。诗文不同,宜极于古。故今人于宋诗少所许可,仅取王半山,以其逼唐也。然半山岂肯及唐而止?三司与宋次道《选诗》,尽在目中矣。至于《中夜禅悟》集句,趁胡笳拍,则不啻自其口出。一大家数,造诣迥别,殆未可以浅窥。若唐人,近接六朝,凌鲍、谢,何必多?远挹西汉,师苏、李,更不疑,实致如此。使如今人,悬拟风雅,不过踽踽四言,如韦、孟自陈,束皙《补亡》,曾何

---

①　劳格:《读书杂识》卷一二,清光绪四年刻本。
②　纪昀等:《钦定四库全书总目》卷一六七,第 2226 页。

系于删后重轻哉！声闻以时寖异，感发在人则同，每况愈下固不可，心远而力不逮亦不可。予于通甫既曰"古之人"，岂必以半山枉通甫。譬诸登峰造极，循循来径，尚于此乎见之也。①

通读序文，其中一直贯穿着一个重要的诗学观念，即"宗唐得古"，宗唐为途径而得古方是目的。龚璛率先表明了自身对"师古"和"师心"的认识，他认为"古人""己意"浑然一体便为佳境；其次则直陈当时诗坛崇唐而抑宋的现象，时人即便在宋人中仍推王安石（即"王半山"），亦是因其近唐诗的缘故；接着龚璛一反时人王安石诗歌近唐的观点，而以王安石诗歌"求古"的观点反驳之，他认为王安石与宋敏求选《唐百家诗选》（"宋次道《选诗》"），其目的并非仅仅"崇唐"，而是"求古"，因为唐诗近承六朝鲍谢而远袭汉代苏李，不正是"求古"的结晶？归而言之，龚璛此序意在指斥时人过度崇唐而不知求古。而在此背景下，序称"予于通甫既曰'古之人'，岂必以半山枉通甫"，这便是在夸赞袁易学古而行，不局限于学唐，更未局限于王安石。而"枉"字，意思是"使受……委屈"，该字用于此处，则表示不能使袁易被王安石所束缚，这是委屈和低估了袁易之诗歌水平。

分析序文的论说逻辑和龚璛之观点，不难发现龚璛提及王安石，不过将其作为案例，以时人对王安石崇唐的误解，来批判时人学唐时盲目而不得要领的弊病，从而凸显袁易不与时人为伍的学古而得古的诗歌境界。因此，序文并非"以王安石拟之"袁易，馆臣对序文的征引未能细读其文，未能把握原意，故谬误甚矣。

此类误解序文本意的情况，郑玉《师山文集》亦有体现，该集提要曰："玉自序谓'韩、柳、欧、苏，涂天下之耳目，置斯民于无闻见之地'。'道之不明，文章障之；道之不行，文章尼之'。其《与洪君实书》，又力诋唐皇甫湜，其言殊妄。"②提要认为郑玉指斥韩愈、柳宗元、欧阳修、苏轼、韩愈门人皇甫湜，实属

---

① 袁易：《静春堂诗集》卷首序，《景印文渊阁四库全书》第1206册，第268—269页。
② 纪昀等：《钦定四库全书总目》卷一六八，第2247页。按，此则提要标点有更改。

虚妄。然事实是,郑玉根本未曾有指斥其人之意。而馆臣断章取义,误解郑玉,可谓无中生有,妄意曲直。为了能更好把握郑玉本意,现引郑玉《馀力稿序》全文示之:

> 孟子既没,学者各以己见为学,文章为道,故韩退之、柳子厚、欧阳永叔、苏子瞻辈,咸以此名世。作者既曰:足以尽斯道之传。后之尊之者又曰:是皆所谓传而得其宗者也。涂天下之耳目,置斯民于无闻见之地。然则道之不明,文章障之也;道之不行,文章尼之也。文章之弊,可胜言哉?宋初河南程氏兄弟者出天下,号为两程夫子,始知斯道之传不在语言文字之间,而具于吾性分之内;不在虚无高远之际,而行乎日用常行之中。以此穷理,以此明道,以此淑身而传后,以此解惑而觉迷,文章之作遂一废而为无用之物。譬之霾雨初霁,复见天日,而无有魑魅魍魉也。至吾新安朱夫子,集诸儒之大成,论道理则必著之文章,作文章则必本于道理。昔之尼者行,障者明矣,信乎有德之必有言,文章为贯道之器而非虚言之谓也。余年十数岁时,蒙昧未有知识,于前言往行无所择,独闻人诵朱子之言,则疑其出于吾口也。闻人言朱子之道,则疑其发于吾心也。好之既深,为之益力。不惟道理宗焉,而文章亦于是乎取正,久而浸熟,不知我之学古人而疑古人之类我也。人有笑而问者曰:"文章宗韩柳,道理宗朱程,此万世一论也。子之为学,不亦谬乎?"余曰:"道外无文,外圣贤之道而为文,非吾所谓文;文外无道,外六经之文而求道,非吾所谓道。吾于朱子折衷焉。"问者曰:"吾过矣,吾过矣,子之言是也。"余惧问者之烦而应者之劳也。乃书其意,而以白夫世之疑者,且名曰《馀力稿》,以见吾学之不专于文辞而当有本也。至正庚寅三月朔郑玉序。①

---

① 郑玉:《师山集》卷首,《景印文渊阁四库全书》第1217册,第3—4页。

该文作于元至正十年（1350），表述清晰而结构错落有序，大致内容有两层：第一层意思陈述自己对文道关系的逐渐认识过程，步步推进。首先是"文章为道"观，即"道赖文章方传"，此观点的代表人物是韩愈、柳宗元、欧阳修、苏轼等"文章家"。其次是"文章害道"观，理由是文章并不能原原本本传道，尤其是过于修辞的文章反而会阻碍道的表现，此以二程道学家为代表人物。最后是"文道合一"折中观，此观点出于朱熹。朱熹称"论道理则必著之文章，作文章则必本于道理"及"文章为贯道之器而非虚言之谓"；第二层意思是表达己见，认为"道外无文，外圣贤之道而为文，非吾所谓文；文外无道，外而求道，非吾所谓道。吾于朱子折衷焉"，此与朱熹的文道合一观一脉相承。文末交代作此文的意图，是为避免时人和后人以文章家论之，故自作序表达"吾学之不专于文辞而当有本"之意，而渴望以儒者的身份被定评。

从文章思路来看，郑玉所表达的观点是其人秉承南宋朱熹折中之道以论文，持"文道合一"观，即道赖文以明，文为贯道之器。尽管此观点中"文"被视作工具，但却是"道"如影随形的伴侣，不可或缺，正如助听器之于聋人，合则双赢，分则俱废。故而，其一方面以被推为文宗的韩愈、柳宗元、欧阳修、苏轼为例，意过于注重以"文"传道的观点；另一方面他们又否定二程，其意亦在否定"文章为无用之物"的观点。通过否定各持一端的两种文道关系来确立其本人的"中道"观。至此，郑玉举以韩愈、柳宗元、欧阳修、苏轼等人，仅仅是在反驳过度夸大文章对传道作用的现象，而并不是在否定他们的文宗地位和文学成就。

今观《罗鄂州小集序》，如是言："文章与天地相为终始，视世道之升降而盛衰者也。盖自夫天地既判，三辰顺布，五行错出，其文著矣。伏羲画卦而人文始开，文王赞《易》而文益备矣。及夫两汉二马、扬、班，或以纪事迹著于策书，或以述颂功德刻之金石，文章之作始滥觞矣。自是而降，一代之兴，必有一代之制，而文章亦由是而见焉。岂唯足以传其事功，因以观其治乱？故唐之盛则称韩、柳，宋之初则有欧、苏。南渡以来，又世道之一变也，见称于时则有吾州二罗公焉。"①开篇他便给予文章极高的地位,且将韩、柳、欧、苏视作文章大家,认为他们突破了仅用于"传其事功""观其治乱"的文章局限,于文章实有改革之功。又《胡孟成文集序》云:"唐之盛时,韩昌黎、柳子厚皆以文名惊动一世,而杜少陵之诗实三百篇后所未曾有,故当时同游之士至今传世不朽者,至不能以一二数。盖昌黎遂以起八代之衰,文章之作始滥觞矣。唐亡,天下遂大乱,士气益卑下,诗尚晚唐,文用俳体。宋初欧阳子首表韩文,眉山苏氏接武而起,黄鲁直、陈无己咸以诗声充塞宇宙,人至以少陵伯仲之。一时能文如曾子固、工诗如张文潜,以下而家数等级粲然森列,可以车载斗量而不可以名计。然则欧阳氏又以救五代之衰而文体复振矣。……皇元混一,五星聚斗,文运向明,文体为之一变。然起衰救弊如韩、欧公者,卒未见其人焉。"②对韩、柳、欧、苏于文章的"起衰救弊"之功,郑玉又是十分认可和推崇的。

再观提要列举的《与洪君实书》,其云:"所假《皇甫集》连日细看,大抵不惬人意,其言语次叙,却是着力铺排,往往反伤工巧,终无自然气象。其记文中,又多叶韵语,殊非大家数比。当时文人如刘禹锡,乃谓皇甫湜于文章少所许可,亦以退之之言为然,其见推重如此。流传至今,五六百年其不朽又如此,疑古今人文章显与不显,传与不传,盖有命也。"③其中确有对韩愈门人、唐代古文运动的主将皇甫湜的指瑕,认为其表述"着力铺排","工巧"而"终无自然气象"。而这显然与郑玉不主张"修饰"之文的观点相一致。更何况,皇甫湜之文章实有此弊。历来评价皇甫湜者多以"字复怪僻"④"句镵字削"⑤称之。然对于皇甫湜为韩愈所作《韩文公神道碑》《韩文公墓志铭》,铺陈排比、善用

① 郑玉:《师山集》卷三,《景印文渊阁四库全书》第 1217 册,第 22 页。
② 郑玉:《师山集遗文》卷一,《景印文渊阁四库全书》第 1217 册,第 67—68 页。
③ 郑玉:《师山集遗文》卷三,《景印文渊阁四库全书》第 1217 册,第 84 页。
④ 王谠著,周勋初校证:《唐语林校证》卷六,中华书局 1987 年版,第 569 页。
⑤ 章学诚著,仓修良编注:《文史通义新编新注》外篇二《〈皇甫持正文集〉书后》,浙江古籍出版社 2005 年版,第 551 页。

修辞,朱熹认为不如李翱所作实在,其云:"湜为退之作《墓志》,却说得无紧要,不如李翱《行状》较着实。"①郑玉观点显然又与朱熹所评一致。而其对皇甫湜的指斥主要是因为其文"有碍于明道",而这与郑玉前文所论之文章观相符合。

归结而言,郑玉以学者自称,有其明确而又一以贯之的文道论和文章观,故在其道本位的观念下,但凡有碍于明道的雕饰之文皆不可取,因而才有韩、柳、欧、苏以及皇甫湜如此之论。至此,我们可以说馆臣以"其言殊妄"评价郑玉所言,实属过当。一方面馆臣不仅对郑玉言论的理解有断章取义之嫌,另一方面还是出于其根深蒂固的文统观念对文统的自觉维护。

有时讹误是因为对某一原初性文献的忽视,遂以讹传讹。如《师山文集》提要:"其文皆雅洁不支,欧阳玄所谓严而有法者,案玄此语,亦见克宽《志》中。亦为不愧。"②短短的文字中,却有两处错误。其一,欧阳玄所谓"严而有法"这一表述有张冠李戴之误,因为"严而有法"是揭傒斯的评语,而非欧阳玄。程文《序》:"郑君子美初至京师,或传其文数篇于奎章阁下,授经郎揭公读之,惊曰:'是盖工于古文者,严而有法。'侍书学士虞公扬于坐曰:'郑子之文异日必负大名于天下。'艺文少监欧阳公曰:'使少加丰润,足追古作者。'宋状元、陈助教皆称其能,且奇其人。将谋荐之,郑君竟奉亲南,不屑留矣。"③该序作于至正七年(1347),记录了馆阁学士对郑玉文章之评价,其中揭公是揭傒斯、虞公是虞集、欧阳公是欧阳玄、宋状元是宋褧、陈助教是陈旅,皆是元代奎章阁文人。程文此序是对当时情景的纪实,其云:"余时以笔札事诸公,亲闻其言,欲一读其文以自快,而未之暇。"④可见,程文是对当日郑玉馆阁会见的参与者和见证者,故其所载当为最原始之记录,可信度较高。

---

① 朱熹撰,朱杰人等编:《朱子语类》卷一三七,《朱子全书》第18册,上海古籍出版社、安徽教育出版社2002年版,第4262页。
② 纪昀等:《钦定四库全书总目》卷一六八,第2247页。
③ 郑玉:《师山集》卷首序,《景印文渊阁四库全书》第1217册,第3页。
④ 郑玉:《师山集》卷首序,《景印文渊阁四库全书》第1217册,第3页。

其二,馆臣为"严正而有法"观点所作的案语,亦有误。其所称"克宽《志》",实际是汪克宽《师山先生郑公行状》,其原文云:"初入京师,或传数篇于奎章阁下,侍书学士虞公集、授经郎揭公傒斯、艺文少监欧阳公玄,惊以相视曰:'是盖工于古文,严而有法。'晚与平章余公阙、吏部侍郎危公素、南台监察御史程君文最相知,而公之文名大振于朝野间矣。"①其中关于奎章阁评论之事与程文《序》有所出入,具体而言,是将"工于古文,严而有法"这一出自揭傒斯一人的评论提升为奎章阁所有文人之共识。汪克宽《行状》作于至正十八年(1358),晚于程文之《序》十一年之久,且汪克宽本人并非当日奎章阁论文之事的参与者,故其所云当是本于程文之《序》无疑。问题是,汪克宽所载还仅是对原本事实的第一次讹误,将揭傒斯之评语视作馆阁之共评。接下来,馆臣便对事实进行了第二次曲解,其所谓"玄此语,亦见克宽《志》中"是如何得来?很简单,因为在汪克宽《行状》中,"艺文少监欧阳公玄"处在诸馆阁文人的最后一位,俨然为"惊以相视曰:'是盖工于古文,严而有法'"这句话的主语。馆臣的阅读浮于文字表面,遂致断章取义。

第五节　征引得失论

文献征引看似是一种科学的论证手段和方法,然而不得不说这也是一个极具主观性的人为运作。读者却往往轻信了其具有客观性的形式,而忽略了其主观性的本质。借用 19 世纪英国史家弗洛德的描述:"我常常觉得,历史就像是孩子玩的字母游戏,我们可以随意拼凑出任何单词。我们只要挑出自己想要的字母,随心所欲地排列一番,对于不合我们心意的东西,我们绝口不提。"②此话暗藏了一个历史信息捕捉的三种可能:一种是出于随意不屑,一种是本于客观学术,一种是蕴藏主观观念。而诚如对历史信息的捕捉,文献征引

---

① 郑玉:《师山遗文》卷末附录,《景印文渊阁四库全书》第 1217 册,第 106 页。
② 引自理查德·艾文斯《捍卫历史》,广西师范大学出版社 2009 年版,第 54 页。

对观点论述和导向有至关重要的作用。《总目》征引文献究竟是属于此三种中的哪一种？笔者以为，元别集提要对文献的征引并非出于随意，亦并非仅仅出于学术客观，而是在一定程度上掺杂了主观思虑、采取了书写策略的，故在征引《总目》元别集提要之材料与观点时，务必审慎以辨证之。

元别集提要以广博详实的征引文献作为论述依据，构建了一套以文献考证梳理而成的元代文人和文献系统，书写了一部以文献为核心阐释的元代文学史，成为后世元代别集、文人和文学研究的瑰宝。从这一角度来说，《总目》征引文献的意义和贡献都极为重大。文献征引是《总目》元别集提要书写过程中的一种重要论述方法，从治学方法上说，充分体现出《总目》"谢彼虚谈，敦诸实学"①的学术追求，这与毫无文献依据、空发无稽之论的学术路径截然不同。加之，从征引视野来看，撰写《总目》所据有的是集国家之力征书而提供的文献视野，从征引者来看，撰写《总目》者皆为当时学贯古今、博闻强识的学术精英人才。故而，《总目》元别集提要文献征引因其视野之"广博"、掘发之"生僻"、搜罗之"全面"，为后世研究呈现了诸多可资借鉴的文献资料和学术观点。具体在元别集提要中体现如下：

首先，视野之"广博"。就元别集提要整体而言，从征引文献性质看，有史书类，如宋濂《元史》、张廷玉《明史》、邵远平《元史类编》等；有方志，如《浙江通志》《(成化)杭州府志》等；有书目类，叶盛《菉竹堂书目》、杨士奇《文渊阁书目》、焦竑《国史经籍志》、黄虞稷《千顷堂书目》；亦有笔记类，如刘祁《归潜志》、陶宗仪《南村辍耕录》、瞿佑《归田诗话》、叶盛《水东日记》、曹安《谰言长语》、王士禛《池北偶谈》《居易录》《香祖笔记》《皇华纪闻》等；还有选集类，如顾嗣立《元诗选》，更有大量的序跋、墓志、行状等原初文献。调动多个时间阶段、多个领域、多种性质的文献来考证文人生平和著作、评论文人诗文作品，这一学术视野和学术实践可谓史无前例。当然，这与为纂修《四库全书》而进行

---

① 李致忠：《〈四库全书总目·凡例〉笺注》，《文献》2002年第1期，第101页。

的全国范围性的征书举措、四库馆臣的丰厚学识和考据精神密不可分。如张养浩《归田类稿》提要,为了梳理版本,馆臣征引了包括孛术鲁翀《序》、吴师道《序》、张养浩《自序》、焦竑《国史经籍志》、黄虞稷《千顷堂书目》、杨士奇《文渊阁书目》、叶盛《水东日记》以及王士禛《皇华纪闻》七种文献,且时间、性质皆有所不同。在无电子检索条件的时代,馆臣不厌其烦地搜罗文献以获取更丰富的信息,其态度之严谨、钻研之精深令人敬畏。

其次,掘发之"生僻"。每一则元别集提要都能见出馆臣的文献视野,尤其是《永乐大典》辑佚本元别集,因其流传不广,著者和版本的信息皆不够充裕,故馆臣在书写这一部分元别集提要时,尤其能呈现学术功力和文献功夫。如艾性夫《剩语》辑自《永乐大典》,该集提要从文人生平到诗歌评论皆有征引文献作为支撑,如果说引《江西通志》所称"抚州三艾",尚属于一般思维逻辑范围内的文献查找,但其引吴澄《高夔妻艾氏墓志》称"为咸淳贡生性夫之女,习见其家儒教,屡以勖其夫",这一条文献信息则极为间接和隐蔽,若非熟读吴澄文集之人,断然不能信手拈来。又曹安《谰言长语》并非常见之笔记文献,而馆臣于其中发现了艾性夫生平事迹和诗歌评论的信息:"又曹安《谰言剩语》①称于成化五年之元江署学一家多藏书,内一诗集,乃江浙道提举艾性夫作,贯酸斋作序云云……曹安称其七言律太辣,五七言绝、歌行语多关世教,并称其《铜雀砚》、《扑满吟》、《临邛道士招魂歌》三首,所论颇为得实。"②可见,馆臣的博闻强识、广征博引对一些罕见、原初文献的掘发功不可没。

再次,搜罗之"全面"。这主要体现在对评价同一对象或问题的多种文献皆一一征引之,以《渊颖集》提要为例,其谓:"张纶《林泉随笔》曰:'吴立夫《谕倭书》盖其十八岁所作,规模仿司马相如《谕蜀文》,其末所述谕其王之言,虽古之辩士莫能过也。其他《大游》、《观日》两赋,与夫《形释》、《泰誓论》、《补牛尾歌》等篇,皆雄深卓绝,真先秦先汉间作者'。黄溍亦称其文'崭绝雄

---

① 按,书名误,应为《谰言长语》。

② 纪昀等:《钦定四库全书总目》卷一六六《剩语》提要,第2205页。

深,类秦汉间人'。皆未免溢量。胡助谓'他人患其浅陋,而莱独患其宏博',斯为笃论矣。王士禛《论诗绝句》有曰:'铁崖乐府气淋漓,渊颖歌行格尽奇。耳食纷纷说开宝,几人眼见宋元诗?'实举以配杨维桢。其所选七言古诗,乃录莱而不录维桢,盖维桢为词人之诗,莱则诗人之诗,恃气纵横,与覃思冶炼,门户固殊。士禛《论诗绝句》作于任扬州推官时,而《古诗选》一书,则其后来所定,所见尤深也。"①提要征引张纶《林泉随笔》、黄潜《渊颖集序》、胡助《渊颖集序》、王士禛《论诗绝句》,此四种文献的评论角度有相同,亦有不同,且不论馆臣的评价标准,单就文献所呈现出来的接受面,便已颇有搜罗之功。

《总目》征引文献之功有目共睹,为后世学人所认可和推崇。然而《总目》中校写粗疏、解读欠准确、意识形态支配等方面的不足亦是不可忽视的,因为这些因素都将导致学术真相的被遮蔽,故当一一厘正。本节对元别集提要中征引频率比较高的三种文献《元史》《元诗选》和序跋进行分项探究,归纳而言,元别集提要文献征引大致存在五种类型的过失:

其一,因校写粗疏而存留讹误。如征引《元史》时,将《元史》明显载有的人物小传误作"《元史》未载";直录《元诗选》时,不仅有沿袭其误的情况,还有抄录时笔误的情况。这类讹误的产生自是不可避免,因为《总目》提要的撰写程序繁复、数量庞大。然而,遗憾的是,在多次校核中,馆臣却忽视了原文核对,此便不免懈怠之责。

其二,因视野不及而缺失征引。对于元别集卷首之序跋,馆臣的关注和阅读程度是不同的。体现在征引过程中便是有的别集卷首有序文,但馆臣却疏于查阅,导致人物的一些基本信息的缺失。

其三,因误读文献而产生曲解。此种过失在征引《元史》和序跋时多有发生,或出于断章取义,或出于囫囵吞枣。如对于《元史》所载"萧㪍"传:"疾作,固辞而归"②中的"固辞而归",《总目》可谓熟视而无睹,遂将未然说成已然,

①　纪昀等:《钦定四库全书总目》卷一六七,第2231页。
②　宋濂等:《元史》卷一八九,第2891页。

称萧㪺出任了官职,而这一叙述与《元史》原意是不符合的。再如《静春堂集》提要中,馆臣指责龚璛"以王安石拟之殊不相类"①的观点,而龚璛《序》文之本意并非如此,其原意是不能使袁易被王安石所束缚,正与馆臣同。馆臣曲解龚璛序文原意而妄加指斥的做法实有不妥。

其四,因形式考量而偏离事实。顾及征引形式上的考量而引起陈述内容的失实,这将会给学术疏理造成障碍。如馆臣所撰提要并非基于《元史》所载,提要中出现与《元史》记载不一之处,或提要所叙述的内容远比《元史》所载详细,但是馆臣出于借取《元史》这一正统史书之名,故仍附上"事迹见《元史》本传"一句。与循《元史》之名相反的是,馆臣在直录《元诗选》时,往往不明言征引出处,而是直录"小传"内容或"附录"文字直接化作提要之陈述,直白地说,便是贪《元诗选》之功为己有,此种情况不一而足,毕竟《元诗选》在体例和时间上皆堪称最佳征引文献。再如,馆臣虽深知序跋所载信息的原初性,但许多时候征引序跋却并非亲见序跋本身,而仅仅是于《元诗选》中转引序跋内容而已。因禁毁运动而造成避替混乱亦属于学术之外的考量。叶颙《樵云独唱》便是抽毁"钱谦益""《列朝诗集小传》"等违碍字眼而导致提要叙述语义混乱、逻辑不清,完全失去了学术可信度。

其五,因观念支配而导致主观偏失。文献征引中的预设观念,往往影响着文献征引的取舍、剪裁和阐释。元别集提要整体而言,思想上以"儒为正统"、学风上追求"崇实黜虚",文学审美上以"雅正"为美,这些都属于有清一代的"官学思想"范畴,文献征引亦体现之。具体而言,馆臣会通过征引文献凸显元遗民气节,如黄镇成《秋声集》提要,岑安卿《栲栳山人集》提要等,也会在征引元人生平事迹时略去虚诞之事,如杨奂《还山集》提要,亦会为在征引文献中凸显尊儒而罢黜释、道、心学的思想,如耶律楚材《湛然居士集》提要、陈樵《鹿皮子集》提要,还会在征引文学评论时,如书写迺贤《金台集》提要、马臻

① 纪昀等:《钦定四库全书总目》卷一六七,第2226页。

《霞外诗集》提要时,强化有利于塑造雅正遒劲风格的诗歌审美。

归纳而言,征引之"五失"又大致可区分为方法层面和意识层面两类。方法层面是指提要生成过程中因馆臣抄写笔误、视野局限、误读文献等原因造成的征引讹误,如前三种类型的讹误;而意识层面则是指撰写提要时,馆臣在学术客观之外,出于官学思想的约束或官方文化政策的干预等,通过文献征引的取舍、剪裁而对某一问题、某一观点加以主观导向,如前文后二种类型。

对于方法层面的问题,若在撰写过程中馆臣能对文献原意进行准确捕捉、能将搜罗信息的常规性文献如序跋等一一查阅,同时对于文献出处进行准确标注,又能在校核过程中对文献出处进行溯源并核对,那么,方法层面上的失误也将会有所减少。至于意识层面的问题,这与整个《总目》诞生的学术、思想和文化生态不无关系。龚诗尧先生论述《总目》文学批评感慨道:"是否《总目》征引的目的并非是为了呈现文学批评的趋势流动,而是要让人相信整个趋势正吻合自己所陈述的那样? 如果《总目》所观察出的批评演化进程真的符合多数人的共识,那么征引仍然担负了证明一己陈述的作用;如果《总目》误判了文学批评的流势,则旁征博引就只沦为一种自我满足;如果《总目》心存误导,那么洋洋洒洒、满篇累牍的选择性征引,更不过是它有力的自圆其说工具。"[1]如今看来,此段论述的假设性条件皆在不少提要中体现了。对此,阅读者虽难免给予馆臣和《总目》同情与包容,但若因强烈的意识形态而遏制了学术客观的表达,致使学术、思想、文学等真实面貌因此隐藏和淹没,那么《总目》元别集提要文献征引的主观偏颇又不得不被视作一场学术之"逆行",有待拨正与还原。

鉴于元别集提要文献征引的"得""失"两面性,作为后世接受者需要如何对待呢?

首先,视野之广阔、征引之丰富是元别集提要征引文献于后世贡献最突出

---

① 龚诗尧:《〈四库全书总目〉之文学批评研究》,花木兰文化工作坊 2005 年版,第 85 页。

的一点。文献视野的开阔方能保证信息的充裕性和多样性,且只有如此才能形成判断和甄别。若是以狭隘的视野为判断或结论之基础,那么一则遮蔽了已有的有识之论,二则屏蔽了不同的声音,使得论述因孤陋寡闻而局促盲目。这一点,元别集提要文献征引中视野的广阔性实是值得借鉴的。尽管征引文献不无程式化,亦不免缺漏,但整体而言,《总目》多角度、多方面征引文献的意识却是显而易见的。也因此,抛开《总目》的观点,今天无论是元代文人生平、别集版本或诗文批评,《总目》皆已提供了充分而扎实的文献依据,为后世研究之展开铺开了道路。

其次,曲解文献和主观剪裁是元别集提要征引文献时最为重要的过失。阅读文献时走马观花,停滞于字句的表面解释,对创作背景的张冠李戴,这些都将导致断章取义、误解原意,甚至扭曲原意。而接受者往往限于征引文字的局限性或提要的导向性而难以做出正确的判断。如迺贤《金台集》提要,《总目》舍弃多篇《序》《跋》所论"温柔敦厚""清新俊迈"等评论,而转以"风格遒上"论迺贤诗歌。殊不知,迺贤诗歌风格实呈现出多面性,有婉约的,有清俊的,亦有豪迈的,亦不乏关注现实的"温柔敦厚"风格。《总目》仅凸显"风格遒上"一种来评定迺贤诗歌,这无疑会遮蔽接受者对迺贤的全面认识,更有甚者会消解"纤秾靡丽"一脉在元代文学中的影响和力度。

鉴往知来,在分析《总目》元别集提要文献征引的"得"与"失"后,再反观当代学术的征引,大量盲目而无甄别的征引往往充斥于论述中,似是而非的解读时时可见,这些都不免令人深思。征引视野之广阔、文献解读力求合于著者本意,这才是征引与学术真实的良性的关联方式。而当有开阔的文献视野和准确的文意解读后,还需要做的一件重要工作,便是辨证。辨证的思维是征引之核心。有时材料足够充分,但皆同出一源,那么此种"多"实为"不多";有时材料之间看似"形似",然而却是"神不似";有时材料有美饰倾向,有时材料为伪作等等,这些情形都需要以征引者以辨证的思维加以鉴别。不辨出处,不问来源,只求符合自身主观观念或自圆其说,如此征引,则其所发未必为不刊之论。

第四章 《四库全书总目》元代文学批评之批评研究

　　《总目》元别集提要是一部元代诗文集叙录,亦是一部独立的自成系统的元代文学批评史。其所囊括的批评对象之众多,批评内容之细微以及批评视野之宏大,可谓史无前例。然其批评或因出于官方政治本位论,或因出于对元代文学认识的不足,故不乏偏颇和谬误。本章试从三个维度对《总目》构建之元代文学进行辨析:第一,文学史观,《总目》虽以"世运说"构建了元代文学史,却未能全面把握住元代文学之特质和嬗变规律,因此遮蔽了元代文人的诸多景象;第二,元文,《总目》针对明人"元无文"说进行了辩诬,并重塑了元文之格局与地位,对元文之批评可谓有奠基和开辟之功,这一点与前后两点从负面讲的角度不一致;第三,元诗,《总目》对元诗构建出现了时间范畴上的混乱、归属对象上的张冠李戴和风格品评上的主观偏颇,这些共同体现出《总目》对元诗"纤秾靡丽"这一观点的难以自圆其说,《总目》对元诗的认识有待进一步深化。从宏观考量到微观辨析,《总目》对元代文学的批评,虽不无真相之复原,却亦不乏事实之扭曲、观念之偏颇,故今有必要在辨析和探究的过程中对其加以修正与完善。

第一节 "世运说"：《总目》元代
文学史的建构

《总目》构建分段文学史时取"世运说"为批评基础。如于唐代而言，唐初为六朝革弊期，中期为盛世文学期，晚唐五代为芜陋流弊期；于宋代而言，宋初为晚唐五代革弊期，中期为盛世文学期，宋末为单弱流弊期；于明代而言，明初为元季靡弱之风革弊期，亦为盛世文学期，中期为钩稽雕琢流弊期，晚明为纤仄流弊期；于清代而言，顺治朝为明末文学革弊期，康熙、雍正二朝为文学盛世期，乾隆朝则为继文学盛世的"蒸蒸日上"期。可见，《总目》对唐、宋、明、清四朝文学史的构建皆主于"世运说"，尽管明代略有不同（《总目》以明初为文学盛世），但这是因为《总目》观念中的明代世运之盛在明初，而不在明中期。对于元代文学史的书写，《总目》仍以"世运说"为其文学史观。然而以"世运说"构建的元代文学史，虽然有其认识的独到之处，但并未能真切地揭示出元代文学之特质与脉流，反而还出现了与其本来面貌相悖之处。

一、政治本位论："世运说"之历史流变及其本质

中国文论素尚"世运论"，即通常将文学兴废与政教兴衰、世道隆替联系起来。这一观点最早出现在西汉时期《礼记·乐记》，其曰："凡音者，生人心者也。情动于中，故形于声。声成文，谓之音。是故，治世之音安以乐，其政和。乱世之音怨以怒，其政乖。亡国之音哀以思，其民困。声音之道，与政通矣。"①《毛诗序》本《乐记》所言进而阐释为："情发于声，声成文谓之音，治世之音安以乐，其政和；乱世之音怨以怒，其政乖；亡国之音哀以思，其民困。故正得失，动天地，感鬼神，莫近于诗。先王以是经夫妇，成孝敬，厚人伦，美教

---

① 王梦鸥注译：《礼记今注今译》下册，台北商务印书馆 1979 年版，第 490—491 页。

化,移风俗。"①认为情发于声,而声与政通。文学即"声",是情感的产物,故文学与政治相通相应。一方面文学能够反映政治、世运,另一方面,文学的"正"与"变"源于时代的"治"与"乱"。东汉经学家郑玄,根据历史情境进一步论证文学"世运说",其《诗谱序》云:"及成王、周公致大平,制礼作乐,而有《颂》声兴焉,盛之至也。本之由此《风》《雅》而来,故皆录之,谓之《诗》之正经。后王稍更陵迟,懿王始受谮,亨齐哀公,夷身失礼之后,《邶》不尊贤,自是而下,厉也幽也,政教尤衰,周室大坏。《十月之交》《民劳》《板》《荡》,勃尔俱作。众国纷然,刺怨相寻。五霸之末,上无天子,下无方伯,善者谁赏,恶者谁罚,纪纲绝矣。故孔子录懿王、夷王时诗,讫于陈灵公淫乱之事,谓之变《风》变《雅》。"②此论强调诗歌和王政之间存在着必然的对应关系,即一个清明和美的王政必然会产生美颂的诗歌,反之,则只能催生讽刺的诗歌。

南朝时期的文论大家刘勰持"世运"文学观,强调文学与时代之关系。其《文心雕龙·时序》开头便道:"时运交移,质文代变,古今情理,如可言乎!"③,又曰:"文变染乎世情,兴废系乎时序"④,是将文学"时运说"或"世运说"作为合经验性和规律性的不刊之论。其又以"世运说"阐释了古今多种文学现象,如论上古文学时云"故知歌谣文理,与世推移,风动于上,而波震于下者也"⑤,论建安文学时云"观其时文,雅好慷慨,良由世积乱离,风衰俗怨,并志深而笔长,故梗概而多气也"⑥,皆谓乱世与文学风气之关系;又称"魏武以相王之尊,雅爱诗章;文帝以副君之重,妙善辞赋;陈思以公子之豪,下笔琳琅;

---

① 朱熹辨说,毛苌传述:《诗序》,中华书局 1985 年版,第 1 页。
② 郑玄笺,孔颖达疏,朱杰人、李慧玲整理:《毛诗注疏》卷首《诗谱序》,上海古籍出版社 2013 年版,第 5—8 页。
③ 刘勰撰,詹锳义证:《文心雕龙义证》卷九,上海古籍出版社 1989 年版,第 1653 页。
④ 刘勰撰,詹锳义证:《文心雕龙义证》卷九,上海古籍出版社 1989 年版,第 1713 页。
⑤ 刘勰撰,詹锳义证:《文心雕龙义证》卷九,上海古籍出版社 1989 年版,第 1657 页。
⑥ 刘勰撰,詹锳义证:《文心雕龙义证》卷九,上海古籍出版社 1989 年版,第 1694 页。

并体貌英逸,故俊才云蒸。仲宣委质于汉南,孔璋归命于河北,伟长从宦于青土,公幹徇质于海隅,德琏综其斐然之思,元瑜展其翩翩之乐。文蔚休伯之俦,子叔德祖之侣,傲雅觞豆之前,雍容衽席之上,洒笔以成酬歌,和墨以藉谈笑"①,陈述建安文学繁盛与政治清明之相应关系。

此后,"世运说"遂成为士人广泛认可的文学观念。如唐初《隋书·经籍志》"集部"序云:"世有浇淳,时移治乱,文体迁变,邪正或殊。"②唐代诗人白居易亦曰:"乐者本于声,声者发于情,情者系于政。盖政和则情和,情和则声和;而安乐之音,由是作焉。政失则情失,情失则声失;而哀淫之音,由是作焉。"③刘禹锡又云:"八音与政通,而文章与时高下。"④时至北宋,主此论者亦不乏其人。曾从学于欧阳修的王铚在《四六话》序文中称:"亦由仁宗之世太平闲暇,天下安静之久,故文章与时高下。盖自唐天宝,远迄于天圣,盛于景祐、皇祐,溢于嘉祐、治平之间。"⑤以"世运说"追溯律赋这一类骈文的发展轨迹。又宋末元初范晞文的诗话《对床夜语》中,载有陆游批判南宋诗歌之语:"今之以诗名者,不曰'四灵',则曰晚唐,文章与时高下,晚唐为何时耶!放翁云'文章光焰伏不起,甚者自谓宗晚唐'"⑥。对于南宋诗歌崇尚晚唐深有不满,陆游以世运观文学的观念亦由此可见。

元代以世运论文学的观点尤为盛行。有元一代文学泰斗虞集在《李仲渊诗稿序》中提出:"某尝以为世道有升降,风气有盛衰,而文采随之。其辞平和而意深长者,大抵皆盛世之音也,其不然者,则其人有大过人,而不系于时者也。……某闻之矣,君子之德风也,小人之德草也,草上之风必偃。观宗雅者,

---

① 刘勰撰,詹锳义证:《文心雕龙义证》卷九,上海古籍出版社 1989 年版,第 1687—1692 页。

② 长孙无忌等:《隋书·经籍志》卷四,中华书局 1985 年版,第 126 页。

③ 白居易著,顾学颉点校:《白居易集》卷六五,中华书局 1979 年版,第 1364 页。

④ 刘禹锡著,卞孝萱校订:《刘禹锡集》卷一九,中华书局 1990 年版,第 236 页。

⑤ 王铚:《四六话》卷首序,《历代文话》第 1 册,复旦大学出版社 2007 年版,第 5 页。

⑥ 陶元藻辑,蒋寅点校:《全浙诗话(外一种)》第二册,浙江古籍出版社 2017 年版,第 323—324 页。

可以观德于当世矣夫。"①认为"文采"与"世道"升降、"风气"盛衰之关联，更明确提出了"辞平和而意深长者"与"盛世之音"方才相符合这一观点。元末明初的戴良在《夷白斋稿序》亦曰："世道有升降，风气有盛衰，而文运随之。故自周衰，圣人之遗言既熄，诸子杂家并起而汩乱之。汉兴，董生、司马迁、扬雄、刘向之徒出，而斯文始近于古。迨其后也，曹、刘、沈、谢之刻镂，王、杨、卢、骆之纤艳，又靡然于当时。至唐之久，而昌黎韩子以道德仁义之言起而麾之，然后斯文几于汉。奈何元气仅还，而剥丧戕贼，已浸淫于五代之陋。直接至宋之刘、杨，犹务抽青媲白，错绮交绣以自炫。后七十馀年，庐陵欧阳氏又起而麾之，而天下文章复侔于汉、唐之盛。未几，欧志弗克遂伸，学者又习于当时之所谓经义者，分裂牵缀，气日以卑。而南渡之末，卒至经学、文艺判为专门，士气颓敝于科举之业，而宋遂亡矣。文运随时而高下，概可见焉。"②戴良于历代文学的演变史梳理中总结出"文运随时而高下"的观点，并将此"世运论"视作文学演变规律。值得一提的是，元代以世运论文学的观点颇为盛行，这与理学之兴盛和曾经烜赫一时的昌隆国祚密不可分。

明人亦主文学"世运说"，尤为集中在明末清初。这一时期的批评家多经历明朝由衰而亡之伤痛，对明亡之缘由不无反思。钱谦益为持文学"世运说"之代表人物，其于《胡致果诗序》中指出"世运""性情""学问"是影响诗歌创作的重要因素。该序文称："致果自定其诗，归其指于微之一字，思深哉。其有忧患乎？传曰：《春秋》有变例，定、哀多微词。史之大义，未尝不主于微也。二《雅》之变，至于'赫赫宗周''瞻乌爰止'，《诗》之立言，未尝不著也。扬之而著，非著也；抑之而微，非微也。著与微，修词之枝叶，而非作诗之本原也。学殖以深其根，养气以充其志，发皇乎忠孝恻怛之心，陶冶乎温柔敦厚之教。

---

① 虞集著，王颋点校：《虞集全集》之《李仲渊诗稿序》，天津古籍出版社 2007 年版，第 569 页。

② 陈基著，邱居里、李黎校点：《夷白斋稿》卷首序，吉林文史出版社 2009 年版，第 1 页。

其征兆在性情,在学问,而其根柢则在乎天地运世,阴阳剥复之几微。"①对于明遗民胡致果以"微"评价自身所作之诗歌,钱谦益给予了肯定。同时,钱氏又对胡致果的诗歌批评做了本质上的提升,认为"著与微,修词之枝叶,而非作诗之本原也",而诗歌之"根柢"在乎"运世","征兆"则在于"性情""学问",意谓世运之盛衰才是影响诗歌之根本,同时诗歌所蕴藏的"性情"和"学问"是"世运"的反映,而"著"与"微"不过是表达方式的不同而已。在《题杜苍略自评诗文》中,其亦表述此观点为:"夫诗文之道,萌折于灵心,蛰启于世运,而茁长于学问。三者相值,如灯之有炷有油有火,而焰发焉。今将欲剔其炷,拨其油,吹其火,而推寻其何者为光,岂理也哉!"②以灯、油、火三者关系譬喻灵心、世运、学问三者之关系,甚为形象。清初思想家、文学批评家王夫之因亲历明末世运之衰而对"世运论"的理解更为深切。其论《诗》曰:"故善诵《诗》者……即其词,审其风,核其政,知其世"③,又云"因《诗》以知升降,则其知乱治也早矣"④,由"声诗"分辨治乱盛衰、风会所趋、世道人心,此之谓"堅戾之情,移乎风化,殆乎无中夏之气,而世变随之矣"。⑤

清乾隆时期,纪昀论文主"文随世变"观和"弊变相生"观。其在《冶亭诗介序》中云:"夫文章格律与世俱变者也。有一变,必有一弊,弊极而变又生焉。互相激,互相救也。唐以前毋论矣,唐末诗猥琐,宋杨、刘变而典丽,其弊也靡;欧、梅再变而平畅,其弊也率;苏、黄三变而恣逸,其弊也肆;范、陆四变而工稳,其弊也袭;四灵五变,理贾岛、姚合之绪余,刻画纤微;至江湖末派流为鄙野,而弊极焉。元人变为幽艳,昌谷、飞卿遂为一代之圭臬,诗如词矣。铁崖矫枉过直,变为奇诡,无复中声。……国初,变而学北宋,渐趋板实。故渔洋以清

---

① 钱谦益:《牧斋有学集》卷四九,上海古籍出版社 1996 年版,第 801 页。
② 钱谦益:《牧斋有学集》卷四九,上海古籍出版社 1996 年版,第 1594 页。
③ 王夫之:《诗广传》卷四,《船山全书》第三册,岳麓书社 1988 年版,第 474 页。
④ 王夫之:《诗广传》卷四,《船山全书》第三册,岳麓书社 1988 年版,第 479 页。
⑤ 王夫之:《诗广传》卷一,《船山全书》第三册,岳麓书社 1988 年版,第 303 页。

空缥缈之音,变易天下之耳目。其实亦仍从七子旧派神明运化而出之。"①又在《爱鼎堂遗集序》中说:"三古以来,文章日变。其间有气运焉,有风尚焉。史莫善于班、马,而班、马不能为《尚书》《春秋》,诗莫善于李、杜,而李、杜不能为《三百篇》。此关乎气运者也。至风尚所趋,则人心为之矣。其间异同得失,缕数难穷。大抵趋风尚者三途:其一厌故喜新。其一巧投时好。其一循声附和,随波而浮沉。变风尚者二途:其一乘将变之势,斗巧争长,其一则于积坏之馀,挽狂澜而反之正。若夫不沿颓蔽之习,亦不欲党同伐异,启门户之争,孑然独立,自为一家,以待后人之论定,则又于风尚之外,自为一途焉。"②纪昀认为影响文章创作有两个因素:一是气运,即世运、世道;一是风尚,即风气、思潮。前者属于文人难以支配的力量,后者则是文人自身引领之潮流,其中所谓趋风尚与变风尚者,则构成了党同伐异、门户之争的弊端。

以上诸论,皆强调文运与世运的正相关性,即文随世运变迁而变化,这一观念的本质便是政治本位论,文学仅为政治的附庸。罗根泽先生认为"世运说"的本质是"政治定命论"③,亦是于此角度而言。然而,文运与世运除了正相关之外,亦可反相关,或不相关。

主张文运与世运并非正相关关系的,有南宋理学家、文学家朱熹。他并不认同"治世之音安以乐、乱世之音怨以怒"这一观点,反而提出"大率文章盛,则国家却衰。如唐贞观、开元都无文章,及韩昌黎、柳河东以文显,而唐之治已不如前矣"④。与儒家通常意义上的"世运说"不同,此论揭示了文运与世运的反相关性,认为文章之兴盛会阻碍道统之传播,进而影响国家之兴盛,这一逻辑显然是出于重道轻文、文章害道的道学本位观念。持反相关观念

---

① 纪昀著,孙致中等校点:《纪晓岚文集》卷九,河北教育出版社 1995 年版,第 190 页。
② 纪昀著,孙致中等校点:《纪晓岚文集》卷九,河北教育出版社 1995 年版,第 188 页。
③ 罗根泽:《中国文学批评史》,商务印书馆 2015 年版,第 293 页。
④ 朱熹撰,朱杰人等点校:《朱子语类》卷一三九,《朱子全书》第 18 册,上海古籍出版社、安徽教育出版社 2002 年版,第 4294 页。

者,还有清代之赵翼,其在《题〈元遗山集〉》诗中云"国家不幸诗家幸,赋到沧桑句便工"①,此句用于评价金元之际文学泰斗元好问的诗歌,虽仅就元好问而发,但追溯杜甫、李煜、李清照等人的乱世经历与诗歌创作,也都在证明"国家不幸诗家幸"的合理性。或说,杜甫、元好问等文人仅能体现出国家不幸有可能会造就个人诗歌的创作巅峰,却并非能造就一个时代的巅峰。"国家不幸诗家幸"的观点不在于去证明一个国家或一个诗人的"幸"或"不幸",而是提出了世运与文运未必必然关联这一新的思考角度。世运与文运正相关的情形固然有之,如汉唐盛世时汉赋、唐诗之盛,但世运与文运反相关的情形亦有之,如建安时期、安史之乱时期、金末元初、元末明初、明末清初等乱世或末世,皆人才辈出,创作兴盛,成就斐然。借用黄仁生先生的解释:"原因在于历代的衰乱之世或易代之际虽然政治腐败,却往往思想自由,创作者对社会和人生的思考也较承平之世有所不同,并且所写作品无论'怨以怒'还是'哀以伤',都是发自真实情感,因而有时也有文学艺术的兴盛相伴随而来。"②

主张文运与世运不相关的人亦有之,清康熙年间叶燮便是一例。然而与朱熹不同的是,他之所以主张文运与世运"自为途",是为提高文学之独立性。其在《百家唐诗序》中言:"自有天地,即有古今。古今者,运会之迁流也。有世运,有文运。世运有治乱,文运有盛衰,二者各自为迁流。然世之治乱,杂出递见,久速无一定之统,孟子谓天下之生,一治一乱,其远近不必同,前后不必异也。若夫文之为运,与世运异轨而自为途。统而言之曰文,分而言之,曰古文辞,曰诗赋,二者又异轨而自为途。自羲皇造一画之文,而文于是乎始。三代以前无论,由先秦诸子百家,历汉魏六朝唐宋元明诸作者,文之为运,可得而论也。"③叶氏论文学强调文学的内在自主性,不仅认为文运与世运"异轨"而

---

① 赵翼著,李学颖等校点:《瓯北集》卷三三,上海古籍出版社1997年版,第772页。

② 黄仁生:《杨维祯与元末明初文学思潮》,东方出版社2005年版,第322页。

③ 叶燮:《己畦文集》卷八,《丛书集成续编》第152册,台北新文丰出版公司1989年版,第519页。

行,还认为各种文体亦"异轨"而行。其推崇中唐,以中唐贞元、元和之际为诗运之巅峰,此时以韩、柳为代表的诗人"群才竞起而变八代之盛"①,是就诗歌以论诗运,无关他者。

归而言之,历来对文学与世运关系的认识大致有三:第一种观点认为文运与世运正相关,此观点中"文运"的内涵是"文学气象"的"和以乐"或"哀以怨",而此文运正反映出政治的和美或衰落,儒家所推崇的诗教观便属于此,这种观点的本质是凸显政治的本位以及文学对政治的依附性;第二种观点则认为文运与世运反相关,此观点中"文运"的内涵大致是"文学创作"的繁荣或衰落、"文学成就"的高或低,而创作的兴衰、成就的高低与世运的盛衰并无必然关联,有时政治衰落之时正好是创作的繁荣期和杰出期。赵翼等人所秉持的"国家不幸诗家幸"便属于此,这种观点强调文学于政治之外的独立性;第三种观点认为文运与世运毫不相关,以叶燮所论为代表,此观点亦强调文学之自主性。《总目》一以贯之的"世运说"文学批评观显然属于第一种,即强调文学气象与世运盛衰的正相关性,这与儒家诗教观一脉相承。而在此观念下构建的元代文学史,亦不免以世运之盛衰定论文学之盛衰。

二、革弊—极盛—流弊:"世运说"观念下的元代文学史书写

与《元诗选》以"每变递进"的演进观描述元代文学史相比,《总目》所构建的元代文学史始终贯穿着明确的与世运兴衰相关的语词,如"宋末""极盛""元季"等。若将其与文学对应描述,则元初期为前朝文学除弊期、中期为本朝文学极盛期、末期为本朝文学流弊期。

先看中期极盛期。元别集提要对于文学极盛期的渲染颇为突出,在多则提要中反复论述。《巴西文集》提要云:"当大德、延祐之世,独以词林耆旧主持风气,袁桷、贡奎左右之,操觚之士响附景从。元之文章于是时为极盛,文原

---

① 叶燮:《己畦文集》卷八,《丛书集成续编》第152册,台北新文丰出版公司1989年版,第519页。

实有独导之功。"①《清容居士集》提要亦有:"故其文章博硕伟丽,有盛世之
音……又当大德、延祐间为元治极盛之际,故其著作宏富,气象光昌,蔚为承平
雅颂之声。"②《道园学古录》提要称:"文章至南宋之末,道学一派侈谈心性,
江湖一派矫语山林,庸沓猥琐,古法荡然。理极数穷,无往不复,有元一代作者
云兴,大德、延祐以还,尤为极盛。"③《石田集》提要云:"与会稽袁桷、蜀郡虞
集、东平王构更迭倡和,如金石相宣,而文益奇。盖大德、延祐以后,为元文之
极盛,而主持风气,则祖常等数人为之巨擘云。"④《闲居丛稿》提要亦谓:"盖
元大德以后,亦如明宣德、正统以后,其文大抵雍容不迫,浅显不支,虽流弊所
滋,庸沓在所不免,而不谓之盛时则不可。"⑤在上述五则提要中,《总目》反复
言说和强调的是元代有一个文学极盛期,而这一文学盛世与政治盛世"大德、
延祐间"时间是一致的。该文学盛世的概况大致为:其一,文学极盛时间有三
种表述:"大德、延祐之世","大德、延祐以还"以及"大德以后"。尽管这三种
时间表述略有差异,但起点在"大德"则属相同。而需要注意的是,只有第一
种时间表述有下限,而第二种和第三种时间表述仅有起点而无终点;其二,文
学盛世的代表人物为邓文原、袁桷、虞集、马祖常、蒲道源等,皆为馆阁文人,其
或有引领之功,如邓文原;或有革弊之功,如虞集、马祖常等;或有践行之功,如
袁桷、蒲道源;其三,盛世文学之特征为"盛世之音"和"承平雅颂之声",即
平实显易、不尚华藻、雍容不迫;其四,塑造盛世文宗——虞集,将其与北宋
之欧阳修相提并论,称其为有元一代之"文宗",而虞集"文宗"地位的确立
始于《总目》。

再看南宋末造之弊。元别集提要中还有一个频率较高的时间叙述——

---

① 纪昀等:《钦定四库全书总目》卷一六六《巴西文集》提要,第 2207 页。
② 纪昀等:《钦定四库全书总目》卷一六七《清容居士集》提要,第 2221 页。
③ 纪昀等:《钦定四库全书总目》卷一六七《道园学古录》提要,第 2228 页。
④ 纪昀等:《钦定四库全书总目》卷一六七《石田集》提要,第 2227 页。
⑤ 纪昀等:《钦定四库全书总目》卷一六七《闲居丛稿》提要,第 2233 页。

"宋末",此指南宋末年。而其对应的文学批评语词则是:"江湖末派单弱"之
弊和"道学家有韵语录"之弊。关于"江湖末派"之弊,在《总目》一六六卷中
有 12 次提及,如"未脱宋末江湖之派"①"其诗沿江湖末派体格"②"不出宋末
江湖之格"③"胜宋季江湖一派"④"不染江湖末派"⑤等评语,主要在于评价宋
末遗留下来的诗格卑弱的诗歌;而《总目》卷一六七亦有 10 次提及"江湖末
派",如"以视宋季江湖末派,则蝉蜕于泥滓之中"⑥"颇涉江湖末派"⑦等,用于
描述革除"江湖末派"之弊后的元中期诗歌;《总目》一六八卷则仅有 1 次提及
"品格终在江湖诗上"⑧,可见,此语于元季使用已经不多。关于"语录俚语"
之弊,有"绝不似宋末'有韵之语录'"⑨"文亦醇古,无宋人语录之气"⑩"持论
多有根柢,不同剽掇语录之空谈"⑪等表达,而此弊主要是在元代理学家、讲学
家中提及较多。

末看元季流弊期。在元末明初的别集提要中亦有一个显赫的时间叙
述——"元季",而该时间对应的文学评价是"纤秾靡丽之习"。如《北郭集》
提要:"恕诗格力颇遒,往往意境沈郁,而音节高朗,无元季靡靡之音"⑫;《丁
鹤年集》提要:"尤长于五七言近体,往往沈郁顿挫,逼近古人,无元季纤靡之
习"⑬;《玉山璞稿》提要:"今观所作,虽生当元季,正诗格绮靡之时,未能自拔

① 纪昀等:《钦定四库全书总目》卷一六六《白云集》提要,第 2203 页。
② 纪昀等:《钦定四库全书总目》卷一六六《月屋漫稿》提要,第 2204 页。
③ 纪昀等:《钦定四库全书总目》卷一六六《野趣有声画》提要,第 2204 页。
④ 纪昀等:《钦定四库全书总目》卷一六六《玉斗山人集》提要,中华书局 1997 年版,第
2208 页。
⑤ 纪昀等:《钦定四库全书总目》卷一六六《曹文贞诗集》提要,第 2218 页。
⑥ 纪昀等:《钦定四库全书总目》卷一六七《杏亭摘稿》提要,第 2236 页。按,《总目》误,应
为《杏庭摘稿》。
⑦ 纪昀等:《钦定四库全书总目》卷一六七《子渊诗集》提要,第 2242 页。
⑧ 纪昀等:《钦定四库全书总目》卷一六八《青村遗稿》提要,第 2250 页。
⑨ 纪昀等:《钦定四库全书总目》卷一六六《剩语》提要,第 2205 页。
⑩ 纪昀等:《钦定四库全书总目》卷一六六《白云集》提要,第 2216 页。
⑪ 纪昀等:《钦定四库全书总目》卷一六八《石门集》提要,第 2261 页。
⑫ 纪昀等:《钦定四库全书总目》卷一六八《北郭集》提要,第 2249 页。
⑬ 纪昀等:《钦定四库全书总目》卷一六八《丁鹤年集》提要,第 2250 页。

于流俗"①;《续轩渠集》提要:"今观其诗纯沿宋格,于元末年华缛之风,明中叶堂皇之体,迥焉不同"②;《翠屏集》提要:"稍未脱元季绮缛之习"③;《尚絅斋集》提要:"不染元季绮靡之习"④;《大全集》提要:"振元末纤秾缛丽之习,而返之于古,启实为有力"⑤;《眉庵集》提要亦有"其诗颇沿元季秾纤之习"⑥之说,等等。可见,《总目》视元季为"纤靡""华缛"诗弊的滋长期,且多次将此风格与"气骨""格力""沉郁顿挫"等对立而论。

通过以上梳理可见,尽管《总目》并未描述一个有明确时间界限的文学史,但从提要表达中,或可梳理出另一种角度定性的文学史——"世运说"观念下的文学史:第一阶段为中统至元贞时期(即大德、延祐之前),为"除弊期",此阶段主要在于革除"宋季江湖末派之气";第二阶段为大德、延祐以还至元季之前,为"极盛期",其诗歌特征是"春容平正之音";第三阶段为至正改元后(即元季),为"流弊期",即滋长"纤秾靡丽之习"之时。其中,第二阶段"极盛期"是唯一一个《总目》有具体时间描述的阶段,元初和元季皆无时间上下限,而仅以文弊为其作注脚。那么,《总目》以"革弊—极盛—流弊"世运观建构着元代文学史,是否准确捕捉到了元代文学的发展脉络?

在此,不妨参照另一种元代文学史观。顾嗣立《元诗选》编纂于清康熙年间,其元代文学史观的形成略早于《总目》,对其文学史观的梳理,或可有助于从另一角度窥探元代文学之面貌。《元诗选》虽然是诗歌选集,但顾氏于编选过程中对诗人个性、思想的解读,已然形成了对元代文学史的认识和书写,其观念零星地分布于各人物小传之中。如"袁桷"小传云:"元兴,承金宋之季,遗山元裕之以鸿朗高华之作振起于中州,而郝伯常、刘梦吉之徒继之。故北方

---

① 纪昀等:《钦定四库全书总目》卷一六八《玉山璞稿》提要,第 2255 页。
② 纪昀等:《钦定四库全书总目》卷一六七《续轩渠集》提要,第 2223 页。
③ 纪昀等:《钦定四库全书总目》卷一六九《翠屏集》提要,第 2264 页。
④ 纪昀等:《钦定四库全书总目》卷一六九《尚絅斋集》提要,第 2271 页。
⑤ 纪昀等:《钦定四库全书总目》卷一六九《大全集》提要,2273 页。
⑥ 纪昀等:《钦定四库全书总目》卷一六九《眉庵集》提要,第 2273 页。

之学，至中统、至元而大盛。赵子昂以宋王孙入仕，风流儒雅，冠绝一时。邓善之、袁伯长辈从而和之，而诗学又为之一变。于是虞、杨、范、揭，一时并起，至治、天历之盛，实开于大德、延祐之间。"①又"邓文原"小传谓："当大德、延祐之世，承平日久，善之（文原字）与袁伯长、贡仲章辈振兴文教，四海之士，望风景附，王士熙、冯思温名位为最显，亦皆出善之之门。文章之柄悉归焉，其盛事可想见也。"②在"杨维桢③"小传中亦云："元诗之兴，始自遗山。中统、至元而后，时际承平，尽洗宋、金馀习，则松雪为之倡。延祐、天历间，文章鼎盛，希踪大家，则虞、杨、范、揭为之最。至正改元，人材辈出，标新领异，则廉夫为之雄。而元诗之变极矣！"④这三则小传的观点后来升级为顾氏《寒厅诗话》中对元代诗歌流派的精辟陈述⑤。顾嗣立又在《元诗选·凡例》中以"每变递进"说论元诗："欧阳元功有言：'中统、至元之文庞以蔚，元贞、大德之文畅而腴，至

---

① 顾嗣立：《元诗选初集》丙集，中华书局 1987 年版，第 593 页。

② 顾嗣立：《元诗选二集》丙集，中华书局 1987 年版，第 273 页。

③ 按，今人孙小力先生、黄仁生先生已将"杨维桢"正名为"杨维祯"。然本文所引《元诗选》《总目》等古籍，其所载皆为"杨维桢"，故本文除引用孙著、黄著的书写之外，统一使用"杨维桢"，以免混淆。

④ 顾嗣立：《元诗选初集》辛集，中华书局 1987 年版，第 1975—1976 页。

⑤ 按，原文为"元诗承宋、金之季，西北倡自元遗山（好问），而郝陵川（经）、刘静修（因）之徒继之，至中统、至元而大盛。然粗豪之习，时所不免。东南倡自赵松雪（孟頫），而袁清容（桷）、邓善之（文原）、贡云林（奎）辈从而和之，时际承平，尽洗宋、金余习，而诗学为之一变。延祐、天历之间，风气日开，赫然鸣其治平者，有虞、杨、范、揭（虞集，字伯生，号道园，蜀郡人。杨载，字仲宏，浦城人。范梈，字亨父，一字德机，清江人。揭傒斯，字曼硕，富州人。时称虞、杨、范、揭，又称范、虞、赵、杨、揭，赵谓孟頫），一以唐为宗，而趋于雅，推一代之极盛，时又称虞、揭、马（祖常）、宋（本、褧）。继而起者，世惟称陈（旅）、李（孝光）、二张（翥、宪），而新喻傅汝砺（若金）、宛陵贡泰甫（师泰）、庐陵张光弼（昱），皆其流派也。若夫揣炼六朝，以入唐律，化寻常之言为警策，则有晋陵宋子虚（无）、广陵成原常（廷珪）、东阳陈居采（樵），标奇竞秀，各自名家。间有奇才天授，开阖变怪，骇人视听，莫可测度者，则贯酸斋（小云石海涯）、冯海粟（子振）、陈刚中（孚），继则萨天锡（都剌），而后杨廉夫（维桢）。廉夫当元末兵戈扰攘，与吾家玉山主人（瑛）领袖文坛，振兴风雅于东南。柯敬仲（九思）、倪元镇（瓒）、郭羲仲（翼）、郯九成（韶）辈，更唱迭和，淞泖之间，流风余韵，至今未坠。更唱迭和，淞泖之间，流风余韵，至今未坠。廉夫古乐府，上法汉魏，而出入于少陵、二李。门下数百人，入其室者惟张思廉（宪）一人而已。明初袁海叟（凯）、杨眉庵（基）为开国词臣领袖，亦俱出自铁崖门。而议者谓'铁体'靡靡，妄肆讥弹，未可与论元诗也。"（顾嗣立：《寒厅诗话》，《清诗话》上册，上海古籍出版社 1978 年版，第 83—84 页。）

大、延祐之文丽而贞,泰定、天历之文赡而雄.'有元之诗,每变递进,迨至正之末,而奇材益出焉。然其渊源流派,规矩师承,风会所存,班班可考。"①亦颇有见地。

梳理观之,顾嗣立之元诗流变共分四个阶段:第一阶段为宋金之际"承接期"兼"革弊端期",代表人物为元好问;第二阶段为中统至至元"大盛期",杰出代表为郝经、刘因;第三阶段为延祐至天历"极盛期",此一阶段又分为大德至延祐期和至治至天历前后两阶段,大德至延祐阶段的代表人物为赵孟𫖯、邓文原、袁桷等,而至治至天历阶段的代表人物为虞、杨、范、揭以及陈旅、李孝光、张翥、张宪、傅若金、贡师泰、张昱、宋无、成廷珪、陈樵等;第四阶段为至正改元以后"极变期",代表人物为杨维桢。顾嗣立的元诗流变史不仅有清晰的时间界限,还有具体代表人物,更重要的是顾嗣立是以"承"和"变"的视角试图揭示元代文学史的面貌。

对比《总目》与《元诗选》的文学史书写,二者相同之处是皆将延祐、大德之间作为元代文学极盛期。追溯之,这一极盛期的书写当出于对元人自身鸣盛意识的认可。

大德、延祐为元代文学极盛时期,这是元人评价元文体现出的主流观点。今主要以元末明初诸文人之言论观之,因这一时期的文人已经具有整个元代文学的全视野和评论元代文学的时间距离优势。元末馆阁文人陈旅为马祖常撰《石田文集序》,不乏对延祐文学盛世的夸赞:"文章何与乎天地之运哉,元化之斡流,神气之推荡,凡以之而生者,则亦以之而盛衰焉。……我国家龙起朔漠,运符羲轩,淳庞雅大之风于变,四海士大夫争自奋厉,洗濯旧习。至仁宗时,遂以科目取天下之士而用之。浚仪马公伯庸褒然以古文擢上第,声光煜如。清河元文敏公谓其所作可以被管弦,荐郊庙,《天马》《宝鼎》诸作,殆未之能优也。"②林泉生在《安雅堂文集序》中亦有盛世之称:"皇庆、延祐以来,益

---

① 顾嗣立:《元诗选初集》卷首,中华书局 1987 年版,第 8 页。
② 马祖常著,王媛点校:《石田文集》卷首序,吉林文史出版社 2010 年版,第 2—3 页。

以醇正典雅相尚,蔼乎治世之音,非近代所能及也。且诸名家班班继继,视昔加多,又何盛欤!"①由元入明的王祎也称:"国朝统一海寓,气运混合,鸿生硕儒,先后辈出,文章之作,实有以昭一代之治化,盖自两汉以下,莫于斯为盛矣。……延祐以后,则有临川吴文正公、巴西邓文肃公、清河元文敏公、四明袁文清公、浚仪马文贞公、侍讲蜀郡虞公、尚书襄阴王公,其文典雅富润,益肆以宏,而其时则承平寝久,丰亨豫大,极盛之际也。"②杨维桢亦持此观点:"我朝古文殊未迈韩、柳、欧、曾、苏、王,而诗则过之。郝、元初变,未拔于宋;范、杨再变,未几于唐。至延祐、泰定之际,虞、揭、马、宋诸公者作,然后极其所挚,下顾大历与元祐,上逾六朝而薄风雅。吁,亦盛矣。"③李国凤亦云:"至于我朝元贞、延祐之间,天下乂安,人材辈出。其见于文者,虽一言之微亦本于理,累辞之繁必明夫道,有温醇忠厚之懿,无脆薄寒浅之失,其流风遗韵,渐涵沫濡,盖将泽百世而未艾。呜乎,文章之盛,其斯时欤!"④此种以大德、延祐为元代文学极盛期的言论大量存在于这一时期的文人作品中,不一而足。

元文人不仅有文学上的鸣盛意识,亦不乏世运上的鸣盛意识。元人的盛世意识来自于有史以来最大面积的疆域版图。日本史学家冈田英弘描述元代版图为:"东从日本海、东海开始,西至黑海、幼发拉底河、波斯湾,包括东亚、北亚、中亚、东欧几乎所有大陆地区都在蒙古帝国的掌控之下",并叹称:"这是人类有史以来最大的帝国。"⑤可见蒙元帝国确实一度成为世界版图的主宰者。不仅地域辽阔如此,元代还建立了将陆地与海洋接连一体的发达交通网。另一位日本元史专家杉山正明称:"草原和中华的大统一,带来了远超其自身

---

①　陈旅:《安雅堂集》卷首,《景印文渊阁四库全书》第 1213 册,第 3 页。

②　王祎:《王忠文公集》卷六《宣城贡公文集序》,《明别集丛刊》第 1 辑第 12 册,黄山书社 2014 年版,第 532—533 页。

③　杨维桢:《玩斋集序》,《全元文》第 42 册,凤凰出版社 2004 年版,第 493 页。

④　贡师泰著,邱居里点校:《贡师泰集》卷首序,《贡氏三家集》,吉林文史出版社 2010 年版,第 172 页。

⑤　[日]冈田英弘著:陈心慧译,《世界史的诞生:蒙古帝国的文明意义》,北京出版社 2016 年版,第 162 页。

的更大规模的扩展。陆地上最大的帝国蒙古帝国,又向海上进军,把海洋也纳入体系,发展为一个将欧亚大陆陆地与海洋两头连接起来的超地域帝国。"①而正因为元代地域之辽阔,且又具备沟通各地域的畅通无阻的交通道路,故若经济足够富足,元人皆有了"睁眼看世界"的可能。而这种地域版图的宏大,史无前例,故元人面对空前绝后的版图流露出一种自觉性的自信与自豪,如其称赞元代之基业为"盛业超前古"②"神武开基自古无"③"国朝广大,旷古未有"④。而这份自豪还与元人之亲历和见证有关。元代自忽必烈时代始,便推行"两都制",即一年之中,朝廷一半时间在上都(今北京)执政,一半时间在上京(今内蒙古锡林郭勒盟正蓝旗)执政。诚如是,元代的"两都制"在诸多元代文人的著作中都有记载,如"大驾岁一行幸,恒以仲夏之月至,及秋则南还"⑤;"宰执大臣、下至百司庶府,各以其职分官扈从"⑥;"今国家混一海宇,定都于燕,而上京在北又数百里,銮舆岁往清暑,百司皆分曹从行"⑦。细细揣摩,这种移动意味着什么呢? 那便是一次巨大的跨地域性的交流。试想,一代君王之行宫所在,部门机构当是何其繁多,而与之相随的从属百官数量亦是何其庞大,因行宫迁移而带来的人员交流何其频繁。事实证明,元代馆阁名流多曾随帝王驻跸上京,如袁桷、虞集、马祖常、迺贤、胡助、柳贯、周伯琦等当时名流,皆作有上京纪行诗。其中延祐时期馆阁大臣袁桷,曾四次扈从上京,更著有《开

① [日]杉山正明著,乌兰、乌日娜译,《疾驰的草原征服者:辽西夏金元》,广西师范大学出版社 2014 年版,第 297 页。

② 周伯琦:《近光集》卷一《上京杂诗》(其一),《景印文渊阁四库全书》第 1214 册,第 509 页。

③ 胡助:《纯白斋类稿》卷八,《滦阳述怀》,中华书局 1985 年版,第 73 页。

④ 虞集著,王颋点校:《虞集全集》之《庐陵刘桂隐存稿序》,天津古籍出版社 2007 年版,第 500 页。

⑤ 危素:《危学士全集》卷三《上都分学书目序》,《明别集丛刊》第 1 辑第 3 册,黄山书社 2014 年版,第 57 页。

⑥ 黄溍著,王颋点校:《黄溍全集》之《上都御史台殿中司题名记》,天津古籍出版社 2008 年版,第 290 页。

⑦ 苏天爵著,陈高华、孟繁清点校:《滋溪文稿》卷二八《跋胡编修上京纪行诗后》,中华书局 1997 年版,第 470 页。

平四集》以记其经历;杨允孚作为元顺帝时膳食供奉官,亦曾扈从,后著有回忆性诗集《滦京杂咏》,记录其上京历程。而当昔日遥远、荒蛮的异域变成了文人们眼前之真实图景时,其内心的震撼和对国家的自信是可想而知的。罗璟为杨允孚《滦京杂咏》作跋称:"百年以来海宇混一。往所谓勒燕然,封狼居胥,以为旷世希有之遇者,单车掉臂,若在庭户。其疆宇所至,尽日之所出与日之所没,可谓盛哉。杨君以布衣从当世贤士大夫游,襆被出门,岁走万里,耳目所及穷西北之胜,其江山人物之形状,殊产异俗之瑰怪,朝廷礼乐之伟丽,与凡奇节诡行之可警世厉俗者,尤喜以咏歌记之。"①而王士熙为胡助《题上京纪行诗后》则称:"至于文章之士,惟有勒石燕然之碑,其诗咏则未尝闻也。"②对于曾经只能以碑文方式接触的难以企及的塞外地名,而今都可亲历亲见且作鲜活吟咏了。

由上论述可知,元人对于元代的自豪及自信,实来自于元代疆域之辽阔、跨地域之交流以及文人之亲身参与,故在元代文人的著述中,自觉的鸣盛意识亦多有流露。钱基博《中国文学史》说:"其邑里有南北,而其人为汉族,一也;顾认贼作父,歌功颂德,如不容口,而不知其颡之有泚焉。呜呼,哀莫大于心死,而丧心病狂以为盛德形容,斯诚民族之奇耻,斯文之败类已。"③尽管钱氏立于汉民族之立场对元文人歌颂元盛世的行为大加指斥,但却肯定了一个事实,即元文人对元世是存在"盛德形容"的。

综上所论,《总目》对元代文学"极盛期"的书写,看似一方面尊重元人自身所述之观点,一方面吸取《元诗选》的观点,但与二者相比,对元代文学盛世的强化意图和凸显意识却是有过之而无不及。

再看,《总目》与《元诗选》二者之区别,大致有两点:其一,《元诗选》以历时流变的观念视其为"承接(革弊)—大盛—极盛—极变"的递变发展过程,而

---

①　杨允孚:《滦京杂咏》卷末跋,《景印文渊阁四库全书》第 1219 册,第 627 页。
②　王士熙:《题上京纪行诗后》,《纯白斋类稿》附录,中华书局 1985 年版,第 212 页。
③　钱基博:《中国文学史》第五编第三章,上海书店出版社 2015 年版,第 768 页。

《总目》则以共时结构的观念视以"革弊—极盛—流弊"的封闭循环过程；其二，《元诗选》以还原本色的眼光和精细的时间界限来构建元代文学史，而《总目》以"初世—盛世—末世"指征世运的时间概念来呈现元代文学史。二者最大的不同，在于对待元末文学之评价和态度。但归根结底，分歧原因还是在于构建文学史所秉持的文学史观念不同。《元诗选》秉持"每变递进"的文学史观，称元末为"极变期"，而此"极变"是"极盛"的更高境界；《总目》构建之元代文学是以世运论为旨归的，故末世文学皆因世运衰弱而被视作"文弊期"。

若探究二者文学史观不同之原因，则大致有二：其一，《元诗选》是为"存"其人其诗，而《总目》在于"核"其人其集。《元诗选》凡例云"是集之成，非敢云选也，姑以稍汰繁芜，存其雅正，随人所著，各自成家，春兰秋菊，期于毋失其真而已"①，是为存其"真"；又云"独有元之诗阙焉未备，故窃取前人之意，编成十集。非敢效鞻遗山，亦以一代文献所关，不可泯没云尔"②，是为存"一代文献"。可见其选人选诗的过程中，体现出广而备的特征。而《总目》则严格遵从清廷"寓征于禁"的宗旨和"除弊扬醇"的编撰观念，凡不符合征选条件，如人品恶劣者、作品有伤大雅者等皆不入，在实际编选过程中亦倡导文学"有裨世教"而进行肆意的删削篡改，故其重在指瑕和剔弊以传醇正之音。其二，《元诗选》注重学术脉络，即元诗流变阶段特性的挖掘；《总目》注重政治需求，即凸显盛世之音。顾嗣立对于至正后的末世文学仍给予高度评价，钱钟书先生曾说："顾侠君薄宋诗至不值一钱，仅取东坡，崇奉唐诗，欲以元诗继之，而亦不取七子。"③其言道出顾嗣立于钻研和探究元诗所花费之气力。而《总目》则在元别集提要中呈现出"重盛世之音"而"轻末造之声"的文学观念，《总目》将元代文学的极盛时期认定为"大德、延祐以还"的大跨度时间范围，

---

① 顾嗣立：《元诗选初集》凡例，中华书局 1987 年版，第 7—8 页。
② 顾嗣立：《元诗选初集》凡例，中华书局 1987 年版，第 7 页。
③ 钱钟书：《谈艺录》四二，生活·读书·新知三联书店 2001 年版，第 368 页。

且以"有盛世之音"①"承平雅颂之声"②"汛汛乎和平之音"③为审美特征。纵观之,这一盛世文学观念不仅体现在《总目》元别集提要中,还贯穿于《总目》集部提要的整体之中。"重盛世之音"的编纂观念与乾隆帝圣谕导向不无关系,如圣谕明言集部作品当具有"关系世道人心"④"世道之防"⑤之功能,意谓文学当以正风正雅为美,而非变风变雅;又,乾隆帝个人偏爱"崇尚雅醇"⑥的诗风,而这显然是末世之声难以呈现的。

三、被折叠的图景:"世运说"与元代文学史建构之局限

《总目》以"世运说"构建出"革弊—极盛—流弊"的元代文学史,以文学风格为评价标准,独树一帜,自成体系。但有必要反思的是,究竟世运与文运在元代是否具有统一性? 这一问题的追问,将直接关乎《总目》元代文学史建构之基础是否成立。本书认为,《总目》秉持"世运说"构建之文学史是以文学风格论书写的元代文学史,仅凸显世运与文运的正相关性。然而,在元代文学史中,"创作盛衰"显然与"世运盛衰"相悖,呈现出文学与世运的反相关性或不相关性。因为元季诗歌堪称乱世中的诗歌盛景,此一时段无论是创作之繁荣程度,还是后世之影响程度,皆远甚于元初期、中期,故不得不承认,元季乃元代诗歌的极盛期。从这一角度来说,《总目》以"世运说"构建的元代文学史是存在局限性的、被折叠的。

元诗繁荣于元季。郑振铎《插图本中国文学史》曾言:"元末诸诗家,其成就似尤在虞、杨、范、揭四家之上。他们处境益艰,用心更苦,所作自更深邃雄

---

① 纪昀等:《钦定四库全书总目》卷一六七《清容居士集》提要,第 2221 页。
② 纪昀等:《钦定四库全书总目》卷一六七《清容居士集》提要,第 2221 页。
③ 纪昀等:《钦定四库全书总目》卷一六六《曹文贞诗集》提要,第 2218 页。
④ 中国第一历史档案馆编:《纂修四库全书档案》一,上海古籍出版社 1997 年版,第 2 页。
⑤ 纪昀等:《钦定四库全书总目》卷一四八"集部总叙",第 1971 页。
⑥ 中国第一历史档案馆编:《纂修四库全书档案》八二五,上海古籍出版社 1997 年版,第 1433 页。

健。"①邓绍基在《元代文学史》中对此观点已有认同:"元诗的发展以仁宗延祐年间为界,可分作前后两期,延祐以前宗唐得古诗风由兴起到旺盛,延祐以后宗唐得古潮流继续发展,在很大的程度上,后期的成就超过了前期。"接着便从三个方面展开论述:"第一,出现了更多的名作家,除了'四大家'以外,还有杨维桢、萨都剌和张翥等;第二,在诗歌体貌上有'新变',如古乐府、竹枝词等;第三,诗歌风格更趋多样,打破了宋人诗词在题材情调上判然有别的格局,出现了不少爱情诗和艳体诗。"②与《总目》以"世运说"批评观所构建的诗歌史不同,邓绍基先生构建元代诗歌以延祐为时间分割点、以"宗唐得古"为诗学演进线索,其认为延祐以后的诗歌成就更高,其体现是名作家多、诗歌体貌新变和诗歌风格多样。诚如其言,但延祐以后的元代诗歌有守有变,而体貌新变则主要出现在杨维桢,而杨维桢的崛起和风靡一时是在元代末世皇帝——元顺帝至正年间。本书将"延祐以后"这一时间范畴缩小至元末"元顺帝年间",再从创作数量、诗歌特质和后世影响三个角度对元末诗歌之繁荣景象略作补充:

其一,元季为创作繁荣期,是元诗高产期。今杨镰先生主编的《全元诗》,收录元代 5000 余位诗人,约 132000 首诗歌③。而至正年间创作于顾瑛玉山佳处的总集和别集中包括诗、词、赋、曲等各体文学作品的总数达到 5100 首左右④。同时,杨先生亦认为"今存至正年间的元人诗作,有十分之一竟是至正十年后的不长时间里写于昆山地方小小的'草堂'玉山佳处的"⑤,至正为元代最后一个年号,共二十七年。而杨镰先生在完成大量元代诗文普查和阅读

① 郑振铎:《插图本中国文学史》第五十章,中华书局 2016 年版,第 855 页。

② 邓绍基:《元代文学史》,人民文学出版社 1991 年版,第 370 页。

③ 杨镰:《〈全元诗〉前言》,《全元诗》,中华书局 2013 年版,第 3 页。

④ 杨镰:《顾瑛与玉山雅集》,《西南民族大学学报(人文社科版)》2008 年第 9 期,第 137 页。

⑤ 杨镰:《元诗史》,人民文学出版社 2003 年版,第 33 页。

后,在《元诗史》中写道:"元诗到至正年间始得全盛,所以明诗起点颇高。"①元季雅集社事空前繁荣,其以雅集切磋、赋诗竞技的方式激发诗人的创作热情;而元季"铁崖派"的崛起,亦开启了一种为某一学说或理念而创作的诗歌范式。

元季雅集有顾瑛玉山雅集与倪瓒清秘阁雅集。据《玉山名胜集》所载,自至正八年(1348)到至正二十年(1360),顾瑛玉山草堂共举行大小雅集七十余次,其中前五年便达五十余次。雅集便有酬唱,便有群体创作。明人李东阳描述说:"元季国初,东南人士重诗社。每一有力者为主,聘诗人为考官,隔岁封题于诸郡之能诗者,期以明春集卷。私试开榜次名,仍刻其优者,略如科举之法。"②诗社仿科举之法立诗歌竞技之法,科举在元末几废,然诗歌在竞技的创作氛围中却兴盛一时。袁华曾记载一次玉山芝云堂雅集的情形:"至正庚寅秋七月二十九日,予与龙门山人良琦、会稽外史于立、金华王袆、东平赵元,宴于顾瑛氏芝云堂。酒半,以古乐府分题,以纪一时之雅集。诗不成,罚酒二觥。余汝阳袁华也。是日以古乐府分题赋诗,诗成者三人。"③至正庚寅,为至正十年(1350)。同年,雅集参与者于立亦对玉山雅集赋诗竞赛有所描述:"至正十年七月六日……酒半,快甚,欲赋咏纪兴,以'风林纤月落'分韵拈题。惟李云山狂歌清啸不能成章,罚三大觥逃去。是夕以'风林纤月落'分韵赋诗,诗成者三人。"④这种分题赋诗、罚酒惩戒的雅集方式,为诗歌创作提供了一个既有竞争性又不乏娱乐性的氛围,故无法在政治上、科举上实现抱负的文人士子,将才情与热情转投在诗歌创作之作,借以释怀。良性的竞争往往会促进诗歌创作水平的整体性提升,与此同时,当以诗酒酬唱的方式进行群体创作时,诗

---

① 杨镰:《元诗史》,人民文学出版社 2003 年版,第 59 页。
② 李东阳著,李庆立校释:《怀麓堂诗话校释》第五〇则,人民文学出版社 2009 年版,第 152 页。
③ 顾瑛辑,杨镰、叶爱欣整理:《玉山名胜集》卷上,中华书局 2008 年版,第 110—111 页。
④ 顾瑛辑,杨镰、叶爱欣整理:《玉山名胜集》卷上,中华书局 2008 年版,第 104 页。

歌数量的裂变速度亦可谓惊人。

若说玉山雅集是以诗酒酬唱为媒介引领的群体创作,那么铁崖派则是以共同诗歌理念为凝聚力的群体创作。黄仁生先生所撰《铁门弟子考》,谓"有姓名可考的铁门弟子为一百四十五人,其中能诗者七十八人,而实际有诗传世的仅四十八人"①,认为"初步确认铁崖唱和友十九人,铁门诗人七十八人,再加上宗主杨维桢,已得铁崖派成员九十八人。"②仅从人员数量来看,这已经是一个庞大的群体。当个体是为学习和提升某一项诗歌技能、践行和推广某一项诗歌理念时,其热情不仅会加速某一诗歌体式的成熟,而且还会成倍地增加创作数量,更遑论该诗派成员在传播和推广过程中,所吸纳的参与者亦可以"一传十,十传百"的速度递增。因此,从诗歌创作的语境和氛围来看,诗派和雅集成为了元季诗歌繁荣的一股推动力,成就了诗歌创作的高产期。

其二,元季诗歌是具有"元代性"的诗歌,是元诗之所以为元诗的标志。顾嗣立称元季为"极变期",这是因为元季诗歌不仅强势冲破了"诗言志"的诗歌传统,并且将以抒情性为特色的古乐府、竹枝词等诗体推向了新的巅峰。以古乐府为例,杨维桢在《潇湘集序》自云:"余在吴下时与永嘉李孝光论古人意。余曰:'梅一于酸,盐一于咸。饮食盐梅,而味常得于酸咸之外,此古诗人意也。后之得意者,惟古乐府而已耳。'孝光以余言为韪,遂相与唱和古乐府辞。好事者传于海内,馆阁诸老以为李、杨乐府出而后始补元诗之缺。泰定文风为之一变。"③章懋《新刊杨铁崖咏史古乐府序》曰:"然其时众作悉备,惟古乐府未有继者。于是会稽杨铁崖先生与五峰李季和始相唱和,为汉魏乐府辞,崛强自许,直欲度越齐梁而上薄骚雅,伟乎其志哉!"④可见杨维桢、李孝光之唱和,是为元末古乐府运动之先声。其实,古乐府在元代的崛起,并非李、杨二

---

① 黄仁生:《杨维桢与元末明初文学思潮》,东方出版中心 2005 年版,第 405 页。
② 黄仁生:《杨维桢与元末明初文学思潮》,东方出版中心 2005 年版,第 408 页。
③ 杨维桢:《东维子文集》卷一一,《四部丛刊初编》第 245 册,上海书店 1989 年版,第 4b 页。
④ 杨维桢:《杨铁崖咏史古乐府》卷首,明成化刻本,湖南省图书馆藏。

人为肇其端。在二人之前或同时,古乐府的创作已经流行,而尤为有成就的是,与杨维桢同时的诗人吴莱,其复古主张和对古乐府的推崇皆先于杨维桢,且其乐府理论的成熟甚至早于杨维桢。而后吴莱弟子胡翰亦声援之,仅择取郭茂倩的《乐府诗集》符合其乐府理论的作品,编为《古乐府诗类编》若干卷。但是,吴莱和胡翰的古乐府学说却并未促成元代古乐府运动的展开,反而是杨维桢成为了领袖人物。这是为何? 其核心原因在于,支撑复古理论和古乐府运动的观念不同。吴莱和胡翰的复古主张与古乐府理论是从儒家正统思想出发,强调恢复古乐府的"雅韵正声"和诗教传统,故其对于汉魏以下的乐府,皆持否定态度,而仅仅提倡汉魏乐府;杨维桢的复古与古乐府运动则是以"情性说"为思想基础,突显古乐府的抒情性,其称:"古乐府,雅之流、风之派,情性近也。"①创作不拘泥于诗歌形式上的种种程式。今人黄仁生先生的归纳其为精辟:"他倡导古乐府的根本宗旨,是为了表现情性,对人性和人生进行思考,要求诗歌保持独立的文学品味,得其神气和韵味,而不愿意让它成政治(或理学或禅学)的附庸。"②

杨维桢二人之古乐府理论孕育于元季这一社会土壤,那么,元季社会是怎样的? 在政治上,至治三年(1323)八月"南坡之变",可谓元代由盛转衰的标志,自此元廷高层权力争夺拉开帷幕,此后的十年间竟易六帝。而伴随政局动乱而来的是科举停废,士无出路,吏治腐败,官民矛盾尖锐化,民不聊生;在经济上,元代与其他朝代的"重农抑商"不同,而是以重商著称,故其最终成为了空前的商业帝国。马可·波罗在其游记中对元代中国经济之发达叹为观止,其如此记载剌桐城(今福建泉州)的贸易景象:"印度一切船舶运载香料及其它一切贵重货物咸莅此港。是亦为一切蛮子商人常至之港,由是商货宝石珍珠输入之多竟至不可思议,然后由此港转贩蛮子境内。我敢言亚历山大(Al-

---

① 杨维桢:《玉笥集叙》,《全元文》第 42 册,凤凰出版社 2004 年版,第 309 页。
② 黄仁生:《杨维桢与元末明初文学思潮》,东方出版中心 2005 年版,第 176 页。

exandrie)或他港运载胡椒一船赴诸基督教国,乃至此刺桐港者,则有船舶百馀。"①时至元末,江南经济赖海运和漕运依旧发达,杭州、泉州尤为最,而江南其他地区亦享有其利,如玉山雅集主人顾瑛,正是凭借海上贸易方能富甲一方。而经济的独立和富足,为元季文人之风流雅集和自由创作提供了毫无羁绊的物质条件;在思想上,因政治之变乱,道统亦松弛,查洪德先生认为:"元中后期道统衰微,文人们又有离道的倾向,文道又呈分离之势。在文人离道倾向影响下,生发出元末文学思想解放的萌动。"②除此之外,元代朱陆思想呈现合流趋势,至元末陆学思想得以张扬,其主张个性的方面亦促进了元末士人的心性解放。

因此,抱负难施展、英俊沉下僚的政局现实,殷实富足的经济基础以及心性解放的思想潮流,共同合成了杨维桢古乐府运动的生长土壤。因此可以说,杨维桢以"情性说"为核心的复古理论及其古乐府运动,正是因为生长于元季这一土壤,方才得以绚烂夺目;而古乐府这一重视情感书写的诗歌范式又是最贴合元季奔放恣肆情感需求的体裁,文学与社会二者彼此相生相长,故而形成了元末声势浩大、影响广泛的民间文学盛事,超唐而越宋。

若探寻杨维桢所倡元代古乐府运动在乐府史中的地位,则主要体现为集大成者。馆臣在《铁崖古乐府》提要中,给予了杨维桢乐府地位之肯定:"乐府始于汉武,后遂以官署之名为文章之名。其初《郊祀》等歌,依律制诗,《横吹》诸曲,采诗协律,与古诗原不甚分。后乃声调迥殊,与诗异格,或拟旧谱,或制新题,辗转日增,体裁百出,大抵奇矫始于鲍照,变化极于李白。幽艳奇诡,别出蹊径,歧于李贺。元之季年,多效温庭筠体,柔媚旖旎,全类小词。维桢以横绝一世之才,乘其弊而力矫之,根柢于青莲、昌谷,纵横排奡,自辟町畦。其高者或突过古人,其下者亦多堕入魔趣。故文采照映一时,而弹射者亦复四

---

① [法]沙海昂注,冯承钧译:《马可·波罗行纪》,上海古籍出版社 2014 年版,第 321 页。
② 查洪德:《文道离合与元代文学思潮》,《晋阳学刊》2000 年第 5 期,第 53 页。

起。"①馆臣认为,杨维桢所作乐府以李白、李贺为宗,务求新变、幽艳奇诡,从成就上说,融通各家而又对古人有所超越和突破,故自成一家。若说元代诗歌能于诗歌史上获得独立话语权的话,其领域无疑是古乐府。

其三,元诗的后世影响力定格于元季,而这一影响主要集中于杨维桢。杨维桢倡导古乐府运动,在元末掀起轩然大波。而随着追随者的日益增多,此运动声势逐渐壮大,形成了有鲜明诗学旨趣的"铁崖派",轰动一时;其本人诗歌务求新奇,气势豪宕,风格则险怪与缛丽并存,在元末独树一帜,被时人称作"铁体"。而正是因其人其诗皆呈现出个性特征和时代特色,故其在后世尤为受欢迎。

顾嗣立一反钱谦益对杨维桢的批评,谨慎表述说:"明初,袁海叟、杨眉庵辈皆出自铁门。钱牧斋谓铁体靡靡,久而未艾,斯言未足以服铁崖也。"②杨镰先生基于文献整理给予杨维桢最为保守的评价说:"杨维桢是不是元代最有成就的诗人,可以、也应该有争论,但他无疑是最(有)影响的诗人。"③因此,无论是谨慎评价,还是保守评价,都不可忽略杨维桢及其"铁崖体"对当时和后世的影响力。杨维桢在文学史上的影响,远甚于元代任何一位文人,可谓元代文学的一张"名片"。黄仁生先生在《杨维桢与元末明初文学思潮》最末一章依照时间顺序对杨维桢及其作品的接受加以梳理,尤为详备。今为切合本文论述需求,仅对其后世接受方式和规律略做总结:

其一,著作的大量刊刻,这一方式主要能反映出时代接受的情况。从时代来说,且不论个别或单次刊刻,杨维桢别集在明清被成规模地刊刻便有三次,这是元代文人在后世接受中不多见的。第一次刊刻高潮在明成化、弘治年间,此时明代文坛出现了文学和政治的双重复古需求。成化五年(1469),刘傚重刻《铁崖先生古乐府》十卷和《铁崖先生复古诗集》六卷;成化九年(1473),章

---

① 纪昀等:《钦定四库全书总目》卷一六八,第2259页。

② 顾嗣立:《元诗选初集》辛集,中华书局1987年版,第1976页。

③ 杨镰:《元诗史》,人民文学出版社2003年版,第507页。

懋序、张瑄刊《杨铁崖咏史古乐府》;弘治十四年(1501),朱昱编校、冯允中刊刻《铁崖文集》五卷;弘治十五年(1502),陆淞参订《史义拾遗》一卷并撰序、付梓。第二次刊刻高潮在万历年间,此时出现了性灵解放思潮,与杨维桢时代甚为契合。万历三十二年(1604),冯梦祯校正杨维桢《西湖竹枝词》;万历四十三年(1615),诸暨陈善学辑刻《杨维桢先生文集》;同年,潘是仁辑录刻《杨维桢古乐府》三卷;崇祯年间,诸暨陈于京重刻《杨铁崖文集》五卷、《史义拾遗》二卷、《西湖竹枝词》一卷、《香奁集》一卷;汲古阁刊刻《铁崖先生古乐府》十卷、《铁崖先生古乐府补》六卷、《铁崖先生复古诗集》六卷和《丽则遗音》四卷、《附录》一卷。第三次刊刻高潮在乾隆年间,此时为文献遗产的全面整理之时,又考据学盛行,咏史乐府尤备受青睐。《四库全书》纂修于乾隆三十七年(1772)至乾隆五十二年(1787),著录杨维桢作品四种:《东维子集》三十卷、《复古诗集》六卷、《铁崖古乐府》十卷《乐府补》六卷、《丽则遗音》四卷;还有乾隆三十七年(1772)王荣绂编成《杨铁崖先生咏史古乐府》四卷,乾隆三十九年(1774)楼卜瀍刊印《铁崖乐府注》十卷、《铁崖咏史注》八卷、《铁崖逸编注》八卷等等。

其二,热衷效仿其作诗,效仿的情况大致能够体现出该诗人后世受欢迎的程度。明清文学大家多有效仿杨维桢作品,其中有因仰慕人格而全面效仿的,有对咏史乐府和竹枝词尤为喜爱而效仿的。如明中期茶陵派领袖李东阳试图通过复古方式匡救台阁体之弊,其好作拟古乐府,对杨维桢之古乐府和竹枝词有所效仿和推崇,其《怀麓堂诗话》有云:"盖廉夫深于乐府,当所得意,若有神助;但恃才纵笔,多率易而作,不能一一合度。"[1]明中期吴中派沈周、唐寅、文徵明等人因仰慕杨维桢疏狂自放的人格和极具个性的诗歌而效仿之,沈周《题杨铁崖先生遗墨》、唐寅《咏梅次杨廉夫韵》《桃花庵歌》《花下酌酒歌》等,文征明则为杨维桢《花游曲》绘画一幅,并步韵唱和之;清初诸名家皆喜爱其

---

① 李东阳著,李庆立校释:《怀麓堂诗话校释》第三四则,人民文学出版社 2009 年版,第114 页。

诗歌风格而仿作,清初"江左三大家"之一吴伟业有《和杨维桢天宝遗事诗》二首;清初思想家、诗评家王夫之于康熙六年亦仿作《竹枝词》十首;清初文坛宗师王士祯亦有效作,康熙二年所撰《戏仿元遗山论诗绝句》三十二首,其中第十六首曰"铁崖乐府气淋漓,渊颖歌行格尽奇"①,表达对铁崖乐府之推崇,康熙四年又"效铁崖"而作《咏史小乐府》三十五首、《竹枝词》四十首。作为引领诗坛走向的大家,其创作喜好定会在当时造成一定程度和一定范围的影响,有一呼而百应之效。

其三,评价其诗歌,这一视角呈现出批评界对杨维桢之接受状况。明清两代评论家对杨维桢评价颇多,褒贬皆有。但不论褒贬,杨维桢作为体裁变革者和创新者的地位和影响是被承认的。以竹枝词为例,竹枝词这一体裁肇始于唐代诗人刘禹锡,其为民间联歌《竹枝》谱写新词,杨维桢是继刘禹锡以来对竹枝词有所开拓和新变的人,清人毛奇龄便认为:"自铁崖倡《西湖竹枝》,而后之咏方土者辄效之。"②杨维桢作有《西湖竹枝歌》九首、《吴下竹枝歌》七首、《海乡竹枝词》四首,是清代尤侗之前创作竹枝词数量最多之人。清初王夫之《明诗评选》称:"廉夫《竹枝》二十馀首,和者盈帙,唯此二篇是竹枝,他皆俚绝句耳。"③诗坛领袖王士祯亦云:"《竹枝》古称刘梦得、杨廉夫,近彭羡门尤工此体。"④清中期翁方纲称:"廉夫自负五言小乐府在七言绝句之上,然七言《竹枝》诸篇,当与小乐府俱为绝唱。刘梦得以后,罕有伦比,而《竹枝》尤妙。"⑤当然,指斥亦存在,如乾隆年间陈璨作《西湖竹枝词》二百首,其在自序中便对杨维桢之竹枝词有所指责:"其间樽俎粉黛之习多,未能洗众音繁会,

---

① 王士祯著,李毓芙、牟通、李茂肃整理:《渔洋精华录集释》卷二,上海古籍出版社 1999 年版,第 339 页。

② 毛奇龄:《题汴梁竹枝词》,《西河集》卷五九,《景印文渊阁四库全书》第 1320 册,第 520 页。

③ 王夫之评选、李金善点校:《明诗评选》卷八"杨维桢八首",河北大学出版社 2008 年版,第 443 页。注:引文中《竹枝》二首指"湖口楼船湖日阴""石新妇下水连空"二首。

④ 王士祯:《带经堂诗话》卷一"体制类",人民文学出版社 2006 年版,第 35 页。

⑤ 翁方纲:《石洲诗话》卷五,《谈龙录·石洲诗话》,人民文学出版社 1981 年版,第178 页。

往往流为绮语纤词,几与子夜读曲相类,而古意寖失矣。"①有评议便是有接受,不论褒贬。而无论清人如何贬斥杨维桢,清代中后期竹枝词出现空前绝后的繁荣期,这便是对杨维桢竹枝词最有力的接受和发扬。

归结上言,后世对杨维桢的接受范式大致有四个角度:第一,复古诉求;第二,性情解放诉求;第三,文学品评;第四,历史评论。郭绍虞先生对杨维桢在明代文学的影响给予极大认可:"杨氏影响何止限于当代,即在明代前后七子与公安派,也都是'铁崖体'的变相。何以说'公安派'是受'铁崖体'的影响呢?元人论诗都带一些性灵的倾向。由铁崖体的作风之表面而言,怪怪奇奇,似与性灵说抵触,实则怪怪奇奇即是他的性灵之表现,所以与他诗论之主张性灵不相冲突……然则'铁崖体'何以又怪怪奇奇呢?那又与他怪癖的性情有关……以他这般不谐于俗的人而主张性灵,当然不会偏于平易浅俗的。不但如此,以他这样诵读楼上五年的结果,所培养的适足为其作风高古之资。于是无形之中于性灵说上又涂泽一些格调的色彩。前后七子受'铁崖体'的影响或在此。"②其实,杨维桢对于清代文学之影响也是深远的,尤其咏史古乐府和竹枝词二体裁,声躁元季而又在清代大放异彩。

前文从元季诗歌数量、元季诗歌的"元代性"和元季诗歌的后世影响三个角度对邓绍基先生的论述加以补正,进一步论证了元季为元代诗歌之盛世期这一观点。然而这一观点却淹没在《总目》以"世运说"建构的元代文学史中,因为在《总目》的文学史观中,元代中期以鸣盛为主的馆阁之体、雍容平和之音,方才是文学盛世之代表,元季因政治之衰败而仅能滋生流弊之文学。而元代文学的真实情形是:以创作兴衰论,文运与世运并未相随而是相逆。处于政治衰落期的元季经济富足、思想解放,反而带来了文学创作的繁荣、文学体式的新变和文学思想的质变。

---

① 陈璨:《西湖竹枝词》卷首,《中华竹枝词全编》第4册,北京出版社2007年版,第207页。
② 郭绍虞:《中国文学批评史》,上海古籍出版社1979年版,第317—319页。

循"世运说"而建构的元代文学是一种以政治为本位的文学史,文运随世运盛衰而盛衰。尽管《总目》以"世运说"为维度来认识和书写文学自有其系统性和合理性,但是,若要对元代文学史做全面而真切的观照,单以"世运说"为核心理论进行的建构是极为有局限性的,甚至是与事实悖谬的。例如元季诗歌之繁荣盛景该如何以"世运盛衰说"加以解释。元末文学虽然时逢政治末世,却依旧一片繁荣,而其赖以生存的元末城市商品经济亦仍旧兴盛不衰。换言之,元末文学生成的主要土壤是社会文化和城市经济等,而非集权政治,其所呈现出的与政治的关系相对较为疏离。又因元末皇族内部倾轧、心学强势崛起等原因,元季文学逐渐脱离了政治的、道统的轨道而走上了抒发一己私情的新路径,即由载道文学转移至抒情文学。这种转变,标志着元末文学与元中期载道文学相比,已经发生质变。由不同物质比例所构成的生态环境,其所孕育出的果子固然是不同的。因此,与其将元末文学当作政治的"镜子",不如将其视为经济的"镜子",从消遣性、娱乐性或审美性对其进行解读和品评或许更为贴切。若强行将其与集权政治捆绑而论,显然无法展现元末文学本该具备的魅力和价值。正如抒情文学与载道文学本为两条并行不悖的平行线,若以抒情文学的标准去框定载道文学,或以载道文学的标准去苛责抒情文学,都不过是胶柱鼓瑟,不免破坏和遮蔽双方本身具备的审美特质。另一方面,《总目》依"世运说"而构建的"革弊—盛世—流弊"元代文学史,虽可谓一家之言,但却太过于将某一文学阶段标签化和典型化,遮蔽了元代文学更多丰富、鲜活的真实面相,从而造成《总目》所书写的元代文学史的平面化和折叠化。归而言之,以"世运说"建构的元代文学史,其所遵循的是清廷官方推崇的儒家诗教观,体现出政治本位观,这与《四库全书》以及《总目》的撰修思想一脉相承。然而遗憾的是,它忽略了文学自身的独立性以及元代文学赖以生存的经济、文化生态的特殊性,从而导致了以"世运说"建构元代文学史的局限甚至悖论。

第二节 从"元无文"到"元有文"

——《总目》对元文的辩诬与重塑

《总目》是首次对明人"元无文"之说提出辩驳并首次对元文形成系统认识和评价的著作,其于元文的辩诬和重塑之功不可忽视。不仅如此,《总目》对元文之传播和接受亦有重要意义。自《总目》始,元文在古文史中拥有了独立之地位和价值,且在清代中期出现了元文接受之高潮。而《总目》何以会对元文如此认可和重视? 这是因为《总目》认为元文"承唐宋衣钵",与清初桐城派对唐宋古文传统的召唤深相契合。然《总目》在对元文重塑的过程中,亦存在偏执与遮蔽之失,故仍需疏理和肃清。

一、肇始于明嘉靖中期的"元无文"观念及其逻辑

"元无文"之说,原出王世贞《艺苑卮言》,其言:"西京之文实,东京之文弱,犹未离实也;六朝之文浮,离实矣:唐之文庸,犹未离浮也;宋之文陋,离浮矣,愈下矣,元无文。"①其又云:"元文人自数子外,则有姚承旨枢、许祭酒衡、吴学士澄、黄侍讲潜、柳国史贯、吴山长莱、危学士素,然要而言之,曰无文可也。"②王世贞为明嘉靖时期复古派"后七子"领袖人物,其论以西汉之文为文章正统和顶峰,而至明代之前的各朝之文则依次衰变,一代不及一代,元代距汉时间最久远,故其文最为不堪。这一种以西汉之文为古文顶峰的观念,可以说是复古派"文必西汉,诗必盛唐"③文学观的注脚,又与后七子派的另一代表人物李攀龙所论相呼应,其云"诗自天宝以下,文自西京以

---

① 王世贞著,罗仲鼎校注:《艺苑卮言校注》卷三,齐鲁书社 1992 年版,第 102 页。
② 王世贞著,罗仲鼎校注:《艺苑卮言校注》卷四,齐鲁书社 1992 年版,第 229 页。
③ 张廷玉等:《明史》卷二八七,中华书局 2000 年版,第 4934 页。

下,誓不污我毫素也"①。除王世贞外,明人戴君恩《剩言》亦有"元无文章,固也"②之论调。

可见,"元无文"实是复古派"文必秦汉"古文观的产物,只因未符合复古派审美理念而被弃置,从某种意义上说,复古派眼中的元代古文并无太高的地位和价值。而仔细索味王氏所用"实""弱""浮""庸""陋"等词,其实却并未揭示出各朝代文章本质上之差异,故其论不无泛泛而谈、强制论定之嫌。清人田同之便指出"此论虽自有见,然未免无所区别耳"③,其论中肯。故,若要探明王世贞发"元无文"一说之理据,则必须弄清其所倡西汉之文背后的文章祈尚标尺为何。

从崛起的背景来看,嘉靖年间的复古派"后七子"主要因不满当时"唐宋派"的理学习气而起。唐宋派主张文宗"唐宋八大家",尤以欧阳修、曾巩为最,创作内容上原本六经,继承道统,而形式上变佶屈聱牙为文从字顺,力求从神韵上模仿古文。而对于唐宋派之以理、道为文,王世贞在《书曾子固文后》中评价为:"子固有识有学,尤近道理,其辞亦多宏阔遒美,而不免为道理所束。间有暗塞而不畅者,牵缠而不了者。要之,为朱氏之滥觞也。朱氏以其近道理而许之。近代王慎中辈,其材力本胜子固,乃掇拾其所短而舍其长,其暗塞牵缠,迨又甚者。"④他对言道之文"为道理所束"多有不齿,故远斥曾巩,中累及朱熹,近至批判唐宋派代表王慎中。反观元代古文,从整体而言,是继承唐宋古文传统衣钵的,故其不为以王世贞为代表的复古派所认可,其原因可与"唐宋派"等观。

然而对于明代唐宋派的观点,王世贞晚年是有所调和的,这在他对归有光

① 钱谦益:《列朝诗集小传》丁集上"李按察攀龙"条,上海古籍出版社 1983 年版,第 428 页。
② 戴君恩:《剩言》卷一七,《四库全书存目丛书》子部第 91 册,齐鲁书社 1997 年版,第 138 页。
③ 田同之:《西圃文说》卷一,《历代文话》第 4 册,复旦大学出版社 2007 年版,第 4078 页。
④ 王世贞:《读书后》卷三,《景印文渊阁四库全书》第 1285 册,第 47 页。

的评价中可知。归有光论文主唐宋①，因不满王世贞之狂妄诋毁宋元文，曾在行文中暗讽之："盖今世之所谓文者难言矣。未始为古人之学，而苟得一二妄庸人为之巨子，争附和之，以诋排前人。韩文公云：'李杜文章在，光焰万丈长。不知群儿愚，那用故谤伤！蚍蜉撼大树，可笑不自量。'文章至于宋、元诸名家，其力足以追数千载之上，而与之颉颃；而世直以蚍蜉撼之，可悲也。无乃一二妄庸人为之巨子以倡道之欤！"②其中称王世贞为"妄庸巨子"，毫不留情面；又引韩愈《调张籍》一诗，以唐时的诗歌纷争调侃明代争执，以历史为鉴而发人深思。中唐时期，曾出现过李、杜之争，大致以薄李崇杜为论，而此时韩愈作此一诗，指斥士人忙于李、杜之争，不过是蚍蜉撼大树而已。盖因归有光此切中要害之回击，对王世贞有所反思。晚年的王世贞论唐宋诸名家已收锋芒，其赞归有光画像时云："千载有公，继韩欧阳。余岂异趋，久而始伤。"③于此亦可见二人关系之调和。归有光曾在科考中撰《浙省策问对二道》推崇元文说："至于以文章名世，如黄溍、吴师道、吴莱、柳贯，皆为一代之儒宗。而贯与师道，皆学于许文懿公。而文献公巍然独任斯文之重，见诸论著，一本乎《六艺》以羽翼圣道，谓文辞必原于学术，揆之圣贤之道无愧也。"④

在复古派"文必秦汉"论调下，六朝文、唐文、宋文、元文皆遭菲薄。唐宋派对唐宋古文之推崇，尚可以为唐宋文之地位略作辩驳和挽回，而元文则因此而被边缘化。至于王世贞之影响力之大，文献记载甚切。《明史》本传称："攀龙殁，独操柄二十年。才最高，地望最显，声华意气笼盖海内，一时士大夫及山人、词客、衲子、羽流，莫不奔走门下。"⑤所谓"二十年"，几乎已经可以涉及两

---

① 按，关于归有光是否属"唐宋派"，学界尚存争议。

② 归有光著，周本淳校点：《震川先生集》卷二《项思尧文集序》，上海古籍出版社 1981 年版，第 21 页。

③ 王世贞：《弇州续稿》卷一五〇，《景印文渊阁四库全书》第 1284 册，第 179 页。

④ 归有光著，周本淳校点：《震川先生集》别集卷二下，上海古籍出版社 1981 年版，第 766 页。

⑤ 张廷玉等：《明史》卷二八七，中华书局 2000 年版，第 4934 页。

代人的文学接受了。至少在万历末年，其余波仍在。明末艾南英《天傭子集》就曾指斥当时后生学风："后生小子，不必读书，不必作文，但架上有《弇州前后四部稿》，每遇应酬，顷刻裁割，便可成篇。"①虽为指斥复古末流，但王世贞在明嘉靖及嘉靖之后的文坛影响是可想见的。由复古派长期占据文坛话语，以及王世贞影响力之大之久，可推之，"文必西汉"的文章观是被广泛认可的，而"元无文"之观点作为"文必西汉"的相关支撑点，亦当是被广泛认可和传播的。

若说王世贞论文尚且未能溢出儒家范畴和师古路数，因其崇尚秦汉之文以及对历朝古文之批评皆是因审美而定高下。而与王世贞几乎同时的狂诞之士李贽，浸染左派心学，恣放天性，勇于信心；毁圣叛道，力主师心。故其论文则已然超出儒家思想与审美，其《童心说》云："天下之至文，未有不出于童心焉者也。苟童心常存，则道理不行，闻见不立，无时不文，无人不文，无一样创制体格文字而非文者。诗何必古选，文何必先秦。降而为六朝，变而为近体；又变而为传奇，变而为院本，为杂剧，为《西厢曲》，为《水浒传》，为今之举子业，皆古今至文，不可得而时势先后论也。故吾因是而有感于童心者之自文也，更说什么《六经》，更说什么《语》、《孟》乎！夫《六经》、《语》、《孟》，非其史官过为褒崇之词，则其臣子极为赞美之语。又不然，则其迂阔门徒，懵懂弟子，记忆师说，有头无尾，得后遗前，随其所见，笔之于书。后学不察，便谓出自圣人之口也，决定目之为经矣，孰知其大半非圣人之言乎？纵出自圣人，要亦有为而发，不过因病发药，随时处方，以救此一等懵懂弟子，迂阔门徒云耳。药医假病，方难定执，是岂可遽以为万世之至论乎？然则《六经》、《语》、《孟》，乃道学之口实，假人之渊薮也，断断乎其不可以语于童心之言明矣。"②尽管此文多被视作李贽思想宣言，但从文章的角度看，这无疑也是一篇讨伐孔孟道学

① 转引自钱基博：《中国文学史》第六编，上海书店出版社 2015 年版，第 905 页。
② 李贽著、张建业、张岱注：《焚书注》卷三《童心说》，《李贽全集注》第 1 册，社会科学文献出版社 2010 年版，第 276—277 页。

和以师古论文观点的檄文。而这篇檄文对时人性灵之解放意义可谓空前绝后,自此孔孟道学在很大范围内往往被束之高阁,性灵情感一跃而被视作作文之新灵魂。唐宋言道文统自此断裂。李贽可谓鸣其先声。紧接其后受心学影响,且其自身亦形成较大影响力的是公安派,其"性灵说"主张独抒性灵,不拘一格,追求真情勃发的自然美以及个性解放的自由人生,而作品多以游记小品体裁为主,直抒胸臆,不事雕琢,而风格清新活脱。可以说,公安派将散文创作及理念提升到了另一个高度,对传统文以载道的古文观有极大的冲击。之后的"竟陵派"亦风靡一时,其虽一反对公安派俚俗浅薄之弊,而为幽深孤峭之文风,但二者"主情"的观念根柢并无异样,分歧仅在于文风和表达。在晚明性灵思潮的语境下,传统的文道关系被性灵所消解,取而代之的是文情关系。以上梳理了嘉靖中期以来明代文坛思潮的大致情形,借以了解元代古文的接受土壤。答案是,在此主性情的思想巨流中,元代古文是不可能被重视,更不可能被推赞的。

因此可以说,自明嘉靖中期王世贞提出"元无文"的观点后,元代古文便再无进入明代文人主流视野之契机。一方面,王世贞从传统古文角度,剥夺了元代古文于文统中的地位;另一方面,此后李贽、公安派、竟陵派等性情思潮的崛起,以载道为核心的正统文学观更是遭遇了被连根拔起的摧毁,元文处于唐宋古文传统之中,自在难免。即便王世贞晚年对中年时的偏执言论深表忏悔,但是,对于"元无文"观念的修正已是于事无补了。

二、认同与建构:《总目》对"元有文"之回应

嘉靖之后的明末文坛未能给予元代古文以合适的位置。然历经明清易代、家国之痛后,明末清初的儒者开始纠正明季空疏之学风,倡导经史根柢之实学,再加以政治外力的助推,故至康熙朝,程朱理学被奉为官学,而得以再次成为主流思想。《总目》便是诞生于清代儒学全面复兴的背景之下,那么,作为文化与思想的整理者,《总目》将会如何审视元代古文? 又将给予元代古文

怎样的身份与地位？

（一）元文之本质：承唐、宋古文衣钵

元诗和元文并存一世，在后世却并未受到同等关注。元诗成就胜于元文的观念自元末始。元人孙存吾编《皇元风雅》可谓文本肇端。元末文人杨维桢便称："本朝古文殊逊前代，而诗则过之。"①之后对元诗的关注度逐渐增强，明前期李东阳《怀麓堂诗话》评及元诗，明中后期胡应麟《诗数》有较大篇幅的元诗评论，晋安徐𤊷《笔精》亦略论元诗，清康熙朝《御选四朝诗》所选元诗数量可观，而更为重要的是顾嗣立编《元诗选》，可谓具有里程碑式的意义，因为它使得元代诗歌在诗歌史上具有了独立之地位和系统性的评价。而此之后，翁方纲《石洲诗话》再掀元诗品评波澜，将元诗与唐、宋、明诗歌相提并论。梳理可知，在《总目》之前，元诗文献和元诗批评已然有大量的前人成果可供参考。然而，元文历来未受到足够的重视，更遑论系统化的认识和品评，直至《总目》。

出于对文体体性之别的认识，《总目》将诗、文区分而论之，故不论是出于主动批评或是被动批评，《总目》是首个将元文（包括元文文献整理和文章批评）作为独立对象进行系统评品的文本却是不争的事实。仅就此而言，《总目》对元文的发掘并为元文批评的奠基可谓功不可没。据笔者统计，《总目》中涵括文集的元人别集一共有91家，仅耶律楚材、杨宏道、甘复、戴良四家有文而无评，其余九十家皆有文评，其中滕安上，无文而评之。

那么，作为首次对元文作系统化观照的《总目》，是如何描摹元文面貌的呢？概括一句话即遵从"先正轨度"，继承唐宋衣钵。

《总目》自觉将元文与宋文并举。《凫藻集》提要云："唐时为古文者，主于矫俗体，故成家者蔚为钜制，不成家者，则流于僻涩。宋时为古文者，主于宗先

---

① 杨维桢：《玩斋集序》，《全元文》第42册，凤凰出版社2004年版，第493页。

正，故欧、苏、王、曾而后，沿及于元，成家者不能尽辟门户，不成家者，亦具有典型。"①"先正"指前代的贤人，对于欧、苏、王、曾而言，其"先正"即为唐之韩愈、柳宗元，而对于元人而言，"先正"则是唐宋诸家。《总目》的观点是宋及元之古文有固定的模仿对象，故高者不至于颠覆先贤，而低者亦不至于毫无规矩。而在具体的元别集提要书写中，《总目》便是将此观点贯穿其中的。

《总目》论元文使用"先正轨度""文章轨度""法度""先民遗矩""先民矩矱"等类似语词多达二十次。如评王沂所作诗文"舂容和雅，犹有先正轨度"②，评邵亨贞文章"大致清快，步伐井然，犹能守先正遗矩者"③，评舒頔文章"颇有法律"④，评李继本诗文"俊伟疏达，能不失前人规范"⑤，评杨翮文章"意态波澜，能不失先民矩矱，虽边幅未广，酝酿未深，而法度谨严，视无所师承、徒以才气驰骋者则相去远矣"⑥，评李祁文章"雅洁有法"⑦，评胡行简文章"以冲和澹雅为宗，虽波澜未阔，而能确守法度，不为支离冗赘之词"⑧，等等，不一而足。那么，何谓"先正轨度""先民法度"？

从内涵上看，顾名思义，"法度""规矩"即指作文规范。而所谓"法度"一说实建构自唐宋古文家。罗万藻《韩临之制艺序（代）》指出："文字之规矩绳墨，自唐宋而下。所谓抑扬开阖、起伏呼照之法，晋汉以上，绝无所闻。而韩、柳、欧、苏诸大儒设之，遂以为家，出入有度，而神气自流，故自上古之文至此而别为一界。"⑨如此，则《总目》所谓"先民"，即指唐宋文章大家，如韩愈、柳宗

①　纪昀等：《钦定四库全书总目》卷一六九，第 2273 页。
②　纪昀等：《钦定四库全书总目》卷一六七《伊滨集》提要，第 2230 页。
③　纪昀等：《钦定四库全书总目》卷一六七《野处集》提要，第 2241 页。
④　纪昀等：《钦定四库全书总目》卷一六八《贞素斋集》提要，第 2250 页。
⑤　纪昀等：《钦定四库全书总目》卷一六八《一山文集》提要，第 2251 页。
⑥　纪昀等：《钦定四库全书总目》卷一六八《佩玉斋类稿》提要，第 2255 页。
⑦　纪昀等：《钦定四库全书总目》卷一六八《云阳集》提要，第 2254 页。
⑧　纪昀等：《钦定四库全书总目》卷一六八《樗隐集》提要，第 2258 页。
⑨　罗万藻：《此观堂集》卷一，《四库全书存目丛书》集部第 192 册，齐鲁书社 1997 年版，第 350 页。

元、欧阳修、曾巩、王安石、苏洵、苏轼及苏辙等前代贤者。而从唐宋大家的作文共性观之,所谓唐宋古文之法,大致是在内容上以明道为主,行文上注重篇章结构,表达上平正通达。

从外延上看,《总目》所云之"先民法度",亦是指唐宋古文传统。《总目》认为元代承接的唐宋文章法度,至明中期则被中断。《总目》评明人柯潜之古文"峻整有法度。盖其时何、李未出,文格未变,故循循轨度,犹不失明初先正之风焉"①;评吴俨文章"当何、李未出以前,犹守明初旧格,无钩棘涂饰之习"②;评张吉文章:"明至正德初年,姚江之说兴而学问一变。北地、信阳之说兴,而文章亦一变。吉当其时,犹兢兢守先民矩镬,高明不及王守仁,而笃实则胜之,才雄学富不及李梦阳、何景明,而平正通达则胜之。"③可知,唐宋文法在明中期因复古派和心学派的变革而遭致沦丧。一则复古派重模拟字句,"其文则故作聱牙,以艰深文其浅易"④,已然违背唐宋"简而有法"⑤的文法追求;二则心学派不拘文律,另辟新体,《总目》评庄昶《庄定山集》曰:"其学以主静为宗,故息虑澄观,天机偶到,往往妙合自然,不可以文章格律论,要亦文章之一种"⑥。而诸提要中所谓"明初先正之风焉""明初旧格"是指明初之古文尚且遵从唐宋文统。由《总目》对明复古派和心学派文章之批判,以及对明人柯潜、吴俨等坚守唐宋古文法度的褒奖,可知《总目》对元文之推赞态度。

《总目》对元代文章的唐宋传统定位亦为后世所认可。从事古代散文研究的现代学者郭预衡先生对元文的评价与《总目》一致,他说:"就文章而言,元代作者,亦如金代,虽然思想服膺伊、洛,而行文则颇慕欧、苏,或法韩、

---

① 纪昀等:《钦定四库全书总目》卷一七〇《竹岩诗集》提要,第 2296 页。
② 纪昀等:《钦定四库全书总目》卷一七一《吴文肃公摘稿》提要,第 2306 页。
③ 纪昀等:《钦定四库全书总目》卷一七一《古城集》提要,第 2305 页。
④ 纪昀等:《钦定四库全书总目》卷一七一《空同集》提要,第 2309 页。
⑤ 纪昀等:《钦定四库全书总目》卷五〇《历代纪事年表》提要,第 697 页。
⑥ 纪昀等:《钦定四库全书总目》卷一七一《庄定山集》提要,第 2302 页。

欧"①,可谓准确捕捉了元文之脉搏,这种文脉即是文道合一,道主宋儒,文宗唐宋文豪。

(二)元文之格局:凸显宗主与大家

《总目》笔下的元文已经逐渐呈现出"轮廓感",即文章家群体划定、文章家水平高下之分以及文章风格判断等,这些都昭示着馆臣对元代古文形成了"面"上的独立之认识而不仅仅局限于"点"上的支离堆砌。

1.元文一代文宗的确立

一代文学之盛往往呈现为一代文人之盛,而一代文人之盛中,必有一代宗主居众星拱月之位,如唐之韩愈、柳宗元,宋之欧阳修、苏轼等,这似乎是文学之常情。明、清二代至今宗主难以定为某一二人,盖时间未久远,故尚难定论。而元代文宗,历经有明一代之后而定说于《总目》,可见《总目》书写元文史的自觉与自信。

《总目》立虞集为元代之文宗,此说固然以明人王世贞、李东阳之论为基础,但《总目》之认同与推崇才是此论最终立文为据、成其定论的关键。观虞集《道园学古录》提要,主要在评其文学地位而不涉及篇目和诗风的评价,故难以从馆臣诗文评中寻求虞集堪称文宗的具体文学范式。然转以另一种角度,或可以有助于理解,那便是《总目》往往通过调整表达,或者说否定他者来凸显虞集。第一位便是程钜夫。程钜夫曾受忽必烈之托至江南求贤访遗老,又参与议贡举事宜,可谓"宠遇优渥",而对于虞集而言,其属师长之辈,因为虞集的老师吴澄与之同门,而澄便是赖程钜夫之力荐而入朝的任职,而虞集后来之升迁亦受惠于吴澄。盖因此,虞集撰《跋程文宪公遗墨诗集》,对其推崇有至:"宋之将亡,士习卑陋,以时文相尚,病其陈腐,则以奇险相高。江西尤甚,识者病之。初内附时,公之在朝,以平易正大振文风、作士气,变险怪为

---

① 郭预衡:《中国散文史》第十三章,上海古籍出版社 2011 年版,第 700 页。

青天白日之舒徐,易腐烂为名山大川之浩荡,今代古文之盛,实自公倡之。公既去世,而使吾党小子得以浅学末技,滥奏于空乏之余,殆不胜其愧也。"①在定稿早于《总目》的文渊阁库书提要中,元代古文之振弊之功便归属于程钜夫,认为:"虞集尝称宋季士习卑陋,以时文相尚,病其陈腐,则以奇险相高,江西尤甚,钜夫始以平易正大之学,振文风,作士气。元代古文之盛,实自钜夫创之。"②而在《总目》中,文渊阁库书提要这段给予程钜夫文学地位的评语被删除了,而更换为对程钜夫个人文风的评价:"文章亦春容大雅,有北宋馆阁余风,其《顺宗谥册》诸篇,宋濂等采入《元史》。"③《总目》为何要刻意删除虞集之论?很明确,因为不认可。然今人邱江宁《程钜夫与元代文坛的南北融合》一文却又是在极力恢复程钜夫于统合南北文风之功,言之成理。④ 可见"元代古文之盛,实自巨(钜)夫创之"的观点并不是不成立,而是《总目》不愿将如此高的文学地位归功于程钜夫其人。对比《总目》对虞集之评价:"明人夸诞,动云元无文者,其殆未之详检乎",试图借虞集以颠覆"元无文"的观点。因此可知,地位不惧高低,而是取决于《总目》是否愿意将此地位托付于此人。另外,可以确证的是,《总目》关于虞集文学史地位的这段论述,在三库书提要中皆未出现。这便说明虞集为"有元一代之文宗"的评价实敲定于《总目》,而《总目》对于元代文学史观的构建也于此纲举目张。

2."元文四大家"的认同

元代文宗之位确立后,《总目》构建的元文体系的第二层级则为"元文四大家"。首提"元文四大家"之说的是杨维桢,其在《鹿皮子文集序》中说:"自今观之,孔孟而下,人乐传其文者,屈原、荀况、董仲舒、司马迁;又其次王通、韩愈、欧阳修、周敦颐、苏洵父子;逮乎我朝,姚公燧、虞公集、吴公澄、李公孝光,

---

① 虞集著,王颋点校:《虞集全集》之《跋程文宪公遗墨诗集》,天津古籍出版社2007年版,第430—431页。
② 程钜夫:《雪楼集》卷首提要,《景印文渊阁四库全书》第1202册,第3页。
③ 纪昀等:《钦定四库全书总目》卷一六六《雪楼集》提要,第2218页。
④ 邱江宁:《程钜夫与元代文坛的南北融合》,《文学遗产》,2013年第6期,第97—107页。

凡此十数君子,其言皆高而当,其义皆奥而通也。虞、李之次,复有鹿皮子者焉。"①而《总目》评此观点为:"亦不虚矣"②,则是认可姚燧、虞集、吴澄、李孝光四人为元文之杰出代表之说法。

《总目》对姚燧之文推崇备至:"燧虽受学于许衡,而文章则过衡远甚。张养浩作是集序,称其'才驱气驾,纵横开合,纪律惟意,如古勐将率市人战,鼓行六合,无敌不北。'柳贯作燧谥议,称其'典册之雅奥,诏令之深醇,抉去浮靡,一返古辙,而铭、志、箴、颂,雄伟光洁,家传人诵,莫得而掩。'虽不免同时推奖之词,然宋濂撰《元史》称其文'闳肆该洽,豪而不宕,刚而不厉,舂容盛大,有西汉风,宋末弊习为之一变。'国初黄宗羲撰《明文案》,其序亦云'唐之韩、柳,宋之欧、曾,金之元好问,元之虞集、姚燧,其文皆非有明一代作者所能及。'则皆异代论定,其语如出一辙,燧之文品亦可概见矣。"③评吴澄亦曰:"衡之文明白质朴,达意而止;澄则词华典雅,往往斐然可观,据其文章论之,澄其尤彬彬乎。"④虞集自是无须再论。再从其创作数量来看,吴澄《吴文正集》一百卷,其中文章九十卷,诗歌十卷。虞集《道园学古录》五十卷,以文章比例为重。姚燧《牧庵集》三十六卷,文为多,诗为少。故前三人无论从创作数量和创作水平,都有其成为"元文四大家"之条件和可能。唯独李孝光《五峰集》,仅载文十三篇。提要称"杂文凡二十首,皆矫矫无凡语"⑤,数量实有误,提要之评论亦不免虚浮。从李孝光现存的十三篇文章来看,不仅数量难以相提并论,质量亦难以企及。且不说姚燧、吴澄、虞集,仅与杨维桢相比,李孝光也是不及的。杨维桢有文集《东维子集》三十卷,文章数量数以百计算,宋濂为其撰《墓志铭》称:"元之中世,有文章钜公起于浙河之间曰铁崖君。声光

---

① 杨维桢:《东维子文集》卷六,《四部丛刊初编》第 245 册,上海书店 1989 年版,第 1b—2a 页。

② 纪昀等:《钦定四库全书总目》卷一六七《五峰集》提要,第 2241 页。

③ 纪昀等:《钦定四库全书总目》卷一六六《牧庵文集》提要,第 2217—2218 页。

④ 纪昀等:《钦定四库全书总目》卷一六六《吴文正集》提要,第 2211 页。

⑤ 纪昀等:《钦定四库全书总目》卷一六七《五峰集》提要,第 2241 页。

殷殷,摩戛霄汉,吴越诸生多归之,殆犹山之宗岱,河之走海,如是者四十余年乃终"①;孙承《东维子集序》称其文:"先秦两汉之气格"②;贝琼《铁崖先生传》论其文曰:"元继宋季之后,政庞文坏,铁崖务铲一代之陋,上追秦汉,虽词涉夸大,自姚(燧)、虞(集)而下,雄健而不窘者,一人而已。湖南李祈评其所作曰:'玉光剑气,自不可掩'。"③只不过杨维桢诗名太盛,文名遂为诗名所掩。因此,《总目》盲从杨维桢之论,不免草率。一则时间上并非整个元代视野,例如杨维桢便排除在外,二则不免有杨维桢个人私好之原因。

然而,即便《总目》认可之"元文四大家"并非与事实相符,但是它征引其说并加以认同,以及对元文史之建构意识,却是不可忽视的。

3. 元季文章典型的塑造

《总目》以为元中期盛世固然不乏虞集等大家,元季时亦有元文之传承者,其典型者为赵汸。《东山存稿》提要曰:"有元一代,经术莫深于黄泽,文律莫精于虞集,汸经术出于泽,文律得于集,其渊源所自,皆天下第一。故其议论有根柢,而波澜意度均有典型,在元季亦翘然独出……盖有本之学,与无所师承、剽窃语录、自炫为载道之文者,固迥乎殊矣。"④以"经术"与"文律"并称,以"根柢"与"波澜意度"齐举,这就是《总目》认为最为理想化的"文质彬彬"的文章。在《总目》之前定稿的文渊阁库书提要,如是评价赵汸:"制行极为高洁,其文亦多淳实典确,不为浮声,犹见先民矩矱之遗。詹烜作汸《行状》,称其尝谒黄溍于杭州,溍大异之。又尝至临川见虞集,授馆于家一岁。盖其所与讲习者,皆当世名儒,故所为文章能具有师法若此。又集中载汸自作《黄泽行状》一篇,于经术传授源流,剖晰详至,其生平学术之醇正得力所

---

① 宋濂著,黄灵庚校点:《宋濂全集》卷五八,第 3 册,人民文学出版社 2014 年版,第 1352 页。

② 杨维桢:《东维子文集》卷首序,《四部丛刊初编》第 245 册,上海书店 1989 年版,第 2a 页。

③ 贝琼:《清江文集》卷二,《明别集丛刊》第 1 辑第 9 册,黄山书社 2014 年版,第 70 页。

④ 纪昀等:《钦定四库全书总目》卷一六八,第 2258 页。

自,尤可以概见焉。"①这则定稿于乾隆四十二年(1777)五月的文渊阁库书提
要对赵汸之文章并无特意推崇,而至《总目》,则对赵汸文章的典型意义进行
塑造,并赞其为元季之"翘然"。不得不承认,在《总目》这一修改与提升之间,
元代文章的整体面貌便逐渐生动起来。

(三)元文之定位:振衰起弊,承宋启明

从古文发展演进的视角看,若说《总目》给予唐宋古文"典范者"的身份,
那么元代古文则被冠以"过渡者"的身份;从承接唐宋古文传统来看,若说《总
目》将明代古文定位为"变化者",那么元代文学则是定位为"拟议者"。总而
言之,《总目》试图在构建元文"接续文脉""继往开来"的角色。

先看"继往"角色。《总目》认为宋季之文弊至极,而元人以唐宋古法正
之。由宋入元的大儒兼文章大家戴表元被视为振衰之第一人,《剡源集》提要
云:"顾嗣立《元诗选》小传称:'宋季文章气萎苶而词骫骳。帅初慨然以振起
斯文为己任。其学博而肆,其文清深雅洁,化朽腐为神奇,间事摹画而隅角不
露。尤自秘重,不妄许与。至元、大德间,东南之士以文章大家名重一时,帅初
一人而已'。又引宋濂之言曰:'濂尝学文于黄文献公,公于宋季词章之士乐
道之而不已者,惟剡源戴先生为然'云云,于元人之中,推之独至。今观其诗
文,信嗣立所论不诬也。"②通观戴表元之文章,学唐宋古文,且转益多师,提要
所谓"间事摹画而隅角不露",即指此。今人郭预衡先生《中国散文史》评价戴
表元散文"确实写得'和易而不流',辞虽不古而文近于古。从其'精神命脉'
求之,颇有唐人赠序风度"③;邓绍基先生认为戴表元《送张叔夏西游记》等记
叙文写人叙事颇为生动传神,"明显地看出受欧阳修散文风格的影响"④。钱

---

① 赵汸:《东山存稿》卷首,《景印文渊阁四库全书》第 1221 册,第 159—160 页。
② 纪昀等:《钦定四库全书总目》卷一六六,第 2205 页。
③ 郭预衡:《中国散文史》第十三章"戴表元",上海古籍出版社 2011 年版,第 713 页。
④ 邓绍基:《元代文学史》第十九章"方回 戴表元",人民文学出版社 1991 年版,第 396 页。

基博先生《中国文学史》则更是反复提到戴表元对宋文传统的遵从："诗格变宋,而文则得宋之趣"①;"戴表元诗格变宋,而文不变;(谢)翱则诗文并变"②;"戴表元擅东坡之机趣,以为古文;风流照映,其尤焯焯者已"③;"表元抒以疏快,依旧苏统"④。

　　《总目》指斥宋文之弊而突出元人振弊之功的表述,还体现在《松乡文集》提要中："道学一派以冗沓为详明,江湖一派以纤佻为雅隽,先民旧法几于荡析无遗。士林承极坏之后,毅然欲追步于唐人,虽明而未融,要亦有振衰起废之功,所宜过而存之者也。"⑤其中"道学一派"和"江湖一派"便是宋末文弊的典型代表,前者是指道学家"质胜文"之弊病;后者更是指"质文俱废"之弊病。而《总目》认为任士林作文"大抵刻意摹韩愈,而其力不足以及愈,故句格往往拗涩,乃流为刘蜕、孙樵之体,又间杂偶句,为例不纯。"⑥在此,馆臣明确指出任士林作文习韩愈,追步唐人,尽管学而不精,体例不纯,但其以唐宋古文传统而振作宋季文弊的功劳却是不可否认的。

　　戴表元、任士林为由宋入元的文章家,其于元初有振衰起弊之功。而宋季文弊彻底革除的时间是元中期,那便是元代文章盛世的到来以及文章宗主的出现。《道园学古录》提要云："文章至南宋之末,道学一派侈谈心性,江湖一派矫语山林,庸沓猥琐,古法荡然。理极数穷,无往不复,有元一代作者云兴,大德、延祐以还,尤为极盛。而词坛宿老,要必以集为大宗。此录所收虽不足尽集之著作,然菁华荟萃,已见大凡。迹其陶铸群材,不减庐陵之在北宋。明人夸诞,动云'元无文'者,其殆未之详检乎?"⑦此论指斥南宋末年文章的两

---

① 钱基博:《中国文学史》第五编第三章,上海书店出版社 2015 年版,第 793 页。
② 钱基博:《中国文学史》第五编第三章,上海书店出版社 2015 年版,第 799 页。
③ 钱基博:《中国文学史》第五编第三章,上海书店出版社 2015 年版,第 786 页。
④ 钱基博:《中国文学史》第五编第三章,上海书店出版社 2015 年版,第 805 页。
⑤ 纪昀等:《钦定四库全书总目》卷一六六,第 2210 页。
⑥ 纪昀等:《钦定四库全书总目》卷一六六,第 2210 页。
⑦ 纪昀等:《钦定四库全书总目》卷一六七,第 2228 页。

种极弊:其一"道学一派侈谈心性",其二"江湖一派矫语山林,庸沓猥琐,古法荡然",而至于元中期,"有元一代作者云兴,大德、延祐以还,尤为极盛",宋末之文弊一变而为元代盛世之音,虞集堪称元文大家,而其作是为元代古文之最高水平。

再看"开来"角色。《总目》对于古文演进脉络是有清晰认识的,元文在对宋文的振弊中立足,而明文又是继承元文而来的。《渊颖集》提要有言:"莱与黄溍、柳贯并受业于宋方凤,再传而为宋濂,遂开明代文章之派,"①此一"开"字便将明文与元文的承接关系道出。《总目》谓明代文章源自宋之方凤,元之吴莱、黄溍、柳贯。宋濂师承之,遂开明代文派。《宋学士全集》提要亦有同样明确的表述:"元末文章以吴莱、柳贯、黄溍为一朝之后劲。濂初从莱学,既又学于贯与溍,其授受具有源流。"②除此之外,《黄文献集》提要谓:"其文原本经术,应绳引墨,动中法度。学者承其指授,多所成就。宋濂、王祎皆尝受业焉。"③《待制集》提要云:"贯虽受经于金履祥,其文章轨度则出于方凤、谢翱、吴思齐、方回、龚开、仇远、戴表元、胡长孺……学问渊源,悉有所受,故其文章原本经术,精湛闳肆,与金华黄溍相上下。"④提要所述,皆在强调元明文章之师承关系,而宋文为其共同的源头。

《总目》以"振衰起弊""开明代文学之派"描述元文,则是从文学史层面给予了元文以定位,使元文具有了独立之身份进入文学视野,且成为散文史中不可忽视的重要环节。

三、复位与助澜:"元有文"观念在清代的接续

元代文章在清初开始进入批评视野,甚至成为一个新的学术维度和领域。

---

① 纪昀等:《钦定四库全书总目》卷一六七,第 2231 页。
② 纪昀等:《钦定四库全书总目》卷一六九,第 2262 页。
③ 纪昀等:《钦定四库全书总目》卷一六七,第 2231 页。
④ 纪昀等:《钦定四库全书总目》卷一六七,第 2232 页。

清初大儒兼文章家黄宗羲在《明文案序》中曾列举各朝代文章代表人物,并称:"某尝标其中十人为甲案,然较之唐之韩、杜,宋之欧、苏,金之遗山,元之牧庵、道园,尚有所未逮。盖以一章一体论之,则有明未尝无韩、杜、欧、苏、遗山、牧庵、道园之文;若成就以名一家,则如韩、杜、欧、苏、遗山、牧庵、道园之家,有明固未尝有其一人也。"①虽然黄氏言此是在反思明代无文章大家的原因,但将元代姚燧、虞集与唐宋大家并列,则实传递出元有文人亦有文章的观念。明末清初文人兼学者朱彝尊(1629—1709)已关注唐宋文之后的元代文章,他在《与李武曾论文书》中云:"盖文章之坏,至唐始反其正,至宋而始醇。宋人之文亦犹唐人之诗,学者舍是,不能得师也。北宋之文,惟苏明允杂出乎纵横之说,故其文在诸家中为最下。南宋之文,惟朱元晦以穷理尽性之学出之,故其文在诸家中最醇。学者于此可以得其概矣。以武曾之才,正不必博搜元和以前之文,但取有宋诸家,合以元之郝氏经、虞氏集、揭氏傒斯、戴氏表元、陈氏旅、吴氏师道、黄氏溍、吴氏莱,明之宁海方氏孝孺、余姚王氏守仁、晋江王氏慎中、武进唐氏顺之、昆山归氏有光诸家之文,游泳而紬绎之。而又稽之六经以正其源,考之史以正其事,本之性命之理,俾不惑于百家二氏之说以正其学,如是而文犹不工,有是理哉?"②朱氏论文主张文以载道,认为"文章不离乎经术"③,"六经者,文之源也"④,而其所列诸家所作皆不出载道之文范畴。除文章大家将目光投向元代之外,其实元人别集亦纷纷进入清人视野,如郝经《陵川集》在康熙、乾隆间的整理和重刊,黄宗羲选戴表元《剡溪文集》等,康熙朝陶自悦《陵川集序》云:"姚氏燧、虞氏集、揭氏傒斯、戴氏表元、黄氏溍、柳氏

---

① 黄宗羲著,平善慧点校:《南雷诗文集》(上)序类,《黄宗羲全集》第10册,浙江古籍出版社2005年版,第18页。

② 朱彝尊著,王利民等校点:《曝书亭全集》卷三一,吉林文史出版社2009年版,第382页。

③ 朱彝尊著,王利民等校点:《曝书序全集》卷三一《与李武曾论文书》,吉林文史出版社2009年版,第382页。

④ 朱彝尊著,王利民等校点:《曝书亭全集》卷三三《答胡司枭书》,吉林文史出版社2009年版,第395页。

贯、欧阳氏玄、吴氏莱,咸以其文成一家言,有名元代。"①陶自悦乃一方郡守,却对元文认识如此深切,可见当日文人意识中的元文自是有一定地位。

继《总目》一反"元无文"之论而对元文进行辩诬和重塑后,乾嘉时期的文人皆纷纷响应之。元文可谓迎来了前所未有的"优渥待遇"。清乾隆十七年(1752)进士、藏书家杨复吉曾历时二十几载编纂《元文选》,共三十卷,收录文章一千多篇,仿照康熙朝顾嗣立《元诗选》而为。杨氏此举可谓对"元无文"的重要反击。惜此书选而未刊,今已不可见。所幸《元文选自序》得以流传,故编书之意旨、元文评价及观念则据此可略知一二。鉴于此文或可为今之元代文学研究有所裨益,故录其全文如下:

> 震泽杨慧楼进士复吉编辑《元文选》,搜罗最富,惜未能刊行。其自序云:

> 苏伯修《文类》所以汇有元一代之文也,书成于元统二年,故元统以后,概未之及,亦犹吕伯恭《文鉴》有北宋而无南宋,同为艺林阙典。然其中庙廊巨制,大略已备,惟山林隐逸之作,致多遗漏耳。

> 昔欧阳原功尝谓:"中统、至元之文,庞而蔚;元贞、大德之文,畅而腴;至大、延祐之文,丽而贞;泰定、天历之文,赡而雄。"百余年间,魁儒硕彦,相继挺生,匠心所运,发为词华,蔚然自成一代文章之体,规矩渊源历历可溯。一自王元美创为"元无文"之说,耳食者遂信为实然。于是举元人著作胥束之高阁,绝口不谈,即葛端调《古文二集》,间登刘、虞二家,而例言中尚有贬辞,馀则更等之自郐无讥矣。可胜叹哉!

> 余惟有元之文,分南、北二宗。北宗以元裕之为圭臬,辅之者为李仁卿、郝伯常、杨焕然,其接武而兴者,则有刘梦吉、王仲谋、姚端甫、马伯庸、宋诚夫、卢处道、许可用。南宗又分两派,在江右者,始于

---

① 　郝经:《陵川集》卷首序,《景印文渊阁四库全书》第 1192 册,第 3 页。

熊与可、吴幼清，而其后虞伯生、揭曼硕、欧阳原功，卓然大家；浙东之
在鄞者，戴帅初、任叔实、袁伯长，在婺者，则有金吉甫、胡汲仲、许益
之、吴立夫、张子长、黄晋卿、柳道传、吴正传、胡古愚。洎乎末造，北
学久衰，江右之人材亦不振，惟浙东一派，英英辈出，郁为后劲，有若
陈君采、李季和、刘德元、陈子上、戴叔能、金道原、杨廉夫、陈敬初、徐
大章、郑季明、张孟兼、胡仲申、苏平仲、朱伯贤，若而人而宋景濂、王
子允、吴濬仲、刘伯温、谢原功之显于明者，尚不与焉，亦云盛矣。间
尝取而浏览之，或苍茫浑灏，或渟泓演迤，或崛强可喜，或潇洒不群，
实足嗣响唐宋，卑视有明。是岂可听其浮沉散佚，莫之荟萃，因慨然
为是选。自诸家专集，以及史传杂录、山经地志、稗官野乘、书画题
识，无不网罗搜采，露钞雪纂，几二十载而后就绪，凡为卷三十，为篇
一千有奇，其本诸《文类》者，仅百二十首，馀则皆从捃摭而得之，铢
积寸累，颇极苦心载考。国朝康熙中吴门顾侠君曾辑《元诗选》初二
三集，共三百家，最为繁富，其阐发幽微，表章前哲，洵乎不遗余力，惜
未并元文论次，寿诸黎枣，遂致日就湮灭。今余兹选，聊自附滋溪之
后乘，亦所以步秀野草堂之后尘云尔。嘉庆十三年冬十月朔震泽杨
复吉撰。①

所言内容大致有三：其一，编纂目的是"附滋溪之后乘""步秀野草堂之后
尘"，即弥补苏天爵《元文类》与顾嗣立《元诗选》之阙；其二，重申元文"自成
一代文章之体"的地位及价值，以驳斥明人王世贞所创"元无文"之说；其三，
绘制以南北格局、区域类别建立元文宗派谱系图，且以"实足嗣响唐宋，卑视
有明"定点元文在文脉坐标中的位置。其中第三点对元文格局的构建自成体
系，如"南、北二宗""南宗又分两派""浙东一派，英英辈出，郁为后劲"，皆为
精辟之论。对元代四十二位文人名姓信手拈来，各归其位。若无对元文有极

---

① 蒋光煦：《东湖丛记》卷二，《续修四库全书》第 1162 册，上海古籍出版社 2002 年版，第
680—681 页。

深之探究和极细之体察,实难有此高屋建瓴之论。杨复吉(1747—1820),字列侯,江苏吴江人,乾隆三十七年(1772)进士,藏书家。① 其著有《乡月楼学古文》《梦兰琐笔》《辽史拾遗续》等,编有《史余备考》《元文选》《昭代丛书五编题跋》《昭代丛书续集》《虞初余志》《元稗类钞》《燕窝谱》等,另还撰有目录学著作《补辽史经籍志》。而其对《元文选》的编选,或可从侧面呈现出元文于清代乾嘉时期的复兴状貌。该序作于嘉庆十三年(1808),上溯"二十载",则为乾隆五十三年(1788),也就是说,在《四库全书》修纂完毕五年之后,杨复吉才着手编纂《元文选》,故《四库全书》对元别集之整理以及对元文之评价当被其所参考。

同样是乾嘉年间,黄永年亦发出反击"元无文"的声音。李祖陶编《国朝文录》时,选录黄永年《南庄类稿》并序之,其中对黄永年论元文大加推赞:"有《静子日记》,其论文谓:'以经术为本,元承有宋大儒经学昌明之后,学者非诗书六艺、濂洛关闽之说勿道,其逊志毕力于此者又无科举觊觎督乱之习以破坏之,故人皆各以其学之所蕴蓄、志之所向往、气之所鼓荡者为文。其达而在上者,若姚牧庵之春容盛大、沉郁博厚,虞邵庵之规矩典则、敷畅无涯,元清河之出入秦汉,揭文安之高文典册、叙事严整,黄江夏之俯仰雍容,欧阳圭斋之多识淹贯、风度宏远。在下位者,若柳道传之涵肆演迤,吴立夫之崭截雄深,类难胜数,其推服甚至。而近世乃有谓元无文者,吾不知其为何说也?'又谓:'善立言者,博观往迹,证以今日天下国家民生风俗世变之故,将明道经济必非古人宿物可以假用,则吾人学术议论与世变为补救必有前人所未发者。'读此,可以知先生为文之旨矣。上高李祖陶撰。"② 这里涉及二位清代古文名家:一位是黄永年(1699—1751),字静山,江西广昌人。乾隆元年

---

① 李铭皖、谭钧培、冯桂芬纂:《同治苏州府志》卷一〇六"杨复吉",第3册,江苏古籍出版社1991年版,第705页。

② 李祖陶辑:《国朝文录·南庄类稿文录》卷首《南庄类稿文录引》,《续修四库全书》第1670册,上海古籍出版社2002年版,第384页。

(1736)进士,官至常州府知府,有《南庄类编稿》八卷、《白云诗钞》二卷、《奉使集》一卷、《静子日录》一卷传世。读书讲究学以致用,为文反对矫揉造作,与桐城方苞交好①。另一位是李祖陶(1776—1858),字迈堂,一字钦之。江西上高人。嘉庆十三年(1808)举人,后入幕府。清乾嘉时期藏书家,名盛一时。晚年建书楼名"尚友楼",收藏图书数万卷。辑有《国朝文录》八十二卷、《续录》九十二卷,另有《金元明八家文抄》五十卷。② 此二人为乾嘉时期的正统文人,一为官员,一为藏书家,可见清乾嘉时期元文历经明朝的冷处置后开始强势回热。

还值得一提的是,李祖陶编选并评点《金元明八大家文选》五十卷,企图纠正"北宋以后无文"③的主张。李镕经曾撰《金元明八大家文选序》对宋以后之文章推赞有加,元文列于其间,序曰:

> 夫文者,天地之元气也。北宋而后,金人据有中原,雄视天下,承平既久,异才间出。元人承之,复为一统,大德、延祐之间,古文号称极盛。明代始终几三百年,文体屡变,论者病之。然乘光岳气完之时,以抒写其心思才力。其文足接唐宋之统者,要不可谓无其人也。特自鹿门而后,选诗者有人,选时文者有人,而卒未有具兼综条之才,甄录三朝四五百年之文,别白而定为家数者,岂非古今来一缺陷事哉!④

原本所选为十家,《序》描述称:

> 首一家为金之元遗山,其文雄;次为元之姚牧庵,其文古;次为元之吴草庐,其文精;次为虞道园,其文超;次为欧阳圭斋,其文畅;次为危大朴,其文洁;次为明宋景濂,其文醇;次为王阳明,其文横;次为唐

---

① 王钟翰点校:《清史列传》卷六七"黄永年传",第 17 册,中华书局 1987 年版,第 5377—5378 页。

② 王钟翰点校:《清史列传》卷七三"李祖陶传",第 19 册,中华书局 1987 年版,第 6012 页。

③ 王钟翰点校:《清史列传》卷七三"李祖陶传",第 19 册,中华书局 1987 年版,第 6012 页。

④ 李祖陶编:《金元明八大家文选》卷首李镕经《序》,清道光二十五年(1845)刻本。

荆川,其文厚;次为归震川,其文清。盖皆一代之精英,所作不越乎唐宋亦不局于唐宋者。①

文中提到"金元明文章十大家",依次是金人一家元好问,元人四家姚燧、吴澄、虞集和欧阳玄,元明之际一家危素,明人四家宋濂、王阳明、唐顺之、归有光。然而"第大朴为两朝人,于元、明难以位置。《圭斋集》有新刻本,可无容复,且卷帙重大,难以流行"②,故危素(字大朴)和欧阳玄(字圭斋)被抽离出而剩余八家。尽管《金元明八大家文选》最终剔除了危素和欧阳玄,但并非出于文章水平考量,而是出于文人断代疑难和文集卷帙重大这类传播和付梓的困难。危素除外,从元文和明文所选各四家,可见在李祖陶眼中元文是有重要分量的,足以媲美明文。

须追问的是,所谓"金元明八大家",其选定标准是什么?既然是为接仿"唐宋八大家"而出现,那么其标准是否与唐宋八大家的文章之道相契合?今以八大家的共性观之,诚如是。被其选录的八大家,或说十大家,其文章大体以唐宋古文为宗,追求文道合一。《序》认为此八大家"皆一代之精英,所作不越乎唐宋亦不局于唐宋者",则其沿唐宋路数而来是毋庸置疑的。而编选者李祖陶、出资刊刻者李镕经,其文章观正是借此而发。李祖陶身份并不显赫,以藏书知名,前已介绍。李镕经(1845 年前后在世),曾任江西吉安县知府,任上与江西籍藏书家李祖陶交往密切,对于《金元明八大家文选》的最终确立和刊行,李镕经既有切磋之功,亦不无财力上的资助。进一步观之,从编选、刊刻等抬升宋以后文章地位的行为,从一位知府与一名藏书家合作选文的行为,我们不难把握清代乾嘉时期士人力图接续文统脉络这一事实。而元文地位之崛起,正赖于此大背景的推助。

巧合的是,"唐宋八大家"文章典范意义的确立,实萌蘗于元代,又定格于元代。元代中期文章大家刘诜在《题曾同父文后》中率先以"韩、柳、欧、苏"并

---

① 李祖陶编:《金元明八大家文选》卷首李镕经《序》,清道光二十五年(1845)刻本。
② 李祖陶编:《金元明八大家文选》卷首李镕经《序》,清道光二十五年(1845)刻本。

称,且极为推崇,其云:"时文之精即古文之理。予尝持论云:能时文未有不能古文,能古文而不能时文者有矣。未有能时文为古文而馀憾者也,如韩、柳、欧、苏皆以时文擅名,及其为古文也,如取之固有。"①又,曾闻礼《养吾斋集序》中有"唐宋四家"之称,序云:"惟天下之公言为不容泯,而世之为论至久而后定,则人心之始蔽于其私也。古文自先秦以来,汉推司马、班、扬,唐称韩、柳,宋数欧、苏,此天下之公言也。"②其称此为公论,曾闻礼为刘诜之门人,则至少在元中期时韩愈、柳宗元、欧阳修和苏轼为唐宋四家已然为定论。与曾闻礼不同,泰定三年(1326)仕至翰林学士的大儒吴澄则首倡"唐宋七子"之论。同样是为《养吾斋集》撰序,其立意之高、思虑之深,显然更高一筹:"西汉之文几三代,品其高下,贾太傅、司马太史第一,汉文历八代,浸敝;而唐之二子兴,唐文历五代,复敝;而宋之五子出,文人称欧、苏。盖举先后二人言尔。欧而下,苏而上,老苏、曾、王未易偏,有所取舍,如道统之传,称孔、孟而颜、曾、子思固在其中,岂三子不足以绍孔而劣于孟哉?叙古文之统,其必曰唐韩、柳二子,宋欧阳、苏、曾、王、苏五子也。宋迁江南百五十年,诸儒孰不欲以文自名,可追配五子者谁与?"③其后,至正十一年(1351)林泉生在给馆阁文人陈旅《安雅堂集》作序时,吴澄所倡"唐宋七子"显然已被普遍接受,林序云:"三代以下唯西汉之治近古,故其文雄闳雅奥,儒者宗之。东都浸漓,魏晋以下,靡靡无足观矣。中唐至韩、柳而复古,宋至欧、苏、王、曾而复古,此数子者,皆生唐宋盛时也。"④此中,唐宋七子被林泉生作为事例来论证"文章随世运高下"的观点。此时为元中后期。由上梳理可知,"唐宋七子论"至少在元至正年间已成为文坛公论,被元文人广泛接受。元末明初朱右尝选韩愈、柳宗元、欧阳修、曾巩、王安石、三苏为《八先生文集》,则唐宋八大家之格局首次确立。《总目》便称

---

① 刘将孙:《养吾斋集》卷二五,《景印文渊阁四库全书》第1199册,第242页。
② 刘将孙:《养吾斋集》卷首,《景印文渊阁四库全书》第1199册,第3页。
③ 吴澄:《吴文正公集》卷二二《养吾斋集序》,《景印文渊阁四库全书》第1197册,第231页。
④ 陈旅:《安雅堂集》卷首,《景印文渊阁四库全书》第1213册,第3页。

"'八家'之目,实权舆于此"。① 由此看来这是元代为明代文论奠定之底基,之后明代文章便是在此论基础上继续延伸。在明代,接轨"唐宋八大家"典范意义的是明唐宋派,茅坤编《唐宋八大家文钞》并依次评次,使得唐宋文统再次得以彰扬。

由元人对"唐宋八大家"文章典范之确立,可知元人之文章观;由清人对"金元明八大家"文章典范之确立,可知清人之文章观。从本质上说,清人确立之文章典范与元人所确立的文章典范,其道一也,皆不离唐宋古文"文以载道""文道合一""文法"等核心文章观。而通过以上梳理,"元有文"能被清人不断证实和补充,元文能进入文统之脉络,皆与元、清二朝在道统和文统的深相契合密切相关。

四、偏执与遮瑕:《总目》元文批评之评价

《总目》对元文之本质、格局和定位,无疑是对元文的第一次全面而系统的书写和塑造,此番学术功劳和贡献自是不言而喻。事实证明,在《总目》以后的清代,"元无无文"的辩诬仍在继续,而"元有文"的论题亦不断地被强化,至乾嘉时期元文被抬升至其历史的巅峰。但是,不得不指出的是,《总目》对元文之认知和评价不无主观性和片面性,这便是《总目》对元文批评的"偏执"和"遮瑕"所致。

(一)偏执一端:"道"凌驾于"文"的批评范式

关于文章观,《总目》在评价元代讲学家汪克宽《环谷集》时有一段颇具代表性的表述:"文士之文以词胜,而防其害理,词胜而不至害理,则其词可传,道学之文以理胜,而病其不文,理胜而不至不文,则其理亦可传,固不必以一格

---

① 纪昀等:《钦定四库全书总目》卷一六九《白云稿》提要,第 2267 页。

绳古人矣。"①这段话简洁工整,但却信息丰富:其一,《总目》视野中,道学之文与文士之文有并驾齐驱之势,故当相提并论;其二,《总目》认为文士之文的底线是"词胜不至害理",具体指文字过于钩棘雕饰而阻碍了文意的表达,如明代前后七子;道学之文的底线是"理胜不至不文",对应而言,是指单调说理而无巧妙的文辞表达,如语录体之文,而这两种都属于古文之极弊;其三,《总目》论文持"文道合一"观,不以理而废文,亦不因文而废理。

统合以上三层文章观之,从根本上来说,《总目》是秉持"文道合一"前提下的"道本位"文章观,即论文以文道关系为主,而不以风格论高下,也就是说《总目》对古文的审美边界不是艺术,而是文道关系。在此,有必要梳理一下古文观中的文道离合史:首次明确提倡"文以明道"之说的是刘勰《文心雕龙·原道》篇:"道沿圣以垂文,圣因文以明道"②,其主体是文章;后唐代古文家发扬为"文以鸣道",韩愈《原道》一文虽斥佛教而溯儒学,但亦是对儒道进行正本清源,其主体仍是改良文章;至北宋,道学家周敦颐主"文以载道"说,甚至将其说推向极端,如程颐认为"作文害道",文为"玩物丧志"之物;转至南宋,朱熹折衷文道之说,主张文道合一,文以贯道:"道,文之根本也;文,道之枝叶"③,其意谓道为体而文为用④,一矫二程"文害道"之论。朱熹依据"作文害道"的观念将"文"之地位抬升,使得古文观念进入了一个折衷文道的全新时代。元代朱子学说盛行,至元中叶延祐开科,官学更是定朱子为一尊。有元一代之古文便是在朱学一尊、折衷文道这样的背景下发生发展的。而《总目》以"文道折衷观"作为元文批评的主要标准,这正与元文创作和诞生的语境甚

---

① 纪昀等:《钦定四库全书总目》卷一六八《环谷集》提要,第2257页。

② 刘勰著,詹瑛义证:《文心雕龙义证》卷一《原道》,上海古籍出版社1989年版,第28页。

③ 朱熹撰,朱杰人等点校:《朱子语类》卷一三九,《朱子全书》第18册,上海古籍出版社、安徽教育出版社2002年版,第4314页。

④ 按,由宋入元的儒者戴表元描述朱熹"文道合一"观念在宋末元初的接受情形:"自夫子之徒没,言道者不必贵文,言文者不必兼道。如此几二千年,迨新安朱子出,学者始复不敢杂道于文。子朱子没,其书大行最有力者,建宁真希元、临邛魏华父,二公纂辑而汇绪之为精。"(戴表元:《戴表元集》卷一一,浙江古籍出版社2014年版,第238页。)

为契合。

《总目》论元文大致秉持两个维度:文与道。"道",即指儒家思想;"文",即指文辞,以此文、质为依据。《总目》论元文以三种境界:

第一种,文质彬彬,此为最佳境界。元别集提要中因符合馆臣"文质彬彬"标准而被正面推奖的,那就是元末儒者赵汸。《东山存稿》提要曰:"有元一代,经术莫深于黄泽,文律莫精于虞集,汸经术出于泽,文律得于集,其渊源所自,皆天下第一。故其议论有根柢,而波澜意度均有典型,在元季亦翘然独出……盖有本之学,与无所师承、剽窃语录、自炫为载道之文者,固迥乎殊矣。"①以"经术"与"文律"并称,以"根柢"与"波澜意度"齐举,这就是《总目》认为最为理想化的"文质彬彬"。另外还有吴澄和刘因,二人与许衡皆为元代大儒,《总目》将其与文采不足的许衡比较,评吴澄之文曰:"衡之文明白质朴,达意而止;澄则词华典雅,往往斐然可观,据其文章论之,澄其尤彬彬乎。"②认为吴澄文采更胜一筹,为文质彬彬者。评刘因之文云:"其文遒健排奡,迥在许衡之上,而醇正乃不减于衡。张纶《林泉随笔》曰:'刘梦吉之诗,古选不减陶、柳,其歌行律诗直溯盛唐,无一字作今人语,其为文章动循法度,春容有余味,如《田孝子碑》、《辋川图记》等作,皆正大光明,较文士之笔,气象不侔'。"③第二种,"词胜至害理"和"理胜至不文",此是最低标准,亦为文章之极弊。《总目》元别集提要中无一存在此弊。第三种,"词胜而不至于害理"和"理胜而不至于不文",此为中间状态,而"质"上以思想醇正为标准,"文"上以语言平正通达为标准。在元文中,第一种"文质彬彬"者为数不多,第二种"害理"和"不文"的无有,而第三种则是《总目》批评的大多数。

然而,考辨事实显示,《总目》在持论醇正与平正通达之间是有所轻重的,即思想批评凌驾于文学批评之上。首先,从批评标准来看,思想批评要求高于

---

① 纪昀等:《钦定四库全书总目》卷一六八,第 2258 页。

② 纪昀等:《钦定四库全书总目》卷一六六《吴文正集》提要,第 2211 页。

③ 纪昀等:《钦定四库全书总目》卷一六六《静修集》提要,第 2213 页。

文学批评。仅从语词来看,"醇正"一词,是一个比较高的思想要求;"平正通达",是一个比较中等的文学语言要求,《总目》对"道"和"文"的水平要求便有高有低;其次,《总目》元文批评以"持论醇正"为第一标准。所谓"持论醇正",是指思想言论符合儒家正统,具体在元代别集提要中而言,即是一本朱子。与诗歌评价标准不同,《总目》论文注重道之考量,即儒者思想和身份的醇正性,因此"思想之醇正"被视作《总目》文章批评的第一标准。更有甚者,《总目》在元别集提要中竟一度以"持论醇正"回护人品不高、文品不足及观念偏颇等问题。

先看人品不高的情况。方回,字虚谷,宋末元初著名诗文家、诗文批评家。周密《癸辛杂识》历数方回行为恶迹:在乡里坑骗豪夺、自矜诗才、献《梅花百咏》以谄媚奸臣贾似道、元军南下时迎降于三十里之外,等等①,并对其人大加讥讽。《总目》取周密之说而贬斥曰:"回人品卑污"②,但即便如此,馆臣对其文章却是推崇有加的,提要又云:"然观其集中诸文,学问议论一尊朱子,崇正辟邪,不遗余力,居然醇儒之言。就文言文,要不可谓其悖于理也。"③在此,《总目》并未以人品断其文品,而是以其思想之醇正掩盖其人品之缺陷。这一点对比《总目》以人品对钱谦益之文品贬低和挞伐,则是截然相反的。

再观文品不足之情况。此以讲学家汪克宽较为典型。汪克宽,字德辅,安徽祁门人。泰定三年(1326)举于乡,元亡不仕,讲学为业。明初征修《元史》,以老疾辞归,著有《礼经补逸》④。汪克宽为讲学家而不擅文辞是公论之事实,《总目》亦不得不承认,其云:"其平生以聚徒讲学为业,本不留意于文章谈艺之家,亦未有以文章称克宽者。"⑤但是紧接着《总目》便以一"然"字转为辩驳

---

① 周密撰,王根林校点:《癸辛杂识》,上海古籍出版社 2012 年版,第 142—143 页。
② 纪昀等:《钦定四库全书总目》卷一六六《桐江续集》提要,第 2204 页。
③ 纪昀等:《钦定四库全书总目》卷一六六《桐江续集》提要,第 2204 页。
④ 按,依据《元诗选》《总目》所载。
⑤ 纪昀等:《钦定四库全书总目》卷一六八《环谷集》提要,第 2257 页。

立场,其曰:"然其学以朱子为宗,故其文皆持论谨严,敷词明达,无支离迂怪之习。"①因汪克宽持论醇正严谨,《总目》并不对其文辞加以苛责。类似的品评还有之。《总目》评萧文章时,先引《元史》所言以确立其醇儒身份:"为文辞立意精深,言近指远,一以洙泗为本,濂、洛、考亭为据,为一代醇儒",后则评其文"气格虽不甚高,而质实简洁,往往有关名教"。②对于萧氏文气格不高的事实,馆臣试图以"一代醇儒""有关名教"回护之。又,评陈栎之文曰:"栎生朱子之乡,故力崇朱子之学。集中如《澄潭赞》曰:'惟千载心,秋月寒水。儒释同处,我闻朱子'。附会《斋居感兴》诗句,以强合于禅,未免自生疵累,异乎朱子之所传。然集中诸文大抵皆醇正质实,不涉诡诞,如《深衣考》之类,虽未必尽合古制,而援据考证,究与空谈说经者有间。"③尽管崇朱子之学讲学家陈栎文中实掺杂了"非醇正"的禅宗因素,《总目》却仍以"醇正质实,不涉诡诞"论其文章之"质",从而回避了对其"文"的评价。

最末,看对观点偏颇的处理方式。《总目》对元代讲学家之偏激观点多有指正,但值得注意的是,在指正之后通常会有一番回护之论。如苛责郑玉:"玉自序谓'韩、柳、欧、苏,涂天下之耳目,置斯民于无闻见之地。道之不明,文章障之;道之不行,文章尼之'。其《与洪君实书》,又力诋唐皇甫湜,其言殊妄。汪克宽作玉行状,称其文'以正大刚直之气,发为雄浑警拔之词,感慨顿挫,简洁纯粹。然纪事朴实,不为雕镂锻炼跌宕怪神之作,出入马迁、班固,而根之以六经之至理'。其推尊亦太过。然玉学术本醇,克宽所谓'大抵主于明正道,扶世教'者,其论不诬。"④提要先指责郑玉言论狂妄,又指斥汪克宽评价郑玉推赞太过,但无论是哪种不妥,《总目》拈出一个"学术本醇",便不再追究。然提要所云"克宽所谓'大抵主于明正道,扶世教'者",是否属实? 今观

① 纪昀等:《钦定四库全书总目》卷一六八《环谷集》提要,第2257页。
② 纪昀等:《钦定四库全书总目》卷一六七《勤斋集》提要,第2226—2227页。
③ 纪昀等:《钦定四库全书总目》卷一六七《定宇集》提要,第2223页。
④ 纪昀等:《钦定四库全书总目》卷一六八《师山文集》提要,第2247页。

提要所引汪克宽所作郑玉《行状》内容，主要是在评价郑玉的文风，并未涉及其儒家思想的评价，因此提要称"其论不诬"，实属无稽之论、自圆其说而已。再如评程端礼之文章曰："又《送牟景阳序》云：'蜀文再变于魏了翁，了翁学程、朱学，故未尝有意为文人之文，而文特妙。'其全集宗旨不出于是。夫朱子为讲学之宗，诚无异议，至于文章一道，则源流正变，其说甚长，必以晦庵一集律天下万世，而诗如李杜，文如韩欧，均斥之以衰且坏，此一家之私言，非千古之通论也。然端礼所作尚皆明白淳实，不骫于正，而其持论亦足以矫淫哇艳冶之弊，于文章尚不为无功。故纠其胶固之失，而仍裒缉其佚篇，备一格焉。"① 从篇幅上看，《总目》主要在纠偏程端礼之观点，但中一"然"字，回护其文章才是《总目》的真实态度。又如，评价王旭之文为："古文多讲学家言，其《井田说》一篇，务欲复三代之制，迂阔尤甚，殆全不解事之腐儒。然如记、序诸作，和平通达，与之坐而谈理，其持论则未尝不醇正，未可废也。"② 以持论之"醇正"肯定之。又评吴海古文："史称其文严整典雅，一归诸理。又载海尝言：'杨、墨、释、老，圣道之贼，管、商、申、韩，治道之贼，稗官、野乘，正史之贼，支词、艳说，文章之贼。上之人宜敕通经大臣，会诸儒定其品目，颁之天下民间，非此不得辄藏，坊肆不得辄鬻'云云。虽持论少狭，非古人兼资博考之义，然其宗旨之正，亦于此可见矣。"③ 于偏激言论中提取"宗旨之正"的观点以肯定之。

以上从多则提要中搜抉出《总目》元别集提要以"持论醇正"作为论文标准，而在此标准之下，人品、文品和观点偏颇皆无足轻重。甚至此"持论醇正"成为了遮蔽一切缺陷的幌子。再以一则典型提要论之。《云峰集》提要称：

> 炳文之学，一以朱子为宗，故其答陈栎书云："我辈居文公乡，熟

① 纪昀等：《钦定四库全书总目》卷一六六《畏斋集》提要，第 2216 页。
② 纪昀等：《钦定四库全书总目》卷一六七《兰轩集》提要，第 2220 页。
③ 纪昀等：《钦定四库全书总目》卷一六八《闻过斋集》提要，第 2248 页。

文公书，自是本分中事。"其作《草堂学稿序》，历举前代诗人，极词丑诋，有云："纵迫曹、刘，何补于格、致、诚、正？纵迫谢、鲍，何补于修、齐、治、平？"持论偏僻，殊为谬妄。然其杂文乃平正醇雅，无宋人语录方言，皆入笔墨之习。其诗虽颇入《击壤集》派，然如《赠鹤庵相士》四言，《北寺昏钟》、《廖坞晚烟》、《拜鄂岳王墓》、《濠观亭》、《赠二齐生》诸篇，皆不失雅韵，殆其天姿本近于词章，故门径虽殊，而性灵时露欤。至于古文之中，往往间以藻饰，如《送文公五世孙序》云："自古及今，人家畴无丘墓，岂无巢翡翠、卧麒麟者！"《与吴草庐书》云："苔绿滋深，而芹香莫采，有负先圣先师。"《环绿亭记》云："睿圣武公九十犹好学，德麟年方绿鬓，学当如何！"以文体论之，皆为破律，然较诸侈言载道、毫不修饰者，固有间矣。①

对于胡炳文有三重回护：一是持论偏狭，提要以表达上的"平正醇雅"和"无宋人语录方言，皆入笔墨之习"回护之；二是其诗入《击壤集》派，提要以"天姿本近于词章""性灵时露"回护之；三是古文的粉饰现象，提要以"破律"回护，并与古文的另一极端"毫不修饰"者对举。此处暂且不论诗歌，仅看古文。先看第一点，提要所云"持论偏僻"属于思想内容层面之评价，而"平正醇雅""无宋人语录方言，皆入笔墨之习"属于语言风格层面之评论，馆臣以"然"字转折语义和态度，试图以语言风格作为补救思想偏狭缺陷的依据，这一逻辑显然在"持论醇正"之标准上再另立语言风格这一新标准。再看第三点，关于"藻饰"现象，《总目》对"雕章绘句者"向来持批判态度，而推崇"理明词达""无所雕饰"，其云："诗文自抒胸臆，无所依仿，亦无所雕饰，惟以理明词达为主。元代词人往往以风华相尚，得兹布帛菽粟之文，亦未始非中流一柱矣。"②再如《积斋集》提要："端学之说《春秋》，勇于信心而轻于疑古，颇不免偏执胶固之弊。然其人品端谨，学术亦醇，故其文结构缜密，颇有闳深肃括之风，故曹

---

① 纪昀等：《钦定四库全书总目》卷一六六，第2217页。
② 纪昀等：《钦定四库全书总目》卷一六六《紫山大全集》提要，第2209页。

安又记其会试经义策冠场,考官白宰相曰:'此卷非三十年学问不能成。'盖根柢既深,以理胜而不以词胜,故与雕章绘句者异焉。"①末句对于程端学的文辞不足,提要以"雕章绘句者"为对立面进行回护,而当胡炳文作文"藻饰"时,《总目》又以"侈言载道、毫不修饰者"为弊病进行辩驳。由此批评标准之混乱和逻辑之漏洞判断,对于元代道学之文的文辞持包容和回护态度是《总目》之主观立场。

以上诸提要皆可证得《总目》以"持论醇正"回护文品、人品和观念偏颇等不足,由此,则不难知晓《总目》重道而略文的古文批评观。其中,《总目》对新安朱子学一脉的道学之文回护尤为明显。

以"持论醇正"为文学批评标准,一部分人获得回护,而有另一部分人则会因此招致贬抑。如黄溍、柳贯的实际古文地位便被降低。今观《黄文献集》提要云:"其文原本经术,应绳引墨,动中法度。学者承其指授,多所成就。"②又《待制集》提要云:"贯虽受经于金履祥,其文章轨度则出于方凤、谢翱、吴思齐、方回、龚开、仇远、戴表元、胡长孺。其史学及掌故旧闻,则出于牟应龙。具见宋濂所作行状中。学问渊源,悉有所受,故其文章原本经术,精湛闳肆,与金华黄溍相上下。"③单看此二则提要,并不能见得馆臣对此二人之贬抑态度,但是通过对比阅读和表述辨证便可知一二。先看其儒学地位的评价,元末杨维桢另将黄溍、柳贯文章与姚燧、虞集并称:"我朝文章雄唱推鲁姚公,再变推蜀虞公,三变而为金华两先生也。"④明初宋濂撰《元史》更是首此明确提出虞集、揭傒斯、黄溍、柳贯为"儒林四杰",其云:"同郡柳贯、吴莱皆浦阳人。贯字道传,器局凝定,端严若神。尝受性理之学于兰溪金履祥,必见诸躬行,自幼至老好学不倦。凡六经、百氏、兵刑、律

---

① 纪昀等:《钦定四库全书总目》卷一六七,第2234页。
② 纪昀等:《钦定四库全书总目》卷一六七,第2231页。
③ 纪昀等:《钦定四库全书总目》卷一六七,第2232页。
④ 杨维桢:《东维子文集》卷二四《故翰林侍讲学士金华先生墓志铭》,《四部丛刊初编》第245册,上海书店1989年版,第10a页。

历、数术、方技、异教外书,靡所不通。作文沉郁舂容,涵肆演迤,人多传诵之。始用察举为江山县儒学教谕,仕至翰林待制。与潜及临川虞集、豫章揭傒斯齐名,人号为儒林四杰。"①明人冯从吾编《元儒考略》沿袭《元史》之说②,归有光亦称元代"以文章名世,如黄潜、吴师道、吴莱、柳贯皆为一代之儒宗"③,其后明清二代引以为定评的文献不一而足,如《万姓统谱》《元诗选》《续文献通考》,等等。然而,《总目》在浏览和征引大量文献之后,却未认可"儒林四杰"一说,今于《总目》四部提要查找,所有提要皆未曾提及。而"儒林四杰"不被认可的真正原因,便是持论不醇正。此四人别集中皆不避释、道二教,以黄潜、柳贯而言,黄潜《送养直师序》为佛禅张目,其《教苑清规后序》将儒之有经礼类比佛之有戒律。柳贯《答临川危太仆手书》:"愿一求之群圣人之经以端其本,而参之以孟、荀、扬、韩之书以博其趣,又翼之以周、程、张、邵、朱、陆诸儒之论以要其归。"④戴良《祭先师柳待制文》评柳贯说:"众理之渊,至道之腴,遂烛而融。"⑤可见二人思想颇杂,其"道"中有融通释、老、心学的追求。

再看《总目》文学批评对二人之抑制。提要对于二人之评价全然出于基本描述,力避序跋墓志等夸饰性评价。诚然,《总目》之前已有诸多对于黄潜文章的评价,如贡师泰《黄学士文集序》:"先生之文章,刮劖澡雪,如明珠白璧藉之纂绮,读者但见其光莹而含蓄,华缛而粹温,令人爱玩叹息之不已。"⑥危素《文献黄公神道碑》称:"见诸论著,一根本乎六艺,而以羽翼圣道为先务。

① 宋濂等:《元史》卷一八一,中华书局2000年版,第2799页。
② 按,原文云:"(柳贯)与同郡黄潜及临川虞集、豫章揭傒斯齐名,人号为儒林四杰。"(冯从吾:《元儒考略》卷四,《景印文渊阁四库全书》第453册,第799页。)
③ 归有光著,周本淳校点:《震川先生集》别集卷二《浙省策问对二道》,上海古籍出版社1981年版,第766页。
④ 柳贯:《柳贯集》卷一三,下册,浙江古籍出版社2014年版,第363页。
⑤ 戴良著,李军等校点:《戴良集》卷七,吉林文史出版社2009年版,第78页。
⑥ 贡师泰著,邱居里校点:《玩斋集》卷六,《贡氏三家集》,吉林文史出版社2010年版,第283页。

然其为体,布置谨严,援据精切,俯仰雍容,不大声色,譬之澄湖不波,一碧万顷,鼋鼍蛟龙,潜伏而不动,渊然之色,自不可犯。"①而《总目》仅以"原本经术,应绳引墨,动中法度"论之,而不论其风格典雅雄深,对序跋、墓志之论亦不置可否。对于柳贯的文章评价,则如余阙所论:"故其为文,缜而不繁,工而不镂,粹然粉米之章,而无少山林不则之态。"②如黄溍《翰林待制柳公墓表》:"其文涵肆演迤,春容纡余,才完而气充,事详而词[覈],蔚然成一家言。"③如宋濂《柳先生行状》:"为文章有奇气,春容纡徐,如老兵统百万兵,虽旗帜鲜明,戈甲焜煌,不见其有喑呜叱咤之声。"④等等。《总目》评以:"其文章原本经术,精湛闳肆,与金华黄溍相上下。"⑤此亦为点到即可,无任何渲染之语,亦无元文地位评定。事实上,后世对黄溍、柳贯为元之文章大家是颇为趋同的。观今人钱基博先生论"儒林四杰"之文学成就,则以黄溍和柳贯之文高于虞集和揭傒斯:"虞集最擅高名,不免缓散;其次揭傒斯,尤伤肤懦;不如黄溍及贯之才完而气充,事详而辞核,皆善学宋人而祛其蔽;而黄溍春容纡徐,以欧参苏,而态有余妍;贯则醇粹明白,以曾参苏,而文无躁气。"⑥可见,黄溍和柳贯之文章成就诚能接受时间之检验而不逊色。《总目》对于黄溍、柳贯评价之抑制由此可见一斑。

通过以上梳理和辨证,可知《总目》对元文秉持着"文道合一"的古文批评标尺,表面上似不偏不倚,公允不废,但在实际评判实践中却高扬"持论醇正"之旗帜,并以此为幌子对元文文辞不足或过于修饰等缺陷百般回护,而对持论不够醇正的作者作品进行主观性、抑制性的批评。如此种种,都充分体现出

---

① 危素:《危学士全集》卷一一,《明别集丛刊》第 1 辑第 3 册,黄山书社 2014 年版,第174 页。

② 柳贯:《待制集》卷首序,《景印文渊阁四库全书》第 1210 册,第 182 页。

③ 黄溍著,王颋点校:《黄溍全集》,下册,天津古籍出版社 2008 年版,第 725 页。

④ 宋濂著,黄灵庚校点:《宋濂全集》卷七六,第 4 册,人民文学出版社 2014 年版,第1843 页。

⑤ 纪昀等:《钦定四库全书总目》卷一六七《待制集》提要,第 2232 页。

⑥ 钱基博:《中国文学史》第五编,上海书店出版社 2015 年版,第 833—834 页。

"道"凌驾于"文"的《总目》元文批评观。而建立在"思想醇正"这一充满意识形态色彩基础上的元文批评体系,则无疑需要再次进行文学角度的掘发和重估,方可弥补《总目》元文批评之缺失和不足。

(二)遮瑕自觉:元文演进过程中之"无弊"叙述

《总目》注重从横向角度对元文进行批评和塑造,而疏于从纵向视野对元文流变进行梳理和考察。也就是说,《总目》主要回答了元文有什么和是什么的问题,却未能揭示元文如何是这样的成长轨迹。从这一层面看,《总目》对元文是完成了静态观照,而未作动态把握,正如认识人物个体,若以某一年一岁论之,是难以辨识其自身之变化与否,若以一岁、五岁、十岁等时间间隔纵向考察之发展变化规律则可作更为全面的认识。因此,静态观照固然不可或缺,但内在发展轨迹的认识显然会更具深刻性。《总目》对元文之塑造便体现在内部发展轨迹上的不足。

虞集为元中后期文人,亦为元代文坛之泰斗。他在《庐陵刘桂隐存稿序》中对元文之忧虑颇为深切。此文先谈及宋末、金末之文弊,南方之文弊是经学、文艺各执一端:"宋之末年,说理者鄙薄文辞之丧志,而经学、文艺判为专门。士风颓弊,于科举之业,岂无豪杰之出、能不浸淫汩没于其间? 而驰骋凌厉以自表者,已为难得。而宋遂亡矣。"北方是苏轼末流的曼衍空洞之弊:"中州隔绝,困于戎马,风声气习多有得于苏氏之遗,其为文亦曼衍而浩博矣。"接着他再将笔墨集中至大统一之后的元初:"国朝广大,旷古未有,……当是时,南方新附,江乡之间,逢掖缙绅之士,以其抱负之非常,幽远而未见知。则折其奇杰之气,以为高深危险之语,视彼靡靡混混,则有间矣。然不平之鸣,能[不]感愤于学者乎? 而一二十年,向之闻风而仿效亦渐休息。延祐科举之兴,表表应时而出者,岂乏其人? 然亦循习成弊。至于骤废骤复者,则亦有[以]致之者然与! 于是,执笔者肤浅则无所明于理,塞滞则无所昌其辞。徇流俗者,不知去其陈腐;强自高者,惟旁窃于异端。斯文斯道,所以为可长太息者,常在于此也。"①他所指瑕的元文之弊有二:一为元初南方之文多为"折其奇杰之气,以为高深危险之语",此风延续一二十年方才"休息";一为元中期科举之后的"循习成弊",积弊丛生,致使元文整体水平不高。当然,虞集之论仅为一家之言,然而其所述之文弊却并非无中生有。

1. 元初之弊

《总目》通常会将元初之弊含混在宋末之弊中。以《养吾斋集》提要为例,《总目》引刘将孙之言而发论:"至所云'欧、苏起而常变极于化,伊、洛兴而讲贯达于粹,然尚文者不能畅于理,尚理者不能推之文'。其言深中宋人之弊。"②其中的引文出自刘将孙自撰《赵青山先生墓表》,原文曰:

> 呜呼! 是为青山先生之墓。于是斯文之原委,有可言者矣。古之人非著书立言、论建利害,未尝特为文也。碑志序平生,记序纪一时,虽韩、柳大家创制作,称古文,亦各随事轻重小大止,未至纡余浩荡,舂容大篇,出议论于事外,发理趣于意表,如后来所见也。盖欧、苏起而常变极于化,伊、洛兴而讲贯达于粹。然尚其文者不能畅于理,据于理者不能推之文。紫阳于文得其缠绵反复唱叹之味,故其论说则辞顺而理明。而斯文之不可合者,固然也。吾庐陵巽斋欧阳先生沈潜贯穿,文必宿于理,而理无不粲然而为文。繇是吾先君子须溪先生与青山赵公相继。今四方论文者知宗庐陵,而后进心胸耳目涵濡依向,无不有以自异。独时殊施狭,不能丕变当世,如昔六一公之盛,而私淑之文献可以俟来世而不惑。夫岂一人一家之私言哉?③

这一段文辞表达的意思大致有四:其一,批判作文"出议论于事外,发理趣于意表"的弊病,即支离空疏之弊,而提倡文章当合事、合时而作,所忌者虚

---

① 虞集著,王颋点校:《虞集全集》之《庐陵刘桂隐存稿序》,天津古籍出版社2007年版,第500页。

② 纪昀等:《钦定四库全书总目》卷一六六,第2214页。

③ 刘将孙撰,李鸣、沈静校点:《养吾斋集》卷二九,吉林文史出版社2009年版,第238页。

言；其二，造成文弊的原因是文道分离，或专学欧、苏之文，或专学伊、洛之理，故"尚其文者，不能畅于理；据于理者，不能推之文"；其三，提出"文道合一"的文章观，其对朱熹（文中所称"紫阳"）之评价尚有保留，称其"斯文之不可合"，而推崇庐陵欧阳守道（文中称"巽斋欧阳先生"）"文道合一"的文章，认为其父刘辰翁和墓表主赵文即为欧阳守道"文道合一"观的秉承者；其四，交代刘辰翁和赵文曾领庐陵文章之盛，即使不能"丕变当世"，但终究会为后世所认可。归结而言，该墓表所言主要在于表彰赵文在宋末元初对江西庐陵文章之盛、文风之正的引领之功，同时指出了当时所存在的文章弊病。因为刘辰翁、赵文和刘将孙皆自宋入元之人，刘辰翁、赵文皆卒于元中期，故刘将孙所言这一弊病未必不包括元初在内，而《总目》仅引其中一句而称"其言深中宋人之弊"，未免主观、片面。除此，该《墓表》中刘将孙所言之文弊实为空疏之文，而《总目》所引实为解释空疏之文产生之原因，《总目》将原因视作现象的行为，亦不过试图强化宋末经术、文艺判为二家的文道分离之弊。

《总目》不以元初之弊为弊。如前文，虞集认为元初南方之文有"折其奇杰之气，以为高深危险之语"之弊，《总目》不以为然。虞集所指元初南方文章之弊的主要对象是以"奇崛"文风为主的江西文派。承南宋末年刘辰翁而下的江西文人，其风格奇崛，独树一帜，且在元初自成一脉，查洪德先生将这一脉江西庐陵文人群体定义为"江西文派"，并界定为："元之初年，江西庐陵出现了一个很有特色也很有影响的诗文流派……这一派以欧阳守道之学为学术背景，以刘辰翁、刘将孙父子为主要代表，主要成员有文学理论家和文章家赵文、与刘将孙（养吾）并称为庐陵'三刘'的刘岳申（申斋）、刘诜（桂隐）。"[①]而《总目》未曾提及"江西文派"，亦并未视元初刘辰翁和刘将孙之文为文弊："将孙字尚友，庐陵人。辰翁之子，尝为延平教官、临汀书院山长。辰翁以文名于宋末，当文体冗滥之余，欲矫以清新幽隽，故所评诸书多标举纤巧，而所作亦多以

---

① 查洪德：《元初诗文名家庐陵刘诜》，《江西师范大学学报》（哲学社会科学版），2007 年第 3 期，第 40 页。

诘屈为奇,然蹊径独开,亦遂别自成家,不可磨灭。将孙濡染家学,颇习父风,故当日有'小须'之目。吴澄为作集序,谓其浩瀚演迤,自成为'尚友之文',如苏洵之有苏轼。曾以立序则谓'渊源所自,淹贯古今'。今观其《感遇》诸作,效陈子昂、张九龄,虽音节不同,而寄托深远,时有名理。近体亦多佳句,序、记、碑志诸文虽伤于繁富,字句亦间涉钩棘,然叙事婉曲,善言情款,具有其父之所短,亦未尝不具有其父之所长。"①《总目》评刘辰翁文章"清新幽隽""以诘屈为奇",评刘将孙为"颇习父风""效陈子昂、张九龄""寄托深远""字句亦间涉钩棘",《元诗选》更称刘将孙"为文较辰翁愈奇崛"②,可见,以刘辰翁、刘将孙为代表的江西文派,实与虞集所称元初文弊相应照。《总目》不以为然。

　　《总目》亦未指瑕元初文章"艰涩古奥"之弊。卢文弨(1717—1795),乾隆年间进士,为饱学之士。其作《剡源集跋》称赞戴表元一家之文为"真古"文,同时却指斥了元文之弊:"余旧读苏伯修所辑《元文类》、刘钦谟所辑《中州文表》,略识元人所为文,古辞奥句,磈砢斑驳,大率取材于先秦、两汉;其体裁则昌黎之《曹成王碑》,柳州之《晋问》,庶几近之。当宋之末年,其文多流于漫衍茌弱、啴缓骫骳而不振。若元阎静轩、王秋涧、姚牧庵、许圭塘诸人之文,差可矫其弊矣。然古于文者,不必皆古于辞也。如第以辞之古为古文,则又恐以形貌求之,而非精神命脉之所在。是乃赝古非真古也。继得黄梨洲所录《剡源文钞》,则大好之。剡源者,奉化戴表元帅初也。其文和易而不流,谨严而不局,质直而不俚,华腴而不淫。此非徒古于字句之末者也。"③卢氏借戴表元《剡源集》所发观点有二:其一,元文遣词用语学先秦两汉,故艰涩古奥,文体则多墓碑、奏议等实用性体裁;其二,不免有求古辞而无古精神之失。苏天爵《元文类》和刘昌《中州文表》皆为文章选本,所选多馆阁之作,又多出于北人之手,故从文体而言,抒情写意的文章是有所缺失的。但是,即便文体不尽全

---

① 纪昀等:《钦定四库全书总目》卷一六六《养吾斋集》提要,第2214页。
② 顾嗣立:《元诗选三集》甲集,中华书局1987年版,第62页。
③ 卢文弨:《抱经堂文集》卷一四,中华书局1990年版,第192—193页。

面,卢文弨批评元代文章语言艰涩古奥则是不无依据的,如姚燧、刘敏中之作确有此弊。而《总目》完全不论此弊,其评姚燧文云:"张养浩作是集序,称其'才驱气驾,纵横开合,纪律惟意。如古勃将率市人战,鼓行六合,无敌不北。'柳贯作燧谥议,称其'典册之雅奥,诏令之深醇,抉去浮靡,一返古辙,而铭、志、箴、颂,雄伟光洁,家传人诵,莫得而掩。'虽不免同时推奖之词,然宋濂撰《元史》称其文'闳肆该洽,豪而不宕,刚而不厉,春容盛大,有西汉风,宋末弊习为之一变。'国初黄宗羲撰《明文案》,其序亦云:'唐之韩、柳,宋之欧、曾,金之元好问,元之虞集、姚燧,其文皆非有明一代作者所能及。'则皆异代论定,其语如出一辙。燧之文品,亦可概见矣。"①对姚燧之文以标榜和推崇为主,丝毫未及元初"艰涩古奥"之弊,更反称姚燧于文有功,所谓"宋末弊习为之一变"。

2. 元中期之弊

对于元中期之弊,《总目》亦归结为宋末之弊。文渊阁库书提要评刘岳申《岳申集》曰:"岳申为文根柢六经,而以韩、苏为圭臬,故其气骨遒上,无后来卑冗之习。"②《总目》则将之改为:"岳申文宗法韩、苏,故其气骨遒上,无南宋卑冗之习。"③这一改有两处变化,一是删除"为文根柢六经";二是将"无后来卑冗之习"换作"无南宋卑冗之习"。前者或是出于个人文章事实的分歧,而后者则已经关乎元代文章整体评价的分歧,故对于后一更改实可再做深入考究。从语义上看,库书提要所称"无后来卑冗之习",是指元中期以后逐渐滋生出文章流弊,特点是"卑冗";而《总目》所云"无南宋卑冗之习",则是将卑冗之习的流弊直接与南宋文章挂钩,二者以"卑冗"文风所描述的对象显然不同。从更改动机来看,将"后来"更改为"南宋"二字,此番更改应是有所斟酌和考量,至少更改者会思索一个问题:元代文章后来是否有卑冗之习。更改的

---

① 纪昀等:《钦定四库全书总目》卷一六六《牧庵文集》提要,第2217—2218页。
② 刘岳申:《申斋集》卷首提要,《景印文渊阁四库全书》第1204册,第172页。
③ 纪昀等:《钦定四库全书总目》卷一六七《申斋集》提要,第2222页。

结果便是思索的答案,即"卑冗"是南宋的,不属于元代中后期。《总目》评马祖常云:"其文精赡鸿丽,一洗柔曼卑冗之习。"①其中"柔曼卑冗之习"所指便是南宋。换而言之,纪昀未曾认识到元代文章出现过"卑冗之习"的流弊。事实是否如此呢? 元代中后期是否出现了文章流弊呢?

首先看"江西文派"中成就最高的代表文人刘诜所论。《元史·儒学传》载:"(刘诜)年十二,作为科场律赋论策之文,蔚然有老成气象,宋之遗老巨公一见即以斯文之任期之。既冠,重厚醇雅,素以师道自居,教学者有法,声誉日隆。江南行御史台屡以教官馆职、遗逸荐,皆不报。"②其著有《桂隐文集》四卷、《桂隐诗集》四卷。他与江西籍馆阁文人如虞集、揭傒斯和欧阳玄等多有书信往来,而其书信对话透露出元代文学的一次争论。今阅刘诜写给揭傒斯的书信《与揭曼硕学士》:

> 位日高,道日尊,天下之文体日益取正于阁下,天下幸甚。古今文章甚不一矣,后之作者期于古而不期于袭,期于善而不期于同,期于理之达、神之超、变化起伏之妙而不尽期于为收敛平缓之势。一二十年来,天下之诗,于律多法杜工部《早朝大明宫夔府秋兴》之作;于长篇又多法李翰林长短句,李、杜非不佳矣,学者固当以是为正途。然学而至于袭,袭而至于举世若同一声,岂不反似可厌哉? 其于文则欲气平辞缓,以比韩、欧,不知韩、欧有长江大河之壮而观者特见其安流,有高山乔岳之重而观者不觉其耸拔,何尝以委怯为和平、迂挠为春容,束缩无生意、短涩无议论为收敛哉? 故学西施者,仅得其矉,学孙叔敖者仅得其衣冠谈笑,非善学者也。故李、杜、王、韦并世竞美,各有途辙,孟荀氏、韩柳氏、欧苏氏,千载相师,卒各立门户,曾出于欧门而不用欧,苏氏虽父子亦各务于己出。盖士非学古,则不能以超于今,而今亦何必不如古。使吾自能为古,则吾又后日之古也。若同然

---

① 纪昀等:《钦定四库全书总目》卷一六七《石田集》提要,第 2227 页。
② 宋濂等:《元史》卷一九〇"刘诜"传,中华书局 2000 年版,第 2902 页。

而学为一体,不能变化以自为古,恐学古而不离于今也。盖尝读阁下之书,上不逊于古,下不溺于今。诗古矣,而不可以指曰自某氏;文古矣,而不可以指曰自某氏。此善学者也。学古而能使人不知其学古,则吾自为古矣。无他,学古而能为古人之实,不徒为古人之文,此所以能使人不知其学古也。此所以能自为古也。①

刘诜犀利地指出元中期馆阁文人在复古思潮下蹈袭成风、千篇一律的文学弊病。归结言之弊病有二:其一,学古而误入歧途。他揭示了当时诗歌崇尚李白、杜甫而文章模仿韩愈、欧阳修的拟古风气,指斥时人未能得古人神髓,仅学其平易而不见其耸拔,遂出现了举世同声之流弊和气平辞缓的审美风尚。其二,学古而不得宗旨。他提出"今"未必不如"古"的观点,学"古"是为成"今",从而形成"今代"独树一帜之文学,而不是为学古而学古。他还为"学古成今"提供了方法论:学古乃学"古人之实",即精神,而在文章内容和形式上则不限定、不拘格,以此方能成就"今代"之文学。刘诜虽为山林之人,但与同乡的馆阁之士虞集、揭傒斯皆交好,此文作于揭傒斯"迁直集贤"时,刘诜写信道贺并寄予其革弊文章之重任,故有篇首所言。若从当时文坛来看,刘诜此论是针对主张"宗唐得古"而一味追求收敛平和的馆阁文风而发。至于刘诜自身,则是倡导"理之达、神之超、变化起伏之妙"的文风。

然对于指斥馆阁文风之弊的重要文本《与揭曼硕书》,《总目》却只作了表面又片面的解读,完全忽略了此书信之深意。提要云:"考集中有《与揭曼硕书》称:'文章期于古而不期于袭,期于善而不期于同,期于理之达、神之超、变化起伏之妙,而不尽期于为收敛平缓之势','若以委怯为和平,迂挠为春容,如学西施者仅得其颦,学孙叔敖者仅得其衣冠谈笑,非善学者也。'盖其文章宗旨,主于自出机轴,而不以摹拟字句为古。"②而对《与揭曼硕书》一文作出诸多信息提取的馆臣,尚不至于理解不了文章的旨意。盖因主观上不愿作深

① 刘诜:《桂隐文集》卷三,《景印文渊阁四库全书》第1195册,第177—178页。
② 纪昀等:《钦定四库全书总目》卷一六六,第2207页。按,此则提要标点有改动。

层次解读。

其次,对于中期馆阁复古之弊端,江西文派的另一文人刘岳申亦颇为不满,其《答宜春秀才赵民信论文书》云:

> 辱书再三,大抵所不当获者,理难为报。荷意良厚又勤远道,欲不报不可得。报与不报,皆非也。惠示诗文,务不同流俗而有志乎古之作者。韩公所谓"不知直似古人,亦何得于今人也"。每诵此言,可为深悲至慨。仆于文字本非所长,徒愿学,则有志久矣。然每不敢辄有所出,何者? 诚知其未易。以为知者固不可常遇,而遂谓世无知者,尤不可。苟一遇之,则百丑败露矣。赵岐称孟子辞不迫切而意已独至,此文章至妙处,然安可得岐可谓"知者"? 古人不可及正在此。今人急言极论,愈杂乱纷纠,但觉古人不劳馀力而旁通曲畅、无所不有,何其易也。《春秋》之称微而显,夫微即不显,显即不微;君子之道淡而不厌,简而文,夫淡即厌,不厌即不淡,简即不文,文即不简。每读《左传》《史记》《汉书》,去之数千年,其事其人委曲详悉,皆如当日亲见,而高古要妙,去人愈远又何也? 寓从容于简寡,藏曲折于平易,欲以整见暇、以少为多,非不欲仿佛近似,而终不可到。故有至朴而巧者,不能及;有至约而博者,不能尽;有至显白而深晦者,不能近,此古人所以可师也。岳申于行辈中天资最下,徒望古人博学强记,不敢希冀万一,况敢拟议其开口下笔,跋涉倾倒,变化反覆之妙哉?①

这篇文章的信息量非常丰富,一方面刘岳申言及他对于文章学古与创新问题的思考,而韩愈"不知直似古人,亦何得于今人也"的观点本意是在学习古人时还要顾全"今人"之理解,甚为合理。然此语却令刘岳申深感伤悲,原因在于今人"知者"甚少,所谓"今人急言极论,愈杂乱纷纠,但觉古人不劳馀

---

① 刘岳申:《申斋集》卷四《答宜春秀才赵民信论文书》,《景印文渊阁四库全书》第 1204 册,第 219—220 页。

力而旁通曲畅、无所不有”,这一点映射了当时江西文派不受认可的现实。但即便无奈,刘岳申还是从《史记》《汉书》的流传不辍中坚定了自己的主张,即“高古要妙”乃是历时不变的作文宗旨,所以他坚守古人“微而显”的作文之法,即“藏曲折于平易”。另一方面,刘岳申论文有层级,他认为“藏曲折于平易”尚且为最基础的作文之法,而“跋涉倾倒,变化反覆之妙”则是境界更高一层的创作,而他自谦地称其本人仅仅停留在低层次。

不仅主张奇崛文风的江西文人,元末明初的文人对中期文弊亦多有反思。至正十六年(1356)元末明初文人杨彝(1338—1417)为《子渊诗集》作序曰:“国朝南北混一,宗工继作,以中和雅正之声而革金宋之余习,学者非杜诗不观也。然昧者剽剟近似,袭用一律,而不知根本道艺其所以来。或者之议,岂为过哉? 四明张君子渊每与余论及,比而观之。今其友会稽王良与编集子渊之诗为若干卷,以刻诸梓。子渊盖知读杜诗而精其句法者也,成一家言,以见黄太史之语为不诬。”①无独有偶,元末的杨维桢亦秉持相同观点,他曾指出天历以后元文流弊滋生:“我朝文章肇变为刘、杨,再变为姚、元,三变为虞、欧、杨、宋,而后,文为全盛,以气运言,则全盛之时也。盛极则亦衰之始。自天历来,文章渐趋委靡,不失于搜猎破碎,则沦于剽盗灭裂,能卓然自信不流于俗者,几希矣。”②杨氏认为元文弊病有二:一则搜猎破碎,二则剽盗灭裂,故而天历以后元文文格委靡而卑下,故其试图通过复古运动来矫正元中期文弊。

其实,从根本上说,元中后期之文弊实为馆阁之文之流弊,若做纵向类比,则元代馆阁之文与明代台阁体极为相似。但同样是馆阁之作,《总目》批评态度却大不同。对于明代中期“台阁体”之流弊,《总目》多有指斥:“明自正统以后,正德以前,金华、青田流风渐远,而茶陵、震泽犹未奋兴,数十年间,惟相沿台阁之体,渐就庸肤。”③“‘三杨’台阁之体,至弘、正之间而极弊,冗阘肤廓,

①　张仲深:《子渊诗集》卷首序,《景印文渊阁四库全书》第 1215 册,第 310 页。
②　杨维桢:《王希赐文集序》,《全元文》第 41 册,凤凰出版社 2004 年版,第 229 页。
③　纪昀等:《钦定四库全书总目》卷一七〇《襄毅文集》提要,第 2295 页。

几于万喙一音。"①"正统、成化以后，台阁之体渐成啴缓之音。"②"明洪、永以后，文以平正典雅为宗，其究渐流于庸肤。庸肤之极，不得不变而求新。正、嘉以后，文以沉博伟丽为宗，其究渐流于虚侨。虚侨之极，不得不返而务实。二百余年，两派互相胜负，盖皆理势之必然。"③再观，被誉为"开国文臣之首"的宋濂，其文章承"元季虞（集）、柳（贯）、黄（潜）、吴（莱）之后"，钱基博《中国文学史》称其"为文醇深演迤，而乏裁剪之功；体流沿而不返，词枝蔓而不修，此其短也"。④ 可见，承元文而开明文的宋濂亦未免"枝蔓而不修"，即冗杂之弊。

除此，还可加以补正的是，《总目》评价元文时通常会对"支离冗赘"的文弊进行规避。如评胡助之文曰："助诗文皆平易近人，无深湛奇警之思，而亦无支离破碎之病，要不失为中声。"⑤评汪克宽之文为："然其学以朱子为宗，故其文皆持论谨严，敷词明达，无支离迂怪之习。"⑥评胡行简之文云"文章以冲和澹雅为宗，虽波澜未阔，而能确守法度，不为支离冗赘之词"⑦，等等。虽然这些所谓弊病的承担者未能归属，但这便是《总目》之规避文弊立场下的书写所致。

由上所述，元代古文的流弊确实存在，模拟成风、毫无生气，以"卑冗"描述之，不失妥帖。《总目》对文渊阁库书提要的观点删改，并未尊重提要原初撰写者的学术观点，故至背离事实。而更让人警醒的是，《总目》被反复删改和锤炼之后方才定稿，其删改过程并非本于事实的澄清和学术的求真求实，而是往往带有先入为主的目的和动机，而这又与其潜意识的观念和认知不无关

---

① 纪昀等：《钦定四库全书总目》卷一七○《倪文僖集》提要，第 2295 页。
② 纪昀等：《钦定四库全书总目》卷一七○《类博稿》提要，第 2296 页。
③ 纪昀等：《钦定四库全书总目》卷一七○《怀麓堂集》提要，第 2299 页。
④ 钱基博《中国文学史》第六编第一章，上海书店出版社 2015 年版，第 860 页。
⑤ 纪昀等：《钦定四库全书总目》卷一六七《纯白斋类稿》提要，第 2239 页。
⑥ 纪昀等：《钦定四库全书总目》卷一六八《环谷集》提要，第 2257 页。
⑦ 纪昀等：《钦定四库全书总目》卷一六八《樗隐集》提要，第 2258 页。

系。对于元中期馆阁文学之弊，馆臣并非不知，其在《闲居丛稿》提要中便略微露出矛盾和无奈："盖元大德以后，亦如明宣德、正统以后，其文大抵雍容不迫，浅显不支，虽流弊所滋，庸沓在所不免，而不谓之盛时则不可。"[1]馆臣一方面明知元中期馆阁文学存在何种弊病，一方面又必须回护其弊，而这一矛盾冲突透露出的是，馆臣在书写提要时其背后存在着一种无形而强势的支配力，或者说有一种不可抗拒的先入为主的观念作为书写指南。

不可否认，《总目》具有超越所有批评史的最全面的文学史视野，其于清以前的文学通史批评和断代文学批评皆堪称一家之言。具体论元文之批评，《总目》对明嘉靖中期以来的"元无文"论之辩诬和对"元有文"观念的重塑实为中国古代文章史的演进扣接了重要一环，使得宋文、明文之间的历时性源流脉络更为明确而清晰。于此观之，《总目》对元文史和中国古文史的梳理可谓空前绝后。但是，审视之，《总目》的功劳背后亦不无缺憾。一方面《总目》毕竟诞生于独崇儒学、一尊程朱的乾嘉思想生态，馆臣身逢其时，其对元文的批评和塑造便难以从思想的桎梏中超脱，故而导致"道"凌驾于"文"批评范式的形成；另一方面，《总目》对"元无文"的辩诬立场又导致其评价元文时注重塑造而忽略了指瑕，又或者说，《总目》对"元无文"之塑造本来就因为或政治的、或学术的认可而怀有褒赞意图，故而自主地遮蔽其缺陷，进而遮蔽了元文内部的演进逻辑。而此二种现象，无论出于无奈或是出于自觉，对于元文之塑造和批评而言，皆为遗憾之处。然此正为后世对元文之再重塑和再批评提供了借鉴、保留了空间。

第三节　元诗"纤秾靡丽"三辨

"纤秾靡丽"实为《总目》批评元诗的核心话语。"元代纤秾靡丽之习"

---

[1]　纪昀等：《钦定四库全书总目》卷一六七，第 2233 页。

"元季纤秾靡丽之习"频繁出现在《总目》元、明、清别集提要中,用来评价元代及明初的诗歌。《总目》中与此表述类似的语词还有"纤秾之习""纤秾之体""纤媚秾冶""秾艳纤媚""绮靡""靡丽",等等。然细细索味,则不难发现《总目》在运用该词进行元诗批评时实出现了诸多概念模糊和定性不清的问题:其一,限定性时间有"元代"和"元季"两种,二者混杂于提要表述之中,那么,"纤秾靡丽"究竟是用于描述"元代"整体诗风还是仅仅限于描述"元季"这一时段的诗风?《总目》并未就其使用情境作出清晰的界说,但二词以一字之差确实又反映出《总目》对元代文学的认知、定义和态度的不同,故此不得不对二词之使用情境加以辨析;其二,"纤秾靡丽之习"前通常加一"无"字,这说明《总目》又在试图撇清元诗与"纤秾靡丽之习"之关系。如此,则《总目》对元诗的真实态度究竟为何? 其三,《总目》始终未能准确地找到承担"纤秾靡丽"这一批评话语的诗人或群体,故其所使用的批评话语究竟是否符合元诗的真实面貌? 鉴于《总目》元诗批评的隐晦和模糊,本文实有必要对《总目》所提出的相关概念进行澄清,对《总目》隐藏的批评观念进行辨析,方能揭橥《总目》元诗批评之立场、评估《总目》元诗批评之价值。

一、时间范畴辨:元代? 元季?

"纤秾靡丽之习"的时间界定至关重要,因为这直接影响到对《总目》元诗批评的观点和态度的把握。然《总目》中元诗批评的时间限定词却是混沌不清,有以"元代"限定者,亦有以"元季"限定者,那么《总目》的观点究竟为何? 今有必要作专项探讨。

据笔者统计,元别集提要中以"纤秾靡丽之习"描述元代诗歌者共有15 处,其中用"元代"限定者 6 处,如"元代词人往往以风华相尚"[①]"无元

---

① 纪昀等:《钦定四库全书总目》卷一六六《紫山大全集》提要,第 2209 页。

代纤秾之习,亦无宋末江湖蔬笋之气"①"有元作者绮缛居多"②"元诗绮靡者多"③"较元代纤秾之体,固超然尘壒之外也"④"然气骨本清,究亦不同纤媚秾冶之格"⑤。以"元季"限定者7处,如"元末秾艳纤媚之格"⑥"元末年华缛之风"⑦"元季靡靡之音"⑧"元季纤靡之习"⑨"元末佻巧纤靡之习"⑩"虽生当元季,正诗格绮靡之时"⑪"元之季年,多效温庭筠体,柔媚旖旎,全类小词"⑫。此外,还有未加以时间归属者两处,如"诗非所长,而陶冶性灵,绝去纤秾流派,亦足觇其志趋之高焉"⑬;"黄溍为之序,称'国家统一海宇,士俗醇美,一时鸿生硕儒所为文皆雄深浑厚,而无靡丽之习。'"⑭虽未限以时间,但据语义可知这两次使用皆是将"靡丽之习"作为元代的一种主流诗歌风格。

明别集提要中以"纤秾靡丽之习"评价明代诗歌者共16处,主要集中在元末明初的别集提要中(即卷一六九)。其中以"元代"进行限定者2处,如"一洗元人纤媚之习"⑮"能划涤元人繁缛之弊"⑯。以"元季"进行描述者13处,如"稍未脱元季绮缛之习"⑰"不染元季绮靡之习"⑱"振元末纤秾缛丽之

---

① 纪昀等:《钦定四库全书总目》卷一六七《梦观集》提要,第2241页。
② 纪昀等:《钦定四库全书总目》卷一六七《静春堂集》提要,第2226页。
③ 纪昀等:《钦定四库全书总目》卷一六七《五峰集》提要,第2240页。
④ 纪昀等:《钦定四库全书总目》卷一六七《秋声集》提要,第2235页。
⑤ 纪昀等:《钦定四库全书总目》卷一六七《栲栳山人集》提要,第2242页。
⑥ 纪昀等:《钦定四库全书总目》卷一六六《东庵集》提要,第2215页。
⑦ 纪昀等:《钦定四库全书总目》卷一六七《续轩渠集》提要,第2223页。
⑧ 纪昀等:《钦定四库全书总目》卷一六八《北郭集》提要,第2249页。
⑨ 纪昀等:《钦定四库全书总目》卷一六八《丁鹤年集》提要,第2250页。
⑩ 纪昀等:《钦定四库全书总目》卷一六八《吾吾类稿》提要,第2252页。
⑪ 纪昀等:《钦定四库全书总目》卷一六八《玉山璞稿》提要,第2255页。
⑫ 纪昀等:《钦定四库全书总目》卷一六八《铁崖古乐府》提要,第2259页。
⑬ 纪昀等:《钦定四库全书总目》卷一六七《勤斋集》提要,第2227页。
⑭ 纪昀等:《钦定四库全书总目》卷一六七《闲居丛稿》提要,第2232—2233页。
⑮ 纪昀等:《钦定四库全书总目》卷一六九《凤池吟稿》提要,第2263页。
⑯ 纪昀等:《钦定四库全书总目》卷一六九《春草斋集》提要,第2278页。
⑰ 纪昀等:《钦定四库全书总目》卷一六九《翠屏集》提要,第2264页。
⑱ 纪昀等:《钦定四库全书总目》卷一六九《尚絅斋集》提要,第2271页。

习"①"其诗颇沿元季秾纤之习"②"非元末靡靡之音"③"视元末纤秾之格,特为俊逸"④"一扫元季纤秾之习"⑤"不涉元季缛靡之习"⑥"惟七言律诗颇涉流利圆美,不出元末之格"⑦"沿元季余波"⑧"无元季纤秾之习"⑨"无元季纤秾之习"⑩"当元季诗格靡丽之余"⑪。未明限定时间者有 1 处,即"无当时秾艳之习"⑫。《总目》使用此话语本用于指弊,但若加一"无"字,则表示肯定之意。明别集提要中除去张以宁《翠屏集》、杨基《眉庵集》和龚敩《鹅湖集》三别集被评定为未脱"元季秾纤之习",其余别集批评均加一"无"字从反面来进行肯定,即这些别集都浸染有"元季秾纤之习"。明总集提要中亦言及者 1 处,如《明诗综》提要云,"明之诗派,始终三变。洪武开国之初,人心浑朴,一洗元季之绮靡"⑬。明诗文评提要亦有言之者 1 处,如《古今诗删》提要谓:"元诗沿温、李之波,多绮靡婉弱。"⑭可知,"纤秾靡丽之习"实是《总目》对元诗的定性,《总目》又将其作为批评明初诗歌的重要标准。

清别集提要中取用元诗批评者 1 处,《精华录》提要称"平心而论,当我朝开国之初,人皆厌明代王、李之肤廓,钟、谭之纤仄,于是谈诗者竞尚宋、元。既而宋诗质直,流为有韵之语录,元诗缛艳,流为对句之小词"⑮。清总集提要中

---

① 纪昀等:《钦定四库全书总目》卷一六九《大全集》提要,第 2273 页。
② 纪昀等:《钦定四库全书总目》卷一六九《眉庵集》提要,第 2273 页。
③ 纪昀等:《钦定四库全书总目》卷一六九《南村诗集》提要,第 2276 页。
④ 纪昀等:《钦定四库全书总目》卷一六九《樗庵类稿》提要,第 2277 页。
⑤ 纪昀等:《钦定四库全书总目》卷一六九《可传集》提要,第 2278 页。
⑥ 纪昀等:《钦定四库全书总目》卷一六九《独醉亭集》提要,第 2280 页。
⑦ 纪昀等:《钦定四库全书总目》卷一六九《自怡集》提要,第 2281 页。
⑧ 纪昀等:《钦定四库全书总目》卷一六九《鹅湖集》提要,第 2283 页。
⑨ 纪昀等:《钦定四库全书总目》卷一六九《继志斋集》提要,第 2283 页。
⑩ 纪昀等:《钦定四库全书总目》卷一七〇《唐愚士诗》提要,第 2288 页。
⑪ 纪昀等:《钦定四库全书总目》卷一七〇《青城山人集》提要,第 2290 页。
⑫ 纪昀等:《钦定四库全书总目》卷一六九《希澹园诗》提要,第 2282 页。
⑬ 纪昀等:《钦定四库全书总目》卷一九〇《明诗综》提要,第 2662 页。
⑭ 纪昀等:《钦定四库全书总目》卷一八九《古今诗删》提要,第 2645 页。
⑮ 纪昀等:《钦定四库全书总目》卷一七三《精华录》提要,第 2343 页。

言及者 1 处,《宋金元诗永》提要云:"颇能刊除宋人生硬之病,与元人缛媚之失。"①与明别集提要不同,清别集提要中的元诗批评多以"元诗""元人"来限定"纤秾绮丽之习",则其是以"纤秾绮丽之习"作为整个"元代"诗歌特质。

由上梳理,大致可发现:"纤秾绮丽之习"在元、明、清三代别集提要中的使用情况有所不同:元别集提要中"元季"和"元代"的使用情况是混杂参半的;明别集提要中则几乎以"元季"为主,仅一种提要称"元人",且还是征引自朱彝尊《静志居诗话》;清别集提要主要以"元代"范畴进行描述。这说明《总目》在以"纤秾绮丽之习"批评元代诗歌时,或限定以"元季",或是限定为"元代",有时甚至无限定。

那么,这种表述"混沌"的现象究竟是出于馆臣对元代文学缺乏完整性、规律性和统一性的认识,还是馆臣在以一种随意、散乱态度进行书写? 抑或是别有用意? 此有必要将其置于历史的语境中做进一步探究,方可判断。

首先,需追溯"元诗纤秾缛丽"这一印记是何时烙上的? 在此需要梳理《总目》之前的明、清文人对元诗的接受情况。

明成化年间,茶陵派代表人物李东阳在其《怀麓堂诗话》中正式将"元诗"纳入诗歌评价体系,其论诗曰:"六朝、宋、元诗,就其佳者,亦各有兴致,但非本色。只是禅家所谓'小乘',道所谓'尸解'仙耳。"②曰:"宋诗深,却去唐远;元诗浅,去唐却近。顾元不可为法,所谓'取法乎中,仅得其下'耳。"③从"非本色""不可为法"等语词,可知他对元诗的整体评价并不高。尽管整体评价不甚高,但他对元末杨维桢的古乐府却是推崇备至。其撰《拟古乐府引》,在

---

① 纪昀等:《钦定四库全书总目》卷一九四《宋金元诗永》提要,第 2721 页。
② 李东阳著,李庆立校释:《怀麓堂诗话校释》第六七则,人民文学出版社 2009 年版,第181 页。
③ 李东阳著,李庆立校释:《怀麓堂诗话校释》第八则,人民文学出版社 2009 年版,第33 页。

指瑕李白乐府"题与义多仍其旧"①之时,却褒赞杨维桢"力去陈俗而纵其辩博,于声与调或不暇恤"②,忽略其声调之弊而推崇其乐府创新之举。除此,李东阳还模仿杨维桢创作乐府《长沙竹枝词》《茶陵竹枝词》。李东阳对元末杨维桢乐府创作之欣赏程度,由此可见。李东阳还论曰,"元之巧者,皆词也"③,指出元诗中有一种"纤巧"诗风者,并以"词"喻此风格之诗歌。

胡缵宗(1480—1560)处于明代前、后七子复古浪潮之间的嘉靖朝,他在《杜诗批注后序》提出:"汉、魏有诗,梁、陈、隋无诗;唐有诗,宋、元无诗。梁、陈、隋非无诗,有诗不及汉、魏耳;宋、元非无诗,有诗不及唐耳。"④他尽管已将元诗作为独立个体进行批评,但其是以唐诗为标尺来衡量元诗的。

王世贞(1526—1590)为后七子复古派领袖,论诗主"格调"。他对元代诗歌尚未形成特征性的认识,尚且是以"元无文"的忽略态度来论断元代文学。其《艺苑卮言》称:"元诗人元右丞好问、赵承旨孟𫖯、姚学士燧、刘学士因、马中丞祖常、范应奉德机、杨员外仲弘、虞学士集、揭应奉傒斯、张句曲雨、杨提举廉夫而已。赵稍清丽而伤于浅,虞颇健利,刘多伧语而涉议论,为时所归;廉夫本师长吉,而才不称,以断案杂之,遂成千里。"⑤对元代诗歌成就显著的诗人赵孟𫖯、虞集、刘因和杨维桢,他均一一指其弊病。对于明初沿袭元季纤秾之风的"吴中四杰"之一杨基,王世贞以"诗如词"评之,曰:"杨孟载有一起一联,甚足情致,而不及之者,'判醉望愁醒,愁因醉转增',是词中《菩萨蛮》调语;

---

① 李东阳:《诗前稿》卷一《拟古乐府引》,《李东阳集》第 1 卷,岳麓书社 1984 年版,第 1 页。

② 李东阳:《诗前稿》卷一《拟古乐府引》,《李东阳集》第 1 卷,岳麓书社 1984 年版,第 1 页。

③ 李东阳著,李庆立校释:《怀麓堂诗话校释》第四七则,人民文学出版社 2009 年版,第 148 页。

④ 胡缵宗:《鸟鼠山人小集》卷一一,《四库全书存目丛书》集部第 62 册,齐鲁书社 1997 年版,第 306 页。

⑤ 王世贞著,罗仲鼎校注:《艺苑卮言校注》卷四,齐鲁书社 1992 年版,第 227—228 页。

‘尚短柳如新折后，已残花似未开时’，是《浣溪沙》调语故也。”①

明嘉靖、万历间的胡应麟（1551—1602）为复古派末五子之一，是明代有意识地关注元诗的第一人，他对明人忽视元诗的现象深表不满："今以元人，一概不复过目，余故稍为拈出，以俟知者。"②同时，其《诗薮》是由元入明以来论述元人诗歌最多最详细的诗学著作，值得元诗研究者关注。胡氏多将元人诗与唐人诗、宋人诗置于对比中来论述，如"唐人诗如初发芙蓉，自然可爱；宋人诗如披沙拣金，力多功少；元人诗如缕金错采，雕缋满前。三语本六朝评颜、谢诗，以分隶唐、宋、元人，亦不甚诬枉也"③。又如"元则不然，体制音响，大都如一，其词太绮缛而乏老苍，其调过匀整而寡变幻，要以鉴戒前车，不得不尔。至于肉盛骨衰，形浮味浅，是其通病。国初诸子尚然"④。再如其称元诗"皆雄浑流丽，步骤中程，然格调音响，人人如一，大概多模往局，少创新规，视宋人藻绘有余，古淡不足"⑤。胡氏以"缕金错采，雕缋满前""词太绮缛""肉盛骨衰""藻绘有余"等此描述元诗，不无贬斥之义。值得一提的是，胡应麟虽为明代复古派成员，但是他论诗主张"体格声调，兴象风神"⑥"陶写性灵，标举兴象"⑦，实为明后期诗学由"格调说"转向"神韵说"的过渡人物。故当以"体格声调"衡量元诗时，胡氏的评价自是不高。

时至明末清初，元诗批评成果渐趋丰富，尤以闽派诗人之论为富。闽派诗人多有能赏识元诗之美者，徐𤊿（1563—1639）便是颇具代表的一例。其为藏书之家，私人藏书可谓丰赡，《徐氏红雨楼书目》列录"元诸家姓氏"共 260

① 王世贞著，罗仲鼎校注：《艺苑卮言校注》卷五，齐鲁书社 1992 年版，第 255 页。
② 胡应麟：《诗薮》外编卷六，中华书局 1958 年版，第 226 页。
③ 胡应麟：《诗薮》外编卷六，中华书局 1958 年版，第 226 页。
④ 胡应麟：《诗薮》外编卷六，中华书局 1958 年版，第 222 页。
⑤ 胡应麟：《诗薮》外编卷六，中华书局 1958 年版，第 222 页。
⑥ 胡应麟：《诗薮》内编卷五，中华书局 1958 年版，第 97 页。
⑦ 胡应麟：《少室山房集》卷八一，《景印文渊阁四库全书》第 1290 册，第 583 页。

家①,明确著录的元别集共 50 种,故其论元诗当是出于自身对作品的真切感悟。徐𤊹论元诗的内容散见于《笔精》和《红雨楼题跋》中,其云:"迨夫胜国之世,虽以腥膻而主中华,其间修词之士蜂起,尽洗陈腐习气。冲恬者师右丞、襄阳,浓丽者媲义山,用晦奇峭者迈长吉、飞卿,人操寸管,各成一家,不失唐人矩矱。后之评者谓元诗直接唐响,真千古不易之论也。"②又云:"胜国人才之盛,超宋接唐,当时善鸣者凡数百家,皆流丽逸宕,以情采风致胜。"③他将元诗定评为"直接唐响""超宋接唐",评价可谓极高。他还称赞元诗风格多样、不拘一格,且称元诗以"情采风致"为其优点和特点,此中亦流露出对元诗之欣赏态度。需指出的是,徐氏论诗宗唐,当他认定元诗是对唐诗的全面继承时,元诗已经被他赋予了重要的诗史地位。然而,褒赞之中亦略有微词,徐氏清晰地指出了元诗之弊病。其《笔精》"元诗"条云:"赵子昂绝句云:'春寒侧侧掩重门,睡鸭香残火尚温。燕子不来花又落,一庭风雨自黄昏。'滕玉霄绝句云:'吟人瘦倚玉阑干,酒醒香消午梦残。燕子不来春社去,一帘疏雨杏花寒。'二首颇相似,皆诗中绝佳句也。唐人无此纤弱之作。"④认为与唐人诗相比,元人诗则有"纤弱"之弊。《笔精》"卢圭斋诗"条⑤又云:"卢诗自佳,如'岚气满林晴亦雨,溪声近驿夜如秋';'潮生远浦孤帆小,雨过苍崖古木寒';'小桥跨涧村春急,老树吹花野店香';'暮云松径僧归寺,夜雨篷窗客在船';'门掩落花春去后,梦回残月酒醒时';'梧叶几番深夜雨,梅花一树短篱霜'。清典可咏。

---

① 徐𤊹:《徐氏红雨楼书目》"元诸家姓氏",《晁氏宝文堂书目·徐氏红雨楼书目》,上海古籍出版社 2005 年版,第 377—381 页。

② 元好问等著:《元人十种诗》卷首徐氏序,《海王村古籍丛刊》,中国书店 1990 年版,第 1 页。

③ 徐𤊹:《红雨楼题跋》卷下,《续修四库全书》第 923 册,上海古籍出版社 2002 年版,第 21 页。

④ 徐𤊹著,沈文倬校注:《笔精》卷四诗谈"元诗"条,福建人民出版社 1997 年版,第 100 页。

⑤ 按,"卢圭斋"当为"卢圭峰"之误,卢琦有《圭峰集》,后抄本误作《圭斋集》,徐氏亦仍此误。《圭斋集》实乃元代欧阳玄的别集,"圭斋"为欧阳玄的号。

元诗多纤弱,若圭斋者,实有唐调者也。"①此条虽赞卢琦诗有唐调,但"元诗多纤弱"这一批评语亦由此中而发。归结来看,徐𤊶对元诗的定位是:超越宋诗,直接唐诗;然与唐诗相比,其又逊于纤弱。

闽派诗人谢肇淛(1567—1624)亦对元代诗歌多有关注。他论诗崇唐抑宋,而以元诗对接唐诗,其曰:"两京三都之后,几二百年无赋,至齐、梁而后有作,其体变矣。初、盛、中、晚之后,几四百年无诗,至元而后有作,其调殊矣。然与其为汉赋之艳,而诬宁为六朝之简而则;与其为晚唐之巧而伤,宁为元之浅而婉。"②首先,他认为元诗胜过宋诗而直接唐诗,并给予了元诗"变革者"这一极高的诗歌史地位;其次,他以"浅而婉"为元诗之弊而以"巧而伤"为晚唐之弊,且认为元诗之弊优于晚唐诗之弊。此外,他又在元诗与宋诗的对比中抬升元诗之地位:"自元而后,道学之语革矣。元人之才情音调自过宋人,而浓郁富厚终觉未逮。虞、杨、范、揭、赵、萨诸公自成一家言可矣,欲其淹贯百代,包涵万里,未能比肩临川,而况庐陵、眉山乎!"③他称元诗革除了宋诗的"道学之语",尽管缺失了义理的厚重感和深度感,但从才情、音调的角度来说,元诗却更有韵致了,于此而言,元诗胜过宋诗。同时,他也指出元代诗人之杰出者终究是不能与宋代欧阳修、苏轼相提并论。在后七子复古宗盛唐的背景下,谢肇淛论诗宗严羽"神韵说"而反对七子派复古之"形似";其主张"真诗",即诗歌应表现内心真实情感,与公安派有相通之处。正是在这样的诗学观之下,以"才情音调"取胜的元诗才会更加被其欣赏。

颇具代表性的闽派诗人还有曹学佺(1574—1646)。曹学佺编《历代元诗选》,选萨都剌诗176首,虞集108首、赵孟𫖮85首、杨维桢83首。以选诗数

---

① 徐𤊶著,沈文倬校注:《笔精》卷四诗谈"卢圭斋诗"条,福建人民出版社1997年版,第104页。

② 谢肇淛:《文海披沙》卷八,《北京图书馆古籍珍本丛刊》第65册,书目文献出版社1988年版,第471页。

③ 谢肇淛:《小草斋诗话》,《明诗话全编》第6册,江苏古籍出版社1997年版,第6678页。

量观之,曹学佺以"情"论元诗,他以为公论之元诗四大家(虞集、杨载、范梈、揭俣斯)实不及"最长于情"①的诗人萨都剌。他对元诗的评价主要集中在《石仓元诗选·自序》中:"予观夫鲜于、袁、赵、虞、杨、范、揭诸名家,可谓盛矣;而萨都剌、雅正卿之出自雁门、可都,又皆元上都地也,即若北朝之温子昇、庾子山,何多让焉?然人病其纤丽,以多咏物诗,如《鹤骨笛》《走马灯》《芦花被》之类,极其工巧,以求速肖,而风人比兴之义鲜矣。"②曹氏对元代诗人颇为推崇,中一"然"字则表达出曹氏对于众人指瑕元诗"纤丽"之弊不以为然。

除闽派诗人,明末清初还有以"秾丽"称元人诗歌者,如曹溶(1613—1685,字洁躬),以明末清初藏书家著称,编撰有《静惕堂藏宋元人集目》,所录宋集 180 家,元集 115 家,可见其对元别集颇为熟稔。其又兼为诗人、词人,有《静惕堂诗词集》传世,故其诗文批评当不无独见。朱彝尊在《明诗综》中"郭奎"条引曹溶评语曰"曹洁躬云:'参军诗以骨胜,一洗元人秾丽之习。'"③此外,诗学大家朱彝尊(1629—1709)以"纤缛"称元诗,其在《静志居诗话》中评明初汪广洋诗时便以元诗为批评参照:"忠勤诗饶清刚之气,一洗元人纤缛之态。"④又在评"吴中四杰"之一杨基时称"犹未洗元人之习,故铁厓亟称之"⑤,指斥杨基诗有元人纤缛之习。

再看清初的元诗评价。在乾隆朝之前最为杰出的诗论家当属康熙朝王士禛,其《带经堂诗话》有论元诗曰:"元诗靡弱。自虞伯生而外,唯吴立夫长句瑰玮有奇气,虽疏宕或逊前人,视杨廉夫之学飞卿、长吉区以别矣。"⑥其中的"靡"便是靡丽华缛,"弱"便有"纤弱"之意。康熙年间顾嗣立《元诗选》的编选,乃元诗史上一大盛事,标志着元诗作为独立的个体而进入了唐、宋诗学二

① 虞集:《傅与砺诗集序》,《虞集全集》上册,天津古籍出版社 2007 年版,第 591 页。
② 曹学佺:《石仓历代诗选·元诗选》卷首序,明崇祯间刻本。
③ 朱彝尊:《明诗综》卷一三,上海古籍出版社 1993 年版,第 240 页。
④ 朱彝尊:《静志居诗话》卷二,人民文学出版社 1990 年版,第 31 页。
⑤ 朱彝尊:《静志居诗话》卷二,人民文学出版社 1990 年版,第 66 页。
⑥ 王士禛著,戴洪森校点:《带经堂诗话》卷四,人民文学出版社 2006 年版,第 96 页。

派对峙的清初诗坛。时人多借此编来发表对元诗的评价。康乾之际顾奎光《元诗选序》称:"南宋诗家名曰学唐,实则竟挑唐人或崛强拗折生硬以为老,或浅近率易鄙俚以为真,议论好尽,才气过豪,而少缘情绮靡含蓄蕴藉之意。风雅之道熠矣……元诗矫宋流弊,而失于多学晚唐纤浓繁缛之病,势所不免。"①顾奎光虽有推崇元诗之意,但仍以"多学晚唐""纤浓繁缛之病"称之。宋荦在《元诗选序》则谓"万历以后,变而学晚唐,又变而学温、李,近乃变而学宋,而元无称焉……论者谓元诗不如宋,其实不然,宋诗多沉僿,近少陵;元诗轻扬,近李太白。以晚唐论,则宋人学韩、白为多,元人学温、李为多,要亦娣姒也"②。宋氏先以"元无称"描述元诗在清初被边缘化的地位,然后再言其风格并为其辩诬。此序作于康熙四十二年(1703),正值清初宗唐与宗宋纷争激烈之时,宋荦作为折衷派代表,认为元诗多宗温庭筠、李商隐,与宋诗同为宗唐者,其见解又颇流露出尊唐的倾向。乾隆年间的薛雪在《一瓢诗话》中更是将前人之论夸大为"元诗似词"③的表述。

《四库全书》及《总目》的纂修官亦承接清初元诗之论。总纂官纪昀在《冶亭诗介序》中称:"元人变为幽艳,昌谷、飞卿遂为一代之圭臬,诗如词矣。铁崖矫枉过直,变为奇诡,无复中声。"④元诗主要学李贺、温庭筠,诗风以幽艳为特征,元诗"诗如词",这是纪昀比较系统的元诗批评。纪昀还在《清艳堂诗序》中对历代代表诗人的诗风特征作归纳时称:"苏、李之诗天成,曹、刘之诗闳博,嵇、阮之诗妙远,陶、谢之诗高逸,沈、范之诗工丽,陈、张之诗高秀,沈、宋之诗宏整,李、杜之诗高深,王、孟之诗淡静,高、岑之诗悲壮,钱、郎之诗婉秀,

---

① 顾奎光辑:《元诗选》卷首《元诗选叙》,清乾隆十六年(1751)刻本。

② 顾嗣立:《元诗选初集》卷首序,中华书局1987年版,第5页。

③ 薛雪:《一瓢诗话》第一七〇则,《原诗·一瓢诗话·说诗晬语》,人民文学出版社2006年版,第140页。

④ 纪昀著,孙致中等校点:《纪晓岚文集》卷九《冶亭诗介序》,河北教育出版社1995年版,第190页。

元、白之诗朴实,温、李之诗绮缛。千变万化,不名一体,而其抒写性情,则一也。"①其中便以"绮缛"描绘温庭筠、李商隐之诗风。可见,纪昀对元诗是以"幽艳""绮缛"定评的。

作为《总目》提要分纂官的翁方纲亦以"绮丽"评骘元诗。其《石洲诗话》中有大量元诗之论,有直接评论者,如"元人之绮丽,恨其但以浅直出之耳。此所以气格不逮前人也"②;亦有作为评论背景而提及者,如"王原吉才力富健,而抑扬顿挫,不尽如元人概涂金粉"③,他在评价王逢诗歌时以元人诗"涂金粉"为背景,称元诗过于妆饰而呈绮丽之貌。与纪昀同,翁方纲也认为元人学李贺,其云"长吉词调藻韵,故自艳发。然至元人,不拘何题,不拘何人,千篇一律,千手一律,真是可厌"④,斥责元人模拟李贺"词调藻韵,故自艳发"而至于泛滥的这一现象。

以上对由明及清关于"元诗纤秾绮靡"这一论断源流进行爬梳,大致可获得以下几点认识:其一,以"绮靡""秾丽"定性元诗,肇端于正统年间李东阳《怀麓堂诗话》,雏形于明万历时期胡应麟《诗薮》,成说于清初诗评。其二,明代闽派诗人如谢肇淛、徐火勃、曹学佺等对元诗之评价不同于前人,其并不以"靡丽"非之,而是以"情采风致""才情音调"称赞之。其对元诗的指瑕则主要为"浅"或"弱",不及唐音"工"或"强"。这与万历时期闽派诗人诗学观密切相关。清道光年间汪端《明三十家诗选》选录并评价谢肇淛诗云:"明初闽中十才子,专学盛唐。万历间徐幔亭昆季、曹石仓及在杭诸人则兼法钱、刘、

---

① 纪昀著,孙致中等校点:《纪晓岚文集》卷九《清艳堂诗序》,河北教育出版社 1995 年版,第 202 页。
② 翁方纲:《石洲诗话》卷五,《谈龙录·石洲诗话》,人民文学出版社 1981 年版,第 182 页。
③ 翁方纲:《石洲诗话》卷五,《谈龙录·石洲诗话》,人民文学出版社 1981 年版,第 183 页。
④ 翁方纲:《石洲诗话》卷五,《谈龙录·石洲诗话》,人民文学出版社 1981 年版,第 175 页。

元、白,并洪武诸家,虽前后宗尚微有不同,要皆精研格律,无忝正声。"①诚如其言,万历年间的闽中诗学观与明初闽中诗学观已有不同,它在主盛唐的同时又兼法中唐,故其对诗歌审美的维度已超出明初闽中诗派。此外,明末闽派诗人论诗多倾向性灵一脉。谢肇淛称"诗者,人心之感于物而成声者也"②,故其尤为反对宋代以道学议论入诗者;徐燉提倡诗歌当"阐发性灵,穷写情物"③,这些都体现出"主情"的诗学祈尚,而以"情采风致"认同和欣赏元诗也正是其"主情"诗学观的表现。其三,明末清初朱彝尊、曹溶、王士禛皆以"靡丽"评元诗,这奠定了清人接受元诗的基调。此时其所称"纤秾绮丽"实多有贬斥之意。其四,康熙朝编修《元诗选》,其选诗和评诗皆尚"情致""靡丽"。《元诗选》的传播无疑将强化康熙朝以后诗坛对元诗"靡丽"标识的认识和接受。然编选者顾嗣立论诗崇中晚唐,其评元诗"靡丽",仅与"情致"有关,并无贬义。其五,"元诗绮靡"是纂修《四库全书》及《总目》当时的主流论调。《总目》未取闽派以"情采风致"论元诗的观点,而是秉承朱彝尊、王士禛等人的元诗"纤秾绮靡"之论。

由上溯源和对比可知,《总目》以"元代"这一时间范畴来限定"纤秾之体",是取用了清初元诗批评之公论,即以"纤秾缛丽"为元诗标签,以"纤秾"来定义整个元代诗歌。

秉承"公论"是馆臣撰写《总目》时所遵循的重要原则,故此论实无可厚非。但是,《总目》又何以出现了"元季纤秾缛丽之习"一说?是否馆臣随意、混乱表述所致?

事实上,"元季"一说正是《总目》不同于前人的新观点和新表达,它与"元代"的表述并行而不悖。"元代纤秾之体"属于外部比较向度的描述,凸显的

---

① 汪端:《明三十家诗选二集》卷七上,同治十二年(1873)蕴兰吟馆刊本,第 16b 页。

② 谢肇淛:《小草斋诗话》,《明诗话全编》第 6 册,江苏古籍出版社 1997 年版,第 6665 页。

③ 徐燉:《红雨楼题跋》卷下,《续修四库全书》第 923 册,上海古籍出版社 2002 年版,第 29 页。

是元诗区别与唐诗、宋诗和清诗的辨识特质,"元季纤秾缛丽之习"则属于内部比较向度的描述,主要在于区分元代诗歌内部的初期和中期的阶段特征,后者正体现出《总目》对元代诗歌批评的细化意识。相较于前人大多从宏观角度论元诗,《总目》还兼顾从微观角度对元诗内部展开批评。邓绍基先生认为明清诗话为元诗贴上以"纤秾缛丽之习"标签的行为是有待反思的,他曾指出,李东阳、胡应麟以及清人对元诗的评价与"我国传统的诗话著作中普遍存在的用语缺乏分寸感的弊病一样,他们的这些诗话式的评论是不够科学的"①。针对明清诗论中的元诗标签,他认为"如果按照传统的关于诗风'秾缛'的概念来衡量,元诗中诚有这种现象,那大抵是在天历以后,如萨都剌和杨维桢的一部分作品和一些浙东诗人的作品便有这种倾向。但不是元末诗歌的全部,当时张翥、傅若金、王冕、陈基、戴良的诗歌,几乎与'秾缛'无缘。而在延祐年间和延祐以前,无论是'四大家'还是刘因、赵孟頫的诗作,更不存在这种倾向"②。此言不无道理。诗话式的评价通常会从批评对象中拈出某一区别性的特色并不断强化,从而使得这一特色成为其唯一标签。因此,批评对象的多元面貌便被遮蔽了。在此意义上说,馆臣将"纤秾缛丽之习"具体确定在元季这一阶段,无疑是对明清诸人评论的一种补充。

上述所论,澄清了馆臣对"元代纤秾缛丽之习"和"元季纤秾缛丽之习"表述分歧的原因。笔者认为《总目》取两种表达,实际从两种不同向度描述元诗:一为处于历朝历代诗歌史中的元诗特征,一为元代诗歌史内部的阶段特征,二者并行而不悖。《总目》将"纤秾缛丽之习"确定在元季这一阶段,这是《总目》区别于明清诸多评价的一种新的元诗批评观点,在某种程度上说,这也是对前人元诗批评的一次细化和深化。

---

① 邓绍基:《元代文学史》,人民文学出版社 1991 年版,第 347 页。
② 邓绍基:《元代文学史》,人民文学出版社 1991 年版,第 347 页。

二、归属对象辨:孰是? 孰非?

如前文所言,在细分化的元诗批评中,《总目》是将"纤秾缛丽之习"主要锁定在"元季",视"纤秾之习"为元季诗歌创作中的一股颇为典型的风气和浪潮。然检《总目》元别集提要,使用该批评语词且又有具体批评对象与其呼应者仅1处,即《玉山璞稿》提要。《玉山璞稿》是元末诗人顾瑛的著作,《总目》以顾瑛为染"纤秾之习"者,其云:"今观所作,虽生当元季,正诗格绮靡之时,未能自拔于流俗,而清丽芊绵,出入于温岐、李贺间,亦复自饶高韵,未可概以诗余斥之。"①据其所述,浸染"纤秾之习"的顾瑛诗歌有三个特征:其一,诗风"清丽芊绵";其二,习中晚唐"温庭筠""李贺"之体;其三,类"诗余"。然细味提要,《总目》称顾瑛诗风"清丽芊绵",是"未能自拔于流俗",既然如此,那么在元末使顾瑛浸染"绮靡"诗风的群体或诗人究竟是谁? 引领"流俗"者又是谁?《总目》所谓的元末"纤秾缛丽之习",这一诗弊究竟由哪些诗人来承担? 如果无人承担,此论是否为谬论? 这些都是《总目》未能明晰的问题。

先从《玉山璞稿》提要入手,提要先言"虽生当元季,正诗格绮靡之时,未能自拔于流俗",意谓顾瑛对"绮靡"之风的接受是出于被动而非主动。后言"清丽芊绵,出入于温岐、李贺间,亦复自饶高韵,未可概以诗余斥之",显然又是在"绮靡"的轻重程度上对顾瑛诗进行回护,由此看来,馆臣在试图疏离顾瑛与"绮靡"之风的关系。《总目》为何要疏离顾瑛与"绮靡"之风的关系? 顾瑛与"绮靡"之风究竟是怎样的关系? 事实上,顾瑛实为元末"绮靡"之风的引导者和主持者。馆臣对顾瑛的文学定位显然与元代文学史的真实情形不符。

其一,从顾瑛创作风格、玉山雅集作品风格和时人对其诗之评价等多角度考察,或可复原元末诗学祈尚——清丽奇古。吴克恭为顾瑛友人,其曾到访顾瑛玉山佳处,与众人唱和。至正九年(1349)吴克恭曾作《玉山草堂序》,其云:

---

① 纪昀等:《钦定四库全书总目》卷一六八,第2255—2256页。

"仲瑛肃予于草堂,出诸君所为诗观之。适兰雨方霁,林景清沐,予神情超然,手其帙不舍去。时客会稽外史于立、吴龙门山僧琦各捉笔赋诗,诗成,辞辄清丽奇古,皆可观。"①从其以"清丽奇古"评玉山雅集的核心人物如于立、释良琦等人的诗风,大体可见当日玉山雅集的主流风尚。那么,何谓"清丽奇古"?此可从顾瑛《栖云轩》诗中一睹风貌,诗云:

> 春云压帘飞不起,暖气茏葱百馀里。桃花亭亭笑酣春,溪边浣花染溪水。武陵才人碧窗底,青霓衣裳白霞里。翠烟点染猩猩毛,冰绡凝文露华洗。山光入眼青青迷,小鸟向人啼复啼。前村后村树如盖,柳花起舞回风低。云师雨师浩无据,驱云劳劳向何处。请君劝师一杯酒,更借白云檐下住。②

该诗前部分可谓"清丽芊绵",如"翠烟点染猩猩毛,冰绡凝文露华洗"二句,末四句则以"云师""雨师""驱云"这一想象入诗,可谓"奇"处,而"古"处则是在诗歌体裁和性情抒发上多有古人韵致。除此,在钱谦益《列朝诗集》选录的顾瑛《天宝宫词十二首寓感》组诗中亦有体现。该组诗第十首为:

> 宫衣窄窄小黄门,踯躅初开赐缥盆。夜月不窥鹦鹉冢,春风每忆凤皇园。爱收花露消心渴,怕解金诃见爪痕。只有椒房老宫监,白头一一话开元。(原注:"铁厓评曰:'十诗绵联缛丽,消得锦半臂也。'")③

该诗在组诗中排序为第十,故杨维桢评语称"十诗"。杨维桢嘉赏该诗"绵联缛丽""绵(锦)半臂",则"缛丽"之诗实为顾瑛所擅长,或亦为元末玉山雅集诗人群所推崇。此诗后被顾嗣立《元诗选》转引。顾嗣立论诗主"情致",推崇中晚唐诗,其著有《温飞卿诗集笺注》。《元诗选》收录顾瑛"缛丽"之诗,

---

① 顾瑛辑,杨镰、叶爱欣整理:《玉山名胜集》卷上,中华书局 2008 年版,第 16 页。

② 顾瑛:《玉山璞稿》,《景印文渊阁四库全书》第 1220 册,第 132 页。

③ 钱谦益编,许逸民、林淑敏点校:《列朝诗集》甲集前编第八上,第 1 册,中华书局 2007 年版,第 471 页。

实因此诗风完全符合顾嗣立之诗歌审美。《总目》认同前人之说,其引"清丽芊绵"评价顾瑛之诗,此一词出自晋人陆机《文赋》"或藻思绮合,清丽芊眠。炳若缛绣,凄若繁弦"①一句。陆机使用该词是用来形容华美缛丽之文,《总目》引之则是用于描述顾瑛"绮靡"风格之诗。综观前论,从元末到清初,顾瑛与玉山雅集崇尚"缛丽"诗风几成公论,《总目》与之。

其二,从顾瑛的身份与地位来看,其当为玉山草堂雅集的盟主、缛丽诗风的领军人物,而玉山草堂雅集的诗人群体便是元末"绮靡"之习的渊薮和阵地。黄仁生先生在《杨维祯与元末明初文学思潮》认为杨维桢、顾瑛为元末诗歌风尚的引领者和助推者,他说:"正因为杨维祯与李孝光联手倡导古乐府运动才一起创立了铁雅诗派,而加入派中的成员也随之投入其中才构成了这场运动的中坚力量,后来顾瑛倾注巨大的热情和财力来追随、声援杨维祯,既扩展了铁雅诗派的队伍和影响,也推动了古乐府运动向纵深演进。那么,杨维祯和李孝光、顾瑛在元末诗坛都称得上是一身而二任,他们既是铁雅诗派的主将或副将,也是古乐府运动一定时期内的领军人物。"②不仅黄仁生先生认为如此,左东岭先生亦认为元末以杨维桢、顾瑛为中心的文人群体创作所呈现的便是"纤巧秾丽"之风,其云:"这种生命存在方式(按:指玉山雅集)决定了当时诗歌的才力竞赛性质与作者私人化情感抒发的主要特征,并构成其纤巧秾丽的体貌。"③他的论述颇为详实周全,其中提及了杨维桢与顾瑛于元末倡导的"纤巧秾丽"之风,可谓顾瑛、杨维桢二人自身便是"流俗"引领者的有力证据。同时,顾瑛所主玉山雅集则是"纤巧秾丽"之风的主要创作阵地。杨镰先生更是直接给杨维桢和顾瑛二人冠以"诗坛盟主"之称,并认为"在两浙三吴,元代后期的几十年间杨维桢一直是诗坛的领军人物,而顾瑛则是热心的东道

---

① 孙耀煜:《历代文论选释》,江苏教育出版社 1989 年版,第 58 页。

② 黄仁生:《杨维祯与元末明初文学思潮》,东方出版中心 2005 年版,第 215 页。

③ 左东岭:《玉山雅集与元明之际文人生命方式及其诗学意义》,《文学遗产》2009 年第 3 期,第 97 页。

主……杨维桢,再加上顾瑛,是支撑元诗在至正年间(主要是战乱期间)走向繁荣顶点的主要推动力"①。

由上辨析可知,顾瑛不仅是"元季纤秾缛丽之风"的践行者,更是此风的引导者。《总目》欲疏离顾瑛与"纤秾靡丽之风"之关系,这一主观意愿与二者的真实状貌实则相去甚远。

再看元末诗坛的另一位领军者杨维桢。元季最有成就且最具影响力的诗人当属杨维桢。他在元末以古乐府运动这一创举及其极具特色的"铁崖体"而名噪一时,其于元诗的标杆意义已为后世学界之共识。《总目》将会如何书写他与"元季纤秾缛丽之习"的关系?《铁崖古乐府》提要云:

> 元之季年,多效温庭筠体,柔媚旖旎,全类小词。维桢以横绝一世之才,乘其弊而力矫之,根柢于青莲、昌谷,纵横排奡,自辟町畦。其高者或突过古人,其下者亦多堕入魔趣。故文采照映一时,而弹射者亦复四起。②

相同的论述还出现在《御定四朝诗》提要中:

> 有元一代,作者云兴。虞、杨、范、揭以下,指不胜屈。而末叶争趋绮丽,乃类小词。杨维桢负其才气,破崖岸而为之,风气一新,然讫不能返诸古也。③

结合观之,《总目》以"乘其弊而力矫之""破崖岸而为之"称杨维桢,是认为杨维桢乃"元季纤秾缛丽之习"的革除者,其倡"铁崖体"所针对的正是"(元)末叶争趋绮丽"之弊。更明确地说,《总目》视杨维桢为"元季纤秾缛丽之习"的振弊者和铲除者。依《总目》之逻辑推之,杨维桢既然是革除者,那么他本人便绝非浸染者,其诗歌亦当是力辟"元季纤秾缛丽之习"。《总目》此观点究竟是否属实? 答案是否定的。

---

① 杨镰:《元诗史》,人民文学出版社2003年版,第518页。
② 纪昀等:《钦定四库全书总目》卷一六八,第2259页。
③ 纪昀等:《钦定四库全书总目》卷一九〇,第2658页。

诚然,杨维桢于元末确有振弊之功,其门人贝琼《铁崖先生传》曰:"元继宋季之后,政庞文抗,铥(铁)涯务铲一代之陋,上追秦汉。"①清康熙朝顾嗣立评价说:"至正改元,人材辈出,标新领异,则廉夫为之雄。而元诗之变极矣!"②但是,其铲陋和变极的对象却并非元末"纤秾缛丽之习",而是另有其他,后文将展开。事实上,杨维桢并不是"元季纤秾缛丽之习"的振弊者,反而是参与者和引领者。《总目》观点并不成立,因为其说与杨维桢本人的诗歌地位并不相符。

那么杨维桢倡导元末古乐府运动、倡"铁崖体",究竟是为何而发? 其所振之弊究竟为何? 这些问题的寻根究底对于辨析《总目》对杨维桢之评价颇为重要。杨维桢本人之言论和观点无疑最具说服力。

对于元代文学流变脉络和元中期以后的文学流弊,杨维桢本人是有清晰认识的。其在元亡前一年,即至正二十六年(1366)撰《潇湘集序》称:"余在吴下时,与永嘉李孝光论古人意,余曰:梅一于酸,盐一于咸,饮食盐梅,而味常得于酸醎之外,此古诗人意也。后之得意者,惟古乐府而已耳。孝光以余言为媿,遂相与唱和古乐府辞。好事者传于海内,馆阁诸老以为李、杨乐府出而后始补元诗之缺。泰定文风为之一变。"③此语向来以杨维桢"酸咸论"而被关注。实际上,杨维桢还传递出了另一重要事实,即他与李孝光所倡导的古乐府运动激起了巨大的文坛反响,甚至直接叫板馆阁诗风。

其中言及元代泰定前后的"馆阁诸老",这一群体所秉持的诗学传统便是元诗四大家所倡导的儒家"平易中正"之风,其所营建的正是"无壮激之势"的盛世之音。另,序中所谓"补元诗之缺",显然是指古乐府创作乃当时元代诗坛的一股新鲜血液,它在当代主流诗风之外自成一体、独具特色。然而杨维桢

---

① 贝琼:《清江集》卷二,《明人别集丛刊》第 1 辑第 9 册,黄山书社 2014 年版,第 70 页。

② 顾嗣立:《元诗选初集》辛集,中华书局 1987 年版,第 1975—1976 页。

③ 杨维桢:《东维子文集》卷一一《潇湘集序》,《四部丛刊初编》第 245 册,上海书店 1989 年版,第 5a 页。

古乐府运动的意义不仅如章懋所言"其时众作悉备,惟古乐府未有继者"①,它还有一层更重要的意义在于以"情性"说冲击馆阁诗歌的"言志"传统,此意义可由杨维桢所称"泰定文风为之一变"中得以印证。杨维桢古乐府运动对馆阁诗歌的冲击之大和对当时文坛的影响之深,于此可见。今人的研究亦多与杨维桢自身所论相印合。章培恒、骆玉明二人主编的《中国文学史》称:"和中期四家偏爱平稳、工整、典雅的律诗相反,杨维桢的'铁崖体'以自由奔放的古乐府为主要体式。"②袁行霈先生主编的《中国文学史》亦认为杨维桢:"力图打破元代中期缺乏生气,面目雷同的诗风,追求构思的超乎寻常和意象的奇特不凡,从而创造了元代诗坛上独一无二的'铁崖体'……以气势雄健的奇思幻想突破了元代中期诗歌甜熟平稳的畦径,给人以石破天惊的感觉。"③张晶《"铁崖体":元代后期诗风的深刻变异》一文曾对"铁崖体"的概念和内涵作出定义:"在体裁形式上以'古乐府'为主,力求打破古典主义的诗学规范,走出元代中期模拟盛唐、圆熟平滑、缺少个性的模式,而追求构思的奇特、意象的奇崛,造语藻绘而狠重,在诗的整体审美效应上具有'陌生化'的特征与力度感。"④张氏所言显然更为明确地道出了杨维桢"铁崖体"振弊之客观结果,即革新元中期的"圆熟平滑"之习,与杨维桢本人所论颇为相符,只是杨维桢身处元代,其论述固不能直揭馆阁文风之弊,故其表述颇为含蓄。

以上从杨维桢自身论述的角度梳理了其所倡古乐府运动兴起之背景、主张和影响,从而肃清了杨维桢矫弊之真正对象,即矫元延祐以来馆阁"圆熟平滑"之风,而其矫弊之方式则是以"情性"激荡个性诗歌。《总目》对杨维桢古乐府运动革弊对象的判断并不属实。

---

① 杨维桢:《杨铁崖咏史古乐府》卷首序,明成化刻本,湖南省图书馆藏。

② 章培恒、骆玉明:《中国文学史》下册,复旦大学出版社 2004 年版,第 110 页。

③ 袁行霈:《中国文学史》第 3 卷,高等教育出版社 2005 年版,第 307 页。

④ 张晶:《"铁崖体":元代后期诗风的深刻变异》,《社会科学辑刊》1994 年第 2 期,第 151 页。

　　澄清了杨维桢古乐府运动的革弊对象并非"元季纤秾靡丽之习"后,再来审视杨维桢与"元季纤秾靡丽之习"的关系。探究发现,杨维桢是"元季纤秾靡丽之习"之践行者,不只是践行者,更是推动者。此结论正与《总目》以杨维桢为"元季纤秾靡丽之习"的"革弊者"之论相反。杨维桢诗风多元,其中不无靡丽之风者,这一观点除去前文所论杨维桢的诗歌观念和主张外,其自身的创作亦可为一证,其《香奁诗》便是缛艳诗风的典型代表。纵观历来诸家评论,一般都强调杨维桢的个性特色,且在评价杨维桢乐府时通常有两个角度:一以险怪,一以艳丽。如明代诗论家胡应麟《诗薮》言:"耽嗜瑰奇,沉沦绮藻"①,两句分别描述两种不同的风格。又清代赵翼《瓯北诗话》云:"元末明初,杨铁崖最为巨擘。然险怪仿昌谷,妖丽仿温、李,以之自成一家则可,究非康庄大道。当时王常宗已以'文妖'目之,未可为后生取法也。"②其论虽不无鄙夷之意,然皆是从两个维度展开。明末清初文坛宗主钱谦益对其乐府诗整体评价不高,但亦分为刚健、靡丽两个角度论之:"古乐府其所自负,以为前无古人。征诸勾曲,良非夸大。以其诗体言之,老苍奡兀,取道少陵,未见脱换之工;窈眇娟丽,希风长吉,未免刻画之诮。"③清乾隆年间翁方纲则以"浮艳"评杨维桢"竹枝词",其《石洲诗话》评曰:"竹枝本近鄙俚。……虞伯生竟以清遒得之,杨廉夫乃以浮艳得之。"④元末张雨则主要以险怪评之:"廉夫又纵横其间,上法汉魏而出入于少陵、二李之间,故其所作古乐府词隐然有旷世金石声,人之望而畏者。又时出龙鬼蛇神,以眩荡一世之耳目,斯亦奇矣。"⑤张氏仅以一

　　① 胡应麟:《诗薮》外编卷六,《明诗话全编》第 5 册,江苏古籍出版社 1997 年版,第5639 页。
　　② 赵翼著,江守义、李成玉校注:《瓯北诗话校注》卷八,人民文学出版社 2013 年版,第347 页。
　　③ 钱谦益编,许逸民、林淑敏点校:《列朝诗集》甲集前编第七上,中华书局 2007 年版,第370 页。
　　④ 翁方纲:《石洲诗话》卷五,《谈龙录·石洲诗话》,人民文学出版社 1981 年版,第179 页。
　　⑤ 杨维桢:《铁崖古乐府》卷首张雨序,《四部丛刊初编》第 244 册,上海书店 1989 年版,第1a 页。

面论之,显然未能概括杨维桢乐府创作之全貌。

前人皆以缛丽作为杨维桢诗歌的一面,《总目》对其论置之不理,且更称杨维桢为"缛丽"之风的"革弊者",何以如是? 在总纂官纪昀的私人文集中,我们可以找到与《总目》观点如出一辙的表述,其《冶亭诗介序》云:"元人变为幽艳,昌谷、飞卿遂为一代之圭臬,诗如词矣。铁崖矫枉过直,变为奇诡,无复中声。"①对比可知,此论与《总目》完全一致,既有对元末幽艳之弊的指责,又有对杨维桢矫弊之陈述。那么,纪昀此元代文学观念又是如何生成的? 追溯发现,这与纪昀以"变弊相生"论文学流变的认识模式有关,他在文章中多次表露其文学流变观,如:"夫文章格律,与世俱变者也。有一变,必有一弊;弊极而变,又生焉,互相激,互相救也。唐以前毋论矣。唐末,诗猥琐,宋、杨、刘变而典丽,其弊也靡;欧、梅再变而平畅,其弊也率;苏、黄三变而恣逸,其弊也肆;范、陆四变而工稳,其弊也袭;四灵五变,理贾岛、姚合之绪余,刻画纤微;至江湖末派,流为鄙野,而弊极焉。"②纪昀以"变弊相生"的逻辑论文学流变,但其忽略了"文弊"在同一时段不一定只有一种,故他所建立的"文弊"与"变弊"之间的对应关系是有失斟酌的。更何况纪昀并未准确地把握杨维桢革弊的真实对象,而只是预设性地将杨维桢的变革与元季的文学流弊直接勾连起来。殊不知,杨维桢自身便是后世评论家口中"元季纤秾缛丽"之弊的主要践行者和倡导者。《总目》取纪昀之文学流弊观,将元代文学发生于同一时间的变和弊随意地凑合在一起,进而完成了自圆其说的元代盛世文学的构建。其结果便是,元代中期之弊病被遮蔽了。《总目》以"变弊逻辑"建构元代诗歌流变史,其观点看似合理,但因其对"弊"之认知过于片面化、标签化,这便导致其建构之元代诗歌史并未能呈现历史的原貌。

---

① 纪昀著、孙致中等校点:《纪晓岚文集》卷九《冶亭诗介序》,河北教育出版社 1995 年版,第 190 页。

② 纪昀著、孙致中等校点:《纪晓岚文集》卷九《冶介亭诗序》,河北教育出版社 1995 年版,第 190 页。

以上通过对元末顾瑛、杨维桢二人别集提要的辨析，可知馆臣频繁提及的"纤秾缛丽之习"在《总目》中实无承担者。因为作为元末"纤秾缛丽"诗风主力军的顾瑛和杨维桢，《总目》皆回避其有"缛丽"之风：一方面消解了顾瑛在"元季纤秾缛丽"诗风形成过程中的领导和主力作用，一方面又将杨维桢定为铲除"纤秾缛丽之习"的振弊者，错误地判断其文学处境和变革对象，殊不知其人本身是"纤秾缛丽之习"的引领者和推动者，而非革除者。

除顾瑛、杨维桢之外，《总目》还对另一位"纤秾靡丽"诗风践行者——萨都剌①之诗歌评价进行了回避。依前人之论，萨都剌是元季"纤秾缛丽"诗风的重要代表人物，而对此代表人物，《总目》却只字未提。今阅《雁门集》提要，其详于人物籍贯、别集版本的叙述，而略于诗歌评价：

> 萨都拉字天锡，号直斋。其祖曰萨拉布哈，案萨拉布哈，原作思兰不花，今改正。父曰傲拉齐，案傲拉齐，原作阿鲁赤，今改正。以世勋镇云、代，居于雁门，故世称雁门萨都拉，实蒙古人也。旧本有干文传序，称萨都拉者，译言济善也。案萨都拉，蒙古语结亲也。此云济善，疑文传以不谙译语致误。今姑仍原文，而附订于此。则本以蒙古之语连三字为名，而集中《溪行中秋玩月》诗乃自称为萨氏子，殊不可解。又孔齐《至正直记》载萨都拉本朱姓，非傲拉齐所生。其说不知何据。岂本非蒙古之人，故不谙蒙古之语，竟误执名为姓耶？疑以传疑，阙所不知可矣。据所自序称，始以进士入官，为京口录事长。南行台辟为掾，继而御史台奏为燕南架阁官，迁闽海廉于知事，进河北廉访经历。干文传序则称其登泰定丁卯第，应奉翰林文字，除燕南经历，升侍御史，于南台以弹劾权贵，左迁镇江录事宣差，后陟官闽宪幕，与自序稍有不同，然自序当得其实也。虞集作《傅若金诗序》称："进士萨天锡，最长于情，流丽清婉"。今读其集信然。杨瑀《山居新话》尝辨其《宫

---

① 按，原本作萨都剌，《元诗选》亦作萨都剌，《总目》译为"萨都拉"。

词》中"紫衣小队"诸语及《京城春日》诗中"饮马御沟"之句为不谙
国制,其说良允。然《骊山》诗内误咏荔枝,亦何伤杜牧之诗格乎!
集本八卷,世罕流传。毛晋得别本刊之,并为三卷,后得荻匾王氏旧
本,乃以此本未载者别为集外诗一卷,而其集复完。其中《城东观杏
花》一诗今载《道园学古录》中,显为误入,则编类亦未甚确。然八卷
之本今不可得,故姑仍以此本著录。晋跋又称尚有无题七言八句百
首,别为一集,惜其未见。今距晋又百余载,其存佚益不可知矣。①

通读提要,大抵可用"质疑"二字归纳其整体基调。提要所疑大致有四个
问题:第一,质疑其身世籍贯;第二,质疑其仕宦履历;第三诗歌评论,质疑其文
化背景;第四,述版本流传情况,质疑其篇目真伪。也因此,考证文字占据了提
要的大半篇幅,而评论其诗风的文字则仅一句。何以会出现如此大的篇幅差
距? 仅是因萨都剌其人其事的扑朔迷离、难以定说? 当然不止。

为了更为准确地把握提要的意图,在辨其诗风之前,有必要先辨析提要大
半篇幅所作的考证。其中第一个问题是身世质疑,提要既称萨都剌"实蒙古
人",但又反复征引文献以质疑其蒙古人之身份,这一认定与反驳的过程体现
出馆臣不过是在自设圈套、自娱自乐罢了。因为《总目》以萨都剌为"实蒙古
人",这一基本判定便有误,后来的反驳则皆为无中生有之论。杨维桢《西湖
竹枝集》记载萨都剌为"答失蛮氏"②,顾嗣立《元诗选初集》"萨经历都剌"小
传曰:"萨都剌,字天锡,别号直斋。本答失蛮氏,祖父以勋留镇云代,遂为雁
门人。'萨都剌'者,犹汉言'济善'也。"③康熙年间邵远平《元史类编》亦称
"萨都剌,字天锡,别号直斋,本答失蛮氏,祖父以勋留镇云代,遂为河间人"④。
这些文献记载皆在《总目》之前,且皆称萨都剌为"答失蛮氏"。然馆臣似乎并

---

① 纪昀等:《钦定四库全书总目》卷一六七,第2235页。按,引文括号内文字为笔者所正。
② 杨维桢:《西湖竹枝集》,《武林掌故丛编》第6集,光绪九年丁氏嘉惠堂刻本,第5a页。
③ 顾嗣立:《元诗选初集》戊集,中华书局1987年版,第1185页。
④ 邵远平:《元史类编》卷三六,第4册,台北文海出版社1988年版,第1948页。

未注意到"答失蛮氏"这一表达,且不知"答失蛮氏"所指实乃西域回回人,即信仰伊斯兰教的人,而并非蒙古人。《总目》仅据"以世勋镇云、代,居于雁门"而断言萨都剌为蒙古人,实为武断。

在判定萨都剌为蒙古人之后,馆臣便开始质疑这一判断。其依据有三:一是其译名,萨都剌以蒙古语汉译,当是"结亲",而非"济善";二则引其诗歌中所言"萨氏子",不合蒙古人汉译习惯;末则由孔齐《至正直记》载"本朱姓,非阿鲁赤所生"。先看第一条依据,馆臣先入为主地以为萨都剌是蒙古人,故视其为蒙语进行汉译,这必然导致阿拉伯语"萨都剌"汉译结果的错误。白寿彝在《回族人物志》中有详细阐释:"天锡是萨都剌的字,萨都剌是阿拉伯语(Sa'ad Allah)的音译,其意为真主的赐福,'天锡'即其意译。"①因为萨都剌是回族人,故其本名属于阿拉伯语,而非蒙古语,因此"萨都剌"并不能依蒙古语进行汉译为"结亲",而只能以阿拉伯语汉译,意为"真主的赐福"。《总目》从音译角度进行身份质疑,其考证水平不可谓不高,然其考证结果却是错误的,且不能作为判定萨都剌身份之依据。再看第二条依据,萨都剌自称"萨氏子"。这一点实不可避免。萨都剌以回族人身份仿照汉人作诗,为符合诗歌字数、格律的要求,在称及本人名姓时作汉化处理,自是无可厚非。故此一条亦不能成为否定其为蒙古人之依据。至于最后一条依据,其称"萨都剌本朱姓",而冒充为回回人。此说在《至正直记》有记载,其全文如是:"京口萨都剌,字天锡,本朱氏子,冒为西域回回人。善咏物赋诗,如《镜中灯》云'夜半金星犯太阴',《混堂》云'一笑相过裸形国',《鹤骨笛》云'西风吹下九皋音'之类,颇多工巧。金陵谢宗可效之,然拘于形似,欠作家风韵,且调低,识者不取也。"②《总目》则转述为"孔齐《至正直记》载萨都剌本朱姓,非傲拉齐所生",后半句并非原书所有。《总目》质疑其说"不知何据",又揣测曰:"岂本非蒙古之人,故不

① 白寿彝:《回族人物志》卷一二,宁夏人民出版社 2000 年版,第 145 页。
② 孔齐撰,庄葳、郭群一校点:《至正直记》卷一,《山居新语·至正直记》,上海古籍出版社2012 年版,第 63 页。

谄蒙古之语,竟误执名为姓耶?"意思是孔齐因不懂蒙古语,故将萨都剌名字中的"都"与汉人的"朱"姓混淆,后以讹传讹,遂有《至正直记》所记。由此则可知,《总目》并不认同萨都剌以汉人冒充回回人这种说法,而是认为萨都剌为蒙古人。《总目》这一观点显然与反驳萨都剌"蒙古人"身份的立场相冲突。可见《总目》之论证漏洞百出,第三条依据亦不足以证明萨都剌非蒙古人。还需要指出的是,《至正直记》确载有"冒为西域回回人"一句,《总目》既引其说,却仍旧无视"回回人"三字,足见馆臣在萨都剌的民族归属上极为粗率。

辨析三条证据,仅第一条能反驳萨都剌不是蒙古人,后二条皆不足以据,但是馆臣对此话题之兴趣却是极大的,为此不厌其烦地引证。提要后文又以"不谄国制"再次进行质疑。然通观提要的表述思维,一方面萨都剌蒙古人身份之错讹是馆臣所衍生的,其他文献并非如此记载,另一方面馆臣又费尽心思举证此身份说法之错讹,又始终无法确说。可见,馆臣因认识不确而将自定义萨都剌为"蒙古人",其后则又不厌其烦地否定其蒙古人身份,正如自己将自己陷入一个圈套中而无法自拔。需要明确的是,该圈套的生效,实起于馆臣将萨都剌的回回人身份误判为蒙古人。

相比而言,馆臣花费如此多的精力和篇幅去论证一个莫须有的疑问,却在诗歌评价上吝啬文辞,仅有一句"虞集作《傅若金诗序》,称进士萨天锡,最长于情,流丽清婉。今读其集,信然"。除此,便再无一句赘语。然而,萨都剌在元代之地位是否仅仅如此?元代及后世之评价是否又仅是如此?此处需略作梳理。明初瞿佑《归田诗话》谓:"萨天锡以宫词得名,其诗清新绮丽,自成一家。"[1]晚明曹学佺更是独爱其才情风致,在《历代元诗选》中选录萨都剌诗最多。明清之际毛晋跋《萨天锡集》时引干文传《序》称:"其所作诗豪放如天风海涛,鱼龙出没;险劲如泰华云门,苍翠孤耸。其刚健清丽则如淮阴出师百战

---

① 瞿佑:《归田诗话》中卷,中华书局 1985 年版,第 30 页。

不折,而洛神凌波、春花霁月之婀娟也。"①序中论及四种诗风:豪放、险劲、刚健和清丽。尽管于《序》真伪尚难定,但萨都剌清丽之风为毛晋所认同则无疑。再有清初沈德潜《说诗晬语》以"秾鲜耀艳"②评之;《元诗选》评萨都剌诗曰:"云石海涯、马伯庸以绮丽清新之派振起于前,而天锡继之,清而不佻,丽而不缛,真能于袁、赵、虞、杨之外,别开生面者也。"③以"清而不佻,丽而不缛"称赞其诗,且将其与元诗大家袁桷、赵孟頫、虞集、杨载等相提并论。《元诗选》又引明成化间刻其集者张习所云:"观天锡《燕姬曲》、《过嘉兴》、《织锦图》等篇,婉而丽,切而畅,虽云石、廉夫莫能道。他如《赠刘云江》、《越台怀古》、《题烂柯山》、《石桥》诸律,又和雅典重,置诸松雪、道园之间,孰可疑异。"④以萨都剌媲美贯云石、杨维桢、赵孟頫和虞集,可见顾嗣立对萨都剌诗歌评价之高。今学者杨镰先生则称"萨都剌是元代诗坛宗'三李'——李白、李贺、李商隐的代表人物"⑤"萨都剌其实就是贯云石和杨维桢之间的桥梁"⑥"元诗冠冕萨都剌"⑦。以上所引,仅为后世对萨都剌诗歌评价的一部分,未及全貌,但却反映出后人对萨都剌诗歌评价和诗歌地位的认知已经比较丰富且呈现出共同的倾向,其中顾嗣立之评价颇具典型性,因其既有视野广度,又有特征捕捉,尤显全面得当。然《总目》摒弃了《元诗选》之论,亦不取沈德潜"秾鲜耀艳"之说,而是转录虞集《序》,其举旨在为萨都剌"流丽清婉"之诗风寻找一种"长于情"的解释。其既不取拔高之论,亦不采贬低之论,而以一种旁观者的身份进行附和。这一处理方式看似不偏不倚,但见微而知著,馆臣择取虞

---

① 萨都剌:《萨天锡集》卷末,《元人十种诗》,海王村古籍丛刊本,中国书店 1990 年版,第 296 页。

② 沈德潜:《说诗晬语》一五,《原诗·一瓢诗话·说诗晬语》,人民文学出版社 2006 年版,第 237 页。

③ 顾嗣立:《元诗选初集》戊集,中华书局 1987 年版,第 1185—1186 页。

④ 顾嗣立:《元诗选初集》戊集,中华书局 1987 年版,第 1185 页。

⑤ 杨镰:《元诗史》,人民文学出版社 2003 年版,第 140 页。

⑥ 杨镰:《元诗史》,人民文学出版社 2003 年版,第 141 页。

⑦ 杨镰:《元诗史》,人民文学出版社 2003 年版,第 134 页。

集《序》，以"情"回护其"流丽清婉"诗风之微妙心态，已透露出其对萨都剌诗歌评价之审慎态度。但为何《总目》对萨都剌的诗歌评价如此谨慎？这不仅是因为其人身份未明和别集真伪难辨，而是因为如此便能消解其"流丽清婉"诗风在元代诗坛之地位和影响。所谓不凸显便是隐藏，节制便能消解。萨都剌擅宫词，诗风清新绮丽，仅凭此一种诗风，他便可称得上《总目》所言"元代纤秾靡丽之风"的代表人物，然《总目》对其诗风却进行遮蔽，从而也消解了萨都剌与"元代纤秾靡丽之风"的关系。

顾瑛、杨维桢和萨都剌，此三人可谓"元代纤秾靡丽之风"的主要代表人物。然而，《总目》虽反反复复称"元末纤秾靡丽之习""元季纤秾靡丽之习"，却始终未明言此习的承担者。类比观之，在《总目》评价体系中，南宋季年"单弱"之习的承担者是江湖诗派，明中期"句摹字拟"之弊的承担者是复古派，明季"纤佻""尖新"之弊的承担者是公安派及竟陵派，然至元季"纤秾靡丽"之弊的承担者，《总目》却始终未能落实具体的承担者。又，《总目》中"元季纤秾靡丽之习"每一次出现几乎都是与"无"字搭配使用，这便使得有"元季纤秾靡丽之习"的承担主体成了虚无，即究竟在元末哪些文人体现出此风格特质，馆臣实未能作出明确对应。

基于以上论述，不难发现，"元代（季）纤秾靡丽之习"是一个虚设的批评词汇，而"无元代（季）纤秾靡丽"才是《总目》试图构建的元代诗歌图景。因为通观元人别集，仅顾瑛一家之提要言及有"纤秾靡丽之习"，且还认为顾瑛只是浸染者。依《总目》之论，既然元季仅一人可见纤秾靡丽之习，那是否能以"纤秾靡丽"作为元代（季）的代表诗风？当然不成立。可馆臣又为何要抛出"元代（季）纤秾靡丽"这一批评话语？寻绎可知，《总目》不得不遵从公论而使用"元代纤秾靡丽"一语，同时其又不得不践行其宏观批评上的"世运说"，塑造出元代末世之文弊"元季纤秾靡丽"。此外，《总目》又试图对元代文学中的弊病进行遮蔽和掩饰，故导致元末文学弊病的承担者为虚空。在此三种考量的平衡作用之下，馆臣的"元代（季）纤秾靡丽"这一论断最终沦为虚设、自相矛盾,馆臣终究陷入了自身逻辑的困境而难以自圆其说。

三、风格评品辨:公允? 偏颇?

风格无优劣,水平决高低。南朝梁批评家刘勰《文心雕龙·体性》对风格首作归纳,列为 8 种,分别是"一曰典雅,二曰远奥,三曰精约,四曰显附,五曰繁缛,六曰壮丽,七曰新奇,八曰轻靡"①,并分论八种风格之特征,尚未以优劣论之。作为《总目》总纂官的纪昀,其文献视野开阔,学识渊博,他在《清艳堂诗序》中对历代诗风亦有通观之论,具体将其细分其为 13 种类别:"苏、李之诗天成,曹、刘之诗闳博,嵇、阮之诗妙远,陶、谢之诗高远,沈、范之诗工丽,陈、张之诗高秀,沈、宋之诗宏整,李、杜之诗高深,王、孟之诗淡静,高、岑之诗悲壮,钱、郎之诗婉秀,元、白之诗朴实,温、李之诗绮缛。千变万化,不名一体,而其抒写性情,则一也。"②纪昀以"抒写性情"统合 13 种不同风格,可谓钳得其本质。然,刘勰之论尚无褒贬之意,但《总目》所言"纤秾靡丽"这一元诗主流风格,则不无贬义。

《总目》视"纤秾靡丽"为元诗弊习。从表述上看,《总目》在使用元诗"纤秾靡丽"之语词和观点时,通常会附加三个限定词汇,其一是"之习"二字,其二"元季"二字,其三是"无"字。合之,则是"无元季纤秾靡丽之习""无元季秾纤之习"等表述。此三个限定词汇的添加,正是在逐层升级《总目》对"元季秾纤之习"的贬抑态度。

先看"习"字的选取。"习(習)"本义是小鸟反复扇动翅膀,有重复之意。而"习"用作文学批评语,则主要指"习气",指向具有某种沉积而来的文风弊端。较早将"习气"引入文学评语体系的是南宋张戒《岁寒堂诗话》,其云:"苏黄习气净尽,始可以论唐人诗;唐人声律习气净尽,始可以论六朝诗;镌刻之习

---

① 刘勰著,詹瑛义证:《文心雕龙义证》卷六《体性》,上海古籍出版社 1989 年版,第 1014 页。

② 纪昀著,孙致中等校点:《纪晓岚文集》卷九,河北教育出版社 1995 年版,第 202 页。

气净尽,始可以论曹刘、李杜诗。"①其中"习气净尽"二字,是革除积弊之意。今人管琴提出"习气"本出自佛教,其称"'习气'一词,本是佛教中的概念。佛教认为一切烦恼皆分现行、种子、习气三者。现烦恼相者,即名为'习气'……'习'本身有积贯之意,文学习气也是一种积贯,这种积贯在文学中滋生,又在文学操习中周旋许久,愈演愈深,变得很难根除。"②然且不论该语词出自何处,若从文学风格上说,以"习"字加以描述,是多具有贬抑之意的。再看"元季"二字。《总目》以"世运说"论文学,认为末世多为弊习期,故将元季作为元代弊习的承担者,此在本章第一节已作相关论述。但更值得注意的是,《总目》强调元季诗歌弊习这一表达更频繁、明确地出现在明初别集提要中,且成为一句稳定而明确的批评话语,这说明《总目》是将"元季秾纤之习"作为明初诗歌力求革除之弊病。最末看"无"字。"无"字的添加,是试图以反面的否定叙述来传递肯定之语义,即肯定元季诗歌本存在的"秾纤之习",而添一"无"字,是为表达弊病被革除的状态,从而肯定革弊之后的明初文学。

　　以上从三个表述细节可推知,在《总目》的评价观念中,"元季秾纤之习"并不是褒奖性质的评价,而是被视作一种需要被贬抑和被革除的诗歌风格存在。一如四库馆臣笔下的"宋末单弱之习""江湖诗派""江湖习调"等,均不无贬抑意味。

　　从内涵层面看,《总目》常用"李贺、温庭筠"来注解元代缛丽诗风。一般来说,诗歌评论多以"温李"作为缛丽诗风之代表,即温庭筠、李商隐。通观元别集提要,《总目》在元别集提要中却一次都不曾提及"李商隐",而是多用"李贺、温庭筠"二人。如下表所列:

---

① 陈应鸾:《岁寒堂诗话校笺》卷上,巴蜀书社2000年版,第36页。
② 管琴:《论南宋的"词科习气"及其批评》,《文学遗产》2017年第2期,第61页。

别集	评价摘录	渊源所出	体裁	特征
吾丘衍《竹素山房诗集》	其诗颇效李贺体,不能尽脱元人窠臼。	李贺	—	奇古
宋无《翠寒集》	统观其集,七言古体纯学李贺、温庭筠,时有隽语。乐府短章,往往欲出新意,而反失之纤。	李贺 温庭筠	七言古体	隽语
陈樵《鹿皮子集》	大抵七言古体学温庭筠,以幽艳为宗。七言近体学陆龟蒙,而雕削往往太甚。	温庭筠 陆龟蒙	七言古体	—
陈泰《所安遗集》	今观所作七言歌行,居十之七八,大致气格近李白,而造句则多类李贺、温庭筠。虽或不免奔轶太过,剽而不留,又不免时伤粗犷,不及玄之风规大雅,具有典型。	李贺 温庭筠	七言歌行	奔轶太过
宋褧《燕石集》	苏天爵序称其诗"清新飘逸,间出奇古,若卢仝、李贺"。危素序则称其"精深幽丽,而长于讽谕"。	卢仝 李贺	—	奇古
吴景奎《药房樵唱》	中间五言古体皆源出白居易,七言古体间似李贺,近体亦音节宏敞,豪放自喜。	李贺	七言古体	—
岑安卿《栲栳山人集》	惟七言古诗时杂李贺、温庭筠之体,盖有元一代风气如斯。	李贺 温庭筠	七言古诗	—
顾瑛《玉山璞稿》	虽生当元季,正诗格绮靡之时,未能自拔于流俗,而清丽芊绵,出入于温岐、李贺间,亦复自饶高韵,未可概以诗余斥之。	温岐 李贺	—	清丽芊绵
汪克宽《环谷集》	虽亦濂洛风雅之派,而其中七言古诗数首,造语新警,乃颇近温庭筠、李贺之格,较诸演语录以成篇,方言俚字无不可以入集者,亦殊胜之。	温庭筠 李贺	七言古诗	造语新警
杨维桢《东维子集》	朱国桢《涌幢小品》载王彝尝诋维桢为文妖。今观所传诸集诗歌乐府,出入于卢仝、李贺之间,奇奇怪怪,溢为牛鬼蛇神者,诚所不免。	卢仝 李贺	诗歌乐府	奇奇怪怪
杨维桢《铁崖古乐府》	元之季年,多效温庭筠体,柔媚旖旎,全类小词。维桢以横绝一世之才,乘其弊而力矫之,根柢于青莲、昌谷,纵横排奡,自辟町畦,其高者或突过古人,其下者亦多堕入魔趣。故文采照映一时,而弹射者亦复四起。	李白 李贺	乐府	纵横排奡

据表中内容,可获得以下三个信息:其一,《总目》以李贺、温庭筠解释元人"纤秾靡丽"诗风渊源所自的频率较高,而非温庭筠、李商隐;其二,濡染"纤

稌靡丽"诗风的诗歌体裁,多为七言古体诗;其三,李贺、温庭筠所影响的诗风有险怪和缛丽二种:当其单独以李贺描述,则是偏重险怪;当以李贺、温庭筠连用时,则是险怪、艳丽兼备。后一种情况又有排序先后的区别:若以温庭筠在前时,则缛艳之风为多;若以李贺在前时,则险怪之风为多。

在此还有必要梳理一下李贺、温庭筠和李商隐三者之关系。从共同性看,三者为缛丽诗风的代表人物;从区别性看,李贺诗风兼具奇诡和艳丽,温庭筠和李商隐则以缛艳为主;从时间先后看,李贺为中唐诗人,温庭筠和李商隐身处晚唐,属于李贺的学习者和继承者。关于李贺在诗歌史上的地位,朱自清先生在《李贺年谱》中给予了概括:"贺乐府诗盖上承齐梁'宫体',下为温庭筠、李商隐、李群玉开路。详宫体之势,初唐以太宗之好尚,一时甚盛;至盛唐而寖衰,至贺而复振焉。"①颇合事实。那么,既然三人皆尚缛丽诗风,何以《总目》多用李贺、温庭筠却不提李商隐? 是《总目》随意为之,还是有所考量?

事实是,取李贺、温庭筠而不取李商隐,蕴含着《总目》对元代(季)纤秾缛丽诗风的贬斥态度。先观《总目》对温庭筠、李商隐二人之评价。馆臣对于二人诗歌的评价是有高下之分的。温庭筠诗歌的评价并未出现在《温飞卿集笺注》提要中,而是多以与李商隐对比的姿态出现。今观《李义山诗集》提要,其云:"商隐诗与温庭筠齐名,词皆缛丽。然庭筠多绮罗脂粉之词,而商隐感时伤事,尚颇得风人之旨,故蔡宽夫《诗话》载王安石之语,以为唐人能学老杜而得其藩篱者,惟商隐一人。"②《李义山诗注》提要曰:"至谓其诗寄托深微,多寓忠愤,不同于温庭筠、段成式绮靡香艳之词,则所见特深,为从来论者所未及。"③则可知,《总目》对李商隐是推崇态度,而对温庭筠是贬抑态度,原因是李诗虽然风格缛丽,但仍有"风人之旨""寄托深微",即有关怀现实社会的一

① 朱自清:《李贺年谱》,《清华大学学报》(自然科学版),1935 年第 4 期,第 895 页。
② 纪昀等:《钦定四库全书总目》卷一五一,第 2020—2021 页。
③ 纪昀等:《钦定四库全书总目》卷一五一,第 2021 页。

面,而温诗之缛丽,则仅仅停留于艳丽的官能描写而缺乏深意。《总目》所称"元之季年,多效温庭筠体,柔媚旖旎,全类小词"①,以"柔媚旖旎""类小词"定义温庭筠诗歌特色,其中的贬斥之意一览无余。在明确了《总目》对温庭筠、李商隐之贬褒态度之后,再反观《总目》之舍取,则《总目》贬抑元代(季)纤秾缛丽诗风的立场可谓昭然显现。正如翁方纲所云:"元人之绮丽,恨其但以浅直出之耳。此所以气格不逮前人也。"②《总目》之意当与翁氏所言合。馆臣认为元人之绮丽,只如温庭筠的失于"浅直",毫无社会关怀,故不及李商隐的"寄托深微"。因此可见,仅是对一处人名的取舍,却已蕴藏着《总目》对元诗"纤秾靡丽"的褒贬态度。

再看《总目》对李贺之评价。李贺在元代广受认同已是不争的事实。明人胡应麟首先揭示"元末诸人竞师长吉"③,李贺为"元人一代尸祝"④。清代翁方纲亦言"长吉词调藻韵,故自艳发。然至元人,不拘何题,不拘何人,千篇一律,千手一律,真是可厌。其一二体气稍弱者,亦复效之,实无谓也"⑤。另亦有称"李长吉一派,至元人而极盛,大家小户,无勿沿习,乐府歌行,时时流露"⑥。《总目》择取李贺,不可谓无原因。那么,《总目》笔下的李贺是何面貌?《笺注评点李长吉歌诗》提要评曰:"贺之为诗,冥心孤诣,往往出笔墨蹊径之外,可意会而不可言传。严羽所谓'诗有别趣,非关于理'者,以品贺诗,最得其似。故杜牧序称其少加以理,可以奴仆命骚,而诸家所论,必欲一字一句为之诠释,故不免辗转缪辀,反成滞相。又所用典故,率多点化其意,藻饰其

---

① 纪昀等:《钦定四库全书总目》卷一六八《铁崖古乐府》提要,第 2259 页。
② 翁方纲:《石洲诗话》卷五,《谈龙录·石洲诗话》,人民文学出版社 1981 年,第 182 页。
③ 胡应麟:《诗薮》内编卷三,《明诗话全编》第 5 册,江苏古籍出版社 1997 年版,第 5483 页。
④ 胡应麟:《诗薮》内编卷三,《明诗话全编》第 5 册,江苏古籍出版社 1997 年版,第 5483 页。
⑤ 翁方纲:《石洲诗话》卷五,《谈龙录·石洲诗话》,人民文学出版社 1981 年版,第 175 页。
⑥ 阙名:《静居绪言》,转引自《李贺资料汇编》,中华书局 1994 年版,第 350 页。

文，宛转关生，不名一格。如'羲和敲日玻璃声'句，因羲和驭日而生'敲日'，因'敲日'而生'玻璃声'，非真有敲日事也。又如'秋坟鬼唱鲍家诗'，因鲍照有《蒿里吟》而生'鬼唱'，因'鬼唱'而生'秋坟'，非真有唱诗事也。循文衍义，讵得其真？"①若说在李贺本集提要中，馆臣的评价略显温和，多使用"出奇""用典""藻饰"等较为中性客观的语词，那么在《铁崖古乐府》提要中，馆臣则更为直接犀利："大抵奇矫始于鲍照，变化极于李白。幽艳奇诡，别出蹊径，歧于李贺。"②其中一"歧"字便是馆臣对于李贺乐府的贬斥。除此，《所安遗集》提要亦流露出贬义，其称"造句则多类李贺、温庭筠。虽或不免奔轶太过，剽而不留，又不免时伤粗犷，不及（欧阳）玄之风规大雅，具有典型"③，以"幽艳奇诡""奔轶太过""不及玄之风规大雅"等词为李贺诗烙上印记。而这一印记具有双重属性：一为幽艳，一为奇诡。李贺为中唐诗人，其诗歌特征鲜明，大略可归纳为以下几点：从体裁上说，"重视乐府歌行诗的创作"；从表达方式上说，"他们都极富于想象力和幻想力，能够将非现实的或幻想中的事物，写得活灵活现，异常逼真""他们写诗用词怪异，下语狠重，讲究词的翻空出奇""其诗节奏迫促，意象跳跃，形成一种超忽动荡、急促旋折的风调"；从风格上说，"虚荒幻诞，瑰丽多姿"。④

　　而在元别集提要叙述中，李贺大体可视作"中间派"角色。一方面他可与卢仝、李白并举，以描述"奇古""奇诡""纵横排奡"的诗风，如《燕石集》提要："苏天爵序称其诗'清新飘逸，间出奇古，若卢仝、李贺'。危素序则称其'精深幽丽，而长于讽谕'。"⑤又如《东维子集》提要："朱国桢《涌幢小品》载王彝尝诋维桢为'文妖'。今观所传诸集，诗歌、乐府出入于卢仝、李贺之间，奇奇怪

---

① 纪昀等：《钦定四库全书总目》卷一五〇，第 2015 页。
② 纪昀等：《钦定四库全书总目》卷一六八，第 2259 页。
③ 纪昀等：《钦定四库全书总目》卷一六七，第 2232 页。按，引文中括号内文字为笔者所加。
④ 房日晰：《李贺诗派及余波》，《文学遗产》2000 年第 3 期，第 35—37 页。
⑤ 纪昀等：《钦定四库全书总目》卷一六七，第 2234 页。

怪,溢为牛鬼蛇神者,诚所不免。"①《铁崖古乐府》提要:"元之季年,多效温庭筠体,柔媚旖旎,全类小词。维桢以横绝一世之才,乘其弊而力矫之,根柢于青莲、昌谷,纵横排奡,自辟町畦,其高者或突过古人,其下者亦多堕入魔趣。故文采照映一时,而弹射者亦复四起。"②另一方面,他还可以与温庭筠并称,主要取其"词采艳丽"的特点。其实,"李贺在晚唐最热烈的崇拜者是李商隐和温庭筠"③,温庭筠早年也曾学诗于李贺,只不过功力未及而有所偏废,明代唐诗学巨擘胡震亨称温庭筠"七言乐府,似学长吉,第局脉紧慢稍殊。彼愁思之言促,此淫思之言纵也"④。可见,温庭筠是师于李贺而在"艳丽"一脉上有所超越、自成一家者。

至此可知,《总目》择取李贺,尚且是用于亦褒亦贬而略偏于贬的表达情境,但取温庭筠则多是出于贬抑立场。馆臣以温庭筠作为批评参照,是试图凸显元诗的"靡丽"之弊。

综上所言,《总目》不仅在语词表述时已传递出对元代(季)"纤秾靡丽"诗风的贬斥与不满,还在诠释该诗风内涵时,择取"温庭筠体"作为贬低之意的代表话语。《总目》批评体系中的"温庭筠体"是指仅停留于"纤秾靡丽"诗风而无所寓意的诗歌典型。尽管《总目》并未明言对温庭筠诗风之不齿,但于提要表述的层层剖析中,则不难把握《总目》贬抑为艺术而艺术的诗歌范式——"温庭筠体",而褒扬为人生、为社会而艺术的诗歌范式——"李商隐体"。按此逻辑,以"温庭筠体"作为元代(季)"纤秾靡丽"诗风的诠释核心时,《总目》对于元代(季)"纤秾靡丽"诗风的贬抑态度则一目了然。作显性层面的观照,能直白地把握其贬斥立场和态度;对隐性层面的揭橥,是能准确把握其贬斥之微意和深意。

《总目》这一批评观点和动机,还可作反面观照,如《总目》刻意推崇"纤秾

---

① 纪昀等:《钦定四库全书总目》卷一六八,第2258页。
② 纪昀等:《钦定四库全书总目》卷一六八,第2259页。
③ 宇文所安著,丁帆、王尧主编:《诗的引诱》,译林出版社2019年版,第159页。
④ 胡震亨:《唐音癸签》卷八,上海古籍出版社1981年版,第75页。

靡丽"之对立面——风骨、素朴。从提要的解读来看,与《总目》以"纤秾靡丽"论元诗并存的,还有另外一个现象,即《总目》认为这一"纤秾靡丽"的诗风主要集中于七言古诗上。那么,《总目》又是如何评价元人七言古诗的? 元代七言古诗是否还有其他面貌? 对比同一诗歌体裁的批评,或可窥得《总目》对待元诗七古"纤秾靡丽"之风的态度。

《总目》认为吴莱七言古诗水平远甚杨维桢。《渊颖集》提要称:"王士祯《论诗绝句》有曰:'铁崖乐府气淋漓,渊颖歌行格尽奇。耳食纷纷说开宝,几人眼见宋元诗?'实举以配杨维桢。而其所选七言古诗,乃录莱而不录维桢,盖维桢为词人之诗,莱则诗人之诗,恃气纵横,与覃思冶炼,门户固殊。士祯《论诗绝句》作于任扬州推官时,而《古诗选》一书,则其后来所定,所见尤深也。"①杨维桢为元代诗坛大家,元末乐府运动的主将,其成就和影响远甚于吴莱。而《总目》以"词人之诗""诗人之诗"区分杨维桢和吴莱七古水平之高低,"词人之诗"是指诗歌具有词的柔媚多情之属性,"诗人之诗"则是具有诗言志的本色,温柔敦厚。《总目》对"词人之诗"的鄙薄由此可见。《总目》在对吴莱"恃气纵横"的"诗人之诗"却是大加褒赞。今观吴莱歌行之作,创作数量尤多,特征在于险怪,其在《早秋偶然作寄宋景濂》诗中云"自来闲作诗,瘦岛与穷郊"②,虽不乏自谦之意,但其追求险怪是诗风则于此可见。钱基博先生以"其诗以雄怪发才藻,以韩学杜"③评之。邓绍基先生称其"学韩愈""以宗唐代的韩、孟诗派自居"④,其论不诬,韩孟诗派虽失于险怪,但气势充沛、气骨可观。其《观孙太古周天二十八宿星君像图》《问五脏》《北方巫者降神歌》等皆为代表之作。

再看,《五峰集》提要评李孝光诗曰:"元诗绮靡者多,孝光独风骨遒上,力

---

① 纪昀等:《钦定四库全书总目》卷一六七,第 2231 页。
② 吴莱著,张文澍校点:《吴莱集》卷二,吉林文史出版社 2010 年版,第 12 页。
③ 钱基博:《中国文学史》第五编第三章,上海书店出版社 2015 年版,第 838 页。
④ 邓绍基:《元代文学史》,人民文学出版社 1991 年版,第 435 页。

欲排击古人。乐府古体皆刻意奋厉，不作庸音。"①胡应麟《诗薮》亦称李孝光"古诗歌行豪迈奇逸，如惊蛇跳骏，不避危险……大概视前人瑰崛过之，雅正则远"②。《总目》与其所见略同。今观《五峰集》，不只七言古诗，而是全部诗作皆无"纤秾靡丽"之风。以《笋》为例，诗云："雷公蹙跎夜鼓噪，惊起龙孙触旌纛。炎沙烧之修尾脱，六丁控抟忽颠倒。欲落不落虎豹皮，锦褓婴儿笼大帽。斧斤幸贷凌云姿，留以观渠岁寒操。"③以外部环境之恶劣来塑造笋之抗压能力。笋，本为一小物，但李孝光之着笔却是惊天地泣鬼神。又《和萨郎中秋日海棠韵》曰：

> 念奴弹折鹍鸡索，君王正在彤云幕。内官连夜竖画旛，苑中明日东风薄。妖环生作倾城姿，开元始承恩泽时。麒麟障泥红叱拨，七宝作镫黄金羁。金乌东来啄大屋，宫中犹报睡未足。翠袖皆涂守宫血，专房唯诏环儿独。七月七日天无风，玉蜍吐渍氍毹红。锦官进锦裹金钿，紫厩车入长生宫。骊山瑶池行幸处，秋风吹老珊瑚树。九华游魂归不得，应忆仙人掌上露。草木腥腐终无情，美人薄命如花轻。古闻公桑祀神妭，安用绝色能倾城。马嵬冈头断消息，去时彩云化为蝶。莫歌玉环能涴人，君看黄菊真颜色。④

李孝光将"海棠"立意于杨玉环"海棠春睡"之典，从而论史。《冷斋夜话》谓："事见《太真外传》，曰：'上皇登香亭，诏太真妃子，妃子时卯醉未醒，命力士从侍儿扶掖而至。妃子醉颜残妆，鬓乱钗横，不能再拜。上皇笑曰：岂是

---

① 纪昀等：《钦定四库全书总目》卷一六七，第 2240 页。

② 胡应麟：《诗薮》外编卷六，《明诗话全编》第 5 册，江苏古籍出版社 1997 年版，第 5639 页。

③ 李孝光著，陈增杰校注：《李孝光集校注》卷七，上海社会科学院出版社 2005 年版，第 217—218 页。

④ 李孝光著，陈增杰校注：《李孝光集校注》卷七，上海社会科学院出版社 2005 年版，第 221 页。

妃子醉,真海棠睡未足耳。'"①然而,同样是"海棠春睡"题材,岑安卿《题太真春睡图》诗云:

> 东风吹香荡晴昼,长安宫苑花如绣。海棠一夜折轻红,淑气薰蒸困醇酎。太真徙倚沈香亭,宿醒未解春冥冥。眉峰敛翠驛秋水,侍儿夹拥花娉婷。玉床腻滑芙蓉展,水沉烟袅金屏暖。丹腮融润珊瑚温,宝钗斜鬓乌云绾。上皇玉笛那敢吹,地衣红皱靴轻移。传令别殿罢歌舞,流莺不语游丝垂。渔阳鼙鼓边尘动,台阁无言卿士懵。妇人一睡四海昏,主暗臣谀总如梦。翠华西狩九庙隳,祸胎未剪三军疑。马嵬之梦生死诀,一时悔祸人心归。骊山举燧供欢笑,犬戎蹂躏周原草。丹青谁究春睡图,后世不须箴大宝。②

对比二诗,题材一致,同为论史,但风格迥然不同。岑安卿着笔细腻秾丽,而李孝光则出入仙鬼,气韵苍凉。馆臣以"秾丽"评岑安卿,而以"风骨遒上"评李孝光,于此可见《总目》的褒贬立场。

《总目》不仅褒赞以气势豪迈胜出的"风骨"之作,还推崇关怀元世的"风骨"之作。如张翥之古体诗,《蜕庵集》提要评曰:"然其古体亦伉爽可诵,词多讽谕,往往得元、白、张、王之遗,亦非苟作。"③张翥七古多为题画诗,多清俊伉爽,五古则颇合中唐时期元稹、白居易新乐府运动"补察时政"和"泄导人情"之主张,有忧时伤乱之感。再如舒頔之七古,《贞素斋集》提要称:"诗则纵横排宕,不尚纤巧组织之习,七言古体尤为擅场。"④今观《贞素斋集》中七言古诗,多为讽世之作,有元稹、白居易新乐府之风,如《渔父叹》诗云:"溪浅每愁鱼鳖少,泽深又虑蛟龙居。移舟犹豫生涯拙,举网徘徊作计疏。山水清幽亡足

---

① 释惠洪:《冷斋夜话》卷一,《六一诗话·冷斋夜话》,凤凰出版社 2009 年版,第 38—39 页。
② 岑安卿:《栲栳山人集》卷中,《景印文渊阁四库全书》第 1215 册,第 472 页。
③ 纪昀等:《钦定四库全书总目》卷一六七,第 2240 页。
④ 纪昀等:《钦定四库全书总目》卷一六八,第 2250 页。

迹,江湖宽阔足庖厨。古来疏罟今犹密,输与陶朱得自如。"①《续无家别》诗云:"一生辛苦杜陵老,白发被垂常不饱。夔州同安经乱离,才略谋猷蕴怀抱。我生不辰时偶同,挈妻扶母西复东。风餐露宿万艰险,一已之外物物空。富者相积今何有,不如贫贱馀升斗。我今漂泊居无家,妻子相看俱掣肘。事业赫赫归英雄,遗臭风烈将无同。掀髯一笑入山去,万壑苍翠啼天风。"②

以上仅以七言古诗为对象,以吴莱和李孝光二人为例,试图呈现《总目》对于元代七言古诗的多种批评观点,然后在此基础上考察《总目》对元诗"纤秾靡丽"的批评立场。探究发现,"纤秾靡丽"是《总目》极力罢黜的元诗之弊,而"风骨遒上""素朴"则是其极力褒扬的元诗风格。

那么,为何《总目》要将"纤秾靡丽"视为弊习,并且将其典型化为一种末世弊习?其根本原因在于《总目》是以风格优劣论诗歌。这一批评观念的形成,又直接与乾隆帝的一道圣谕相关。乾隆四十六年十一月初六日圣谕《论内阁所有〈美人八咏〉诗并似此者一并从全书撤出》曰:

> 昨阅四库馆进呈书,有朱存孝编辑《回文类聚补遗》一种,内载《美人八咏》诗,词意媟狎,有乖雅正。夫诗以温柔敦厚为教,孔子不删郑卫,所以示刺、示戒也。故三百篇之旨,一言蔽以无邪。即美人、香草以喻君子,亦当原本风雅,归诸丽则,所谓托兴遥深,语在此而意在彼也。自《玉台新咏》以后,唐人韩偓辈,务作绮丽之词,号为香奁体,渐入浮靡,尤而效之者,诗格更为卑下。今《美人八咏》内,所列《丽华发》等诗,毫无寄托,辄取俗传鄙亵之语,曲为描写,无论诗固不工,即其编造题目,不知何所证据。朕辑四库全书,当采诗文之有关世道人心者,若此等诗句,岂可以体近香奁,概行采录?所有《美人八咏》诗,著即行撤出。至此外各种诗集,内有似此者,亦著该总

---

① 舒頔:《贞素斋集》卷五,《景印文渊阁四库全书》第 1217 册,第 612 页。
② 舒頔:《贞素斋集》卷五,《景印文渊阁四库全书》第 1217 册,第 612 页。

裁,督同总校、分校等详细检查,一并撤出,以示朕厘正诗体、崇尚雅醇之至意。①

乾隆看似明言"厘正诗体,崇尚雅醇"之审美标准,但其此番文学言论的本质则是"政治至上论"或"政治命定论"。

文学史上曾出现四次较有规模的缛丽文学潮流,第一次是齐梁宫体诗,第二次是唐末温庭筠、李商隐为代表的缛丽诗歌,第三次便是宋初西昆体,第四次是元末杨维桢、顾瑛为代表的秾丽诗风。而每一次缛丽诗风的盛行,都会出现反对者和批评者。虽然时代不同,但历来反对缛艳诗风的个人或群体,体现出的共同点是:都是立于社会政治的立场所发。他们认为缛艳诗风,或者说香艳文学,是享乐主义的产物,全然不利于政治主体对强劲进取精神的张扬,亦不能服务于政治与社会,甚至还可能是亡国之音。

齐梁时期的刘勰便是反对"艳丽"文风的代表人物,其作《文心雕龙》正是为了批判和矫正当时盛行的"淫艳"文风。然刘勰何以会对"淫艳"文风如此不满? 因为从根本上说,这种沉溺于私情表达的文学观,与其"原道"文学观是南辕北辙的。刘勰提倡"原道"之文学,《文心雕龙》起始三篇《原道》《征圣》《宗经》便是思想纲领性的宣言,《原道》篇云:"道沿圣以垂文,圣因文而明道。"②《征圣》篇言:"是以论文必征于圣,窥圣必宗于经。"③《宗经》篇曰:"经也者,恒久之至道,不刊之鸿教也。故象天地,效鬼神,参物序,制人纪,洞性灵之奥区,极文章之骨髓者也。"④刘勰借此三篇不仅明确表达了其"原道"之文学观,亦为矫正"淫艳"文风、创作"原道"文学指明了具体路径——"尊经""崇圣"。对于宋齐梁陈之淫艳,唐初陈子昂反对之,作《修竹篇序》曰:

① 中国第一历史档案馆编:《纂修四库全书档案》八二五,上海古籍出版社 1997 年版,第 1433 页。
② 刘勰著,詹瑛义证:《文心雕龙义证》卷一《原道》,上海古籍出版社 1989 年版,第 28 页。
③ 刘勰著,詹瑛义证:《文心雕龙义证》卷一《征圣》,上海古籍出版社 1989 年版,第 46 页。
④ 刘勰著,詹瑛义证:《文心雕龙义证》卷一《宗经》,上海古籍出版社 1989 年版,第 56 页。

"文章道弊五百年矣……仆尝暇时观齐、梁间诗,彩丽竞繁,而兴寄都绝。"①而其反对之根本是他"论道匡君"②"以义补国"③的儒家诗学观。唐初政治家、史学家魏征的观点更为严肃,他认为"淫艳之文"直接可以助成亡国,《隋书·文学传序》云:"其意浅而繁,其文匿而彩,词尚轻险,情多哀思,格以延陵之听,盖亦亡国之音乎!"④姚思廉《陈书》卷六《后主本纪》引魏征言:"古人有言,亡国之主,多有才艺,考之梁、陈及隋,信非虚论。然则不崇教义之本,偏尚淫丽之文,徒长浇伪之风,无救乱亡之祸矣。"⑤

针对唐末五代之艳侈诗风,黄滔、吴融等人亦持反对说,黄滔《与王雄书》认为:"夫偶俪之辞,文家之戏也。焉可责其戏于作者乎?是若扬优啄、干谏舌、啼妾态、参妇德,得不为罪人乎?"⑥吴融《禅月集序》直言:"国朝能为歌诗者不少,独李太白为称首。盖气骨高举,不失颂美风刺之道焉。厥后,白乐天讽谏五十篇,亦一时之奇逸极言。昔张为作《诗图》五层,以白氏为广大教化主,不错矣。至于李长吉以降,皆以刻削峻拔飞动文彩为第一流,有下笔不在洞房蛾眉、神仙诡怪之间,则掷之不顾。迩来相效学者,靡漫浸淫,困不知变。呜呼!亦风俗使然也!君子萌一心,发一言,亦当有益于事,矧极思属词,得不动关于教化。"⑦黄滔批判激烈、吴融曲意非斥,但其立场皆是持守文学的社会教化功能。王赞与魏征一样,将此艳丽之风作为"亡国"之音,其称:"《风》、《雅》不主于今之诗,而其流涉赋。今之诗盖起于汉魏。南齐五代,文愈深,诗

---

① 陈子昂:《陈子昂集》卷一,上海古籍出版社 2013 年版,第 16 页。
② 陈子昂:《陈子昂集》卷二《登蓟城西北楼宋崔著作融入都序》,上海古籍出版社 2013 年版,第 51 页。
③ 陈子昂:《陈子昂集》卷二《喜马参军相遇醉歌序》,上海古籍出版社 2013 年版,第 51 页。
④ 魏征等:《隋书》卷七六《文学传序》,中华书局 2000 年版,第 1164 页。
⑤ 姚思廉等:《陈书》卷六《后主本纪》,中华书局 2000 年版,第 80 页。
⑥ 黄滔:《莆阳黄御史集》下秩,中华书局 1985 年版,第 187 页。
⑦ 陈伯海:《唐诗学文献集粹》唐五代部分附录,上海古籍出版社 2016 年版,第 179—180 页。

愈丽。陈隋之际,其君自好之,而浮靡浇漓,流于淫乐。故曰音能亡国,信哉!"①

宋初"西昆体"也是浓艳诗风的重要代表。宋初杨亿、刘筠等人,身居馆阁,取法温李,以艳丽为宗。田况《儒林公议》记曰:"杨亿在两禁变文章之体,刘筠、钱惟演辈皆从而效之,时号杨刘。三公以新诗更相属和,极一时之丽,亿复编叙之,题曰《西昆酬唱集》,当时佻薄者谓之'西昆体'。"②《禅宗旧史·欧阳修本传》载曰:"国朝接唐、五代末流,文章专以声病对偶为工,剽剥故事,雕刻破碎,甚至若俳优之辞。如杨亿、刘筠辈,其学博矣,然其文亦不能自拔于流俗,反吹波扬澜,助其气势,一时慕效,谓其文为昆体。"③当时攻击西昆体最为激烈者便是石介(1005—1045),他推崇圣人,尊仰六经,认为杨亿破坏圣人之道,其《怪说中》直斥曰:"今杨亿穷妍极态,缀风力,弄花草,淫巧侈丽,浮华纂组;刓镂圣人之经,破碎圣人之言,离析圣人之意,蠹伤圣人之道。使天下不为《书》之《典》、《谟》、《禹贡》、《洪范》。《诗》之雅、颂,《春秋》之经,《易》之繇、爻、十翼;而为杨亿之穷妍极态,缀风月,弄花草,淫巧侈丽,浮华纂组,其为怪大矣!"④柳开亦反对西昆体,他对古文的定义是:"我本非以文矜伐于今之人也,将以文矜伐于古之道也。矜伐于古之道也,则务将教化于民。"⑤其认为古文之目的在于教化人,故对于以雕琢章句、华而不实的浓艳诗风颇为不满。

对于元末"纤秾靡丽"之风,代表清代官学立场的《总目》同样站在了反对者一脉的立场上,欲贬黜之,革除之。虽然其未明言贬抑元诗"纤秾靡丽"之风之缘由,但其出发点和立场当与刘勰、陈子昂、黄滔、吴融、石介、柳开等人相同,主要是出于清代官学政治教化的考量。在政治意识形态高度统一的乾隆

---

① 王赞:《元英先生诗集序》,《全唐文》卷八六五,中华书局 1983 年版,第 9069—9070 页。
② 田况:《儒林公议》,中华书局 1985 年版,第 2 页。
③ 欧阳修著,李之亮笺注:《欧阳修集编年笺注》第 8 册,巴蜀书社 2007 年版,第 534 页。
④ 石介:《石徂徕集》卷下《怪说中》,商务印书馆 1936 年版,第 75 页。
⑤ 柳开:《答臧丙第三书》,《全宋文》第 6 册,上海辞书出版社、安徽教育出版社 2006 年版,第 300 页。

时代,"纤秾靡丽"之风因与诗歌教化观截然对立而遭到了馆臣的贬抑与挞伐。

统上论述,可略作归结:其一,《总目》对元诗"纤秾靡丽"之弊习有过度塑造之嫌。事实上若言及元代诗歌的弊病,元初期北方有粗豪之弊、南方有奇险之弊;元中期有模拟成风、千篇一律之弊和缺少生气之弊;元季不乏"纤秾靡丽"之弊、因奇古而堕入"魔趣"之弊。因此,仅以"纤秾靡丽"作为元诗之弊习,实有失公允。更何况,在元别集提要中馆臣丝毫未曾提及元初期与元中期之弊,只将"纤秾靡丽"确立为元诗之弊并不断强化和凸显。《总目》弱化元诗众弊而集中强化元诗某一弊端的做法,不无偏颇之嫌。或言"纤秾靡丽"是元诗主流之弊习。不然。若从多则单篇提要的分析和解读来看,馆臣正面认定为濡染"纤秾靡丽"之风的作者极少,仅陈樵(1278—1365)、杨维桢(1296—1370)等几人而已。可见"纤秾靡丽"并非元代主流之弊,《总目》所言与事实不符。元诗弊病更甚者当为"浅弱",然有此弊的元别集已经被馆臣划拨归入存目。元诗"纤秾靡丽"之弊则不过是被《总目》典型化与放大化的元诗弊病的一种。《总目》视"纤秾靡丽"为元诗弊习并加以放大的做法,当与《总目》对"纤秾靡丽"这一风格的焦虑和排斥有关。从根本上说,这又与《总目》所贯彻的至高无上的官方意识形态密切相关。

其二,"纤秾靡丽"是最具有元诗生态特点的诗歌风格。从思想生态而言,元代出现朱陆合流现象,加之文人性情得到极大解放,故其创作由"传道"而转向"明心",诗风亦日趋于抒发一己之情。王忠阁《论至元、大德间诗风之转变》一文认为"至元后期到大德之间,诗风渐趋雅化,变粗豪而为自然,并滋生出主情、尚己的诗歌风气"①,而这一诗风转变的思想基础便是朱陆合流。其文又称"朱陆和会的社会思潮以及至元后期到大德间自由、活跃的社会心理氛围,是这一时期诗风转变的主要原因"②,尤其是"陆学重视个性的思想是

---

① 王忠阁:《论至元、大德间诗风之转变》,《文学评论》2000 年第 3 期,第 92 页。
② 王忠阁:《论至元、大德间诗风之转变》,《文学评论》2000 年第 3 期,第 99 页。

至元后期到大德间尚己诗风的哲学基础,它使这一时期诗坛出现的尚己风气开始摆脱以往的盲目而逐渐趋向理论上的自觉,并由此发展成为中国封建社会后期文学中一种不可遏止的文学潮流"①。其论颇切要害。此外,需指出的是,此论涉及文风转变的两个阶段:一是变粗豪为自然,一是变主理言道为主情尚己,而后者恰是"纤秾靡丽"诗风滋生的重要因素。

从政治生态而言,元代南人无法进入元王朝政治中心,"英俊沉下僚"的人才困顿现象普遍存在。终元一代,进入元廷行政管理体系、被给予重用的南人仅周伯琦、贡师泰二人,而如"一代文学冠冕"虞集亦不过是称首文坛、处馆阁之闲职,成为行政体系之附庸者。在此可借用罗根泽先生对晚唐纤秾靡丽之风形成的阐释来理解。罗根泽先生称唐代社会历经三次崩溃:"第一次的崩溃,使文章由繁缛缘情,转于简易载道。第二次的崩溃,使得诗亦由艺术之宫,移植到人间世上。第三次的崩溃,则使诗及文章都放弃社会的使命,而转于俪偶格律,绮缛淫靡……所以第三期的总崩溃之后,文章家与诗人大半都放弃救世与刺世,而反回来救自己;由是自救世刺世的文学,变为自娱娱人的文学。"②元代的情形有类似之处,当元代文人长期处于"救世与刺世"皆无望时,他们便放弃了自身的社会人身份而专注于小我,故其创作亦呈现为"自娱娱人"的基调,呈现出超功利主义的审美艺术价值。

从经济生态来看,元代都市经济发达,元王朝可谓营建了一个空前绝后的商业帝国。泉州、杭州等城市商业极度发达,消费与享乐之风尤盛。田汝成《西湖游览志馀》云:"元时法禁宽假,士夫得以沉昵盘游。故其诗多脂粉绮罗之态。杨廉夫诗云:'二月皇都花满城,美人多病苦多情。一双孔雀行瑶圃,十二飞鸿上锦筝。酒掬真珠传玉掌,羹分甘露倒银罂。不堪容易少年老,争遣狂夫作后生。'又云:'天街如水夜初凉,照室铜盘璧月光。别院三千红芍药,洞房七十紫鸳鸯。绣靴蹴踘句骊样,罗帕垂弯女直妆。愿汝康强好眠食,百年

---

① 王忠阁:《论至元、大德间诗风之转变》,《文学评论》2000 年第 3 期,第 99 页。
② 罗根泽:《中国文学批评史》,商务印书馆 2015 年版,第 551—552 页。

欢乐未渠央。'又云：'公子银瓶分汗酒，佳人金胜剪春花。'又云：'金埒近收青海骏，锦笼初教雪衣娘。'又云：'小洞桃花落香雪，大堤杨柳舞晴烟。'又如张光弼诗云：'玉瓶注酒双鬟绿，银甲调筝十指寒。'又云：'新妆满面犹看镜，残梦关心懒下楼。'一时富贵繁华，可想见矣。"①在此经济基础之上形成的都市文学，以消遣享乐为主，以绮丽华美为审美风尚。又如元季顾瑛玉山雅集的文人们，日日流连于园林美景、沉醉于诗酒雅宴，诗技竞赛，酬唱联句，所写即所见，所吟即所思，靡丽之风正是其末世生活的真实写照。

其三，"纤秾靡丽"的另一种表达可以是"才情风致"。明末清初闽派诗人多以才情论元诗，谢肇淛评元诗为："自元而后，道学之语革矣。元人之才情音调自过宋人，而浓郁富厚终觉未逮。"②肯定了元诗的成就，其谓元诗突破了宋诗之"道学"气，而接续了唐诗"言情"传统，以"才情音调"为自称特色。徐⟨火勃⟩亦评曰："胜国人才之盛，超宋接唐，当时善鸣者凡数百家，皆流丽逸宕，以情采风致胜。"③此中"情采风致"与谢肇淛的"才情音调"不无相通之处。除闽派诗人，清乾隆时期的诗人翁方纲亦有此类表述，其在《石洲诗话》评价萨都剌"雁门自有才情""雁门风流跌宕，可谓才人之笔。使生许浑、赵嘏间，与之联镳并驰，有过之无不及也"④；又评顾瑛诗"仲瑛小诗，极擅风致""顾仲瑛《玉山璞稿》虽皆一时飞觞按拍，豪兴吐属，然自具清奇之气，其一段遐情逸韵，飘飘欲仙，乃有杨铁崖所不能到者"⑤。翁方纲所云"才情""风致"即是对元诗"纤秾靡丽"评价之外的另一种品评方式。若以欣赏之眼光评论之，则元诗自有一番风采。《总目》以儒家诗学的"雅正"审美观对元诗"纤秾靡丽"大

---

① 田汝成著，刘雄、尹晓宁点校：《西湖游览志馀》卷一一，上海古籍出版社 2018 年版，第 139—140 页。

② 谢肇淛：《小草斋诗话》，《明诗话全编》第 6 册，江苏古籍出版社 1997 年版，第 6678 页。

③ 徐⟨火勃⟩：《红雨楼题跋》卷下，《续修四库全书》第 923 册，上海古籍出版社 2002 年版，第 21 页。

④ 翁方纲：《石洲诗话》卷五，《谈龙录·石洲诗话》，中华书局 1981 年版，第 167 页。

⑤ 翁方纲：《石洲诗话》卷五，《谈龙录·石洲诗话》，中华书局 1981 年版，第 184 页。

加指斥和贬低,显然存在着审美褒贬。平心而论,诗歌风格并非区别或褒贬诗歌水平的标尺,《总目》以预设之评判标准对元季诗歌展开批评,此法并不可取。

本节从时间范畴的混乱、归属对象的错误以及风格评品之偏颇三个方面对《总目》取用的元诗批评话语——"纤秾缛丽之习"进行了辨析。通过辨析,本节既澄清了《总目》使用元代、元季两种时间限定语的不同立场和意图,又纠正了《总目》对于元代"纤秾缛丽之习"的主要承担者归属之错误,更揭示了《总目》贬抑元诗"纤秾缛丽之习"的态度和原因。前二者反映出《总目》在元诗批评中的细化意识以及在元诗认识上的不足,后一种情形则体现出清廷意识形态对《总目》文学观念的干预。于此而言,《总目》所秉持的元诗"纤秾缛丽之习"实际是清廷视角的批评标尺,然这一标尺并未能准确权衡出元代诗歌的真实状貌,反而还遮蔽或歪曲了部分事实。

或说《总目》以文献为第一身份,故不可对其文学批评吹毛求疵,因为文学批评仅为其余事。然而《总目》别集提要中几乎每一则都会出现文学品评的内容,并且每一则提要中的文学批评又是统合于一以贯之的文学观和文学史观之下,这便说明《总目》的诗文批评并非零散、无关联的批评片段,而是既有宏观之批评体系,又有微观之批评理论,既有通观之批评视野,又有具体的批评个体。而这种有视野、有体系、有观点的集大成性批评文本,显然已经是一个独立的批评者,其应该作为元诗批评的一环进入后世元诗批评史的视野。论者又谓,《总目》出自不同作者之手,即便最终由纪昀一手删定,亦难免其支离破碎之状。诚如是,不同提要对同一人的评价确实会出现不一致的态度,但是不可否认的是,对于文学的规律性的认知和批评是存在的且是一以贯之的,例如"文道合一"的文学观,"平正通达"的文学审美,"文随世运"的文学史观等。具体以时代而论,如南宋末年"江湖习气"、元代季世"纤秾缛丽"之习以及明代复古派"钩棘涂饰"之弊,这些皆是

《总目》文学批评的核心话语,而这些词汇又往往超越他们诞生时的时代局限而成为某种特定的文风标识被使用。以上这些规律性和同一性的文学批评,才是《总目》批评之批评展开的基础。正是因为《总目》具有独立而强烈的批评意识以及呈规律性的批评观点,故而将其作为一个批评对象来研究,不仅毋庸置疑,而且还当因其具有前所未有的纵深、广博的视野而被给予极大的重视。

本节的批评对象是元别集提要,研究发现,《总目》以清廷"雅正"之审美标准对元代诗文展开批评,因是标准化审美,故其对元代诗文特征和面貌的揭示并非开放型、包容型的,而是审核型。《总目》又以"世运说"构建元代文学,"元季纤秾缛丽之习"被馆臣用于指斥元末文学之弊,也因此元末文学之光彩被忽略和压制。但是,《总目》细化元诗批评的意识,即把元诗分为初期、中期和晚期加以批评的做法颇有价值和意义,至少其开启了认识元诗的更广阔的空间和更多的面相。总体而言,《总目》的元诗批评自成体系且有其独特的评价标准,故其当被尊为一家之言。然其批评标准因受制于官方意识形态而过于单一化、模式化,故又不可避免地会掩盖元诗的真实面貌和个性,甚至以褒贬姿态论诗歌风格,这也是《总目》元诗批评的局限之处。

结　语　《四库全书总目》元别集提要的后世影响研究

　　《总目》是对清乾隆以前中国古代学术的一次最大规模的整理和总结,它的编纂集合了清中期各领域学术大家之智识,如纪昀、戴震、邵晋涵、周永年、翁方纲、朱筠、余集、王尔烈等皆为当时最为著名的乾嘉学术大师。正因其集大成性、集思广益性,其价值和意义不可磨灭,影响着后世一代又一代学术与学人。晚清学者张之洞称其为"学问门径"①,缪荃孙在《钱唐丁氏八千卷楼藏书志序》中评曰:"至于考撰人之仕履,释作书之宗旨,显征正史,僻采稗官,扬其所长,纠其不逮,《四库提要》实集古今之大成。"②余嘉锡称其"尤非王尧臣、晁公武等所能望其项背"。③陈垣评此著曰:"古来题解之书自汉刘向《别录》始。其后宋代之《郡斋读书志》及《书录解题》,今虽尚存,但不完全。《四库总目提要》亦往往有误谬,然足为古来题解书中之最备者。"④崇尚"五四"新风且对封建文化大加挞伐的鲁迅,亦以《总目》为读书人了解书目的法宝,他说,"现在有一些老实人,和我闲谈之后,常说我书是看得很多的,略谈一下,我也的确好像书看得很多,殊不知就为了常常随手翻翻的缘故,却并没有本本细看。还有一种很容易到手的

---

　　①　司马朝军撰:《輶轩语详注》,华东师范大学出版社 2010 年版,第 139 页。
　　②　缪荃孙:《艺风堂文续集》卷五,《续修四库全书》第 1574 册,上海古籍出版社 2002 年版,第 226 页。
　　③　余嘉锡:《四库提要辨证》卷首《序录》,第 1 册,中华书局 2007 年版,第 48 页。
　　④　陈垣著,陈智超编:《陈垣四库学论著》,商务印书馆 2012 年版,第 391 页。

秘本,是《四库书目提要》,倘还怕繁,那么,《简明目录》也可以"。① 当然后世对《总目》价值的推崇和褒赞之外,亦不无苛责之音。如清末学者李慈铭便指斥集部提要极为鄙陋:"然文达(指纪昀)名博览,而于经史之学实疏,集部尤非当家。经史幸得戴邵之助,经则力尊汉学,识诣既真,别裁自易;史则耳山本精于考订,南江尤为专门,故所失亦尠。子则文达涉略既遍,又取资贷园,弥为详密。集部颇漏略乖错,多滋异议。"②鲁迅也指瑕《四库全书简明目录》"其实是现有的较好的书籍之批评,但须注意其批评是'钦定'的"。③ 四库学家余嘉锡道出了《总目》在清代的不同接受状况:"乾、嘉诸儒于《四库总目》不敢置一词,间有不满,微文讥刺而已。道、咸以来,信之者奉为三尺法,毁之者又颇过当。"④然而,即便是苛责,亦不失为一种接受,更何况,随着时间的变迁和观念的嬗变,一部著作的接受自有兴衰规律。但不论如何,《总目》对乾隆以后的学术影响是根深蒂固的,这一点毋庸置疑。以下从目录学和文学批评两个维度考察《总目》元别集提要对于后世的影响。

一、作为元代别集目录之奠基者

《总目》奠定了元代别集文献目录的主体并确定了它的边界。从清嘉道年间张金吾《爱日精庐藏书志》、陆心源《仪顾堂题跋》到清末丁丙《八千卷楼书目》,再从今人周清澍《元人文集版本目录》到查洪德《中国古代诗文名著提要(金元卷)》,关乎元代别集著作的所有整理和补充,都未能越过《总目》所构建的元代学术体系。

今以《中国古代诗文名著提要(金元卷)》为例加以考察,该书基本将《总目》作为参照物,查洪德先生认为《四库全书》对元别集之保存功不可没:"今天

---

① 鲁迅:《随便翻翻》,《且介亭杂文》,人民文学出版社 2006 年版,第 138 页。
② 李慈铭:《越缦堂读书记》史部"目录类",上海书店出版社 2000 年版,第 557 页。
③ 许寿裳:《亡友鲁迅印象记》二三《和我的友谊》,当代世界出版社 2015 年版,第 111 页。
④ 余嘉锡:《四库提要辨证》卷首《序录》,第 1 册,中华书局 2007 年版,第 48 页。

谈元代诗文文献,不能不感谢《四库全书》的保存之功。《四库全书》收入元人别集一百七十一种①,数量是相当可观的。其中有二十九种当时已佚,赖馆臣辑录成集。还有相当多的文集,当时已极为罕见,赖收入《四库全书》而得以保存。有不少元人别集只有四库本。"②因此,他尊重《四库全书总目》的参考价值,说:"于是我们提要的写作,便不能不以《四库全书总目》作为重要参照,同时又要力求在各方面超越它。"③诚如其言,《总目》是《中国古代诗文名著提要(金元卷)》撰写时不可逾越的重要参照物。今将二者著录元别集情况进行统计对比如下:

著录情况	元别集名	《总目》/《名著提要》未录原因
《总目》未录而《名著提要》著录（11种）	李庭《寓庵集》八卷	清末缪荃孙始校订,刊入《藕香零拾》丛书
	阎复《静轩集》五卷《附录》一卷	清末缪荃孙始校订,刊入《藕香零拾》丛书
	卢挚《卢疏斋集》四卷	今人李修生等始辑补、整理成集
	释明本《梅花百咏》一卷	《总目》未采录
	元明善《重辑清河集》八卷	《永乐大典》今仍存诗文,纂修《四库全书》时未辑。清末缪荃孙始校订,刊入《藕香零拾》丛书
	字术鲁翀《菊潭集》四卷	清末缪荃孙始校订,刊入《藕香零拾》丛书
	邓文原《履素斋稿》二卷	清乾嘉年间鲍廷博、鲍正言所辑
	邵亨贞《蚁术诗选》八卷、《蚁术词选》四卷	《总目》未见及
	朱德润《存复斋文集》十卷、《附录》一卷、《续集》不分卷	《总目》以其文"肤浅少深致"而列入存目
	王冕《竹斋诗集》三卷、《续集》一卷、《补遗附录》一卷	《总目》列入"明别集"
	陶宗仪《南村诗集》四卷	《总目》列入"明别集"

---

① 按,元别集总数实际为一百六十九种。查洪德先生统计的一百七十一种,包含了王冕《竹斋集》和陶宗仪《南村诗集》。在《总目》中,此二集被列入明别集。

② 查洪德:《中国古代诗文名著提要(金元卷)》卷首序,河北教育出版社2009年版,第2页。

③ 查洪德:《中国古代诗文名著提要(金元卷)》卷首序,河北教育出版社2009年版,第2页。

续表

著录情况	元别集名	《总目》/《名著提要》未录原因
《总目》著录而《名著提要》未录（5种）	张观光《屏岩小稿》	"伪书"
	萧㪥《勤斋集》	"有讲学家文集而诗文实无可采者"
	同恕《榘庵集》	
	郭豫亨《梅花字字香》	"非一般意义的诗文别集"
	谢宗可《咏物诗》	

从统计和分析来看，《名著提要》与《总目》之间 16 种别集存在分歧的原因主要有三个方面：其一，朝代断限分歧，《名著提要》并未遵从《总目》将王冕、陶宗仪划入明人的做法，而是将二人视作元人；其二，别集视野不同，《名著提要》比《总目》多收录的 9 种别集，都是后世整理成果，故其对《总目》进行补充；其三，别集观念差异，《名著提要》摒弃了《总目》著录之伪书和诗文水平不高的理学家诗文集。其四，序列结构不一，《名著提要》主要是依据著者生卒先后排列顺序，而《总目》则以时间先后并兼以褒贬排定序列，如张养浩、杨维桢等人的位序。《名著提要》既合理地吸收了《总目》对元别集文献版本整理的成果，又全面地补充了《总目》之外的元别集。最重要的是，《名著提要》采用了更为客观的著录形式，隔离了先入为主的意识形态和思想观念。值得注意的是，二者差异是有限的，《名著提要》对《总目》更多的是学术成果的接受与借鉴。从数量上看，《名著提要》与《总目》所著录相重合的元别集有 164 种，这与《总目》的构成主体基本相同；从内容上看，《名著提要》与《总目》重合的 164 种别集，其提要中皆有"《总目》因素"，包括《总目》所述生平叙述、版本参考、文学批评等多方面内容，其中版本参照尤为显著。可以说，《总目》便是《名著提要》所站立的"巨人的肩膀"。

除《名著提要》外，另一部元代诗歌重要文献《元诗纪事》也受到《总目》元别集提要的影响。陈衍（1856—1937）所著《元诗纪事》编纂于清末，陈氏辑

《元诗纪事》一方面是因为"唐、宋、金诗皆有《纪事》,而元独无。钱竹汀先生尝病《元史》疏芜,欲采各家诗文集及笔记小说之类改修《元史》,恐违功令,改为《元诗纪事》",另一方面则是因为"独念竹汀先生博极群书,尤熟元事,果如计、厉二书之遍采诗林故实,其卷数必裒然以数十计"。① 如其所言,《元诗纪事》的特色和价值不在网罗全备,而在于搜罗"纪事之诗",陈衍自序:"至元诗,则顾选初二三集及癸集家数已灿然大备;纪事之体,当搜罗一代传作,散见于笔记小说各书者,不宜复收寻常无事之诗矣。"② 盖缘于此目的,该书对于《总目》可谓只字未提。这表面看似是隔离《总目》的一次书写,然而,观其目录,其所选录之著者起止却仍在《总目》的断限范围之内,如将杨公远、方回等南宋遗民纳入元代,作为元诗的起点,又如该书收录了谢宗可,《总目》虽收录此人但对其身份仍是悬而未定的,再如将刘仁本、梁寅等置于元末诗人,而未纳入明初,等等。可见,《元诗纪事》尽管未曾征引或明言《总目》,但其时代断限却是遵从《总目》之法的。

梳理《总目》之后涉及元代别集的目录学著作可知,《总目》奠定了元代别集目录结构的地基,而后世的元代别集目录皆是在此主体基础上的延伸和补充。《总目》对后世目录著作中元别集目录的影响之深远由此可见。

二、作为元代文学史之奠基者

《总目》不仅作为目录学著作为后世所接受和参照,还作为提要式文学批评著作为后世书写文学史所接纳,于后者而言,《总目》对《中国文学史》的书写可谓有奠基之功。从《总目》对后世《中国文学史》写作的影响来看,大致可分为四种类型:

第一种是"因袭式接受",即从书写体例和批评观点皆沿袭《总目》而来。

此典型代表是吴梅(1884—1939)《辽金元文学史》。吴梅先生所著《辽金

---

① 陈衍辑撰,李梦生校点:《元诗纪事》卷首《原叙》,上海古籍出版社 1987 年版,第 1 页。
② 陈衍辑撰,李梦生校点:《元诗纪事》卷首,上海古籍出版社 1987 年版,第 1 页。

元文学史》最早由商务印书馆于1934年出版,该书以诗、文、曲分类,类下各有总序一篇,后则依次罗列若干文人,继而配以生平信息与诗文评论,此种体例模式与《总目》提要写作完全一致。文类总序曰:"自王元美创'为元无文章'之说,耳食者遂信为实然,于是视元人著作若敝屣,可胜叹哉!"进而自陈元文观:"予惟有元之分文,分南北二宗。北宗以元裕之为圭臬,辅之者为郝伯常、杨焕然,其接武而兴者,则有刘梦吉、王仲谋、姚端甫、马伯庸、卢处道、许可用。南宗又分两派:在江右者倡于吴幼清,而其后虞伯生、揭曼硕、欧阳元功卓然为大家;浙东之在鄞者,戴帅初、任叔实、袁伯常,在婺者则有许益之、吴立夫、黄晋卿、柳道传、吴正传。洎夫末造,北学久衰,江右之人才亦不振。惟浙东一派,英贤辈出,郁为后劲,有若李季和、陈子上、戴叔能、杨廉夫、陈敬初若而人,亦云盛矣。其文或苍茫浑灏,或渟泓演迤,或崛强可喜,或潇洒不群。上足以嗣响唐、宋,下亦无惭于有明。罗而列之,元美诬词,不攻自破矣。"①对元文推崇备至。其后罗列古文作者三十一家,分别是:郝经、姚枢、戴表元、陆文圭、刘诜、邓文原、任士林、赵孟頫、吴澄、杨奂、刘因、王恽、姚燧、程钜夫、袁桷、马祖常、虞集、揭傒斯、许谦、阎复、元明善、吴莱、黄溍、欧阳玄、柳贯、许有壬、吴师道、陈旅、苏天爵、郑元祐、陈基。② 其中除姚枢、阎复、元明善三家为新增外,其余二十八家皆为别集中有古文、提要对其古文作出了评价的文人,且这二十八家文人的罗列顺序亦与《总目》顺序完全一致。

诗体总序曰:"上接唐、宋之渊源,而后启有明之文物,此元诗之不可以废也。"③"沨沨乎亦具一代之音,讵可轻加贬词哉?"④其后则罗列诗人五十九

---

① 吴梅:《辽金元文学》,柳存仁等所编《中国大文学史》(下册),上海书店2010年版,第609页。

② 吴梅:《辽金元文学》,柳存仁等所编《中国大文学史》(下册),上海书店2010年版,第610—617页。

③ 吴梅:《辽金元文学》,柳存仁等所编《中国大文学史》(下册),上海书店2010年版,第617页。

④ 吴梅:《辽金元文学》,柳存仁等所编《中国大文学史》(下册),上海书店2010年版,第617页。

家,依次是:耶律楚材、耶律铸、方回、黄庚、刘诜、吾邱衍、赵孟頫、仇远、白珽、马臻、杨宏道、刘因、刘将孙、曹伯启、陈孚、周权、黄玠、何中、贡奎、郭豫亨、袁易、马祖常、虞集、杨载、范梈、揭傒斯、宋无、丁复、卢挚、吴莱、陈泰、吴师道、宋褧、黄镇成、萨都剌、傅若金、余阙、周伯琦、张翥、李孝光、迺贤、吴景奎、贡师泰、成廷珪、郭翼、张雨、许恕、张宪、丁鹤年、钱惟善、谢应芳、周霆震、王逢、戴良、贡性之、顾瑛、杨维桢、张昱、陈高。① 其中唯卢挚一家出自《总目》之外,其余五十八家皆出自《总目》文人范畴,且皆为《总目》推赞之诗人。

不仅书写体例与《总目》以文体类属、以序文总论和以单则提要依次串联完全一致,吴梅先生对文人之评价,亦皆本于《总目》提要而略增入个人观点。如评郝经,《辽金元文学史》载曰:"其大节炳耀古今。而学问文章,亦具有根柢,如《太极先天诸图说》、《辨微论》数十节,及论学诸书,皆深切著明,洞见阃奥,《周易》、《春秋》诸传,于经术尤深。故其文雅健雄深,无宋末肤廓之习,与其师元好问可以雁行,不但以忠义著也。"②《总目》云:"其生平大节炳耀古今,而学问文章亦具有根柢,如《太极先天诸图说》、《辨微论》数十篇,及《论学》诸书,皆深切著明,洞见阃奥。《周易》、《春秋》诸传于经术尤深。故其文雅健雄深,无宋末肤廓之习。其诗亦神思深秀,天骨挺拔,与其师元好问可以雁行,不但以忠义著也。"③对比观之,吴梅先生不过将《总目》中的"篇"换作了"节",又将诗歌评论一句"其诗亦神思深秀,天骨挺拔"删除了,而其删除目的是为符合"文"这一文体名类。

因此,从某种程度上说,吴梅先生《辽金元文学史》是对《总目》元别集提要体例及内容上沿袭最多、依赖最深的一部文学史。当然,该书所列类目还有"曲",而这一类,《辽金元文学史》较《总目》元代辞曲类更为完备。

---

① 吴梅:《辽金元文学》,柳存仁等所编《中国大文学史》(下册),上海书店 2010 年版,第617—631 页。

② 吴梅:《辽金元文学》,柳存仁等所编《中国大文学史》(下册),上海书店 2010 年版,第609 页。

③ 纪昀等:《钦定四库全书总目》卷一六六《陵川集》提要,第 2202 页。

第二种是"批评式接受"，在书写体例上多沿袭《总目》，但批评观点则与《总目》略有分歧。

此类型主要以钱基博《元代文学史》和刘大杰《元代文学史》为突出代表。钱基博《元代文学史》于1943年由湖南蓝田新中国书局出版。该书所书写的元代文学无阶段分期，以人物为线索，以人物评价为内容。人物依次是：耶律楚材、郝经、阎复、刘秉忠、刘因、安熙、姚燧、张养浩、元明善、马祖常、苏天爵共十一人为一节；方回、戴表元、谢翱、方凤、牟巘、赵孟頫、邓文原、袁桷共八人为一节；虞集、欧阳玄、揭傒斯、范梈、杨载、黄溍、柳贯、戴良共八人为一节；吴莱、杨维桢、吴复、李孝光、张雨、顾瑛、倪瓒、王逢共八人为一节，共录元文人三十五位。

通读钱氏《元代文学史》发现，该书有两个重要的立论基础：一是基于对元别集的深入阅读，故书中多有贴切精辟之论；一是对《总目》观点的全面参考，故多有对《总目》的接受和驳斥。可见，钱基博《元代文学史》对《总目》之借鉴和接受。

从该书收录的三十五位文人对象来看，《总目》之观点有被吸收和认可者，如评价苏天爵："其学出安熙；而词章淹雅，根柢深厚，波澜意度，出入欧苏，乃过安熙，其为文长于叙事，碑版诸作尤足补史阙；盖自从沉酣典籍，练习掌故而来，非得之安熙也。"[1]对比《总目》所论："天爵少从学于安熙，然熙诗文粗野不入格，天爵乃词华淹雅，根柢深厚，蔚然称元代作者。其波澜意度，往往出入于欧、苏，突过其师远甚。至其序事之作，详明典核，尤有法度。集中碑版几至百有余篇，于元代制度、人物，史传阙略者多可藉以考见。《元史》本传称其身任一代文献之寄，亦非溢美。虞集《赋苏伯修滋溪书堂》诗有曰：'积学抱沉默，时至有攸行，抽简鲁史存，采诗商颂并。'盖其文章原本由沉潜典籍、研究掌故而来，不尽受之熙也。"[2]钱氏《元代文学史》虽表述较《总目》简洁，且略去了《总目》文献征引部分，但其所撰内容和观点却皆自《总目》转化而来。

---

① 钱基博：《中国文学史》，上海书店2015年版，第785页。
② 纪昀等：《钦定四库全书总目》卷一六七《滋溪文稿》提要，第2237—2238页。

亦有被否定和驳斥者,如评价姚燧古文:"燧虽受学于许衡,而文章则过衡远甚。张养浩作是集序,称其'才驱气驾,纵横开合,纪律惟意,如古勍将率市人战,鼓行六合,无敌不北。'柳贯作燧谥议,称其'典册之雅奥,诏令之深醇,抉去浮靡,一返古辙,而铭、志、箴、颂,雄伟光洁,家传人诵,莫得而掩。'虽不免同时推奖之词,然宋濂撰《元史》称其文'阂肆该洽,豪而不宕,刚而不厉,春容盛大,有西汉风,宋末弊习为之一变。'国初黄宗羲撰《明文案》,其序亦云'唐之韩、柳,宋之欧、曾,金之元好问,元之虞集、姚燧,其文皆非有明一代作者所能及。'则皆异代论定,其语如出一辙,燧之文品亦可概见矣。"①对于《总目》所引张养浩序、宋濂序及《总目》自身之评价,钱氏《元代文学史》皆征引之,却一一加以否定。对于张养浩之序,他驳斥曰:"其实燧之为文,只是'剽陈袭故',不过时人因袭苏(指苏轼)调,而燧据摭韩(指韩愈)语;'窘于识趣'何尝'振拔'?'才'不'驱','气'不'驾',何色张之?欲为'纵横开合'而未能'纪律惟意';'刚'而不'雄',则为傲狠;'古'而不'邃',则见堆垛;拉杂成章,嗷齿佶屈,宜'读者或不能句'也;更何'约要于繁','出奇于腐'之有哉?养浩之言,未免阿私所好也。"②针对宋濂所赞"春容盛大",他辩解道:"此实苏文盛极而衰之机,而非燧之文真能'雄深雅健'也。其实,以蹇涩支离之笔,抒广末猛贲之调,而无大力控抟,无豪气运贯,欲为'盛大'而未见'春容'。"③而钱基博先生自身对姚燧古文之评价更是鄙薄至极,如"叫嚣而无见,拉杂而不知裁""生字拗语,怪怪奇奇"④"以皇甫(湜)矜气夸调之生吞,兼有宋祁省字改语之活剥,刺口棘舌,风斯为下。"⑤再如揭傒斯之诗文评价,《总目》云:"其文章叙事严整,语简而当。凡朝廷大典册及碑版之文,多出其手,一时推为钜制。独于诗则清丽婉转,别饶风韵,与其文如出二手。然神骨秀削,寄托

① 纪昀等:《钦定四库全书总目》卷一六六《牧庵文集》提要,第2217—2218页。
② 钱基博:《中国文学史》,上海书店2015年版,第779页。
③ 钱基博:《中国文学史》,上海书店2015年版,第774页。
④ 钱基博:《中国文学史》,上海书店2015年版,第774页。
⑤ 钱基博:《中国文学史》,上海书店2015年版,第775页。

自深,要非嫣红姹紫、徒矜姿媚者所可比也。"①对于《总目》评揭傒斯古文,钱氏颇不以为然,他认为:"《四库提要》则约其词以为论定,谓'其文叙事严整,简而有要;诗则清丽婉转,如出二手'。其别白诗文以出二手,是也。然据黄历一诗诔墓之语,而为斯文千载之论定,则大非。"②而其自评揭傒斯之文曰:"议论习见,无所警发;叙事缓散,不得体要,庸肤冗漫,如金人之学苏轼,得其率易而失其警快者也。"③贬斥之意甚明。整体观之,钱氏接受《总目》的影响分为两种情况:一是沿袭;二是由《总目》之论引起辩驳,由此激发新的认识,但这两种情况皆因《总目》而生成。

再看刘大杰《中国文学发展史》,该书上卷完成于1939年,于1941年元月出版,下卷写完于1943年,于1949年出版。陈尚君先生评价该书说:"博大深沉的刘著,正好为民国时期的文学史撰写,画上了一个圆满的句号,也为发轫于世纪初的中国文学史学的走向成熟,建立了重要的里程碑。"④然而该书最早的形态是并无元代文学史的,该书前后经历了三次改动,今天所见复旦大学出版之《中国文学发展史》第二十二章"元代的诗词",是解放后所新增内容,原版并无。该章节具体展开论述的诗人共十二家⑤,对其评价亦以《总目》为参考。其中有修正性接受,如论赵孟頫,"《四库提要》云:'论其才艺,则风流文采,冠绝当时,不但翰墨为元代第一,即其文章,亦揖让于虞、杨、范、揭之间,不甚出其后也。'专就才艺而论,这样的批评,也还适当。"⑥评价萨都剌为:"虞集称其诗'最长于情,流丽清婉,这是不够全面的'。赵兰序其集云:'其词雄浑清雅,兴寄高远',这就较为公允了。"⑦再如揭傒斯,其评曰:"《四库提要》谓其诗'寄托自深,非

---

① 纪昀等:《钦定四库全书总目》卷一六七《文安集》提要,第2229页。
② 钱基博:《中国文学史》,上海书店2015年版,第822页。
③ 钱基博:《中国文学史》,上海书店2015年版,第822页。
④ 刘大杰:《中国文学发展史》,百花文艺出版社2007年版,第618页。
⑤ 按,此十二家分别是耶律楚材、赵孟頫、马祖常、虞集、杨载、范梈、揭傒斯、萨都剌、迺贤、辛文房、王冕和杨维祯。此外,提及王恽、仇远、刘因、张翥等人诗和词。
⑥ 刘大杰:《中国文学发展史》(下卷),复旦大学出版社2006年版,第27页。
⑦ 刘大杰:《中国文学发展史》(下卷),复旦大学出版社2006年版,第31页。

姹紫嫣红、徒矜姿媚者所可比也'。不过这类作品也不很多。"①其论流露出与《总目》观点的分歧。亦有借鉴性接受,如其评马祖常曰:"能文,无柔曼卑冗之习。其诗才力富健,颇多关怀民间疾苦、反映现实生活之作。"②基本认可《总目》所评:"其文精赡鸿丽,一洗柔曼卑冗之习。其诗才力富健,如《都门壮游》诸作,长篇巨制,回薄奔腾,具有不受羁靮之气。"③再如对色目人迺贤(即《总目》所称"纳新")的品评:"他才情宏秀,气格轩翥,一度参加戎幕,往来南北,故颇知民间疾苦。"④对比《总目》所论:"纳新天才宏秀,去元好问为近,虽晚年内登翰林,外参戎幕,而仕进非所汲汲,惟以游览唱酬为事,故气格轩翥,无世俗猥琐之态"⑤。二者基本一致。当然,无论是修正性接受还是借鉴性接受,都是以《总目》为参照对象的批评模式。《总目》的影响由此可见。

第三种是"隐匿式接受",于表述中完全抹去《四库全书总目》或《四库提要》等字眼,但实际上却是参照或吸收过其表述。

此类以游国恩(1899—1978)《中国文学史》为代表,此著作编写于20世纪60年代,初版时"元代诗文"专题较为单薄,但修订本中第六编"元代文学"第九章"元代诗文"内容有所拓展。但总体来说,该书涉及元代诗文的内容不多,对元代诗文评价不高,亦未明确提及《总目》。其观点亦多与《总目》不符,如评虞集:"在延祐、至顺年间,他是大都最负盛名的文人……诗歌亦以典雅精切著称,但应酬、题画之作占去大半数篇幅,成就并不高。只有少数作品值得注意。"⑥评杨载、范梈和揭傒斯:"和虞集齐名的杨载,范梈,揭傒斯也同样

---

① 刘大杰:《中国文学发展史》(下卷),复旦大学出版社2006年版,第29页。
② 刘大杰:《中国文学发展史》(下卷),复旦大学出版社2006年版,第28页。
③ 纪昀等:《钦定四库全书总目》卷一六七《石田集》提要,第2227页。
④ 刘大杰:《中国文学发展史》下卷,复旦大学出版社2006年版,第31页。
⑤ 纪昀等:《钦定四库全书总目》卷一六七《金台集》提要,第2241页。
⑥ 游国恩等:《中国文学史》第3册,人民文学出版社1964年版,第314页。

是以歌咏承平著名而实际成就不高的诗人。"①评杨维桢:"模仿李贺《公莫舞歌》而变化辞句之作,他自己很引为得意,今天看来价值实在不高。"②对于《总目》褒扬之人,其皆给予否定性批评。该书看似与《总目》并无关联,实际却并非如此。例如游国恩《中国文学史》评刘因:"他的散文也有一定成就。在《孝子田君墓表》里,他揭露了蒙古兵南侵金朝时残酷洗杀保州和平居民的罪行。《辋川图记》中指责王维失节而自鸣清高,议论虽过于偏激,但却是有为而发,并非故作翻案。"③其中所取《孝子田君墓志铭》《辋川图记》二篇文章便是本于《总目》。对比《总目》评刘因之内容,"其为文章动循法度,春容有余味,如《田孝子碑》、《辋川图记》等作,皆正大光明,较文士之笔,气象不侔"。④可知于众多篇目中如此巧合地取此二篇,游国恩《中国文学史》实际上是受到了《总目》的影响,只是它接受《总目》的方式是疏离式的、不露声色的,故书中未曾提及或直接引用《总目》观点和材料。

第四种是"择取式接受",即将《总目》的表述和观点当作众家言论中的一家来对待,同时观照其他著作。

此以马积高(1925—2001)《中国古代文学史》,邓绍基(1933—2013)《元代文学史》,章培恒(1934—2011)、骆玉明(1951—)合著《中国文学史》,袁行霈(1936—)《中国文学史》为突出代表。这四部文学史皆于 20 世纪 80 至 90 年代陆续问世。此时的文学史书写皆已摆脱了提要式的文学史写作痕迹,尽管形式上有突破,但是内容上却仍有对《总目》之接受。接受分为两种:一是与《总目》的直接对话;二是对吸收《总目》内容与观点的文学史的借鉴。下以"元诗四大家"和"杨维桢"这两个书写元代文学史时不可绕过的话题为对象,探讨四部文学史与《总目》之关系。

---

① 　游国恩等:《中国文学史》第 3 册,人民文学出版社 1964 年版,第 315 页。
② 　游国恩等:《中国文学史》第 3 册,人民文学出版社 1964 年版,第 320 页。
③ 　游国恩等:《中国文学史》第 3 册,人民文学出版社 1964 年版,第 313 页。
④ 　纪昀等:《钦定四库全书总目》卷一六六《静修集》提要,第 2213 页。

出处	元诗四大家	杨维桢
《总目》	"元代诗人,世推虞、杨、范、揭"①"大德、延祐之世,独以词林耆旧主持风气,袁桷、贡奎左右之,操觚之士响附景从。元之文章于是时为极盛"②。	"元之季年,多效温庭筠体,柔媚旖旎,全类小词。维桢以横绝一世之才,乘其弊而力矫之,根柢于青莲、昌谷,纵横排奡,自辟町畦。其高者或突过古人,其下者亦多堕入魔趣。故文采照映一时,而弹射者亦复四起。"③
邓绍基《元代文学史》(编定于1987年,初版于1991年)	"被称作'元诗四家'的虞集、杨载和范梈、揭傒斯是当时京师文坛的著名人物。虞集的诗作成就总的说并没有超过前期的刘因,但他在当时的名声、影响都很大,而且他的诗文数量也很多,同时他还在诗文方面发表了不少见解。"④	"《四库全书总目·铁崖古乐府条》:'元之季年,多效温庭筠体,柔媚旖旎,全类小词。维桢以横绝一世之才,乘其弊而力矫之,根柢于青莲、昌谷,纵横排奡,自阐町畦。其高者或突过古人,其下者亦多堕入魔趣。故文采照映一时,而弹射者亦复四起。'自元至清,这种评论无疑较为客观公允。"⑤
马积高等:《中国古代文学史》(初版于1992年)	"虞、范、揭、杨虽是当时诗坛领袖,名满天下,但实际成就与其诗名并不相副。不仅无法与前代诗人相提并论,即使在元代诗坛,他们也并非成就最高、最为优秀的诗人。"⑥"《四库提要》说:'元代诗人,世推虞、杨、范、揭,史称其文章一以气为主,而于诗尤有法度。自其诗出,一洗宋季之陋云云。'……他们学习唐人,主要着眼于形式格调的摹拟、语言的锤炼和对仗的工稳,而缺乏唐人那种气魄和才力,故多平庸之作,成就不高,但在开拓元代诗风上确有某些贡献。"⑦	"他的诗擅名一时,颇有特色,以纵横奇诡、秾丽妖冶为其风格,常能言人之不敢言,甚至拗语夸饰,陵纸怪发,受李贺影响较深,时人称为'铁崖体'。他倡导这种诗风主要是为了矫正元后期委琐纤弱的诗风,但他过于逞才使气,专务新奇,矫枉过正,往往失之怪诞。"⑧

---

① 纪昀等:《钦定四库全书总目》卷一六七《杨仲弘集》提要,第2228页。
② 纪昀等:《钦定四库全书总目》卷一六六《巴西文集》提要,第2207页。
③ 纪昀等:《钦定四库全书总目》卷一六八《铁崖古乐府》提要,第2259页。
④ 邓绍基:《元代文学史》第二十章,人民文学出版社1991年版,第413页。
⑤ 邓绍基:《元代文学史》第二十章,人民文学出版社1991年版,第467页。
⑥ 马积高、黄钧:《中国古代文学史》(下册)第六编第七章,人民文学出版社2009年版,第121页。
⑦ 马积高、黄钧:《中国古代文学史》(下册)第六编第七章,人民文学出版社2009年版,第117页。
⑧ 马积高、黄钧:《中国古代文学史》(下册)第六编第七章,人民文学出版社2009年版,第124页。

续表

出处	元诗四大家	杨维桢
袁行霈等:《中国文学史》(编写于20世纪90年代)	"他们都是当时的馆阁文臣,因长于写朝廷典册和达官贵人的碑版而享有盛名。他们的诗歌典型地体现出当时流行的文学观念和风尚,所以备受时人称誉。其实他们的创作成就并不高,不但不能与前代诗坛的大家相比,就是在元代诗坛上也并不一定是最优秀的诗人。四人的诗歌创作,在题材内容上大致相同,艺术上也比较相近。"①	"'铁崖体'以雄奇飞动、充满力度感的特征,与元中期诗风背道而驰,所以特别因人注目。但从整个文学史的宏观角度看,杨维桢追求的这个风格基本上属于李白、李贺一路,独创性并不鲜明。此外,杨维桢有时一味求奇,不免有诡异晦涩的特点,这一点也与李贺诗风一脉相承。"②
章培恒、骆玉明:《中国文学史》(初版于1996年)	"对元四家,历代不乏'为有元一代之极盛'的评价,这其实是从'风流儒雅'这一类正统美学趣味而言的。如果单论诗歌写作的精致,他们确实是元代最突出的,但要说由热烈的抒情而形成的诗中的生气,则四家的诗比较前期、后期均为逊色。我们只能说它是元诗发展过程中的一个重要环节,而无法给予太高的评价。"③	"顾嗣立《元诗选》称元后期为'奇材益出'的时期;《四库提要》也以'横绝一世之才'和'天才高逸'这样的赞语分别评说杨维桢和高启。应该说,元后期诗歌在艺术上是获得了特出成就的,过去的文学史对此重视不够。"④

对比同一话题的接受情况来看,这一类型的接受又分作两种情况:马积高《中国古代文学史》、邓绍基《元代文学史》和章培恒、骆玉明《中国文学史》皆有直接提及和引用《总目》的观点或表述,这属于直接对话接受;袁行霈《中国文学史》则未直接引用《总目》,而是对《总目》观点进行转化吸收,这与该书写作方式有关,该书主要融合80年代文学史的突出研究成果和话题进而辨识和书写。如其对杨维桢"铁崖体"的评价,便是吸收邓绍基先生《略谈杨维桢诗歌的特点》(《湖北大学学报》,1989年第4期)一文论述观点,而邓氏该文所论实际上便是对《总目》评杨维桢观点的接纳和认可,如上表。

① 袁行霈:《中国文学史》第3册,高等教育出版社2005年版,第306页。
② 袁行霈:《中国文学史》第3册,高等教育出版社2005年版,第308页。
③ 章培恒、骆玉明:《中国文学史》下册,复旦大学出版社2004年版,第101页。
④ 章培恒、骆玉明:《中国文学史》下册,复旦大学出版社2004年版,第106—107页。

　　归而言之，由上四种接受类型的深入考察可知：首先，第一种和第二种类型的接受，尚处于中国文学史的书写初期，此时文学史的概念、框架尚未明晰，亦无先例可循，故只能从《总目》中得到借鉴，所以从这个角度讲，《总目》对中国文学史初期的书写是起过重要作用和影响的；其次，第三种和第四种类型的文学史开始突破提要式写作，不再局限于以文体加人物为线索的文学史书写，而是采用"史"的书写架构，即以元初、元中、元末三个阶段或以元前期、元后期两个阶段来划分元代诗文史，并且对元代诗文形成阶段性的特征总结；然而尽管文学史书写框架发生变化，其对《总目》仍有或直接或间接的参照和吸收，或如第三种类型的游国恩《中国文学史》属于隐匿式接受，或如第四种类型中马积高《中国古代文学史》、邓绍基《元代文学史》以及章培恒、骆玉明《中国文学史》属于对话式接受，或如第四种类型中袁行霈《中国文学史》的转化式接受；再次，第一种和第二种类型的文学史，其书写观念与《总目》尚无较大分歧，皆是以雅正为美，故其评价观点较趋一致，但在第四种类型中章培恒、骆玉明合著之《中国文学史》继承了"五四"传统，崇尚文学进化论，认为"世俗性"，即"作品中表述的心理层面更接近人性真实，而较少伦理掩饰"①；"独特个性"，即"不同程度地要求摆脱传统伦理信条的束缚，发展与表现自己的个性。"②而在二人合著的《中国文学史新著》中更是有着对元代文学史发展的宏观定位，他们将元代文学归入"近世文学萌生期"，认为"中国的近世文学始于金末元初"③。此文学史书写观念可谓已经完全颠覆了《总目》的"载道"文学观，但是，即便文学观念不断刷新，《总目》所奠定的文学史批评话题和个案批评成果却仍是文学史书写时历久弥新的论争对象。从这个角度来说，《总目》对后世文学史写作的影响将是久远而绵长的。

　　通过目录学著作影响和文学史著作影响这两个维度的爬梳和考察，可发

---

①　章培恒、骆玉明：《中国文学史》，复旦大学出版社 2004 年版，第 105 页。
②　章培恒、骆玉明：《中国文学史》，复旦大学出版社 2004 年版，第 106 页。
③　章培恒、骆玉明：《中国文学史新著》，复旦大学出版社 2014 年版，第 333 页。

现:《总目》在学术架构、范围边界方面的奠基对后世目录学之影响是极大的;其所建立的元代诗文批评体系对元代文学史书写的影响亦是深远的。率先挑战《总目》权威和影响力的是"五四"新文化运动,因为在那一场所谓"解放人性"的西学运动中,作为传统学术和文化代表的《总目》受到了来自学术归类和文学观念上的种种冲击,学人们在西学的洪流中迷茫、思索和转型。再次冲击《总目》地位和价值的是新中国成立以来的"文化大革命",因为在对传统文化的清扫和整理中,传统学术和文化的链条被强力拧断。

今值传统学术复兴之时,《总目》所承载的学术价值正在被逐渐重视。对于中西方文学的差异,方孝岳先生在《我之改良文学观》中早有精辟的总结:"(一)中国文学主知见,欧洲文学主情感。曾国藩分文学为三门,曰著述,曰告语,曰记载。著述固纯以学为主,而告语、记载,亦皆知见之表示。其所以谓美者,以西洋文学眼光观之,不过文法家、修辞学家所精能耳。小说戏曲,固主情感,然在中国文学史中不据主要位置。(二)中国文学界广,欧洲文学界狭。自昭明裒集文艺,别类至繁,下及曾国藩、吴汝纶,遂以经史百家列入文学……欧洲文学史皆小说戏曲之史,其他论著书疏一切应用之作,皆不阑入。(三)中国文学为士宦文学,欧洲文学为国民文学……"①戴燕在《文学史的权力》中直面了当今文学史写作的困境并提出了方法论,她说:"事实上早在文学史以前,关于过去的中国文学,是有一幅画面在的,在上述作家作品出现后的漫长岁月里,人们叠加累进的认识,已经固定了他们在文苑传、书目提要、总集别集中的位置和所属类别,当人们讲述他们的时候,也自有一套现成的不须变化的语言,现在写中国文学史,无非是要把他们放进文学史的框架里,转用一套新的语汇概念表述他们,而为了这由旧向新的过渡,就必须在辨析这两套话语异同的基础上,设法使它们对接。"②此论可谓洞见要害。中西方文学在文学

---

① 方孝岳:《我之改良文学观》,《方孝岳中国文学伦集》,中山大学出版社 2018 年版,第 290 页。

② 戴燕:《文学史的权力》,北京大学出版社 2002 年版,第 28 页。

分类上的分歧、术语概念上的壁垒和审美范式上的差异都是客观存在的,故仅依据西方文学史的标准把握中国文学之脉搏,似如隔靴搔痒,终究难以准确透彻。正因如此种种不同,中国文学史的书写不仅要横向把握西方文学之观念和特质,而更应当做的,还是纵向朝中国文学寻根溯源,从而书写属于中国文学自身演进逻辑的文学史和构建中国文学史的独立话语体系。从这一层面说,作为中国古代学术思想和文学观念的总结者和集大成者,《总目》应该被纳入文学史书写的视野,尽管其或因"钦定"而不免沾染浓重的意识形态,但其对学术源流的梳理和把握,对传统学术的全面整理,却仍旧具有独立性和范式性,值得后世挖掘与汲取。《总目》元别集提要不失为元代文学史撰写时"寻根溯源"的重要传统文献之一,其蕴藏着诸多揭橥中国文学史本质和规律的话题,如"元代文学世运观""元文观""元诗观",而迄今学界对此类问题尚未有清晰的梳理和合规律的阐释,而探究和厘清这些具有本土传统文学思维方式的问题,将为书写具有"元代性"的元代文学史、疏通中国文学史的脉络增添重要理据。

附　　录

一、《四库全书总目》著录元别集作者简表①

作者	生卒年②	生卒序号	总目序号	籍贯	登第时间	仕金	仕宋	仕元	仕明
耶律楚材	1190—1244	3	1	燕京		√		√	
刘秉忠	1216—1274	6	2	河北邢州		√		√	
张弘范	1238—1280	17	3	河北定兴				√	
郝经	1223—1275	8	4	山西陵川				√	
张养浩	1270—1329	68	5	山东历城				√	
释英	约1255—1341③	44	6	浙江钱塘					

---

① 按,此对表格内容作两点说明:第一,该表大致顺序是依据《全元诗》次序,中如张观光、刘岳申二人为《全元诗》未录者,笔者另考其生卒,然后将二人置于整体中参与排序;第二,中有"未详"或"宋末元初""元末明初"等模糊时间,皆限于当前考证之局限,但其位序可据其交游人群等其他信息进行推测;第三,"生卒年"主要据《全元诗》(中华书局2013年版)、《中国古代诗文名著提要(金元卷)》(河北教育出版社2009年版)所载录入,个别为笔者考证修改。对于生卒时间,多家有分歧者,笔者或作进一步考证以定一说;终究未能得出确定说法者,则保留《全元诗》说法,其他家则以脚注形式备注。

② 生卒年主要据《中国诗文名著提要(金元卷)》《全元诗》《全元诗》所载录入,对于有分歧的,笔者或作进一步考证以确定一说,或未能有确定说法则保留一家,其他家则脚注以备之。

③ 按,《中国古代诗文名著提要(金元卷)》(后简称《名著提要》)记为:(1244?—1330?)。

续表

作者	生卒年	生卒序号	总目序号	籍贯	登第时间	仕金	仕宋	仕元	仕明
王义山	1214—1287	5	7	江西丰城	宋景定三年(1262)		√	√	
方回	1227—1307	10	8	安徽歙县	宋景定三年(1262)		√	√	
杨公远	1228—?	12	9	安徽歙县					
黄庚	1327 尚在世	51	10	浙江天台					
戴表元	1244—1310	25	11	浙江奉化	宋咸淳七年(1271)		√	√	
艾性夫	1255?—1325?①	52	12	江西临川				√	
张伯淳	1243—1303②	23	13	浙江崇德	宋咸淳七年(1271)		√	√	
陆文圭	1252—1336	37	14	江苏江阴				√	
赵文	1239—1315	18	15	江西庐陵				√	
刘诜	1268—1350	63	16	江西庐陵					
刘壎	1240—1319	19	17	江西南丰				√	
邓文原	1259—1328③	50	18	祖籍绵州,迁居钱塘			√	√	
张观光	约1248—?④	30	19	浙江东阳				√	伪作
王奕	宋末元初	31	20	江西玉山				√	
释善住	1278—约1330	82	21	江苏吴郡					
吾丘衍	1268—1311⑤	62	22	浙江钱塘					
胡祗遹	1227—1295	11	23	河北武安				√	
任士林	1253—1309	39	24	浙江奉化				√	
赵孟頫	1254—1322	42	25	浙江湖州			√	√	
吴澄	1249—1333	32	26	江西崇仁				√	
仇远	1247—1328 以后⑥	27	27	浙江钱塘				√	
白珽	1248—1328	29	28	浙江钱塘				√	
释圆至	1256—1298	46	29	江西高安					

① 按,取《名著提要》说法。
② 按,另说为(1242—1302)。
③ 按,另说为(1258—1328)。
④ 按,此说取自论文《张观光〈屏岩小稿〉辨伪》。
⑤ 按,另说为(1272—1311)。
⑥ 按,另说为(1247—1326)。

作者	生卒年	生卒序号	总目序号	籍贯	登第时间	仕金	仕宋	仕元	仕明
杨弘道	1189—1272 以后	2	30	山东淄博		√	√		
杨奂	1186—1255	1	31	陕西奉天				√	
许衡	1209—1281	4	32	河南怀州				√	
刘因	1249—1293	33	33	河北容城				√	
魏初	1232—1292	13	34	河北弘州				√	
刘将孙	1257—?	47	35	江西庐陵				√	
龚璛	1266—1331	59	36	江苏平江				√	
耶律铸	1221—1285	7	37	辽宁义县				√	
滕安上	1242—1295	21	38	河北安喜				√	
许谦	1270—1337①	67	39	浙江金华					
程端礼	1271—1345	71	40	浙江鄞县				√	
安熙	1270—1311②	66	41	河北藁城					
胡炳文	1250—1333	35	42	安徽婺源				√	
王恽	1227—1304	9	43	河南汲县				√	
姚燧	1238—1313	16	44	河南洛阳				√	
程钜夫	1249—1318	34	45	江西建昌				√	
曹伯启	1255—1333	43	46	安徽砀山，后居菏泽				√	
徐明善	1250—?	36	47	江西鄱阳				√	
陈孚	1259—1309③	49	48	浙江临海				√	
陈宜甫④	1255—1299	45	49	福建					
尹廷高	1296 年尚在世	28	50	浙江遂昌				√	
王旭	1245?—1300 以后	26	51	山东东平				√	
袁桷	1266—1327	58	52	浙江鄞县				√	
周权	约 1280—1330⑤	84	53	浙江丽水					

---

① 按,另说为(1269—1337)。
② 按,另说为(1269—1311)。
③ 按,另说为(1240—1303)。
④ 按,又名陈义高、陈秋岩。
⑤ 按,另说为(1275—1343)。

续表

作者	生卒年	生卒序号	总目序号	籍贯	登第时间	仕金	仕宋	仕元	仕明
马臻	1254—1325 以后	41	54	浙江钱塘					
刘岳申	1260—?	55	55	江西吉水				√	
张之翰	1243—1296	22	56	河北邯郸				√	
释大诉	1284—1344	90	57	祖籍南昌，寓居杭州				√	
黄玠	未详	100	58	浙江慈溪					
洪希文	1282—1366	88	59	福建莆田				√	
陈栎	1252—1334	38	60	安徽休宁					
侯克中	约 1235—1325	15	61	河北真定					
何中	1265—1332	57	62	江西抚州			√	√	
贡奎	1269—1329	64	63	安徽宣城				√	
郭豫亨	至大年间尚在世	14	64	未详					
刘敏中	1243—1318	24	65	山东章丘				√	
王结	1275—1336	77	66	河北定兴				√	
袁易	1262—1306	56	67	江苏长洲				√	
刘鹗	1290—1364	102	68	江西永丰				√	
萧𣂰	1241—1318	20	69	陕西奉元				√	
马祖常	1279—1338	83	70	雍古族，占籍河南光州	元延祐二年(1315)			√	
同恕	1254—1331	40	71	陕西奉元				√	
虞集	1272—1348	72	72	江西崇仁				√	
杨载	1271—1323	70	73	福建浦城，徙居杭州	元延祐二年(1315)			√	
范梈	1272—1330	73	74	江西清江				√	
揭傒斯	1274—1344	74	75	江西丰城				√	
宋无①	1260—?②	54	76	江苏吴郡					
丁复	约 1274—1345	75	77	浙江天台					

---

① 按,本名宋名世。
② 按,另说为(1260—1340)。

作者	生卒年	生卒序号	总目序号	籍贯	登第时间	仕金	仕宋	仕元	仕明
王沂	1362 尚在世	94	78	河北真定	元延祐二年(1315)			√	
吴莱	1297—1340	110	79	浙江浦江				√	
黄溍	1277—1357	78	80	浙江义乌	元延祐二年(1315)			√	
欧阳玄	1283—1358	89	81	湖南浏阳	元延祐二年(1315)			√	
柳贯	1270—1342	69	82	浙江浦江				√	
陈泰	未详	76	83	湖南茶陵	元延祐二年(1315)			√	
蒲道源	1260—1336	53	84	徙居汉中				√	
许有壬	1287—1364	97	85	河南汤阴	元延祐二年(1315)			√	
吴师道	1283—1344	91	86	浙江兰溪	元至治元年(1321)			√	
程端学	1278—1334	80	87	浙江鄞县	元至治元年(1321)			√	
宋褧	1294—1346	106	88	大都	元泰定元年(1324)			√	
黄镇成	1287—1361①	99	89	福建邵武					
萨都拉	约 1280—1345②	85	90	答失蛮氏，定居大都	元泰定四年(1327)			√	
洪焱祖	1267—1329	61	91	安徽歙县				√	
陈旅	1287——1342③	98	92	福建莆田				√	
傅若金	1303—1342	126	93	江西新喻				√	
朱晞颜④	未详	48	94	浙江吴兴				?	
唐元	1269—1349	65	95	安徽歙县				√	
李存	1281—1354	87	96	江西安仁					
苏天爵	1294—1352	107	97	河北真定				√	
余阙	1303—1358	122	98	唐兀氏，占籍合肥	元元统元年(1333)			√	
朱晞颜⑤	未详	60	99	浙江长兴					
李士瞻	1313—1367	144	100	寓居大都	元至正十年(1350)			√	

---

① 按,另说有(1287—1362)、(1288—1362)。
② 按,另说为(1307—1359 以后)。
③ 按,另说为(1288—1343)。
④ 按,此朱晞颜,名朱名世,著《鲸背吟集》。
⑤ 按,此朱晞颜,字景渊,著《瓢泉吟稿》。

作者	生卒年	生卒序号	总目序号	籍贯	登第时间	仕金	仕宋	仕元	仕明
周伯琦	1298—1369	114	101	江西鄱阳				√	
胡助	1278—1350 以后①	81	102	浙江东阳				√	
卢琦	？—1362	146	103	福建泉州	元至正二年（1342）			√	
张翥	1287—1368	96	104	寓居浙江钱塘				√	
李孝光	1285—1350	93	105	浙江乐清				√	
邵亨贞	1309—1401	132	106	徙居华亭				√	？
释大圭	未详	117	107	福建晋江					
逎贤	1309—1368	133	108	葛逻禄氏，徙居南阳				√	
张仲深	未详	140	109	浙江鄞县					
陈镒	明初尚在世	139	110	浙江丽水				√	
吴景奎	1292—1355	104	111	浙江兰溪				√	
岑安卿	1286—1355	95	112	浙江余姚					
吴镇	1280—1354	86	113	浙江嘉兴					
贡师泰	1298—1362	113	114	安徽宣城	元泰定四年（1327）			√	
刘仁本	？—1367	136	115	浙江天台				√	
陈高	1315—1367	149	116	浙江平阳				√	
成廷珪	约 1289—1360②	101	117	江苏扬州				√	
张雨	1283—1350	90	118	浙江钱塘					
郑元祐	1292—1364	103	119	浙江遂昌，徙居钱塘				√	
谢宗可	未详	138	120	金陵					
陈樵	1278—1365	79	121	浙江东阳					
郭翼	1305—1364	129	122	江苏昆山				张吴	
胡天游	1352 年尚在世	143	123	湖南平江					
郑玉	1298—1358	112	124	安徽歙县					

① 按，另说为（1278—1355）。
② 按，另说有（1292—1363）、（1292？—1362？）。

作者	生卒年	生卒序号	总目序号	籍贯	登第时间	仕金	仕宋	仕元	仕明
王翰	1333—1378	160	125	唐兀氏,迁安徽庐州				√	
吴海	？—1368	161	126	福建闽县					
吴当	1297—1361	111	127	江西崇仁				√	
许恕	1322—1373	159	128	江苏江阴				√	
张宪	1320？—1373？①	150	129	浙江山阴				张吴	
金涓	未详	156	130	浙江义乌					
丁鹤年	1335—1424	163	131	西域回回,居湖北武昌					
舒頔	1304—1377	120	132	安徽绩溪				√	
李继本	1394 年尚在世	162	133	东安人,占籍大都	元至正十七年(1357)			√	
钱惟善	1379 年尚在世②	115	134	浙江钱塘				√	
谢应芳	1296—1392	108	135	江苏武进				√	修志
周霆震	1292—1379	105	136	江西安福					
甘复	元末明初	131	137	江西余干					
王逢	1319—1388	154	138	江苏江阴					
吴皋	1303？—1373 以后③	124	139	江西临川				√	
叶颙	1300—1374 以后④	118	140	浙江金华					
鲁贞	元末明初	128	141	浙江开化					
郭钰	1316—1376 以后	151	142	江西吉水					
戴良	1317—1383	152	143	浙江浦江				√	
杨允孚	1315—1374⑤	157	144	江西吉水				√	
李祁	1299—？⑥	116	145	湖南茶陵	元元统元年(1333)			√	

---

①　按,此说取自《名著提要》,《全元诗》未载生卒年。

②　按,另说有(？—1369),《全元诗》未载生卒年。

③　按,此说取自论文《动荡末世的变雅之声——论元末临川诗人吴皋及其诗歌艺术》,《名著提要》《全元诗》皆未载生卒年。

④　按,《名著提要》记为(1300—1383)。

⑤　按,此说取自《江西地方文献索引》。

⑥　按,《名著提要》记为(1299—约 1370)。

续表

作者	生卒年	生卒序号	总目序号	籍贯	登第时间	仕金	仕宋	仕元	仕明
贡性之	约1318—1388①	153	146	安徽宣城				√	
杨翮	元末明初	130	147	南京上元				√	
顾瑛	1310—1369	135	148	江苏昆山				√	
倪瓒	1301—1374	119	149	江苏无锡					
王礼	1314—1386	148	150	江西庐陵				√	
吕诚	元末明初	158	151	江苏太仓					
朱希晦	元末明初	137	152	福建乐清					
汪克宽	1304—1372②	127	153	安徽祁门					修史
周巽	1376年尚在世	134	154	江西吉安				√	
沈梦麟	未详③	145	155	浙江归安				√	√
胡行简	1384年尚在世	125	156	江西新喻	元至正二年(1342)			√	
赵汸	1319—1369	155	157	安徽休宁					修史
杨维桢	1296—1370	109	158	浙江山阴	元泰定四年(1327)			√	修史
陈基	1314—1370	147	159	浙江临海				√	修史
宋禧	元末明初	141	160	浙江余姚				√	修史
张昱	元末明初	121	161	江西庐陵				√	
梁寅	1303—1390	123	162	江西新喻				√	修礼
邓雅	1389年尚在世	142	163	江西新淦					

---

① 按,《名著提要》记为(1300—1375以后)。
② 按,《名著提要》记为(1301—1372)。
③ 按,《名著提要》记为(1297—1389)。

二、纂修《四库全书》元别集
版本采源情况表①

（一）元别集著录书采源一览表

别集名称	著者	来源情况	采源数量	版本情况
《湛然居士集》十四卷（兵部侍郎纪昀家藏本）	耶律楚材	马裕（十四卷）；鲍士恭（十四卷）；山东巡抚一（十四卷）；纪昀（十四卷）	4	
《藏春集》六卷（浙江鲍士恭家藏本）	刘秉忠	马裕（四卷）；鲍士恭（六卷）	2	四卷、六卷
《淮阳集》一卷、附录《诗余》一卷（浙江鲍士恭家藏本）	张弘范	马裕（一卷本）；鲍士恭（一卷本）	2	

----

① 按，为表格表述简洁，以下五表来源出处均为简称："直隶省呈送书目"简称"直隶"、"江苏省第一次书目"简称"江苏一"、"江苏省第二次书目"简称"江苏二"、"两江第一次书目"简称"两江一"、"两江第二次书目"简称"两江二"、"两淮盐政李呈送书目"简称"两淮盐政"、"两淮盐政李续呈送书目"简称"两淮盐政续"、"两淮商人马裕家呈送书目（一二三次）"简称"马裕"、"浙江省第一次书目"简称"浙江一"、"浙江省续购书目"简称"浙江续"、"浙江省第三次书目"简称"浙江三"、"浙江省第六次呈送书目"简称"浙江六"、"浙江省第七次呈送书目"简称"浙江七"、"浙江省第十二次呈送书目"简称"浙江十二"、"浙江省孙仰曾家呈送书目"简称"孙仰曾"、"浙江省鲍士恭家呈送书目"简称"鲍士恭"、"浙江省汪启淑家呈送书目"简称"汪启淑"、"浙江省范懋柱家呈送书目"简称"范懋柱"、"安徽省呈送书目"简称"安徽"、"山东巡抚呈送第一次书目"简称"山东巡抚一"、"山东巡抚呈送第二次书目"简称"山东巡抚二"、"河南省呈送书目"简称"河南"、"江西巡抚第一次呈送书目"简称"江西巡抚一"、"江西巡抚第二次呈送书目"简称"江西巡抚二"、"江西巡抚第四次呈送书目"简称"江西巡抚四"、"江西巡抚续购书目"简称"江西巡抚续"、"湖南省呈送书目"简称"湖南"、"湖北省巡抚呈送第一次书目"简称"湖北巡抚一"、"衍圣公孔昭焕交出书目"简称"孔昭焕"、"总裁张交出书"简称"张文敏"、"总裁李交出书目"简称"总裁李"、"编修励守谦第一次至六次交出书目"简称"励守谦"、"庶吉士庄交出书目"简称"庶吉士庄"、"都察院副都御史黄登贤交出书目"简称"黄登贤"、"国子监学正汪如藻交出书目"简称"汪如藻"、"侍读纪昀交出书目"简称"纪昀"、"编修朱筠交出书目"简称"朱筠"、"内阁藏本（武英殿书目）"为"武英殿"、"永乐大典本"为"辑自《永乐大典》"。

续表

别集名称	著者	来源情况	采源数量	版本情况
《陵川集》三十九卷《附录》一卷(编修汪如藻家藏本)	郝经	江苏一(三十九卷),安徽(四十卷);山东巡抚二(四十卷);汪如藻(三十九卷附录一卷)	4	
《归田类稿》二十四卷(永乐大典本)	张养浩	辑自《永乐大典》	1	
《白云集》三卷(浙江鲍士恭家藏本)	释英	鲍士恭(三卷)	1	
《稼村类稿》三十卷(两淮盐政采进本)	王义山	两淮盐政续(三十卷,宋);鲍士恭(三十卷,元)	2	
《桐江续集》三十七卷(浙江孙仰曾家藏本)	方回	孙仰曾(四十八卷,宋);安徽(三十七卷,元)	2	四十八卷、三十七卷
《野趣有声画》二卷(浙江鲍士恭家藏本)	杨公远	鲍士恭(二卷,宋)	1	
《月屋漫稿》一卷(两淮盐政采进本)	黄庚	江苏一(一卷,元);马裕(一卷,宋);鲍士恭(一卷,元);山东巡抚一(一卷,宋)	4	
《剡源集》三十卷(两淮盐政采进本)	戴表元	两江一(三十卷);两淮盐政一(三十卷);鲍士恭(二十六卷);范懋柱(三十二卷)	4	三十卷、二十六卷、三十二卷、
《剩语》二卷(永乐大典本)	艾性夫	辑自《永乐大典》	1	
《养蒙集》十卷(两江总督采进本)	张伯淳	两江一(十卷);马裕(十卷);浙江三(十卷);安徽呈(十卷)	4	
《墙东类稿》二十卷(永乐大典本)	陆文圭	辑自《永乐大典》	1	
《青山集》八卷(永乐大典本)	赵文	辑自《永乐大典》	1	
《桂隐文集》四卷、《诗集》四卷(浙江鲍士恭家藏本)	刘诜	马裕(桂隐集,四卷);鲍士恭(文集四卷,诗集四卷);江西巡抚四(文集四卷,诗集四卷)	3	
《水云村稿》十五卷(江西巡抚采进本)	刘壎	江西二(十五卷)	1	
《巴西文集》一卷(江西巡抚采进本)	邓文原	马裕(巴西集,一卷);鲍士恭(巴西集,一卷);江西巡抚四(邓巴西文集,一卷)	3	

别集名称	著者	来源情况	采源数量	版本情况
《屏岩小稿》一卷（编修汪如藻家藏本）	张观光	汪如藻（一卷）	1	
《玉斗山人集》三卷（浙江鲍士恭家藏本）	王奕	鲍士恭（三卷，宋）	1	
《谷响集》三卷（编修汪如藻家藏本）	释善住	两淮盐政续（三卷）；汪如藻（三卷）	2	
《竹素山房诗集》三卷（编修汪如藻家藏本）	吾丘衍	浙江一（三卷）；汪如藻（三卷）	2	
《紫山大全集》二十六卷（永乐大典本）	胡祗遹	辑自《永乐大典》	1	
《松乡文集》十卷（两淮马裕家藏本）	任士林	马裕（松乡集，十卷）；鲍士恭（松乡集，十卷）	2	
《松雪斋集》十卷、《外集》一卷（江苏巡抚采进本）	赵孟頫	江苏一（十卷，外集一卷）；两江一（十卷，外集一卷）；鲍士恭（十卷，外集一卷）；安徽（十卷，外集一卷）；汪如藻（松雪斋集，未载卷次）	5	
《吴文正集》一百卷（浙江孙仰曾家藏本）	吴澄	两淮盐政（临川（吴文正公）集，四十九卷，外集三卷）；孙仰曾（支言集，一百卷）；汪启淑（吴文正公集，四十九卷）；总裁李（吴文正公四十九卷）；安徽（草庐吴先生集）；山东巡抚二（吴草庐集）	6	四十九卷、一百卷
《金渊集》六卷（永乐大典本）	仇远	辑自《永乐大典》	1	
《山村遗集》一卷（浙江鲍士恭家藏本）	仇远	鲍士恭（一卷）；汪如藻（仇山村诗，一卷）	2	
《湛渊集》一卷（浙江鲍士恭家藏本）	白珽	鲍士恭（一卷）	1	
《牧潜集》七卷（编修汪如藻家藏本）	释圆至	江苏一（七卷，释明河订，汲古阁刊本）；汪如藻（七卷）	2	
《小亨集》六卷（永乐大典本）	杨弘道	辑自《永乐大典》	1	
《还山遗稿》二卷、《附录》一卷（浙江鲍士恭家藏本）	杨奂	鲍士恭（二卷附录一卷）	1	

别集名称	著者	来源情况	采源数量	版本情况
《鲁斋遗书》八卷《附录》二卷(左都御史张若淮家藏本)	许衡	两淮盐政续(十卷);鲍士恭(十四卷);山东巡抚一(八卷附录二卷);河南(十卷);张若淮(八卷附录二卷)	6	十四卷、十卷、八卷附录二卷
《静修集》三十卷(两江总督采进本)	刘因	直隶(静修文集,三十卷);两江二(静修文集,三十卷);马裕(静修集,二十四卷);鲍士恭(刘文靖公集,二十八卷)	4	三十卷、二十四卷、二十八卷
《青崖集》五卷(永乐大典本)	魏初	辑自《永乐大典》	1	
《养吾斋集》三十二卷(永乐大典本)	刘将孙	辑自《永乐大典》	1	
《存悔斋稿》一卷、《补遗》一卷(浙江鲍士恭家藏本)	龚璛	汪如藻(一卷)	1	
《双溪醉隐集》八卷(永乐大典本)	耶律铸	辑自《永乐大典》	1	
《东庵集》四卷(永乐大典本)	滕安上	辑自《永乐大典》	1	
《白云集》四卷(编修朱筠家藏本)	许谦	马裕(四卷);浙江一(四卷);朱筠(四卷);衍圣公(白云存稿,四卷)	4	
《畏斋集》六卷(永乐大典本)	程端礼	辑自《永乐大典》	1	
《默庵集》五卷(两淮马裕家藏本)	安熙	马裕(五卷)	1	
《云峰集》十卷(两淮马裕家藏本)	胡炳文	马裕(胡云峰集,十卷);鲍士恭(云峰集,十卷);安徽(云峰文集,十卷);武英殿一(胡云峰集,十卷)	4	
《秋涧集》一百卷(两淮马裕家藏本)	王恽	马裕(一百卷);孙仰曾(一百卷)	2	
《牧庵文集》三十六卷(永乐大典本)	姚燧	辑自《永乐大典》	1	
《雪楼集》三十卷(两淮马裕家藏本)	程钜夫	江苏一(雪楼文集,三十卷);马裕(雪楼集,三十卷);鲍士恭(雪楼集,三十卷)	3	

别集名称	著者	来源情况	采源数量	版本情况
《曹文贞诗集》十卷、《后录》一卷（江苏蒋曾莹家藏本）	曹伯启	江苏一（十卷，后录一卷）；两淮盐政（十卷）；范懋柱（十卷）	3	
《芳谷集》二卷（编修汪如藻家藏本）	徐明善	汪如藻（二卷）	1	
《观光稿》一卷、《交州稿》一卷、《玉堂稿》一卷、《附录》一卷（浙江巡抚采进本）	陈孚	江苏一（陈刚中集）；两淮盐政（刚中集，三卷，附录一卷）；鲍士恭（陈刚中集三卷）	3	
《陈秋岩诗集》二卷（永乐大典本）	陈宜甫	辑自《永乐大典》	1	
《玉井樵唱》三卷（两淮马裕家藏本）	尹廷高	马裕（三卷）；鲍士恭（三卷）	2	
		以上卷一六六		
《兰轩集》十六卷（永乐大典本）	王旭	辑自《永乐大典》	1	
《清容居士集》五十卷（两淮马裕家藏本）	袁桷	两淮盐政（五十卷）；汪如藻（五十卷）；朱筠（五十卷）	3	
《此山集》四卷（浙江鲍士恭家藏本）	周权	两江一（《周此山集》四卷）；马裕（此山集，十卷）；鲍士恭（此山集，四卷）；安徽（周此山集，四卷）；山东巡抚二（此山集，四卷）	5	四卷、十卷
《霞外诗集》十卷（浙江鲍士恭家藏本）	马臻	鲍士恭（《霞外诗集》，十卷）；安徽（《霞外诗集》，十卷）	2	
《申斋集》十五卷（编修汪如藻家藏本）	刘岳申	汪如藻（刘申斋文集，十五卷）	1	
《西岩集》二十卷（永乐大典本）	张之翰	辑自《永乐大典》	1	
《蒲室集》十五卷（浙江汪启淑家藏本）	释大䜣	江苏一（十五卷）；两江一（十五卷）；汪启淑（十五卷）；江西巡抚二（十五卷）	4	
《弁山小隐吟录》二卷（两淮马裕家藏本）	黄玠	马裕（二卷）；鲍士恭（二卷）	2	
《续轩渠集》十卷、《附录》一卷（江苏巡抚采进本）	洪希文	江苏二（十卷，附录一卷）；浙江七（四卷，写本）	2	十卷、四卷

续表

别集名称	著者	来源情况	采源数量	版本情况
《定宇集》十六卷、《别集》一卷（浙江鲍士恭家藏本）	陈栎	马裕（定宇集，十七卷）；鲍士恭（陈定宇文集，十七卷）；安徽（陈定宇文集，十七卷）；编修励（陈定宇集，十七卷）	4	
《艮斋诗集》十四卷（浙江鲍士恭家藏本）	侯克中	鲍士恭（十四卷，元刊本）	1	
《知非堂稿》六卷（江西巡抚采进本）	何中	马裕（六卷，宋）；山东巡抚二（十卷，宋）；江西巡抚一（十卷，元）	3	六卷、十卷
《云林集》六卷、《附录》一卷（两淮马裕家藏本）	贡奎	江苏一（《贡文靖公诗集》六卷）；两淮盐政（云林集，六卷）；鲍士恭（云林集，十七卷）	3	六卷、十七卷
《梅花字字香前集》一卷、《后集》一卷（浙江鲍士恭家藏本）	郭豫亨	鲍士恭（二卷）	1	
《中庵集》二十卷（永乐大典本）	刘敏中	辑自《永乐大典》	1	
《王文忠集》六卷（永乐大典本）	王结	辑自《永乐大典》	1	
《静春堂集》四卷（两淮马裕家藏本）	袁易	马裕（《静春堂集》，四卷）；鲍士恭（《静春堂诗集》，四卷）	2	
《惟实集》四卷、《外集》一卷（江西巡抚采进本）	刘鹗	鲍士恭（八卷）；江西巡抚一（四卷外集一卷）	2	八卷、四卷外集一卷
《勤斋集》八卷（永乐大典本）	萧斆	辑自《永乐大典》	1	
《石田集》十五卷（两淮马裕家藏本）	马祖常	马裕（十五卷）；鲍士恭（马石田文集，十五卷）	2	
《榘庵集》十五卷（永乐大典本）	同恕	辑自《永乐大典》	1	
《道园学古录》五十卷（浙江巡抚采进本）	虞集	两淮盐政（五十卷）；孙仰曾（五十卷）；山东巡抚一（五十卷）；武英殿二（五十卷）	4	
《道园遗稿》六卷（江西巡抚采进本）	虞集	鲍士恭（六卷）；汪如藻（六卷）；江西巡抚一（虞道园集，六卷）	3	
《杨仲弘集》八卷（内府藏本）	杨载	汪如藻（八卷，宋）；武英殿一（八卷，元）	2	

别集名称	著者	来源情况	采源数量	版本情况
《范德机诗》七卷（山东巡抚采进本）	范梈	范懋柱（七卷）；山东巡抚二（范文白诗集，六卷）	1	
《文安集》十四卷（编修汪如藻家藏本）	揭傒斯	马裕（文安公集，二卷）；鲍士恭（揭文安公集，十四卷）；汪如藻（揭文安公集，十四卷）	3	二卷、十四卷
《翠寒集》一卷（浙江巡抚采进本）	宋无	江苏一（一卷）；鲍士恭（一卷）	2	
《桧亭集》九卷（浙江鲍士恭家藏本）	丁复	两江一次（桧亭诗稿，九卷）；马裕（桧亭稿，九卷）；鲍士恭（桧亭集，九卷）	3	
《伊滨集》二十四卷（永乐大典本）	王沂	辑自《永乐大典》	1	
《渊颖集》十二卷、《附录》一卷（两江总督采进本）	吴莱	两江一（十二卷附录一卷）；马裕（十二卷）；江西巡抚四（十二卷）；都察院副都御史黄（十二卷）	4	
《黄文献集》十卷（浙江鲍士恭家藏本）	黄溍	江苏一（二十三卷）；马裕（黄文献集，十卷）；鲍士恭（黄文献公集，二十三卷）；	3	二十三卷、十卷
《圭斋集》十五卷、《附录》一卷（江西巡抚采进本）	欧阳玄	马裕（十六卷）；孙仰曾（十六卷）；江西巡抚二（十五卷，附录一卷）；湖南（十五卷，附录一卷）；都察院副都御史黄（十六卷）	5	
《待制集》二十卷、《附录》一卷（浙江鲍士恭家藏本）	柳贯	马裕（二十卷）；浙江十二（二十卷附录一卷）；安徽（二十卷附录一卷）	3	
《所安遗集》一卷（编修汪如藻家藏本）	陈泰	鲍士恭（一卷）；山东巡抚一（一卷）；汪如藻（一卷）	3	
《闲居丛稿》二十六卷（江苏巡抚采进本）	蒲道源	江苏一（二十六卷）；两淮盐政三（二十六卷）；鲍士恭（十六卷）；汪如藻（二十六卷）	4	
《至正集》八十一卷（河南巡抚采进本）	许有壬	鲍士恭（八十一卷）；河南（许文忠至正集，八十一卷）	2	
《圭塘小稿》十三卷、《别集》二卷、《续集》一卷、《附录》一卷（浙江鲍士恭家藏本）	许有壬	鲍士恭（十三卷，《别集》二卷《续集》一卷《附录》一卷）；朱筠（同上）	2	

559

别集名称	著者	来源情况	采源数量	版本情况
《礼部集》二十卷、《附录》一卷（两淮盐政采进本）	吴师道	马裕（二十卷）；鲍士恭（二十卷附录一卷）；汪如藻（二十卷）	3	
《积斋集》五卷（永乐大典本）	程端学	辑自《永乐大典》	1	
《燕石集》十五卷（浙江巡抚采进本）	宋褧	信息缺失		
《秋声集》四卷（两淮马裕家藏本）	黄镇成	江苏一（十卷）；马裕（四卷）；鲍士恭（四卷）	3	十卷、四卷
《雁门集》三卷、《集外诗》一卷（江苏巡抚采进本）	萨都拉	江苏一（《雁门集》六卷）；两江一（萨都剌《萨天锡集》）；鲍士恭（萨天锡集三卷，外集三卷）	3	
《杏亭摘稿》一卷（浙江鲍士恭家藏本）	洪焱祖	鲍士恭（一卷，写本）	1	
《安雅堂集》十三卷（两淮马裕家藏本）	陈旅	马裕（十三卷）；鲍士恭（十三卷）	2	
《傅与砺诗文集》二十卷（江苏巡抚采进本）	傅若金	鲍士恭（《傅与砺文集》十一卷《附录》一卷）；庶吉士庄（二十卷）；江苏一（二十卷）	3	
《瓢泉吟稿》五卷（永乐大典本）	朱晞颜	辑自《永乐大典》	1	
《筼轩集》十三卷（安徽巡抚采进本）	唐元	汪如藻（十三卷）	1	
《俟庵集》三十卷（两淮马裕家藏本）	李存	马裕（三十卷）；鲍士恭（三十卷）	2	
《滋溪文稿》三十卷（两淮马裕家藏本）	苏天爵	马裕（三十卷）	1	
《青阳集》四卷（编修励守谦家藏本）	余阙	直隶（四卷）；鲍士恭（六卷）；安徽（六卷）；山东巡抚二（六卷）；编修励守谦（四卷）；两江一次（《余忠宣集》，六卷）	6	四卷、六卷
《鲸背吟集》一卷（编修汪如藻家藏本）	朱晞颜	汪如藻（一卷）	1	
《经济文集》六卷（浙江鲍士恭家藏本）	李士瞻	鲍士恭（六卷）	1	

别集名称	著者	来源情况	采源数量	版本情况
《近光集》三卷、《扈从诗》一卷（江苏巡抚采进本）	周伯琦	马裕（《近光集》三卷《扈从诗》一卷）；鲍士恭（同前）	2	
《纯白斋类稿》二十卷、《附录》二卷（浙江巡抚采进本）	胡助	两淮盐政续（二十二卷）；鲍士恭（二十二卷）	2	
《圭峰集》二卷（浙江鲍士恭家藏本）	卢琦	鲍士恭（圭斋集，二卷）	1	
《蜕庵集》五卷（浙江巡抚采进本）	张翥	马裕（七卷）；鲍士恭（五卷，补遗一卷）	2	七卷、五卷
《五峰集》六卷（编修汪如藻家藏本）	李孝光	汪启淑（十卷）；山东巡抚二（十卷）；汪如藻（六卷）	3	十卷、六卷
《野处集》四卷（浙江巡抚采进本）	邵亨贞	浙江十二（四卷，原作邵复孺，明新都汪稷校）	1	
《梦观集》五卷（浙江鲍士恭家藏本）	释大圭	鲍士恭（二十四）	1	
《金台集》二卷（江苏巡抚采进本）	纳新（迺贤）	两江二（二卷）；鲍士恭（二卷）；汪如藻（二卷）；武英殿一（二卷）	4	
《子渊诗集》六卷（永乐大典本）	张仲深	辑自《永乐大典》	1	
《午溪集》十卷（编修汪如藻家藏本）	陈镒	汪如藻（六卷）	1	
《药房樵唱》三卷、《附录》一卷（浙江鲍士恭家藏本）	吴景奎	鲍士恭（三卷附录一卷）；汪如藻（三卷）	2	
《栲栳山人集》三卷（两淮马裕家藏本）	岑安卿	马裕（三卷）；山东巡抚一（三卷）；	2	
		以上卷一六七		
《梅花道人遗墨》二卷（浙江鲍士恭家藏本）	吴镇	鲍士恭（二卷）	1	
《玩斋集》十卷、《拾遗》一卷（两淮马裕家藏本）	贡师泰	马裕（玩斋集，十卷，拾遗一卷）；浙江六（玩斋文集，十卷）	2	
《羽庭集》六卷（永乐大典本）	刘仁本	辑自《永乐大典》	1	

续表

别集名称	著者	来源情况	采源数量	版本情况
《不系舟渔集》十五卷、《附录》一卷（两淮马裕家藏本）	陈高	马裕（《不系舟渔集》十六卷）；鲍士恭（《陈子上存稿》，六卷）	2	十六卷、六卷
《居竹轩集》四卷（浙江鲍士恭家藏本）	成廷珪	鲍士恭（四卷）；马裕（四卷）	2	
《句曲外史集》三卷、《补遗》三卷、《集外诗》一卷（浙江鲍士恭家藏本）	张雨	鲍士恭（《句曲外史集》三卷、《补遗》三卷、《集外诗》一卷）；安徽（《句曲外史集》三卷、《外集》一卷、《补遗》三卷）；汪如藻（同上）	3	
《侨吴集》十二卷（两淮马裕家藏本）	郑元祐	江苏一（十二卷）；马裕（十二卷）；鲍士恭（十二卷）	3	
《咏物诗》一卷（浙江鲍士恭家藏本）	谢宗可	鲍士恭（一卷）	1	
《鹿皮子集》四卷（两淮马裕家藏本）	陈樵	马裕（四卷）；鲍士恭（四卷）	2	
《林外野言》二卷（浙江鲍士恭家藏本）	郭翼	马裕（二卷）；鲍士恭（二卷）	2	
《傲轩吟稿》一卷（浙江鲍士恭家藏本）	胡天游	马裕（一卷）；鲍士恭（一卷）	2	
《师山文集》八卷、《遗文》五卷、《附录》一卷（安徽巡抚采进本）	郑玉	马裕（五卷，附录遗文一卷）；孙仰曾（八卷，遗文五卷）；安徽（八卷，遗文五卷）	3	五卷附录遗文一卷、八卷遗文五卷
《友石山人遗稿》一卷（编修汪如藻家藏本）	王翰	鲍士恭（一卷）	1	
《闻过斋集》八卷（两淮盐政采进本）	吴海	马裕（八卷）；鲍士恭（八卷，门人王偁编）	2	
《学言诗稿》六卷（江西巡抚采进本）	吴当	江西巡抚二（六卷）	1	
《北郭集》六卷、《补遗》一卷（浙江鲍士恭家藏本）	许恕	马裕（一卷）；鲍士恭（六卷）	2	一卷、六卷
玉笥集十卷（浙江鲍士恭家藏本）	张宪	马裕（十卷）；鲍士恭（一卷）；山东巡抚一（未有卷次，未分张宪或邓雅）	3	十卷、一卷（疑为"十"之误）
《青村遗稿》一卷（浙江巡抚采进本）	金涓	马裕（一卷，元）；浙江一（一卷，明）	1	

别集名称	著者	来源情况	采源数量	版本情况
《丁鹤年集》一卷（直隶总督采进本）	丁鹤年	直隶（一卷）；马裕（一卷）；鲍士恭（一卷）；湖北巡抚一（未分卷）	4	
《贞素斋集》八卷、《附录》一卷、《北庄遗稿》一卷（浙江鲍士恭家藏本）	舒頔	马裕（《贞素斋集》八卷）；安徽（《华阳贞素集》）；	3	
《一山文集》九卷（两淮马裕家藏本）	李继本	两淮盐政（一山集，九卷）；汪启淑（一山文集，九卷）	2	
《江月松风集》十二卷（山东巡抚采进本）	钱惟善	江苏一（十二卷）；马裕（十二卷）；鲍士恭（十二卷）；山东巡抚一（十二卷）；汪如藻（十二卷）；	5	
《龟巢集》十七卷（编修汪如藻家藏本）	谢应芳	马裕（十七卷）；鲍士恭（二十卷）；汪如藻（十七卷）	3	
《石初集》十卷、《附录》一卷（浙江鲍士恭家藏本）	周霆震	江苏二（周石初集，十卷）；两淮盐政（石初集，十卷）；鲍士恭（十卷）；两江一（存存稿，抄本）	4	
《山窗余稿》一卷（浙江鲍士恭家藏本）	甘复	马裕（一卷）；鲍士恭（一卷）	2	
《梧溪集》七卷（浙江鲍士恭家藏本）	王逢	两江一（七卷）；马裕（七卷）；鲍士恭（七卷）	3	
《吾吾类稿》三卷（永乐大典本）	吴皋	辑自《永乐大典》	1	
《樵云独唱》六卷（浙江鲍士恭家藏本）	叶颙	马裕（六卷）；鲍士恭（五卷）	2	
《桐山老农文集》四卷（浙江范懋柱家天一阁藏本）	鲁贞	范懋柱（四卷）	1	
《静思集》十卷（浙江鲍士恭家藏本）	郭钰	江苏一（静思诗集，二卷）；两淮盐政（静思集，十卷）；鲍士恭（静思集，二卷）；江西巡抚二（静思集，十卷）；	4	二卷、十卷
《九灵山房集》三十卷《补编》二卷（两江总督采进本）	戴良	江苏一（三十卷）；浙江三（十三卷）；安徽（十三卷）；汪如藻（三十卷补编二卷）	3	十三卷、三十卷
《滦京杂咏》一卷（浙江鲍士恭家藏本）	杨允孚	鲍士恭（一卷）；汪如藻（《滦京杂吟》一卷《竹居诗集》一卷）	2	附《竹居诗集》一卷否

别集名称	著者	来源情况	采源数量	版本情况
《云阳集》十卷（浙江鲍士恭家藏本）	李祁	江苏一（四卷）；鲍士恭（十卷）；汪如藻（李祁集，十卷）	3	
《南湖集》七卷（浙江鲍士恭家藏本）	贡性之	两淮盐政续（七卷）；鲍士恭（二卷）	2	二卷、七卷
《佩玉斋类稿》十卷（两淮马裕家藏本）	杨翮	鲍士恭（未载卷次）；马裕二（十二卷）；山东巡抚二（未载卷次）	3	
《玉山璞稿》一卷（两淮马裕家藏本）	顾瑛	马裕（一卷）；鲍士恭（一卷）	2	
《清閟阁集》十二卷（安徽巡抚采进本）	倪瓒	汪如藻（倪云林绿居亭，未载卷次）；安徽（清閟阁全集，十二卷）；江苏一（清閟阁遗稿，十五卷）；两江二（倪云林诗集，六卷）；鲍士恭（云林诗集，六卷外诗集一卷）	5	六卷、十二卷、十五卷
《麟原文集》二十四卷（两淮马裕家藏本）	王礼	马裕（《麟原集》十二卷，后十二卷）	1	
《来鹤亭诗》八卷、《补遗》一卷（浙江鲍士恭家藏本）	吕诚	江苏一（《来鹤草堂稿》无卷次，一册）；两淮盐政（《来鹤亭集》九卷）；鲍士恭（《吕敬夫集》六卷）	3	六卷、八卷附录一卷、九卷
《云松巢集》三卷（浙江鲍士恭家藏本）	朱希晦	鲍士恭（三卷）；汪如藻（三卷）	2	
《环谷集》八卷（浙江鲍士恭家藏本）	汪克宽	鲍士恭（八卷）；汪如藻（八卷）	2	
《性情集》六卷（永乐大典本）	周巽	辑自《永乐大典》	1	
《花溪集》三卷（两淮盐政采进本）	沈梦麟	两淮盐政续（三卷）	1	
《樗隐集》六卷（永乐大典本）	胡行简	辑自《永乐大典》	1	
《东山存稿》七卷、《附录》一卷（内府藏本）	赵汸	马裕（七卷）；武英殿一（赵征君东山先生存稿七卷附录一卷）	2	
《东维子集》三十卷、《附录》一卷（浙江孙仰曾家藏本）	杨维桢	孙仰曾（三十卷）	1	
《铁崖古乐府》十卷、《乐府补》六卷（安徽巡抚采进本）	杨维桢	汪如藻（杨铁崖乐府十卷，乐府补六卷）	1	

别集名称	著者	来源情况	采源数量	版本情况
《复古诗集》六卷（编修汪如藻家藏本）	杨维桢	两江二（六卷,明章琬辑）	1	
《丽则遗音》四卷（江苏巡抚采进本）	杨维桢	江苏一（四卷附录一卷,案原本误作遗书,据薛钞本改正）；范懋柱（四卷）	2	
《夷白斋稿》三十五卷、《外集》一卷（浙江鲍士恭家藏本）	陈基	两淮盐政（夷白斋稿外集一（原作九）卷）；马裕（三十卷）；鲍士恭（三十卷,外集一卷）	3	三十卷、三十五卷（？）
《庸庵集》十四卷（永乐大典本）	宋禧	辑自《永乐大典》（与互校）；汪汝瑮（庸庵诗集十卷,明宋应桂著,案,应桂原作元僖,禁书总录全毁类则作诞芳,乃其字,今据都县志是正）	2	
《可闲老人集》四卷（浙江鲍士恭家藏本）	张昱	马裕（光弼集,二卷）；鲍士恭（可闲老人集,二卷）	2	二卷、四卷（？）
《石门集》七卷（浙江汪启淑家藏本）	梁寅	马裕（七卷,明）；汪启淑（明,二卷）	2	二卷、七卷
《玉笥集》九卷（浙江汪启淑家藏本）	邓雅	江苏一（八卷,元）；汪启淑（八卷纪行一卷,明）	2	
		以上卷一六八		
合计			367	

（二）元别集存目书采源一览表

别集名称	著者	来源情况	采源数量	版本情况
《水云村泯稿》二卷（编修汪如藻家藏本）	刘壎	汪如藻（二卷）	1	
《别本松雪斋集》二卷（编修汪如藻家藏本）	赵孟頫	汪如藻（未载卷次）	1	
《安南即事诗》一卷（浙江巡抚采进本）	陈孚	浙江六（一卷）	1	

别集名称	著者	来源情况	采源数量	版本情况
《辉山存稿》一卷（浙江鲍士恭家藏本）	萧国宝	鲍士恭（一卷）	1	
《草庐吴先生辑粹》六卷（浙江范懋柱家天一阁藏本）	吴澄	未有信息	？	"浙江范懋柱家天一阁藏本"未见
《吴草庐文抄》（无卷数，副都御史黄登贤家藏本）	吴澄	黄登贤（吴草庐文粹，五卷）	1	
《剡源文钞》四卷（江苏蒋曾莹家藏本）	戴表元	江苏一（四卷）；黄登贤（四卷）	2	"江苏蒋曾莹家藏本"未见
《赵仲穆遗稿》一卷（两淮马裕家藏本）	赵雍	马裕（仲穆遗稿，一卷）	1	
《清江碧嶂集》一卷（浙江鲍士恭家藏本）	杜本	马裕（一卷）；鲍士恭（一卷）	2	
《太平金镜策》八卷（两江总督采进本）	赵天麟	两江一（八卷）；范懋柱（八卷）	2	
《水镜集》一卷（两淮马裕家藏本）	元淮	马裕（一卷）；鲍士恭（一卷）	2	
《农务集》三卷（编修汪如藻家藏本）	王桢	汪如藻（三卷）	1	
《山林清气集》一卷、《续集》一卷（浙江巡抚采进本）	释德净	马裕（二卷）；鲍士恭（一卷）；汪如藻（二卷）	3	"浙江巡抚采进本"未见
《道园集》（无卷数，江苏巡抚采进本）	虞集	江苏二（道园集不分卷）	1	
《虞伯生诗续编》三卷（浙江范懋柱家天一阁藏本）	虞集	范懋柱（三卷）；江西巡抚续（道园续集，三卷）	2	
《范文白诗集》六卷（山东巡抚采进本）	范梈	山东巡抚二（范文白诗集，六卷）	1	
《揭曼硕遗文》一卷（江苏巡抚采进本）	揭傒斯	未有信息	？	"江苏巡抚采进本"未见
《鼍溪文集》二卷（江西巡抚采进本）	周闻孙	江西巡抚二（二卷）	1	

别集名称	著者	来源情况	采源数量	版本情况
《王鲁公诗钞》一卷（编修汪如藻家藏本）	王士熙	汪如藻（一卷）	1	
《存复斋集》十卷（浙江鲍士恭家藏本）	朱德润	马裕（十卷）；鲍士恭（十卷）	2	
《嘌呓集》一卷（内府藏本）	宋无	鲍士恭（一卷）；武英殿一（一卷）	2	
《论范》二卷（两淮马裕家藏本）	欧阳起鸣	马裕（二卷）	1	
《书林外集》七卷（浙江鲍士恭家藏本）	袁士元	马裕（七卷）；鲍士恭（七卷）；汪如藻（七卷）	3	
《黄杨集》三卷、《补遗》一卷（浙江鲍士恭家藏本）	华幼武	马裕（三卷）；鲍士恭（二卷，补遗一卷）	2	
《肃雝集》一卷（浙江鲍士恭家藏本）	郑允端	鲍士恭（一卷）	1	
《倪云林诗集》六卷（两江总督采进本）	倪瓒	两江二（六卷）；汪如藻（倪瓒《倪云林绿居亭》（元倪瓒著《清閟阁集》，一本作《倪云林诗集》）	0	（著录已统计）
《韩山人集》（无卷数，浙江巡抚采进本）	韩奕	未有信息	？	
《九灵山房遗稿》五卷（副都御史黄登贤家藏本）	戴良	两江二（四卷，补编一卷）；黄登贤（《九灵集》，五卷）	2	
《书山遗集》二十卷（江西巡抚采进本）	吴会	江西巡抚四（二十卷）	1	
《高闲云集》六卷（两淮盐政采进本）	董养性	两淮盐政续（六卷）	1	
《程梅轩集》四卷（湖北巡抚采进本）	程从龙	湖北巡抚一（四卷）	1	
《茶山老人遗集》二卷（浙江孙仰曾家藏本）	沈贞	孙仰曾（二卷）	1	
《得月稿》四卷（两淮盐政采进本）	吕不用	未有信息	？	
《拱和诗集》一卷（浙江鲍士恭家藏本）	曹志	鲍士恭（一卷）	1	

续表

别集名称	著者	来源情况	采源数量	版本情况
《兰雪集》一卷(浙江鲍士恭家藏本)	张玉孃	鲍士恭(二卷,附录一卷);汪如藻(一卷);	2	
《荻溪集》二卷(编修汪如藻家藏本)	王偕	汪如藻(二卷)	1	
合计			45	

(三)采源时归入元代而《总目》归入宋、明代的别集采源一览表

别集名称	著者	来源情况	采源数量	断限情况
《何潜斋集》十一卷《附录》一卷①	何梦桂	两江一	1	入宋别集
《林屋山人漫稿》一卷	俞琰	鲍士恭(一卷,元);马裕(一卷,元)	1	入宋别集
《须溪记钞》八卷	刘辰翁	鲍士恭(八卷,元)	1	入宋别集
《须溪集略》四卷	刘辰翁	鲍士恭(四卷,元)	1	入宋别集
《刘须溪四景》	刘辰翁	汪如藻(诗集四卷,元)	1	入宋别集
《陵阳集》二十四卷	牟巘	马裕(二十四卷,元)	1	入宋别集
《方泉诗集》四卷	周文璞	两江一(四卷,元)	1	入宋别集
《仁山集》四卷	金履祥	马裕(四卷,元)	1	入宋别集
《宝峰集》二卷	赵偕	两淮盐政(二卷,元);鲍士恭(二卷,元)	2	入宋别集
《在轩集》一卷	黄公绍	鲍士恭(一卷,元)	1	入宋别集
《四如集》五卷	黄仲元	马裕家(五卷,元)	1	入宋别集
《林公辅集》三卷	林右	两淮盐政(三卷,元)	1	入明别集
《可传集》一卷	袁华	鲍士恭(《可传集》一卷,元)	1	入明别集
《耕学斋诗集》十二卷	袁华	浙江七(十二卷,元);汪如藻(十二卷,元);鲍士恭(《可传集》一卷《耕学斋诗集》十二卷,元)	3	入明别集

---

① 按,后有案语:"'宋'原作'元',附《铁牛翁遗稿》一卷,元何景福著。"

别集名称	著者	来源情况	采源数量	断限情况
《望云集》五卷	郭奎	马裕（二卷，元）；鲍士恭（五卷，元）	2	入明别集
《鼓枻集》一卷	虞堪	两江一（一卷或二卷，元）；马裕（一卷，元）	2	入明别集
《竹斋集》四卷	王冕	鲍士恭（三卷续集一卷，元）；两淮盐政（四卷）	2	入明别集
《说学斋稿》四卷	危素	鲍士恭（四卷，元）	1	入明别集
《云林诗集》二卷	危素	鲍士恭（一卷，元）	1	入明别集
《兰庭集》二卷①	谢晋	两淮盐政（二卷，元）	1	入明别集
《草阁集》六卷《拾遗》一卷《文》一卷②	李昱	两淮盐政（六卷，拾遗一卷，元）	1	入明别集
《柘轩集》四卷（原作五卷）	凌云翰	两淮盐政（四卷，原作五卷，元）	1	入明别集
《南村诗集》四卷	陶宗仪	鲍士恭（四卷，元）；安徽（四卷，元）	1	入明别集
《沧浪棹歌》一卷	陶宗仪	范懋柱（一卷，元）	1	入明别集
《东皋录》一卷	释妙声	鲍士恭（三卷续集一卷，元）	1	入明别集
《白云稿》五卷	朱右	汪启淑（五卷，元）	1	入明别集
合计			32	

（四）采源时归入元别集而《总目》归入元总集的情况

别集名称	著者	来源情况	采源数量	归属情况
《梅花百咏》一卷	冯子振 释明本	浙江续	1	入总集

---

① 按，后有案语："原作元兰亭集一卷，谢孔昭。"
② 按，后有案语："附《筠谷诗》一卷，明李辕（原作元李宗表）"，又考李辕为李昱之子。

（五）采源时归入元别集而《总目》未收录的情况

别集名称	著者	来源情况	采源数量	归属情况
《（杨）铁崖先生集》	杨维桢	两江一（《（杨）铁崖先生集》，案，此集本子不少，虽有题杨铁崖文集五卷本，然不敢必）；安徽（《铁崖先生集》，案四库著录东维子集三十卷等）；武英殿一（《杨铁崖文集》五卷，案此书有明弘治十四年冯允中刊本，见北京图书馆藏书目）；黄登贤《杨廉夫集》；	4	《总目》未采录本集
《虑得集》四卷	华宗骅	江苏一（四卷，附录二卷，元）；	1	江苏采辑遗书目录（四卷附录二卷，明）
《刘仲修山阴集》八卷	刘永之	鲍士恭（八卷，元）；	1	
《赵子昂诗集》	赵孟𫖯	武英殿	1	
《揭文安公文粹》	揭傒斯	鲍士恭（一卷）	1	
《揭曼硕诗》三卷	揭傒斯	武英殿一（三卷）；	1	江苏采辑遗书目录（《揭曼硕诗集》四卷）？
《桐屿诗集》四卷	释德祥	汪启淑（四卷，元）	1	《列朝诗集小传》
《何太虚集》	何中	安徽	1	
合计			11	

三、现存元别集元刻本情况统计表

序号	别集名称	著者	版本	《总目》著存情况
1	《知常先生云山集》五卷	姬志真	元延祐六年李怀素刻本	未采

序号	别集名称	著者	版本	《总目》著存情况
2	《张文忠公文集》二十八卷	张养浩	元至正十四年刻本	未采
3	《赵子昂诗集》七卷	赵孟頫	元至正元年虞氏务本堂刻本	未采
4	《筠溪牧潜集》七卷	释圆至	元大德刻本	
5	《静修先生文集》二十二卷	刘因	元至顺元年宗文堂刻本	未采
6	《存悔斋诗》一卷《补遗》一卷	龚璛	元至正五年俞桢抄本,明朱存理辑补遗	
7	《汉泉曹文贞公诗集》十卷《后录》一卷	曹伯启	元后至元四年(1338)曹复亨刻本	
8	《清容居士集》五十卷《目录》二卷	袁桷	元刻本(卷二十七至二十九、三十七至三十九、四十七至五十配清抄本)	
9	《蒲室集》十五卷《书问》一卷《疏》一卷	释大䜣	元后至元刻本	
	《笑隐和尚语录》不分卷	释廷俊等辑		
10	《梅花字字香》二卷	郭豫亨	元至大刻本	
11	《石田先生文集》十五卷《附录》一卷	马祖常	元后至元五年(1339)扬州路儒学刻本(卷二至三、十四至十五、附录配一九三三年徐宗浩抄本,卷六第一至三叶前人影元抄配)	
12	《雍虞先生道园类稿》五十卷	虞集	元刻本(卷十七至二十傅增湘抄配)	未采
13	《道园遗稿》	虞集	元至正十四年(1354)金伯祥刻本刻本	
14	《伯生诗续编》三卷	虞集	元后至元六年(1340)刘氏日新堂刻本(目录一至二叶影元抄配,卷中其他缺字影元抄配)	存目
	《题叶氏四爱堂诗》一卷	虞集、吴全节		

续表

序号	别集名称	著者	版本	《总目》著存情况
15	《范德机诗集》七卷	范梈	元后至元六年（1340）益友书堂刻本	
16	《畴斋文稿》不分卷	张仲寿	稿本	未采
17	《揭曼硕诗集》三卷	揭傒斯	元后至元六年（1340）日新堂刻本	未采
18	《渊颖吴先生集》十二卷《附录》一卷	吴莱	元末刻本（约至正二十六年 1366）	
19	《金华黄先生文集》四十三卷	黄溍	元刻本（卷二十一至四十三配清抄本）	未采
20	《柳待制文集》二十卷《附录》一卷	柳贯	元至正十年（1350）余阙浦江学官刻,明永乐四年（1406）柳贵补修本	
21	《顺斋先生闲居丛稿》二十六卷附录一卷	蒲道源	元至正十年（1350）刻本	
22	《陈众仲文集》十三卷	陈旅	元至正刻明修本（卷八至十三配清抄本）	
23	《师山先生文集》十一卷	郑玉	元至正刻明修本	
24	《梧溪集》七卷	王逢	元至正明洪武间刻景泰七年（1456）陈敏政重修本（卷一至四及他卷缺叶配清初毛氏汲古阁影元抄本）	
25	《梅花百咏》一卷	韦珪	元至正刻本	未采
26	《新刊丽则遗音古赋程式》	杨维桢	元刻本（序、卷一至二配清嘉庆二十二年黄氏士礼居影元抄本）	

四、《纪晓岚删定〈四库全书总目〉稿本》① 元别集提要删改情况表

《稿本》卷一六八②	著者	《总目》	《稿本》删改处
《梅花道人遗墨》二卷（浙江鲍士恭家藏本）	元吴镇撰		
《玩斋集》十卷《拾遗》一卷（两淮马裕家藏本）	元贡师泰撰		
《羽庭集》六卷（永乐大典本）	元刘仁本撰		
《不系舟渔集》十六卷（两淮马裕家藏本）	元陈高撰	《不系舟渔集》十五卷《附录》一卷（两淮马裕家藏本）（《总目》或取之？）	将原之"九卷"改作"十六卷"
《居竹轩集》四卷（浙江鲍士恭家藏本）	元成廷珪撰		
《句曲外史集》三卷《集外诗》一卷（浙江鲍士恭家藏本）	元张雨撰	《句曲外史集》三卷《补遗》三卷《集外诗》一卷（浙江鲍士恭家藏本）	
《侨吴集》十二卷（两淮马裕家藏本）	元郑元祐撰		
《咏物诗》一卷（浙江鲍士恭家藏本）	元谢宗可撰	《螳螂簪》之"鬓雪冷侵霜斧落,发云低压翠裳空",则伤于凑砌。特以格调虽卑,才思尚艳,诗教广大,宜无所不有。（《总目》取之）	在"伤于凑砌"与"特以格调虽卑"之间删除"亦未能言工致"一句
《鹿皮子集》四卷（两淮马裕家藏本）	元陈樵撰		

① 按,简称《稿本》。

② 按,《总目》元别集提要有三卷,分别为卷一六六、一六七、一六八,今《纪晓岚删定〈四库全书总目〉稿本》元别集提要仅存卷一六八,故此表仅录卷一六八一卷的内容。

续表

《稿本》卷一六八	著者	《总目》	《稿本》删改处
《林外野言》二卷(浙江鲍士恭家藏本)	元郭翼撰		
《傲轩吟稿》一卷(浙江鲍士恭家藏本)	元胡天游撰		
《师山文集》八卷、《遗文》五卷、《附录》一卷(安徽巡抚采进本)	元郑玉撰		
《友石山人遗稿》一卷(编修汪如藻家藏本)	元王翰撰		
《闻过斋集》八卷(两淮盐政采进本)	元吴海撰		
《学言诗稿》六卷(江西巡抚采进本)	元吴当撰		
《北郭集》六卷、《补遗》一卷(浙江鲍士恭家藏本)	元许恕撰		
《玉笥集》十卷(浙江鲍士恭家藏本)	元张宪撰		
《青村遗稿》一卷(浙江巡抚采进本)	元金涓撰	"尝受经于许谦"(《总目》未取)	改"尝"为"初"
《丁鹤年集》一卷(直隶总督采进本)	元丁鹤年撰		
《贞素斋集》八卷、《附录》一卷、《北庄遗稿》一卷(浙江鲍士恭家藏本)	元舒頔撰		
《一山文集》九卷(两淮马裕家藏本)	元李继本撰		
《江月松风集》十二卷(山东巡抚采进本)	元钱惟善撰		
《龟巢集》十七卷(编修汪如藻家藏本)	元谢应芳撰		
《石初集》十七卷(浙江鲍士恭家藏本)	元周霆震撰	《石初集》十卷、《附录》一卷(浙江鲍士恭家藏本)(《总目》未取其删改处	《石初集》十卷的"十"后添加一"七"字,为"十七卷"

《稿本》卷一六八	著者	《总目》	《稿本》删改处
《山窗余稿》一卷（浙江鲍士恭家藏本）	元甘复撰	"亦不以序之有无为轻重也。"（《总目》取之）	"亦不以序之有无轻重也"一句"轻重"前加一"为"
《梧溪集》七卷（浙江鲍士恭家藏本）	元王逢撰	"王士祯属其乡人杨名时访得明末江阴老儒周荣起手录本,乃盛传于世。"（《总目》取之）	将文中"扬名时"改为"杨名时"
《吾吾类稿》三卷（永乐大典本）	元吴皋撰	"时值至正之季,盗贼纵横,目击艰危,每深忧愤。"（《总目》取之）	将"时正值至正之季"中"正"删去
《樵云独唱》六卷（浙江鲍士恭家藏本）	元叶颙撰	原文略。（《总目》一一取其删改处）	1）"顾嗣立《元诗选》曰:'《列朝诗集》载"叶樵云容,字伯恺,洪武中登进士,官行人司副,免归。'删去'曰《列朝诗集》'而成为"顾嗣立《元诗选》载:"叶樵云容,字伯恺,洪武中登进士,官行人司副,免归。2）将"列朝诗集所载未知何所据也"改成"元诗选所引未知何所据也"。3）将"列朝诗集当必因此而讹"改成"元诗选所引当必因此而讹"。4）"嗣立尚未之详也"改成"嗣立特未之详考也"
《桐山老农文集》四卷（浙江范懋柱家天一阁藏本）	元鲁贞撰		
《静思集》十卷（浙江鲍士恭家藏本）	元郭钰撰		
《九灵山房集》三十卷（两江总督采进本）	元戴良撰	《九灵山房集》三十卷、《补编》二卷（两江总督采进本）	
《滦京杂咏》一卷（浙江鲍士恭家藏本）	元杨允孚撰		

《稿本》卷一六八	著者	《总目》	《稿本》删改处
《云阳集》十卷（浙江鲍士恭家藏本）	元李祁撰	原文略（《总目》取之）	新增"案元制尚右，故《元史·梁增传》称谕安南以新朝尚右之礼，蒙古、色目人为右榜以此"
《南湖集》二卷（浙江鲍士恭家藏本）	元贡性之撰	《南湖集》七卷（《总目》未取其删改）	将"《南湖集》七卷"涂改为"二卷"
《佩玉斋类稿》十卷（两淮马裕家藏本）	元杨翮撰		
《清闷阁集》十二卷（安徽巡抚采进本）	元倪瓒撰		
《玉山璞稿》一卷（两淮马裕家藏本）	元顾瑛撰	"杨循吉《苏谈》曰"（《总目》取之）	将"杨循言"改为"杨循吉"
《麟原文集》二十四卷（两淮马裕家藏本）	元王礼撰	"尝选辑同时人诗为《天地间集》（案谢翱尝录宋遗民诗为《天地间集》，此袭其名，盖阴以自寓）。"（《总目》取之）	新增"案谢翱录宋遗民诗为《天地间集》，此袭其名，盖阴以自寓"；卷端题"二十三字'间集'下"
《来鹤亭诗》九卷、《补遗》一卷（浙江鲍士恭家藏本）	元吕诚撰	《来鹤亭诗》八卷、《补遗》一卷（浙江鲍士恭家藏本）（《总目》更改其载）	
《云松巢集》三卷（浙江鲍士恭家藏本）	元朱希晦撰	"其元孙元谏刊版"（《总目》未取）	"其元孙元谏刊版"改为"其玄（玄少一点）孙"
《环谷集》八卷（浙江鲍士恭家藏本）	元汪克宽撰	1)"在其乡人中"；2)"今以时代不同，析之各著录焉。"（《总目》取之）	1)"在其乡人之中"删去"之"字；2)"今以时代各异，析之各著录焉"，将"各异"改为"不同"
《性情集》六卷（永乐大典本）	元周巽撰	"俾与《石初》诸集并存于世"（《总目》取之）	"俾与《石初》诸集存于世"中增加一"并"字
《花溪集》三卷（两淮盐政采进本）	元沈梦麟撰		
《樗隐集》六卷（永乐大典本）	元胡行简撰	"则尚未受明官也"（《总目》取之）	"则尚未尝受明官也"一句中删除"尝"字

《稿本》卷一六八	著者	《总目》	《稿本》删改处
《东山存稿》七卷、《附录》一卷（内府藏本）	元赵汸撰		
《东维子集》三十卷、《附录》一卷（浙江孙仰曾家藏本）	元杨维桢撰	"陶宗仪《辍耕录》载维桢《辨统论》一篇，大旨谓元继宋而不继辽、金。此集不载此篇，未喻其故。今恭奉谕旨，补入集内。盖维桢虽反颜吠主，罪甚扬雄，而其言可采，则不以其人废之。仰见圣人衮钺之公，上超万古，非儒生浅见之能窥也。"（《总目》取之）	删除"欲罢黜二代之史，其说殊戾。此集不载此篇，或自知其谬而删削之欤?"一句，改为"此集不载此篇，未喻其故。今恭奉谕旨，补入集内。盖维桢虽反颜吠主，罪甚扬雄，而其言可采，则不以其人废之。仰见圣人衮钺之公，上超万古，非儒生浅见之能窥也"
《铁崖古乐府》十卷、《乐府补》六卷（安徽巡抚采进本）	元杨维桢撰		
《复古诗集》六卷（编修汪如藻家藏本）	元杨维桢撰		
《丽则遗音》四卷（江苏巡抚采进本）	元杨维桢撰		
《夷白斋稿》三十五卷、《外集》一卷（浙江鲍士恭家藏本）	元陈基撰		
《庸庵集》十四卷（永乐大典本）	元宋禧撰		
《可闲老人集》四卷（浙江鲍士恭家藏本）	元张昱撰	"《可闲老人集》四卷"（《总目》取之）	"《可闲老人集》四卷"中"四卷"由"二卷"涂改而来
《石门集》七卷（浙江汪启淑家藏本）	元梁寅撰		
《玉笥集》九卷（浙江汪启淑家藏本）	元邓雅撰		《玉笥集》"十卷"改为"九卷"

参考与征引文献

纪昀等:《钦定四库全书总目》,中华书局1997年版。

永瑢等:《四库全书总目》,中华书局1965年版。

翁方纲纂,吴格整理:《翁方纲纂四库提要稿》,上海科学技术文献出版社2005年版。

翁方纲等撰,吴格、乐怡标校整理:《四库提要分纂稿》,上海书店2006年版。

《四库全书初次进呈存目》,台北商务印书馆2012年版。

金毓黻等:《文溯阁四库全书提要》,中华书局2014年版。

《四库全书》出版工作委员会:《文津阁四库全书提要汇编》,商务印书馆2006年版。

永瑢、纪昀等:《纪晓岚删定〈四库全书总目〉稿本》,国家图书馆出版社2011年版。

江庆柏等整理:《四库全书荟要总目提要》,人民文学出版社2009年版。

阮元撰,傅以礼重编:《四库未收书提要》,商务印书馆1955年版。

陈垣:《办理四库全书档案》,台北新文丰出版股份有限公司1993年版。

中国第一历史档案馆编:《纂修四库全书档案》,上海古籍出版社1997年版。

余嘉锡:《四库提要辨证》,中华书局2007年版。

胡玉缙撰,王欣夫辑:《四库全书总目提要补正》,中华书局1964年版。

郭伯恭:《四库全书纂修考》,岳麓书社2010年版。

崔富章:《四库提要补正》,杭州大学出版社1990年版。

李裕民:《四库提要订误》,中华书局2005年版。

杨武泉:《四库全书总目辨误》,上海古籍出版社2001年版。

魏小虎:《〈四库全书总目〉汇订》,上海古籍出版社2016年版。

周积明:《文化视野下的〈四库全书总目〉》,广西人民出版社 1991 年版。

吴哲夫:《四库全书纂修之研究》,"国立"故宫博物院 1990 年版。

黄爱平:《四库全书纂修研究》,中国人民大学出版社 1989 年版。

司马朝军:《〈四库全书总目〉编纂考》,武汉大学出版社 2005 年版。

龚诗尧:《〈四库全书总目〉之文学批评研究》,花木兰文化工作坊 2005 年版。

曾纪刚:《〈四库全书〉之纂修与清初崇实思潮之关系研究》,花木兰文化工作坊 2005 年版。

陈晓华:《〈四库全书〉与十八世纪的中国知识分子》,社会科学文献出版社 2009 年版。

陈垣著,陈智超编:《陈垣四库学论著》,商务印书馆 2012 年版。

何宗美、刘敬:《明代文学还原研究——以〈四库总目〉明人别集提要为中心》,人民出版社 2014 年版。

何宗美、张晓芝:《〈四库全书总目〉的官学约束与学术缺失》,人民文学出版社 2017 年版。

柳燕:《〈四库全书总目〉集部研究》,湖北人民出版社 2013 年版。

耶律楚材:《湛然居士集》,《景印文渊阁四库全书》第 1191 册。

耶律楚材著,谢方点校:《湛然居士文集》,中华书局 1986 年版。

郝经:《陵川集》,《景印文渊阁四库全书》第 1192 册。

郝经撰,秦雪清点校:《郝文忠公陵川文集》,山西古籍出版社 2006 年版。

张养浩:《归田类稿》,《景印文渊阁四库全书》第 1192 册。

张养浩:《张文忠公集》,中华再造善本,据北京图书馆藏元至正十四年(1354)刻本影印。

释英:《白云集》,《景印文渊阁四库全书》第 1192 册。

王义山:《稼村类稿》,《景印文渊阁四库全书》第 1193 册。

杨公远:《野趣有声画》,《景印文渊阁四库全书》第 1193 册。

戴表元:《剡源文集》,《景印文渊阁四库全书》第 1194 册。

戴表元:《戴表元集》,浙江古籍出版社 2014 年。

刘诜:《桂隐文集》,《景印文渊阁四库全书》第 1195 册。

释善住:《谷响集》,《景印文渊阁四库全书》第 1195 册。

吴澄:《吴文正集》,《景印文渊阁四库全书》第 1197 册。

仇远:《金渊集》,《景印文渊阁四库全书》第 1198 册。

仇远:《山村遗稿》,《续修四库全书》第 1322 册。

仇远:《山村遗稿》,《武林往哲遗著》本。

刘将孙:《养吾斋集》,《景印文渊阁四库全书》第1199册。

安熙:《默庵集》,《景印文渊阁四库全书》第1199册。

安熙:《默庵安先生文集》,《元人文集珍本丛刊》第5册。

王恽:《秋涧集》,《景印文渊阁四库全书》第1200册。

程钜夫:《雪楼集》,《景印文渊阁四库全书》第1202册。

陈孚:《陈刚中诗集》,《景印文渊阁四库全书》第1202册。

刘岳申:《申斋集》,《景印文渊阁四库全书》第1204册。

周权:《此山诗集》,《景印文渊阁四库全书》第1204册。

周权:《此山先生诗集》,《择是居丛书初集》第52册,民国十五年(1926)吴兴张氏刊。

周权:《周此山先生诗集》,西泠印社出版社2012年。

马臻:《霞外诗集》,《景印文渊阁四库全书》第1204册。

马臻:《霞外诗集》,台湾学生书局1973年。

袁易:《静春堂诗集》,《景印文渊阁四库全书》第1206册。

刘敏中:《中庵集》,《景印文渊阁四库全书》第1206册。

刘鹗:《惟实集》,《景印文渊阁四库全书》第1206册。

刘鹗:《惟实集》四卷《外集》二卷,清抄本,南京图书馆藏。

刘鹗:《惟实集》八卷《附录》二卷,清抄本,南京图书馆藏。

刘鹗:《吉永丰鹭溪刘楚奇先生惟实集》,清咸丰五年(1855)江西刘氏宸章楼刻本。

萧𣂏:《勤斋集》,《景印文渊阁四库全书》第1206册。

同恕:《榘庵集》,《景印文渊阁四库全书》第1206册。

虞集:《道园学古录》,《景印文渊阁四库全书》第1207册。

虞集:《道园学古录》,《四部丛刊初编》第235—236册。

虞集著,王颋点校:《虞集全集》,天津古籍出版社2007年版。

杨载:《杨仲宏集》,《景印文渊阁四库全书》第1208册。

杨载:《翰林杨仲弘诗》,四部丛刊初编集部第237册。

范梈:《范德机诗集》,《景印文渊阁四库全书》第1208册。

揭傒斯:《揭文安公全集》,四部丛刊初编集部第237册。

揭傒斯著,李梦生标校:《揭傒斯全集》,上海古籍出版社2012年版。

宋无:《翠寒集》,《景印文渊阁四库全书》第1208册。

黄溍:《文献集》,《景印文渊阁四库全书》第1209册。

柳贯著,魏崇武、钟彦飞点校:《柳贯集》,浙江古籍出版社2014年版。

柳贯:《待制集》,《景印文渊阁四库全书》第1210册。

蒲道源:《闲居丛稿》,《景印文渊阁四库全书》第1210册。

蒲道源:《顺斋先生闲居丛稿》,中华再造善本,据上海图书馆藏元至正十年(1350)刻本影印。

许有壬:《至正集》,《景印文渊阁四库全书》第1211册。

傅瑛、雷近芳校点:《许有壬集》,中州古籍出版社1998年版。

吴师道:《礼部集》,《景印文渊阁四库全书》第1212册。

黄镇成:《秋声集》,《景印文渊阁四库全书》第1212册。

吴莱著,张文澍校点:《吴莱集》,吉林文史出版社2010年版。

萨都剌:《雁门集》,《景印文渊阁四库全书》第1212册。

萨都剌:《萨天锡诗集》,《元人十种诗》,海王村古籍丛刊本。

陈旅:《安雅堂集》,《景印文渊阁四库全书》第1213册。

胡助:《纯白斋类稿》,《景印文渊阁四库全书》第1214册。

卢琦:《圭峰集》,《景印文渊阁四库全书》第1214册。

卢琦:《圭峰先生集》,《北京图书馆古籍珍本丛刊》第96册。

周伯琦:《近光集》,《景印文渊阁四库全书》第1214册。

苏天爵:《滋溪文稿》,《景印文渊阁四库全书》第1214册。

苏天爵著,陈高华、孟繁清点校:《滋溪文稿》,中华书局1997年版。

岑安卿:《栲栳山人诗集》,《景印文渊阁四库全书》第1215册。

纳延:《金台集》,《景印文渊阁四库全书》第1215册。

张仲深:《子渊诗集》,《景印文渊阁四库全书》第1215册。

李孝光:《五峰集》,《景印文渊阁四库全书》第1215册。

李孝光著,陈增杰校注:《李孝光集校注》,上海社会科学院出版社2005年版。

贡师泰:《玩斋集》,《景印文渊阁四库全书》第1215册。

贡师泰著,邱居里点校:《贡师泰集》,收录于《贡氏三家集》,吉林文史出版社2010年版。

成廷珪:《居竹轩集》,《景印文渊阁四库全书》第1216册。

陈樵:《鹿皮子集》,《景印文渊阁四库全书》第1216册。

谢宗可:《咏物诗》,《景印文渊阁四库全书》第1216册。

刘仁本:《羽庭集》,《景印文渊阁四库全书》第1216册。

陈高:《不系舟渔集》,《景印文渊阁四库全书》第1216册。

郑玉:《师山集》《师山遗文》,《景印文渊阁四库全书》第 1217 册。

吴海:《闻过斋集》,《景印文渊阁四库全书》第 1217 册。

舒頔:《贞素斋集》,《景印文渊阁四库全书》第 1217 册。

张宪:《玉笥集》,《景印文渊阁四库全书》第 1217 册。

甘复:《山窗馀稿》,《景印文渊阁四库全书》第 1218 册。

叶颙:《樵云独唱》,《景印文渊阁四库全书》第 1219 册。

杨允孚:《滦京杂咏》,《景印文渊阁四库全书》第 1219 册。

吴皋:《吾吾类稿》,《景印文渊阁四库全书》第 1219 册。

戴良:《九灵山房集》,《景印文渊阁四库全书》第 1219 册。

戴良著,李军等校点:《戴良集》,吉林文史出版社 2009 年版。

倪瓒:《清闷阁全集》,《景印文渊阁四库全书》第 1220 册。

倪瓒:《清闷阁集》,西泠印社出版社 2010 年版。

顾瑛著,鲍廷博辑录:《玉山逸稿》,中华书局 1985 年版。

顾瑛:《玉山璞稿》,《景印文渊阁四库全书》第 1220 册。

吕诚:《来鹤亭集》,《景印文渊阁四库全书》第 1220 册。

吕诚:《来鹤亭集》,《枕碧楼丛书》,知识产权出版社 2006 年版。

吕诚:《来鹤亭诗集》,清翰林院抄本(四库底本),国家图书馆藏。

吕诚:《乐志园诗集》,清鲍廷博校并跋本,国家图书馆藏。

赵汸:《东山存稿》,《景印文渊阁四库全书》第 1221 册。

杨维桢:《东维子集》,《景印文渊阁四库全书》第 1221 册。

杨维桢:《杨铁崖咏史古乐府》,湖南省图书馆藏明成化刻本。

杨维桢:《杨铁崖先生文集全录》,国家图书馆藏清抄本。

杨维桢:《铁崖诗集三种》,光绪十四年楼氏崇德堂补刻本。

杨维桢:《东维子文集》,《四部丛刊初编》集部第 245 册,上海书店 1989 年版。

杨维桢:《铁崖先生古乐府》,《四部丛刊初编》集部第 244 册。

杨维桢:《铁崖古乐府》《乐府补》,《景印文渊阁四库全书》第 1222 册。

杨维桢著,邹志方点校:《杨维桢诗集》,浙江古籍出版社 2010 年版。

杨维桢著,孙小力校笺:《杨维祯全集校笺》,上海古籍出版社 2019 年版。

张昱:《可闲老人集》,《景印文渊阁四库全书》第 1222 册。

张昱:《张光弼诗集》,国家图书馆藏明毛晋校抄本。

张昱:《张光弼诗集》,国家图书馆藏清康熙十八年(1679)金侃抄本。

陈子昂:《陈子昂集》,中华书局 1960 年版。

孟浩然撰,李景白校注:《孟浩然诗集校注》,巴蜀书社 1988 年版。

李白著,郁贤皓校注:《李太白全集校注》,凤凰出版社 2015 年版。

黄滔:《莆阳黄御史集》,中华书局 1985 年版。

白居易著,顾学颉点校:《白居易集》,中华书局 1979 年版。

刘禹锡著,卞孝萱校订:《刘禹锡集》,中华书局 1990 年版。

石介:《徂徕集》,中华书局 1985 年版。

欧阳修著,李之亮笺注:《欧阳修集编年笺注》,巴蜀书社 2007 年版。

宋濂著,黄灵庚点校:《宋濂全集》,人民文学出版社 2014 年版。

危素:《危学士全集》,《明别集丛刊》第 1 辑第 3 册,黄山书社 2014 年版。

贝琼:《清江文集》,《明别集丛刊》第 1 辑第 9 册,黄山书社 2014 年版。

孙作:《沧螺集》,《景印文渊阁四库全书》第 1229 册。

李东阳:《李东阳集》,岳麓书社 1985 年版。

王世贞:《读书后》,《景印文渊阁四库全书》第 1285 册。

王世贞:《弇州续稿》,《景印文渊阁四库全书》第 1284 册。

胡应麟:《少室山房集》,《景印文渊阁四库全书》第 1290 册。

胡缵宗:《鸟鼠山人小集》,《四库全书存目丛书》集部第 62 册。

归有光著,周本淳校点:《震川先生集》,上海古籍出版社 1981 年版。

李贽著,张建业、张岱注:《李贽全集注》,社会科学文献出版社 2010 年版。

罗万藻:《此观堂集》,《四库全书存目丛书》集部第 192 册。

钱谦益著,钱曾笺注:《钱牧斋全集》,上海古籍出版社 2003 年版。

毛奇龄:《西河集》,《景印文渊阁四库全书》第 1320 册。

叶燮:《己畦文集》,《丛书集成续编》第 152 册。

康乃心:《莘野诗集》,康熙刊本。

李来章:《礼山园文集》续集,《四库全书存目丛书》集部第 246 册。

爱新觉罗·弘历:《御制诗四集》,《景印文渊阁四库全书》第 1307 册。

纪昀著,孙致中等校点:《纪晓岚文集》,河北教育出版社 1995 年版。

钱大昕:《潜研堂文集》,《嘉定钱大昕全集》第 9 册,江苏古籍出版社 1997 年版。

赵翼著,李学颖等校点:《瓯北集》,上海古籍出版社 1997 年版。

卢文弨著,王文锦点校:《抱经堂文集》,中华书局 1990 年版。

李慈铭:《越缦堂读书记》,上海书店出版社 2000 年版。

张之洞:《张之洞全集》,河北人民出版社 1998 年版。

司马朝军撰:《輶轩语详注》,华东师范大学出版社 2010 年版。

许寿裳：《亡友鲁迅印象记》，当代世界出版社 2015 年版。

吴渭：《月泉吟社诗》，《景印文渊阁四库全书》第 1359 册。

顾瑛辑，杨镰、叶爱欣编校：《玉山名胜集》，中华书局 2008 年版。

杨维桢：《西湖竹枝集》，《武林掌故丛编》第 6 集，光绪九年丁氏嘉惠堂。

苏天爵：《元文类》，上海古籍出版社 1993 年版。

曹学佺：《石仓历代诗选》，明崇祯间刻本。

黄宗羲：《明文海》，《景印文渊阁四库全书》第 1455 册。

朱彝尊：《明诗综》，上海古籍出版社 1993 年版。

朱彝尊：《曝书亭全集》，吉林文史出版社 2009 年版。

钱谦益编，许逸民、林淑敏点校：《列朝诗集》，中华书局 2007 年版。

顾嗣立：《元诗选三集》，中华书局 1987 年版。

顾嗣立：《元诗选二集》，中华书局 1987 年版。

顾嗣立：《元诗选初集》，中华书局 1987 年版。

顾奎光：《元诗选》，清乾隆十六年刻本。

陈衍辑撰，李梦生校点：《元诗纪事》，上海古籍出版社 1987 年版。

李祖陶辑：《国朝文录》，《续修四库全书》第 1670 册。

李祖陶编：《金元明八大家文选》，清道光二十五年（1845）刻本。

汪端：《明三十家诗选二集》，同治十二年（1873）蕴兰吟馆刊本。

曾燠：《江西诗征》，《续修四库全书》第 1688 册。

李昉：《文苑英华》，中华书局 1966 年版。

董诰等：《全唐文》，中华书局 1983 年版。

曾枣庄、刘琳：《全宋文》，上海辞书出版社、安徽教育出版社 2006 年版。

李修生：《全元文》，江苏古籍出版社 1999 年版。

杨镰：《全元诗》，中华书局 2013 年版。

孙耀煜：《历代文论选释》，江苏教育出版社 1989 年版。

丘良壬等：《中华竹枝词全编》，北京出版社 2007 年版。

吴慰祖校订：《四库采进书目》，商务印书馆 1960 年版。

沈初等：《浙江采集遗书总录》，上海古籍出版社 2010 年版。

嵇璜等：《续文献通考》，《景印文渊阁四库全书》第 630 册。

嵇璜等：《续通志》，《景印文渊阁四库全书》第 394 册。

杨士奇：《文渊阁书目》，商务印书馆 1935 年版。

焦竑：《国史经籍志》，中华书局 1985 年版。

徐燉:《徐氏红雨楼书目》,《晁氏宝文堂书目·徐氏红雨楼书目》,上海古籍出版社 2005 年版。

徐燉:《红雨楼题跋》,《续修四库全书》第 923 册。

黄虞稷:《千顷堂书目》,上海古籍出版社 2001 年版。

钱大昕:《补元史艺文志》,中华书局 1985 年版。

倪灿:《补辽金元艺文志》,中华书局 1985 年版。

雒竹筠:《元史艺文志辑本》,北京燕山出版社 1999 年版。

瞿镛编纂,瞿果行标点:《铁琴铜剑楼藏书目录》,上海古籍出版社 2000 年版。

黄丕烈著,周少川点校:《士礼居藏书题跋记》,书目文献出版社 1989 年版。

叶启勋:《拾经楼紬书录》,《湖南近现代藏书家题跋选》第 2 册。

叶启发:《华鄂堂读书小识》,《湖南近现代藏书家题跋选》第 2 册。

丁丙:《善本书室藏书志》,新北广文书局 1988 年版。

劳格:《读书杂识》,清光绪四年刻本。

钱曾:《读书敏求记》,书目文献出版社 1984 年版。

蒋光煦:《东湖丛记》,《续修四库全书》第 1162 册。

徐乾学:《传是楼书目》,清味经书屋抄本。

傅增湘:《藏园群书题记》,上海古籍出版社 1989 年版。

傅增湘:《藏园群书经眼录》,中华书局 2009 年版。

莫芝友撰,傅增湘订补:《藏园订补邵亭知见传本书目》,中华书局 2009 年版。

陆心源:《皕宋楼藏书志·续志》,新北广文书局 1991 年版。

丁仁:《八千卷楼书目》,台湾广文书局 1970 年版。

张金吾撰,冯惠民整理:《爱日精庐藏书志》,中华书局 2012 年版。

天津图书馆编:《天津图书馆古籍普查登记目录》,国家图书馆出版社 2014 年版。

周清澍:《元人文集版本目录》,南京大学出版社 1983 年版。

黄仁生:《日本现藏稀见元明文集考证与提要》,岳麓书社 2004 年版。

查洪德:《中国古代诗文名著提要(金元卷)》,河北教育出版社 2009 年版。

张舜徽:《中国文献学》,上海古籍出版社 2011 年版。

孙钦善:《中国古文献学史》,中华书局 2014 年版。

余嘉锡:《目录学发微·古书通例》,商务印书馆 2011 年版。

钱基博:《版本通义》,上海古籍出版社 2007 年版。

程俊英、蒋见元:《诗经注析》,中华书局 1991 年版。

程树德撰,程俊英、蒋见元点校:《论语集释》,中华书局 2013 年版。

王梦鸥注译：《礼记今注今译》，台北商务印书馆 1979 年版。

朱彝尊：《经义考新校》，上海古籍出版社 2010 年版。

梁启超：《清代学术概论》，上海古籍出版社 1998 年版。

梁启超：《中国近三百年学术史》，东方出版社 1996 年版。

陈垣：《元西域人华化考》，上海古籍出版社 2008 年版。

王国维：《王国维手定观堂集林》，浙江教育出版社 2014 年版。

钱穆：《中国思想史》，九州出版社 2011 年版。

孙克宽：《元代汉文化之活动》，台北中华书局 2015 年版。

戴燕：《文学史的权力》，北京大学出版社 2002 年版。

陈祖武、朱彤窗：《乾嘉学派研究》，河北人民出版社 2005 年版。

理查德·艾文斯：《捍卫历史》，广西师范大学出版社 2009 年版。

葛兆光等：《殊方未远——古代中国的疆域、民族与认同》，中华书局 2016 年版。

陈广宏：《中国文学史之成立》，上海古籍出版社 2016 年版。

王汎森：《权力的毛细管作用：清代的思想、学术与心态》，台北联经出版事业股份有限公司 2014 年版。

吴宗儒：《清儒与元史》，花木兰文化出版社 2006 年版。

涂云清：《蒙元统治下的士人及其经学发展》，台大出版中心 2012 年版。

么书仪：《元代文人心态》，人民文学出版社 2013 年版。

徐子方：《挑战与抉择——元代文人心态史》，河北教育出版社 2001 年版。

申万里：《理想、尊严与生存挣扎：元代江南士人与社会综合研究》，中华书局 2012 年版。

赵其钧：《透视元代文人精神文化》，安徽大学出版社 2011 年版。

卜正民著，陈时龙译：《明代的社会与国家》，黄山书社 2009 年版。

徐远和：《理学与元代社会》，人民出版社 1992 年版。

展龙：《元明之际士大夫政治生态研究》，人民出版社 2013 年版。

吴超：《江南"博学鸿儒"与清初实学学风——以经史之学为中心的研究》，上海交通大学出版社 2017 年版。

张京媛：《新历史主义与文学批评》，北京大学出版社 1997 年版。

申丹：《叙事、文体与潜文本——重读英美经典短篇小说》，北京大学出版社 2009 年版。

宋濂等：《元史》，中华书局 2000 年版。

邵远平：《元史类编》，台北文海出版社 1988 年版。

柯劭忞:《新元史》,上海古籍出版社 2018 年版。

陈高华、张帆等点校:《元典章》,中华书局、天津古籍出版社 2011 年版。

冈田英弘著,陈心慧译:《世界史的诞生:蒙古帝国的文明意义》,北京出版社 2016 年版。

杉山正明著,乌兰、乌日娜译:《疾驰的草原征服者:辽·西·夏·金·元》,广西师范大学出版社 2014 年版。

杉山正明著,周俊宇译:《忽必烈的挑战:蒙古帝国与世界历史的大转向》,社会科学文献出版社 2013 年版。

萧启庆:《内北国而外中国:蒙元史研究》,中华书局 2007 年版。

魏征等:《隋书》,中华书局 2000 年版。

姚思廉等:《陈书》,中华书局 2000 年版。

张廷玉等:《明史》,中华书局 2000 年版。

赵尔巽等:《清史稿》,中华书局 1976 年版。

《清实录》,中华书局 1985 年版。

王钟翰点校:《清史列传》,中华书局 1987 年版。

张铉:《至正金陵新志》,《宋元珍稀地方志丛刊》乙编第 4 册,四川大学出版社 2007 年版。

脱因修,俞希鲁纂:《至顺镇江志》,《宛委别藏》第 47 册,江苏古籍出版社 1988 年版。

《(康熙)休宁县志》,《中国方志丛书》(华中地方)第 90 号,台北成文出版社 1970 年版。

李铭皖、谭钧培、冯桂芬纂:《同治苏州府志》,江苏古籍出版社 1991 年版。

黄佐:《南雍志》,《续修四库全书》第 749 册,上海古籍出版社 2002 年版。

张昶:《吴中人物志》卷九,《四库全书存目丛书》史部第 97 册。

嵇曾筠等:《(雍正)浙江通志》,《景印文渊阁四库全书》第 524 册。

林庭㭎、周广:《(嘉靖)江西通志》,《四库全书存目丛书》史部第 182 册。

马可·波罗著,冯承钧译:《马可波罗行纪》,上海书店出版社 2006 年版。

孙小力:《杨维桢年谱》,复旦大学出版社 1997 年版。

钱谦益:《列朝诗集小传》,上海古籍出版社 1983 年版。

李桓:《国朝耆献类征初编》,《清代传记丛刊》第 184 册。

白寿彝:《回族人物志》,宁夏人民出版社 2000 年版。

黄宗羲著,全祖望补,陈金生等点校:《宋元学案》,中华书局 1986 年版。

于敏中：《于文襄公（敏中）手札》，《近代中国史料丛刊》第 22 辑，文海出版社 1966 年版。

钱大昕：《十驾斋养新录》，《嘉定钱大昕全集》第 7 册，江苏古籍出版社 1997 年版。

章学诚著，仓修良编注：《文史通义新编新注》，浙江古籍出版社 2005 年版。

吴宗儒：《清儒与元史》，台北花木兰文化出版社 2006 年版。

王谠著，周勋初校证：《唐语林校证》，中华书局 1987 年版。

田况：《儒林公议》，中华书局 1985 年版。

释惠洪：《冷斋夜话》，《六一诗话·冷斋夜话》，凤凰出版社 2009 年版。

郎瑛：《七修类稿》，上海书店出版社 2001 年版。

戴君恩：《剩言》，《四库全书存目丛书》子部第 91 册。

叶盛：《泾东小稿》，上海图书馆藏明弘治刻本。

杨瑀、孔齐撰，李梦生、庄葳、郭群一校点：《山居新语·至正直记》，上海古籍出版社 2012 年版。

田汝成著，陈志明校：《西湖游览志余》，东方出版社 2012 年版。

王士禛撰，靳斯人点校：《池北偶谈》，中华书局 1982 年版。

金埴撰，王湜华点校：《不下带编·巾箱说》，中华书局 1982 年版。

《元人十种诗》，《海王村古籍丛刊》本，中国书店 1990 年版。

《四部丛刊初编》，上海书店 1989 年版。

《枕碧楼丛书》，知识产权出版社 2006 年版。

《择是居丛书初集》，1926 年吴兴张氏刊本。

《续金华丛书》，民国十三年永康胡氏梦选楼刊本。

《四库全书存目丛书》，齐鲁书社 1997 年版。

《景印文渊阁四库全书》，台北商务印书馆 1986 年版。

《续修四库全书》，上海古籍出版社 2002 年版。

《北京图书馆古籍珍本丛刊》，书目文献出版社 1998 年版。

《清代传记丛刊》，台北明文书局 1985 年版。

《清诗话》，上海古籍出版社 1978 年版。

《湖南近现代藏书家题跋选》，岳麓书社 2011 年版。

《丛书集成续编》，新文丰公司 1989 年版。

《近代中国史料丛刊》，台北文海出版社 1987 年版。

《宋元珍稀地方志丛刊》，四川大学出版社 2007 年版。

《宛委别藏》，江苏古籍出版社 1988 年版。

林传甲：《中国文学史》，吉林人民出版社 2013 年版。

黄人著，杨旭辉点校：《中国文学史》，苏州大学出版社 2015 年版。

吴梅：《辽金元文学史》，收录柳存仁等所编《中国大文学史》，上海书店 2010 年版。

钱基博：《中国文学史》，上海书店 2015 年版。

刘大杰：《中国文学发展史》，复旦大学出版社 2006 年版。

郑振铎：《插图本中国文学史》，中华书局 2016 年版。

游国恩等：《中国文学史》，人民文学出版社 1964 年版。

程千帆：《元代文学史》，武汉大学出版社 2013 年版。

章培恒、骆玉明：《中国文学史》，复旦大学出版社 2004 年版。

章培恒、骆玉明：《中国文学史新著》，复旦大学出版社 2011 年版。

袁行霈：《中国文学史》，高等教育出版社 2005 年版。

马积高、黄钧：《中国古代文学史》，人民文学出版社 2009 年版。

李修生：《中国文学史纲》（宋辽金元卷），北京大学出版社 2016 年版。

郭预衡：《中国散文史》，上海古籍出版社 2011 年版。

杨镰：《元诗史》，人民文学出版社 2003 年版。

邓绍基：《元代文学史》，人民文学出版社 2006 年版。

朱熹辨说，毛苌传述：《诗序》，中华书局 1985 年版。

郑玄笺，孔颖达疏，朱杰人、李慧玲整理：《毛诗注疏》，上海古籍出版社 2013 年版。

刘勰撰，詹锳义证：《文心雕龙义证》，上海古籍出版社 1989 年版。

瞿佑：《归田诗话》，中华书局 1985 年版。

李东阳著，李庆立校释：《怀麓堂诗话校释》，人民文学出版社 2009 年版。

都穆：《南濠诗话》，《南濠诗话·谈艺录·梦蕉诗话·诗谈》，中华书局 1991 年版。

王世贞著，罗仲鼎校注：《艺苑卮言校注》，齐鲁书社 1992 年版。

胡应麟：《诗薮》外编，《明诗话全编》（第五册），江苏古籍出版社 1997 年版。

胡震亨：《唐音癸签》，上海古籍出版社 1981 年版。

谢肇淛：《小草斋诗话》，《明诗话全编》（第六册），江苏古籍出版社 1997 年版。

谢肇淛：《文海披沙》，《北京图书馆古籍珍本丛刊》第 65 册，书目文献出版社 1988 年版。

徐𤊻著，沈文倬校注：《笔精》，福建人民出版社 1997 年版。

王夫之：《诗广传》，《船山全书》，岳麓书院 1988 年版。

王夫之评选，李金善点校：《明诗评选》，河北大学出版社 2008 年版。

朱彝尊撰，黄君坦校点：《静志居诗话》，人民文学出版社 1990 年版。

王士禛：《带经堂诗话》，人民文学出版社 2006 年版。

顾嗣立：《寒厅诗话》，收录于《清诗话》（下册），上海古籍出版社 1978 年版。

沈德潜：《说诗晬语》，《原诗·说诗晬语》，凤凰出版社 2010 年版。

翁方纲：《石洲诗话》，《谈龙录·石洲诗话》，中华书局 1981 年版。

薛雪：《一瓢诗话》，《原诗·一瓢诗话·说诗晬语》，人民文学出版社 1979 年版。

赵翼著，江守义、李成玉校注：《瓯北诗话校注》，人民文学出版社 2013 年版。

田同之：《西圃文说》，《历代文话》第 4 册，复旦大学出版社 2007 年版。

丁福保：《历代诗话续编》，中华书局 2006 年版。

钱钟书：《谈艺录》，生活·读书·新知三联书店 2001 年版。

罗根泽：《中国文学批评史》，商务印书馆 2015 年版。

郭绍虞：《中国文学批评史》，上海古籍出版社 1979 年版。

吉川幸次郎著，郑清茂译：《元明诗概说》，联经出版事业公司 2012 年版。

包根弟：《元诗研究》，台北幼狮文化事业公司 1978 年版。

朱荣智：《元代文学批评之研究》，联经出版事业公司 1982 年版。

顾易生、蒋凡、刘明今：《宋金元文学批评史》，上海古籍出版社 1996 年版。

王运熙、顾易生：《中国文学批评通史》，上海古籍出版社 2007 年版。

莫砺锋：《朱熹文学研究》，南京大学出版社 2000 年版。

韩经太：《理学文化与文学思潮》，中华书局 1997 年版。

周裕锴：《宋代诗学通论》，巴蜀书社 1997 年版。

李春青：《宋学与宋代文学观念》，北京师范大学出版社 2001 年版。

杨镰：《元西域诗人群体研究》，新疆人民出版社 1998 年版。

杨镰：《元代文学编年史》，山西教育出版社 2005 年版。

杨镰：《元代文学及文献研究》，中华书局 2015 年版。

欧阳光：《宋元诗社研究丛稿》，广东高等教育出版社 1996 年版。

查洪德、李军：《元代文学文献学》，中国社会科学出版社 2002 年版。

查洪德：《理学背景下的元代文论与诗文》，中华书局 2005 年版。

查洪德：《元代诗学通论》，北京大学出版社 2014 年版。

查洪德：《元代文学通论》，东方出版中心 2019 年版。

黄仁生：《杨维祯与元末明初文学思潮》，东方出版社 2005 年版。

邱江宁：《奎章阁文人群体与元代中期文学研究》，人民出版社 2013 年版。

刘竞飞：《赵孟頫与元代中期诗坛》，中国社会科学出版社 2013 年版。

崔志伟：《元末明初松江文人群体研究》，上海大学出版社 2013 年版。

杨亮:《宋末元初四明学士及其诗文研究》,中华书局 2009 年版。

徐永明:《元代至明初婺州作家群研究》,中国社会科学出版社 2005 年版。

余来明:《中国文学编年史:元代卷》,湖南人民出版社 2006 年版。

刘成群:《元代徽州理学家群体与新安理学的传承发展》,中华书局 2015 年版。

张红:《元代唐诗学研究》,岳麓书社 2006 年版。

罗海燕:《金华文派研究》,东方出版中心 2015 年版。

姜一涵:《元代奎章阁及奎章人物》,台北联经出版事业公司 1981 年版。

吴国富、晏选军:《元诗的宗唐与新变》,江西人民出版社 2011 年版。

任敏红:《忽必烈潜邸儒士与元代文学发展》,中国社会科学出版社 2016 年版。

何砾:《元代文学新论》,天津人民出版社 2017 年版。

高洪岩:《元代文章学》,生活·读书·新知三联书店 2014 年版。

李嘉瑜:《元代上京纪行诗的空间书写》,台北里仁书局 2014 年版。

傅璇琮:《濡沫集》,北京联合出版公司 2013 年版。

陈伯海:《唐诗学文献集粹》,上海古籍出版社 2016 年版。

吴企明:《李贺资料汇编》,中华书局 1994 年版。

宇文所安著,王柏华等译:《中国文论:英译与评论》,上海社会科学院出版社 2003 年版。

朱自清:《李贺年谱》,《清华大学学报》(自然科学版)1935 年第 4 期。

张晶:《"铁崖体":元代后期诗风的深刻变异》,《社会科学辑刊》1994 年第 2 期。

吴承学:《论〈四库全书总目〉在诗文研究史上的贡献》,《文学评论》1998 年第 6 期。

王忠阁:《论至元、大德间诗风之转变》,《文学评论》2000 年第 3 期。

房日晰:《李贺诗派及余波》,《文学遗产》2000 年第 3 期。

查洪德:《文道离合与元代文学思潮》,《晋阳学刊》2000 年第 5 期。

曾守正:《复述与新塑:〈四库全书总目〉"总集类"清帝御定书〈提要〉的文学思想》,《书目季刊》2007 年第 41 卷第 2 期。

查洪德:《元初诗文名家庐陵刘诜》,《江西师范大学学报》(哲学社会科学版)2007 年第 3 期。

蒋寅:《顾嗣立的元诗研究》,《中国文化研究》2008 年第 2 期。

司马朝军:《乾隆时期的禁毁实录——从〈翁方纲纂四库提要稿〉看禁书标准》,《出版科学》2008 年第 6 期。

杨镰:《顾瑛与玉山雅集》,《西南民族大学学报》(人文社科版)2008 年第 9 期。

曾守正：《被隐藏的联系性：〈四库全书总目〉唐代别集提要的文学史叙述》，《淡江中文学报》2009 年第 21 期。

李小燕：《〈四库全书总目〉元人别集提要与元代诗文批评》，《安阳师范学院学报》2010 年第 3 期。

付嘉豪：《鲍廷博与〈四库全书〉》，《图书馆理论与实践》2011 年第 6 期。

叶纯芳：《理解版本的方法与效用》，《儒家典籍与思想研究》第 4 辑，北京大学出版社 2012 年。

刘倩：《张养浩诗文集版本及存佚考述》，《古典文献学术论丛》第 3 辑，黄山书社 2013 年。

邱江宁：《程钜夫与元代文坛的南北融合》，《文学遗产》2013 年第 6 期。

杨洪升：《知不足斋宋元文集书目考实》，《文献》2014 年第 5 期。

罗鹭：《晋安诗派与明末清初的元诗接受》，《厦门大学学报》（哲学社会科学版）2014 年第 4 期。

杨念群：《诠释"正统性"才是理解清朝历史的关键》，《读书》2015 年第 12 期。

管琴：《论南宋的"词科习气"及其批评》，《文学遗产》2017 年第 2 期。

王美伟：《〈四库全书总目〉清别集提要研究》，西南大学 2017 年博士学位论文。

吴亚娜：《〈四库全书总目〉宋代文学批评研究——以宋人别集与词集提要为中心》，西南大学 2017 年博士学位论文。

王伟伟：《仇远诗歌研究》，华东师范大学 2010 年硕士学位论文。

后　记

该著是在本人博士论文基础之上删改、修正、完善而成。于我而言,它是学术训练的结晶,是学术探究的起点,更是生命历练的印记。

回想当初,我以一名中学教师的身份尝试考博,初衷本是弥补硕士论文的遗憾,希望能追随陈寅恪先生《柳如是别传》的路数研究明末清初江南遗民心史。入学选题时,恩师何宗美先生建议我可以考虑《四库全书总目》研究。我当时颇为犹疑:一个是全新的领域,一个是自己有研究基础的领域,如何选择?博一上学期我一边细读恩师著作《明代文学还原研究》一书,同时对《四库全书总目》元别集提要进行逐篇考证,一边在整理硕士论文中关于遗民心史的话题。直到有一次,我试着考证恩师所写的一则提要,却惊奇地发现恩师考证此条提要所发现的问题有三,而我一个也未能发现。好奇心驱使我不断去探究原因,终于我意识到,这与自己的文献功底、版本知识和思维辨证能力有关。而在那一刻我领悟到,如果能将研究能力和思维能力提升起来,那才是攻读博士的最大意义,才是日后独立学术的基础。更何况,每一次向他人学习我们需要获得的是"渔",而非"鱼"。博一下学期,我毅然决定选择《四库全书总目》元别集提要研究作为博士论文选题。

事实证明,我的选择没错。在博士论文写作中,我达到了对自己学术能力进行训练的目的,虽然水平还有待提高,与此同时我还进入了一个新的研究领域——元代文学,而目前这个领域可深入探究的空间还较大。在此感谢当日恩师颇有深意的建议。

回想博士论文的写作过程,不无挫折与苦涩。我常常给家里人打比方说,硕士是盖一间平房的工程师,博士是盖一栋小楼的工程师,房上建房,材料需求多,力学结构也更为复杂,所以博士处理的问题、耗费的时间自然更多。具体而言,博士论文的艰难来自于面对浩如烟海的古文字、无句读的材料要平心静气地阅读;来自于花费大量时间的考证后,无果而终;来自于搜集材料稍有懈怠,一则新材料的出现便会将之前的论述完全推翻;来自于一次一次否定自己却又不得不再次迎难而上;来自于观点、材料纠缠,如何取舍判断的两难;来自于有朋自远方来,只能尴尬地告诉她下次尽兴;来自于暮春三月、草长莺飞之时,无法肆意慵懒沉醉;来自于寒来暑往,见证偌大的图书馆从人烟寥落到人群拥挤再到人烟寥落,却仍独自坚守阵地。

然而,与艰难并存的还有一份至宝,那便是纯粹学习的幸福,这是一份工作之后无法企及的宁静和专注。纯粹是寻找到核心材料后,大脑回路已横冲直撞但身体却仍正襟危坐、一字一句地谨慎抄录;是苦思冥想、思维融通后,内心风起云涌却不断暗示自己冷静冷静,生怕准确的表述会不慎溜走;是一遍遍修改论文、回溯思路的反省之乐;是在孔夫子旧书网淘及未见古籍版本,先一举购得之后再节衣缩食的心甘情愿;是在学术会议上,被专家学者们评议论文后的心悦诚服;是渴望见及古籍版本,毅然决定只身前往国图的冲动;是晚上十一点在德胜门外空旷无人的大街上,一人拉着行李箱呼叫滴滴车的不惧不畏;是在国图争分夺秒、以水充饥的忙碌无暇;是坐定国图北区一楼,被四库系列皇皇巨著四面环绕的满足和自得;是每每踏着月光走进家门又对明日的写作满怀期待……这些纯粹的点点滴滴,若不是读博,若不是专注于此文,我该于何处去觅得?唯愿珍之,惜之。

没有人是一座孤岛。在艰难中,我是幸运的,因为有人一直关怀、帮助和激励着我。

　　不曾忘记 2017 年 9 月,课后恩师和师母领着我和师弟前往缙云山喝鸡汤补充营养,原因是他们见正处在论文攻坚期的我脸色憔悴。那日阳光正好,山色苍翠,饭后竹林漫步,恩师以切身经验为例谈起如何在高强度工作时安排饮食,也曾聊起他写作博士论文遇到的困难。而恩师之费心不过在于消解我生活的压力和写作论文的压力,帮助我轻松上阵。

　　不曾忘记 2018 年暑期,恩师每晚九点准时发来论文批阅图片,持续一个多月,不曾间断一日,批阅之处从结构到内容、从观点到字句、从行文到方法,无不涉及。笔迹细密却逐条罗列,不紊不乱,阅之清晰明白,我不得不叹服:这是怎样的毅力和付出啊! 若非善待学生、若非尊重学术,何以至此!

　　恩师的严谨治学、恩师的善意关怀、恩师的悲悯成全,这些我目睹之、耳濡之、心感之,深深钦佩,深深景仰。借《周易》中《观》卦“观感”之意为言,恩师之学,恩师之行,如春风化物,已深深感化吾辈,在此郑重道声:师恩铭记!

　　撰写博士论文期间所有给予我帮助的老师、同学、朋友和家人,我真诚地向你们道谢:

　　感谢复旦大学陈广宏老师千里迢迢前来重庆主持本人博士论文答辩会并给予该论著全面的指导;感谢熊宪光老师、刘明华老师、曹建老师、黄大宏老师、王于飞老师于繁忙之中对该论著提出诸多中肯的修改建议;感谢南京大学张宗友老师、华中师大王炜老师不吝分享写作经验并给予我论文写作细节方面的指导;感谢国图南区古籍善本部的薛老师,热心地指导我如何充分利用多库检索分辨古籍所藏地点,如何有效分配查阅时间,如何异地使用国图的中华古籍库查看版本;感谢西大中图古籍部李弘毅老师,在了解我的论文选题后便热情地向我推荐台湾广文书局出版的序跋、书目丛书和中华再造善本等多种极有参考价值的文献;感谢复旦大学的师妹付优、中山大学的师妹王镱苏、南京大学的师妹石元萍,异地为我奔波抄写版本信息、核对版本;感谢师弟师妹杨明、王芹、陈艳、靳超、刘建华、严娇、王敏、袁梦、杨媛媛、董宇婷、张缤月、刘蔓雨、阮晓佳、李倩、曾子蓥、赵晓晗等帮我核对书稿,是你们的无私参与让拙著日趋完善。

感谢我的先生,全力支持我读博;感谢我的天使宝宝樗樗,为我增添的快乐幸福远胜过吵闹烦心;感谢我的姑妈,不远千里从老家来到重庆帮我照看孩子,替我分压;感谢我的师母,倾听我絮絮叨叨生活的烦恼,还为四处流浪学习的我在资料室置办了一张小桌;感谢我的红颜知己赵中玲,为我提供了免费享用的阳光书房,无数次的爱心早餐、营养鸡汤;感谢同门博士后师姐李杨、刘敬风趣戏谑间的指点和启发;感谢同门博士王美伟、吴亚娜、蒋勇、谢煜慧、吴文庆等人的陪伴、辩论、交流和偶尔制造的"小惊喜"。

末了,我想给目前正处于写作攻坚阶段的自己一点鼓励。我们常常易于聚焦压力的负面,认为生命之"重"令人压抑疲惫,故人人渴望逃离与解脱,变得轻盈。却不知,生命之"轻"或许是人更为难以承受的状态,正如20世纪60年代美国垮掉的一代,正如当今中国诸多迷茫的青少年……读博期间每当我感到负重不堪时,我常常会庆幸,会想起米兰·昆德拉在《生命不能承受之轻》中所说的那段话:"负担越重,我们的生命越贴近大地,它就越真实。当负担完全缺失,人就变得比空气还轻,就会飘起来,远离大地,变成一个半真的存在,其运动也会变得自由而没有意义。那么到底选择什么?是重还是轻?"于是便笃定向前。我想,与其在"轻"的虚无中痛苦地寻求生活的意义,不如在"重"的现实中脚踏实地、竭尽所能。负重前行的我们又是何其幸运,没有虚无地活着,毕竟我们尚有一份需要去践行的事业、一腔对自己的期许,亦拥有爱我们的人和一群值得我们感念和珍惜的人。以此,慰藉自己以及正在压力中奋进的所有朋友们。

何素婷

2023 年 5 月 9 日

责任编辑：侯俊智
助理编辑：袁　华
责任校对：秦　婵
封面设计：王春峥

图书在版编目（CIP）数据

《四库全书总目》元别集提要研究/何素婷 著. —北京：人民出版社，2023.10
ISBN 978－7－01－024710－6

Ⅰ.①四…　Ⅱ.①何…　Ⅲ.①《四库全书总目》-研究　Ⅳ.①Z833

中国版本图书馆 CIP 数据核字（2022）第 066483 号

《四库全书总目》元别集提要研究
SIKUQUANSHU ZONGMU YUAN BIEJI TIYAO YANJIU

何素婷　著

人民出版社 出版发行
（100706　北京市东城区隆福寺街 99 号）

廊坊市靓彩印刷有限公司印刷　新华书店经销

2023 年 10 月第 1 版　2023 年 10 月北京第 1 次印刷
开本：710 毫米×1000 毫米 1/16　印张：38
字数：520 千字

ISBN 978－7－01－024710－6　定价：160.00 元

邮购地址 100706　北京市东城区隆福寺街 99 号
人民东方图书销售中心　电话（010）65250042　65289539